Miscellanea Historiae Po...

edita a Facultate Historiae Ecclesias...
in Pontificia Universitate Gregori...

Vol. VII
(Collectionis nn. 9 - 16)

Miscellanea Historiae Pontificiae

edita a Facultate Historiae Ecclesiasticae
in Pontificia Universitate Gregoriana

Vol. VII
Collectionis nn. 9 - 16

Xenia Piana
SSmo Dno Nro Pio Papae XII

a Fac. Hist. Eccl. in Pont. Univ. Gregoriana dicata

Libreria Herder
Typis Pontificiae Universitatis Gregorianae, Romae
1943

Xenia Piana
SSmo Dno Nro Pio Papae XII

a Fac. Hist. Eccl. in Pont. Univ. Gregoriana dicata

Collectionis totius nn. 9 - 16

Roma, 1943

Libreria Herder

Typis Pontificiae Universitatis Gregorianae

IMPRIMI POTEST

Romae, 1 iun. 1943

P. EMMANUEL PORTA
Praep. Prov. Rom. S. I.

IMPRIMATUR

Ex Vicariatu Urbis, die 1 iul. 1943.

† A. TRAGLIA
Archiep. Caesarien., Vic. Ger.

PREFAZIONE

*Il presente volume di « Miscellanea Historiae Pontificiae »
è l'omaggio devoto della Facoltà di Storia Ecclesiastica della
Pontificia Università Gregoriana al Sommo Pontefice Pio XII
nella fausta ricorrenza del Suo Giubileo Episcopale.*

*Vi hanno collaborato i Professori della Facoltà, benchè le at-
attuali circostanze abbiano impedito ad alcuni Professori assenti di
parteciparvi (P. Carlo Silva-Tarouca, P. Gerardo Walsh, P. Giuseppe M. March, P. Giuseppe C. Sola e P. Guglielmo Lawson).
Hanno anche collaborato alcuni Dottori in essa laureati, ma per
le stesse attuali circostanze il loro numero ha dovuto essere ridotto
a quelli che nel Settembre scorso si trovavano a Roma. Ne è
risultata una vera Miscellanea di monografie riguardanti tutte le
epoche della bimillenaria Storia del Pontificato Romano, ideal-
mente unite fra loro dal vincolo del più puro amore e della più
profonda devozione della Facoltà verso l'augusta Persona del
Vicario di Cristo Pio XII, fulgida gloria dell'Università Gregoriana.*

*L'omaggio ci sembra anche più significativo per la felice coin-
cidenza del Giubileo Episcopale del Santo Padre col compiersi
del primo decennio della fondazione della Facoltà, sorta nel mese
di Agosto del 1932, ed attuata per la prima volta nell'anno accademico 1932-1933.*

*In quell'anno entrava in vigore la nuova Costituzione Apo-
stolica « Deus scientiarum Dominus », che coronando una lunga
serie di atti pontifici in favore della Storia Ecclesiastica, la anno-
verava tra gli insegnamenti principali nella Facoltà di Teologia
e, prescrivendo che i Professori delle singole materie fossero prov-*

visti di « congruenti laurea », sembrava insinuare la convenienza che anche il Professore di Storia Ecclesiastica fosse provvisto di una laurea in questa scienza; ma siccome nè a Roma nè fuori di Roma esistevano Facoltà per il conferimento di tale laurea, sorgeva nella Gregoriana la prima e finora l'unica Facoltà di Storia Ecclesiastica, allo scopo di preparare atti Professori all'insegnamento di questa materia nelle Facoltà di Teologia e nei grandi Seminari, e insieme formare capaci investigatori nel vasto e complicato campo della Storia Ecclesiastica.

« Miscellanea Historiae Pontificiae » è la pubblicazione propria della nuova Facoltà che dalla sua stessa sede in Roma sembra naturalmente invitata a rivolgere la sua attenzione particolare alla Storia del Pontificato Romano e, promovendo studi e raccogliendo monografie, preparare il materiale per una Storia dei Papi dell'Evo Antico e Medio e del secolo XIX a complemento della Storia dei Papi che il Pastor ha scritto per l'epoca del Rinascimento e della Restaurazione cattolica.

In questa collezione si inserisce il presente volume che la Facoltà depone ai piedi del trono augusto di S. S. Pio XII pegno di filiale devozione e di operosità scientifica.

Roma, 13 Maggio 1943.

Paolo Dezza S. I.
Rettore Magnifico
della Pontificia Università Gregoriana.

INDEX VOLUMINIS

L. Hertling, S. J.

Communio und Primat

Collectionis totius n. 9

Roma, 1943
Libreria Herder
Typis Pontificiae Universitatis Gregorianae

Begriff der Communio

Der Begriff der Communio, griechisch Koinonia, ist einer der Schlüsselbegriffe zum Verständnis der alten Kirche. Bei Untersuchung dieses Begriffes empfiehlt es sich, zunächst die Fülle des Inhalts zu analysieren, und dann erst die Frage zu stellen, ob dieser Inhalt im Lauf der Zeit eine Entwicklung oder Umdeutung erfahren hat.

Für Augustinus ist Communio einfachhin dasselbe wie die Kirche. « Wir haben das eindeutige Zeugnis der Hl. Schrift dafür, dass die Kirche auf der Communio des ganzen Erdkreises beruht »[1]. « Ich bin in der Kirche, deren Glieder alle jene (Einzel=)Kirchen sind, von denen wir alle aus der Hl. Schrift wissen, dass sie durch die Tätigkeit der Apostel entstanden und gewachsen sind. Ihre Communio werde ich nicht aufgeben, weder in Afrika noch sonstwo, so Gott mir helfe »[2].

Wer eine andere Communio schafft, stellt eine andere Kirche auf. Optatus sagt: « Da wir (afrikanischen Katholiken) mit dem ganzen Erdkreis Communio haben, und (umgekehrt die Katholiken) aus allen Provinzen mit uns, so wolltest du (mit den Donatisten) schon längst zwei Kirchen aufstellen »[3].

Ohne dass wir hier auf die alte Streitfrage nach der ursprünglichen Bedeutung des Credo=Artikels von der Communio Sanctorum eingehen wollen, steht doch fest, dass Communio Sanctorum bei den Vätern oft einfachhin die sichtbare Kirche bedeutet.

---

[1] Nullo interprete indigent canonicarum scripturarum testimonia quae commendant Ecclesiam in totius orbis communione consistere. *De unit. Eccl.* contra Donat. 20 56, PL, 43 454.

[2] Ego in Ecclesia sum, cuius membra sunt omnes illae ecclesiae, quas ex laboribus Apostolorum natas atque firmatas simul in litteris canonicis novimus; earum communionem, quantum me adiuvet Dominus, sive in Africa sive ubicumque, non deseram. *Contra Crescon.* III 35 39, PL, 43 517.

[3] Et cum sit nobis cum universo terrarum orbe communio, (et) ex universis provinciis nobiscum, sic iam dudum duas ecclesias comparare voluisti. Opt. II 12 13, PL, 11 965.

In einem Synodalschreiben des Bischofs Theophilus von Alexandria ist die Rede von Isidor, « der von vielen Bischöfen aus vielen Ursachen a communione sanctorum fuerat separatus »[4]. Das Konzil von Nîmes (394) spricht im Kanon 1 von Orientalen, die sich als Presbyter oder Diakone ausgeben, aber wahrscheinlich Manichäer sind: Sanctorum communionem speciae (= speciem) simulatae religionis (sibi) imprimunt. Es wird beschlossen, solche Leute, wenn sie nicht nachweisen können, dass sie zur allgemeinen Kirche gehören, nicht zum Altardienst zuzulassen[5].

Die Gemeinschaft mit der sichtbaren Kirche schliesst dann die Gemeinschaft mit der triumphierenden unsichtbaren eine, oder vielmehr sie ist die Grundlage dafür, wie das Nicetas von Remesiana in seiner Symbolerklärung ausführt. Post confessionem beatae Trinitatis iam profiteris te credere sanctae ecclesiae catholicae. Ecclesia quid est aliud quam sanctorum omnium congregatio? Er zählt dann die Patriarchen, Propheten, Apostel, Martyrer und Gerechten auf, qui fuerunt, qui sunt, qui erunt: una ecclesia sunt, una fide et conversatione sanctificati, uno spiritu signati, unum corpus effecti sunt; cuius corporis caput Christum esse perhibetur et scriptum est ... Ergo in hac una Ecclesia credis te communionem consecuturum esse sanctorum. Scito unam hanc esse Ecclesiam catholicam in omni orbe terrae constitutam, cuius communionem debes firmiter retinere. Sunt quidem et aliae pseudoecclesiae, sed nihil tibi commune cum illis, ut puta Manichaeorum etc.[6].

Synonyma zu Communio: Häufig wird die Kirchengemeischaft durch Pax ausgedrückt, sei es in der Verbindung pax et communio — schon bei Tertullian Nec recipiuntur (haeretici) in pacem et communicationem ab ecclesiis quoquo modo apostolicis[7]. — sei es mit pax allein. Augustinus schreibt an Hieronymus: Ecce venit ad me religiosus iuvenis, catholica pace frater[8]. Pax catholica heisst hier einfach: er ist Mitglied der katholischen Kirche[9].

---

[4] HIER. epist. 92, PL, 22 765.

[5] HEFELE, Conciliengeschichte, II² 62.

[6] De symbolo, 10; BADCOCK, Sanctorum Communio as an article in the Creed, Journal of theol. Studies, 21 1919/20 110.

[7] De praescr. 32, PL, 2 45.

[8] HIER. epist. 131 2, PL, 22 1125.

[9] Man vergleiche die heute noch gebrauchte Formel « Pacem et communionem cum apostolica Sede habentes »: pax heisst dabei nicht die fried-

Athanasius gebraucht συμφωνία καὶ εἰρήνη, womit er nicht irgend eine Friedfertigkeit ausdrücken will, sondern wiederum die Kirchengemeinschaft, in der er gegenwärtig mit mehr als vierhundert Bischöfen steht[10]. Ganz dasselbe meint er mit dem Ausdruck κοινωνία καὶ ἀγάπη, nämlich die Kirchengemeischaft, deren ihn Papst Julius auf der Synode vom Jahr 340 versichert habe[11]. Aehnlich spricht er von den Bischöfen in Aegypten, die unter sich und mit ihm ἀγάπη καὶ εἰρήνη haben[12]. So wenig wie hier Agape die blosse Bruderliebe bedeutet, sondern die Communio, so dürfen wir dies bereits bei Ignatius von Antiochia anehmen, wenn er an die Smyrnäer schreibt: ἡ ἀγάπη τῶν ἀδελφῶν τῶν ἐν Τρωάδι. Es ist die Communio fratrum, die Kirchengemeinde. Auch Societas wird für Communio gebraucht[14]. Bei den Lateinern ist auch die abgeleitete Form Communicatio häufig gleichbedeutend mit Communio. Endlich kann man noch unitas zu jenen Ausdrücken rechnen, die mit Communio unter Umständen synonym gebraucht werden.

Die Communio ist *mehr* als blosse Gesinnungsgleichheit. Gemeinsamer Glaube ist Voraussetzung für die Communio, aber sie ist mit ihm noch nicht gegeben. Ambrosius schreibt an den Kaiser im Namen des Konzils von Aquileja über die Aufnahme (impertienda communio) gewisser orientalischer Bischöfe in die Kirche. Die Metropoliten von Alexandria und Antiochia, qui semper nobiscum intemeratam habuere concordiam (= communionem), machten Schwierigkeiten. Quos quidem, si fieri potest, et fides plena commendat, ad consortia nostra optamus adiungi. Die Rechtgläubigkeit der Betreffenden ist also Voraussetzung, aber bei Erteilung der Communio handelt es sich nicht nur um die Rechtgläubigkeit: sed ita, ut vetustae communionis sociis sua praerogativa servetur, quorum nobis non superflua cura est; primo omnium, quia communionis societas nullam debet habere offensam ...[15].

---

fertige Gesinnung, oder dass sie mit dem Papst keinen Streit haben, sondern es ist die Verbindung, die Gemeinschaft.

[10] *Hist. Arian. ad Mon.* 28 PG, 25 725.

[11] *Apol.* 20, PG, 25 281.

[12] *Epist. encycl.* 2, PG, 25 225.

[13] c. 12 = *Ad Philad.* 11.

[14] TERT. *Adv. Marc.* IV 5, PL, 2 366: nec solas iam apostolicas, sed apud universas, quae illis de societate sacramenti confoederantur.

[15] *Epist. ad Gratianum,* 12, 4, PL. 16 948.

Umgekehrt hebt nicht jede Meinungsverschiedenheit die Communio auf. Cyprian schreibt : Scimus quosdam quod semel imbiberint nolle deponere nec propositum suum facile mutare, sed salvo inter collegas *pacis et concordiae vinculo* quaedam propria quae apud se semel sint usurpata retinere. Qua in re nec nos vim cuiquam facimus aut legem damus [16].

Communio ist also jenes einigende Band, das die Gläubigen und vor allem die Bischöfe zu der einen katholischen Kirche zusammenschliesst, und das nicht lediglich in der Gemeinsamkeit des Glaubens oder der Gesinnung besteht. Um nun in diesen Begriff tiefer einzudringen, müssen wir vor allem seine Verankerung in der Eucharistie betrachten.

Communio und Eucharistie

Die eucharistische Kommunion war für die Christen im Altertum das sichtbare Zeichen der kirchlichen Gemeinschaft. Als um die Mitte des 2. Jahrhunderts der Bischof Polycarpus von Smyrna nach Rom kam, um mit Papst Anicetus wegen des Osterstreites zu verhandeln, gelang es den beiden Bischöfen nicht, zu einer Einigung zu kommen. Deshalb lösten sie aber die kirchliche Gemeinschaft nicht. Irenäus drückt das so aus : « Sie kommunizierten einander — ἐκοινώνησαν ἑαυτοῖς [17] ». Dabei braucht man nicht daran zu denken, dass sie sich gegenseitig die Eucharistie gereicht hätten, sondern wie es Irenäus gleich deutlicher bezeichnet : der römische Bischof überliess in der Versammlung dem asiatischen die Darbrigung der Eucharistie (καὶ ἐν τῇ ἐκκλησίᾳ παρεχώρησεν ὁ Ἀνίκητος τὴν εὐχαριστίαν τῷ Πολυκάρπῳ) and so schieden sie in Frieden voneinander.

Das Zeichen der kirchlichen Gemeinschaft besteht also hier darin, dass der Papst den fremden Bischof in seiner Gegenwart das Messopfer feiern und jedenfalls auch durch ihn seinem Klerus die Eucharistie reichen liess.

Diese Szene wird illustriert durch eine Stelle aus der im 3.

---

[16] *Epist.* 72 3, CSEL III² 778.
[17] Bei EUSEBIUS, KG, V 24.

Jahrhundert entstandenen Didaskalie[18]. Hier wird der Bischof folgendermassen angewiesen: « Wenn ein (auswärtiger) Bischof ankommt, soll er bei dem (Orts=)Bischof sitzen und die gleiche Ehre mit ihm erhalten. Und du, (Orts=)Bischof, ersuche ihn, an dein Volk eine Ansprache zu halten ... Bei der Danksagung (Messfeier) soll er selbst die Worte (des Kanons) sprechen[19]. Wenn er aber höflich ist und dir die Ehre überlassen und daher nicht (konsekrieren) will, so soll er (wenigstens) über den Kelch (die Konsekrationsworte) sprechen »[20]. Es kommt uns hier nicht auf den in der Tat sehr sonderbar anmutenden Ritus an. Dieser war jedenfalls nur örtlich beschränkt und hat sich nicht erhalten. Die Apostolischen Konstitutionen ersetzen die betreffende Stelle durch: « ... so nötige ihn (wenigstens), dem Volk die Eulogien zu reichen », also entweder die eucharistische Kommunion, oder bereits das als Ersatz geltende gesegnete Brot. Aber die Stelle ist für unsern Zweck bezeichnend genug: Die kirchliche Gemeinschaft der Bischöfe wird zum Ausdruck gebracht durch die in irgend einer Form gemeinsame Darbringung des eucharistischen Opfers.

In dem oben angeführten Brief des Irenäus wird die Sitte erwähnt, dass der Bischof (von Rom) zum Zeichen der Gemeinschaft seinen Presbytern die Eucharistie zuschickte[21]. Dieser Brauch besteht noch zu Anfang des 5. Jahrhunderts. Papst Innozenz I schreibt, dass der römische Bischof den Presbytern an den Titelkirchen zum Sonntagsgottesdienst das sog. Fermentum zuschickt, konsekrierte Partikel, und zwar mit der ausdrücklichen Begründung: « damit sie sich an diesem Festtag nicht wie von unserer Gemeinschaft getrennt vorkommen »[22]. Innozenz sagt aber, dass dies nur innerhalb der Stadt geschehe, « da man die Geheimnisse nicht weit tragen darf ». Es ist also ein sinnvoller, aber

---

[18] Edit. Funk, II 58 2.

[19] Et in gratia agenda ipse dicat. Die griechische Bearbeitung der Didaskalie, die reichlich hundert Iahre später entstandenen Apostolischen Konstitutionen, haben: ἐπιστρέψεις δὲ αὐτῷ καὶ τὴν εὐχαριστίαν ἀνοῖσαι.

[20] Si autem, cum sit prudens et honorem tibi reservans, non velit, super calicem dicat.

[21] So ist diese Stelle ohne Zweifel richtig zu interpretieren, nicht von einem Uebersenden der Eucharistie an auswärtige Bischöfe.

[22] Ut se a nostra communione maxime illa die non iudicent separatos. INNOC. *Ad Decentium,* 5, PL, 20 556 f.

nicht wesentlicher Ritus. Die Priester an den Cömeterialkirchen ausserhalb der Mauern bringen das Opfer ohne « Fermentum » dar.

Auf weite Entfernung schickte man sich mitunter unkonsekriertes Brot zu, das dann beim Messopfer verwendet wurde. So schreibt der hl. Paulinus von Nola an den hl. Augustinus : « Ich bitte dich, das Brot, das ich zum Zeichen unserer Einmütigkeit dir schicke, anzunehmen und zu segnen » [23].

Da die kirchliche Gemeinschaft durch die eucharistische Gemeinschaft zum Ausdruck kam, galt bei Kirchenspaltungen als Grundsatz : Jeder gehört dorthin, wo er die Kommunion empfängt.

Der häretische Patriarch Macedonius von Konstantinopel liess daher die ihm widerstrebenden Katholiken (und Novatianer) kurzerhand zwingen, *seine* Kommunion zu empfangen : er liess ihnen mit Gewalt den Mund aufreissen und so die Eucharistie geben [24].

Diese Anschauung hielt sich lang. Noch zu Anfang des 7. Jahrhunderts erzählt Sophronius [25] von einem alexandrinischen Monophysiten, der gern katholisch werden wollte, aber sich vor seinen Sektengenossen fürchtete. Er empfing also heimlich in der katholischen Muttergottesbasilika die Kommunion. Die Sache wurde aber entdeckt « und auf diese Weise geschah seine Vereinigung mit der katholischen Kirche » — fast etwas zu einfach, wie uns scheinen möchte.

Eine ähnliche Geschichte erzählt der Zeitgenosse des Sophronius, Johannes Moschus : Eine Frau wollte nachts beim Hl. Grab beten. Da erschien ihr die Gottesmutter und verbot ihr den Eintritt in die Grabeskirche, weil sie zu der Sekte der Severianer gehörte. « Sogleich holte die Frau einen (katholischen) Diakon, und als er mit dem heiligen Kelch kam, nahm sie den heiligen Leib und das kostbare Blut unseres grossen Gottes und Erlösers Jesus Christus. Nun wurde sie ohne Schwierigkeit gewürdigt, bei dem heiligen und verehrungswürdigen Grab unseres Herrn anzubeten » [26].

Sozomenus erzählt von einem Ehepaar aus der Sekte der

---

[23] Panem unum, quem unanimitatis indicio misimus caritati tuae, rogamus ut accipiendo benedicas. *Epist.* 4 5, PL, 61 167.

[24] SOCRATES, II 38.

[25] *Mirac. SS. Cyri et Joh.* 12, PG, 87/3 3460 ff.

[26] *Pratum spir.* 48, PG, 87/3 2904.

Macedonianer. Der Mann wurde durch eine Predigt des hl. Johannes Chrysostomus für den wahren Glauben gewonnen und erklärte seiner Frau: «Wenn du nicht mit mir an den göttlichen Geheimnissen teilnimmst (d. h. die katholische Kommunion empfängst), scheide ich mich von dir». Die Frau ging scheinbar darauf ein. Beim Gottesdienst liess sie sich die katholische Kommunion reichen, auf die Hand, wie es damals Sitte war, und senkte den Kopf, wie in Anbetung versunken. Inzwischen gab ihr ihre Magd, die sie vorher unterrichtet hatte, heimlich die « häretische » Eucharistie, die sie von zuhause mitgebracht hatte [27].

Ein Mönch auf Cypern erzählt bei Johannes Moschus: Er sei früher verheiratet und mit seiner Frau Anhänger der severianischen Lehre gewesen. Eines Tages habe er seine Frau nicht zuhause gefunden und erfahren, sie sei zu einer Nachbarin gegangen, um bei ihr oder mit ihr (es ist von der Hauskommunion die Rede) zu kommunizieren. Die Freundin war aber katholisch. Er sei nun hinübergerannt, um das zu verhüten, aber zu spät gekommen: seine Frau hatte gerade die Kommunion empfangen. Nun habe er seine Frau am Hals gewürgt und die heilige Partikel, als sie herausfiel, zertreten. Zwei Tage darauf sei ihm ein schwarzer Geist erschienen und habe gesagt: Wir beiden sind zu der gleichen Strafe verurteilt; und auf die Frage, wer er sei, hätte er geantwortet: Ich bin der, der dem Herrn Jesus Christus den Backenstreich gegeben hat [28].

Es kommt hier nicht darauf an, die geschichtliche Zuverlässigkeit derartiger Erzählungen zu prüfen; auch nicht darauf, ob alles zulässig war, was manche mit der Eucharistie taten, wie der katholische Stylit bei Moschus, der sich von seinem häretischen Säulennachbar dessen Eucharistie herüberschicken liess und sie mit einer katholischen Hostie zusammen in siedendes Wasser warf, worauf die « häretische » Hostie zu Grunde ging und die « katholische » unversehrt blieb [29]; — uns handelt es sich hier um die Grundanschauung, die an solchen Geschichten deutlicher wird als aus langen theoretischen Erörterungen, dass die sakramentale Kommunion das Zeichen und geradezu die Wirkursache der kirch-

---

[27] *KG*, VIII 5.
[28] *Pratum spir.* 30, PG, 1. c. 2877.
[29] Ibid. 29, PG, 1. c. 2876.

lichen Gemeinschaft war, genauer gesprochen die Wirkursache der Eingliederung in die Gemeinschaft.

Darum nahmen Katholiken, wenn sie in häretische Gegenden reisten, ihre Eucharistie mit sich, ein Brauch, den Anastasius Sinaita noch gegen Ende des 7. Jahrhunderts ausdrücklich gutheisst [30]. Dasselbe taten ihrerseits die Häretiker, um nicht mit den Katholiken in « Gemeinschaft » treten zu müssen [31].

So erklärt sich auch, was Theodoret [32] von der kleinasiatischen Schwarmsekte der Messalianer berichtet: Ihre Führer hielten es nicht für nötig, sich von der kirchlichen « Gemeinschaft » der Katholiken zu trennen, « weil sie sagten, dass die göttliche Speise weder nütze noch schade »; wir würden heute umgekehrt erwarten: wer nicht an das Altarsakrament glaubt, trennt sich von der katholischen Kirche. Die Messalianer aber dachten so: Man kann die Kommunion empfangen, wo man will; die Eucharistie ist nichts, daher tritt man auch durch sie mit niemand in Gemeinschaft.

Eine gallische Symbolerklärung aus dem Anfang des 4. Jahrhunderts hat den folgenden Satz, der ohne diese Gedankengänge ganz unverständlich ist: Ibi est communicatio sancta Patris et Filii et Spiritus Sancti, ubi omnes fideles diebus dominicis communicare debent [33]. Die Communicatio sancta Patris etc. ist nichts anderes als die Communio sanctorum, die wahre Kirche. Die Gläubigen gehören zur wahren Kirche, weil sie dort die Eucharistie empfangen.

So versteht man, was Cyprian als den Hauptfrevel des Häretikers und Schismatikers bezeichnet: « Er ist ein Rebell gegen das Opfer Christi (adversus sacrificium Christi rebellis), er wagt einen *andern Altar* aufzustellen (constituere audet aliud altare) » [34].

---

[30] *Quaest.* 113, PG, 89, 756.

[31] Vgl. SOPHRONIUS, *Mirac. Cyri et Joh.* 36, PG, 87/3 3553.

[32] *KG,* IV 10.

[33] Bei BADCOCK *Sanctorum Communio*, 108. Ueber den Text vgl. MORIN, Rev. Bén. 14 (1897) 481.

[34] De cath. eccl. unitate, 17, CSEL, III 1 226.

Die Communio durch den Briefverkehr

Ausser der eucharistischen Kommunion gab es ein Kennzeichen oder Ausdrucksmittel der kirchlichen Gemeinschaft, das zunächst wie eine rein bürgerliche Einrichtung aussieht, das aber mit der eucharistischen Kommunion in engstem Zusammenhang steht und auch davon seinen Namen hatte: die Kommunionbriefe.

Wenn ein Christ, Kleriker oder Laie, auf Reisen ging, und im Altertum wurde ungemein viel gereist, so nahm er von seinem Bischof eine Art von Reisepass mit. Diese Pässe wurden mit verschiedenen Namen bezeichnet: Litterae communicatoriae (communicatio ist hier nicht Mitteilung, sondern Communio), kanonische Briefe, Empfehlungsbriefe (commendatitiae), auch kurz Formatae oder Tesserae oder Symbola, endlich Friedensbriefe (pacificae, litterae pacis, pax wiederum gleich Communio). Die Synode von Antiochia (341) beschäftigt sich im Kanon 8 mit dem Recht, solche Briefe auszustellen: « Landpriester können keine kanonischen Briefe ausstellen, sondern nur Empfehlungsschreiben an die benachbarten Bischöfe; Chorbischöfe dagegen können Friedensbriefe (εἰρηνικάς, für die ganze Kirche gültig) ausstellen ».

Diese Pässe gewährten den Inhabern grosse Vorteile, denn auf Grund davon wurden sie überall, wo es Christen gab, als Brüder aufgenommen, und besonders von den Bischöfen umsonst beherbergt, eine Einrichtung, die in die ältesten Zeiten zurückreicht und schon von der Didache erwähnt wird. Nur so erklärt sich auch der staunenswert rege Briefverkehr der Bischöfe untereinander. Jeder Bischof konnte Boten durch das ganze Reich schicken, ohne dass ihm daraus unerschwingliche Auslagen erwuchsen.

Als Julian der Apostat das Heidentum nach Art der Kirche zu reorganisieren versuchte, wollte er auch diese Einrichtung einführen. Sozomenus berichtet: « Besonders sollen ihm die Briefe gefallen haben, mit denen sich die Bischöfe gegenseitig die Reisenden empfehlen, so dass jeder, einerlei woher er kommt und wohin er geht, wie ein alter Bekannter und Freund aufgenommen und gastfrei behandelt wird, nur auf Grund eines solchen Zeugnisses » [35]. Diese Briefe hatten also eine hohe praktische, auch wirtschaftliche Bedeutung. Sie waren aber auch gleichzeitig ein wichtiges Instrument für die Gemeinschaft der Bischöfe untereinander.

Augustinus benützte diese Einrichtung einmal dazu, um einen donatistischen Bischof bei einer öffentlichen Disputation blosszustellen. Der Donatist rühmte sich, er sei keineswegs von der wahren Kirche getrennt, er lebe vielmehr mit der ganzen Kirche in Communio [36]. Augustinus antwortete ihm, das könne sogleich festgestellt werden: ob er an die Kirchen, die er ihm nennen würde, Briefe ausstellen könne? Augustinus nahm sich vor, ihm die ältesten und angesehensten, von Aposteln gegründeten Kirchen zu bezeichnen, vielleicht nicht gerade Rom, weil es dort einen donatistischen Bischof gab, aber Korinth, Alexandria, Ephesus, Antiochia, Jerusalem. Auf diese Weise musste vor aller Augen klar werden, ob der Donatist wirklich die Communio der Gesamtkirche besitze.

Wir haben uns also die Sache so vorzustellen: Jeder Bischof, oder wenigstens jede Kirche von Bedeutung, in der späteren Zeit vor allem die Metropoliten, führten eine Liste über die wichtigeren Kirchen des Erdkreises, mit denen sie in Communio standen. Diese Liste diente als Adressenverzeichnis, wenn Pässe auszustellen waren, und anderseits wurden die Pässe der Ankommenden nach dieser Liste kontrolliert. Denn ein Pass wurde nur dann angenommen, wenn er von einem Bischof ausgestellt war, der auf der Liste stand. Der Donatistenbischof, mit dem Augustinus disputierte, stand natürlich ausserhalb von Afrika auf keiner Liste. So konnte Augustinus ihm sagen: Stelle einen Pass aus für Alexandria oder Antiochia, dann wird sich zeigen, ob du dort auf der Liste der rechtgläubigen und rechtmässigen Bischöfe stehst.

Diese Listen mussten natürlich fortlaufend revidiert und ergänzt werden. Jeder Todesfall und jede Neuwahl musste den übrigen Kirchen angezeigt werden. Papst Cornelius zeigte seine Wahl (251) nicht nur in Karthago an, sondern wie wir zufällig

[35] KG, V 16.

[36] Ubique terrarum esse communionem suam. AUG. *Epist.* 44, CSEL, 34 III.

erfahren, auch in Hadrumetum. Von Hadrumetum lief auch alsbald die Anerkennung ein, d. h. der nächste hadrumetanische
Pass, der in Rom präsentiert wurde, lautete an Cornelius. Inzwischen hatte aber auch Novatianus seine Weihe zum Bischof in
Karthago angezeigt. Cyprian suspendierte daraufhin die Eintra-
gung des Cornelius in seine Liste und gab auch an die übrigen
afrikanischen Kirchen dieselbe Weisung. Als daher das nächste
Mal ein Reisender von Hadrumetum nach Rom kam, brachte er
einen Pass mit, der nicht an Cornelius, sondern nur an die römischen Presbyter ausgestellt war, als ob in Rom noch Sedisvakanz
herrsche, so dass sich Cornelius bei Cyprian beschweren musste.

Die Todes- und Wahlanzeigen, wie überhaupt die kirchlichen
Aktenstücke, mussten durch Kleriker überbracht werden. Zwischen Rom und Karthago war die Entfernung nicht gross, so
dass man jedesmal einen eigenen Boten schicken konnte. Auf
weitere Entfernung suchte man sich den Postverkehr zu verein-
fachen, indem man Rückpost benützte und die Briefe einzelnen
Kirchen zur Verteilung weitergab. Mitunter liess man aber auch
der Sicherheit halber eine Nachricht über mehrere Linien laufen.
So teilt Dionysius von Alexandria an Stephanus von Rom mit,
dass Fabius von Antiochia gestorben sei. Das kann heissen, dass
die Antiochener die Todesanzeige nach Alexandria geschickt
hatten, mit der Bitte sie nach Rom weiterzugeben, oder auch,
dass man von Alexandria der Sicherheit halber die Nachricht noch
einmal eigens nach Rom meldete. In der Liste der kommunizierenden Bischöfe des Ostens, die Dionysius von Alexandria an
Papst Stephanus schickt, merkt er bei einigen an, dass sie neu
seien: an Stelle des verstorbenen Alexander heisst der Bischof
von Jerusalem jetzt Mazabanes; ebenso heisst der Bischof von
Laodicea jetzt nicht mehr Thelymidres, sondern Heliodorus.
Dionysius will damit offenbar sagen: falls ihr es in Rom noch
nicht wisst, dass dort Bischofswechsel stattgefunden haben, könnt
ihr jetzt eure Liste danach korrigieren.

In Krisenzeiten, besonders wenn Häresien und Spaltungen
drohten, schickte man sich, auch ohne dass Wechsel stattgefunden hatten, ausführliche Listen der rechtmässigen Bischöfe zu,
der Kontrolle halber. So schreibt Cyprian an Cornelius: « Ich habe
dir kürzlich die Namen der hiesigen (afrikanischen) Bischöfe
übersandt, die rechtmässig und untadelig in der katholischen

Kirche den Brüdern vorstehen, damit du und unsere Kollegen (in Italien) wissen, wem ihr schreiben müsst und von wem ihr Briefe annehmen dürft »[37]. In ähnlicher Weise schickt Cornelius an Fabius von Antiochia eine Liste aller Bischöfe, die der Verurteilung Novatians beigetreten waren, mit Angabe der Namen und der Bischofssitze [38].

So waren diese kirchlichen « Passämter » ein sichtbares und zugleich leicht zu handhabendes Zeichen der kirchlichen Gemeinschaft. Schon Tertullian schreibt: « So sind denn die vielen Kirchen, weil aus der einen entstanden, selbst die apostolische Urkirche; alle sind die ursprüngliche, alle sind apostolisch, denn alle beweisen ihre Einheit, denn sie haben die *Gemeinschaft des Friedens*, den Namen der Brüderschaft, die *Briefgemeinschaft der Gastfreundschaft* »[39]. Diese Contesseratio hospitalitatis als Ausdruck der Communio ist also nicht etwa erst eine Errungenschaft des späten dritten Jahrhunderts.

Daher war es ein Hauptstreben von Häretikern und Schismatikern oder sonst aus der Gemeinschaft Ausgeschlossenen, sich von einer der Hauptkirchen, womöglich von Rom, eine Tessera zu verschaffen, mit der sie dann auch weiterhin Anschluss zu finden hofften. So benützte der « alte Häretiker », wie ihn Cyprian nennt, Privatus von Lambäsis, der schon längst von dem Bischof von Karthago und von Papst Fabianus ausgeschlossen war, die Gelegenheit der Sedisvalkanz nach Fabians Tod, um sich von den römischen Klerikern « Briefe » zu erschleichen [40], freilich ohne Erfolg. Basilius im 4. Jahrhundert beklagt sich einmal darüber, das man in Rom zu leicht Friedensbriefe an Orientalen ausstelle, die in Wirklichkeit gar nicht rechtgläubig seien, wodurch dann die rechtmässigen Bischöfe im Orient in Verlegenheit gerieten [41].

---

[37] *Epist.* 59 9, CSEL, III 2 676.

[38] EUSEBIUS, *KG*, VI 43.

[39] Itaque tot ac tantae ecclesiae, una est illa ab Apostolis prima, ex qua omnes. Sic omnes prima, et apostolicae, dum una omnes probant unitatem; dum est illis communicatio pacis et appellatio fraternitatis et contesseratio hospitalitatis. *De Praescr.* 20, PL, 2 32.

[40] Fraudulenter litteras a nobis elicere curaret, NOVATIANUS *an Cyprian*, *Epist.* 36 4, CSEL, III 2 575.

[41] BASIL. *Epist.* 129, PG, 32 556f.

Wer auf der Liste *einer* der Hauptkirchen stand, kommunizierte dadurch mit allen übrigen Kirchen. Optatus schreibt, indem er unter dem Bild der sieben Engel in der Apokalypse die Gesamtheit der Kirchen versteht: « Was ausserhalb der sieben Kirchen steht, ist fremd. Wenn ihr aber einen (Engel der Kirche) aus diesen habt, dann kommuniziert ihr auch mit den übrigen Engeln (Bischöfen) und durch die Engel mit den betreffenden Kirchen und durch die Kirchen mit uns [42]. So schreibt Basilius im Jahr 375 an die Neocäsareer, sie sollten die Dinge beurteilen « nach der Menge der Bischöfe, die mit mir auf dem ganzen Erdkreis durch die Gnade Gottes verbunden sind. Fragt in Pisidien, Lykaonien, Isaurien, in beiden Phrygien, in Armenien soweit es euch benachbart ist, in Mazedonien, Achaia, Illyrien, Gallien, Spanien, ganz Italien, Sizilien, Afrika, Aegypten im gesunden Teil, im Rest von Syrien, *wer an uns Briefe schickt und umgekehrt solche von uns erhält*: dann werdet ihr erfahren, dass wir alle übereinstimmen und derselben Ansicht sind. Daher mögt ihr wissen, dass, *wer meine Communio ablehnt, sich von der gesamten Kirche trennt.* Ueberlegt euch, Brüder, mit wem ihr Communio habt: wenn ihr sie nicht von mir erhaltet, wer wird euch anerkennen? » [43].

Derselbe Basilius beklagt sich auf der Höhe der arianischen Wirren, wohl etwas übertrieben, dass der ganze kirchliche Reiseverkehr ins Stocken gerate und jeder Bischof auf seine eigene Stadt beschränkt sei, weil nämlich fast kein Bischof mehr von dem andern weiss, ob er noch rechtgläubig ist, und sich daher daher jeder scheut, Empfehlungsbriefe auszustellen oder anzunehmen [45].

Communio und Excommunicatio

Das notwendige Korrelat zur Communio ist die Excommunicatio, wobei wir aber in den ersten Jahrhuderten noch nicht oder

---

[42] Extra septem ecclesias quicquid foris est, alienum est: aut si inde habetis aliquem unum, per unum communicatis et ceteris angelis, et per angelos supramemoratis ecclesiis, et per ipsas ecclesias nobis. II 6, PL, 11 959.

[43] *Epist.* 204 7, PG 32 753.

[44] *Epist.* 191, PG, 32 701 ff.

doch nicht ausschliesslich an die spätere kirchenrechtliche Poena vindicativa und medicinalis zu denken haben. Einstweilen ist es einfach die Aufhebung der Communio, der Bruch der Gemeinschaft mit irgend jemand und aus irgend welchem Grund, ein *Abbruch der Beziehungen.*

Solches tat der Bischof dem einzelnen Laien oder Kleriker gegenüber; dann handelte es sich meist um ein Vergehen, eine Sünde, und der Weg, um mit seinem Bischof wieder in Gemeinschaft zu treten, war für den Sünder die *Kirchenbusse.* Diese Exkommunikation des einzelnen Privatmannes konnte ausdrücklich verhängt werden, wie es Cyprian mit Felicissimus tat und früher die römischen Bischöfe mit einzelnen Gnostikern. In den meisten Fällen, wo es sich um notorische Delikte handelte, wie bei den Lapsi in der Verfolgung, betrachtete man diese Exkommunikation als von selbst eingetreten. Die offiziellen Schritte begannen erst, wenn es sich um die Wiederaufnahme handelte.

Aber auch die Bischöfe untereinander lösen die Gemeinschaft, z. B. wegen Häresieverdacht. So tat Basilius mit seinem einstigen Freund Eustathius von Sebaste. Basilius war nicht sein Metropolit. Sebaste selbst war Metropolitansitz für Armenia Prima, ebenso wie Cäsarea für Kappadozien. Basilius und Eustathius standen an Jurisdiktion völlig gleich.

Schliesslich konnte sich auch der Laie oder das Volk unter Umständen von der Gemeinschaft seines Bischofs lossagen. Als gegen den Bischof von Konstantinopel Johannes Chrysostomus schwere Beschuldigungen erhoben wurden, weigerte sich der Kaiser Arcadius am Weihnachtsfest die Kirche zu betreten und liess dem Bischof sagen, er werde nicht eher « mit ihm kommunizieren »[45], als bis er sich von den Anklagen entsprechend gereinigt habe. Der erwähnte Laie Felicissimus hatte noch bevor ihn die Exkommunikation seines Bischofs traf, mit ihm ausdrücklich die Gemeinschaft aufgehoben[46]. Wenn der Bischof nicht rechtmässig oder nicht rechtgläubig war, hatte das Volk sogar die Pflicht, sich von seiner Communio fernzuhalten, wenigstens nach der Ansicht Cyprians[47].

---

[45] ὡς οὐ πρότερον αὐτῷ κοινωνήσει. SOCRATES, *KG,* VI 18.
[46] Sententiam quam prior dixit. CYPR. *Epist.* 41 2, CSEL, III 2 588 f.
[47] Nec sibi plebs blandiatur quasi immunis esse a contagio delicti

Auch bei diesem « Abbruch der Beziehungen » ist das Eigentliche, um das es sich handelt, die Teilnahme an der Eucharistie. Der exkommunizierte Sünder ist vor allem von der eucharistischen Kommunion ausgeschlossen und seine Wiederaufnahme in die kirchliche Gemeinschaft kommt dadurch zum Ausdruck, dass er wieder zur eucharistischen Kommunion zugelassen wird. Wenn das Volk die Gemeinschaft mit seinem Bischof aufhob, so hiess das, dass es nicht mehr in die Kirche ging und nicht mehr die Eucharistie aus seiner Hand empfing. Darum liess Novatianus seine Anhänger Treue schwören, während er ihnen die Eucharistie reichte.

Danach kann sich der Abbruch der Beziehungen und ihre Wiederaufnahme sogar gewissermassen *abstufen*.

Bischof Theophilus von Alexandria hatte den Archipresbyter Petrus und den Mönch Isidor exkommuniziert. Die beiden begeben sich Beschwerde führend nach Konstantinopel zu Johannes Chrysostomus. Dieser nimmt sie ehrenvoll auf und lässt sie sofort zur Gebetsgemeinschaft zu, d. h. sie durften am Gottesdienst teilnehmen, sie wurden nicht aus der Kirche verwiesen, nicht aber zur eucharistischen Kommunion, bevor der Fall untersucht sei [48]. Chrysostomus hatte damals mit Alexandria Gemeinschaft. Hätte er die dort Ausgestossenen kurzerhand zur vollen Communio zugelassen, so hätte das den Bruch mit Alexandria bedeutet. Anderseits lag gegen die beiden in Konstantinopel nichts vor; von Alexandria war, wie es scheint, keine formelle Anzeige erfolgt, und so sah Chrysostomus keinen Grund, die beiden angesehenen Männer als gänzlich Ausgestossene zu behandeln.

Dieses Abstufen der Exkommunikation ist besonders deutlich in der griechischen Busspraxis, wo die bekannten Busstufen schon im 3. Jahrhundert, bei Gregor dem Wundertäter, begegnen. Der Büssende rückt gewissermassen mit fortschreitender Busse dem Altar immer näher. Die abendländische Busspraxis hat ähnliche, wenn auch nicht so deutlich gegliederte Busstufen. Dagegen kennt das Abendland eine Abstufung der Exkommunikation der Bischöfe untereinander. Die sog. Statuta ecclesiae antiqua (Car-

---

possit cum sacerdote peccatore communicans. CYPR. *Epist.* 67 3, CSEL, III 2 737.

[48] κοινωνίαν δὲ τῶν μυστηρίων οὐκ ἔφη πρὸ διαγνώσεως μεταδώσειν αὐτοῖς SOCRATES, VI 9.

2

thagin. V, 401) haben in Kanon 13 für einen bestimmten Fall: « Ein
Bischof, der das getan hat, soll von der Communio der übrigen
(Bischöfe) getrennt sein und sich mit der Communio seiner eigenen
Gemeinde begnügen »[49]. Auf diese Weise « exkommunizierte » Augustinus den Bischof von Fussala, den er selbst hatte weihen
lassen[50]. Er erwähnt in demselben Brief mehrere derartige Fälle.
Auch der hl. Martinus von Tours scheint sich wegen seines Verhaltens im Priscillianistenprozess, wo er gegen die Hinrichtung
der Häretiker durch den Kaiser stimmte, diese gelinde Exkommunikation zugezogen zu haben. Diese Strafe scheint hauptsächlich
darin bestanden zu haben, daß der betreffende Bischof nicht auf
der Synode erscheinen durfte. Wir würden es nennen: Privatio vo-
cis activae et passivae, Entzug des Stimmrechts. Es ist sehr bezeichnend, dass man im Altertum auch das unter den Begriff Communio
und Excommunicatio subsumierte. Nur deswegen führen wir hier
diese Eigentümlichkeit an.

    Anderseits ist die *theoretische* oder die theologische Seite des
Kirchenausschlusses anfangs noch sehr unentwickelt. In der ältesten Zeit scheint man sich überhaupt keine Gedanken gemacht zu
haben, ob und inwieweit ein Getrennter, der doch immerhin die
Taufe empfangen hatte, noch zur Kirche gehöre. Man betrachtete
vielmehr jeden Ausgeschlossenen als ausserhalb der Kirche stehend.
Erst im Ketzertaufstreit und später im Donatistenstreit treten Erwägungen darüber auf, dass nicht alle Getrennten in gleicher
Weise fern von der Kirche sind. Basilius stellt darüber in seinem
ersten kanonischen Brief an Amphilochius Betrachtungen an[51].
Er unterscheidet drei Zustände der Trennung: Häresie, Schisma
und Parasynagoge (Der letztere Ausdruck erinnert an Jo 9, 22
ἀποσυνάγωγος). Die Häretiker sind nach Basilius ganz getrennt;
sie haben einen andern Glauben an Gott. Zu diesen rechnet er die
Manichäer, Valentinianer, Marcionisten, Montanisten. Ihre Taufe
ist daher ungültig. — Schismatiker nennt er solche, die wegen
kirchlicher Angelegenheiten und wegen « heilbarer Fragen » (ζη-
τήματα ἰάσιμα), zum Beispiel wegen der Busse, getrennt sind. Of-

---

[49] Episcopum qui hoc fecerit, e ceterorum communione seiunctus, suae
tantum plebis communione contentus sit, HARDOUIN, I 988.
[50] AUG. Epist. 209, CSEL, 57 347.
[51] BASIL. *Epist.* 188, can. 1, PG, 32 664 ff.

fenbar hat er hier hauptsächlich die Novatianer im Auge. — Parasynagoge nennt er « Zusammenkünfte, die von widerspenstigen Presbytern oder Bischöfen oder von unbotmässigen Laien gehalten werden, zum Beispiel wenn einer wegen eines Verbrechens von seinem geistlichen Amt abgesetzt wird und sich nicht unterwirft, sondern sich Vorsitz und geistliches Amt anmasst, worauf dann einige mit ihm gehen und die katholische Kirche verlassen ». Er findet, dass man derartige Leute, wenn sie sich der Busse unterziehen, sogar unter Umständen wieder in ihren Weihegrad einsetzen kann.

Auch Optatus meint, durch die Donatisten sei das Kleid der Kirche noch nicht vollständig zerrissen. Gerade dadurch, dass wir « zerrissen » sagen, deuten wir ja an, dass die Teile noch in gewissem Sinn zusammengehören. Die Donatisten haben noch denselben « kirchlichen Wandel »; die Menschen streiten, aber die « Sakramente » sind noch dieselben [52]. Die Bischöfe der Donatisten sind nicht unsere Kollegen, weil sie es selbst nicht sein wollen; aber sie sind doch noch unsere Brüder [53].

Dass ein gewisser Unterschied besteht, fühlte schon Tertullian, der freilich meint. « Häresien reissen von der Einheit nicht weniger los als Spaltungen und Meinungsverschiedenheiten » [54].

Man sieht aus diesen Ausführungen, dass die theoretischen Unterschiede noch wenig durchgedacht waren. Für die Praxis der älteren Zeit haben sie schon deshalb geringere Bedeutung, weil es immer im Ermessen des Bischofs stand, in welcher Weise er im einzelnen Fall einem Getrennten die Wiederaufnahme gewähren wollte.

Doch kehren wir zur vollen Exkommunikation zurück. Es ist eine vom heutigen Standpunkt betrachtet sehr auffallende Erscheinung, dass wir im Altertum nirgends präzisiert finden, wer eigentlich das Recht hat zu « exkommunizieren », oder vielmehr, dass scheinbar jeder das Recht hat. Und doch entspricht gerade dieser Umstand ganz der antiken Auffassung der Communio.

Jeder Bischof kann einen andern Bischof « exkommunizieren », auch ohne dass er sein Metropolit oder sonstwie höhergestellt

---

[52] Opt. III 9, CSEL, 26 93.

[53] Opt. I 4, CSEL, 26 6.

[54] Haereses vero non minus ab unitate divellunt quam schismata et dissensiones. *De praescr.* 5, PL, 2 17.

ist. Stellt sich freilich heraus, dass die Gesamtkirche nicht hinter
ihm steht, dann fällt die Exkommunikation auf ihn zurück : dann
hat nicht er den andern Bischof aus der Gemeinschaft ausge-
stossen, sondern er hat sich selbst von der Gemeinschaft der übrigen getrennt. Das meint im Ketzertaufstreit Firmilianus, wenn er
dem Papst Stephanus zuruft : « Du selbst hast die grosse Sünde
begangen, indem du dich von so vielen Gemeinden getrennt hast.
Denn du hast dich selbst getrennt ; täusche dich nicht : der ist der
wahre Schismatiker, der sich selbst zum Abtrünnigen von der
Communio der kirchlichen Gemeinschaft macht » [55].

Daher machten die Bischöfe in Krisenzeiten so lebhafte
Anstrengungen zu zeigen, dass sie mit möglichst vielen Bischöfen
auf dem ganzen Erdkreis in Communio stehen. Ebenso wie Basilius in dem erwähnten Brief an die Neocäsareer fast alle Länder
der Erde aufzählt, so tut es Athanasius an mehreren Stellen seiner
Schriften, und Dionysius von Alexandria zählt dem Papst Stephanus alle kommunizierenden Orientalen auf, um ihm beizu-
bringen, dass man doch nicht mit so vielen Kirchen auf einmal
brechen könne. Dabei wird aber niemals nach Majorität und Minorität abgestimmt. Es ist nur der Gedanke : die Communio gewähren oder verweigern kann ein Bischof einem andern nur dann
wirksam, wenn die Gesamtkirche hinter ihm steht.

Ueberaus peinlich empfanden es solche Verfechter der kirchlichen Einheit wie Basilius, wenn zwei Bischöfe mit einem dritten
kommunizierten, aber unter sich die Gemeinschaft aufhoben. Eine
solche Sachlage widersprach der ganzen Idee der Communio. Basilius wirft den abendländischen Bischöfen vor — ob in einem
bestimmten Fall mit Recht oder mit Unrecht, können wir jetzt
kaum mehr bestimmen, nur so viel ist sicher, dass Basilius immer,
wenn er von den « Okzidentalen » spricht, eigentlich den Papst
meint —, dass sie in der Erteilung der Communio an einzelne
Orientalen nicht vorsichtig genug seien : sie liessen sich sofort
gewinnen, wenn ihnen einer eine orthodoxe Glaubensformel ein-
schicke, und so komme es dann vor, « dass sie mit Leuten kom-

---

[55] Peccatum vero quam magnum tibi exaggerasti, quando te a tot
gregibus scidisti. Excidisti enim teipsum, noli te fallere, si quidem ille
est vere schismaticus qui se a communione ecclesiasticae unitatis apostatam
fecerit, CYPR. *Epist.* 75 24, CSEL, III 2 825.

munizieren, die unter sich entzweit sind »[56]. Im Antiochenischen Schisma ging es allerdings Basilius selbst so: er kommunizierte mit Meletius; Athanasius (und Rom) kommunizierte mit dem Gegenbischof Paulinus. Basilius und Athanasius selbst waren aber engstens verbunden. Basilius empfand das als unhaltbaren Zustand, konnte ihn aber nicht beheben.

Weitere Beobachtungen zur Communio

Auch die einzelne Lokalkirche, oder wie wir heute sagen Diözese, bildet eine Communio. Natürlich sind Bischof, Klerus und Volk gewissermassen eine hierarchische Pyramide, aber mehr noch sind sie ein Organismus. Cyprian schreibt aus seinem Versteck an die Seinigen, er wolle jetzt nichts Endgültiges entscheiden, denn er habe sich von Anfang an vorgenommen, nichts ohne den Rat des Klerus und die Zustimmung des Volkes zu unternehmen[57]. Bei der Aussöhnung der römischen Confessoren beruft Cornelius das Presbyterium, und auch das Volk hat mitzureden. Anderseits schreiben die römischen Presbyter während der Sedisvakanz, sie müssten mit der Lapsi-Frage warten, bis wieder ein Bischof gewählt sei, der cum auctoritate entscheiden könne[58].

Diese Sachlage erschwert uns oft das Verständnis der Vorgänge. Einerseits ist gar kein Zweifel, dass in der antiken Lokalkirche der Bischof der unbeschränkte und alleinige Herr im Hause ist, von dem alles abhängt und durch dessen Hand alles geht, bis hinab zu den Einzelheiten der Armenpflege. Anderseits erscheint neben ihm der Klerus, den er als Brüder, als Compresbyteri und Condiaconi anredet, ohne den er nichts beschliesst, und selbst das Volk hat überall mitzureden, selbst bei der Anstellung eines Lektors. Von aussen betrachtet erscheint die Lokalkirche wie eine einzige Person. So werden auch häufig die Briefe geschrieben, besonders in der ältesten Zeit: « Die Kirche Gottes zu Smyrna an die Kirche Gottes zu Philomelium und an sämtliche Gemeinden der heiligen katholischen Kirche allerorts ». Die Kirche von Smyrna

---

[56] BASIL. *Epist.* 129 3, PG, 32 562.
[57] *Epist.* 14 4, CSEL, III 2 512.
[58] CYPR. *Epist.* 30 5, CSEL, III 2 553.

hatte zwar damals, als sie mit diesen Worten ihren Bericht über
das Martyrium des Polycarpus einleitete, vielleicht noch keinen
neuen Bischof. Aber die Kirche von Philomelium wird um diese
Zeit nicht auch gerade vakant gewesen sein. Ignatius schreibt seine
Briefe an die Gemeinden von Ephesus usw., natürlich an die ganzen Gemeinden, nicht etwa nur an die Laien. Diese Gemeinden
hatten jede ihren Bischof. Von Smyrna wissen wir es ausdrücklich, dass Polycarpus um diese Zeit dort Bischof war; dennoch
schreibt Ignatius « an die Smyrnäer ». Die Kirche von Rom schreibt
an die Kirche von Korinth. Wir wissen aus dem Zeugnis des Dionysius von Korinth, dass der Bischof Clemens den Brief geschrieben hat; er selbst nennt sich nicht.

Manchmal schreiben die Bischöfe aber auch mit Namen, oder
nennen als Adressaten nicht die Gemeinde, sondern den dortigen
Bischof, ohne dass wir immer einen Grund oder eine Regel feststellen könnten. Dass Ignatius selbst schreibt, nicht als « Kirche
von Antiochia », mag seinen Grund darin haben, dass seine Briefe
auf der Reise, fern von Antiochia, geschrieben sind. Aber Polycarpus wird doch nicht auch gerade auf der Reise gewesen sein,
als er im eigenen Namen an die Philipper schrieb. Irenäus scheint
an Victor geschrieben zu haben, nicht die Kirche von Lyon an die
Kirche von Rom. Auch Dionysius von Alexandria schreibt an
Fabius von Antiochia namentlich, verwendet aber im Brief als
Anrede bald Adelphoi, bald Adelphé [59]. In Form und Inhalt mer-
ken wir kaum einen Unterschied, ob der Bischof allein schreibt
oder zusammen mit seiner Kirche und in ihrem Namen, ebenso
wie es bei den Briefen Cyprians weder im Gegenstand noch im
Ton einen Unterschied macht, ob er sie allein unterzeichnet oder
als Synodalschreiben mit mehreren zusammen. Die Communio
bringt es eben mit sich, dass der Bischof nicht der Beauftragte seiner Kirche ist oder sie vertritt, sondern er ist gewissermassen die
Kirche. Er kann daher einen andern Bischof mit « mein Bruder »
oder auch mit « meine Brüder » anreden.

Es ist allerdings richtig, dass etwa vom dritten Jahrhundert
an der einzelne Bischof kaum noch als « Kirche » schreibt oder
den Adressaten als « Kirche » anredet. Das kommt zum Teil da-

---

[59] CHARLES L. FELTOE, *The letters of Dion. of Alex.*, Cambridge 1904,
3 Anm. I.

her, dass man sich später überhaupt keine so allgemein gehaltenen Erbauungsbriefe zuschickte, die zur Verlesung beim Gottesdienst geeignet waren, sondern nur mehr über konkrete Geschäftsange- legenheiten korrespondierte. Jedenfalls können wir aus einer sol- chen Aenderung im Briefstil nicht gleich auf eine Aenderung der Verfassung oder Organisation der Kirche schliessen.

Was den äusseren Stil angeht, so spielt hier auch der Um- stand mit, dass im Altertum die kollektive Denk- und Ausdrucks- weise anders angewendet wurde als von uns. Im Altertum redete ein Gesandter oder sonst ein Sprecher den ganzen Staat an mit « Ihr Männer von Athen », « Römer », « Quiriten ». Auch Ver- träge wurde so geschlossen. Der Bündnis- und Handelsvertrag, den die Römer mit den Karthagern im Jahr 509 vor Christus ab- schlossen, und dessen Text uns Polybius aufbewahrt hat, beginnt: « Auf folgende Bedingung soll Freundschaft sein zwischen den Römern und den Bundesgenossen der Römer und den Kartha- gern und den Bundesgenossen der Karthager ». Eine solche Ur- kunde lässt keinen Schluss zu auf die Verfassungsform der be- treffenden Staaten, ob es damals dort Könige oder Konsuln, eine Monarchie, Aristokratie, Republik oder ein Parlament gegeben hat, Der Brief 1 Makk 12,6 beginnt: « Jonathas, der Hohepriester, und die Aeltesten des Volkes und die Priester und das übrige Volk der Juden, den Spartanern, ihren Brüdern, Gruss ». Es ist die Antwort auf einen früheren Brief (12,20): « Arius, König der Spartaner, dem Hohenpriester Onias Gruss ». Aus der An- rede: « den Spartanern, ihren Brüdern », würde man nicht schlies- sen können, dass es damals in Sparta Könige gab.

Wären die neueren Kirchenhistoriker solchen allgemeinen Beobachtungen nachgegangen, so hätten sie sich viele unfrucht- bare Erörterungen über « die Entstehung des monarchischen Episkopats » sparen können. Denn tatsächlich finden wir in den Quellen niemals Kirchen ohne Episkopat, auch in der ältesten Zeit nicht, wohl aber begegnet uns auch in späteren Jahrhunderten immer wieder die Auffassung, dass Bischof und Kirche eine Ein- heit bilden, sozusagen identisch sind, dass der Bischof seinem Klerus und seinen Gläubigen nicht lediglich gegenübersteht wie ein Lehrer seinen Schülern, ein Feldherr seinen Soldaten, ein Herr seinen Dienern, sondern dass zum Mindesten daneben noch das viel engere Verhältnis von Haupt und Gliedern besteht, und

dass eine volle Scheidung eigentlich erst in dem aussernormalen
Fall erscheint, wenn Haupt und Glieder miteinander in Konflikt
geraten.

Communio und Autorität

So wie uns die kirchliche Communio in den Quellen entgegentritt, ist sie ein durchaus reales, lebendiges Gebilde. Wir wollen
sie einstweilen noch nicht als System bezeichnen, weil wir unter
System ein logisches Gebilde verstehen oder ein reales Gebilde
mit logischem Unterbau. Ob ein solcher, und was für einer bei
der Communio vorhanden ist, müssen wir aber erst untersuchen.

Sicher ist, dass die Communio *mehr* besagt als die blosse Gemeinsamkeit der christlichen Lehre oder des Glaubens. Der einzelne Sünder, der aus der Communio ausgeschlossen wird, hat
nach wie vor den gemeinsamen Glauben. Wir finden auch früh
ganze Gemeinden, die nicht zur Communio gehören. Bei den No-
vatianern wird immer wieder anerkannt, dass sie denselben Glauben haben wie die Katholiken. Trotzdem sind sie exkommuniziert.

Deutlich tritt dagegen bei der Communio das *sakramentale Element* hervor. Die Exkommunizierung des Sünders besteht darin,
dass er von der Eucharistie ausgeschlossen wird, und seine Wiederaufnahme in die Communio erfolgt durch die Wiederzulassung zur
Eucharistie. Ebenso beziehen sich die Kommunionbriefe, die den
einzelnen Christen ausgestellt werden, unmittelbar auf die Zulas-
sung zur Eucharistie in einer fremden Gemeinde.

Damit ist mit derselben Deutlichkeit das *autoritative Element*
gegeben. Aufnahme in die sakramentale Communio und Ausschluss
aus ihr erfolgt durch die Autorität. Die Autorität stellt Kommunionbriefe aus und entscheidet, ob Kommunionbriefe Auswärtiger
anzunehmen sind oder nicht.

Die Communio ist also ein sakramentales Gebilde, und zugleich und untrennbar davon auch ein juristisches. Unter juristisch
verstehen wir hier zunächst nur, dass sie wesentlich ein juristisches
Element enthält.

Eine blosse « Episkopalverfassung », wie sie Heiler und viele
andere für die ersten Jahrhunderte aufstellen wollen, ist damit
ausgeschlossen. Heiler schreibt : « Die Einheit des Episkopats wird
jedoch bei Cyprian nicht durch bestimmte Institutionen garantiert,

sie besteht einzig und allein in der concordia mutua, durch welche
die einzelnen Bischöfe miteinander in brüderlichem Austausch stehen. Die Unitas ecclesiae im Sinn Cyprians stellt sich nach Caspars treffender Formulierung als ein ' Liebesbund gleichgeord-
neter Bischöfe und Synodalgemeinschaften ' dar » [60]. Wir wollen
hier nicht auf die *theoretische* Konstruktion Cyprians eingehen, sondern nur betonen, dass das einigende Band, das die Bischöfe und
damit die ganze Kirche zusammenschloss, auch zu Cyprians Zeit
jedenfalls etwas anderes war als die blosse Gleichheit der Gesinnung und die Brüderlichkeit. Wohl gibt es Gesinnungsverschie-
denheiten, die *zur Folge* haben, dass dieses einigende Band gelöst
wird. Aber nicht alle sind dieser Art. Die Einheit kann unter Umständen bestehen bleiben auch bei Meinungsverschiedenheit über
wichtige Gegenstände. Die « Brüderlichkeit », der Affekt der persönlichen Freundschaft, spielt dabei überhaupt eine untergeordnete Rolle, schon deshalb, weil sich die meisten Bischöfe gar nicht
persönlich kannten.

Eher noch könnte man geneigt sein, das einigende Band, das
die Kirche zusammenhielt, in der *Interessengemeinschaft* zu suchen.
In einem Parlament halten die Abgeordneten einer Partei zusammen, nicht aus « Bruderliebe » und auch nicht, oder wenigstens
nicht nur, aus Gesinnungsgleichheit. Es kann vorkommen, dass
sie in wichtigen Fragen verschiedener Meinung sind, aber ihre
persönliche Ansicht der Parteigeschlossenheit zum Opfer bringen.
Dennoch ist das, was sie zusammenhält, kein juristisches Band, sondern die Ueberzeugung, dass sie nur durch gemeinsames Vorgehen
ihren Einfluss auf die Regierung behaupten, einzelne Programm-
punkte verwirklichen und für künftige Wahlen ihre Wähler zusammenhalten können. Würde eine solche Interessengemeinschaft
nicht auch bei den Bischöfen der alten Kirche genügt haben, um
sie ohne jede juristische Bindung zusammenzuhalten?

Darauf ist wiederum mit Nein zu antworten. Eine solche Interessengemeinschaft entsteht nur da, wo eine *Front nach aussen*
besteht, die Absicht einer gemeinsamen Aktion nach aussen. Gerade das fehlt aber der alten Kirche, und wir wundern uns sogar
darüber, dass es fehlt. Die Geschichte der Verfolgungen zeigt uns

---

[60] Altkirchliche Autonomie und päpstlicher Zentralismus, München
1941 16.

nicht die leiseste Spur davon, dass die Bischöfe des Erdkreises sich zu irgend einer gemeinsamen Abwehr die Hand gereicht hätten, obwohl sich ihr Einfluss mindestens im 3. Jahrhundert über einen zahlenmässig nicht geringen Teil der Reichsbevölkerung erstreckte. Nicht einmal an der Ausbreitung und dem Wachstum der Gesamtkirche erscheinen sie in der Weise interessiert, dass sie sich zu gemeinsamer Aktion zusammengefunden hätten. Das was die einzelnen Bischöfe im Altertum zu einer Einheit verbindet, ist nicht die Ueberzeugung, dass sie zusammenhalten müssen, *um etwas zu erreichen,* sondern die Ueberzeugung, dass diese Einheit *vorhanden* ist, als Zustand, unabhängig davon, was der einzelne fühlt oder denkt oder tut, und damit kommen wir eben wieder auf das sakramental-juristische Band der Communio.

Dieses einigende Band der kirchlichen Communio tritt uns in der ganzen alten Kirchengeschichte mit voller Deutlichkeit entgegen, ohne dass man hier von einer « Entwicklung » reden könnte, als ob die Communio etwa im 2. Jahrhundert weniger bestanden hätte oder weniger gefühlt worden wäre als im vierten oder fünften. Höchstens darin kann man eine Entwicklung sehen, dass im Lauf der Zeit eine gewisse Kasuistik entsteht. Mehr durch fortgesetzte Uebung als auf Grund theoretischer Erwägungen ergeben sich bestimmte Fälle, die ohne Weiteres den Bruch der Communio zur Folge haben, und solche die es nicht tun. Besonders die Abstufungen der Communio bilden sich erst allmählich aus. Anfangs gibt es nur das Entweder- Oder. Später kommen dann solche Zwischenlösungen dazu, wie Ausschluss aus der Synode ohne Ausschluss aus der Gesamtkirche.

Etwas ganz anderes als die gelebte und geübte Communio ist nun die theoretische, juristische Durcharbeitung des Begriffes. Hier ist allerdings eine gewaltige Entwicklung zu erkennen. Aber auch sie ist keineswegs sprunghaft, sondern sie ist wie die meisten Lehrentwicklungen ihren Weg durch die Jahrhunderte sehr langsam gegangen. Die volle juristische Durcharbeitung des Kirchenbegriffs gehört erst einer viel späteren Zeit an. In den ersten Jahrhunderten und bis weit ins Mittelalter hinein sind erst einige Ansätze zu erkennen.

Die Stellung der römischen Kirche innerhalb der Communio

Von allem Anfang an, vor allen theoretischen Erwägungen, war es klar, dass die kirchliche Communio eine gewisse innere Struktur aufweist, dass also nicht alle Einzelkirchen oder Einzelbischöfe innerhalb der Communio dieselbe Stellung haben.

Damit sich einer als zur Communio gehörend ausweist, genügt es, dass er mit irgend einer Kirche kommuniziert, die selbst zur Communio gehört.

Optatus sagt in der erwähnten Stelle: Si inde habetis aliquem unum, per unum communicatis et ceteris angelis (den Bischöfen), et per angelos supramemoratis ecclesiis, et per ipsas ecclesias nobis. Es genügt also, dass einer mit dem Bischof von Gubbio oder Calama oder Cyzicus kommuniziert; wenn diese Bischöfe zur allgemeinen Communio gehören, dann kommuniziert er durch sie mit der Gesamtkirche. Sobald es aber zweifelhaft ist, ob der Bischof von Cyzicus zur Gesamtkirche gehört, hilft die Communio mit ihm nichts; der Bischof von Cyzicus muss dann selbst erst nachweisen, dass er wirklich zur Communio gehört. Daraus ergibt sich — zunächst wiederum einfach aus der Praxis — die Notwendigkeit, ein Kriterium zu haben, an dem man die Zugehörigkeit jedes einzelnen Bischofs erkennen kann.

Das einfachste Kriterium ist die *Menge* der Bischöfe. Wenn ein Bischof mit vielen hunderten von andern Bischöfen auf dem ganzen Erdkreis in Communio steht, dann wird seine Communio die richtige sein, auch wenn es einzelne gibt, die ihm die Communio verweigern. Dieses Kriterium ist, weil eindrucksvoll und leicht zu verstehen, sehr üblich, besonders bei den Griechen.

Athanasius, Basilius und andere zählen oft die ganze Landkarte des römischen Reichs auf, um zu zeigen, dass sie zur wahren Communio gehören. Dabei wird nicht untersucht, wie gross die Majorität sein muss. Es wird nicht nach Köpfen abgestimmt, sondern es entscheidet einfach die *überwältigende Mehrheit*.

Ein anderes Kriterium ist die Communio mit den *ältesten Kirchen*, also mit denen, die noch von den Aposteln selbst gegründet sind. Dieses wurde besonders in Afrika gegen die Do-

natisten angewendet [61]. Da es in Afrika im 5. Jahrhundert mehrere
hundert donatistische Bischöfe gab, war das Kriterium von der
überwältigenden Mehrheit dort nicht so eindrucksvoll. Augustinus ruft den Donatisten zu, sie müssten ihre Anklagen nicht nur
gegen den Bischof von Karthago richten und nicht nur gegen den
römischen, verum etiam Corinthiorum, Galatarum, Ephesiorum,
Thessalonicensium, Colossensium, Philippensium, ad quas apertissime scribit Apostolus Paulus, Jerosolymitanam, quam primus
apostolus Jacobus episcopatu suo rexit, Antiochensem, ubi primo
appellati sunt discipuli Christiani [62].

Dieses Kriterium hatten besonders die älteren Kirchenschrift-
steller angewendet, wo es sich den Gnostikern und andern frühen
Häretikern gegenüber nicht so sehr um die Einheit der Kirche,
als um die Unversehrtheit des Depositum fidei handelte. So sagt
Irenäus: Et si de aliqua modica quaestione disceptatio esset, nonne
oportet in antiquissimas recurrere ecclesias, in quibus Apostoli
conversati sunt, et ab eis de praesenti quaestione sumere quod certum et re liquidum est; [63]. Und Tertullian: Constat proinde omnem doctrinam quae cum illis ecclesiis apostolicis, matricibus et
originalibus fidei, conspiret, veritati deputandum, sine dubio te-
nentem quod ecclesiae ab Apostolis, Apostoli a Christo, Christus
a Deo accepit ... Communicamus cum ecclesiis apostolicis, quod
nulli doctrina diversa: hoc est testimonium veritatis [64].

Mit solchen Kriterien liess sich überall da arbeiten, wo man
auf *notorische Verhältnisse* hinweisen konnte. Man brauchte dann
nicht nach einem letzten Kriterium zu suchen und sich darüber
Rechenschaft zu geben, wodurch eine Einzelkirche, über deren
Zugehörigkeit zur Communio kein Zweifel bestand, diese Zugehörigkeit besass. Wenn man sich jedoch über den *letzten Grund*
Rechenschaft geben wollte, kam man auf die *Communio mit Rom.*

Optatus schreibt: «Auf Damasus folgte (als Bischof von
Rom) Siricius, der heute unser Kollege (im Bischofsamt) ist, mit
dem (d. h. durch den) mit uns der ganze Erdkreis im Briefverkehr
in der Gemeinschaft einer einzigen Communio übereinstimmt» [65].

---

[61] AUGUSTINUS, vgl. Anm. 36.

[62] *Contra Cresconium*, II 37, PL, 43 194.

[63] *Haer.* III 4 1, QG, 7 855.

[64] *De praescr.* 21 PL, 2 33.

[65] ... Damaso Siricius, hodie qui noster est socius: cum quo nobis

Das Commercium formatarum haben wir oben beschrieben. Optatus greift diese Einrichtung heraus, um an ihr den Donatisten gegenüber deutlich zu machen, was er meint: *Rom führt die entscheidende Liste.* Eine Kirche, die mit Rom in Communio steht, steht mit der ganzen katholischen Kirche in Communio. Prinzipiell ist das zwar mit jeder rechtmässigen Kirche der Fall, wie Optatus selbst sagt [66]. Damit also eine Kirche ihre Zugehörigkeit zur allgemeinen Communio beweist, genügt es, dass sie die Communio mit irgend einer Kirche nachweist, die ihrerseits wieder in Communio steht mit andern und so weiter. Aber schliesslich muss man an ein Ende des Beweisganges kommen, und dieses Ende ist eben die Communio mit Rom.

Als Optatus dies schrieb, dass er über den Weg der römischen Kirche mit dem ganzen Erdkreis kommuniziere, wusste er sehr wohl, dass es damals nicht wenige Kirchen gab, die mit Rom keine Communio hatten. Trotzdem sagt er: der ganze Erdkreis. Die römische Communio ist eben die einzige, die es gibt, und wer nicht dazugehört, ist sozusagen gar nicht vorhanden.

Augustinus schreibt: « Karthago hatte (zu Cyprians Zeit) einen Bischof von nicht geringem Ansehen, der auch eine Menge von Gegnern nicht zu fürchten brauchte, da er wusste, dass er sowohl mit der *römischen Kirche, in der immer der Prinzipat des apostolischen Stuhles in Kraft war,* als auch mit den übrigen Ländern, aus denen das Evangelium nach Afrika gekommen ist, durch die Kommunionbriefe verbunden war » [67].

Ganz dasselbe spricht der Zeitgenosse des hl. Augustinus aus, der Papst Bonifaz I (418-422), wenn er schreibt: « Die Organisation der Gesamtkirche beruht von ihrem Ursprung an auf der Vorzugsstellung des heiligen Petrus. Darin besteht ihre ganze Regierung. Denn *aus seiner Quelle* ist mit dem Grösserwerden der Religion *die Kirchenzucht in alle Kirchen geflossen*... Es steht

---

totus orbis commercio formatarum in una communionis societate concordat. II 2, CSEL, 26 37.

[66] Oben Anm. 42.

[67] Non mediocris Carthago auctoritatis habebat episcopum, qui posset non curare conspirantem multitudinem inimicorum, quum se videret et Romanae ecclesiae, in qua semper apostolicae cathedrae viguit principatus et ceteris terris, unde evangelium ad ipsam Africam venit, per communicatorias litteras esse coniunctum. *Epist.* 43 7, PL, 33 163.

also fest, dass diese Kirche (nämlich die Römische) für die auf
dem Erdkreis zerstreuten Kirchen gleichsam das Haupt für seine
Glieder ist. *Wer sich von ihr trennt, steht ausserhalb der christlichen Religion,* sobald er nicht mehr zu ihrem Gefüge gehört,
Wie ich höre wollen einzelne Bischöfe die apostolische Rechtsord-
nung beiseite setzen und (damit) gegen das ausdrückliche Gebot
Christi Neuerungen versuchen, indem sie sich von *der Communio des Apostolischen Stuhles, genauer gesprochen von seiner
Amtsgewalt, zu trennen versuchen ...* » [68]. — Wenn E. Caspar meint,
Bonifatius I gebe hier « zum erstenmal in nuce eine päpstlich ab-
gestempelte Gesamtschau vom Aufbau der Kirche in seiner geschichtlichen Entwicklung » [69], so täuscht er sich. Die Vorstellung von der römischen Kirche als Haupt der Communio ist damals ganz allgemein und sie ist viel älter als das beginnende 5. Jahrhundert.

Ambrosius schreibt im Jahr 381 an die Kaiser Gratian und
Valentinian, sie möchten dafür sorgen, « dass die römische Kirche, das Haupt des ganzen römischen Erdkreises, nicht gestört
werde; *denn von dort* (nämlich von Rom) *ergiessen sich in alle*
(andern Kirchen) *die Rechte der ehrwürdigen Communio* » [70].

Hieronymus schreibt an Damasus: « Ich rede mit dem Nachfolger des Fischers und dem Jünger des Kreuzes. Ich will keinem
andern folgen als Christus und daher bin ich mit deiner Seligkeit,
das heisst mit dem Stuhl Petri, in Kommunion verbunden. Ich weiss,
dass die Kirche auf diesen Felsen gebaut ist. *Wer das Lamm
ausserhalb dieses Hauses isst, der ist ein Profaner* » [71]. ... « Und

---

[68] Institutio universalis nascentis ecclesiae de beati Petri sumpsit honore
principium, in quo regimen eius et summa consistit. Ex eius enim ecclesiastica disciplina per omnes ecclesias, religionis iam crescente cultura,
fonte manavit. ... Hanc ergo ecclesiis toto orbe diffusis velut caput suorum
certum est esse membrorum. A qua se quisquis abscidit, fit christianae
religionis extorris, cum in eadem non coeperit esse compage. Audio episcoporum quosdam, apostolico iure contempto, novum quidpiam contra
Christi propria praecepta tentare, cum se ab apostolicae sedis communione,
et ut dicam verius potestate, separare nituntur etc. PL, 20 777.

[69] *Geschichte des Papsttums,* I Tübingen 1930 381.

[70] Inde enim in omnes venerandae communionis iura dimanant, AMBR.
Epist. 11 4, PL, 16 964. Diese klassische Formulierung hat das Vatik.
Konzil übernommen Sess. IV c. 2.

[71] Cum successore Piscatoris et discipulo crucis loquor. Ego nullum
primum nisi Christum sequens, Beatitudini tuae, id est cathedrae Petri,

weil ich meiner Sünden wegen in diese Einöde gewandert bin,
an der Grenze von Syrien und Barbarenland, und wegen der weiten Entfernung nicht in der Lage bin, das Heilige des Herrn (die
Eucharistie) immer wieder von deiner Heiligkeit zu erbitten, so
halte ich mich hier an deine Kollegen, die ägyptischen Bekenner,
und verschwinde wie ein Kahn zwischen Frachtschiffen. Vitalis
kenne ich nicht, Meletius lehne ich ab, von Paulinus weiss ich
nichts. Wer nicht mit dir sammelt, zerstreut: das heisst, wer nicht
zu Christus gehört, gehört zum Antichrist». Es handelt sich um
das antiochenische Schisma. Die Gegend, in der Hieronymus wohnt,
gehört zum antiochenischen Patriarchat. Er müsste sich also für
einen der drei gleichzeitigen Bischöfe entscheiden. Aber er kann
die Rechtsfrage nicht lösen und erklärt daher: Ich habe Communio mit Rom, darauf allein kommt es zuletzt an.

Das sind nun alles verhältnismässig späte Zeugnisse. Aber
wir haben keinen Grund anzunehmen, dass diese Auffassung erst
im vierten Jahrhundert entstanden wäre. Sie ist bei Cyprian im
dritten Jahrhundert ebenso deutlich. Er schreibt an den eben ge-
wählten Cornelius, er bemühe sich eifrig, «dass alle unsere Kollegen *dich und deine Gemeinschaft, das ist die Einheit und Liebe
der katholischen Kirche* anerkennen und festhalten »[72]. Die Communio mit dem römischen Bischof ist also identisch mit der Zugehörigkeit zur katholischen Kirche. Communicationem tuam id
est catholicae ecclesiae unitatem konnte man so einfachhin von
keiner andern Kirche sagen, nicht von Alexandria und nicht von
Karthago, obwohl Cyprian sonst sehr wohl wusste, was Karthago
und was er selbst in der Gesamtkirche bedeutete.

An denselben Cornelius schreibt Cyprian über die afrikanischen Schismatiker: «Sie haben sich zu allem andern von Häretikern einen Pseudo-Bischof aufstellen lassen und wagen sich aufs
Meer (und fahren) zum Stuhl Petri und zu der *Hauptkirche, von
der die Gemeinschaft der Bischöfe ausgegangen ist,* um ihr von
Schismatikern und Profanen Briefe zu bringen; dabei bedenken

communione consocior. Super illam petram aedificatam ecclesiam scio.
Quicumque extra hanc domum agnum comederit, profanus est. *Epist.* 15,
PL, 22 355.

[72] Ut te universi collegae nostri et communicationem tuam id est catholicae ecclesiae unitatem pariter ac caritatem probarent firmiter ac te-
nerent. Epist. 48 3, CSEL, III 2 607.

sie nicht dass das die Römer sind, deren Glaube schon vom Apostel (Paulus) gelobt wird, zu denen der Unglaube keinen Zutritt
hat » [73]. Unitas sacerdotalis ist die Gemeinschaft der Bischöfe,
Communio episcoporum. Sie ist von Rom aus entstanden. Das
kann nicht historisch gemeint sein. Rom war nicht das erste Mis-
sionszentrum. Historisch ist die Kirche von Jerusalem aus entstanden. « Exorta est » ist also präsentisches Perfekt, soviel wie
exoritur, ein für alle Male. *Die Communio der Bischöfe entsteht
von Rom aus,* immer aufs Neue, sie hat in Rom ihren Mittelpunkt,
nicht den geographischen, sondern den Kraftmittelpunkt. Daher
ist Rom die Hauptkirche, die ecclesia principalis, oder wie sie
Cyprian an anderer Stelle nennt, « *der Mutterboden und die Wur-
zel der katholischen Kirche* » [74].

Das ist die Principalitas der römischen Kirche, von der mehr
als fünfzig Jahre früher Irenäus redet: « *Mit dieser Kirche müssen sich wegen ihrer besonderen Vorrangstellung alle andern Kirchen zusammenfinden* » [75]. Convenire ist hier wiederum nichts anderes als communicare.

Auch aus der Darstellung Tertullians über die Montanisten-
angelegenheit blickt derselbe Gedanke durch. Nach ihm war der
entscheidende Wendepunkt der Augenblick, als der römische Bischof, unter dem Einfluss des Praxeas, die an die Kirchen Asiens
und Phrygiens ausgestellten oder bereits abgeschickten Kommunionbriefe zurücknahm [76]. Diese Darstellung mag geschichtlich
ungenau sein; hier kommt es uns auf das Prinzip an: die Zugehörigkeit zur Kirche steht und fällt mit der römischen Communio [77].

---

[73] Post ista adhuc insuper pseudoepiscopo sibi ab haereticis constituto
navigare audent et ad Petri cathedram atque ad ecclesiam principalem,
unde unitas sacerdotalis exorta est, ab schismaticis et profanis litteras
ferre, nec cogitare eos esse Romanos, quorum fides apostolo praedicante
laudata est, ad quos perfidia non possit habere accessum. *Epist.* 59 14,
CSEL, III 2 683.

[75] Ad hanc enim ecclesiam propter potiorem (al. potentiorem) prin-
cipalitatem necesse est omnem convenire ecclesiam. IREN. *Haer.* III 3 2,
PG, 7 849.

[76] TERT. *Adv. Prax.* 1, PL, 2 155 f.

[77] BIHLMEYER, *KG*, § 21 2, S. 81: « Die Verbindung mit Rom galt eben
nach Irenäus III 3, 2 und Tertullian adv. Prax. 1 gleich der Gemeinschaft mit der Gesamtkirche ».

Ganz in demselben Sinn dürfen wir auch das vielbesprochene Wort interpretieren, das abermals fast hundert Jahre früher der Apostelschüler Ignatius schrieb, als er die römische Kirche « *die Vorsitzende der Agape* » nannte. Agape ist hier wiederum nicht ein blosser Liebesbund, wie man es gern übersetzt, sondern es ist nichts anderes als die Communio. « Vorsteherin der Agape » ist im Sinn der altchristlichen Denkweise praeses communionis. Die römische Kirche ist das Zentrum und das Haupt des sakramentalen Bundes der Communio.

Das wussten sogar die Heiden, dass nur der wirklicher Christ ist, der mit der römischen Kirche in Communio steht. Als der Bischof von Antiochia Paulus von Samosata wegen Häresie von einer Synode abgesetzt wurde (268), wollte er sich nicht fügen und Kirche und Bischofswohnung nicht an seinen Nachfolger herausgeben. Der Prozess ging an den Kaiser Aurelian (270-275). « Dieser entschied die Sache ganz richtig dahin, dass dem das Haus übergeben werden müsse, dem die Vorsteher der christlichen Religion in Italien und *der römische Bischof Briefe schreiben* »[78]. Dass Eusebius diese Entscheidung « ganz richtig » (αἰσιώτατα) nennt, ist ein neues Zeugnis, für Eusebius selbst.

Gerade bei Eusebius ist dieses Zeugnis sehr bemerkenswert, weil bei ihm von einer Primats*theorie* äusserst wenig zu spüren ist. Er redet zwar in seiner Kirchengeschichte häufig von den römischen Bischöfen und zählt ihre ganze Sukzessionsreihe auf, aber aus seiner Darstellung geht nichts weiter hervor, als dass er Rom als eine der Haupt- und Urkirchen betrachtet, nicht anders wie Alexandria, Antiochia und Jerusalem. Dennoch sagt er hier, wo es sich in einem Streitfall um das letzte Kriterium der Zugehörigkeit zur Communio handelt — Antiochia ist selbst eine Apostelkirche und sogar älter als Rom — dass die Entscheidung « vollständig richtig » in der Communio mit Rom gesucht werden müsse.

Als im Jahr 335 Athanasius von der Synode von Tyrus abgesetzt wurde, reiste er nach Rom, um sich von Papst Julius die römische Communio bestätigen zu lassen. Dasselbe tat der gleichzeitig abgesetzte Bischof Marcellus von Ancyra in Galatien. Athanasius sagt: Julius und die mit ihm versammelten Bischöfe ἐκύ-

---

[78] Eus. *KG,* VII 30, 18. 19.

3

ϱωσαν εἰς ἡμᾶς τήν τε κοινωνίαν καὶ τὴν ἀγάπην [79]. κῦϱος ist recht
eigentlich die Autorität, κυϱοῦν heisst autoritativ bestätigen. Man
kann das, was Athanasius tat, als Appellation bezeichnen; aber er
geht nicht von einem Gericht, bei dem er seinen Prozess verloren hat,
zu einer übergeordneten Instanz, um das Urteil umstossen zu lassen, sondern er will vor aller Welt dartun: Ich besitze die römische
Communio, darum kann mir keiner etwas anhaben. Das Urteil
der Synode von Tyrus ist damit nicht nur umgestossen, sondern
als von Anfang an unmöglich und unwirksam erklärt. Das ist
mehr als eine Appellation an eine höhere Instanz.

Gerade den Christen aus der Osthälfte des Reichs lag immer
sehr viel daran, ihre Communio mit Rom zu betonen. Nur so
erklärt sich das auffallende Zusammenströmen von östlichen Lehrern aller Art in Rom, das schon im frühen zweiten Jahrhundert
erkennbar ist. Die Reihe beginnt für uns mit Marcion, Cerdo,
Valentin, Heracleo und andern alten Gnostikern; dann kommen
Hegesipp, Justin, Tatian, später die beiden Theodot und ihr Anhang, ferner Proclus, Praxeas und endlich der berühmte Origenes.
Diese Beobachtung ist schon so oft gemacht worden, dass sie
nicht näher ausgeführt zu werden braucht. Manche von diesen
Lehrern kamen sozusagen studienhalber nach Rom; sie wollten,
wie Hegesipp und Origenes, die apostolische Ueberlieferung dieser
Kirche kennen lernen. Die meisten wollten aber in Rom selbst
lehren. Dabei war die römische Christengemeinde kein besonders
günstiger Boden für geistvolle Lehrvorträge und vor allem nicht
für Sonderdoktrinen, wie sie von den meisten dieser Fremden
gepflegt wurden. Rom muss für sie lediglich Anziehungskraft be-
sessen haben als Zentrum der Christenheit. Die römische Communio besass für sie solchen Wert, dass manche, wie Marcion
und Valentin, trotz mehrfacher Massregelung die grössten Anstrengungen machten, sich in ihr zu halten.

Ursachen für die Zentralstellung Roms

Dass die römische Kirche in den ersten Jahrhunderten in irgend welcher Hinsicht eine Vorrangstellung hat, wird denn auch

---

[79] *Apol.* 20, PG, 35 281.

heute kaum bestritten. Prima sedes ist sie auf jeden Fall. Die Frage ist nur, worin dieser unleugbare « Primat » besteht, und in welcher Beziehung er zu dem späteren päpstlichen Primat steht. Wir haben versucht, diese Vorrangstellung als « Zentrum der Communio » zu begreifen. Bevor wir jedoch weitergehen und untersuchen, welche Beziehung zwischen « Zentrum der Communio » und « päpstlichem Primat » besteht, wollen wir kurz auf die Ursachen eingehen, wie diese schon so früh hervortretende Vorrangstellung entstanden sein könnte.

Ganz unvorstellbar ist die *Entstehung auf literarischem Weg,* die neuestens am schärfsten *Erich Caspar* vertreten hat. Nach Caspar wäre der Weg etwa folgender: Tertullian bringt durch sein Ecclesia Petri propinqua [80] Rom in Beziehung zu Petrus [81]. Cyprian wäre dann einen Schritt weitergegangen und hätte erstmalig den römischen Stuhl als Cathedra Petri bezeichnet [82]. Er wäre es auch gewesen, der zum erstenmal die Stelle Mt. 16, 18 auf Rom angewendet hätte. Papst Stephanus hätte sich nun « mit genialem Griff » dieser cyprianischen Deduktion bemächtigt und im Ketzertaufstreit die Waffe gegen Cyprian gekehrt, die dieser selbst geschmiedet hatte. Das will Caspar aus dem Brief Firmilians erkennen [83]. Firmilian sei aber selbst über diese unerwartete Konsequenz « verblüfft » gewesen. Die übrige Christenheit hätte von diesen theologischen Manövern nichts bemerkt; aber schliesslich seien dann doch diese Texte der Anlass geworden, dass sich die Primatlehre in der Kirche festsetzte.

---

[80] *De pud.* 21 10, PL, 2 1025.

[81] Dass Petrus in Rom war und dass die römische Bischofsreihe bis auf Petrus zurückreicht, hat vor Tertullian mindestens schon Irenäus gewusst. Tertullian spricht an dieser vielumstrittenen Stelle nicht ausschliesslich von Rom: idcirco praesumis et ad te derivasse solvendi et alligandi potestatem, id est ad omnem ecclesiam Petri propinquam. Selbst wenn er, was nicht wahrscheinlich ist, den Papst Callistus im Auge hat, so redet er doch von allen Bischöfen und Kirchen, die auf Petrus als den gemeinsamen Felsen zurückgehen.

[82] *Epist.* 59 14, CSEL, III 2 683 ad Petri cathedram atque ad ecclesiam principalem, unde unitas sacerdotalis exorta est.

[83] Bei CYPR. *Epist.* 75 17, CSEL, III 2 821: qui sic de episcopatus sui loco gloriatur et se successionem Petri tenere contendit, super quem fundamenta ecclesiae collocata sunt... Stephanus, qui per successionem cathedram Petri habere se praedicat.

Das ist nun alles gänzlich unvorstellbar. Trefflich sagt Karl Adam in seiner bedeutenden Studie gegen Erich Caspar: « Die grosse Frage, die über der Arbeit Caspars immer wieder aufsteht, ist die, ob es vom rein historischen Standpunkt aus angeht, die geschichtlich erreichbaren ersten Zeugen und Vertreter einer reflektierten Primatslehre derart von den Bewegungen des unreflektierten lebendigen Primatsglaubens zu isolieren, dass sie nicht bloss als die theologischen Interpreten dieses Glaubens, sondern als die eigentlichen und einzigen Schöpfer der kirchlichen Primatslehre erscheinen, so dass also diese Primatslehre selbst nur ein literarisches Produkt wäre » [84].

In der Kirche, wie überall sonst, folgen die gedanklichen Formulierungen gewöhnlich den Tatsachen nach. Das Institutionelle entsteht nicht aus Argumenten. Ausserdem war es in der Kirche Gottes zu allen Zeiten sehr schwer, grundstürzende Gedanken zu erfinden, ohne dass es sofort von allen Seiten Widerspruch regnete.

Ein anderer, vom geschichtlichen Standpunkt viel plausiblerer Weg wäre, die Vorrangstellung Roms in der Kirche aus der *Stellung der Stadt Rom als Reichshauptstadt* zu erklären.

Die bürgerliche Bedeutung einer Stadt war schon sehr früh von Einfluss auf das Ansehen und die Bedeutung des dortigen Bischofssitzes [85]. Vom 4. Jahrhundert an wurde diesem Umstand auch in der kirchlichen Gesetzgebung Ausdruck gegeben, indem man die Einteilung der Kirchenprovinzen nach Möglichkeit der bürgerlichen Verwaltungseinteilung anglich. Im 3. Jahrhundert ist diese Verfassung zwar noch nicht ausgebildet, aber der Zug geht schon unverkennbar in dieser Richtung. Dass unter diesen Umständen der Bischof der Reichshauptstadt Rom eine besondere Stellung einnahm, ist ohne weiteres klar. Er ist nicht nur der selbstverständliche Vorsitzende auf italischen Synoden, sondern wenn im zweiten oder dritten Jahrhundert eine Versammlung aller Bischöfe des Erdkreises stattgefunden hätte, so wäre dem Bischof der Reichshauptstadt ohne Zweifel der Vorsitz zugefal-

---

[84] K. ADAM, *Neue Untersuchungen über die Ursprünge der kirchlichen Primatslehre*, Tüb. Q. S, 109 (1928) 256.

[85] Das ist ähnlich auch heute noch der Fall. Der Erzbischof von Neapel und der von Sorrent stehen an kirchlichem Rang vollständig gleich. Dennoch ist der von Neapel ein « grösserer Herr ».

len. Sehr deutlich kann man das an dem Aufstieg des Bischofs von Konstantinopel sehen, der, ursprünglich ein Suffragan von Heraclea in Thrazien, mit der Zeit alle östlichen Bischöfe an Ansehen überholte, nachdem Konstantinopel im 4. Jahrhundert Reichshauptstadt geworden war.

Ferner kam für die Bedeutung eines Bischofssitzes nicht nur der Umstand in Betracht, dass die betreffende Stadt Sitz einer grösseren Zivilverwaltung war. Mindestens ebenso wichtig war die Bevölkerungszahl der Stadt, ihre Bedeutung in kultureller Hinsicht, und vor allem die Grösse ihrer Christengemeinde. Auch hierin war Rom den meisten, wenn nicht allen andern Bischofssitzen überlegen. Grossstädte in unserem Sinn, Städte mit über 100.000 Einwohnern, gab es im Römerreich nur vier: Rom, Alexandria, Antiochia, Karthago. Erst im 4. Jahrhundert kam als fünfte Konstantinopel hinzu, das dann mit der Zeit alle andern, auch Rom, an Bevölkerungszahl überflügelte. Bis dahin war Rom weitaus die volkreichste Stadt des Imperiums. Ebenso dürfte auch die römische Christengemeinde die zahlreichste gewesen sein, vielleicht auch die reichste. Als Kulturzentrum war zwar Alexandria der Reichshaupstadt überlegen. Dort war unter anderm das Zentrum des gesamten Bibliothekswesens und des damit zusammenhängenden Buchhandels. Durch die Fürsorge der Kaiser hatte sich aber auch Rom hierin eine bedeutende Stellung erworben, so dass auch die geistige Bedeutung der Stadt Rom dem Ansehen des dortigen Bischofs zugute kommen musste, wenn auch die älteren römischen Bischöfe an dem allgemeinen Geistesleben nicht in der Weise teilnahmen wie die alexandrinischen.

Unsere Frage ist nun, ob diese bürgerliche Vorzugsstellung der Stadt Rom von Einfluss war auf die Ausbildung des Primats des römischen Bischofs innerhalb der Kirche. Ein solcher Einfluss ist insofern denkbar, als ja der Mittelpunkt der zukünftigen Kirche von Jerusalem nach Rom *verlegt* worden ist. Der Mann oder die Männer, die diesen Schritt vollzogen haben — wir haben keinen Grund zu zweifeln, dass es der Apostel Petrus war, aber darauf kommt es hier nicht an —, haben es ohne Zweifel absichtlich getan, nicht einem blinden Entwicklungsgesetz folgend; sie haben es getan, *weil* Rom die Reichshauptstadt war. Aber der Primat der römischen Bischofs ist damit nicht aus der Stellung der Stadt als Reichshauptstadt *hervorgegangen*. In diesem Fall müsste er nämlich ganz anders aussehen. Wäre die Organisation der Kirche in irgend einer Weise der zivilen Reichsregierung nach-gebildet gewesen, so müsste in der Tätigkeit des römischen Bi-schofs von Anfang an gerade das *administrative Element* im Vor-dergrund stehen. Der römische Bischof hätte dann, wenn auch in zahlenmässig kleinere Verhältnisse übersetzt, innerhalb der Kir-che die Stellung eingenommen, die im Reich der Kaiser einnahm. Nun ist gerade von einer zentralen Administration laufender kirch-licher *Verwaltungsgeschäfte* im Altertum nicht die Spur zu be-merken. Die in späterer Zeit, besonders im Orient, grundsätzlich angestrebte Angleichung der kirchlichen Metropolitanverbände an die zivilen Verwaltungsbezirke ist deutlich eine nachträgliche An-gleichung aus praktischen Gründen. Von Byzanz aus bestand die Tendenz, die Kirche in eine Beamtenhierarchie umzuwandeln. Die römischen Bischöfe haben sich dem widersetzt. Sie haben sich als Zentrum und Haupt der sakramentalen Communio gefühlt, aber nicht als Spitze eines Beamtenapparats. Das ist der eigentliche Sinn des Kampfes zwischen dem Papst und dem späteren byzan-tinischen Patriarchen.

Dass das *persönliche* Element bei der Entwicklung des rö-mischen Primats keine oder höchstens eine ganz untergeordnete Rolle gespielt hat, wird wohl von niemand bestritten. In den ersten drei Jahrhunderten, ja man kann sagen bis zu Leo dem Grossen, findet sich in der Reihe der Päpste keine eigentlich überragende Figur, jedenfalls keiner, der mit andern gleichzeitigen Bischöfen, Ignatius, Polycarpus, Irenäus, Cyprian, Dionysius von Alexan-dria, Athanasius, Basilius, Chrysostomus, Augustinus verglichen werden könnte.

Wenn wir also das geschichtliche Phänomen der Vorrang-stellung Roms überhaupt erklären wollen, so bleibt uns nichts übrig als zu sagen: es muss im Wesen der Kirche begründet ge-wesen sein, dass die Vorrangstellung des Apostels Petrus, sein Felsenamt, auf seine Nachfolger in Rom übergegangen ist. An-ders müssten wir auf eine Erklärung des tatsächlichen geschicht-lichen Ablaufs verzichten.

Primatstheologie im Altertum

Je mehr wir genötigt sind, eine tatsächliche Vorrangstellung des römischen Bischofs vor allen andern im Altertum anzuerkennen, desto auffallender ist es, dass von dieser für die Kirche so ganz fundamentalen Tatsache bei den ältesten theologischen Schriftstellern so wenig die Rede ist. Man nehme etwa das Bändchen zur Hand, in dem Gerhard Rauschen « die vornicänischen Texte, die auf den römischen Primat Bezug haben » [86] zusammengestellt hat. Darin findet man die Texte über Petrus, seinen Aufenthalt in Rom und sein Martyrium, die Papstliste des Irenäus, die historischen Notizen über den Osterstreit, über Callistus, aber keine einzige auch noch so kurze theoretische Erörterung über den Primat des jeweiligen römischen Bischofs. Die einzige Schrift, die sich überhaupt mit der Theologie der Kirche befasst, ist Cyprians Büchlein De catholicae ecclesiae unitate. Hier ist zwar ausführlich vom Primat des Petrus die Rede, und die Einheit der Kirche wird auf sein Felsenamt zurückgeführt [87]; aber der römische Bischof wird nicht erwähnt. Man fragt sich unwillkürlich: wie ist es möglich, dass ein Theologe einen wenn auch noch so kurzen Traktat über die katholische Kirche schreibt, ohne den Papst zu erwähnen?

Man hat zwar längst darauf aufmerksam gemacht, dass Cyprians Schrift ein polemischer Traktat ist, der vor allem das novatianische Schisma im Auge hat. « Nun war es aber während der Novatianerzeit nicht klar, wer der rechtmässige Papst sei, wenigstens durfte das Cyprian nicht als selbstverständlich voraussetzen. Dann aber konnte Cyprian die Gemeinschaft mit dem rechtmäs-

---

[86] *Flor. Patr.* Fasc. 9, Bonn 1914.
[87] cc. 4: Loquitur Dominus ad Petrum: ego tibi dico, inquit, quia tu es Petrus et super istam petram etc. Super unum aedificavit ecclesiam ... Hoc erant utique et ceteri Apostoli, quod fuit Petrus, pari consortio praediti et honoris et potestatis, sed exordium ab unitate proficiscitur, ut ecclesia Christi una demonstretur. — Diese Stelle existiert bekanntlich auch in einer längeren und schärferen Fassung: Hoc erant utique et ceteri, quod fuit Petrus, sed primatus Petro datur etc. Die Theorien, die über die Entstehung dieser deutlicheren Fassung aufgestellt worden sind, kommen hier nicht in Betracht, denn es ist auf jeden Fall nur vom Primat des Petrus die Rede, nicht von dem seiner jeweiligen Nachfolger.

sigen Papst nicht als Kennzeichen für die Rechtmässigkeit anderer Bischöfe aufstellen. Vielmehr musste das Kennzeichen, das er für die Rechtmässigkeit eines Bischofs angab, auch brauchbar sein, wenn es sich um die Rechtmässigkeit des römischen Bischofs handelte » [88].

Selbst wenn das richtig ist, so bleibt unsere Frage doch bestehen: wie kommt es, dass sich jahrhundertelang kein einziger Theologe gefunden hat, der klar und deutlich den Satz ausgesprochen hätte: Der jeweilige römische Bischof ist das einzige, wirkliche und rechtliche Oberhaupt der ganzen katholischen Kirche?

Der gelehrte Kardinal Niccolo Marini hat in einer eindringenden Studie die Primatslehre bei Chrysostomus untersucht [89]. Darin kommt ganz zweifelsfrei zum Ausdruck, dass Chrysostomus einen wirklichen Primat des Apostels Petrus gelehrt hat. Aber dass dieser Primat auf bestimmte Nachfolger übergegangen sei, sagt Chrysostomus nirgends. Er leugnet es auch nicht. Im Gegenteil, man kann aus den Prämissen, die er aufstellt, ohne Schwierigkeit den Schluss ziehen, dass es so hat sein müssen. Aber er selbst zieht diesen Schluss nicht. Die einzige Stelle, die man dafür heranziehen kann, und die Marini selbst als Testo classico bezeichnet, ist De Sacerdotio II 1 : « Warum hat Christus sein Blut vergossen? Um die Schafe loszukaufen, die er dem Petrus und seinen Nachfolgern übergeben hat » [90]. Dass aber die μετ᾽ ἐκεῖνον gerade die römischen Bischöfe sein müssten, sagt Chrysostomus nicht. Wie ist so etwas möglich, am Ende des 4. Jahrhunderts, wo der Primatsanspruch und die Primatsübung des römischen Bischofs längst auser allem Zweifel ist? Man müsste doch erwarten, wer um diese Zeit auch nur von fern über Petrus und Jurisdiktion in der Kirche schreibt, kann nicht einfach diese Grundfrage mit Stillschweigen übergehen, sondern muss irgendwie dazu Stellung nehmen, sei es bejahend oder bestreitend.

Bei der Beantwortung dieser Frage müssen wir uns vor dem Fehler hüten, in den so viele Historiker verfallen: gerade die,

---

[88] C. A. KNELLER, *Cyprians Schrift von der Einheit der Kirche,* Zfkath Theol, 36 (1912) 288 f.

[89] *Il Primato di S. Pietro e de' suoi successori in San Giovanni Crisostomo,* Roma 1919.

[90] PG, 48 632, MARINI, 68 ff.

die am meisten das Wort « Entwicklung » im Munde führen, können sich oft am wenigsten in ein wirklich unentwickeltes Stadium der Theologie hineindenken.

Dieselbe Erscheinung wie hier bei der Primatstheologie können wir nämlich fast auf allen Gebieten der katholischen Glaubenslehre beobachten. Die *einzelnen Elemente* lassen sich mit grosser Sicherheit bis in die früheste Zeit verfolgen, aber es hat zum Teil sehr lang gedauert, bis ins hohe Mittelalter und darüber hinaus, bis die Zusammenfassung in sozusagen abstrakte *Thesen* erfolgt ist. Die theologische Durcharbeitung des überlieferten Glaubensgutes hat sich sehr ungleichmässig vollzogen. Die älteste Theologie widmet sich fast ausschliesslich den trinitarischen und christologischen Dogmen. Erst vom 4. Jahrhundert an werden die grossen Heilswahrheiten von der Erbsünde, der Erlösung und der Gnade in die Spekulation einbezogen. Noch viel länger dauert es, bis eine spekulative Theologie der Sakramente ausgebildet wurde. Das ganze Altertum und das frühe Mittelalter, wo doch mindestens Taufe, Busse, Eucharistie und Ordo im christlichen Leben eine Rolle spielten wie irgend später, hat nicht einmal den gemeinsamen Namen « Sakramente » dafür gekannt. Den Glauben an die reale Gegenwart Christi in der Eucharistie können wir bis in die allerälteste Zeit verfolgen, aber es hat ein Jahrtausend gebraucht, bis der Begriff der Transsubstantiation herausgearbeitet war. Die theologische Spekulation über das Wesen der Kirche, ihr Lehramt und ihre Organisation, wird am allerspätesten ausgebaut, zum Teil erst nach der Zeit der Hochscholastik. Und doch hat es nicht nur die ganze Zeit über eine wirkliche und gelebte Kirche mit Lehramt und Organisation gegeben, sondern es haben schon die ältesten Glaubenssymbole den Artikel von der una sancta et apostolica ecclesia als wirkliches Glaubensgut enthalten.

Wir dürfen uns daher nicht im geringsten wundern, dass wir aus dem dritten Jahrhundert oder auch dem sechsten und zehnten keinen theologischen « Thesenzettel » besitzen De Ecclesia et Romano Pontifice, so wenig wie wir einen besitzen De sacramentis in genere. Für einen solchen Thesenzettel fehlte der ganze theologische Rahmen. Daraus folgt aber nicht, dass die einzelnen Elemente nicht bekannt waren und nicht geglaubt wurden.

Hätten wir doch einen solchen Thesenzettel aus dem zweiten

oder dritten Jahrhundert, so würde er etwa folgendermassen aussehen :

    1. Es gibt nur eine wahre Kirche und ausser dieser ist kein
Heil.

    2. Das Hauptkennzeichen der wahren Kirche ist die Ein-
heit der Communio.

    3. Nach der Anordnung Christi ist Petrus das Haupt der
Apostel und die Einheit der Kirche geht von ihm aus.

    4. Das Depositum Fidei wird in den von den Aposteln
gegründeten Kirchen, insbesondere in der römischen, rein be-
wahrt.

    5. Der gegenwärtige römische Bischof ist der Nachfolger
des Apostels Petrus.

    Alle diese Thesen würden aber unverbunden nebeneinander
stehen, sie würden nicht als Bestandteile eines theologischen Trak-
tats oder Systems empfunden worden sein. Besonders die letzte,
dass der römische Bischof der Nachfolger Petri ist, würde überhaupt nicht als theologischer Lehrsatz, sondern als einfache Tatsache aufgefasst worden sein. Die für uns so naheliegende Konsequenz aus den Prämissen: Also hat der jeweilige römische Bischof sowohl den Lehrprimat als auch den Jurisdiktionsprimat über
die gesamte Kirche, wurde spekulativ nicht erörtert und darum
auch nicht theoretisch bestritten.

    Man wird daher sagen können: Alle Elemente der späteren
Primatstheologie wie der Primatsübung sind im frühen Altertum vorhanden, aber sie sind zerstreut, gewissermassen unreflex,
und nicht zu einem theologischen System verbunden, genau so
wie es bei den meisten andern theologischen Lehrsätzen in dieser
Zeit der Fall ist.

    Daher kann man hier kein Argumentum ex silentio machen.
Ein Silentium ist lediglich vorhanden hinsichtlich der systemati-
schen Konstruktion. Hinsichtlich aller einzelnen Elemente, die der
späteren Konstruktion zugrundeliegen, herrscht ebensowenig Silentium wie hinsichtlich der geübten Praxis.

Communio und Primat

Dass unsere Darstellung von der kirchlichen Communio und von Roms Stellung als Zentrum der Communio richtig gesehen ist, müsste wohl jeder zugeben, der selbst in den alten Quellen gearbeitet hat. Die eigentliche Frage, an der sich die Geister scheiden, kommt denn auch erst jetzt: Ist diese Zentralstellung des Bischofs von Rom wirklich schon der päpstliche Primat, wie ihn die Theologie und das Kirchenrecht später verstanden haben und heute verstehen? Ist das nicht höchstens ein Keim, aus dem sich mit der Zeit ein wirklicher Primat entwickeln konnte, und sind nicht — um in dem naturgeschichtlichen Vergleich zu bleiben — diesem Baum so viele artfremde Zweige aufgepfropft worden, dass er Früchte zu tragen begann, die in dem ursprünglichen Keim in keiner Weise vorgebildet waren? Ambrosius sagt, dass sich von der römischen Kirche « die Rechte der ehrwürdigen Communio in alle andern Kirchen ergiessen ». Zugegeben, dass er damit die Ueberzeugung aller aussprach. Damals war Damasus Bischof von Rom. Wir wissen von Damasus, dass er in regem Verkehr mit anderen Kirchen stand. Hieronymus sagt, dass er seinerzeit in Rom in Damasus' Auftrag Anfragen von orientalischen und okzidentalischen Synoden beantwortet habe [91]. Aber kann man behaupten, dass Damasus wie ein heutiger Papst die ganze Kirche regiert hat?

Vergegenwärtigen wir uns zunächst wieder die Prämissen. Die alte Kirche besteht nicht aus einer blossen Vielheit gleichgesinnter Bischöfe, einer sozusagen arithmetischen Summe, sondern diese Vielheit wird durch das feste Band der sakramental-juristischen Communio zusammengehalten. Die Communio ist es, die recht eigentlich die una sancta ecclesia ausmacht. Zentrum der Communio ist die römische Kirche mit ihrem Bischof, und da die Communio ein sakramental-juristisches Gebilde ist, so ist ihr Zentrum eine wirkliche sakrale Autorität. Wen der römische Bischof aus der Communio ausschliesst, der gehört nicht mehr zur Kirche,

---

[91] Ante plurimos annos cum in chartis ecclesiasticis juvarem Damasum Romanae Urbis episcopum et Orientis atque Occidentis synodicis consultationibus responderem. HIER. *Epist.* 123 10, PL, **22** 1052.

und wem er die Communio erteilt, der ist damit ein Glied der Kirche. Allerdings kann jeder einzelne Ortsbischof die Communio erteilen oder verweigern, aber er kann es nur dann, wenn er als Organ der Gesamtkirche auftritt, also nur dann, wenn er die Communio der Gesamtkirche besitzt und damit letztlich die des Zentrums, also die römische. Der römische Bischof braucht dagegen seine Gewalt nicht auf die Communio mit andern zurückzuführen: er ist selbst Quelle und Ursprung der ganzen Communio.

Das ist nun nichts anderes als die Fülle des päpstlichen Primats. Es ist genau das, was der Herr zu Petrus gesagt hat, mit einem Vergleich, der treffender gar nicht gewäldt werden konnte: es sind « die Schlüssel des Himmelsreichs ».

Die Grundfunktion des Papstes in der Kirche ist nicht, so paradox das klingen mag, dass er Amtshandlungen vornimmt, sondern dass er vorhanden ist. So sehr uns das Bild vom Schifflein Petri und seinem Steuermann geläufig ist, so hat doch Christus der Herr ursprünglich ein anderes Bild gebraucht, das vom Felsen, auf dem die Kirche ruht. Der Papst ist das, was die Kirche zu einer Einheit, zu einem Organismus macht. Ohne ihn wäre sie eine Vielheit von Gleichgesinnten. Zwar könnten sich diese Gleichgesinnten eine Organisation schaffen, sie könnten sich nach Art eines Vereines zusammenschliessen und sich einen Präsidenten wählen. Aber das wäre dann ein ganz anderes Gebilde als die historische Kirche. Nicht Petrus ist auf die Kirche aufgebaut, sondern die Kirche auf Petrus.

Das ist zunächst eine statische Funktion. Der Papst braucht, um das einigende Prinzip der Kirche zu sein, keine Amtshandlungen vorzunehmen. Aber er ist kein totes Einheitsprinzip, kein blosser Felsen, auch keine blosse Abstraktion, sondern ein lebendiges Wesen: die Zugehörigkeit zu ihm, das Eingegliedertsein in den Organismus, hängt von seinem Willen ab. Das ist mit dem Bild von den Schlüsseln zum Reich Gottes bezeichnet.

Die Möglichkeit, Rechtsakte vorzunehmen, ist also erst die Folge der Felsenautorität, allerdings eine notwendige Folge. Denn wenn der Papst die Schlüssel zum Ganzen hat, wenn von ihm Sein oder Nichtsein abhängt, dann kann er dieses Sein oder Nichtsein an Bedingungen knüpfen und er kann auch, oder könnte wenigstens, Dinge zweiten oder dritten Ranges in der Kirche anordnen, *befehlen*. Aber seine Autorität äussert sich nicht auschliesslich im « Befehlen ». Er ist nicht ein blosser Vorgesetzter der Bischöfe und der Gläubigen, wie etwa ein General der Vorgesetzte seiner Offiziere und Soldaten ist.

Am besten veranschaulicht seine Stellung noch immer das freilich auch unvollkommene Gleichnis von Kopf und Gliedern. Es ist insofern unvollkommen, als im Organismus eine Wechselwirkung besteht : nicht nur die Glieder erhalten ihr Leben vom Kopf, sondern auch der Kopf von den Gliedern. Das Zentrum der Communio verdankt aber seine Zentralstellung nicht den übrigen Gliedern der Communio. Sie ist ihm nicht von den Gliedern übertragen worden, sie hängt nicht von der Mitwirkung der Glieder ab, sie kann ihm nicht entzogen werden. Aber das Gleichnis vom Organismus ist insofern richtig, als es die Art der Autoritätsbetätigung veranschaulicht. Man kann wohl sagen, dass im Organismus der Kopf der Hand Befehle erteilt ; aber es ist viel mehr als ein blosses Befehlen. Im Organismus handeln Kopf und Glieder als Einheit. Normalerweise wird im Organismus überhaupt nicht « befohlen », das heisst *gegen einen Widerstand befohlen*. Erst im Augenblick der Differenz treten sich Kopf und Einzelglied wie getrennte Grössen gegenüber ; dann hat das Glied zu « gehorchen », und dann wird unter Umständen das Befehlen des Hauptes sogar als hart empfunden. Aber das ist sozusagen ein aussernormaler Fall.

Wir dürfen daher die Autorität des römischen Bischof nicht lediglich in solchen Fällen suchen, *wo er Widerstand bricht*. Es können Jahre vergehen, ohne dass er in diese Notwendigkeit versetzt wird. Deswegen bleibt er doch das Zentrum, auch das jurisdiktionelle Zentrum, aus dem sich unaufhörlich « die Rechte der Communio in alle andern Kirchen ergiessen ».

Wenn die Kirche ein Organismus ist, und der Papst das lebenspendende Zentrum, also der Kopf oder noch besser das Herz, dann funktioniert dieser Organismus am besten, solang er gesund ist. Oder ohne Gleichnis : der Papst ist dann am meisten Papst, wenn die ganze Kirche und alle einzelnen Bischöfe und Gläubigen mit ihm eines Sinnes sind. So wie es in einer Familie dann am besten geht und die Autorität des Familienvaters am grössten ist, wenn er sich gar nicht auf sie berufen muss, wenn Frau und Kinder sie gewissermassen gar nicht spüren. Wenn der Papst genötigt ist, zu einzelnen Gliedern der Kirche in Gegensatz zu treten, von seiner Autorität « Gebrauch zu machen », wenn er als Richter, als Strafrichter auftreten muss, dann ist etwas vorgefallen, was nicht hätte vorfallen sollen. Nun kann ja zwar wie überall, so auch in der Kirche ein reinigendes Gewitter sehr wohltätig wirken. Aber es ist nicht die vornehmste oder gar die einzige Aufgabe des Kirchenoberhauptes, reinigende Gewitter ergehen zu lassen, und vor allem kann die Häufigkeit oder der Erfolg solcher Gewitter nicht als Masstab für die Autorität des Papstes in einzelnen geschichtlichen Perioden genommen werden.

Es ist nun durchaus nicht so, dass die römischen Bischöfe der ältesten Zeit lediglich als ruhendes Einheitsprinzip gewirkt hätten, ohne Regierungshandlungen vorzunehmen.

So ziemlich das erste für uns greifbare Ereignis der Kirchengeschichte nach dem Tod der Apostel ist der Clemensbrief. Der wahrscheinliche Vorgang ist der, dass der durch eine « Palastrevolution » vertriebene Korinthische Bischof sich an den römischen um Hilfe wendet, und dass der römische durch wirkliches Eingreifen in Korinth wieder Ordnung herstellt.

Mindestens vom zweiten Jahrhundert an sieht man sich von allen Seiten nach der Haltung des römischen Bischofs in Glaubens- und Disziplinarfragen um. Ausländische Theologen kommen nach Rom, um hier zu lehren und Anhänger zu gewinnen. Der Bischof von Smyrna reist nach Rom, um den dortigen Bischof für seine Osterpraxis zu gewinnen. Die Kirche von Lyon ersucht den römischen Bischof um eine freundliche Stellungnahme gegenüber dem Montanismus. Der Kleinasiate Praxeas sucht ihn davon abzubringen. Der römische Bischof tritt allen diesen Persönlichkeiten und Strömungen nicht als Theologe und Lehrer, sondern als Richter gegenüber. Eine ganze Reihe von Lehrern falscher Systeme oder Formeln werden exkommuniziert, gegen Marcions Kanonstürzende Versuche wird von der römischen Kirche ein vielleicht offizielles Verzeichnis der kanonischen Bücher aufgestellt, der Bischof von Smyrna wird mit seiner Osterangelegenheit abgewiesen. Auch hier kann man bei den einzelnen Fällen nicht zeigen, dass nicht auch andere Bischöfe in ihrem Bereich ähnliche Jurisdiktlensakte hätten vornehmen können. Wenn der römische Bischof die beiden Presbyter Florinus und Blastus wegen Häresie aus seinem Presbyterium ausstösst, so ist das nicht eine Sache, die nicht jeder andere Bischof ebenfalls hätte tun können. Aber die Summe der Fälle ist doch derart, dass kein anderer Bischof und keine andere Kirche auch nur entfernt solches getan hat. Wir müssen uns in der geschichtlichen Betrachtung an das halten, was geschehen ist, nicht an das, was vielleicht hätte geschehen können.

In der Osterfrage lässt Papst Victor auf der ganzen Welt gleichzeitig Synoden halten und schliesst eine ganze widerstrebende Provinz aus der Kirchengemeinschaft aus, ein damals unerhörter Vorgang. Man ist damit vielerorts unzufrieden, aber niemand bestreitet ihm das Recht dazu. Man kann auch diesen Fall verschieden beurteilen, aber man wird doch mit Duchesne fragen dürfen: Wie sollen wir uns denn ausdrücken, wenn man uns verbieten will, den Hüter einer solchen Autorität als Haupt der Kirche zu bezeichnen?

In der Bussfrage ist die Haltung der Päpste Callistus und Cornelius — ohne förmliche Gesetzgebung — schliesslich entscheidend für die Praxis und Lehre der ganzen Kirche, trotz lebhaftem Widerstand von verschiedenen Seiten. In der Frage der Gültigkeit der Häretikertaufe wiederholt sich dasselbe Schauspiel. Abermals schliesst der römische Bischof ganze widerstrebende Provinzen mit zusammen über hundert Bischöfen aus der Kirchengemeinschaft aus, ohne dass seine eigene Stellung dadurch erschüttert wird.

In die Wirren der spanischen Kirche greift Papst Stephanus autoritativ und wirksam ein, in einem analogen Fall in Gallien weigert er sich, dasselbe zu tun, obwohl er lebhaft dazu gedrängt wird. Auch über diese beiden Fälle « kann man alle möglichen Hypothesen aufstellen, nur die eine nicht, dass Stephanus an seiner Autorität und an seinen Rechten gezweifelt hätte » [92].

Papst Dionysius zieht den Inhaber des nach Rom bedeutendsten Bischofsstuhles wegen seiner gefährlichen Lehre zur Rechenschaft und der Bischof von Alexandria zeigt grossen Eifer, sich vor dem Papst zu rechtfertigen. Schon früher hatte der grösste damals lebende Theologe, Origenes, dem Papst Fabianus gegenüber denselben Eifer gezeigt. Auch hier könnte man andere Fälle konstruieren: angenommen, dass Cyprian einen Bischof von Antiochia wegen seiner Lehre beanstandet hätte, so hätte dieser ihm vielleicht ähnlich geantwortet wie Dionysius von Alexandria dem

[92] G. BARDY, *L'autorité du siège romain et les controverses du IIIe siècle*, Rech. de Sc. rel. (1924) 389.

Papst. Aber es wird eben doch kein Zufall sein, dass Schritte, die anderswo vielleicht hätten geschehen können, in Rom immer wieder tatsächlich geschehen sind.

Man kann die Frage auch umkehren: Was hätten denn die römischen Bischöfe der ältesten Zeit alles tun müssen, um in der Geschichte unbezweifelt als Oberhaupt der ganzen Kirche dazustehen? Mehr streiten, mehr befehlen, mehr allgemeine Regeln eaufstellen, mehr Leute exkommunizieren, mehr Bischöfe ein- und absetzen? Gewiss ist die Reihe der Akte, die der römische Bischof in den ersten drei Jahrhunderten über seine Lokalsphäre hinaus vorgenommen hat, nicht allzugross, und darunter sind noch manche, die jeder bedeutendere Bischof hätte vornehmen können, wie wenn er nach Korinth oder Arabien oder Kappadozien Almosen schickt. Aber es fragt sich, ob das Bild anders würde, wenn die Reihe länger wäre. Denn auch das Wenige, das wir wissen, genügt, um sagen zu können: der römischen Bischof nahm unter den übrigen Bischöfen eine durchaus überragende Stellung ein, auch juristisch betrachtet. Er war sich dieser Stellung bewusst und sie wurde von den übrigen als Selbstverständlichkeit hingenommen.

E. Kirschbaum, S. J.

Die Reliquien der Apostelfürsten

und ihre Teilung

Zur Geschichte einer alten Überlieferung

Collectionis totius n. 10

Roma, 1943

Libreria Herder

Typis Pontificiae Universitatis Gregorianae

4

Wenn man in dem klassischen Werk der Bollandisten das Fest der Apostelfürsten Petrus und Paulus vom 29. Juni studiert, so wird man mit Genugtuung feststellen, dass die gelehrten Hagiographen hier weit ausholen, um uns alles wissenschaftlich Interessante und Wertvolle zusammenzustellen und mit gewohnter Gründlichkeit kritisch zu sichten. Um so seltsamer wirkt daher auf den modernen Leser, wenn inmitten dieser nüchternen und vorsichtigen Abhandlung sich folgende Bemerkung findet: et perquam verosimile est, post aedificatas ab Imperatore praecipuas tres basilicas, Christo Salvatori in Lateranensi palatio, Petro Apostolorum Principi in Vaticano, et Paulo Gentium Doctori via Ostiensi; Silvestrum papam solenni ritu elevasse corpora duorum Apostolorum, eaque per novas basilicas distribuisse, ac tuto loco, unde auferri non possent, collocasse: quemadmodum crediderunt etiam illi, qui super altare majus in ecclesia S. Pauli via Ostiensi scripserunt sequentia, a Turrigio pag. 49 citata: « sub hoc altari requiescunt gloriosa corpora Apostolorum Petri et Pauli pro medietate: reliqua autem medietas reposita est in S. Petro: capita vero in S. Johanne de Laterano ». Similia illis scripsit apud Soresinum Nicolaus Processus, annis ante ipsum facile trecentis, sic referens: « Hoc praecipuum fecit Silvester Papa, ut super lapidem porphyreticum ossa sanctorum Apostolorum divisa et portiones in basilicis ipsorum nominibus dedicatis, reposuit; retentis capitibus in aede habitationis suae Laterani ». Nos de Corporibus jam diximus sat multa: superest ut de capitibus agamus [1].

Es möchte uns befremdlich erscheinen, dass ein guter Autor, wie Torrigio, ernsthaft erzählt, dass die Leiber der Apostelfürsten nur je zur Hälfte in ihren Gräbern ruhen, und zwar von beiden die Hälfte in S. Peter und in S. Paul. Mit dieser Behauptung innig verbunden ist die andere von der Aufbewahrung der beiden Häupter im Lateran. Aus der ganzen Art, wie dies berichtet wird,

---

[1] ASS Jun, V 440 (Antverpiae 1709).

lässt sich auch entnehmen, wie man sich die inneren Motive dieser
dem Papst Silvester zugeschriebenen Reliquienverteilung dachte:
die drei Hauptkirchen Roms sollten den grössten Schatz der Heiligen Stadt in gleicher Weise besitzen, und die beiden Apostel, die
im Leben und Tod vereint waren, sollten es auch noch im Grabe
sein. Man meint das fromme Werk der legendenspinnenden Phantasie des Mittelalters ordentlich zu spüren. Es geht ja auch aus den
zitierten Texten hervor, dass dieser Glaube schon im Mittelalter
bestand und am Altar der Paulsbasilika selber zu lesen war.

Weit befremdlicher aber als der Bericht des Torrigio ist der
Glaube des Bollandisten an die berichteten Dinge fast ein Jahrhundert später. Und zwar ist dieser Abschnitt, der von Conrad
Jannings verfasst ist, der grösseren Abhandlung von Daniel Pa-
pebroech eingegliedert und wird damit auch von der Autorität dieses Gelehrten gedeckt, der gerade wegen seiner überscharfen Kritik bekannt ist.

Es hilft auch nicht, an das « verosimile » zu erinnern, das vorsichtig von Janningus gebraucht wird, gleichsam als Rückendeckung,
wenn er schreibt: et perquam verosimile est... Wie positiv dieses
verosimile in Wirklichkeit vom Verfasser gemeint ist, erfahren
wir aus der grossen Studie, die er im siebten Juni-Band der Vatikanischen Basilika und ihren Altären gewidmet hat. In dieser Abhandlung ist ein eigener Abschnitt: Corpora Apostolorum, an singula seorsim, an dimidiata in Basilicis Vaticana et Paulina ser-
ventur [2].

Zunächst sucht er hier die Schwierigkeiten gegen seine These
aus dem Wege zu räumen. Nachdem er sich eingangs mit dem entsprechenden Bericht in der Vita des Papstes Silvester im Liber
Pontificalis auseinandergesetzt hat, stellt er gegen Kardinal de Laurea ein sehr wichtiges Prinzip für seine Untersuchung auf. De
Laurea hatte in seinem Index Alphabeticus zu den Annalen des
Baronius [3] eine Reihe von Texten angemerkt, die bei Erwähnung
der Confessio in S. Peter oder in ähnlichem Zusammenhang nur
von Petrus sprechen, um dadurch eine Tradition festzustellen, die

---

[2] ASS Jun, VII 122-124 (Antverpiae 1717).
[3] *Index Alphabeticus rerum et locorum omnium memorabilium ad
Annales Cardinalis Baronii. Opus posthumum Em.mi et Rev.mi Cardinalis*
DE LAUREA, Romae 1694.

in S. Peter nur den Leib des Hl. Petrus annehme und nicht die Hälfte beider Apostelreliquien.

Janningus bestreitet die Gültigkeit dieses Argumentums ex silentio, weil es sehr leicht verständlich sei, dass man bei der Basilika des hl. Petrus nur von diesem spreche und ähnlich im Falle des hl. Paulus, weil jede Basilika nur für einem Apostel errichtet und nur einem geweiht sei. Wenn man also bei der Petersbasilika nur von Petrus und bei der Paulsbasilika nur von Paulus spreche, so brauche damit durchaus nichts über die Anwesenheit oder Nichtanwesenheit eines Teiles der Reliquien des andern Apostels ausgesagt zu werden. Janningus beruft sich geschickt auf den Brief Gregors des Grossen an Constantina [4] : « Non alia quoque de causa videtur Gregorius Magnus in epistola sua ad Constantinam Augustam, tractans de sepulcro, quod etiam tum S. Laurentio et S. Stephano Martyribus commune erat, aut certe putabatur esse ; solius tamen Laurentii corporisque ejus, nullam Stephani mentionem facere ; quia nempe illi, non isti, dedicata basilica erat. Similiter credi potest, quod idem Gregorius in eadem epistola solius corporis S. Pauli meminerit, non Petri ; quia agit ibi de sepulcro, quod est in basilica Paulina, soli Paulo dicata » [5]

Die Berufung auf den Fall des Stephanus ist umso berechtigter, als die Reliquien dieses Heiligen erst in der Jugend Gregors um 560 aus dem Osten nach Rom gekommen waren und dieses Ereignis also noch verhältnismässig frisch im Gedächtnis des Papstes und seiner Zeitgenossen haften musste. Wie richtig das von Janningus aufgestellte Prinzip ist, beweisen auch die Pilgerführer des siebten und achten Jahrhunderts, die in der Laurentiusbasilika nur von Laurentius und nie von Stephanus reden, obwohl sie so ausschliesslich auf Martyrer-Reliquien ausgehen. Von S. Peter selber lässt sich mit Leichtigkeit zeigen, dass viele der späten Guiden und Beschreibungen der Basilika, die an einer Stelle klar sagen, dass dort die Hälfte der Reliquien beider Apostel ruhe, an vielen andern Stellen nur von Petrus sprechen, als wenn nur er allein dort sei. So kann man also Janningus nur recht geben, wenn

---

[4] Ep. lib. IV, XXX, PL, 77 700-705.
[5] ASS Jun, VII 123.

er dem Argumentum ex silentio, das Laurea für seine These anführt, in diesem Fall jeden Wert abspricht.

Nachdem er diese Schwierigkeit erledigt hat, geht unser Verfasser auf eine andere ein, die weniger eine Schwierigkeit gegen
seine Aufstellung ist, als eine kritiklose Ausschmückung der Silvesterlegende, die er zu widerlegen sucht. Von verschiedenen
Schriftstellern wurde erzählt, dass Papst Silvester die Reliquien
beider Apostel miteinander vermischt vorgefunden habe. Auf sein
Gebet hin, habe er dann eine Stimme vernommen, die ihm sagte :
« majora sunt Praedicatoris, minora vero Piscatoris ». Mit diesem
Kriterium habe dann der Papst die Reliquien beider Apostel voneinander trennen können. Er beruft sich dagegen auf die auch
von Chrysostomus wiedergegebene Ueberlieferung, nach der gerade der hl. Paulus der kleinere an Statur gewesen sei und nicht
umgekehrt. Wir können uns höchstens wundern, dass Janningus
überhaupt auf diese Legende mit Beweisen eingeht, müssen ihm
aber sicher in seiner Schlussfolgerung recht geben : « His positis
de utriusque Apostoli statura, minore Pauli, majore Petri, ruit
praedicta qualis qualis revelatio, contrarium asserens ; nec credi
potest divina esse, nisi id aliis monstretur argumentis » [6].

Auf diesen mehr negativen Teil folgen nun die positiven Beweise. Ein wichtiges Stück dieses Beweismaterials bildet eine alte
Porphyrplatte, die früher Altarplatte eines Altares der Apostelfürsten in S. Peter war, auch altare de ossibus Apostolorum genannt.
Diese Porphyrplatte trug folgende Inschrift « † Super isto lapide
porfiretico fuerunt divisa ossa sanctorum Apostolorum Petri et
Pauli et ponderata per beatum Silvestrum Papam sub anno Domini CCCXIX, quando facta fuit ista ecclesia ». Janningus stellt
— wohl im Sinne der Einteilung Mabillons — den gotischen Charakter der Buchstaben fest ; jedenfalls könne die Inschrift nicht
vor dem 9. Jahrhundert entstanden sein wegen des Ausdrucks
anno Domini. Damit sind also nur die äussersten Grenzen einer
Datierungsmöglichkeit gezogen. Der Altar selber besteht schon im
12. Jahrhundert, in dem er durch Petrus Malleus bezeugt ist.
Janningus scheint deshalb auch der Inschrift ein so hohes Alter
zuzutrauen, obwohl sie kaum vor der zweiten Hälfte des 14. Jahrhunderts entstanden sein dürfte nach der Schriftform zu schlies-

---

[6] l. c.

sen. Sehr wichtig ist das Zeugnis des Romanus Canonicus, das
die Tradition der Reliquienteilung für das 12. Jahrhundert sicher-
stellt.

Als nächstes Element wird die eingangs zitierte Inschrift vom
Hochaltar in S. Paul angeführt: « Sub hoc altari requiescunt, gloriosa corpora Apostolorum Petri et Pauli pro medietate: reliqua
autem medietas reposita est in S. Petro: capita vero in S. Joanne
Laterano ». Dann folgt die Grabinschrift des Pierleone aus S. Paul,
die der Frühzeit des 12. Jahrhunderts angehört:

« Te Petrus et Paulus conservent, Petre Leonis.

Dent animam caelo, quos tam devotus amasti:

Et, quibus est idem tumulus, sit gloria tecum ».

Das « gemeinsame Grab » der Apostelfürsten ist natürlich nur
verständlich im Lichte der Tradition des 12 Jahrhunderts, die wir
schon anderswoher kennen, nur dass uns diese Inschrift diesen
Glauben auch für den Beginn des Jahrhunderts bezeugt. Es geht
Janningus hier nur um die ältesten Zeugnisse, denn das des Durandus aus dem 13. Jahrhundert, das er in seiner kleinen Abhandlung für den fünften Juniband erwähnt hatte, wird hier übergangen. Hinzugefügt wird hingegen eine Stelle von Chrysostomus,
die er während der Arbeit zufällig gefunden hatte, und die ihm
natürlich Eindruck machen musste. In seiner 32. Homilie über den
Römerbrief preist Chrysostomus Rom, weil Paulus dort lebte und
starb. In diesem Zusammenhang fordert er seine Zuhörer auf,
sich das wunderbare Schauspiel vorzustellen, das Rom einst sehen
wird, wenn Paulus plötzlich aus jenem Grabe mit Petrus aufer-
stehen und dem Herrn entgegen eilen wird [7]. Die Stelle « aus jenem
Grabe » deutet nun Janningus im Sinne seiner These. Hier hat
ihn aber sicher sein Eifer zu weit geführt, aus dem Zusammenhang ergibt sich zwanglos die dichterische Vorstellung der
Stadt Rom als des gemeinsamen Grabes der Apostelfürsten. Man
muss umso mehr auf dieser Auslegung bestehen, als diese Stelle
im anderen Sinne gedeutet für viele Jahrhunderte vollständig isoliert dastände.

Wie immer man die Beweise werten mag, eines geht mit Ge-

---

[7] PGr, 60 678: Ἐννοήτοτε καὶ φρίξατε, οἷον ὄψεται θέαμα Ῥώμη τὸν
Παῦλον ἐξαίφνης ἀνιστάμενον ἀπὸ τῆς θήκης ἐκείνης μετὰ Πέτρου, καὶ αἱ-
ρόμενον εἰς ἀνάστασιν τοῦ Κυρίου...

wissheit daraus hervor, dass Janningus seine These mit Ernst und
Klugheit verteidigt hat, auch wenn wir heute das eine oder andere
Stück seiner Beweiskette nicht mehr so annehmen können. Sein
wichtigster Beweis ist aber doch auch heute noch von Bedeutung
und den könnte man etwa so zusammenfassen; die verschiedenen
positiven Bezeugungen in Texten und Monumenten von dem Vorhandensein beider Reliquien in beiden Basiliken wiegen schwerer
als historisch-glaubwürdige Tradition, als die Texte, die nur von
einem Apostel in jeder Basilika sprechen, weil diese das andere
nicht ausschliessen.

Man begreift die Stellungnahme unseres Bollandisten besser,
wenn man bedenkt, dass seine Meinung mit wenigen Ausnahmen
die der damaligen Zeit war. Erst das Werk Borgias über die Vatikanische Confessio, das 1776 erschien, hat der gegenteiligen Ansicht zum Sieg verholfen[8]. Von da ab werden die Verteidiger der
mittelalterlichen Auffassung immer seltener. Heute gilt diese Vorstellung als eine der vielen kuriosen Legenden des Mittelalters,
die nur mehr von Fachleuten gekannt ist. Selbst der Streit über
diese Frage, wie wir ihn bei Janningus und Borgia sehen, scheint
vielen ernster Historiker kaum würdig. Mag sein, dass dieses
moderne Urteil ein wenig auf ungenügender Kenntnis der Quellen
beruht, die, wie wir sehen werden, doch nicht ganz so einfach
liegen[9].

---

[8] *Vaticana Confessio Beati Petri Principis Apostolorum chronologicis
tam veterum quam recentiorum scriptorum testimoniis inlustrata opera et
studio* STEPHANI BORGIAE *Sacrae Congr. de Propaganda Fide a secretis,*
Romae 1776.

[9] Es mögen einige der bekannteren Autoren als Beispiel für viele
kurz Erwähnung finden. Ausdrücklich nimmt F. M. MIGNANTI in seinem
Werk « *Istoria della sacrosanta Patriarcale Basilica Vaticana,* Roma 1867,
Stellung. Im ersten Bande, S. 156-159, erzählt er die Teilung der Apostelleiber durch Papst Silvester und fasst sein Urteil in die etwas emphatische
Erklärung zusammen: «noi non esitiamo un istante a dichiarare qual pret-
ta favola, qual pura invenzione (la sopraccennata tradizione)». Und etwas
später: «(Questa tradizione) In vero non risale fino ai tempi apostolici,
poichè comincia ad apparire nel secolo XII. Si può ad essa assegnare un'o-
rigine nel secolo sopraindicato; poichè il primo che l'ha spacciata fu, come
dicemmo, un tal francese, di nome Giovanni Boleto, che non avendo indicato l'autore da cui l'ha attinta, fa credere che esso ne sia il pio inventore.
Non è poi stata costante, perchè chi la racconta in un modo, chi in un altro.
Non è stata abbracciata da tutti, ed ha avuto in ogni tempo chi l'ha con-

Borgias Abhandlung über die Teilung der Apostelreliquien ist die Frucht einer Entwicklung, die höchstwahrscheinlich in ihren Anfängen auf Kardinal Baronius zurückgeht. Giacomo Grimaldi schreibt nämlich in seinen « Instrumenta authentica » über die schon erwähnte Pophyrplatte mit der Inschrift von der Teilung der Apostelreliquien durch Papst Silvester: « sapientum aliquorum et praesertim Card. Baronii judicio in veteris Basilicae demolitione sub dicto pavimento posita est, et non in conspicuo loco in nova Basilica ut antea stabat; nam Cardinalis Baronius asserebat ex probatissimis auctoribus corpus S. Petri jacere sub altare ubi nunc cernitur in Sacra confessione, nempe foramen per quod demittebantur brandea supra arcam Sacratissimi corporis ejus, et corpus S. Pauli jacere in ejus Basilica in via ostiensi » [10]. Diese mündlichen Aeusserungen des Kardinals Baronius fanden dann ihr schriftliches Echo in dem schon erwähnten Index des Kardinal de Laurea zu den Annalen des Baronius aus dem Jahre 1694. Dessen Methode des Argumentum ex silentio wurde dann von Borgia übernommen und weit ausgebaut. Doch ist gerade dieser Teil, auf den Borgia so viel Fleiss und Mühe verwandt hat, aus den Gründen wirkungslos, die schon viele Jahre vorher der Bollandist Janningus in seiner Abhandlung dargetan hatte. Es ist aber nicht zu leugnen, dass Borgia mit sicherem Blick die schwachen Stellen des Bollandisten erspähte und angriff. So hat er recht, die Chrysostomuszitate abzulehnen. Aber er geht sicher zu weit,

tradetta ». Wenn man diese etwas leidenschaftlichen Behauptungen liest, könnte man meinen, es gehe um eine Angelegenheit des Glaubens und nicht um eine historische Tatsache, die in ihrer Richtigkeit nicht durch einen consensus communis bewiesen zu werden pflegt. Im übrigen sind die Behauptungen auch, was den Kern der Sache betrifft durchaus unkorrekt, wie unsere Studie zeigen wird.

Nicht viel besser handelt D. A. MORTIER in seinem Buch: « *Saint Pierre de Rome. Histoire de la basilique Vaticane et du culte du tombeau de Saint Pierre,* Tours 1900, über unsere Frage. Auch er ist gänzlich abhängig von Borgia. Wir schliessen mit ORAZIO MARUCCHI. Er schreibt in seiner Studie über: « *Pietro e Paolo a Roma* », 4. ed. Roma 1934, S. 77 :« E' opinione di taluni che i corpi dei due santi Apostoli siano divisi fra le due basiliche Vaticane ed Ostiense, ma tale divisione attribuita da documenti medievali al Papa Silvestro deve ritenersi come assolutamente leggendaria ».

[10] Nach Vat. Lat. 6437, f. 252v-253 abgedruckt bei MICHELE CERRATI, *Tiberii Alpharani De Basilicae Vaticanae antiquissima et nova štructura,* Studi e Testi 26 (Roma 1914) 35.

wenn er dasselbe Argument auch auf die Inschrift des Pierleone
aus S. Paul anwenden will. Nachdem er kurz die Ansicht des
Janningus berichtet hat, fährt er fort: « Optime quidem, sed si
inscriptio haec ad unitatem sepulcri referatur, illud aperte conse-
quitur, auferendum quoque esse a Vaticano dimidium corporis
S. Petri, quod et Bollandista consentit » [11]. Man sieht mit dem
besten Willen nicht ein, warum aus der Behauptung des gemeinsamen Grabes der Apostelfürsten folgen muss, dass sie nur in
S. Paul sind. Wenn einmal die Ansicht besteht, dass ihre Leiber
geteilt wurden zwischen den beiden Basiliken, dann bleibt der
Vers « Et quibus est idem tumulus, sit gloria tecum » genau so
wahr, auch wenn eine Hälfte beider Leiber in S. Peter ruht. Es
folgt also nichts daraus für Borgia. Wenn er ferner behauptet
« quod et Bollandista consentit », so ist das eine freie Erfindung,
für die kein Beleg aufzubringen ist. Borgia fährt dann an derselben Stelle weiter fort: « Unusquisque tamen videt, relatam in-
scriptionem, licet insculptam tempore, quo jam invalescere coepit
vulgaris opinio de divisione corporum Apostolorum, non ad unitatem sepulcri adludere, sed loci; cum terni conveniant in eo,
quod Romae sepulti sint ». Er gibt also ausdrücklich zu, dass die
Inschrift aus einer Zeit stammt, in der die Meinung von der
Teilung der Apostelleiber schon bekannt war. Warum dann die
Mühe, ein Zeugnis mehr dafür zu entkräften? Im übrigen ist aus
dem Text klar ersichtlich, dass mit dem idem tumulus nicht Pierleone und die beiden Apostel gemeint sind, wie Borgia behauptet,
sondern nur die beiden Apostel, die ja ausdrücklich dem Verstorbenen gegenübergestellt werden: quibus (tumulus) ... tecum (gloria). Also unterscheidet der Verfasser der Inschrift in S. Paul
selbst genau das Grab des Verstorbenen und der Apostel. Wieviel
mehr würde er die dichterische Unmöglichkeit spüren von S. Paul
aus das Apostelgrab dieser Basilika und das von S. Peter ein
« idem tumulus » zu nennen.

Ganz anders ist der Fall bei Johannes Chrysostomus. Von
Konstantinopel aus hat diese dichterische Wendung einen Sinn,
aber nicht in Rom selbst. Ferner ist für den Chrysostomustext
massgebend, dass er vollständig isoliert ist und für diese Jahrhunderte ein unicum bedeutet. Umgekehrt steht die Inschrift von

---

[11] BORGIA, 244.

S. Paul am Anfang einer Zeit, die gerade das behauptet, was mit dem idem tumulus ausgedrückt ist.

An einer andern Stelle ist die Kritik Borgias etwas glückliche, wenn er nämlich dem Janningus vorwirft, dass man bei der berühmten Porphyrplatte mit der Inschrift der Reliquienteilung die Datierungsmöglichkeit nicht bis zum 9. Jahrhundert ausdehnen könne wegen der augenscheinlich späteren Form der Buchstaben. Aber auch hier schiesst Borgia über das Ziel hinaus, wenn er nun die Platte möglichst spät zu datieren sucht. Beweis ist wiederum ein argumentum ex silentio. Weil Maphaeus Veghius in seiner Beschreibung der Vatikanbasilika diese Inschrift nicht erwähnt hat, muss sie später sein, also vom Ende des 15. Jahrhunderts. Tatsächlich ist die Inschrift früher nachweisbar, wie wir nachher zeigen werden.

Wenn man beide Autoren miteinander vergleicht, dann hat man den Eindruck, dass Janningus seine These vorsichtiger aufstellt und trotz einiger Fehler mit mehr Kritik verteidigt als Borgia die seine. Man begreift vor allem bei Borgia nicht den leidenschaftlichen Eifer, mit dem er gegen eine Tradition vorangeht, die doch das ganze Mittelalter geglaubt hatte, gleichsam als ob es gegen eine ärgerniserregende Meinung gehe. Dieser seltsame Eifer verleitet ihn dann zu Uebertreibungen und unkritischen Schlüssen, die das Material nicht zulässt. Im übrigen bleibt dabei bestehen, dass er seinen Gegenstand mit Sorgfalt und reicher Quellenkenntnis behandelt hat. Letzterem vor allem, aber nicht zuletzt auch dem mit der Zeit immer stärker gewordenen Misstrauen der Historiker dem Mittelalter und seinen Berichten gegenüber, verdankt er seinen Sieg über Janningus in der öffentlichen Meinung.

Heute allerdings, wo wir wieder anfangen, das Mittelalter und sogar seine Legenden ernster zu nehmen, scheint einem das vorsichtige « verosimile » des Bollandisten für seine Methode vertrauenswürdiger als der allzu selbstsichere Schluss des Borgia : « Haec igitur omnia apertissime evincunt Doctoris Gentium sacratissimum corpus in Ostiensi basilica a primis usque temporibus conditum, in eadem absque ulla partitione stetisse, cum ita vetera atque indubia omnium saeculorum monumenta testentur, non dissimili ratione, qua alterum Principis Apostolorum in Vaticano jam pridem sepultum in hanc usque aetatem ibidem integrum piae fi-

delium totius Christiani Orbis venerationi permansisse demonstravimus » [12].

Um uns ein Urteil über den Wert der Tradition von der Teilung der Apostelreliquien bilden zu können, wollen wir im folgenden die wichtigsten Texte in ihrer zeitlichen Reihenfolge zusam-
menstellen :

Zwischen 1124 —— 1130 die Inschrift des Pierleone in S. Paul :

Te Petrus et Paulus
Servent Petre Leonis
Dent animam caelo quos
Tam devotus amasti
Et Quibus est idem tumu-
lus sit gloria tecum [13].

1165. JOHANNES BELETH in « *Divinorum officiorum ac eorundem
rationum brevis explicatio* ». Er erzahlt hier als erster die Teilung der Apostelreliquien in folgender Weise : « Sed ad fidem
christianam converso imperatore Romano, et christiana religione magis ac magis crescente, utrique apostolo suam peculiarem aedificaverunt ecclesiam et cum vellent corpora separare, dubitarentque quaenam ossa Petri, et quae Pauli essent,
illis orantibus, jejunio peracto, responsum est coelitus, majora
esse ossa·praedicatoris, minora vero piscatoris. Atque ita sane
seorsim a sese mutuo ossa fuere separata, et in suis ecclesiis
posita » [14].

Es ist zu beachten, das Beleth nichts von dem Wägen der
Gebeine erzählt, auch lässt er nicht je die Hälfte in den Basiliken
bergen, sondern spricht nur von der Trennung der Apostelreliquien
von einander. Da Borgia den Wert der älteren Pierleone-Inschrift
nicht anerkennen wollte, suchte er in dieser Form des Beleth ein
Anfangsstadium der Legende zu erkennen, die dann allmählich
wuchs [15]. Die Inschrift von S. Paul beweist hingegen, dass Beleth

[12] BORGIA, 248.
[13] BORGIA, 243.
[14] PL, 202 143.
[15] BORGIA, 238.

eine andere als die römische Tradition, die längst vor ihm bestand,
oder diese nur unvollständig wiedergegeben hat. Wie verbreitet die
Tradition in der einen oder andern Form damals schon war, beweisen die Worte des Beleth bei der Erklärung des Festes der
Divisio Apostolorum: « Nonnulli vero putant... » und dann folgt
der Hinweis auf die Trennung der Apostelreliquien als möglicher
Gegenstand des Festes. Es ist also garnicht erst die Idee des Beleth, sondern es ist eine in den Kreisen der damaligen Liturgiker
bekannte Erklärung.

1192. CANONICUS ROMANUS fügt in seiner Bearbeitung der Beschreibung der Peterskirche von Petrus Malleus den Worten:
« Ante aditum, qui intrat confessionem Beati Petri, est altare
Apostolorum Petri et Pauli » die Worte hinzu: « ubi eorum
ossa pretiosa, ut dicitur, ponderata fuere » [16].

Mit der Erwähnung des Wägens der Gebeine ist natürlich
auch die Teilung in zwei gleiche Hälften gegeben. In dem « ut dicitur » liegt wiederum der Hinweis auf eine bekannte Tradition.
Es ist noch zu bemerken, dass die beiden römischen Zeugnisse aus
dem 12. Jahrhundert nicht die Form der Reliquienteilung kennen,
die Beleth überliefert.

Anf. 13. Jhdt. *Mirabilia Romae*. Bei der Beschreibung der Peterskirche heisst es: « ...in medio est altare majus sancti Petri,
ubi nullus nisi solus papa consuevit celebrare, sub quo ma-
jore(?) altare est medietas reliquiarum de corpore Petri et
Pauli,... » [17]. Bei der Beschreibung der Paulskirche heisst es
entsprechend: « In sancto Paulo est alia medietas(?) corpo-
rum(?) apostolorum Petri et Pauli » [18].

1271-76. *Caeremoniale Romanum editum jussu Gregorii X.*
« Et attende quod quoties in festis duplicibus papa vadit ad
primas Vesperas, semper facit incensum super altare, in tertio
nempe psalmo; et si est in sancto Petro, incensat altare majus,

---

[16] ASS Jun, VII 48.
[17] GUST. PARTHEY, *Mirabilia Romae*, Berolini 1869 50.
[18] l. c. 53.

et aliud quod est infra in confessione, et tertium quod est
extra in exitu confessionis, in quo ponderatae fuerunt reliquiae
beatorum apostolorum Petri et Pauli » [19].

1286-91. GULIELMUS DURANDUS, *Rationale Divinorum officiorum,*
lib. VII, c. 15 [20] « Verum procedente tempore cum Constantinus
Imperator in honorem utriusque Ecclesias construxisset, et Romanus Pontifex vellet eorum corpora separare, et dubitaretur,
quae cujus ossa forent: divinitus responsum est. Majora ossa
sunt Praedicatoris, minora Piscatoris, et sic adinvicem sepe-
rata sunt, et in propriis Ecclesiis collocata. Postmodum vero
Silvester Papa, volens Ecclesias ipsas consecrare, tam parva,
quam magna ossa ex aequa lance, cum summa reverentia pon-
deravit, et unam medietatem in una Ecclesia, et aliam in alia
Ecclesia collocavit. Unde quidam faciunt festum de hac divisione officium in Nonis, vel octavo Idus Julii: quia tali die facta
fuit: alii illud faciunt 15. vel 16. die ejusdem mensis. Alii vero
dicunt, quod festum divisionis Petri et Pauli, quod celebratur
die illa, fit propter illam divisionem, quae facta ist in Hieru-
salem, post duodecim annos,... ».

Bei Beleth, dem Pariser Theologen, steht die Erklärung von
der Teilung der Apostel in Jerusalem an erster Stelle, bei Durandus, der meist in Rom lebte, ist vielmehr die andere Meinung, die
das Festgeheimnis auf die Reliquienteilung durch Silvester bezieht, die erste und wichtgere. Im übrigen lässt uns dieser litur-
gische Irrtum, denn das ist die erste Meinung des Durandus, durchaus erkennen, wie festgewurzelt und verbreitet damals, jedenfalls
in Rom, die Ueberzeugung von der Reliquienteilung war. Ferner
ist aus dem Text des Durandus deutlich seine doppelte Quelle her-
auszuspüren, Beleth und die römische Lokaltradition. Er hat beide
einfach nebeneinander gesetzt.

---

[19] PL, 78 1120. Im Migne-Text steht irrtümlichrweise statt « ponderatae fuerunt » praenudatae fuerint. Da diese Lesung evident falsch ist,
haben wir die richtige nach Torrigio, Le sacre Grotte Vaticane eingesetzt
Im übrigen ist diese Lesung durch den Zusammenhang mit den übrigen
Zeugnissen vollkommen gesichert.

[20] Venetiis 1577.

Papst Bonifaz VII. (1294-1303) spricht in seinen Bullen häufiger von den Reliquien der beiden Apostel in S. Peter [21]. In einer Bulle von 1301 für die Kanoniker und Benefiziaten von S. Peter heisst et z. B.:

1301. «...studuimus, etsi non quantum voluimus, eamdem basilicam propter Deum et reverentiam beatorum Apostolorum Petri, et Pauli et aliorum sanctorum, et sanctarum multiplicium, quorum reliquiae in ipsa basilica requiescunt, grandibus beneficiis et donis largifluis honorare; ... » [22].

Vor 1319. Kardinal Jacobus Cajetanus de Stephanescis schreibt in seiner Dichtung über Cölestin V. und Bonifaz VIII.:
    « ...Accessit ad altum
    Egregiumque decus fidei, venerabile donum
    Christicolis, altare Petri, de marmore caesum,
    Porphyriisque gerens fulvis a celte columnis
    Quatuor, argenti caelum; quod tempus in atrum
    Verterat; ac subter fusi sub tegmine cupri,
    Corpora sacra tenens, totum veneranda per orbem,
    Aetherei Petri, Pauli quoque, gentibus almi
    Doctoris; quo solus Apex solusque Sacerdos
    Chrisma capit flagrans: decet haec nam gloria Primum [23].

1362-70. Nicolaus Processus in seinem Codex miscellaneus aus der Zeit Urbans V. « Hoc praecipuum perfecit ut super lapidem porphireticum ossa dictorum Sanctorum Apostolorum di-

---

[21] Borgia selbst (p. 236) weist auf mehrere Bullen hin: « Addet, Bonifacium non modo in Bulla a nobis relata, sed in aliis etiam annorum 1300, 1301 et 1303 insertis in citato Bullario Vaticano eadem prorsus uti significatione; atque hanc proinde ad excogitatam ab ipso exsistentiam reliquiarum SS. Apostolorum Petri et Pauli in Vaticana Confessione, non ad aequivocam, ac simplicem expressionem esse referendam. « Er hilft sich aus dieser Schwierigkeit mit dem Hinweis auf den Ausspruch Tertullians: Id verius, quod prius. Es bedarf keiner besonderen Erwähnung, dass mit einem solchen allgemeinen Spruch das Zeugnis Bonifaz VIII nicht aus der Welt geschafft werden kann.

[22] Borgia, 236.
[23] ASS Jun, VII 125.

visa, et portiones in Basilicis ipsorum nominibus dicatis reposuit, retentis Capitibus in aede habitationis suae Laterani » [24].

1410. ALEXANDER V. in einer Bulle für S. Peter:
« ... Ideoque tibi tenore praesentium per Apostolica scripta
committimus, et mandamus, quatenus omnes, et singulas pecunias, seu oblationes, quae per fideles ipsos ad majus altare ejusdem basilicae, in quo dicti beati Petri, et beati Pauli Apostó-
lorum venerandae reliquiae conservantur, ac omnium aliorum
altarium in ipsa basilica exsistentium... » [25].

Um 1450. JOHN CAPGRAVE erzählt in seiner Beschreibung Roms:
« In seynt petir cherch is half the body of petir and half of
poule incinerat saue ye bones and the othir half of the same
is at seynt poules » [26].
« ...an autere of white marbe and in the myddis a fayre porphiri
ston mor thann a superaltari... » [27].

1452. NIKOLAUS MUFFEL schreibt in seinem Rombuch über die
Peterskirche : « Item darnach ist ein gruft und umbganck unter
sant Peter Kor als zu sant Pauls und sunst in etwe vil Kirchen ; auch ist do gar grosser Ablas vor dem altar, der unter
sant Peter und Paulus altar stet, do derselben heyligen XII
poten leichnam gepein jedes halb inligen ; man sperret die
gruft selten auf von sünd wegen, die do geschehen möchten,
dan es ist daselbst finster »[28].
Item und als man auss dem kor geet sant Peters, do der haubtaltar stet zu der linken hant, stet ein schoner altar von
merbelstein, darauf sand Silvester sand Peter un sand Pauls
leichnam und gepein auf einer wag gleich geteilt und gewegen

---

[24] Zitiert nach JOS. MARIA SORESINUS, De. Capitibus Sanctorum Apostolorum Petri, et Pauli in Sacrosancta Lateranensi ecclesia asservatis opusculum, Romae 1673 66-67.
[25] BORGIA, 233.
[26] JOHN CAPGRAVE, Ye solace of pilgrimes. A description of Rome, circa
A. D. 1450, ed. by C. A. Mills, London 1911 63.
[27] l. c, 66.
[28] NIKOLAUS MUFFELS Beschreibung der Stadt Rom, herausg. von
Wilhelm Vogt, Stuttgart 1876 23.

hat und den halben teyl in den vorgenennten haubtaltar und den andern teyl in sand Pauls altar... zu sant Pauls und die zwei haubt zu sant Johannes latron, do sy noch also sind »[29].

Der heilige ANTONINUS VON FLORENZ hat in seiner Chronik auch unseren Fall erzählt. Dieser Bericht ist deshalb bemerkenswert, weil Antoninus in seiner kompilatorischen Art beide Versionen der Erzählung wiedergibt, die des Beleth und die römische Tradition.

Um 1457. « Sed cum dubitarent, quae essent ossa Petri, et quae Pauli, orantibus fidelibus et jejunantibus de coelo responsum est, majora esse praedicatoris, minora piscatoris. Et sic separata, sunt in suis ecclesiis collocata. Vel secundum alios a beato Sylvestro Papa in consecratione ecclesiarum illorum magna cum parvis ab eo ponderata, et media pars unius cum media parte alterius in ipsorum ecclesiis collocata »[30].

1458-64. PIUS II. hat seiner Ueberzeugung von der Teilung der Apostelreliquien in mehrfacher Weise Ausdruck gegeben, wie Borgia selbst berichtet[31]. In einer Predigt für den Türkenkrieg ruft er aus:

« ...divinissimi Apostoli Petre, ac Paule, quorum corpora sub hoc altari jacent, capita in basilica Lateranensi servantur... »[32].

Um 1488. AUGUSTINUS PATRICIUS schreibt in seinem Werk *Rituum ecclesiasticorum sive sacrarum caeremoniarum Ecclesiae romanae libri* 3 über die Pallienweihe: « (pallia) ... per Canonicos basilicae ponuntur super corpora Petri, et Pauli Apostolorum sub altari majore, ubi factis de more Vigiliis, illa per noctem dimittunt, deinde restituunt Subdiaconis, qui in loco honesto ea conservant »[33].

---

[29] l. c, 24.

[30] DIVI ANTONINI ARCHIEPISCOPI FLORENTINI *Chronicorum opus,* Lugduni 1586 392-393. Part. I, tit. 6, c. 5, n. 4.

[31] BORGIA, 245.

[32] ibid.

[33] Zitiert nach BORGIA, 246.

5

1489. *Mirabilia Romae*, Gedruckt bei Stephan Planck Rom 1489. Bei der Beschreibung von S. Peter heisst es : « Item under dem hoen altar ist eyn grufft : dar in lyt sant Peter und sant Pauls itzlicher halber. da ist IIII dusent iar ablas... Item neben dem hohen altar ist ein altar steyn von rottem marmel : dar uff hat man sant Peter und sant Paul geteilt ir heilig lichnam und yden halb gelossen zu sant Peter, den anderen teil in sant Paulus kirchen getragen » [34].

1499. Im Sinne der Reliquienteilung ist wohl auch ein Passus in der Jubilaeumsbulle ALEXANDERS VI. vom Jahre 1499 zu verstehen : « ...ac fideles ipsos ad dictam Urbem pro reverentia beatorum Petri et Pauli Apostolorum Principum, qui eam martyrio suo consecrarunt, et in quorum basilicis sub illarum majoribus altaribus illorum corpora gloriosa, et in altari Ecclesiae Lateranen. capita recondita conservantur,... » [35].

1496-99 RITTER ARNOLD VON HARFF berichte von seiner grossen Pilgerreise über S. Peter :
Item under dem hogen elter is eyn kroufft, dae inne lijcht sent Peter ind sent Pauwels yecklicher halff » [36].
« Item beneuen dem hoigen altair is eyn elter steyn var roden mermelen. daer off hait man gedeylt sijnt Peter ind sijnt Pauwels lijchenam van danne yeder halff deyll gedragen is weder in sijnt Pauwels kirche ind die ander helffte in deser kirchen » [37].

Die bis jetzt angeführten Zeugnisse haben besonderen Wert wegen ihres Alters und weil sie am ehesten einige Rückschlüsse auf den Ursprung der Ueberzeugung von der Teilung der Apo-

---

[34] *Mirabilia Romae*, Romae apud St. Planck, 20. Nov. MCCCCLXXXIX. Ein römisches Pilgerbuch des 15. Jahrhunderts in deutscher Sprache. Mit einer Einleitung von Christian Hülsen, Berlin 1925.

[35] BORGIA, 235.

[36] *Die Pilgerfahrt des Ritters Arnold von Harff von Cöln durch Italien, Syrien, Aegypten, Arabien, Aethiopien, Nubien, Palästina, die Türkei, Frankreich und Spanien wie er sie in den Jahren 1496-1499 vollendet, beschrieben und durch Zeichnungen erläutert hat.* Herausg. von Dr. E. von Groote, Köln 1860 22.

[37] l. c., 23.

stelleiber zulassen. Die Texte aus den ersten Jahrhunderten der Tradition sind spärlich, entsprechend dem wenigen, was uns an diesbezüglichem Schrifttum aus dieser Zeit bekannt ist. Das ändert sich ganz von selbst mit dem Anwachsen der Rom-Literatur in den folgenden Jahrhunderten und wird wie diese nahezu unübersehbar, weil es zum festen Bestand der Berichte gehört, die ein Autor vom andern übernimmt. Wir können vor allem für das 16. Jahrhundert feststellen, dass diese Vorstellung absolut allgemein war und von Gelehrten und Volk geteilt wurde. Erst langsam macht sich der Zweifel und schliesslich die Ablehnung Bahn, die sich, wie erwähnt, erst im 19. Jahrhundert ganz durchzusetzen vermochte.

Es mag daher genügen eine gute Auswahl der betreffenden Werke aufzuzählen, ohne dabei, wie vorher, den Text selber anzuführen [38].

1543. ANDREA FULVIO, *Delle antichità della Città di Roma, e delli edificij memorabili di quella*, Vinegia 1543 26; 84.

1548. LUCIO FAUNO, *Delle antichità della città di Roma*, Venezia 1548 23.

1558. LUCIO MAURO, *Le antichità della città di Roma*, Venezia 1558 54 [39].

1570. ONOFRIO PANVINIO, *Le sette chiese principali di Roma*, Roma 1570 51; 69; 87.

---

[38] Es ist für unsere Studie ohne besondere Bedeutung festzustellen, um welche Auflage es sich bei den hier zitierten Werken im einzelnen handelt; da dies zudem für manche Ausgaben sehr schwierig genau festzulegen ist, haben wir auf jede diesbezügliche Angabe verzichtet. Die Werke haben deshalb nur für das angegebene Erscheinungsjahr zu gelten.

[39] Fauno und Mauro bringen ihre Notiz bei der Beschreibung der Paulsbasilika. Bei S. Peter wird keiner der beiden Apostel erwähnt, sondern nur das Schweisstuch, die hl. Lanze und andere Apostelreliquien. Da wir nach der Lage der damals schon allgemeinen Tradition natürlich nicht annehmen können, dass beide Schriftsteller die Gegenwart der Apostelleiber in der Peterskirche durch ihr Schweigen leugnen wollten, ist einmal wieder ein gutes Beispiel gegeben, wie vorsichtig bei unserer Materie ein blosses Schweigen behandelt werden muss. Die Autorem haben augenscheinlich für jede Kirche das wichtig und weniger bekannt Erscheinende zusammengestellt, wodurch dieselbe Tatsache in einem Zusammenhang erwähnenswert und in einem andern überflüssig erscheinen kann.

1575. M. ATTILIUS SERRANUS, *De septem urbis ecclesiis*, Romae 1575 21.

1575. Dr. JAKOB RABUS, *Rom. Eine Münchener Pilgerfahrt im Jubeljahr 1575*. Herausgegeben von K. Schottenloher, München 1925 29; 47.

1588. FRA SANTI SOLINORI, *Le cose maravigliose dell'alma città di Roma*, Venetia 1588 8; 10.

1588. FRA SANTI SOLINORI, *Stationi delle chiese di Roma*, Venetia 1588 27; 29; 74.

1588. POMPEO UGONIO, *Historia delle stationi di Roma*, Roma 1588, 101r, 103r, 228v-230r, 238v.

Pompeo Ugonio ist für uns nicht nur wegen der wissenschaftlichen Bedeutung seines Werkes besonders beachtenswert, sondern vor allem, weil er als erster die Teilung der Apostelreliquien historisch ausdrücklich zu verteidigen sucht. Und zwar geschieht das nicht etwa gegen irgendwelche Gegner, sondern er macht sich selber eine Schwierigkeit aus dem Bericht der Silvestervita des Liber Pontificalis, den er Damasus zuschreibt: « Questo parlar di Damaso, par che metta una difficoltà in campo, contro l'opinione che si ha comunemente. Perchè egli dice che il corpo di san Paolo fu messo nella sua chiesa, e quel di san Pietro nella sua. Et nientedimanco la tradition commune afferma, che i corpi de gli Apostoli, ambedue furono da san Silvestro egualmente divisi, et dell'uno et dell'altro la metà à ciascuna chiesa compartita, essendo le teste poste nella Cappella del palazzo Lateranense. In testimonio di questo, si mostrò nella chiesa di san Pietro una pietra, sopra la quale si dice che fu fatta questa divisione » [40]. In der weiteren Verfolgung dieser Schwierigkeit kommt er auf viele wesentliche Texte und Prinzipien zu sprechen, die später den Grundstock der Verteidigung des Janningus bildeten.

1591. TIBERIUS ALPHARANUS, *De basilicae Vaticanae antiquissima et nova structura*. Pubblicato per la prima volta dal Dott. D. Michele Cerrati, Studi e Testi, 26 (1914) 35.

1600. FLAMINIO PRIMO DA COLLE, *Le cose meravigliose dell'alma città di Roma*, Roma 1600 7.

---

[40] ibid, 228v.

1615. Pietro M. Felini, *Trattato Nuovo delle cose maravigliose dell'alma città di Roma*, Roma 1615 13; 17.

1625. Ottavio Panciroli, *I tesori nascosti dell'alma città di Roma*, Roma 1625 524-525.

1630. Giovanni Severano, *Memorie sacre delle sette chiese di Roma*, 1630 110; 131; 400. (Gibt beide Ansichten wieder).

1639. Francesco Maria Torrigio, *Le sacre grotte vaticane*, Roma 1639 49; 233.

1644. Francesco Maria Torrigio, *I sacri trofei Romani del trionfante Prencipe degli Apostoli San Pietro Gloriosissimo*, Roma 1644 134-136.

1650. Antonio Bosio, *Roma sotterranea*, Roma 1650 203. (Gibt beide Ansichten wieder).

1668. *Roma antica e moderna*. A spese di Federico Franzini, Roma 1668 14; 20.

1687. Carlo Bartolomeo Piazza, *Efemeride Vaticana per i pregi ecclesiastici d'ogni giorno dell'Augustissima Basilica di S. Pietro in Vaticano*, Roma 1687 377; 382.

1694. Carlo Bartolomeo Piazza, *Hieroxenia Overo Sagra Pellegrinazione alle sette Chiese di Roma*, Roma 1694 40; 113.

1696/1700. Philippus Bonanni S. I., *Numismata Summorum Pontificum templi vaticani fabricam indicantia*, Romae 1696 et 1700 28; 113; 134.

1703. Fioravante Martinelli, *Roma di nuovo esattamente ricercata nel suo sito*, Roma 1703 12 [41].

1778. Giuseppe Vasi, *Tesoro sacro e venerabile cioè le basiliche, le chiese, i cimiteri e santuari di Roma*, Roma 1778 168.

1820. Giuseppe Mazzolari, *Diario sagro*. T. VI. Le sagre basiliche, Roma 1820 108.

*

Unsere Zusammenstellung, die noch beträchtlich erweitert werden könnte, soll durchaus nicht zeigen, dass die darin vertretene Anschauung die historisch richtige sei; sie soll nur dartun, dass

---

[41] Es muss sich bei diesen späteren Ausgaben der Roma ricercata um Aenderungen der Bearbeiter handeln; denn in der Auflage von 1658 spricht sich Martinelli im Sinne des Baronius aus.

Janningus mit seiner Stellungnahme eine alte und ehrwürdige Tradition vertrat, ja man kann sagen einfachhin die Tradition. Borgia
hingegen, der sich für die alte Tradition einzusetzen glaubte, hat
in Wirklichkeit einer neuen kritischen Auffassung zum Siege verholfen. Denn seine zum Aufbau eines Argumentum ex silentio angeführten Texte haben nur für die Jahrhunderte Wert und Gültigkeit, in denen ihnen keine andere Auffassung entgegensteht. Ihre
Bedeutung liegt in ihrer lückenlosen Reihe, die keine widersprechende Tradition kennt. Von dem Augenblick an, wo diese andere
Tradition auftritt und sich schliesslich durchsetzt, haben nur solche
Aussagen sicheren Wert für Borgias Auffassung, die ausdrücklich
der neuen Auffassung widersprechen. Denn die blosse Erwähnung
des hl. Petrus in der Peterskirche schliesst die andere Vorstellung
vom Vorhandensein der Hälfte beider Leiber nicht aus. Man kann
sogar, wie schon erwähnt, nachweisen, dass dieselben Autoren, die
die neue Tradition vertreten, dennoch an andern Stellen die andere Ausdrucksweise beibehalten und nur von Petrus resp. Paulus
reden. Umgekehrt lässt aber die klare Erwähnung vom Vorhandensein der Hälfte beider Apostelleiber nicht zugleich die andere
Auffassung zu. Deshalb haben die Texte der neuen Tradition eine
Kraft, der nur eine ihnen ausdrücklich widersprechende Aussage
gleichwertig entgegentreten kann.

Man wird also wohl sagen müssen, dass wenn auch im Anfang
die Tradition, die Borgia vertritt, bestanden hat, diese doch durch
eine neue Tradition abgelöst worden ist, die mindestens 600-700
Jahre bestanden hat, bis auch sie durch eine andere Auffassung
verdrängt wurde.

Die kritische Ansicht des Borgia sieht rückläufig ungefähr folgendermassen in ihrem Werdegang aus. 1750 finden wir im Werk
des Raffaele Sindone und Antonio Martinetti « Della sacrosanta
Basilica di S. Pietro in Vaticano libri due » ein Schweigen über
unsere Frage, das in dieser Zeit und im konkreten Zusammenhang als Ablehnung gedeutet werden dürfte. 1694 erschienen die
Indices des Kardinal de Laurea mit ihren Texten gegen die damalige Tradition. Ein Jahr vorher veröffentlichte Ciampini sein
Werk über die Bauten Konstantins, in dem er bei Beschreibung

---

42 JOANNIS CIAMPINI *De sacris aedificiis a Constantino Magno construc-
tis. Synopsis historica,* Roma 1693 53.

unserer Porphyrplatte bezeichnenderweise nur die Teilung der A-
postelreliquien im Sinne Beleths erzählt. 1658 schreibt Martinelli
im Sinne des Baronius. Vor ihm haben Bosio und Severano in
ihren oben angeführten Schriften die alte und die neue Auffassung
wiedergegeben. Sie vermochten sich augenscheinlich nicht recht
zu entscheiden. Vor diesen haben wir dann endlich die Bemerkung
über Kardinal Baronius bei Grimaldi, die wir eingangs erwähnten.
Es ist immerhin bezeichnend, dass Baronius seine Meinung nur
mündlich aussprach, und dass Grimaldi selber seiner Notiz hinzufügt : « fortasse ex dicto officio (si tamen error est lapidis) pro
divisione Apostolorum per gentes saeculo simplici acceperint pro
divisione Ossium Apostolorum Petri et Pauli ; utcumque sit saniori
judicio relinquitur » [43]. Also nicht einmal die Autorität eines Baronius vermochte ihn ohne weiteres zu überzeugen.

Es ist bemerkenswert, dass um die Wende vom 17. zum 18.
Jahrhundert die späten Bearbeiter Martinellis zur alten Tradition
zurückkehren, und dass gewichtige Autoritäten, wie Bonannus und
Janningus den ersten Anzeichen eines klaren Widerspruchs gegen
die geltende Tradition mit Bestimmtheit entgegentreten. Damit ist
klar, dass die bisherige Auffassung nicht nur in der landläufigen
Romführerliteratur, sondern auch in den Gelehrtenkreisen noch
immer das Uebergewicht behielt.

Vor Baronius gibt es keinen einzigen klaren Widerspruch
gegen die von ihm bekämpfte Auffassung. Pompeo Ugonio hatte
sich wohl selber die Schwierigkeit gemacht, die für die damalige
Ansicht aus dem bekannten Bericht des Liber Pontificalis über die
Beisetzung der Apostelreliquien durch Konstantin in der Silvestervita entsteht. Er tritt aber dann mit Geschick und Eifer für seine
Auffassung ein. Weniger eindeutig ist der Fall des Maffeus Veghius.
Zweimal kommt er in die Nähe unserer Frage [44]. Das eine Mal
nennt er den Petrus-Paulus-Altar, ohne die berühmte Porphyrplatte
zu erwähnen, die aber damals schon vorhanden war. Das zweite Mal
berührt er unsere Angelegenheit beim Bericht der Uebertragung
der Apostelreliquien durch Konstantin in die neue Basilika. Dabei

---

[43] Nach MICHELE CERRATI, *Tiberii Alpharani De Basilicae Vaticanae
antiquissima et nova structura,* Studi e Testi, 26 (1914) 35.

[44] *De rebus antiquis memorabilibus basilicae S. Petri Romae,* ASS Jun,
VII 57-85, um die Mitte des 15. Jahrhunderts geschrieben.

hält er sich ganz an den Bericht des Liber Pontificalis. Es ist also die Frage, ob dieses Schweigen eine Verneinung der Reliquienteilung bedeute oder nicht. Eine sichere Antwort kann man darauf wohl nicht geben. Es scheint uns allerdings nicht sehr wahrscheinlich, dass in dieser Zeit, in der die römische Tradition schon seit Jahrhunderten verbreitet war, ausgerechnet von einem Kanonikus der Basilika selber eine gegenteilige Meinung vertreten wurde. Und warum hat er sie dann nicht klarer ausgesprochen? Die Anführung des Liber Pontificalis allein ist nicht entscheidend, weil das von vielen geschah, die dennoch die Reliquienteilung annahmen. So z. B. Panvinio und Ugonio [45].

Man könnte vielleicht noch aus dem Bericht des Antoninus von Florenz schliessen, dass um die Mitte des 15. Jahrhunderts zwei verschiedene Meinungen über unsere Frage bestanden. In dem oben wiedergegebenen Text führt er nämlich, nachdem er die Legende vom Raub der Apostelleiber und der Teilung der Reliquien nach Beleth erzählt hat, den Bericht der Reliquienteilung im andern Sinne mit der Bemerkung ein: « Vel secundum alios ». Wenn er sich auch für den ersten Teil seines Berichtes auf keine besondere Quelle beruft, so darf man doch hier eine mehr oder weniger direkte Abhängigkeit von Beleth vermuten. Demnach dürfte es sich mehr um eine literarische Abhängigkeit des hl. Antoninus selber handeln, als um das Echo einer verbreiteten Auffassung. Denn diese müsste dann doch in ihrer Zeit noch andere Spuren hinterlassen haben.

Es ist also nicht zuviel behauptet, dass sich der erste Widerspruch gegen die alte Auffassung der Reliquienteilung erst mit Baronius bemerkbar macht. Wie vereinzelt damals diese Auffassung gewesen sein muss, scheint uns zu beweisen, dass erst ungefähr ein Jahrhundert nachher der erste offene Widerspruch erfolgt. Und es brauchte von da fast noch einmal ein Jahrhundert bis zum Frontalangriff des Borgia. Sollte es etwa erlaubt sein, aus der Zähigkeit

---

[45] Besonders interessant und zur Vorsicht mahnend ist dies der Fall bei Canonicus Romanus. Er fügt dem Manuskript des Malleus eigens die Erzählung von der Reliquienteilung hinzu und lässt dabei nicht nur den dem so entgegenstehenden Bericht des Liber Pontificalis zu Beginn des Textes stehen, sondern bringt ihn am Ende des Manuskriptes noch einmal und zwar in einer Form, die uns den Widerspruch fast unbegreiflich erscheinen lässt (ASS Jun, VII 54).

römischer Traditionen auch auf ihre Glaubwürdigkeit, jedenfalls im allgemeinen und was den Kern der Sache betrifft, zu schliessen?

*

Es ist nicht ohne Interesse für unsere Frage, den Ursachen nachzugehen, die überhaupt zur vorhin gezeichneten Gegenströmung geführt haben. Die wichtigste Quelle scheint uns der Bericht der Silvestervita im Liber Pontificalis zu sein. Die Autorität dieses Textes war ohne Zweifel sehr gross [46]. Panvinio bringt ihn, Ugonio setzt sich mit ihm auseinander und Baronius dürfte kaum etwas anderes im Auge haben als diesen Text, wenn er nach Grimaldi seine These auf « probatissimi auctores » stützt. Man dürfte daher kaum übertreiben, wenn man sagt, dass vor allem dieser Text in seiner so augenscheinlichen Unvereinbarkeit mit der Tradition der Reliquienteilung es war, der zunächst als Schwierigkeit bewusst wurde, dann Zweifel schuf und schliesslich die ganze Tradition als evidente Legende verwerfen liess. Wenn man bedenkt, welches Alter und welche Sicherheit man damals dem Liber Pontificalis zuschrieb, dann muss man sich nur wundern, wie überhaupt jemals gegen diesen so furchtbaren Zeugen sich eine mit ihm unvereinbare Tradition bilden und sogar für viele Jahrhunderte hat durchsetzen können. Das ist nur begreiflich, wenn diesem Zeugnis ein anderes, ebenso starkes, ja noch stärkeres Zeugnis irgendwelcher Art gegenüberstand, das wir heute nicht mehr fassen können.

Heute wissen wir übrigens besser als damals, welch zweifelhaften geschichtlichen Wert die Silvestervita im Liber Pontificalis

---

[46] Obwohl sehr bekannt, möge der Text der Bequemlichkeit halber hier in seinem für uns wesentlichen Teil wiedergegeben werden: « Eodem tempore Augustus Constantinus fecit basilicam beato Petro apostolo in templum Apollinis, cujus loculum cum corpus sancti Petri ita recondit: ipsum loculum undique ex aere cypro conclusit, quod est immobile: ad caput, pedes V; ad pedes, pedes V; ad latus dextrum, pedes V; ad latus sinistrum, pedes V; subter, pedes V; supra, pedes V; sic inclusit corpus beati Petri apostoli et recondit...

Eodem tempore fecit Augustus Constantinus basilicam beato Paulo apostolo ex suggestione Silvestri episcopi, cujus corpus ita recondit in aere et conclusit sicut beati Petri, cui basilicae hoc donum obtulit: » (*Liber Pontificalis ed. Duchesne*, I 176-178).

hat. Ihre Zeugniskraft hat infolgedessen viel für uns verloren. Besonders die Beschreibung der ehernen Panzerung, die Konstantin den Apostelreliquien gegeben haben soll, erregt mit Recht grösstes Misstrauen wegen ihrer inneren Unwahrscheinlichkeit [47]. Hätte ein Baronius über gewisse Stellen des Liber Pontificalis urteilen können, so wie wir heute aus vertiefter Kenntnis urteilen müssen, so darf man wohl zweifeln, ob er jemals gegen eine so festgewurzelte Tradition, wie die von der Reliquienteilung, angegangen wäre.

Die Beschreibung der Apostelgräber in der Silvestervita hat übrigens noch ein anderes Vorurteil geschaffen, dem sich beide Parteien, sowohl Janningus wie Borgia, bedingungslos unterworfen haben. Das ist die selbstverständliche Ueberzeugung, dass die Bergung der Reliquien durch Papst Silvester eine endgültige war, und dass nach ihm niemand mehr die Gebeine habe anrühren können. Die physische Unmöglichkeit, die schwere Metallhülle zu durchbrechen, wurde überhöht durch die moralische Unmöglichkeit, die heiligen Gebeine nur irgendwie in ihrer Ruhe zu stören, wie sie uns als feste Ueberzeugung im erwähnten Brief Gregors des Grossen an die Kaiserin Konstantina entgegentritt. Deshalb musste auch die Tradition der Reliquienteilung diese durch Silvester geschehen lassen, weil sie nach ihm unmöglich gewesen wäre. Diese stillschweigende Voraussetzung hat Janningus dazu verleitet, Texte für seine These in einer Zeit zu suchen, in der sie nicht zu finden sind, und er hat sich damit unnötige Blössen gegeben. Denn es ist klar, dass diese Voraussetzung ohne einen zwingenden Grund geschehen ist. Der einzige triftige Grund wäre nämlich die eherne Verschalung durch Konstantin, die wir als historisch unwahrscheinlich zu den Legenden des Liber Pontificalis rechnen dürfen.

Wir kommen damit zu einer weiteren Frage, nämlich was bei unserer Tradition als legendenhaftes Rankenwerk abzustreichen ist und was nicht. Zu diesem Rankenwerk können wir ohne weiteres die Zuteilung der Reliquienteilung an Silvester rechnen, denn es ist allzu durchsichtig, warum diese erfolgte. Ebenso können wir den Vorgang des Wägens und die von Beleth erzählte Geschichte der himmlischen Antort: « majora praedicatoris, minora

---

[47] Vergleiche darüber DUCHESNE, *Notes sur la topographie de Rome au moyen-âge*. XII. *Vaticana. La tombe apostolique* : Mélanges d'Archéologie et d'Histoire, 35 (1915) 6-9.

piscatoris » als typische Legendengebilde streichen. Dann bleibt uns einfach die Tatsache der Reliquienteilung übrig. Diese Teilung wird uns in dreifacher Weise erzählt. Bezeichnen wir die Teilung in zwei gleiche Hälften als A und die nach Beleth als B, dann kann man die drei Weisen folgendermassen festlegen: 1. A (Inschrift des Pierleone von S. Paul, Canonicus Romanus); 2. B (Beleth); 3. A+B (Durandus). Es wird damit deutlich, dass es sich im letzten Fall einfachhin um eine spätere Weiterbildung handelt, die wir beiseite lassen können. Lässt sich nun vielleicht A auf B oder B auf A oder lassen sich beide auf eine gemeinsame dritte Form zurückführen? Vergleichen wir A und B miteinander, die uns beide im 12. Jahrhundert begegnen, dann erweist sich A als die ältere und die an Ort und Stelle lebende Tradition. Das allein würde schon genügen, um A glaubwürdiger als B zu erweisen. Das Seltsame und Ueberraschende von A verstärkt aber noch den Verdacht, dass es nicht einfach aus B entstanden sein kann. Aehnlich pflegt ja auch bei einer Textrekonstruktion die schwierigere Lesart der einfacheren vorgezogen zu werden. Wenn also ein Abhängigkeitsverhältnis zwischen beiden Versionen bestehen sollte, dann müsste man schon B von A abhängen lassen. Als gemeinsame dritte Quelle käme die alte Ueberlieferung in Betracht, nach der die Apostelleiber längere Zeit zusammen in S. Sebastiano lagen. Dazu käme dann vielleicht der Augenschein der beiden alten Apostelbasiliken in Rom mit ihren Gräbern, die jede nur einem Apostel geweiht war und dessen Kult diente. Aus dem Zusammenhang dieser Elemente wäre verhältnismässig leicht die Entstehung einer Legende zu begreifen, die von einer Trennung der heiligen Leiber erzählt, wie es B tut. Es ist aber entschieden nicht so leicht zu verstehen, wie sich daraus die Legende von der Teilung der Leiber im Sinne von A entwickeln konnte. Denn dem stand doch ständig nicht nur der Bericht des Liber Pontificalis, sondern auch der Augenschein entgegen, weil ja jede Basilika nur einem von beiden Aposteln geweiht war und vor allem nur den Kult dieses einen feierte. Wenn aber die Tradition A nicht von B abzuleiten ist und auch nicht leicht aus vorliegenden Prämissen erklärt werden kann, sich vielmehr geradezu gegen diese entwickelt hat, wo kommt sie dann her?

Wenn wir die Anfänge der Tradition A weiter untersuchen, dann lässt sich feststellen, dass sie im Gegensatz zu B nicht rein literarisch sind, sondern von Anfang an mit Monumenten verbunden.

Das gilt schon von dem allerersten Zeugen, der Grabschrift des Pierleone. Hier tritt die Tradition schon in einer Weise auf, dass man sie als gefestigt und nicht erst allerjüngsten Datums annehmen kann. Denn es braucht doch normalerweise gewiss einige Zeit, bis eine Ueberlieferung sich in einer Grabschrift, die ausser dem lokalen keinerlei Zusammenhang mit ihr hat, in poetischer Form niederschlägt.

Vor allem ist hier ein Altar von Interesse, der immer als der Ort bezeichnet wird, an dem die Reliquienteilung vollzogen wurde. Gerade bei der Erwähnung dieses Altares ist es, wo Canonicus Romanus (1192) dem Bericht des Petrus Malleus seine Bemerkung über die Reliquienteilung hinzufügt. Durch Petrus Malleus selbst ist uns der Altar schon für Mitte des 12. Jahrhunderts bezeugt. Wir wissen nicht, wie alt der Altar damals schon war. Von Bedeutung ist für uns, dass er den beiden Apostelfürsten gemeinsam geweiht war und nahe beim Hochaltar an der Nordseite der Confessio stand. Warum hat man neben dem Apostelaltar noch einen zweiten errichtet, der ihm und dem hl. Paulus geweiht war? Oder hat der Altar früher einen andern Titel gehabt und ist erst mit der Zeit den Apostelfürsten geweiht worden? Und warum? Oder ist die Existenz dieses Altares Ursache der Legende? Man könnte sich denken, dass eine bestehende Tradition, wie B, mit dem bestehenden Altar in Verbindung gebracht würde. Es ist aber nicht zu ersehen, wie aus der Existenz eines Petrus-Paulus-Altars sich die Legende einer Teilung der Apostelleiber in je zwei gleich Hälften für S. Peter und S. Paul entwickeln konnte. Das annehmen hiesse doch im Grunde auf eine Erklärung verzichten. Man kann auch nicht den Altar aus der Legende ableiten, denn dann würde man in S. Peter als Ergänzung einen Paulus-Altar und in S. Paul einen entsprechenden Petrus-Altar erwarten. Wir können also nur feststellen, dass der Altar traditionsgemäss in Zusammenhang mit der Legende steht, ohne uns irgendwie Aufschluss über deren Entstehung zu geben [48].

Den engsten Zusammenhang mit unserer Tradition hat die

---

[48] Der Altar heisst in späteren Quellen oft de Ossibus Apostolorum. Diese Bezeichnung ist offenbar von der Legende abhängig. Der Altar wurde von Kardinal Franziscus de Tibaldescis (gest. 1378) reich restauriert und zu einer Art Grabkapelle seiner Familie gemacht (CERRATI-ALPHARANUS, 35-36). Nach PANVINIO (Le sette chiese principali di Roma, Roma 1570 54)

schon mehrfach genannte Porphyrplatte. Diese wird ausdrücklich zum erstenmal von Nicolaus Processus erwähnt in dem oben ange- führten Codex aus der Zeit Urbans V. (1362-70). Man darf wohl annehmen, dass diese Platte weit älter war und dass sie irgendwie mitgemeint ist, wenn es vom Peter-Paul-Altar heisst : « ubi eorum ossa pretiosa, ut dicitur, ponderatae fuere », wie Canonicus Ro- manus schreibt. Denn die Porphyrplatte diente als Altarplatte, wie uns ausdrücklich von John Capgrave (um 1450), und Ritter Ar- nold von Harff (1496-99) bezeugt wird. Ferner hat man in der Platte eine Oeffnung mit Reliquien und Weihrauchkörnern gefun- den, wie Torrigio berichtet [49], Das ist der typische Inhalt eines sogenannten Reliquiengrabes [50]. Für das Alter der Platte ist aus diesem Umstande leider nicht viel zu schliessen, weil das Reli- quiengrab in der Mensa schon in vorkarolingischer Zeit vorkommt und im Laufe der Jahrhunderte mehr und mehr Brauch wurde [51]. Auch die Beigabe der Weihrauchkörner hilft uns wenig, weil auch diese Gepflogenheit schon vom 9. Jahrhundert an nachweisbar ist und bis heute dauert. Ursprünglich wurden die Weihrauch- körner wegen der konsekrierten Hostien, die man gerne im Mittel- alter den Reliquien beigab, ins Reliquiengrab gelegt.Erst als dieser Brauch im 13. Jahrhundert allmählich abkam, gab man die Weih- rauchkörner allein zu den Reliquien [52]. Da nun in unserem Falle

wurde der Altar nach dem Abbruch des Chorteiles von Alt-St. Peter in die Nähe der Porta Romana, also in die nordöstliche Ecke des Mittel- schiffs, übertragen.

[49] FRANC. MARIA TORRIGIO, *I sacri trofei Romani del trionfante Pren- cipe degli Apostoli San Pietro Gloriosissimo,* Roma 1644 136: « Tal pietra fù d'ordine del Card. Barberino a di 21. di Ottobre 1639 trasferita dalle dette Sacre Grotte di sopra nella Basilica presso all'Altare del Crocefisso, e nel levarla da dette Grotte furono trovate incastrate dentro alla pietra, dove è racchiuso il Porfido alcune sante Reliquie con due grani d'incenso senza però il nome di esse. Ma si è giudicato essere alcune ossa di SS. Pietro, e Paolo, e di S. Silvestro perchè detta pietra stava anticamente (come si è detto) all'Altare antichissimo de ossibus Apostolorum. Le quale Reliquie io ho visto, e toccato ad una ad una minutamente. Vi furono poi riposte d'ordine dell'istesso, per maggior riverenza, e honore ».

[50] Das Mensagrab ist uns wenigstens schon für die Mitte des 15. Jahrhunderts bezeugt durch den Ausdruck « superaltari » bei Capgrave.

[51] JOSEPH BRAUN S. J., *Der christliche Altar in seiner geschichtlichen Entwicklung,* München 1924 I 592-595.

[52] Braun, 629-631.

nur Weihrauchkörner bei den Reliquien gefunden wurden, könnte
man schliessen, dass unser Mensagrab erst nach dem 13. Jahrhundert
entstanden sei. Doch welche Wahrscheinlichkeit haben wir, nach
vielleicht sechs, sieben oder gar acht Jahrhunderten noch etwas
von den heiligen Hostien zu finden, wo oft selbst Weihrauch und
Reliquien, die doch sicher weit widerstandsfähiger sind, nur mehr
Staub sind? So können wir also nur sagen, dass der Befund der
Altarplatte ohne Schwierigkeit, eine Rückdatierung bis ins 9. Jahrhundert ermöglicht, aber sie kann genau so gut später zu datieren
sein. Es bleibt auch noch die Möglichkeit offen, dass man erst nach
jahrhundertelangem Gebrauch der Platte als Mensa in ihr das
Reliquiengrab anlegte.

Die Porphyrplatte war übrigens, wie uns Torrigio berichtet [53]
von recht ansehnlichen Ausmassen. Sie war 8 Palmi breit und 5
Palmi tief, also ungefähr 2,00 : 1,25m. Als bei dem Abbruch der
alten Basilika unter Julius II. auch der Altar de ossibus Apostolorum abgetragen wurde, brachte man die Platte zum Wenzeslaus-
Altar in die Nähe des Einganges. Von dort wurde sie auf Be-
treiben des Kardinals Baronius entfernt und an einer weniger
in die Augen fallenden Stelle der Basilika aufgestellt. Bei dieser
Gelegenheit wurde sie zum Schutz mit einem Bronzegitter versehen. Unter Paul. V. wurde sie in die Grotten gebracht. Kardinal
Barberini liess den ehrwürdigen Stein wieder oben in der Basilika, und zwar in der Nähe der Confessio anbringen. Endlich
wanderte er dann wieder zurück in die Grotten [54]. So spiegelt das
Schicksal dieser alten Porphyrplatte in etwa den Wandel der Tradition wieder, den wir in unserer Studie haben feststellen können.
Leider ist diese durch eine wenigstens über ein halbes Jahrtausend
alte Tradition geheiligte Altarmensa von kostbarem Gestein trotz
ihrer grossen Ausmasse verloren gegangen. Jedenfalls ist sie heute
nicht mehr auffindbar, obwohl Dufresne sie noch in seinem Führer durch die Vatikanischen Grotten von 1902 beschreibt [55].

Was trägt nun diese Porphyrmensa zur Lösung unseres Pro-
blems bei? Zunächst einmal trug ihre Existenz sicher mit dazu bei,
die Tradition lebendig zu erhalten. Das für eine Altarmensa sel-

---

[53] FRANC. M. TORRIGIO, Le sacre grotte vaticane, 2. impr., Roma 1639 50.
[54] CERRATI-ALPHARANUS, 35.
[55] D. DUFRESNE, Les cryptes Vaticanes, Paris-Rome 1902 62.

tene Material liess sie durchaus würdig erscheinen für die Geschichte, die ihr zugeschrieben wurde. Aber die Mensa selber ist kein Beweis für die Echtheit der Tradition, noch verrät sie uns etwas über deren Entstehung. Sie kann vernünftigerweise ebensowenig wie der Altar, mit dem sie verbunden war, für den Ursprung der Tradition verantwortlich gemacht werden. Wenn aber unabhängig davon diese Tradition bestand, dann läge es durchaus in der Linie mittelalterlicher Legenden, diese Tradition mit einem konkreten Gegenstand zu verbinden und daran zu entfalten.

Fassen wir noch einmal zusammen. Die alten Zeugnisse behaupten einen Zusammenhang zwischen der Reliquienteilung und der Porphyrmensa des Petrus-Paulus-Altars an der Confessio. Dieser Zusammenhang ist sicher nicht wahr im Sinne der Silvesterlegende. Aber auch ohne die Silvesterlegende gewinnt der Zusammenhang nicht an Wahrscheinlichkeit. Man kann im Grunde weder seine Falschheit noch seine Richtigkeit beweisen. Helfen wir uns also mit folgenden hypothetischen Annahmen. Nehmen wir an, der Zusammenhang sei wahr, dann ist damit unsere Tradition im Kern als wahr vorausgesetzt. Nehmen wir an, der behauptete Zusammenhang sei falsch, dann bleibt im Grunde nur die doppelte Möglichkeit der Entstehung dieser falschen Behauptung: entweder ist die Tradition aus dem Altar und seiner Mensa entstanden, oder die bestehende Tradition hat sich mit dem bestehenden Altar und seiner Mensa verbunden. Für den ersten Fall können wir nur wiederholen, was wir schon früher sagten. Annehmen, dass der Altar mit seiner Mensa die Ursache unserer Tradition bilde, heisst, auf eine Erklärung verzichten, zumal die Tradition gegen den Augenschein der beiden getrennten Apostelbasiliken mit ihren Gräbern und den ausdrücklichen Bericht des Liber Pontificalis entsteht. Ganz anders verhält es sich mit dem zweiten Fall. Wenn die Tradition unabhängig besteht, dann ist es sogar sehr leicht einzusehen, wie der beiden Apostelfürsten geweihte Altar mit seiner auffälligen, kostbaren Porphyrmensa die Phantasie anregte, ihn mit der Reliquienteilung in Verbindung zu bringen. Für diese Lösung scheinen auch die Texte zu sprechen. Es lässt sich jedenfalls folgendes feststellen. Unsere Tradition besteht nachweisbar wenigstens seit dem Beginn des 12. Jahrhunderts. Petrus Malleus erwähnt in seinem Werk über die Petersbasilika, das nach der Jahrhundertmitte entstand, ausdrücklich den Altar der beiden Apostelfürsten.

Unsere Tradition erwähnt er dabei nicht. Erst am Ende des Jahrhunderts fügt der Canonicus Romanus der Stelle über den Altar
den Passus hinzu: « ubi eorum ossa pretiosa, ut dicitur, ponderata fuere ». Mehr als hundertfünfzig Jahre später erfolgt die
erste Erwähnung der Porphyrplatte in diesem Zusammenhang
durch Nicolaus Processus. Ist das ein Zufallsspiel der Quellen
oder zeichnet sich hier nicht vielmehr die Entwicklung ab, die allmählich den Altar und dann seine Mensa in die bestehende Ueberlieferung hineinverwickelt? —

Es ist nach allem deutlich, dass die grösste Wahrscheinlichkeit
für die zuletzt vorgelegte Lösung spricht, bei der Altar und Tradition unabhängig von einander entstehen und erst allmählich durch
die weiterspinnende Phantasie des Volkes mit einander verbunden
wurden. Damit stehen wir aber von neuem vor der Frage, woher
denn unsere Tradition kommt? Sie hat sich nicht aus dem Fest
der Divisio Apostolorum entwickelt, sondern dieses wurde mit der
Zeit mit ihr in irrtümlichen Zusammenhang gebracht [56]. Sie stammt
ebenfalls nicht aus der Tradition von Beleth, sondern sie ist vorher
da. Sie entwickelt sich auch nicht aus dem Augenschein, denn sie
ist ganz gegen ihn. Dennoch ist sie da und setzt sich gegen alle
Hindernisse durch. Also müssen wir irgendeine Tatsache oder ein
Ereignis annehmen, das der Art war, dass der Kern unserer Tradition daraus entstehen konnte. Welcher Art diese Tatsache oder
dieses Ereignis war, entzieht sich unserer genaueren Kenntnis.
Jedenfalls geht es nicht an, in unserem Fall das frei waltende und
unberechenbare Spiel der Legende für alles verantwortlich zu machen, und mit Borgia unsere Tradition letzten Endes aus dem Nichts
entstehen zu lassen.

*

Wenn wir nun am Schluss unserer Studie das Ergebnis unserer Untersuchungen abwägen, dann dürfen wir gewiss dem Bollandisten Janningus recht geben, wenn er in seiner Zeit die Tra-

---

[56] Wir erwähnen diese Möglichkeit nur der Vollständigkeit halber.
Denn es ist aus den liturgischen Texten klar, dass es sich bei diesem
Fest um die Trennung der Apostel in Jerusalem handelt, die nichts mit
der Reliquienteilung zu tun hat. Beide, das Fest und unsere Tradition,
sind sachlich so verschieden, dass keines der Grund für die Entstehung des
anderen sein kann.

dition der Reliquienteilung als die wahrscheinlichere verteidigt hat. Wir haben aber gesehen, dass die Gründe, die Janningus anführen konnte, wenn wir einmal absehen von der Zuteilung an Silvester, heute genau so gelten und eher noch stärker sind. Sie sind stärker, weil das entscheidende Hindernis, der Bericht aus der Silvestervita des Liber Pontificalis mit all seinen Konsequenzen, praktisch beseitigt ist. Das will besagen : es ist durchaus nicht ausgeschlossen, dass im Laufe der Jahrhunderte einmal ein Papst die Reliquien der Apostel angerührt habe. Wir dürfen uns nicht wundern, dass über ein solches Ereignis kein direktes historisches Zeugnis vorliegt, und dass etwa der Liber Pontificalis nichts davon berichtet. Wir wissen ganz sicher, weil wir es heute noch mit Augen sehen können, dass einmal ein Papst das Petrusgrab wesentlich umgeändert hat. Es wurde eine Krypta angelegt und damit zugleich ein erhöhtes Presbyterium geschaffen. Und dennoch finden wir davon nicht den geringsten historischen Bericht, auch nicht im Liber Pontificalis.

Wir müssen noch weiter gehen. Dieser uns so befremdende Eingriff eines Papstes in die Gräber der beiden Apostelfürsten wird uns durch eine andere römische Tradition direkt nahe gelegt, nämlich der, dass die Häupter der Apostelfürsten von einem Papst, wir wissen wieder nicht genau von welchem, in die päpstliche Privatkapelle Sancta Sanctorum des Lateran geschafft wurden. Wenn aber diese Ueberlieferung wahr ist, das heisst, wenn die im Lateran bewahrten und verehrten Häupter echt sind, warum könnte dann unsere Tradition nicht auch wahr sein? Hängen nicht vielleicht beide sogar so sehr zusammen, dass sie beide miteinander stehen oder fallen? Jedenfalls fasste man die Sache in Mittelalter so auf, dass die drei grossen Kirchen Roms den grossen Schatz der ewigen Stadt, die Leiber der Apostelfürsten, gemeinsam besassen. Deshalb wies ja die eingangs erwähnte Inschrift vom Hochaltar in S. Paul auch auf die Apostelreliquien in S. Peter und im Lateran hin.

Ferner ist hier zu berücksichtigen, dass nach der früheren Scheu, die Martyrerleiber zu übertragen, sich im 8. und 9. Jahrhundert eine wahre Mode entwickelt, die Leiber der Blutzeugen in die Stadt zu bringen. Dies stand in ursächlichem Zusammenhang

---

[57] *Liber Pont.* Ed. DUCHESNE, II 99.

6

mit Kriegswirren und dem Verfall der Katakomben. Wir wissen sogar, dass man im Jahre 846 von Korsika her Papst Sergius II. aufforderte, die Leiber der Apostelfürsten zum Schutz vor der drohenden Sarazenengefahr aus ihren Gräbern zu nehmen und ins Innere der Stadt zu schaffen [57]. Es ist leider auch geschichtliche Tatsache, dass die Sarazenen überraschend schnell vor Rom erschienen und die Gräber beider Apostelfürsten verwüsteten[58]. In einem Artikel über die Häupter der Apostelfürsten schreibt Hartmann Grisar im gleichen Zusammenhang : « Che in questa occasione i sacri corpi siano stati trasportati nella città non è veramente detto, ma non è neppure escluso. Certo è che sotto Leone IV, successore di Sergio II, S. Pietro fu venerato come prima nella sua tomba al Vaticano, e che Leone si dava cura di riparare il danno sofferto con grandi lavori di ristauro e coll'abbellire con preziosi ornamenti la confessione del principe degli Apostoli. Se non già nei giorni dell'attacco, probabilmente in occasione di questi lavori la tomba dell'apostolo fu aperta e il capo di S. Pietro fu portato in città, appunto da quel papa, che tanto spesso seguì il nuovo uso di separare il capo dal corpo dei santi. E' certo poi che non si sarà ritenuto nessun luogo tanto adatto per la deposizione di questo capo e di quello di S. Paolo, quanto la cappella privata del papa, già ricca di numerose reliquie » [59].

Es ist keine Schwierigkeit anzunehmen, dass bei der von Grisar beschriebenen Gelegenheit sich entweder das vollzog, was unsere Tradition von der Reliquienteilung behauptet oder doch bei der Oeffnung des Grabes ein Tatbestand festgestellt wurde, der richtig oder auch falsch gedeutet die Ueberlieferung schuf.

Natürlich bleibt das alles im Bereiche der Wahrscheinlichkeiten, denn mit Sicherheit können wir nichts darüber aussagen, wann die Ueberlieferung von der Teilung der Apostelreliquien begann noch was der konkrete Anlass zu ihrer Entstehung war. Mit Sicherheit können und wollen wir nur behaupten, dass unsere Tradition, die über ein halbes Jahrtausend in Rom geherrscht hat, nicht eine Erfindung der Legende ist und sein kann, und dass ferner der wesentliche Inhalt dieser Ueberlieferung bis jetzt nicht als falsch erwiesen wurde.

----

[58] l. c, 101 ; 104.
[59] *La Civiltà Cattolica,* 58 3 (1907) 457.

J. Zunzunegui, Pbro.

La Legación en España
del Card. Pedro de Luna

1379-1390

Collectionis totius n. 11

Roma, 1943
Libreria Herder
Typis Pontificiae Universitatis Gregorianae

I.

Intento del estudio y sus fuentes

Desde que Valois publicó su grande obra sobre el Cisma de Occidente [1], varios autores de nota han acumulado materiales nuevos para la parte de ella que se refiere a los cuatro Reinos de España : Aragón, Castilla, Navarra y Portugal [2]. Después de Ivars y de Sanabre en lo tocante a Aragón [3], y de Perroy en lo que mira a las relaciones de Inglaterra con Portugal [4], descuella la monografía de Seidlmayer, importante sobre todo para Aragón y Castilla [5].

Simultáneamente con la preparación de esta última obra, nacida como se sabe de la escuela del difunto Prof. Enrique Finke, se fue actuando en la Facultad de Historia eclesiástica de la Universidad Gregoriana el plan del P. Pedro Leturia S. J. de iluminar todavía más, a la luz del Archivo Vaticano, ciertos aspectos *españoles* del Cisma de Occidente. Hasta ahora se han presentado

---

[1] N. VALOIS, *La France et le Grand Schisme d'Occident*, I-IV (Paris 1896-1902), quien, a pesar de su erudición universal, mira los asuntos desde su punto de vista francés.

[2] Como es obvio, damos a la palabra España el sentido geográfico e histórico que tenía entonces y tuvo en la Natio hispanica del Concilio de Constanza. Queda por eso incluído en ella el Reino de Portugal.

[3] ANDRÉS IVARS O. F. M., *La « indiferencia » de Pedro IV de Aragón en el Cisma de Occidente,* en Archivo Ibero-americano 29 (1928) 21-97, 161-186. SANABRE, *El Cisma de Occidente y los Reyes de Aragón,* en Revista eclesiástica 20 (1928) 17 ss.

[4] C. PERROY, *L'Angleterre et le Grand Schisme d'Occident* (Paris 1933), que usa los archivos ingleses y mira desde ellos los problemas.

[5] M. SEIDLMAYER, *Die Anfänge des Abendländischen Schismas* (Münster i. W. 1940), publicado en Spanische Forschungen der Görresgesellschaft, Reihe II ; el cual aprovecha los archivos de Barcelona y París para la exposición de los hechos que precedieron a la declaración de Castilla y Aragón a favor de Clemente VII.

a la Facultad dos de los trabajos planeados: uno sobre Portugal, por desgracia no publicado todavía[6], y otro sobre Navarra[7].

En la elaboración de este último estudio sentimos varias veces el deseo de recoger en un cuadro sintético cuantos elementos dispersos habíamos ido encontrando sobre la legación del Cardenal de Luna en España (1378-1390). Esta legación, que como se sabe fue básica tanto para la futura carrera del Legado como para la orientación aviñonesa de gran parte de la Península, no ha sido (que sepamos) objeto de una monografía. Sebastián Puig, que parecía llamado a hacerla en su vida del Papa Luna, ni siquiera llega a plantearla[8].

Nuestro intento en el presente artículo es bastante modesto. Hemos revisado una vez más los registros de Aviñón conservados en el Archivo Vaticano. Gracias a ellos podemos fijar ciertos pormenores hasta ahora desconocidos referentes a la persona del Cardenal y también a algunas de sus actividades como Legado, principalmente de 1385 a 1387. No cambian, sin embargo, la sustancia de los hechos ya conocidos. Por eso nuestro designio principal es reunir y reducir a síntesis las muchas fuentes y referencias dispersas en la obras ya citadas y en otras que iremos citando, y combinarlas con los detalles nuevos de nuestros documentos.

Al hacerlo, tendremos presente una cuestión que ha interesado siempre a los historiadores del Cisma de Occidente: los cambios y la fijación de obediencia de los Reyes de España durante la legación del Card. de Aragón ¿se debieron ante todo al interés político, o nacieron más bien de una convicción sincera, fruto de examen imparcial y maduro? *Perroy* no ha tenido dificultad en escribir con relación a Inglaterra: « Dans la péninsule ibérique, il faut tout de suite le reconnaître, l'intervencion anglaise en faveur du premier élu [Urban VI] fut surtout un prétexte pour masquer les ambitions dynastiques de la maison de Lancastre »[9].

---

[6] J. C. BAPTISTA, *Vicissitudes da obediencia purtuguesa durante o Grande Cisma do Occidente* (1378-1385). Debemos a la amabilidad del autor, compañero nuestro de doctorado, el haber podido usar su manuscrito.

[7] J. ZUNZUNEGUI, *El Reino de Navarra y su Obispado de Pamplona durante la primera época del Cisma de Occidente* (San Sebastián 1942).

[8] S. PUIG Y PUIG, *Pedro de Luna, último Papa de Aviñón, 1387-1430* (Barcelona 1920) 9-23.

[9] PERROY *ob. cit.* 211.

En cambio *Valois* no creyó comprometer la objetividad de su grande obra al expresarse así : « Je n'oserais point me porter garant des secrets mobiles qui dictèrent aux souverains espagnols leur déclaration en faveur de Clément VII. Un lecteur impartial estimera cependant que les apparences sont plutôt favorables à l'hypothèse d'une adhesion sincère et d'une soumission réfléchie ... Le rôle des Valois, ici, est surtout celui de spectateurs qui s'intéressent, sans s'y mêler, aux querelles des Papes en Espagne »[10].

La legación de Pedro de Luna en España puede servir de hilo conductor en el examen de esa arriesgada apreciación del historiador francés. Si en algunos momentos parece confirmar su punto de vista, creemos que en otros varios levantará ante el lector imparcial dudas y graves dificultades.

Comenzaremos por echar una ojeada sobre la situación política de los Reinos peninsulares en el momento de la declaración del Cisma.

II.

Los Reinos de España hacia 1378

En los Reinos cristianos de España, no se habían apaciguado totalmente todavía el año 1378 las convulsiones políticas producidas por la muerte violenta del Rey de Castilla, Pedro el Cruel, único legítimo descendiente del Alfonso XI, perpetrada en los campos de Montiel el año 1369 en lucha cuerpo a cuerpo con su hermano ilegítimo, el Conde de Trastamara, que le había de suceder en el trono con el nombre de Enrique II.

Inmediatamente el Rey de Portugal, D. Fernando, se creyó con derecho a la sucesión de la Corona de Castilla porque, siendo biznieto de Sancho IV, era el pariente más próximo en sucesión legítima, y el más poderoso, del Rey fenecido. Para el logro de sus aspiraciones contaba con el auxilio de varios Señores castellanos partidarios de Pedro y adversarios de Enrique, que desde un principio le entregaron sus villas y castillos, así como también con la ayuda de los Reyes de Granada y Aragón. Con el primero firmó un tratado de guerra por mar y tierra contra Enrique II

---

[10] VALOIS *ob. cit.* II, 218.

y sus partidarios, valedero durante 50 años [11]. Del segundo obtuvo que le prometiese dar por esposa a su hija Dª Leonor, anteriormente prometida a Enrique II; que lo reconociese como Rey de Castilla y le ayudase en la guerra con 1.500 lanzas durante dos años, bajo la condición de que el Rey de Portugal, una vez en posesión de la Corona de Castilla otorgase al de Aragón ciertas villas y territorios castellanos, que ya antes le había prometido Enrique II, sin que llegase a realizarse esta promesa; y que el mismo Rey de Portugal pagase el gasto de los 6 primeros meses de las 1.500 lanzas aragonesas [12].

La guerra tuvo lugar desde fines de 1369 hasta principios de 1371. El Rey de Granada no pudo conquistar más que la villa de Algeciras; el de Aragón no cooperó eficazmente. En cambio el de Castilla, aliado con los Valois y auxiliado por bandas francesas, después de reconquistar algunas plazas castellanas, penetró en territorio portugués. El Sumo Pontífice, Urbano V, atemorizado ante el peligro de una nueva penetración de los musulmanes en tierra cristiana, envió como Legados suyos, para conseguir la concordia de los Príncipes cristianos, a los Obispos de Cominges y Brescia, que en el mismo desempeño de su Legación fueron confirmados y elevados al Cardenalato por el nuevo Papa, Gregorio XI [13]. En tales circunstancias, D. Fernando se vió precisado a firmar la paz de Alcoutim, a 31 de marzo de 1371. En ella prometía, ante lo Legados Pontificios, ser amigo no solamente del Rey de Castilla, sino también del de Francia; firmar con éste una paz dentro del plazo de seis meses; y, además, recibir por esposa a Dª Leonor, hija de Enrique II [14].

Si la paz de Alcoutim agradó a Castilla, fue una desgracia para el Rey de Aragón, que veía de aquella forma caer por tierra el tratado concertado con Portugal dos años antes. Vengativo,

---

[11] VISCONDE DE SANTAREM, *Quadro elementar das relaçôes politicas e diplomaticas de Portugal com as diversas Potencias do mundo desde o principio da Monarchia Portugueza até aos nossos dias* (Paris 1847-1859) I, 213-214.

[12] *Ibidem*, 218-9.

[13] Pueden verse las vicisitudes de la guerra en la *Crónica de Enrique II de Castilla*, años 1369-1371. Cf. *Biblioteca de Autores españoles* (BAE) 68, 1-12.

[14] SANTAREM, *ibidem*, 224-5.

Pedro IV el Ceremonioso se incautó de todo el oro que D. Fernando había enviado a Aragón para el pago de las 1.500 lanzas [15].

Si este factor hacía poco estable la paz, otro de más importancia vino a perturbarla, envolviendo una vez más la Península en la gran lucha británica-francesa de la guerra de Cien años. El Duque de Lancáster, hijo del Rey de Inglaterra, había recibido por esposa a Dª Costanza, hija primogénita del difunto Rey Pedro el Cruel. Creíase también él, por lo tanto, con derecho a la Corona castellana y se intitulaba Rey de Castilla; ningún otro podría serle mejor aliado que el Rey de Portugal. Don Fernando, que en su intimidad seguía siendo adverso a Enrique II, comenzó por obtener la reforma del tratado de Alcoutim en el sentido de que quedaba dispensado de casarse con la Infanta castellana Doña Leonor [16]. Y al poco tiempo firmó en Braga un tratado de alianza con el Duque de Lancáster, en el que se obligaba a emprender la guerra conjuntamente contra los Reyes de Castilla y Aragón [17].

Enterado Enrique II de estas negociaciones, emprendió una nueva guerra contra Portugal a fines de 1372. Rápidamente llegó el Rey de Castilla hasta la misma ciudad de Lisboa; presentóse de nuevo un Legado Pontificio, el Cardenal de Bolonia, para arreglar la discordia. D. Fernando se vió de nuevo obligado a firmar en Santarén, el 19 de marzo de 1373, otro Tratado de paz más oneroso que el anterior, aunque dirigido más contra Inglaterra que contra Portugal mismo. Según él, el Rey de Portugal se obligaba a conservar verdadera paz con los Reyes de Castilla y Francia contra el de Inglaterra y el Duque de Lancáster; debería ayudar con dos galeras al Rey de Castilla, siempre que éste aunase seis contra los ingleses; expulsaría de su Reino a los ingleses y castellanos partidarios del Rey Cruel; y, por fin, desposaría a su hija Dª Beatriz con el hermano de Enrique II [18].

La misma humillación de los lusitanos y la fuerza impresa por lo castellanos y franceses fueron causa, sin duda, de que

---

[15] *Ibidem, 226; Crónica de. Enrique II,* año 1371 cap. VI, BAE 68, 10.

[16] Convención firmada en Tuy en abril de 1372; cf. SANTAREM, *ibidem,* 227-8.

[17] Julio de 1372; SANTAREM, *ibid.* 229-30.

[18] SANTAREM, *ibidem,* 232-4; *Crónica de. Enrique II,* año 1373, cap. VI, BAE *68,* 16.

tres meses más tarde nada más, el día 16 de junio del mismo año, festividad de Corpus Christi, en plena catedral de Londres, se firmase entre los plenipotenciarios de los Reyes de Portugal e Inglaterra, uno de los más amplios, solemnes y fructíferos tratados de mutua alianza. Ambos reyes se obligaban a conservar entre sí una perpétua y duradera paz; ninguno de ellos favorecería a los enemigos del otro; en caso de invasión enemiga territorial, ambos se auxiliarían mutuamente [19].

El tratado de Londres no obligaba a ninguna acción de guerra concreta e inmediata [20], por lo que bien podía el Rey de Portugal obrar al exterior según el espíritu del Tratado de Santarem, sobre todo mientras solamente se pensase en emprender guerra contra terceras Potencias. Así, cuando, el año 1374, el Rey de Castilla se determinó a arreglar con las armas sus diferencias con el Rey de Aragón [21], pidió a su aliado, el Rey de Portugal, el auxilio oportuno, que quedó concertado en un tratado especial de alianza [22], aunque al fin quedó sin efecto porque las diferencias entre Castilla y Aragón se arreglaron amigablemente.

Y cuando Luis de Anjou, hermano del Rey de Francia, se disponía a fines de 1375 a hacer también esta vez la guerra a Aragón, a causa de sus pretensiones al Reino de Mallorca [23], pensó inmediatamente en asegurar la alianza de Navarra y Portugal, por medio de Castilla [24]. El año 1378 precisamente se aprestaba el Duque a mover la guerra y obtuvo la promesa de ayuda de Portugal [25]. La actuación del Cardenal Legado, Gil de Montagut, la guerra navarro-castellana y el casamiento del Infante de Aragón con una Princesa francesa, atenuaron las disensiones, que de otra

---

[19] RYMER, *Foedera, Conventiones, Litterae et cuiuscumque generis Acta publica inter Reges Angliae et alios quosvis Imperatores* (Londini, 1738) VII, 19-22; SANTAREM, *ibidem*, XIV, 54-58.

[20] El resumen dado por Santarem añade un artículo, en el que se estipula que el Rey de Inglaterra inviará al de Portugal 600 hombres de armas, para ir contra el de Castilla; pero ese artículo falta en el documento publicado por Rymer.

[21] Cfr. *La Crónica de Enrique II*, año 1374, caps. X-XII y año 1375 cap. I, BAE *68*, 25-26.

[22] SANTAREM, *ibidem*, I, 236-8.

[23] Cfr. ZURITA, *Anales del Reino de Aragón*, lib. X, cap. 20.

[24] SANTAREM, *ibidem*, III, 31-2.

[25] *Ibidem*, 32-33.

forma hubiesen ensangrentado el campo franco-aragonés durante los primeros años del Cisma.

En cuanto a *Navarra,* la posición de su Rey, Carlos II, apellidado el Malo, era muy parecida a la de Portugal. El Rey navarro aspiraba a ocupar el Trono de Francia; no habiéndolo podido conseguir, se había aliado en varias ocasiones con los ingleses. Forzado por la suerte de las armas, firmó con Carlos V el Tratado de Vernon, en el que se obligaba a ser verdadero amigo de Francia y enemigo de Inglaterra, y se retiró a Navarra. Pero en realidad buscaba todavía algún medio de lograr sus intentos; y no se le ocurrió otra cosa mejor que envenenar al Rey de Francia. Enterado éste a tiempo, se adueñó de todas las posesiones que el Rey de Navarra tenía en territorio francés; y retuvo en rehenes a dos de sus hijos, que por entonces se hallaban en aquel Reino. Carlos II intentó entonces hacer frente al monarca francés con el auxilio de los ingleses; pero Enrique II de Castilla, requerido por el Rey de Francia, invadió el territorio navarro a mediados de 1378 y obligó a su Rey a firmar el oneroso tratado de Briones de 1379, en el que se comprometía a permanecer aliado de Francia y Castilla contra Inglaterra y a entregar en rehenes a Castilla más de 20 villas y castillos navarros, juntamente con un considerable número de caballeros naturales de su Reino.[26]

Este era el ambiente político de España, profundamente influído por el antagonismo británico-francés, en los primeros años del Cisma de Occidente. Como se habrá podido observar, existía una estrechísima alianza entre Francia y Castilla[27], bendecida y apoyada por los Pontífice de Aviñón y sus Legados. Al lado de Castilla, están los Reinos de Portugal y Navarra, que en lo íntimo de su corazón son enemigos de esa alianza, y que, por lo tanto, simpatizan y se unen con Inglaterra, pero a quienes la dura realidad de las armas y las circunstancias del momento les imponen una forzada amistad con Francia y Castilla. Por fin, el Reino de

---

[26] SECOUSSE, *Memoires pour servir a l'histoire de Charles II, Roi de Navarre et Conte d'Evreus, sur noumé le Mauvais* (Paris 1758) II, 160 y ss. MORET, *Anales del Reino de Navarra* (Tolosa 1891) VI, 92-93; ZUNZUNEGUI, *El Reino de Navarra,* 75-89.

[27] Puede verse la historia de estas relaciones en G. DAUMET, *Étude sur l'alliance de la France et de la Castille au XIVᵉ et au XVᵉ siecles* (Paris, 1898).

Aragón, más independiente, atiende únicamente a redondear sus Estados con las conquistas todavía vacilantes de Mallorca y Cerdeña, y prepara la deseada ocupación de la isla de Sicilia. Es claro, por tanto, que en tirantes relaciones con Francia y el Duque de Anjou.

Es el momento en que entra el Cardenal de Aragón a cumplir su delicada misión. Pero detengámonos antes a estudiar la personalidad del Cardenal Legado y el carácter especial de su Legación.

III.

El Cardenal de Aragón, Legado de Clemente VII

El Cardenal de Aragón nació en año 1342 en la Baronía de Illueca, diócesis de Zaragoza, Reino de Aragón [28]. Su verdadero nombre fué el de Pedro López de Luna [29]. Sus padres, Juan Martínez de Luna y María Pérez de Gotor, pertenecían a familias de las más ilustres del Reino y se hallaban emparentados con la misma Casa Real [30]. Su hermano mayor, del mismo nombre que su

---

[28] Ya SEIDLMAYER, en su artículo *Peter de Luna (Benedikt XIII) und die Entstehung des grossen abendländischen Schismas* en Spanische Forschungen der Görresgesellschaft, Reihe I, 4 (1933) 205, ha descubierto la fecha de nacimiento. Inocencio VI, el año 1361, le concede la dispensa necesaria para que, *a pesar de sus 13 años,* pueda obtener ciertos beneficios (Arch. Vat., Reg. Av. 147, fol. 280). No es, por lo tanto, exacta la edad que le atribuye PUIG, *obr. cit. 33.*

[29] La crónica de Alpartil (cfr. F. EHRLE, *Martín de Alpartils Chronica actitatorum temporibus Domini Benedicti XIII zum erstenmal veröffentlicht,* Paderborn, 1906, 1) dice que en su miñez fué llamado Pedro Martínez de Luna. Esto no debe de ser cierto. Las Bulas otorgadas a su favor por Inocencio VI (Reg. Av. 123 fol. 182-193; Reg. Av. 126 fol. 103) y por Urbano V (Reg. Av. 151, fol. 6-7) le llaman *Petrus Lupi de Luna.* En otras de la misma época y posteriores se le llama simplemente Pedro de Luna.

[30] ZURITA, *Anales,* lib. X, cap. 53. NICOLÁS ANTONIO, *Bibliotheca hispana vetus* (Madrid, 1788) II, 210 dice que sobre ambas familias trata extensamente Pellicer, en su informe de la Casa de Sarmiento, fol. 80. En los Anales de Zurita se ve que la Infanta Dª Violante, tía de Pedro IV de Aragón, estaba casada con el famoso Caballero Lope de Luna, que en recompensa de sus servicios fué nombrado Conde Luna (lib. VIII, cap. 15;

padre, fue el que heredó los títulos nobiliarios de las Baronías de Illueca y Gotor [31]. Su hermana menor, Catalina, entró en Religión y llegó a ser Abadesa en Santa Clara de Calatayud [32].

No es cierto que Pedro de Luna se dedicase en su juventud a las armas [33], sino que, al contrario, desde muy niño le iniciaron sus padres en la carrera eclesiástica, en la que los de la Casa de Luna habían ocupado elevados cargos. Pariente suyo había sido el Arzobispo de Zaragoza, D. Pedro de Luna, que tanta importancia tuvo en los primeros años del reinado de Pedro IV el Ceremonioso [34]. Fue pariente suyo también el Arzobispo de Toledo, D. Gimeno de Luna, que murió el año 1338 dejando por sucesor al que más tarde había de ser el célebre Cardenal Gil Alvarez Carrillo de Albornoz; que, a su vez, era hijo de Dª Teresa de Luna, perteneciente a la misma familia [35].

Fue precisamente este Arzobispo de Toledo quien, en el mismo año en que se le promovió al Cardenalato, obtuvo de Clemente VI una canonjía en Segovia en favor de Pedro de Luna, cuando éste no contaba más que 9 años de edad [36]. Innocencio VI le enriqueció más tarde con el Arcedianato de Calatayud en la Catedral de Tarazona [37], la Dignidad de Chantre de Lérida con

---

y cap. 31) ; y que el Infante D. Martín, hijo del mismo Rey, estaba casado con María López de Luna, hija del mismo Conde de Luna (*ibid*. lib. IX, cap. 30).

[31] ZURITA, *Anales*, lib. VIII, cap. 50; cfr. el lib. X, cap. 34.

[32] PUIG, *Pedro de Luna*, 32.

[33] *Ibidem*.

[34] ZURITA, *Anales*, lib. VII, cap. 40.

[35] *Ibidem*, lib. VII, caps. 31 y 36.

[36] Inocencio VI, en su primer año de Pontificado, otorgaba a Pedro de Luna la gracia de que la canonjía de Segovia concedida por su antecesor en el noveno año de su Pontificado, tuviese efecto desde aquella fecha a pesar de que la Bula no llegó a ser expedida en vida de Clemente VI (Arch. Vat. Reg. Av. 123 fol. 182-183). En esta Bula se afirma expresamente que el Cardenal Albornoz intervino a favor de la concesión de la gracia. Por lo demás, en ZURITA, *Anales*, lib. IX, cap. 30, se puede ver cómo también el Conde Lope de Luna había dejado en manos del mismo Cardenal, su pariente, el casamiento de su hija.

[37] Por Bula de 16 de enero de 1354, con la cláusula *anteferri*, se le concede que pueda retener este Arcedianato, que Pedro de Luna, sin darse cuenta de que su colación estaba reservada a la Santa Sede, se había hecho conferir en virtud de una gracia expectativa que el mismo Pontífice le había otorgado el año anterior. Arch. Vat., Reg. Av. 126, fol. 103.

el oficio anexo de Preboste mensual [38] y dos simples canonjías en Valencia y Lieja [39]. Y Urbano V, en su primer año de Pontificado, redondeó sus títulos y rentas, otorgándole un Prebostazgo mensual en la Catedral de Valencia, a cambio de cuanto poseía en la diócesis de Tarazona [40]. Cuando el año 1369 murió el obispo de Valencia, estuvo a punto de obtener el obispado, que le fué disputado nada menos que por el Infante D. Jaime, primo del Rey [41].

Si Pedro de Luna era así, a los 27 años, un típico representante del acumulador de prebendas, tan propio de la época en Europa, no lo era menos, conforme también al espíritu de aquella centuria, en el hábil manejo de la Jurisprudencia. Joven todavía se encaminó a la Universidad de Montpellier a estudiar Derecho. A los 20 años poseía ya el título de Doctor en Leyes [42] y continuaba estudiando Derecho canónico en la misma Universidad hasta llegar a conseguir el grado de Doctor en Decretos, que le daba derecho a mantener una Cátedra, como en realidad lo hizo allí mismo. Aunque su ciencia no llegara nunca a ser original ni creadora, sus explicaciones fueron muy celebradas y escribió un Tratado acerca de la recitación de las horas canónicas [43].

Tonsurado siendo niño todavía, como condición indispensable para tomar posesión de los beneficios eclesiásticos, se hallaba aún sin recibir ninguna de las Ordenes menores cuando a la edad de 23 años se hizo cargo de la canonjía de Valencia. Con dispensa pontificia, antes de la fiesta de Pascua de Resurrección

---

[38] Por Bula de 1361, a pesar de que tiene ya el Arcedianato de Calatayud, y a pesar de que solamente cuenta 19 años, le concede una canonjía en Valencia con dispensa de que pueda esperar a recibir las Sagradas Ordenes a su debida edad. Arch. Vat., Reg. Av. 147, fol. 280.

[39] La provisión de la canonjía de Valencia se deduce de la Bula citada en la nota anterior; y la de Lieja, de la que se cita en la siguiente.

[40] Bula de 18 de diciembre de 1362. Arch. Vat., Reg. Av. 151, fol. 6-7. Como se deduce de la Bula registrada en Reg. Vat. 290 fol. 49-50, tomó posesión del Prebostazgo del mes de mayo, al que se le añadió por medio de esta Bula, siendo ya Cardenal, el del mes de abril.

[41] ZURITA, *Anales,* lib. X, cap. 9.

[42] Arch. Vat., Reg. Av. 151, fol. 617.

[43] BALUZE-MOLLAT, *Vitae Paparum Aveniomensium,* II, 494 da algunos testimonios de su fama de Maestro: N. ANTONIO, *loc. cit.* en nota 30 habla de la obra sobre la recitación de la horas canónicas; cfr. FOURNIER, *Les statuts et privileges des Université françaises depuis leur fondation jusqu'en 1789* (Paris 1891) II, 131-133.

de 1366, recibió en Aviñón las cuatro Ordenes Menores y el Subdiaconado, que los estatutos del Cabildo de Valencia exigían a
sus miembros, so pena de la pérdida del beneficio[44].

En este estado se hallaba cuando Gregorio XI, en Consistorio celebrado el 20 de diciembre de 1375, en atención a sus emi-
nentes cualidades y, probabilísimamente, accediendo a istancias
del Rey de Aragón, de quien ya a los 19 años era consejero[45],
le creó Cardenal Diácono, asignándole la Iglesia titular de Santa
María in Cosmedin. Recibió, pues, el Cardenalato y el Diaconado
a los 33 años de edad.

Inmediatamente abandonó la Cátedra y entró en la Curia
pontificia, donde actuó de juez comisario en varias causas que
entregaron a su tribunal los Romanos Pontífices Gregorio XI y
Urbano VI[46]. En su traslado de Aviñón a Roma, siguió también
él al Papa, relacionándose en la Ciudad Eterna con los más des-
tacados elementos de la colonia española. Así conocemos su trato,
antes de la famosa elección de 1378, con el influyente agustino
eremita Fray Alfonso Pecha, obispo dimisionario de Jaén, con
el franciscano Menéndez (Menendus) obispo de Córdoba, y con
el dominico González (Gundisalvus), penitenciario pontificio[47].

Estas relaciones con personalidades precisamente castellanas
no carecen de interés. Luna era el Cardenal de Aragón, y valía
consiguientemente como el *promovedor* de los interes del Reino
en la Curia[48]. Pero, además de que Pedro IV el Ceremonioso deseaba contar con otro Cardenal de su Corona, y lo procuró en

---

[44] Arch. Vat., Reg. Av. 163, fol. 194. En el Arch. Vat., AA, Arm. C.,
n. 1205 se encuentran las letras testimoniales de la recepción de las Ordenes menores, el día 29 de marzo en Aviñón en la capilla del cardenal
Guillermo de Agufolio, Arzobispo de Zaragoza. Original en papel; y en
AA, Arm. C., n. 327, el original en pergamino de las letras testimoniales
de la recepción del Subdiaconado, el 4 de abril, Sábado Santo, en Ordenes generales celebradas en la Iglesia de Santa María de Donis, en Aviñón,
por el Arzobispo de Nápoles por comisión del obispo de Aviñón.

[45] Así se dice en la Bula de Inocencio VI del año 1361, citada en
nota 38.

[46] Existen en el Arch. Vat., Instr. Miscell. nn. 2941, 2951, 2964, 2970
varios documentos sobre esta actuación.

[47] Cf. el art. de SEIDLMAYER, *Peter de Luna...* ya cit. en nota 28, pp.
213-214, 226-227, 245.

[48] SEIDLMAYER, *Die Anfänge...* 65.

1378 a escondidas de Luna [49]; éste era igualmente « Promotor » del Rey de Castilla en Roma, y por cierto en compañía del Cardenal Roberto de Ginebra, el futuro Clemente VII ... [50].

Pedro de Luna fué, como es sabido, el único cardenal español que tomó parte en la trágica elección de Urbano VI. Y en ella se reveló su carácter independiente e impertérrito. Tanto en sus declaraciones orales y escritas de aquellos días, como en sus deposiciones juradas de Medina del Campo tres años más tarde, el cardenal declaró que él dió su voto a Prignano sin dejarse influir por la presión y el miedo, y que a sus ojos la elección de Urbano VI aparecía entonces legítima. Si más tarde cambió de opinión y se adhirió a los Cardenales disidentes, no fué porque mudara parecer respecto a su *propria* actividad y convicción en el Conclave y en la coronación de Urbano. Siguió proclamándolas como en sus cartas de 1378. Lo que le mudó fué el testimonio contrario de la mayor parte de los Cardenales, de cuya mayoría de votos libres y sinceros, y no sólo ni tanto del suyo proprio, dependía la validez de la elección [51]. Aun esa declaración de los Cardenales le pareció en un principio extraña y sumamente peligrosa, y marchó a Anagni para convencerles de ello. Pero el resultado fue precisamente el contrario. « Voluit ipse alios piscare..., sed ipse, proh dolor! piscatus est », como dijo gráficamente de él su confidente de antes, Alfonso Pecha [52].

La transformación interior duró varias semanas y fue trabajosa para él y molesta para los Cardenales [53]; pero una vez consumada, se ahincó y radicó para siempre en su alma con toda la fuerza de su temperamento altivo e inflexible. Son bien cono-

---

[49] *Ibidem* 67.

[50] *Ibidem* 266, 28.

[51] Es este el juicio histórico al que llega SEIDLMAYER en su interesante estudio de Spanische Forschungen IV, 205 ss. ya citado. De especial interés es la publicación completa de la deposición jurada de Luna en Medina del Campo pp. 232-244, y del relato de Fray Gundisalvo relativo al cambio del Cardenal en los días de Anagni pp. 245-247. Mucha luz presta también la vívida e inmediata relación del legado castellano en Roma Alvaro Martín, publicada por el mismo autor en *Die Anfänge* ... 265-271.

[52] RAYNALDUS, *Annales eccl.* ad a. 1379 n. 17.

[53] Alvaro Martín refiere que el Card. Roberto de Ginebra le dijo en Anagni, julio de 1378, « quod omnes Cardinales Anagnie residentes concordabant quod iste [Urbanus] non erat Papa, excepto domino de Ara-

cidos en la historia los tristes límites a donde llegó esa inquebrantable tenacidad de su espíritu en las vicisitudes del Cisma.

Se comprende fácilmente que un hombre así resultara a Clemente VII el instrumento más a propósito para tratar de atraer a su obediencia los Reinos de España, ilustrándolos sobre la supuesta nulidad de la elección de Prignano, y poniendo en acción su ciencia jurídica, su habilidad diplomática, sus múltiples vínculos de parentesco con la nobleza castellana y aragonesa, y el conocimiento de los negocios españoles adquirido en su calidad de Cardenal promotor de Aragón y Castilla en la Curia. Aun para una legación en Portugal presentaba ventajas no tratarse de un castellano sino de un súbdito de Pedro IV de Aragón. El nombramiento de Legado para los cuatro Reinos de Castilla, Aragón, Portugal, Navarra, « ac omnibus aliis Regnis, terris et insulis Ispaniae et aliis iisdem adiacentibus cum districtis e pertinentiis eorundem », tuvo lugar estando Clemente VII todavía en Fondi, por medio de la Bula *In Summis coelorum* del 18 de diciembre de 1378 [54].

Si ya esta Bula otorga al Legado poderes amplísimos, crecen éstos de punto en las Bulas que confirmaron y especificaron los primeros [55]. Clemente VII le concedió expresamente jurisdicción sobre todos los Jerarcas de la Iglesia Española, Iglesia Catedrales

gonia, qui dicebat quod volebat studere, quia erat nimis consciencíosus. Istud ultimum ego retuli domino de Aragonia, qui dixit mihi: Domine Alvare, dominus meus Gebenensis infamat me et dicit quod sum nimis consciencíosus, et certe ego volo videre et bene videre quid iuris; quia vere dico vobis quod, si modo concordarem cum eis et essem in Avinione, et postea invenirem de iure quod iste esset verus Papa, ego venirem ad eum etiam nudis pedibus, si alias non possem. Volo ergo studere et bene videre »... En SEIDLMAYER, *Die Anfänge* ... 269.

[54] Vide Apéndice n. 1; otras dos Bulas dirigidas a todos los eclesiásticos (Reg. Av. 220 fols. 9-10) y a todos los fieles en general (*ibidem* fol 8) están concebidas en parecidos términos.

[55] Facultad de entrar y salir, cuando le pareciere oportuno, de los términos del territorio de su Legación (Reg. Av. 219 fol. 278); de concluir paces y treguas entre los Reyes (Apéndice n. 2); de exigir de los eclesiásticos, por cuyos lugares pase durante su Legación, la cantidad de 50 florines de Cámara diarios (Reg. Av. 220, fol. 11); de obligar a cualquier persona a prestarle servicios de caballería, carruaje, etc. (Reg. Av. 219, fol. 278); de declarar lícitos o ilícitos los juramentos emitidos en asuntos dudosos y de anular los que se dirijan en contra de la paz (*ibid.,* fol. 288).

7

y Religiosos de cualquier Orden exenta [56]; sobre todos los Estudios Generales [57]; y, además, facultad para proceder judicial o extrajudicialmente contra todos los que no obrasen bien [53]; para conocer las causas de fe [59], así como también para dirimir, aun sin forma de juicio, las controversias que le presentasen [60] y juzgar cualquier causa en apelación a la Santa Sede, con tal que se hallase conforme la parte apelante [61].

Además le colmó de facultades para conceder indulgencias [62]; absolver de excomuniones y censuras en determinados casos es-

---

[56] Jurisdicción sobre todos los Religiosos, aun exentos (Reg. Av. 220, fol. 10); facultad de convocar Concilios generales o particulares y hacer presentarse a todos los Obispos, seculares o regulares (ibidem, fol. 12); de llamar a su presencia, colectiva o personalmente, a los Obispos y Religiosos y enviarles a donde le pareciere oportuno (ibidem, fol. 13); demandar consagrar iglesias y cementerios por medio de cualquier obispo (ibidem, fol. 14); de visitar las iglesias Metropolitanas y exentas (Reg. Av. 219, fol. 288).

[57] Vide Apéndice n. 3.

[58] Facultad de proceder contra cualquier persona, eclesiástica o secular (Reg. Av. 220, fol. 11); de proceder contra cualquier predicador, que estorbe su acción (ibid., fol. 14); de proceder contra los Colectores Apostólicos, que no complan debidamente con su deber (ibid., fol. 15-16); de desposeer de sus beneficios a los que se hubiesen adherido a Urbano VI y conferirlos a otras personas (ibid., fol. 21-22); de imponer censuras eclesiásticas a los injuriadores de su persona y familiares (Reg. Av. 219, fol. 277-278); de castigar y corregir a los religiosos exentos, que no se comportasen debidamente (ibidem, fol. 307); de proceder contra los que falsean Cartas Apostólicas (ibid., fol. 315); de proceder, aun sin forma de juicio, contra los adherentes a Urbano VI, aunque sean Obispos o Religiosos (ibidem, fol. 318-319); de obligar a cualquiera, aun a pueblos enteros, que le injuriasen a él o a su Curia, a resarcir los daños causados (Reg. Av. 220, fol. 14); de citar a cualquiera ante su tribunal (Reg. Av. 219, fol. 289).

[59] Reg. Av. 219, fol. 316.

[60] Reg. Av. 220, fol. 14.

[61] Vide Apéndice n. 4.

[62] Facultad de conceder 1 año y 40 días de indulgencia, cuando se celebrase Misa en su presencia, vestido de Pontifical (Reg. Av. 219, fol. 307; Reg. Av. 220, fol. 10); 1 año y 40 días a los que diesen limosna, para la defensa de la Cristiandad (Reg. Av. 219, fol. 299); 100 días a los que concurriesen con su limosna a la construcción y reparación de iglesias, hospitales, puentes, etc. (ibidem, fol. 300).

peciales [63]; conceder beneficios eclesiásticos tanto a sus familiares [64] como a extraños [65]; otorgar ciertas gracias de orden general

---

[63] Facultad de componer en daños causados a iglesias y monasterios
con sacrilegios, rapiñas, incendios, etc. (Reg. Av. 220, fol. 14); de absolver a los percusores de sus parientes (Ibidem, fol. 15); absolver a los la-
drones de los peregrinos (Ibidem, fol. 15); absolver a clérigos excomulgados, que hubiesen recibido órdenes y beneficios de excomulgados (Ibidem, fol. 17); absolver a los que se hubiesen adherido a Urbano VI (Ibidem, fol. 18); absolver a 100 clérigos, que hubiesen recibido órdenes irre-
gularmente (Ibidem, fol. 20); absolver a herejes (Reg. Av. 219, fol. 277);
absolver, por medio de su Penitenciario, de los casos reservados que suelen absolver los Penitenciarios menores en Roma (Ibidem, fol. 280-281);
conceder a 100 personas indulgencia plenaria in articulo mortis (Ibidem,
fol. 281); componer y absolver a los que hubiesen comerciado con Tierra
Santa y Alejandría (Ibidem, fol. 281); absolver a las abadesas, que hubiesen sido admitidas por simonía (Ibidem, fol. 281-282); absolver de cualquier reservado a 100 personas (Ibidem, fol. 289); absolver de excomunión a los que hubiesen recibido oficios de manos de excomulgados (Ibidem, fol. 299); componer con los usureros en usuras inciertas o cuando
se desconozcan los acreedores (Ibidem, fol. 305); absolver de la excomunión a los excomulgados por la Inquisición (Ibidem, fol. 305); absolver
a los apóstatas (Ibidem, fol. 306); conmutar a 100 personas los votos de
peregrinación a Jerusalén (Ibidem, fol. 306); absolver a los que sin licencia visitaron Jerusalén (Ibidem); absolver y dispensar a los mutiladores
de clérigos (Ibidem, fol. 307); absolver de censuras a los que hubiesen
aceptado Bulas de provisión de Urbano VI (Ibidem, fol. 324).

[64] Facultad de hacer que sus familiares de fuera de los términos de
su Legación pudiesen gozar libremente de sus beneficios (Reg. Av. 220,
fol. 18); de conferir a sus familiares cualquier beneficio con dispensa de
acumulación (Ibidem, fol. 19); de recibir en su familia a religiosos men-
dicantes, enviarles a predicar o encargarles qualquier negocio, y darles
licencia para comer carne mientras estén con él (Reg. Av. 219, fol. 277);
de que sus familiares puedan recibir los beneficios, como si no estuviesen
reservados, y con fecha de la Bula de la Legación del Cardenal (Ibidem,
fol. 288); de dispensar de excomunión e irregularidad a las personas de
su séquito que, sin estar ordenadas, ejercieron el Sagrado Orden (Ibidem,
fol. 300); de que sus familiares pudiesen elegir Confesor (Ibidem, fol. 321);
que su familiares pudiesen disponer en testamento de los frutos de sus beneficios (Ibidem, fol. 306); que puedan sus familiares tratar con los flo-
rentinos excomulgados (Reg. Av. 220, fol. 16).

[65] Facultad de conferir cualquier beneficio, cuyos frutos no pasen de
20 libras de Turín, si tuviese aneja cura almas, o 15 si no la tuviese (Reg.
Av. 220, fol. 17-18); recibir la dimisión de cualquier beneficio y otorgarlo
a otro (Ibidem, fol. 19 y 22); conceder una canonjía en 40 Catedrales y
40 Colegiatas (Ibidem, fol. 20-21); otorgar a 25 Maestros en Teología, o

a clérigos y seglares [66], así como también especiales para religiosos [67], clérigos seculares [68] y fieles en general [69].

Y para completar y asegurar la eficacia de esta serie de concesiones, al mismo tiempo le concedió que la gracias y privilegios otorgados por él, en virtud de estas facultades, tuviesen carácter de perpetuidad [70], que ningún otro las pudiese derogar [71] y que si alguna de estas Bulas contuviese algunas faltas de ortografía, latín, etc., que pudiese hacer dudar de la valided de la facultad concedida, él mismo la pudiese mandar corregir [72].

Doctores en Derecho canónico o civil, que puedan retener a la vez 2 Dignidades (Reg. Av. 219, fol. 289-290); otorgar a los clérigos estudiantes que pudiesen percibir los frutos de sus beneficios sin residir en ellos (Ibidem, fol. 305); dispensar de la edad requerida para tomar posesión de una Dignidad a quienes no tuviesen más de 20 años (Reg. Av. 220, fol. 16); dispensar, hasta el plazo de siete años, de recibir el Presbiterado a los beneficiados, que dentro del año recibiesen el Subdiaconado (Ibidem, fol. 18); otorgar a 500 personas dispensa de ilegitimidad de nacimiento para conseguir beneficios eclesiásticos (Reg. Av. 219, fol. 288).

[66] Conceder a 100 personas licencia para visitar el Santo Sepulcro (Reg. Av. 219, fol. 282); a 200 personas que puedan escoger el lugar de su sepultura en cualquier Iglesia, aunque sea Catedral (Ibidem, fol. 299); conceder ad triennium que puedan elegir confesor (Ibidem, fol. 305).

[67] Facultad de mandar que sean admitidas algunas personas en los Cabildos regulares y monasterios (Reg. Av. 219, fol. 322-323; ibidem, fol. 326; Reg. Av. 220, fol. 17); conceder traslado de una Orden religiosa a otra igual o más estricta (Reg. Av. 219, fol. 280); dispensar de ilegitimidad de nacimiento para el ingreso en Religión (Ibidem, fol. 305).

[68] Dispensar a 200 personas, que hubiesen sido ordenadas per saltum (Rev. Av. 220, fol. 20); a 10, que puedan celebrar en lugar en entredicho (Ibidem, fol. 22-23); a 100 religiosos de 25 años que puedan recibir el Presbiterado (Ibidem, fol. 23); dispensar de irregularidad a los clérigos que hubiesen recibido las ordenes simoníacamente (Reg. Av. 219, fol. 306),

[69] Facultad de dispensar de los impedimentos matrimoniales de 4º grado de consanguinidad y del de pública honestidad (Reg. Av. 200, fol. 20); conceder a 10 personas el privilegio de altar portátil (Ibidem, fol. 23); conceder que se celebren solemnemente matrimonios en lugares en entredicho (Reg. Av. 219, fol. 299); facultad de autorizar a algunas mujeres para entrar en monasterios de clausura (Ibidem, fol. 305). Las más de estas facultades y las de las notas anteriores eran comunes en los Legados a latere. Las hemos puesto, eso no obstante, para que se vea en un caso concreto el poder jurisdicional con que se presentó Pedro de Luna en España.

[70] Reg. Av. 219, fol. 277.

[71] Ibidem, fol. 289.

[72] Reg. Av. 220, fol. 23.

Pero donde más claramente se vió el interés del Papa de Aviñón en adornar a sus Legados de la más amplia autoridad y libertad de movimientos, fué en la Bula que poco después, a 6 de julio de 1379, les concedió extendiendo sus facultades aun a los casos no previstos en las anteriores [73]. Es verdad que ya para fines del siglo XIII los Legados a latere eran considerados como una especie de « alter ego » del Papa, y les competían muchas de las facultades que acabamos de enumerar [73a]. Pero tal vez nunca habían alcanzado el ápice de acumulación sistemática que aparece en los de Clemente VII.

Con esta serie de atribuciones, rodeado de sus numerosos familiares [74] y adornado con la púrpura y pompa cardenalicias, se había de presentar ante los Reyes de España. Pero toda esta construcción jurídica se hallaba basada sobre un fundamento discutido: su misión precisamente se dirigía a afianzarlo y consolidarlo.

---

[73] Vide Apéndice n. 5.

[73a] Cf. J. B. Sägmüller, *Die Tätigkeit und Stellung der Cardinäle bis Papst Bonifaz VIII* (Freiburg i. B. 1896) 109 ss., 210 ss.

[74] El mismo año de su elección, Clemente VII aprobó un rótulo de súplicas, presentado por el Cardenal de Aragón en favor de sus familiares y amistades (Reg. Supl. 47, fol. 70-77), que se debe completar por otro presentado algo más tarde (Reg. Supl. 53, fol. 201). De ahí se deduce que su familia estaba compuesta, al menos, de: un pariente suyo, Alfonso López de Luna (entonces estudiante, más tarde Arzobispo de Toledo); tres auditores de su tribunal: Pedro de Nuce, Alfonso de Exea y Miguel de San Juan; seis capellanes: Pedro Jiménez de Pilaribus, Juan de Corral, Pedro Wanker, Juan Roger, Juan Segard, Bernardo Nives; tres secretarios: Francisco Pérez, alias Climent (antiguo camarlengo, más tarde obispo de Barcelona; cfr. Puig, *Pedro de Luna*), Nicolás Morín, Andrés de Lederdame; un Maestro de su escuela, Pedro de Hamalias; dos procuradores: Rainaldo Ives, Santiago Davesa; un mayordomo, Gil de Curia; un limosnero, Pedro Soriano; dos escribientes, Juan de Gravia y Pedro Fannage; tres clérigos de su capilla, Juan Ramón, Nicasio Carlos, Juan Fabro; un diácono de su capilla, Guillermo Molendinario; un tenor de su capilla, Gerardo Martín; un panadero, Francisco Vasse, y varios otros comensales. Es de suponer que no todos estos, muchos de ellos franceses, le seguirían a España.

IV.

El ejercicio de su Legación.

El Cardenal de Aragón, una vez designado Legado Pontificio el 18 de diciembre de 1378, puso en seguida manos a la obra. Sus primeros cuidados fueron: por una parte, el predisponer a los Reyes de España para su próxima visita, enviándoles mensajeros que les anunciasen su nombramiento [75]; y, por otra, impedir que los nuncios de Urbano VI, dirigidos a los mismos Reinos, llegasen a su destino [76]. A principios de 1379 trasladóse del Sur de Italia a la sede de Aviñón, y desde allí se dispuso, a mediados del mes de marzo, del mismo año, a venir a España para dar comienzo a su larga e importante misión.

1. *Dificultades de la entrada (marzo de 1379).*

Mirando las cosas desde el punto de vista meramente político, parece que el Rey Enrique II de Castilla debía haberse apresurado a abrirle las puertas de su Reino. Como lo tenemos recordado precedentemente, la unión política de Castilla y Francia era en efecto estrechísima a principios de 1379, y desde la asamblea de Vincennes del 16 noviembre 1378, era ya pública la adhesión de Carlos V a Clemente VII [77]; como desde la prisión el 6 de noviembre de 1378 de Roger Foucaut, enviado de los Cardenales a Londres, se sabía que la política de Inglaterra permanecía inflexiblemente fiel al Papa Romano [78]. El Rey de Castilla, sin embargo, no sólo se

---

[75] El auditor de su Tribunal, Pedro Nuce, fué enviado a Aragón a fines de 1378. Cfr. VALOIS, I, 214 nota 3. En Reg. Supl. 53, fol. 201 se dice que Pedro Hamalias, Maestro de la escuela del Cardenal, estaba en España, a donde había sido enviado, a fines de 1378.

[76] Es sabido que Luna intervino en la prisión del Obispo de Córdoba, Menendo, enviado por Urbano VI como representante suyo en España. El mismo Papa se quejó amargamente de ello en una Bula que después citaremos.

[77] VALOIS, *obr. cit.* I, 114. Secretamente lo era desde agosto, es decir, desde antes de la elección misma de Clemente. Ibid. 106 ss.

[78] PERROY, *obr. cit.* 54-56.

mantuvo en la reserva, sino que prohibió expresamente al Cardenal de Luna poner el pie en sus Estados [79]. Enrique II de Trastamara, aconsejado por el arzobispo de Toledo Pedro Tenorio, creía que sólo un Concilio universal podía resolver el grave problema jurídico-teológico de la doble elección, y mantuvo más bien la neutralidad hasta su muerte, 29 de mayo 1379 [80]. En esa actitud no había lugar para las gestiones del Legado clementino.

Le quedaba a éste su patria Aragón. Pero tampoco aquí le eran favorables las perspectivas.

Conforme en un todo con su orientación política independiente, Pedro IV el Ceremonioso, a pesar de las reiteradas instancias de los cardenales franceses, se había mantenido desde el principio a la expectativa, inclinándose más bien a no abandonar a Urbano VI. Desde los mismos comienzos de las discusiones entre aquéllos y éste, los Cardenales residentes en Aviñón le habían pedido dinero y galeras para que los Cardenales que se hallaban en Anagni pudiesen trasladerse a Aviñón; aquellos mismos Cardenales enviaron algunos meses más tarde a Gil Sánchez Muñoz a pedir al Rey que publicase en su Reino el proceso de los Cardenales contra Urbano VI, hiciese que el clero de su Reino les otorgase un subsidio y enviase a Italia una embarcación a su disposición. Pero la contestación del Rey había sido siempre dilatoria y evasiva: reuniría en torno a sí una asemblea de Prelados y personas doctas y sometería a su estudio las diferencias entre el Papa y los Cardenales [81]. Por otra parte, no solamente había prohibido a los obispos de su Reino, que simpatizaban con los cardenales franceses, que publicasen en sus obispados la declaración de éstos contra Urbano VI, sino que también defendió acérrimamente a los enviados del Papa de Roma que tuvieron la desgracia de caer en manos de los aviñoneses, y mantuvo activa correspondencia con aquél, dirigiéndole todavía a principios de 1379 sus acostumbradas peticiones.

En realidad, no tendían las miras de aquel político sagaz y experimentado a mantener la obediencia romana: se orientaban más bien hacia una neutralidad en la que sacase provecho de uno

---

[79] VALOIS, *obr. cit.* I, 202.
[80] SEIDLMAYER, *Die Anfänge* 33.
[81] *Ibidem* 65-84.

y otro Pontífice, con ventaja de sus aspiraciones mediterráneas y de la cajas reales. Lo mostró ya desde fines de 1378, al prohibir a los colectores de ambos Pontífices recoger los ingresos papales, y al organizar provisional pero genialmente dentro del Reino una propia *Cámara Apostólica,* cuyo estudio ha atraído recientemente a los especialistas [82].

En estas circunstancias revestía especial interés la entrada de Luna en Aragón. Urbano VI, ya el 27 de enero de 1379, había pedido al Rey que en cuanto llegase el Legado lo pusiese en la cárcel [83], mientras que el Infante franciscano Don Pedro, tío del Monarca, le conminaba con el castigo del cielo si seguía otra conducta. Por otra parte, de los Cardenales de Aviñón, a 8 de marzo, había recibido otra carta dirigida a todos los fieles en general, en la que les anunciaban la próxima visita de los Legados y les exhortaban a recibirles conforme a su alto rango [84] : el Infante primogénito Don Juan, heredero de la Corona, seguido de gran multitud de partidarios, apoyaba decididamente esta conducta.

El político y experto Monarca optó por un término medio : ni ponerle preso ni darle los honores de Legado. En carta dirigida al mismo Cardenal le advertía que, *como natural que era del Reino,* sería bien recibido, conforme a su estado de Cardenal, pero no como Legado ni de otra manera oficial; y al Vicario y Baile de Gerona, que eran súbditos inmediatos del Infante heredero Don Juan, les prohibió expresamente que recibiesen al Cardenal, si éste se presentaba con Cruz alzada y con el aparato de los Legados a latere [85].

El Cardenal pasó por ello. Lo importante era entrar en el Reino y ponerse en contacto con sus muchos amigos y partidarios.

---

[82] Cfr. IOANNES VINKE, *Der König von Aragon und die Camera Apostolica in den Anfängen des grossen Schismas,* en Spanische Forschungen, Reihe I, 7 (1938) 84-126.
[83] RAYNALDUS, *Annales ecclesiastici,* a. 1379 n. 43.
[84] BALUZE-MOLLAT, *Vitae,* IV, 192.
[85] IVARS, *La «indiferencia»...* en Archivo Ibero-americano, 29 (1928) 84 y 30. La misma carta dirigida al Cardenal de Aragón muestra el disgusto que conservaba todavía contra los Cardenales de Aviñón, que interceptaron Bulas de Urbano VI.

2. *Primera actividad en Aragón (junio-diciembre 1379).*

El Reino presentaba entonces un aspecto originalísimo. Frente al viejo monarca, que estaba ya en el cuadragesimo cuarto año de gobierno, se alzaba la oposición múltiple de su hijo heredero, el Infante Don Juan [86]. Aparecía en otros puntos de política interna y externa, pero resaltaba principalmente en dos materias que en los momentos actuales se enlazaban estrechamente: el matrimonio del Príncipe y la aceptación del Papa aviñonés. Por motivos que no es fácil precisar, pero que en parte parece radicaban en el afán oposicionista a su padre, el Infante se inclinaba en ambos puntos, al menos desde la primavera de 1379, a Francia, y venía buscando el contacto y el consejo del Cardenal Legado de Clemente VII [87].

En la actividad de éste conviene, por eso, distinguir dos líneas muy diversas: una confidencial secreta con el heredero de la Corona, cuyos frutos inmediatos son todavía poco perceptibles en la vida pública, pero que prometen ser fecundos para el porvenir; y otra oficial con el Rey y su gobierno.

En la primera línea la acción de Luna es audaz y ejecutiva. Pretende en un principio casar a Don Juan con una hermana de Clemente VII ... [88]. El golpe no resulta, pero el Legado ayuda a deshacer los proyectos del Rey Padre de unir al Infante con María reina de Sicilia, y apoya la boda con Violante de Bar, sobrina del Rey de Francia. Es Luna quien tramita la necesaria dispensa de Clemente VII [89], y a él van enderezadas varias cartas de Aviñón sobre esta materia [90]. Se comprende que en la cuestión del Cisma, la communicación y mutua ayuda del Legado e Infante son continuas. Mientras Don Juan recibe cartas del Cardenal y le envía sus propios informes, se excusa ante Clemente VII de no poder hacer más por él ante la neutralidad de su padre, 28 noviembre de

---

[86] Esta oposición está bellamente tratada en SEIDLMAYER, *Die Anfänge* 91 ss.; y antes en IVARS, *art. cit.* 32-34.

[87] SEIDLMAYER, *ibidem* 93.

[88] Lo dice el mismo Infante en carta del 29 de abril al P. Beyl. *Ibidem* nota 121.

[89] *Ibidem* 92 nota 116.

[90] VALOIS, *obr. cit.* I, 223 nota 4.

1379; y escribe el 6 al Rey de Francia que «a magno citra tempore» obedece únicamente al Papa de Aviñón [91]. La acción conjunta de Legado e Infante se vuelve tangible en la actividad de S. Vincente Ferrer: Luna le comunica en 1379 la misión de hacer propaganda en Valencia por Clemente VII, Don Juan le protege en 1380 contra los ataques de los Urbanistas, y el santo se atreve así a dedicar su libro polémico al Rey mismo Pedro ... [92].

Menos eficaz fué la acción del Cardenal de Aragón en la política del Rey-Padre. Este mantenía en su Corte al abad de Sitria, Perfecto de Malatesta, Nuncio de Urbano VI, a quien los enviados de la obediencia clementina le habían restituído la libertad gracias a la enérgica intervención del Rey, pero no las credenciales de su misión que traía consigo. A pesar de lo cual mientras se hallaba en forzosa espera de nuevas credenciales escribió el tratado *De Triumpho Romano,* que presentó al Rey el día 16 de junio [93]. Algún tiempo más tarde llegó a Barcelona, de vuelta de Roma, el consejero real, Mateo Clemente, con algunas informaciones de testigos oídos en la Ciudadd Eterna favorables a Urbano VI.

Pedro IV convocó entonces una solemne reunión de Prelados para el día 15 de julio, pero casi nadie se presentó y la asamblea quedó aplazada hasta octubre. Mientras tanto, ante la presencia del Rey y de su Consejo tuvo lugar, probablemente entre agosto y octubre, una discusión entre Perfecto de Malatesta y sus partidarios, y el Cardenal de Aragón. Aquél presentó el «Casus» de la elección de Urbano VI; después se presentaron el «Casus» de los Cardenales y el «Factum» de Juan de Legnano. Ambos partidos los discutieron, sin que el Rey se diera por convencido. Quedaba por tomar una resolución [94].

La reunión decisiva tuvo lugar a primeros de octubre. El mismo Episcopado se hallaba dividido en cuanto a la actitud que

---

[91] Textos en IVARS *art. cit.* 35 nota 2; SEIDLMAYER *ibid.* 98.

[92] VALOIS I, 221; SEIDLMAYER 90.

[93] Cfr. un resumen de su contenido en SEIDLMAYER, *Die Anfänge,* 135-136.

[94] El «Factum» de Juan de Legnano con la respuestas y adiciones del Cardenal de Aragón, está publicado en GAYET, *Le Grand Schisme d'Occident* (Paris, 1889) II, Pieces justificatives, 26-40; el de Perfecto de Malatesta, *ibidem,* 40-56.

se debería tomar. El Rey no tenía ningún interés en reconocer a Clemente VII y sí en permanecer neutral. El Infante primogénito, Juan, instrumento docilísimo del Cardenal de Aragón, no pudo conseguir la adhesión al papa de Aviñón[95]. En consecuencia, se declaró la neutralidad e indiferencia hasta que se viese con más claridad el derecho que asistía a cada uno de los Papas.

El 14 de octubre de 1379 abandonó Perfecto de Malatesta el Reino de Aragón de vuelta al Papa de Roma; el Rey le encargó que presentase a éste mil excusas porque no se había reconocido claramente su derecho[96]. Y en otra posterior del 15 de febrero de 1380 le añadía: « Tot et talium fuerunt rationes contra vestram electionem opposite, quod super eas nos oportuit dubitare. Et demum, presente in Curia nostra abbate Sitrensi Sanctitatis vestre nuncio, *audivimus ea quae super predictis Cardinalis Aragoniae, adversum vos missus,* et ipse etiam abbas pro vestri parte, nobis dicere voluerunt. Sed post ipsius abbatis recessum, *amplius dictum Cardinalem audire noluimus.* Imo, ipse a nobis recessit »[97].

Estas expresiones del Rey podrían hacer creer que su decisión de « indiferencia » significó en él un cambio de postura, y que ese cambio se debió a la actividad de Pedro de Luna. De hecho así lo entendieron entonces varios urbanistas, como el Obispo de Córdoba Menendo[98]. A nuestro entender la apreciación no sería del todo exacta. El acto solemne del principios de octubre dio forma definitiva y oficial a la actitud del Monarca, pero la actitud misma existía en él antes de la venida del Legado Clementino. Más bien que influir Luna en Pedro IV, fué Pedro IV quien usó de Luna para cohonestar su previa resolución. Por eso le retuvo en el Reino tanto cuanto le convenía y no más: *amplius dictum Cardinalem audire noluimus; imo, ipse a nobis recessit.* Tiene razón el P. Ivars al recalcar que el Monarca siguió aun después simpatizando con Urbano VI cuanto lo permitía su « neutralidad », y que le disgustó la declaración posterior del Rey de Castilla, obtenida por el Legado, a favor de Clemente VII[99]. Y

[95] Cfr. las cartas que el Infante escribió con este motivo a su hermano D. Martín y a algunos Obispos en IVARS, *ibidem,* pags. 31-32.

[96] Las instrucciones que llevaba en IVARS, *ibidem,* pags. 93-95.

[97] Cfr. SEIDLMAYER, *Die Anfänge,* 81 nota 69.

[98] Cfr. RAYNALDUS, *Annales* a. 1379 n. 44.

[99] IVARS, *art. cit.* 43-45.

Luna lo debió de entender muy bien. Desde fines de 1379 hasta la muerte de Pedro IV en 1387, no trató de retornar con caracter oficial a Aragón. Su esperanza se concentraba en la muerte del Rey y en las convicciones del Príncipe heredero.

3. El triunfo en Castilla (1380-1381).

Hemos recordado ya que el Rey Enrique II de Castilla murió el 29 de mayo de 1379 recomendando a su hijo y heredero Don Juan I no abandonar la neutralidad, seguida hasta entonces por él y por el arzobispo de Toledo, Don Pedro Tenorio [100]. El joven monarca de 21 años trató de seguir el consejo del padre moribundo; pero el Rey de Francia y el Legado Pedro de Luna juzgaron llegado el momento oportuno para traer a Castilla a la obediencia clementina. Carlos V y el Cardenal de Amiens escribieron a Don Juan y al Arzobispo Tenorio cartas instantísimas en este sentido; Luna tentó por segunda vez la entrada desde Aragón en Castilla. El resultado fué todavía a fines de septiembre de 1379 negativo: Juan I rechazó la petición de Pedro de Luna, como lo había hecho su padre [101]; y tanto él como Tenorio respondieron a Francia que se trataba de un gravísimo negocio de conciencia que solo un Concilio ecuménico podía resolver libre y autoritativamente [102]. Respuesta preocupante para Luna, pues (como acabamos de ver) ya en octubre se había hecho su demora ulterior en Aragón sumamente difícil.

Los dos meses siguientes, sin embargo, le trajeron un cambio favorable. La idea del Concilio ecuménico, patrocinada en 1378 por los Cardenales italianos y ahora por Castilla, chocaba, no solo con la oposición resuelta de Francia, de Clemente VII, y también de Urbano VI; sino que a fines de 1379 aun los Cardenales italianos la iban abandonando [103]. Castilla hubo de entrar así en otro

---

[100] AYALA, Crónica de Enrique II a. 1379 cap. 3 y cfr. SEIDLMAYER, obr. cit. 33.

[101] Vita prima Clementis VII, en BALUZE-MOLLAT, Vitae Paparum Avenionensium I col. 493.

[102] VALOIS, I, 203-207. El Rey de Aragón escribía al de Castilla, con mucha razón, las siguientes palabras: «Nos somos bien ciertos, que... havedes trebayado por saber el fet [e] drecho e la verdat mas que rey ne princep del mundo...». En SEIDLMAYER, Die Anfänge, 110.

[103] Punto bellamente tratado por SEIDLMAYER 36-38.

camino, en el que había un puesto para el Legado de Clemente VII :
el de las informaciones hechas jurídicamente por los representantes reales, poniéndose para ello previamente de acuerdo todos los
Reyes de la Península. Este último importante paso queda ya registrado en una carta de Juan I al Rey de Aragón del 23 diciembre 1379 [104], y viene confirmado por varios documentos de principios de 1380.

Uno de ellos, fechado el 15 de enero de ese año, nos muestra que para entonces Pedro de Luna había logrado el permiso
de entrar en Castilla. Es nada menos que el Rey de Aragón quien
anuncia a Juan I la proxima llegada allá del Legado aviñonés
junto con los embajadores especiales de Francia : le ruega únicamente que, antes de tomar una decisión definitiva, celebren ambos monarcas una entrevista a la que podrían acudir también los
Reyes de Portugal y de Navarra [105]. En la Biblioteca Vaticana
hemos hallado la copia de una carta del duque de Anjou dirigida,
según parece, al mismo Luna, que encaja perfectamente en esta
situación de principios de 1380. Le había pedido el personaje
eclesiástico a quien responde, que los embajadores franceses no
dejaran de asistir a las vistas que iban a celebrar pronto los Reyes
de Aragón y de Castilla « super declaratione sua ». El duque pro-
mete enviar inmediatamente sus instrucciones sobre ello, « firmissime tenentes ... quod in quibusdam negotiis negotium Ecclesiae
tangentibus, indefessis cupio viribus insudare », y sabiendo que
el « Padre reverendísimo » a quien se dirige ha declarado ya « virilissime » a los Reyes su prudente consejo [106]. Claro que
el duque no perdía de vista sus miras políticas. En otra carta de
entonces al Rey de Portugal Don Fernando, le pide asista a la
Junta de los Soberanos españoles pero que no se ajuste en sus
diferencias políticas con el Rey de Aragón sino de acuerdo con

---

[104] *Ibidem* 38-39. La carta habla tadovía del Concilio ecuménico, pero
coincidimos con la opinión de Seidlmayer, de que ya para entonces con-
fiaba poco Juan I en esa idea y ponía su principal empeño en las informaciones jurídicas.

[105] Texto en SANABRE, *art. cit.* Reseña eclesiástica 20 (1928) 17.

[106] Cfr. *Apéndice* n. 6. La carta, sin duda, es de Carlos de Anjou, pues
se encuentra entre otras del mismo en el códice *Barb. lat.* n. 2101. Que el
destinatario sea el Cardenal de Aragón, se deduce de su redacción y contenido.

los embajadores franceses: a éstos se había dado orden de no concordar con los aragoneses (se trataba ante todo de la isla de Mallorca), mientras no quedase satisfecho el Rey de Portugal [107].

Pero antes de que la asamblea se celebrase, y en parte imposibilitando su celebración, tuvo lugar el mismo mes de enero por parte del monarca portugués un golpe de escena, que se ha creído poder atribuir a ocultos manejos del Legado Luna [108]: el Rey Fernando, el primero entre los Reyes de España, se declaró entre el 10 y el 28 de enero por la obediencia de Clemente VII [109]. No hemos hallado ningún vestigio de intervención del Cardenal en este negocio. Fué más bien obra de las instancias del duque de Anjou, de la volubilidad del Rey Fernando y de la acción de su consejero Don Martín, nombrado poco antes obispo de Lisboa por Clemente VII. De todas maneras, aquel paso y la pasividad de Navarra, hicieron fracasar la proyectada asamblea de Reyes españoles, y Castilla se concentró cada vez más en sus propias investigaciones para hacer luz en la legitimidad o ilegitimidad de la elección de Urbano VI. Era el ambiente propicio para Pedro de Luna.

A pesar de la expresa prohibición del Papa de Roma [110], el Legado fué recibido en Castilla antes del 15 de febrereo de 1380 [111]; y en mayo salían para Aviñón y Roma los embajadores castellanos Rodríguez Bernardo, Alvaro Meléndez y Fernando de Illescas, encargados de tomar las declaraciones auténticas de los principales actores y testigos de la elección de 1378 [112]. Mientras ellos

---

[107] La carta está publicada en Bibliothèque de l'école des Chartes 52 (1891) 495.

[108] Así insinúa PERROY, obr. cit. 216.

[109] Cuanto a la fecha seguimos la tesis de CESAR BAPTISTA cit. en nota 6, quien se acerca así a PERROY 216 nota 6 contra VALOIS I, 231 ss. que la coloca a fines de 1379. La razón se funda en el itinerario del Rey, el cual solo entre el 10 y el 28 de enero estuvo en Evora donde se hizo la declaración. El mismo Baptista prueba contundentemente que el cambio no se debió a Castilla ni a Luna, sino a Francia, especialmente al duque de Anjou.

[110] En marzo de 1379 Urbano VI escribía cartas al Arzobispo de Sevilla y a otro prohibiéndoles la recepción de Pedro de Luna, Bibl. Vat., ms. Vat. lat. 6772 fols. 70, 71, y 80-81.

[111] Cfr. supra nota 97 la carta de Pedro IV de esa fecha.

[112] Cfr. SEIDLMAYER ,obr. cit. 39.

cumplían su cometido fuera de la Península, el Cardenal de Aragón desarrollaba en la Corte del Rey una actividad eficacísima a favor de Clemente VII. Ayudaban a ella su propia persona y familia relacionadas con la nobleza castellana y con el mismo Rey [113], la autoridad que le prestaba la circumstancia de ser el único de los presentes que tomó parte en la elección discutida, el ambiente político que precisamente entonces estrechaba cada vez más las relaciones de Castilla con Francia, y finalmente el abundante dinero de que el Legado podía disponer: desde el 30 de junio de 1379 hasta principios de 1382, no menos de 11.600 florines de Cámara y 10.000 florines de Aragón ya desembolsados, y otros 9.600 por desembolsar a su favor [114]. De este tiempo es su más antiguo escrito contra la elección de Urbano VI, « Tractatus de principali schismate », poco original desde el punto de vista científico y literario, pero que ayudó a la propaganda clementina en la Corte [115]. Se va advirtiendo al mismo tiempo un síntoma significativo: el Arzobispo de Toledo Don Pedro Tenorio, el acérrimo defensor del Concilio universal como única solución del conflicto, pierde su influjo hasta entonces preponderante y no firma ya en materia de cisma entre los consejeros de Estado [116].

Urbano VI seguía con preocupación este cambio en la Corte castellana. Cuando los embajadores de Juan I, tomadas las declaraciones en Roma volvieron a la Península, setiembre 1380, hizo que les acompañaran como representantes pontificios el obispo de Faenza Francisco Uguecione de Urbino, un Doctor de Pavía de nombre Francisco de Siclenis o Sicleriis, y un tercero de nacionalidad inglesa. Para oponerse al Legado Pedro de Luna, hacía falta un Cardenal castellano. El Papa no halló cosa mejor que el de Palencia, Gutierre Gómez, personaje ciertamente muy inferior en carácter y resortes de acción a Luna y a Tenorio. Además,

---

[113] ZURITA, *Anales*, lib. X cap. 33 dice que el hermano del Cardenal, Juan Martínez de Luna, había hecho grandes servicios a Enrique II y que había recibido de él muchos bienes en Castilla.

[114] SEIDLMAYER, *obr. cit.* 58 nota 127.

[115] Cf. F. EHRLE S. J. en Archiv für Literatur und Kirchengeschichte des Mittelalters 7 (1900) 571. Un segundo tratado con las *Alegaciones* a favor del primero lo presentó Luna durante el proceso de Medina los meses siguientes. *Ibid.* 575.

[116] SEIDLMAYER *obr. cit.* 61-62.

el doctor inglés hubo de quedarse en Aragón porque el Rey de
Castilla no le permitió la entrada en su Reino; y los dos italianos
se encontraron con un ambiente por lo menos indiferente. Estaban
allí los nuevos embajadores franceses presididos por el obispo
Juan de Amiens, promotores activos de Clemente VII [116a].

En este clima oficial más bien aviñonés, se inició el 23 de noviembre el proceso de Medina del Campo, cuyas actas nos han
conservado los interesantes Códices latinos 11745 de la Biblioteca
Nacional de París, y 17 de los Libri de Schismate de Roma. Seidlmayer las ha resumido perfectamente, y no puede menos de ad-
mirar (como lo hizo antes Valois) la concienciosidad jurídica con
que procedieron las dos comisiones formadas por el Rey, una ad
causae examinationem, y la otra ad testium auditionem. No es fácil
descubrir en ellas los manejos interesados de una política ya de-
finida. Otra cosa es en el grupo de los consejeros reales, es decir
en la tercera comisión que había de resumir los resultados y preparar la resolución tanto del « hecho » cuanto del « derecho ». No
obstante la prudencia y cautela de sus votos y observaciones, « die
Stimmung dabei ist, soweit ich sehe (resume el investigador) fast
ausschliesslich für die Clementisten günstig » [117]. Fué ésta la comisión que preparó el regio veredicto del 19 de mayo de 1381.
Juan I reconoció ese día en la catedral de Salamanca a Clemente VII. El 22 de abril precedente había renovado la alianza con
Francia frente a Inglaterra y Portugal nuevamente confederados.
Habrá de reconocerse en múltiples pasos del proceso el tono de
la sinceridad y de la convicción que recalcan el francés Valois y
también el alemán Seidlmayer [118]; pero para que la impresión no
despartara sospechas de parcialidad amañada, hubiera hecho falta
que non apareciera tan clara la coincidencia política.

El Cardenal de Aragón intervino en el proceso cuanto era de
presuponer. Pronunció un discurso en castellano en la sesión misma de apertura, 23 de noviembre 1380 [119]; dos veces por lo menos
depuso ante la Hostia consagrada sobre los sucesos de 1378 con

---

[116a] *Ididem* 41-43.
[117] *Ibidem* 55.
[118] VALOIS II, 203; SEIDLMAYER 58.
[119] En el Arch. Vat., Arm. 54, vol. 37, fol. 135-144 está el discurso en
castellano; también se encuentra en castellano en París, Bibl. nat., ms.
lat. 3291 fol. 105-107; en la actas de la Asamblea se encuentra traducido

la independencia y seguridad de juicio que tenemos recordadas anteriormente [120]; y contra la imprudente afirmación del urbanista Francisco de Pavía : « nullo iure cavetur expresse quod electio Papae per metum non teneat ipso iure », hizo valer el principio jurídico expuesto en sus propios tratados de que la elección arrancada por el miedo es nula [121]. Pero más importante todavía que esta acción registrada en los protocolos oficiales, debió de ser la otra secreta de la diplomacia y los contactos personales, de la que no queda huella expressa en los documentos. El triunfo de Luna contra su rival el Cardenal de Palencia fué completo. Este depositó a sus pies el capelo urbanista, para recibirlo pocas semanas después de las propias manos del Legado a nombre ya de Clemente VII [122].

Aunque no faltaran disconformes entre los castellanos de Medina y Salamanca [123], la decisión regia de 1381 fijó la conducta de Castilla hasta los días de Constanza, y contribuyó no poco a la estabilización del Cisma. Fué desde luego la plataforma para la actividad posterior del Legado aviñonés en los demás Reinos de España.

4. *Primeros reveses y éxitos en Portugal y en Navarra (1381-1383).*

La acción de Luna no se orientó todavía hacia Aragón. Como lo recordamos anteriormente, Pedro IV recibió con disgusto la declaración de Castilla por Clemente VII, acentuando así su política de estricta neutralidad y conservándola hasta su muerte en 1387, a los 51 años de reinado. Los ojos del Cardenal Legado se volvieron entre 1381 y 1383 a Portugal y Navarra.

Durante el año 1380 las relaciones de Portugal con Castilla

---

al latín, París, Bibl. nat., ms. lat. n. 11745 fol. 1 y ss. Es de contenido puramente literario y de mal gusto.

[120] Cf. supra párrafo III. El testimonio más extenso en castellano lo publicó SEIDLMAYER en Spanische Forschungen Reihe I, 4 (1933) 232-244. Las respuestas posteriores en latín « ad casum primi electi », en *Die Anfänge* 284-289.

[121] *Ibidem* 53-55, 152 ss.

[122] *Ibidem* 59.

[123] *Crónica de Juan I* año 1381, cap. 1 y 2.

8

fueron cordiales [124]. Después de pasar en enero, por influjo del duque de Anjou, a la obediencia de Clemente VII, Fernando de Portugal sacó durante la primavera siguiente las consecuencias de ese paso: envió al obispo de Lisboa Don Martín a la Curia de Aviñón, para que prestase a su nombre la obediencia al Papa, obtuviese de él gracias y se pusiese en contacto con la Corte de Francia [125]; y firmó con el Rey de Castilla el tratado de Portalegre, 21 mayo de 1380. Se estipulaba en él, entre otras cosas, que la Infanta heredera de Portugal, Dª Beatriz, en lugar de casarse con el hermano de Enrique II, se casaría con el Infante heredero de Castilla, D. Enrique, que acaba de nacer; y que en caso de que alguno de los dos Reyes muriese sin descendencia legítima, el uno ocuparía el Reino del otro [126]. El Cardenal de Aragón encontrábase ya entonces en Castilla; es imposible figurarse que se hallara ajeno a estos importantes negocios, si bien no hayamos visto documento que lo confirme expresamente.

No puede menos de causar extrañeza la facilidad con que D. Fernando firmó tan graves actos, estando ligado como estaba por la alianza con Inglaterra. La explicación no se hace difícil: a veces se toman soluciones arriesgadas con tanta mayor facilidad cuanto menor es el ánimo de cumplirlas. No se explica de otra manera el hecho de que a 15 de julio de ese mismo año, precisamente al día siguiente en que el Obispo de Lisboa pronunciaba su discurso ante el Rey de Francia exaltando la amistad franco-portuguesa, firmasen un tratado los Reyes de Portugal e Inglaterra en el que el primero se comprometía a hacer guerra abierta a Castilla, cuando llegase a Portugal el Conde de Cambridge con sus soldados, a quienes se unirían los portugueses; y además se comprometía a dar en matrimonio al hijo del Conde, a la misma Infanta heredera, que había sido últimamente prometida al hijo

---

[124] Los detalles concernientes a la actitud de Portugal frente al cisma los tomamos del trabajo de J. C. BAPTISTA antes citado.

[125] El discurso pronunciado ante el Rey de Francia por el Obispo de Lisboa, el 14 de julio de 1380, está publicado en *Bibliothèque de l'école de Chartes* 52 (1891) 499-516.

[126] SANTAREM, *Quadro elementar*, I, 243-245.

[127] RYMER, *Foedera*, VII, 262-265; SANTAREM, *ibidem*, I, 245; XIV, 59-63. El cambio de política se debió sobre todo a la intervención en Londres de Juan Fernández de Andeiro. Cf. PERROY, *obr. cit.* 218.

del Rey de Castilla [127]. Y todavía en agosto pedía solemnemente el Rey de Portugal al de Castilla que ratificasse en sus Cortes el tratado que habían concertado entre sí, y a fines del mismo año lo ratificaba de hecho el de Portugal en las suyas ... [128].

El doble juego no pudo menos de conocerse en Castilla. La guerra entre Francia e Inglaterra amenazaba volver a tomar vida ; los lazos de Castilla con Francia y de Portugal con Iglaterra se iban estrechando cada vez más ; los ánimos de Portugal y Castilla se dividían en la misma medida. Amenazaba desbaratarse la adhesión de Portugal a Clemente VII, en los precisos momentos en que se consolidaba en Castilla.

Fue entonces cuando el Cardenal de Aragón, entérado de que el Rey de Portugal se reunía en *Santarem* con su Consejo, abandonando por unos momentos las labores de Salamanca, a donde se había trasladado la Curia de Juan I para estar más cerca de Portugal, se presentó audazmente ante la Asamblea portuguesa a defender los derechos de Clemente VII. Es interesante que en la Asamblea aparezca a su lado San Vicente Ferrer [129].

Los historiadores, siguiendo la Crónica de Fernán Lopes, parecen poner esta intervención del Cardenal Luna en agosto de 1381 [130]. Esa fué la fecha de la declaración solemne del Rey, 29 de agosto ; pero el discurso y la discusión del Cardenal Legado tuvieron lugar varios meses antes, el 18 de marzo, como se deduce del texto mismo de su oración [131].

Luna y Vicente Ferrer se hallaron en la asamblea de Santa-

---

[128] SANTAREM, *ibidem,* I, 245-247.

[129] Cf. VALOIS II, 207 nota 2.

[130] Cf. *ibid.* 207 nota 3 ; PERROY 221.

[131] El discurso entonces pronunciado por el Cardenal de Aragón, que se conserva en Bibl. Vat., ms. Barb. lat. 872 fols. 93-113, dice así : «... si minus ordinate quam deceat, excusset me actus quodammodo improvisus quam potius locus et tempus, que non requirunt accuratum ordinem proponendi ; ut tamen super aliquali Scripture fundamento edisseram queque predixi occurrerunt verba non propria set autentica, que nobis Sancta, de qua agitur Romana Ecclesia representat in ea quam secundum eius ordinem legimus in epistola hodierna, et sunt ista : Vere scio quod non sit alius ». Ahora bien, esta epistola corresponde al lunes de la tercera semana de Cuaresma, que aquel año correspondía al 18 de marzo. Luna debió de hacer rápidamente su viaje, pues el 4 y 5 de marzo 1381 sabemos estaba todavía en Medina.

rem frente a Prelados y consejeros adictos a Urbano VI. No es
que no existieran en Portugal obispos y doctores aviñoneses: en
la tesis del Dr. Baptista se ve que desde fines de 1379 eran más
bien mayoría [132]. Lo que pasó es que el Rey tuvo cuidado de no
llamar a los prelados y letrados clementinos, a excepción del obispo de Guarda, el cual no profirió palabra en la Asamblea. Faltaba
en especial Don Martín, el obispo de Lisboa. Descollaban en cambio el arzobispo de Braga y los obispos de Porto y de Lamego,
fervorosos urbanistas. « A aliança com a Inglaterra (concluye
Baptista) tinha prèviamente resolvido a obediencia do reino » [133].

El 18 de marzo habló en primer lugar el Cardenal Legado,
tomando como tema un trozo de la Sagrada Escritura que se leía
en la epístola del día: « vere scio quod non sit alius »; y defendió su causa con el argumento que ya para entonces había pro-
puesto y exagerado San Vicente Ferrer en su tratado « De Mo-
derno Ecclesiae schismate » [134]: que a los Cardenales había que
creerles de necessitate salutis en lo tocante a la elección pontificia.
Pero los obispos, letrados y doctores contestaron a sus argumentos
sin dejarse convencer, porque los cardenales dijeron una cosa
immediatamente después de la elección, y otra contraria unos meses más tarde; más bien que a su testimonio contradictorio había
que creer a los testigos imparciales que presenciaron los hechos [135].

La asamblea fué un fracaso para el Cardenal, que volvió hu-
millado a Salamanca [136]; pero tampoco trajo una decisión inmediata del Rey portugués. Estaba demasiado reciente su solemne
sumisión a Clemente VII de año y medio antes. La decisión definitiva la impuso la actitud resuelta de los ingleses. El duque de
Cambridge y sus capitanes, desembarcados con sus tropas en Lis-

---

[132] Es éste uno de los puntos más nuevos y mejor probados en ella,
cap. II § 2. En cambio en el bajo Clero y en el pueblo la mayoría era romana.

[133] *Ibidem* cap. III § 2.

[134] Cf. SEIDLMAYER, *Die Anfänge* 166, 168.

[135] Quedan todavía inéditas tanto la alocución del Cardenal como las
respuestas de los Obispos y doctores, a pesar de que RAYNALDUS, *Annales*
a. 1381 n. 34 publicó algunos trozos. Tampoco nosotros las incluímos en
los apéndices, esperando las publique pronto el Sr. Baptista.

[136] « Ubi obiecta manifestis auctoritate periculis labores graves per-
pessus est », recordaban aun en 1416 los cardenales que rodeaban a Benedicto XIII en Peñíscola. Cf. H. FINKE, *Acta Concilii Constantiensis* III, 560.

boa el 19 de julio, se negaron a oir la Misa de los sacerdotes de aquella tierra *por ser cismáticos*. Hasta que Portugal reconociera el Papa legítimo, las órdenes de su soberano les impedían salir a campaña. El 29 de agosto revocó el Rey Fernando ante la Hostia consagrada su obediencia de 1380 a Clemente VII, y reconoció a Urbano VI [137].

Ya para entonces Castilla había en mayo declarado la guerra a Portugal y reconocido a Clemente VII. El Cardenal Legado contaba así con una victoria rotunda en Salamanca, pero también con un fuerte contratiempo en Lisboa.

Durante el invierno de 1381 a 1382, se dio a arreglar los asuntos internos de Castilla [138], volviendo al mismo tiempo su atención al cuarto Reino de la Península no visitado todavía : *Navarra*.

Los Legados de Urbano VI describían bien las diversas fases por las que había pasado su Rey Carlos II en su posición frente al Cisma, en una exposición que le dirigieron, una vez terminada la Asamblea de Medina del Campo [139]. Al principio, dicen, escribió una carta a Urbano VI asegurándole su entera adhesión ; era el momento de la guerra navarro-castellana de 1378 a 1379. Después, continúan, pasó a la indiferencia o neutralidad ; era el momento en que, concertada la paz con Castilla, seguía su orientación en el asunto del Cisma y hasta proponía una especie de conferencia internacional en Bayona con asistencia de los ingleses. En fin, terminan, corrían rumores de que, como Castilla, iba a reconocer el Rey de Navarra a Clemente VII.

En realidad, la situación política de Carlos II había experimentado algún alivio [140]. Muerto Carlos V de Francia a fines de 1380, su sucesor Carlos VI había devuelto al Infante primogénito del Rey de Navarra la administración de todos los bienes, de que había sido desposeído su padre ; y, además permitió que volviese a su Reino el Infante mismo.

Esta última circunstancia era transcendental para el negocio

---

[137] Cf. F. LOPES, *Crónica de Don Fernando* cap. 130. PERROY, *op. cit.* 221.

[138] Vide las peticiones que el Rey de Castilla presentó a Clemente VII y al Cardenal de Aragón, con motivo de la declaración del Reino en su favor, en SEIDLMAYER, *Die Anfänge*, 315-317.

[139] Vide *ibidem*, 289-290.

[140] Pueden verse más detalles en ZUNZUNEGUI, *El Reino de Navarra*, 105-109.

eclesiástico, e interesaba consiguientemente al Cardenal Legado. Porque en el heredero de la Corona navarra se repetía el caso del de la Corona aragonesa. Don Carlos, durante su estancia en Francia, se había aficionado a la política francesa y al Papa de Aviñón [141], y al entrar en España a primeros de diciembre de 1381, se puso en contacto con el Cardenal de Luna. Este creyó llegado el momento de entrar en Navarra. Se presentó, en efecto, como Legado de Clemente VII y además como intermediario entre el Rey de Castilla y Carlos II para suavizar las duras condiciones del tratado de Briones. La entrada tuvo lugar el 18 de abril de 1382, y se hizo con gran solemnidad y con ingentes regalos del Soberano y del Infante heredero, que volvía entonces mismo de una peregrinación a Santiago. Carlos II, sin embargo, no se atrevió a declararse por Clemente VII. Tenía todavía asuntos pendientes con Inglaterra; la guerra entre Castilla y Portugal no estaba decidida; Aragón le servía de ejemplo. El Legado volvió al poco tiempo a Castilla, fluctuando entre la esperanza y el desaliento. También para Navarra sus esperanzas se concentraban en el heredero de la Corona [142].

Entre tanto la guerra castellano-portuguesa había sido poco afortunada para los ingleses y el Rey Fernando; y éste negociaba la paz que se firmó efectivamente el 9 de agosto de 1382. Con ello se abría un nuevo surco de actividades y de esperanzas al Legado de Clemente VII. Como el Rey de Castilla contaba ahora con un segundo hijo, llamado Fernando, pudo encontrarse una solución más satisfactoria que la que se había dado en el Tratado de Portalegre de 1380. En vez de casarse Dª Beatriz, la heredera de Portugal, con D. Enrique, el heredero de Castilla (con lo cual quedaría amenazada la independencia de ambos Reinos); se estipulaba ahora que la misma Infanta Dª Beatriz se casaría con el Infante D. Fernando. De esa forma se esperaba evitar que el futuro Rey de Castilla pudiese aspirar a la Corona de Portugal. En consecuencia, quedaron anulados los matrimonios de la Infanta de Portugal con D. Enrique y con el hijo del Duque de Cambridge [143].

Pero he aquí que antes de que transcurriese un mes desde la

---

[141] Puede verse la evolución *ibidem* 106-107.

[142] Detalles *ibidem* 109-111.

[143] SANTAREM. *Quadro elementar*, tom. I, pags. 248-249; cfr. *Crónica de Juan I*, año 1381 cap. 4 y 5; y año 1382, cap. 1 y 2.

conclusión de este Tratado ocurre un acontecimiento, que había de tener graves repercusiones. El 3 de septiembre muere la Reina Dª Leonor, esposa del Rey de Castilla. Juan I, por lo tanto, joven de 22 años, queda en disposición de contraer un nuevo matrimonio.

Afirman las Crónicas que fué el mismo Rey de Portugal el que, a fines de 1382, envió una embajada al Rey de Castilla para proponerle que en lugar de casarse Dª Beatriz con su segundo hijo, Fernando, se casase con el mismo Juan I [144]. Pero difícilmente se comprende que esta idea naciese de la mente del Rey de Portugal. ¿A qué venía, entonces, el cuidado, que se había puesto en el último Tratado de 9 de agosto, de evitar la posibilidad de que un futuro Rey de Castilla pudiese pretender la Corona de Portugal? ¿Qué otro motivo podían aducir los que movieron la guerra de Portugal contra Castilla entre 1381 y 1382, sino el artículo del Tratado de Portalegre, en el que se evitaba que el Rey de Castilla pudiese en determinado caso ser también Rey de Portugal?

¿No entraría, quizá, de por medio el Cardenal de Aragón? Sin duda, a éste le convenía tal arreglo: sería el medio más sencillo, rápido y eficaz para obtener la adhesión definitiva de Portugal a Clemente VII, la coalición con la política francesa y la expulsión de los ingleses de la Península. No podemos aducir prueba documental segura de ello, pero consta al menos que el Legado marchó otra vez a Portugal en la primavera de 1383, tomó parte activa en el contrato de casamiento, y firmó sus actas junto con el arzobispo de Santiago a *nombre del Rey* de Castilla [145].

El contrato, estipulado el 2 de abril de 1383 en Salvaterra de Magos donde yacía enfermo el Rey Fernando, contenía las cláusulas siguientes. Si el Rey de Portugal muriese sin descendencia masculina legítima, le sucedería en el Reino la Infanta Dª Beatriz; en este caso, su esposo el Rey de Castilla podría llamarse Rey de Portugal, pero los dos Reinos permanecerían sepa-

---

[144] *Crónica de Juan I,* año 1382 cap. 4; Santarem, *Quadro elementar,* tom. I pag. 249.

[145] Publicado en Antonio Caetano de Sousa, *Provas da historia genealogica da Casa Real Portugueza,* Lisboa, 1739, I, 296-337; cf. un resumen en Santarem, *Quadro elementar,* I, 250-256.

rados, y el de Portugal sería administrado por la Reina Dª Leonor, esposa de D. Fernando, o por quienes fueren designados en el testamento del Rey de Portugal; la descendencia de Dª Beatriz obtendría el Reino de Portugal; si Dª Beatriz muriese sin descendencia, le succederían otras hijas legítimas del Rey de Portugal; si no llegase a tener más hijas o éstas tampoco tuviesen descendencia, el Rey de Castilla obtendría el Reino de Portugal, con tal de gobernarlo separadamente del Reino castellano.

Dado el precario estado de salud del Rey de Portugal y la falta de sucesión legítima fuera de la Infanta heredera, se veía llegar al Trono de Portugal a Juan I con la administración de Dª Leonor. En estas circunstancias el Cardenal Legado trató de conseguir el retorno de Portugal al Papa de Aviñón. Él creyó durante toda su vida que lo hubiese obtenido a no encontrarse entonces el Rey tan mal de salud, que murió poco tiempo después, 22 de octubre de 1383 [146]. Ni han faltado cronistas e historiadores que han afirmado ese tercer cambio de obediencia del voluble monarca [147]. Si no lo hizo, no fué ciertamente por motivos de conciencia y carácter, sino por su enfermedad y principalmente por la oposición de gran parte de sus súbditos.

A su vuelta de Portugal, tuvo Pedro de Luna ocasión de interesarse nuevamente por Navarra. En Segovia efectivamente, donde se detuvo el otoño de 1383, se hallaba también el Infante y heredero de aquel Reino, Don Carlos, que había venido a Castilla al lado de su cuñado el Rey. El Cardenal aprovechó la ocasión para intentar una mayor aproximación entre Navarra y Castilla.

Convencido de que era difícil obtener directamente de Carlos II una declaración a favor de Clemente VII, procuró obtenerla por medio de su hijo [148]. A 15 de octubre de ese mismo año, por medio de un Tratado firmado entre el Rey de Castilla y el Infante de Navarra, aquél traspasaba a manos de éste todos los castillos navarros, que, en cumplimiento del Tratado de Briones de 1379, estaban en su poder hasta el año 1389, a excepción de

---

[146] Cfr. FINKE, *Acta Concilii Constantiensis*, III, 560; EHRLE, *Martin de Alpartils*, 5.

[147] F. LOPES. *Cronica de D. João I* parte II cap. 126.

[148] Estos detalles y sus fuentes documentales en ZUNZUNEGUI, *obr. cit.* 118, 317-318.

los de Laguardia, Tudela y S. Vicente, con tal que el Rey de Navarra lo ratificasse en plenas Cortes. Pero el Infante tuvo que firmar secretamente, como condición necesaria para el cierre de estos artículos, que se comprometía a conseguir que, en breve plazo, se declararía su padre a favor del Papa de Aviñón.

Las esperanzas del Legado a fines de 1383 venían así a concentrarse en dos tratados políticos de Castilla; el matrimonial de Salvaterra de Magos con Portugal, y el de Segovia con el Infante Don Carlos de Navarra. Hasta tal punto la cuestión religiosa y de conciencia se había fundido con protocolos diplomáticos! ...

5. Grave crisis y triunfo final (1384-1390).

La crisis la indujo la muerte del Rey Fernando de Portugal, siete días después del convenio de Segovia. Conforme al Tratado de Salvaterra, asumió la administración la Reina viuda Doña Leonor a nombre de Beatriz que contaba tan solo trece años. Pero el Rey de Castilla, esposo de ésta, no contento con tomar el título de Rey de Portugal, reconocido al momento por el Papa de Aviñón, entró en tierras lusitanas con sus tropas. Como es sabido, se opusieron Inglaterra y gran parte del Reino con el nuevo Rey nacional Juan I de Avís, y Urbano VI apoyó el movimiento proclamando la guerra santa contra los cismáticos de Castilla. El triunfo lusitano de Aljubarrota, 14 de agosto de 1385, selló la independencia de Portugal y su adhesión definitiva a Inglaterra y a Urbano VI [149].

En estas circunstancias el Cardenal de Aragón no podía actuar. Mientras Castilla y Portugal se hallasen en guerra tan encarnizada como aquella, no había lugar a coloquios con los Reyes. Dice Martín de Alpartil que el Cardenal volvió a Aragón y permaneció por mucho tiempo retirado en su villa natal de Illueca hasta la muerte de Pedro IV de Aragón [150].

En esta afirmación hay varias inexactitudes, como aparecerá del relato que sigue; pero hay una cosa cierta: que Luna volvió otra vez a mirar a Aragón. Si Pedro IV hubiera por fin fallecido,

---

[149] Pueden verse las vicisitudes de la guerra en la *Crónica de Juan I* años 1383 a 1385: y PERROY, *L'Angleterre*, 222-240.

[150] EHRLE, *Martin de Alpartils*, 6.

la solución hubiera sido para él brillantísima. Pero el Rey Padre entraba con bríos en el año cuadragésimo nono de su gobierno ... Fue, pues, preciso al Legado contentarse con el retiro de persona paticular en su propia patria y tierras vecinas. Sabemos que el mes de marzo de 1385, se hallaba en la ciudad de Calatayud. Allí fué a buscarle un enviado de Carlos II de Navarra para invitarle a entrar en su Reino y ayudarle a obtener un nuevo Tratado de paz con Castilla [151]. Es que en aquellos momentos se encontraba el Rey navarro desengañado de los ingleses: a pesar de lo pactado, no habían querido devolverle el castillo de Cherbourg, en Normandía, que el año 1378 habían ocupado solamente para tres años. El Rey de Castilla, por otra parte, necesitaba toda clase de auxilios, y el Cardenal de Aragón podía serle excelente intermediario.

El Legado aceptó gustoso y se detuvo esta vez en Pamplona, por lo menos, desde abril hasta julio de 1385. Entonces se pusieron los fundamentos del Tratado que había de firmarse en Estella el 15 de febrero de 1386, ante la presencia del mismo Cardenal, que, por tercera vez, entraba en el Reino pirenáico. Allí se determinaba que el Rey de Navarra volvería a tomar posesión de todos los castillos ocupados por los castellanos, a excepción de los de Tudela, Estella y San Vicente; se ratificaban los tratados anteriores concertados entre Castilla y Navarra; y se arreglaba la cuestión de la dote de la esposa del Infante heredero con el empeño de la villa de Laguardia. Todo a condición de que Carlos II se declararse en favor de Clemente VII, como verdadero Papa.

La batalla de Aljubarrota, 14 de agosto de 1385, acaecida entre las negociaciones y la firma del Tratado de Estella, había constituído un motivo de duelo nacional para Castilla. Juan I se apresuró a comunicar la desgracia al Rey de Francia y al Papa de Aviñón. Mientras éste le consolaba, proponiéndole ejemplos de desgracias ocurridas a personas de la antigüedad no por eso menos gloriosas, aquél le prometía un pronto auxilio de gentes de armas [152].

Pero, en realidad, el año de 1386 fué para Castilla año de graves preocupaciones. El Duque de Lancáster, más animado que

---

[151] Cfr. ZUNZUNEGUI, *El Reino de Navarra* 125-127, donde se dan las fuentes de este itinerario del Legado en 1385-1386.

[152] Las cartas del Rey y del Papa, en *Crónica de Juan I*, año 1386, cap. 2 y 3.

nunca para conquistar la Corona de Castilla, ocupó gran parte de Galicia[153]; el Rey de Portugal amenazaba con penetrar en el mismo corazón del Reino adversario; el de Francia no acababa de enviar el soccorso prometido; los descontentos del interior trataban de sublevarse.

¿No era ésta una crítica situación también para el Cardenal de Aragón? ¿Acaso no había sido él, en cierto modo, la causa de aquel fracaso por su activa intervención en el Tratado de Salvaterra de Magos? He hallado en los registros de Aviñón una Bula del año siguiente 1387 que presupone una anterior renuncia del constante y tenaz purpurado de su Legación en Castilla. Creo que sucedió este año crítico del 1386, y que la enfermedad en que la basaba debió de tener mucho de diplomática[154]. Aquellos meses fueron sin duda los más amargos de su larga legación: amenazaba ruina inmediata y rotunda todo el edificio que hasta entonces había venido construyendo tan laboriosamente. Si Castilla caía en manos de los ingleses, toda España abandonaría inmediatamente sus relaciones con Aviñón.

Pero he aquí que de nuevo un cúmulo de acontecimientos vino a tranquilizar sus ansias y a introducir un brusco cambio en la situación. Al nuevo tratado de alianza entre Francia y el Rey castellano (23 noviembre de 1386) que traía poderosos refuerzos a Juan I, se siguieron las muertes casi consecutivas de los Reyes de Navarra y de Aragón, los dos únicos monarcas de Europa que se habían obstinado en mantener hasta el fin la neutralidad, 1 y 5 de enero de 1387. Al Legado se le abrieron por fin las esperadas y suspiradas puertas. Desde el principio de sus gestiones en España contaba con la devota adhesión de los herederos de ambas coronas Don Juan y Don Carlos. Seguro del éxito, se apresuró a presentarse en Barcelona, donde fué recibido solemnemente el 24 de enero[155]. El nuevo Rey Don Juan puso inmediatamente en

---

[153] Cf. Perroy, *L'Anglaterre*, pags. 240-245; *Crónica de Juan I*, año 1386, cap. 6.

[154] Vide Apéndice n. 7. Sin querer negar que el Cardenal hubiese estado enfermo, se ha de notar la extrañeza que causa el hecho de que la Bula y, por lo tanto, la dimisión se refiera solamente a Castilla, y no a Aragón y Navarra.

[155] Puig, *Pedro de Luna*, 11-12; Villanueva, *Viaje literario*, tom. XVIII, pag. 20.

práctica su antiguo y represado programa. Ante la presencia del
Cardenal Legado, que pronunció un discurso en aquella ocasión [156],
y de los Prelados y Nobles del Reino, reconoció a Clemente VII
como verdadero Papa el 24 de febrero [157]. Aragón salía así de una
neutralidad, considerada por todos, clementinos y urbanistas,
como absurda; pero salía en fuerza de la política.

Pedro de Luna intervino entonces activa y eficazmente en los
principales asuntos del Reino. La alianza defensiva y ofensiva
que el día 21 de abril de 1387, se acordó entre Francia y Aragón,
se firmó en su presencia [158]. El testamento que redactó el nuevo
Rey el 29 del mismo mes, hallándose a las puertas de la muerte,
designaba al Cardenal entre los ejecutores del mismo [159]. En mayo
del mismo año, el Legado, en nombre del Papa, confirió al Rey la
investidura de la islas de Córcega y Cerdeña, dispensándole, por
causa de su enfermedad, de prestar el juramento de vasallaje en
persona [160].

Acabados estos y otros asuntos de menor importancia, en que
intervino en el Reino de Aragón [161], el Cardenal podía dar por
terminada virtualmente su principal labor en la Península. El Reino
de Portugal nunca más se separaría de la alianza inglesa y del
Papa de Roma; y el de Navarra no ofrecía la más mínima dificultad. Es verdad que la declaración oficial de este Reino no tuvo
lugar hasta principios de 1390; pero ello no fué debido a que se
interpusiese ninguna duda en la materia. La causa del aplaza-
miento fué el deseo del nuevo Rey Carlos III de volver a tener
en sus manos antes de la ceremonia de su coronación, los territorios franceses, arrebatados a su padre. Tan solo cuando vió la im-
posibilidad de conseguir sus intentos, se decidió a celebrarla y a
publicar solemnemente su obediencia al Papa de Aviñón. El Cardenal de Luna estuvo presente en ambas cermonias, qu tuvieron

[156] PUIG, *Pedro de Luna*, 17; VILLANUEVA, *Viaje literario*, XVIII,
20. Hasta el presente no se conoce el texto de este discurso.
[157] BALUZE-MOLLAT, *Vitae Paparum Avenionensium*, IV, 302-304.
[158] VALOIS, *La France*, II, 213.
[159] *Ibidem*.
[160] Bula de 12 de mayo de 1387 en Reg. Av. 251 fol. 393-394.
[161] Pueden verse citados algunos de ellos en PUIG, *Pedro de Luna*
caps. 1 y 2.

lugar los día 7 y 13 de febrero de 1390; y pronunció en ellas un discursito alusivo al acto [162].

Se disponía a trasladarse de Pamplona a Bayona, para asistir por encargo del Papa, a la conferencia de paz que iba a tener lugar en aquella ciudad entre los Reyes de Inglaterra y Castilla, cuando quedó suprimida por la rápida muerte de éste [163].

Estos fueron los últimos actos político-eclesiásticos de importancia del Cardenal durante su Legación en España. Poco tiempo después, invierno de 1390, se disponía a volver a entrar en la Curia de Aviñón.

6. *Actividad reformatoria.*

Sería, sin embargo, inexacta e incompleta la figura del Cardenal de Aragón como Legado en España, si nos ciñéramos exclusivamente a estudiar su actividad política. Durante su estancia en la Península, una vez asegurada su autoridad con el reconocimiento legal de su representado, se dedicó también a feformar la vida y costumbres, principalmente de los clérigos.

De su actuación en este sentido nos son conocidos, entre otros, tres importantes asuntos en que intervino: la reforma de las Constituciones de la Universidad de Salamanca, el Concilio de Palencia y el de Gerona.

Reconocida la autoridad de Clemente VII en Salamanca, en mayo de 1381, el Cardenal Legado reformó las Constituciones de la Universidad [164]. Dice Chacón que instituyó de nuevo tres Cátedras de Teología y otras en varias Facultades, con objeto de que en Salamanca no se dejase de enseñar nada que en otras Universidades se enseñaba. Ordenó que unas se leyesen a hora de Prima, otras a hora de Tertia y otras a hora de Vísperas; reformó los salarios de los Profesores y puso un Administrador para el cobro

---

[162] Está publicado, en su parte más interesante, en ZUNZUNEGUI, *El Reino de Navarra*, 324-329.

[163] PERROY, *L'Angleterre*, 258.

[164] Los que hablan de ésto suelen decir que la reforma tuvo lugar en 1380; pero difícilmente pudo ser así, porque para llevarla a cabo, le era necesario al Cardenal que se le reconociese su autoridad, lo cual no ocurrió hasta mayo de 1381.

de la rentas [165]. Esta actividad a favor de la Universidad del Tormes, está confirmada por las mismas Bulas que años adelante dió como sucesor de Clemente VII en provecho de la misma [166]. También los registros de Súplicas y los de Aviñón muestran el interés que el Legado mostró por la Universidad [167]. Sin que se le pueda propriamente llamar fundador de su Facultad teológica [168], no hay duda que ocupa puesto de honor entre los más poderosos y antiguos favorecedores de sus cátedras.

El nombre del Cardenal de Luna se enlaza también con los cánones de Reforma. Cuando, terminados los asuntos del nuevo Rey de Aragón en 1387, y concertada la paz de Castilla con el Duque de Lancáster, el Cardenal recibió de nuevo los poderes de la Legación en el Reino de Castilla, reunió un Concilio en Palencia afines de 1388, al que asistieron el mismo Rey y gran número de obispos del Reino. Allí se tomaron determinaciones contra los clérigos que tenían concubinas, los clérigos casados que no llevaban tonsura y hábito talar, los eclesiásticos que enajenaban los bienes de la Iglesia, los judíos y sarracenos que molestaban a los cristianos y, por fin, contra los adúlteros [169].

Cánones parecidos fueron también adoptados en el Concilio de Gerona, en el que se reunieron bajo la presidencia del Cardenal, en 1387 o 1390, gran parte de los Obispos del Reino de Aragón [170].

---

[165] CHACÓN, *Historia de la Universidad de Salamanca* en *Seminario erudito de Valladares,* XVIII, 3-67.

[166] Cf. H. DENIFLE O. P., *Urkunden zur Geschichte des mittelalterlichen Universitäten* en Archiv für Literatur- und Kirchengeschichte des Mittelalters, V, 167-231.

[167] En el Arch. Vat. Reg. Sup. 63 fol. 77-97 se encuentra un rótulo de súplicas de la Universidad de Salamanca a Clemente VII, de mayo de 1381. Se incluyen alli varios Profesores; entre otros, aparecen: Fr. Diego López, O. F. M., Maestro en Teología, Regente la Cátedra de Teología de hora Prima. Clemente VII concedía en agosto de 1382 a Pedro de Luna autorización para conferir el grado de Maestro en Teología a Fr. Pedro de Villaforaminis, O. F. M., (Reg. Av. 230 fol. 307) y a Fr. Diego Martínez de Medina de Pamerio O. F. M. (ibidem); el año 1383 a Fr. Juan de Alfonso de Toledo, O. F. M., (Reg. Av. 234 fol. 417).

[168] Cf. V. BELTRAN DE HEREDIA O. P., *La Teología en nuestras Universidades del Siglo de oro,* en Analecta Sacra Tarraconensia 14 (1924) 3.

[169] TEJADA Y RAMIRO, *Colección de cánones y de todos los Concilios de la Iglesia de España y América* (Madrid 1861) III, 610-619.

[170] PUIG, *Pedro de Luna,* 20, dice que tuvo lugar este Concilio el 25

Era imposible hacer más en este sentido. Navarra, sin dificultad seguiría las normas dadas en esos Concilios; y Portugal
no reconocía su autoridad. Por otra parte, muchas disposiciones
de menor importancia, que, conforme a las facultadees que le fueron otorgadas, tomó en diversos lugares del término de su Legación, permanecen todavía en el fondo de los archivos españoles
o su memoria se ha perdido para siempre.

Una, que se ha salvado del olvido, conviene recoger como nota
típica: su interés por la represión y conversión de los judíos. Es
bien notoria la importancia que reviste en la Historia general de
las relaciones del Pontificado con los israelitas, la Bula que el
Papa Luna publicó en 1415 sobre la asistencia obligatoria de los
mismos a los sermones misionales que para ellos debían hacerse
en las iglesias tres veces al año [171]. Este interés lo mostró ya el
Cardenal de Aragón durante su Legación en España. Lo recor-
daron expresamente en 1416 los Cardenales reunidos en Peñíscola [172], y puede documentarse con varios hechos concretos. Así,
por ejemplo, la disputa que él mismo tuvo en Pamplona con un
docto rabino [173], los cánones del Concilio de Palencia que acabamos de recordar [174], y sus relaciones con los dos grandes predica-
dores de judíos S. Vicente Ferrer en Aragón y Pablo de Santa
María en Castilla [175].

Una confirmación todavía más elocuente nos da la Biblioteca
del Cardenal, antes de su elección al Sumo Pontificado. El P. Ehrle
publicó en 1890 el inventario de ella, bien que atribuyéndolo erró-
neamente al Papa Gregorio XI (1370-1378) [176]. En 1913 reconoció
su error, fijando que se trataba del catálogo de la librería del Car-

---

de octubre de 1387; BALUZE-MOLLAT, *Vitae,* II, 881 dice que esto ocurrió
en 1389. Algunos otros dicen que en 1390. No se conoce todavía el texto
de este Concilio.

[171] Cf. P. BROWE S. J., *Die Iudenmission im Mittelalter und die Päpste,*
en Miscellanea Historiae Pontificiae VI (Roma 1942) 26, 45.

[172] « Relictis pace regnis, *lege pluribus ex iudaeis...*» etc. H. FINKE,
Acta Concilii Constantiensis III, 560.

[173] BROWE, *obr. cit.* 79.

[174] Cf. texto correspondiente a nota 169.

[175] BROWE, *op. cit.* 25.

[176] F. EHRLE S. I. *Historia Bibliothecae Romanorum Pontificum tum
Bonifatianae tum avenionensis.* I (Romae 1890) 452-453, 549-560.

denal de Aragón [177]. El profesor D. Pascual Galindo ha confirmado y ampliado recientemente ese resultado, dándonos además una nueva edición del Inventario [178]. Sus fichas dejan penetrar en ciertas interesantes preferencias literarias de Luna. Destacan, por ejemplo su afición extraordinaria por los *Libri ystoriales* (nn. 128-155), el puesto preeminente que da a las obras del Aquinate (nn. 78-84) antes de las de *aliorum doctorum diversorum* (nn. 85-90), y sobre todo su especial interés por la literatura polémica contra los hebreos. De los 18 números que abraza el capítulo *Libri heresum* (nn. 156-173), no menos de 10 son de obras contra los Judíos, entre las que descuellan las de S. Isidoro, Bernardo Oliver, Pedro Alfonso y Ramón Martín, algunas en varias ediciones [179]. El hecho de que algunos de esos manuscritos sean de traducciones castellanas, algunas no halladas hasta ahora, confirma la impresión de que se trata de libros recogidos en España, los años de su Legación [180]. Ha escrito acertadamente Galindo: « Afán tan singular de obras apologéticas contra los errores del pueblo de Israel, muestra que la falsedad de sus teorías y el deseo de su conversión eran ya, desde el tiempo de su cardenalato, una preocupación de Don Pedro de Luna » [181]. Observación importante para completar las noticias sobre Benedicto XIII de la obra meritoria del P. Browe.

---

[177] F. EHRLE S. I. *Nachträge zur Geschichte der drei ältesten pästlichen Bibliotheken*, en Römische Quartalschrift, Supl. XX (Homenaje a Anton de Waal) 1913, 352 ss.

[178] PASCUAL GALINDO ROMEO. *La Biblioteca de Benedicto XIII*, en la revista *Universidad* de Zaragoza 5 (1929) 669-671, 713-724.

[179] Véanse en edición de Galindo pp. 722-723 nn. 162, 164, 171-173.

[180] *Ibid*. nn. 166-167. En la sección historial se hallan también crónicas en castellano, por ej. n. 149: « Item quidam liber ystorialis in vulgari castellano, in papiro coopertus de rubeo ».

[181] *Obr. cit.* 670.

V.

Resumen y juicio crítico-histórico

El 15 de diciembre de 1390 el Cardenal Legado entraba de nuevo en la Curia de Aviñón, terminado ya su cometido. La labor realizada por él en España durante los once años que permaneció en la Península, había sido de extraordinaria importancia para la obediencia aviñonesa.

La orientación fundamental de su política fué la tradicional en la Curia de Aviñón: unión de los Reinos cristianos de España entre sí, mediante lazos matrimoniales; y de adhesión de todos ellos a la Casa de Francia. Para el logro de sus intentos, se sirvió principalmente de Castilla, que, en consonancia con su pasado, se le entregó relativamente pronto y sobre todo para siempre; y, aunque no pudo evitar que Portugal cayese en el extremo contrario precisamente cuando parecía más vinculado a las directivas castellanas, consiguió al menos que los indecisos Reinos de Aragón y Navarra, entrasen por fin sin reservas en la coalición franco-castellana-aviñonesa en la que habían de acompañarla largos años.

Por otra parte, la declaración de los Reinos españoles en favor de Clemente VII dió tanta mayor autoridad a la causa de éste, cuanto mayores habían sido los obstáculos a vencer y cuanto parecían haberse tomado con mayor reflexión y madurez. Pensemos en una España enteramente adicta a Urbano VI, o, al menos, verdaderamente neutral. ¡Que situación más difícil todavía hubiese sido la de Clemente VII, obedecido casi únicamente por Francia!

Y todo ello se debía, en grandísima parte, a la pericia y habilidad diplomáticas del Cardenal de Aragón, que no perdonó trabajos ni fatigas con tal de conseguir el logro de sus intenciones. Clemente VII demonstró estimar en lo debido sus emientes cualidades y los méritos adquiridos, al enviarle poco después a Francia e Inglaterra para negociar las paces y la adhesión a su persona. Y los Cardenales, sus compañeros, dieron a entender que admiraban su superioridad al elegirle unánimemente para suceder a Clemente VII. Él mismo, llamándose ya Benedicto XIII, amaba

9

recordar aquellos largos años repletos para él de contrariedades y de gloria.

Y sin embargo, el historiador de la Iglesia que ha seguido con un esfuerzo de objetiva comprensión el despliegue de esas virtudes y de esos éxitos, no puede en última instancia menos de deplorarlos. Desde el punto de vista, que ha de ser siempre el primero, de la unidad de la Esposa de Cristo y del transcendente prestigio del Pontificado Romano, aquella Legación contribuyó fundamentalmente al arraigo prolongado del Cisma y a la subordinación de los valores divinos del Papado ante los manejos e imperativos de la política terrena. Pese al sincero conato de hallar la verdad que se trasparenta en varias fases de la transformación del mismo Pedro de Luna y de las informaciones jurídicas de Aragón y de Castilla, la impresión de conjunto de su Legación en España es, a nuestro parecer, preferentemente política; y esto tanto en el resultado urbanista de Portugal como en el Clementino de los tres Reinos que formaron un siglo más tarde la Monarquía española.

Ni para España misma creemos fuera beneficiosa la Legación. De resultas de ella, Castilla, Aragón y Navarra quedaron de tal manera ligadas con la persona de su antiguo Legado connacional y después Papa reconocido Benedicto XIII, que les fué muy difícil tomar parte en el movimiento general cristiano y europeo que llevó en 1414 al Concilio de Constanza. La « Natio hispanica » llegó allí con retraso, y fué la última en formarse. La Legación de Pedro de Luna fue además una de las causas más eficaces de la profunda y dolorosa enemistad que desde 1383 separó por largas épocas a Portugal y Castilla.

Miradas finalmente las cosas en el plano psicológico-personal del Legado mismo, tampoco es fácil entusiasmarse con sus éxitos de la Península. Ellos y su corona en la elección de 1394 acabaron de plasmar en Pedro de Luna aquella conciencia de su misión en la Iglesia y aquella inflexible tenacidad de su espíritu, que en los últimos años de su vida llegaron a los límites extremos de la pertinacia. Sin la aureola de Salamanca en 1381 y de Barcelona en 1387 son difíciles de entender las horas trágicas de Peñíscola.

Donumentos inéditos

I.

Clemente VII de Aviñón designa al Cardenal de Aragón como Legado suyo en los Reinos de España. Fondi, 18 diciembre 1378. Arch. Vat., Reg. Av. 220, fols. 8ᵛ-9ᵛ.

Dilecto Filio Petro Sancte Marie in Cosmedin Diacono Cardinali, Apostolice Sedis Legato, salutem et apostolicam benedictionem.

De summis celorum ad yma mundi descendens Unigenitus Dei Filius ut hominem de laqueo servitutis eriperet, in quam ipsum suggestio impulerat serpentina, vestem nostre immortalitatis induit, volens proprii aspersione sanguinis incendia perpetui cruciatus extinguere ac suos eterna morte possessos vite perennis efficere possessores qui commisse sibi legationis in regione peccatorum exercens officium in universum mundum discipulos quos elegerat destinavit, creature omni evangelium predicare vicarium suum instruens ut eius exemplo nonnumquam alios in partem solicitudinis advocaret ubi offici sui debitum corporali absentia solvere prohiberetur. Licet enim sit Nobis potestatis plenitudo commissa, fines tamen humane possibilitatis excedere non valemus ut dum in parte una officium exercemus iniunctum illud alibi presentialiter exequamur, quia lex conditionis humane non permittit personam eandem simul in diversis partibus existendo creditam sibi exequi potestatem nec etiam patitur ius nature corpus unum eodem tempore locis pluribus comprehendi. Unde cum suscepti cura regiminis Nos universis christifidelibus constituat debitores, ne absentes negligentia relinquamus, ad ipsos interdum personas ydoneas dirigimus vice nostra per eas residuum solicitudinis, quam ad presentes personaliter gerimus, dispensantes.

Sane ferventibus desideriis continue laborantes, ne grex dominicus presertim in Regnis, provinciis et terris remotis constitutus, cure nostre desuper commissus, per rabiem querentium et circuientium quem devorent ducatur in devium et per illos, qui tunicam Domini inconsutiliem [sic] lacerare ac unitatem sacrosancte universalis Ecclesie suis dolosis morsibus dividere satagunt, per ignorantiam factorum in foveam prolabatur, sive in Regnis, provinciis atque terris ad que te duximus destinandum sparsus pestiferi seminis granus succrescat messis odibilis amaritudinis fructus cum doloris immensitate producens, que nostris temporibus facta huius-

modi superseminante inimico homine intulerunt in populis per te nuntiari
cupimus et in orbem terrarum etiam publicari.

Ad te, igitur, potentem quidem opere et sermone, quem in magnis ex-
pertum et arduis eximia probitate ac fidelitate probatum gratiarum largitor
Dominus scientie magnitudine, industrie claritate, maturitate consilii, morum elegantia et aliis grandium virtutum titulis insignivit, in cuius affec-
tibus geritur, prout indubitanter tenemus, sedare fluctuantes et iustitie ter-
minos colere, humiliare superbos, rebelles et inobedientes compescere et
errantes ad viam reducere veritatis, licet tua presentia Nobis et apud Nos
Ecclesie universali perutili careamus inviti, Nostre convertimus delibera-
rationis intuitum, teque pro tuarum consideratione virtutum tanquam veritatis preconem, angelum pacis in Regnis Castelle, Aragonum, Portugalie
et Navarre ac omnibus aliis Regnis, terris et insulis Ispanie et aliis eisdem adiacentibus cum districtibus et pertinentiis eorundem carissimorum
filiorum Regum, Regnorum predictorum ditioni subiectis vices nostras et
plene Legationis officium tibi plenarie committendo, ut in ipsis evellas et
destruas, dissipes et disperdas, edifices atque plantes, deformata reformes,
indirecta dirigas et corrigenda corrigas ac statuas in nomine Domini, prout
celestis gratie infusio tuaque tibi prudentia ministrabunt providimus destinandum, firma tenentes fiducia quod actus tuos dirigere qui novit prava
in directa et aspera in vias planas convertere per tue circunspectionis industriam animarum periculis et discriminibus que ex premissis possent ipso
inimico homine, qui ab initio machinatur ruinam et Ecclesie Sancte unitatem rumpere sattagit superseminante verisimiliter evenire poterit, laudabiliter obviari tibi quecumque ad canonicarum xanctionum observantiam
ipsius Ecclesie unitatem, integrationem ecclesiastice libertatis et cultus Dei
et Apostolice Sedis honorem, reformationem morum, honestatis cultum,
revelationem Ecclesiarum et pauperum animarum salutem et tranquillita-
tem corporum ac robur, status prosperi artium earundem quemlibet per-
tinebunt corrigendi, statuendi, precipiendi et etiam exercendi et nichilhomi-
nus contradictores et rebelles quoslibet per censuram ecclesiasticam, appellatione postposita, compescendo, quibuscumque privilegiis et litteris apostolicis generalibus et specialibus sub quacumque forma vel expressione
verborum concessis, per que nullum cuique cuiuscumque status, conditionis vel ordinis etiam Cisterciensis, Cluniciacensis, Premostratensis, Gran-
dimontensis, Cartusiensis, Vallisumbrose, Camaldulensis, Humiliatorum,
Sanctorum Benedicti et Augustini, Sepulchri dominici, Jerosolomitani Hos-
pitalis, Sancti Joannis Jerosolimitani, Sancte Marie Theothonicorum et
Calatravensis, Sancti Jacobi de Spata, Alcantare et de Montesia, Sancti
Antonii, Sancte Marie Mercedis, Sancte Trinitatis, Sancti Spiritus, Roci-
devallis, Sancti Jacobi de Altopassu seu quorumvis aliorum Ordinum existant in hac parte nollumus afferri suffragium, nequaquam obstantibus concessa libera facultate.

Quocirca, circumspectioni tue per apostolica scripta mandamus quatenus
iniunctum tibi ministerium laboris huiusmodi pro divina et dicte Sedis
ac nostra reverentia devote suscipiens sic illud utiliter sicque sollicite ac
laudabiliter iuxta datam tibi a Deo prudentiam exequaris, quod de tuis

laboribus celesti favente clementia desiderati fructus adveniant quos speramus tuque illam que pias causas gerentibus celesti retributione rependitur feliciter consequi palmam glorie merearis. Nos enim sententias quas
recte tuleris et penas quas instruxeris in rebelles, ratas habebimus et faciemus, auctore Domino, usque ad satisfactionem condignam inviolabiliter
observari.

Datum Fundis xv kalendas ianuarias Pontificatus nostri anno primo.

2.

*Clemente VII concede al Cardenal de Aragón facultad para
concertar toda clase de paces y treguas.* Fondi, 18 diciembre 1378.
Arch. Vat., Reg. Av. 220, fols. 11^v-12^r. - Al margen : De Curia.

Eidem salutem etc. Cum te ad nonnulla etc. ut supra usque deputandum.
Nos, de circuspectione tua in arduis sepius comprobata, plurimum in Domino confidentes, te in prefatis provinciis atque terris patiarium et pacis
actorem inter quascumque personas provinciarum et partium earundem,
etiamsi Pontificali, Imperiali, Regali, Reginali vel alia qualibet ecclesiastica vel mundana prefulgeant dignitate qualitercumque diffidentes consti-
tuimus, facimus et etiam ordinamus per presentes, tibi per te vel alium
seu alios tractandi, pacem et treugas indicendi inter huiusmodi diffidentes, easque temporalibus penis et aliis firmitatibus vallandi et robo-
randi ac faciendi eas per censuram eccleesiasticam, appellatione postposita
inviolabiliter observari. Turbatores insuper et impeditores ipsarum pacis
et treugarum necnon contradictores cuiuscumque status, gradus, ordinis,
et conditionis existant, etiamsi ut premittitur, Pontificali, Imperiali, Regali,
Reginali vel alia qualibet ecclesiastica vel mundana prefulgeat dignitate,
appellatione cessante simili censura compellendi ; ligas insuper et uniones
quascumque confederationes alias quocumque titulo seu denuntiatione vo-
centur, etiamsi iuramentorum interpositionibus et penarum adiectionibus
vallate sint premissorum executioni contrarias dissolvendi, anullandi, tollendi, et irritandi ac iuramenta et penas huiusmodi relaxandi ac etiam
omnia alia et singula faciendi ordinandi et disponendi, que in premissis
ac circa ea videris expedire, plenam et liberam concedimus tenore presentium potestatem. Non obstante si aliquibus communiter vel divisim a
Sede Apostolica sit indultum quod interdici, suspendi vel excomunicari
non possit per litteras apostolicas non facientes plenam et expressam ac
de verbo ad verbum de indulto huiusmodi mentionem.

Datum Fundis xv kalendas ianuarias Pontificatus nostri anno primo.

3.

Clemente VII concede al Cardenal de Aragón autorización para reformar los Estudios generales de España. Fondi, 18 diciembre 1378.

Arch. Vat., Reg. Av. 219, fol. 310^r

El folio presenta al margen manchas de humedad que impiden la lectura de algunas frases.

Pro eodem dilecto filio Petro, Sancte Marie in Cosmedin etc. salutem. Cum [te] ad nonnulla Regna, provincias atque terras in nostris super hoc confectis litteris expressa, nuntium et Apostolice Sedis legatum duxerimus deputandum. et sicut accepimus, studia generalia infra tuam Legationem consistentia tam circa statuta, constitutiones, ordinationes et observantias eorundem quam alia reformatione indigere noscantur, Nos, de circumspectione tua in arduis sepius comprobata plurimum in Domino confidentes, reformandi auctoritate apostolica huiusmodi [tua legatione durante] ipsa studia tam in personis quam in aliis et quecumque statuta, constitutiones, ordinationes et observantias eorundem, tam edita quam edenda, etiam iuramento, confirmatione apostolica vel quacumque firmitate alia vallata corrigendi, emendandi, tollendi et supendendi, necnon alia salubria, de quibus tibi videbitur de novo edendi eaque de penis spiritualibus et censuris vallandi cum consilio tamen et assensu ipsorum studiorum consiliariorum, vel si consiliarii nin sint, de consilio regentium studia ipsa vel maiorum ... ipsorum, contradictores quoque per censuram ecclesiasticam, appellatione postposita compescendi. Non obstante si dilectis filiis, doctoribus, scolaribus et personis dictorum studiorum vel quibusvis aliis communiter vel divisim a Sede Apostolica sit indultum quod interdici, suspendi vel excommunicari non possint per litteras apostolicas non facientes plenam ac expressam ac de verbo ad verbum de indulto huiusmodi mentionem, circunspectioni tue plenam et liberam tenore presentium concedimus facultatem.

Datum Fundis xv kalendas ianuarias, Pontificatus nostri anno primo.

4.

Clemente VII concede al Cardenal de Aragón jurisdicción para juzgar las causas en apelación a la Santa Sede. Fondi, 18 diciembre 1378.

Arch. Vat., Reg. Av. 219, fol. 300^r

Al margen presenta manchas de humedad que impiden la lectura de algunas frases.

Clemens etc. dilecto filio Petro, Sancte Marie in Cosmedin Diacono Cardenali, Apostolice Sedis Legato, salutem et apostolicam benedictionem.

Cum te ad nonnulla Regna, provincias et terras, in nostris super confectis litteris expressa, pro certis arduis nostris et Ecclesie Romane negotiis, nuntium et Apostolice Sedis Legatum duxerimus destinandum, Nos, attendentis quod dictorum Regnorum partium, provinciarum ac terrarum incolis dificile et laboriosum existit pro causis et querelis eorum ad Sedem Apostolicam habere recursum, Circunspectioni tue, de qua plenam in Domino fiduciam obtinemus, cognitionem et decisionem causarum omnium appellationum ad Sedem Apostolicam interiectarum seu imposterum a quibuscumque iudicibus interponendarum, que videlicet Sedi predicte adhuc presentate non fuerint, nec apud Sedem ipsam agitari noscantur, dummodo in hoc consentiat pars appellans, presentium auctoritate committimus, concedentes tibi dicta legatione durante, cognoscendi de causis predictis ipsaque decidendi ubilibet locorum Legationis predicte per te vel alium seu alios, secundum quod ipsarum causarum qualitas postulabit necnon sententias super illis proferendas executioni mandandi imponendi quoque et exigendi penas propter hoc inflictas ac faciendi omnia et singula premissa sine quibus huiusmodi tibi commissa iurisdictio non posset commode explicari, sicut videris expedire, et rebelles quolibet pena sub districtione spirituali et temporali prout expedire videris, appellatione postposita compescendi, quibuscumque constitutionibus apostolicis in contrarium editis nequaquam obstantibus liberam potestatem.

Datum Fundis xv kalendas ianuarias, Pontificatus nostri anno primo.

5.

Clemente VII amplia las facultades de la Legación del Cardenal de Aragón. Aviñón, 16 julio 1379.
Arch. Vat., Reg. Av. 219, fol. 340^v. - Al margen: De Curia.

Dilecto filio Petro, Sancte Marie in Cosmedin Diacono Cardinali, Apostolice Sedis Legato, salutem etc.

Magna tue circunspectionis industria, que in altis et arduis quid expediat, quid ne deceat longe lateque circunspicit, promeretur ut sibi in quo secure quiescimus que grandis sicut ad modum ponderis committamus. Unde cum te pro ingentibus et arduis nostris et Ecclesie Romane negotiis ad Aragonie, Castelle et Legionis ac Navarre et Portugalie Regna commisso tibi in eis plene Legationis officio destinaverimus, Nos volenter ut eadem negotia eo utilius et efficacius prosequaris quo maiori per Nos fueris auctoritate munitus, etiam in hiis, que tibi circa ipsorum negotiorum prosecutionem occurrant, que directionem seu promotionem eorundem respiciant et ad que ipsius Legationis officium et commissa per Nos tibi auctoritas se forsan non extendat, in hiis Circunspectioni tue, de cuius discretionis maturitate plene confidimus, totaliter committimus auctoritate presentium vices nostras. Ea nichilominus que auctoritate presentium pro ip-

sorum negotiorum utilitate duxeris exercenda, que sub commissione generali non includuntur, intendentes auctoritate apostolica confirmare quod ut
possimus in hoc satisfacere votis tuis, ea Nobis e vestigio significare pro-
cures.

Datum Avinione, II nonas julii anno primo.

6.

*Carlos de Anjou responde al Cardenal de Aragón[1], prome-
tiéndole intervenir para que los embajadores franceses acudan a la
reunión de los Reyes de Castilla y Aragón en materia del Cisma.
Año 1380.*
Bibl. Vat., Ms. Barb. lat. 2101, fol. 14^v.

Reverendissime Pater, amice specialissime. Litteras vestras recepi michi per Prepositum Valentinum destinatas, credentiam pro vestra parte
per ipsum Prepositum michi referendam continentes. Verum, amice specialissime, quia idem Prepositus tenebat, prout narrat suarum series litterarum, quod ab ista villa recessissemus et propter viarum discrimina, ad
me accedere non est ausus, credentiam illam michi per litteras nunciavit,
cuius effectus est quod cum Rege Aragonie super facto Ecclesie conclusistis
quod ipse ac etiam Rex Castelle certa die in utriusque Regnorum limitibus
in brevi super declaratione sua concorditer faciendis, colloqium haberent (?),
tenentes indubie quod negotium consequetur bonum finem, concludens am-
baxiatoribus Domini mei Regis nunc in Regno Castelle stantibus scribam
ut ad dictum diem intersint, facturi quicquid poterunt ut huiusmodi negotium feliciorem expeditionem sortiretur. Reverendissime Pater, gaude summe quod dicti Reges viam veritatis agnoscunt in quo scio firmissime vestram prudentiam virilissime declarare; scriboque protinus dictis ambaxia-
toribus Domini mei ut ad diem prefixam suorum exhibeant presentiam
personarum, firmissime tenentes, amice carissime, quod in quibuscumque
negotiis negotium Ecclesie tangentibus, indefessis cupio viribus insudare.
Amice specialissime, rogo vos ut quid super hoc inter dictos Reges factum
fuerit, michi velit amicitia vestra quam citius per suas litteras intimare,
quod michi etiam fiducialiter significent vota sua pro viribus impleturi.
Reverendissime Pater, amice specialissime, Altissimus vos conservet. Scriptum etc.

---

[1] Que et « Pater reverendissime » a quien se dirige la carta sea el
Cardenal de Aragón parece deducirse de la redacción misma del documento y del negocio de que se trata. Nótese el « virilissime ».

7.

Clemente VII confirma el nombramiento de Legado en Castilla a favor del Cardenal de Aragón. Aviñón, 5 mayo 1387.

Reg. Av. 248, fol. 102.

Clemens, episcopus, servus servorum Dei, delecto filio Petro, Sancte Marie in Cosmedin Diacono Cardinali, Apostolice Sedis Legato, salutem et apostolicam Benedictionem.

De summis celorum, etc. *(transcribe casi la totalidad de la Bula que hemos copiado en el Apendice n. 1).* Cum autem postmodum tu dictum officium quod in nonnullis ex Regnis, provinciis et terris Ispanie predictis salubriter et utiliter exercueras, propter supervenientem infirmitatem et debilitatem tue persone exercere desieris, illudque quantum in te fuit per tuas litteras duxeris resignandum, sisque divina gratia pristine redditus sanitati, Nos, qui resignationem huiusmodi non duximus admittendam, attendentes fructus uberes quos in Regnis et partibus supradictis tua Circunspectio provida huiusmodi officium exercendo produxit ac firma tenentes fiducia quod actus tuos illius clementia dirigente qui novit prava in directa et aspera in vias planas convertere, per tue circunspectionis industriam animarum periculis et discriminibus que ex premissis possent ipso inimico hominum qui ab initio machinatur ruinam et Ecclesie Sancte unitatem rumpere satagit superseminante verisimiliter evenire poterit laudabiliter obviari, ac volentes propterea quod prefatum Legationis officium iuxta dictarum litterarum tenorem in Castelle, Legionis ac Portugallie Regnis ac terris Carissimi in Christo filii nostri Johannis, Castelle, Legionis et Portugallie Regis illustris ditioni subiectis, ad que specialis dirigimus considerationis intuitum perinde plenarie exequaris ac si resignatio huiusmodi, quam in hac parte non obstare volumus, facta minime extitisset, eidem Circunspectioni per apostolica scripta mandamus quatenus predictum officium in Castelle, Legionis et Portugallie Regnis ac terris dicti Regis ditioni subiectis predictis pro divina et dictae sedis ac nostra reverentia devote resumens, sic illud utiliter sicque sollicite ac laudabiliter iuxta datam tibi a Deo prudentiam exequi studeas, quod de tuis laboribus celesti favente clementia desiderati fructus adveniant, quos speramus, tuque illam que pias causas gerentibus celesti retributione rependitur, feliciter consequi palmam glorie merearis. Nos enim sententias quas inflixeris in rebelles ratas habebimus et faciemus, auctore Domino, usque ad satisfactionem condignam inviolabiliter observari.

Datum Avinione, III non. maii anno nono.

L. Castano, Salesiano

Pio IV e la Curia Romana

di fronte al

dibattito tridentino sulla residenza

(7 marzo - 11 maggio 1562)

Collectionis totius n. 12

Roma, 1943

Libreria Herder

Typis Pontificiae Universitatis Gregorianae

1. Non era ancor trascorsa una settimana dalla sua nomina a pontefice, e il 31 dicembre 1559 Pio IV manifestava già al rappresentante dell'imperatore Ferdinando I in Roma il progetto di un concilio ecumenico [1]. Altrettanto ripeteva nel concistoro del 4 gennaio seguente [2]; e sei giorni più tardi, con la bolla *Decet romanum pontificem*, ribadiva la medesima intenzione, e manifestava il pro-

---

NB: *Spiegazione delle abbreviazioni usate nelle note.*

BALUCE = Baluce S., *Miscellanea* vol. IV, Lucca 1764.

CT = *Concilium Tridentinum, Diariorum, actorum, epistularum, tractatuum nova collectio,* ed. Societas Goerresiana; fin qui 11 vol., Friburgo di Brisgovia, 1901-1938.

CDI = *Colección de documentos inéditos para la Historia de España,* IX Madrid 1846.

CASTANO = Castano L., *Mons. Nicolò Sfondrati vescovo di Cremona al Concilio di Trento (1561-1563),* Torino 1939.

DÖLLINGER = Döllinger J., *Beiträge zur politischen, kirchlichen und Cultur-Geschichte der sechs letzten Jahrhunderte,* III Regensburg 1882.

DREI = Drei G., *La corrispondenza del card. Ercole Gonzaga, presidente del Concilio di Trento,* Archivio storico per le provincie Parmensi, N.S. 17 (1917) 185-242; 18 (1918) 30-143.

JEDIN = Jedin H., *Der Quellenapparat der Konzilsgeschichte Pallavicinos* in *Miscellanea Historiae Pontificiae,* IV n. 6 Roma 1940.

SUSTA = Susta J., *Die Römische Kurie und das Konzil von Trient unter Pius IV,* III Vienna 1904-1909.

[1] Sickel Th., *Zur Geschichte des Konzils von Trient,* (Vienna 1872) 23.
[2] Voss W., *Die Verhandlungen Pius' IV. mit den katholischen Mächten über die Neuberufung des Tridentiner Konzils im Jahre 1560* (Lipsia 1887) 15.

posito di attuare una seria riforma nella Chiesa e specialmente nei
dicasteri della Curia Romana, contro i quali si levavano da per
tutto recriminazioni e lagnanze [3].

La ripresa del Tridentino — interrotto per seconda volta sin
dal 28 aprile 1552 — e la riforma della Chiesa divennero ben
tosto i cardini della politica religiosa del nuovo Papa, che diede
prova di accortezza diplomatica non comune e di indomabile tenacia
nel raggiungimento di entrambe le mète [4].

Qui ci occupiamo dei suoi tentativi di riforma; anzi di un solo
problema — forse il più importante — della riforma da lui va-
gheggiata: la residenza dei vescovi, dalla quale dipendeva in gran
parte la residenza dei curati, la scelta, la formazione e la disciplina del clero, e la vita cristiana del popolo.

Guardando con occhio pastorale il gregge di Gesù Cristo, fu-
nestato dall'eresia e abbandonato a se stesso, Pio IV si accorse
che i maggiori mali del tempo si erano abbattuti sulla Chiesa,
perchè i vescovi, divenuti in gran parte *pastores semetipsos pascen-
tes,* avevano disertate le loro sedi; e subito fece intendere la sua
voce paternamente ammonitrice e dolcemente severa. Nel concistoro del 7 febbraio 1560 espresse il disegno di rinviare alle loro
chiese i prelati fuori diocesi [5]; e il 14 dello stesso mese, chiamati
alla sua presenza i vescovi dimoranti in Roma — se ne presentarono una settantina circa — li esortò « *amantibus verbis* » a recarsi, dopo le Ceneri, alle loro residenze, poichè erano tenuti « *de
iure divino et humano* », e a rimanervi fin tanto che fossero invitati al concilio ecumenico che egli intendeva raccogliere; aggiunse esser del pensiero che l'assenza dei vescovi dalle diocesi
aveva contribuito al dilagare delle eresie non solo in Germania

---

[3] CT, VIII 2 segg.

[4] Per la ripresa del Tridentino oltre il citato lavoro del Voss cfr.
EHSES S, *Die letzte Berufung des Trienter Konzils durch Pius IV, 29 November 1560,* Kempten 1913; EVENNET H. O, *The Cardinal of Lorraine
and the Council of Trent,* Cambridge 1930, dove è studiata la posizione
della Francia sino all'arrivo del card. di Guise a Trento; e una breve sintesi nel mio *Mons. Nicolò Sfondrati* ecc., 20-33. Ultimamente il P. GUTIER-
REZ CAMPO S. J. ha ripreso in esame la questione, particolarmente per ciò
che riguarda la Spagna, nella sua dissertazione di laurea presso l'Università Gregoriana: *Convocación y continuación del Concilio de Trento 1559-
1562,* che si spera di veder presto data alle stampe.

[5] CT, VIII 6.

ma anche in Francia e nella Spagna. Si offrì inoltre ad accogliere le richieste dei presenti e ad accordare quei privilegi che fossero per tornare di onore e vantaggio ad essi e di utilità ai fedeli[6]. Lodovico Firmani, maestro delle cerimonie pontificie, aggiunge nei suoi *Diari* che in quella circostanza Pio IV fece anche leggere una bolla di Paolo III sulla residenza[7].

La condotta del Papa, opportuna in se stessa per lo squallido abbandono in cui giacevano molte diocesi d'Italia, acquistava un carattere tempestivo in vista del prossimo concilio, al quale i vescovi dovevano intervenire « informati dele cose che pertengono al servitio dela lor chiesa »[8]. Ma non è da credere che incontrasse le simpatie degli interessati, ancorchè Mons. Antonio Elio, vescovo di Pola e patriarca di Gerusalemme, nel predetto concistoro assicurasse il pontefice dell'ubbidienza sua e dei colleghi[9]. Per andar meno malvolentieri in sede, abituati com'erano alla vita della corte e conoscitori esperti delle restrizioni che essa poneva all'autorità episcopale, domandavano, come benevola gratificazione, mano libera nel conferimento dei benefici, e in genere nell'esercizio del loro governo, intralciato da troppe dispense, esenzioni e riserve[10]. Il 25 aprile poi, mentre fervevano le trattative con le corti d'Europa per la ripresa del Tridentino, la *Commissione della Riforma*[11] nella

---

[6] CT, VIII 6 seg. Negli *Avvisi di Roma* del 10 febbraio si legge: « Alli vescovi ch'anderanno alle loro residentie al principio della quaresima dà [il Papa] et concede l'alternativa per la collatione dei benefici » (Bibl. Vat., Cod. Urb. Lat. 1039 f. 127ᵗ); e in quelli del 17, sul concistoro di tre giorni prima è detto che il Papa « voltandosi poi alli vescovi li disse che ben si dovevano ricordare di quello [che] Sua Santità haveva detto altre volte, cioè che fatto carnevale, loro et gl'arcipreti habbiano d'andar alle loro residentie » (*ibid.* f. 128ᵗ).

[7] CT, II 532 seg.; per la storia e il contenuto di questa bolla, stesa per ordine di Paolo III ma non pubblicata cfr. CT, IV 502-512.

[8] *Istruzione* a Ottavio Raverta, vescovo di Terracina, mandato nunzio in Spagna, Roma 11 marzo 1560 (CT, VII 11).

[9] CT, VIII 7.

[10] Si vedano le risoluzioni prese dai vescovi al convenire, subito dopo il concistoro del 14 febbraio, nella cappella Sistina (CT, II 532 seg.) e le loro richieste lette da Angelo Massarelli nel concistoro del 7 marzo (CT, VIII 9 seg.).

[11] Fu istituita il 15 genn. 1560 e si componeva di 13 cardinali, cui si aggiunse poi il giovanissimo card. Borromeo, nepote del Papa (CT, VIII 33-35; e II 343); PIO PASCHINI, *Il primo soggiorno di San Carlo Borromeo*

congregazione solita a tenersi tutti i giovedì alla presenza del Papa,
sanciva con un decreto l'obbligo dei vescovi alla residenza e faceva
le prime benevoli concessioni ai residenti « *per se ipsos personaliter et non per alios* » [12].

Le intenzioni di Pio IV erano chiare: ottenere con mezzi
pratici l'osservanza di questo strettissimo dovere dei pastori d'a-
nime. Lo conferma il fatto che egli trovò « honestamente buono »
l'editto di Francesco II, re di Francia — dove pure si profilava
la temuta minaccia di un sinodo nazionale [13] — con cui s'imponeva
ai vescovi francesi di portarsi alle loro residenze; anzi ingiun-
geva al nunzio Sebastiano Gualtiero di non impedire quella « santa
opera », ma di aiutarla « con gran caldezza », poichè la desiderava
tanto da non far distinzione tra ordini emanati in proposito
dalla Santa Sede o da altri [14].

I risultati però dell'iniziativa pontificia a favore delle diocesi
italiane, non furono quali era lecito sperare [15]. Ma il 3 settembre
il card. Borromeo scriveva a Mons. Prospero di Santa Croce, nuovo
nunzio alla corte di Spagna, che l'indomani si farebbe « una severa et seria intimatione a tutti i vescovi » per ottenere che si
recassero « a le lor residenze » [16]. Infatti il giorno appresso, fatti
venire per la seconda volta alla sua presenza tutti i vescovi sog-
giornanti in Roma, Pio IV ribadì il dovere « *de divino et de humano iure* » che essi avevano di recarsi in sede. Quindi Tommaso
Gallio lesse pubblicamente ai convenuti una bolla che « *in virtute
sanctae obedientiae* » obbligava a raggiungere le proprie sedi, entro
un mese i vescovi presenti a Roma, entro due quelli sparsi per
l'Italia, entro quattro quelli che eventualmente si trovassero in

_____

a Roma (Torino 1935) 31, ritiene che i lavori di questa *Commissione* non
ebbero esito felice.

[12] CT, VIII 15 seg.; gli *Avvisi di Roma* sin dal 9 marzo informavano
che « la bolla per li vescovi » era pronta, e che non mancava « altro che
[la] signatura di Sua Santità » (Bibl. Vat., Cod. Urb. lat. 1039 f. 135ᵛ).

[13] Si veda ciò che l'ambasciatore Antonio Vargas ne scriveva a Filippo II nell'opera del FERRANDIS M., *El Concilio de Trento, documentos
procedentes del archivo general de Simancas*, II (Valladolid 1934) 52 segg.
e 75 segg.

[14] CT, VIII 58 nota 3.

[15] Pio IV stesso spiegò perchè la Santa Sede aveva per qualche tempo lasciato di far premura agli interessati (CT, VIII 66).

[16] CT, VIII 64 nota 4.

paesi oltremontani; si minacciavano poi pene canoniche e pecunia-
rie ai trasgressori, mentre si largheggiava in grazie e favori con
residenti [17].

Ciò che meraviglia, dopo i replicati accenni di Pio IV., è il
silenzio del documento pontificio sul diritto *divino* od *ecclesiastico*
della residenza; e forse non è fuori posto il ritenerlo effetto di un
prudente consiglio dato al Papa da qualche personaggio di Curia.

La Curia, infatti, come si vedrà, allo scopo di conservare intatte
le prerogative della Sede Apostolica, e anche per proprio interesse, avversava il diritto divino della residenza; dal che nacque
una divergenza iniziale tra le vedute di Pio IV e quella dei « curiali », sebbene le idee di costoro ebbero poi il sopravvento.

Comunque, i vescovi, ai quali l'ordine ricevuto pareva « superiore alle loro forze », non furono scossi dalle nuove esortazioni
pontificie fatte « amantissimis verbis » [18]. Gli *Avvisi di Roma* del
7 settembre osservano che « molti » prelati davano segni di « ma-
lissima voglia » [19] per l'ordine avuto, e mal sopportavano l'esempio di qualche zelante, così raro da costituire quasi eccezione [20].
Il Papa nondimeno qualche giorno dopo, su proposta del card.
Morone, dava ad alcuni inquisitori l'incarico di ascoltare le ragioni
dei vescovi affermanti l'impossibilità della residenza [21]; e questo
indubbiamente allo scopo di appianar loro la via e ottenere ad ogni
costo che risiedessero.

2. Il problema della residenza dei pastori d'anime, e in modo
particolare dei vescovi, era un vecchio problema che travagliava
la vita interna della Chiesa, e al quale, sino allora, si era cercato

_____

[17] CT, VIII 66 seg. Il testo della bolla (CT, VIII 67-69) che nella
parte penale riproduceva alla lettera un canone della prima epoca del Tridentino in materia di residenza (*Sess. VI de reformat., cap. I*: CT, V 803)
fu anche spedito a Francesco II affinchè ne curasse l'osservanza nel suo
regno (CT, VIII 70 seg.).

[18] CT, VIII 66.

[19] Bibl. Vat., Cod. Urb. lat. 1039 f. 198r.

[20] Al termine del concistoro del concistoro del 4 settembre solo il
vecchio Pietro Contarini, vescovo di Baffo nell'isola di Cipro, si avvicinò
a Pio IV manifestandogli il progetto di partire tra pochi giorni; e il
Papa rivolto ai cardinali: « Hic bonus senex — dissè — dat coeteris exemplum » (CT, VIII 67).

[21] CT, VIII 7.

10

invano di dare un'adeguata soluzione. A mezzo il secolo XVI si può dire che esso presentava un duplice aspetto : pratico e teorico. Il primo toccava le fibre più delicate della riforma cattolica ed esigeva un rimedio pronto ed efficace, se si voleva restaurare la scaduta disciplina ecclesiastica ; il secondo invece trasportava il quesito nel campo canonico e teologico, mettendolo fra le questioni discusse. Superfluo osservare che i due aspetti interferivano ; tanto più che il secondo se non nacque certo trasse dal primo quella caratteristica forma di pungente aggressività, di cui si ebbero numerose manifestazioni proprio al Concilio di Trento. Giova al nostro scopo dire qualcosa di entrambi.

Che la lontananza dei vescovi dalle loro diocesi fosse causa di gravissimi disordini nella Chiesa, appare da tutti i memoriali pretridentini di riforma. Già nell'ottobre del 1532 Gia Pietro Carafa stendendo il suo *De lutheranorum haeresi reprimenda et ecclesia reformanda* diretto a Clemente VII, descrive a colori foschi l'abbandono in cui giacevano le diocesi : « quasi tutte le chiese cathedrali — scrive — [sono] hoggi dì spogliate di lor pastori, o perchè siano — le diocesi — in commenda o perchè li lor prelati infiammati dalla ambitione et lassate le chiese vadano discorrendo per le corti, et alcuni tengono nelle lor chiese un frate strazza cappa sotto color di vescovo titular, chiamato con un novo et in tal significatione *omnibus retro saeculis inusitato* vocabulo di suffraganeo » [22].

Qualche anno dopo nel *Consilium delectorum cardinalium et aliorum praelatorum de emendanda ecclesia,* redatto per ordine di Paolo III ed a lui presentato il 9 marzo 1537, si parla dell'abuso invalso di dare uno o più episcopati ai cardinali di Curia, e si osserva l'incompatibilità delle due mansioni, dovendo i cardinali assistere il pontefice nel governo della Chiesa universale, e i vescovi pascere il gregge, il che si rende impossibile, almeno com'è dovuto, se essi non vivono col popolo affidato alle loro cure [23].

Ma nello spirito e nella lettera dell'importante documento, dal quale traspare la vastità e complessità del problema, l'esclusione dei cardinali dai benefici residenziali mirava a ottenere più facil-

---

[22] CT, XII 71 : si veda anche Tacchi Venturi P, *Storia della Compagnia di Gesù in Italia,* I p. I[2] (Roma 1931) 19 segg. e 27 segg.

[23] CT, XII 138.

mente che i vescovi stessero alle loro sedi, e se ne dava la ragione mistico-spirituale : « *sunt enim sponsi ecclesiae ipsis demandatae* » [24].

La piaga era tanto comune e tanto grave da strappare agli estensori del memoriale un accorato lamento per la « solitudine delle chiese » vedovate dei loro pastori e amministrate per lo più da mercenari, dei quali il Carafa aveva detto che vendevano gli ordini e li conferivano fuori tempo a degni e indegni [25].

Il *Consilium* poi non ometteva di accennare, tra le ragioni che accrescevano il male, alle restrizioni porte dalla Curia al governo episcopale, specie all'esercizio del potere coattivo, poichè appellazioni e ricorsi erano facilitati dal favoritismo e dalla venalità in auge presso i dicasteri romani [26].

A sradicare l'inveterato abuso l'unico mezzo suggerito a Paolo III — e conviene tenerlo presente — fu di imporre d'autorità ai vescovi non residenti, e in primo luogo a quelli che oziavano in Roma, di recarsi alle loro sedi, minacciando con pene canoniche i pigri e gl'infrattori. E Paolo III non mancò al suo dovere [27].

Se non che sulla residenza dei vescovi si discuteva, nella prima metà del Cinquecento, da teologi e canonisti; e l'Università di Salamanca, dove insegnava il celebre domenicano Francisco de Vitoria, aveva dato alla questione un indirizzo teorico, col quale forse si pensava di rimediare, molto più facilmente che con misure pratiche, alla mancata residenza dei pastori d'anime. Infatti il Vitoria e la sua scuola sostenevano, con ragioni desunte dalla Scrittura e dai Padri, che tale obbligo annesso ai benefici curati fosse *de iure divino,* e quindi astringesse come un vincolo, da cui non era possibile sciogliersi a capriccio [28].

In realtà la questione era molto più complessa, essendo una ramificazione del così detto *episcopalismo anticentralista,* che ebbe

---

[24] CT, XII 138.

[25] CT, XII 138 e 71.

[26] CT, XII 139.

[27] CT, XII 138 e 274 seg.

[28] BELTRÀN DE HEREDIA V., *Las corrientes de espiritualidad entre los Dominicos de Castilla durante la primera mitad del siglo XVI* (Salamanca 1941) 51 segg. specie 54; e GARCÌA VILLOSLADA R. S. J., *La Universidad de Parìs durante los estudios de Francisco De Vitoria O. P. (1507-1522),* Analecta Gregoriana, 14 (Roma 1938) 157.

nel secolo XVI il valore di corrente teologica a carattere spicca-tamente spagnuolo.

Affine al *conciliarismo episcopale*, ma con fisionomia e ten-denze affatto diverse, esso difendeva la supremazia dei vescovi nelle loro diocesi, e ne propugnava la piena e perfetta libertà nel-l'esercizio dei poteri episcopali, con particolar riferimento alla col-lazione dei benefici, all'uso delle rendite e alla sottomissione dei capitoli collegiali e cattedrali. Suoi canoni fondamentali erano il diritto divino dela giurisdizione dei vescovi, e, per logica conse-guenza, il diritto divino della residenza. Quanto al Papa basti no-tare che lo considerava come capo di tutta la Chiesa, ma lo esclu-deva dall'immischiarsi nel regime ordinario delle diocesi [29].

Tutto ciò rispondeva a un concetto che il Vitoria aveva at-tinto in giovinezza all'università di Parigi, dove sopravvivevano gli influssi gallicani del Quattrocento, e cioè che la *plenitudo po-testatis* risiedesse nella Chiesa e non nel Papa [30].

Queste idee nel 1545 arrivarono a Trento, portatevi dai ve-scovi e teologi spagnuoli, tra cui Pietro Pacheco, Bartolomeo Car-ranza, Pietro Guerrero, Domenico Soto e altri.

Non è compito di queste pagine studiare la reazione che esse provocavano negli ambienti del Concilio. E' tuttavia necessario osservare, in merito alla residenza, che quando se ne trattò, gli spagnuoli tentarono di farne definire il diritto divino, senza però riuscirvi, grazie all'abilità dei legati Gian Maria Del Monte e Mar-cello Cervini [31]. Pertanto il decreto che se ne emanò nella sesta *sessione* del 13 gennaio 1547, assieme al decreto della giustifica-zione, riveste un carattere puramente disciplinare [32]: Roma ve-deva la residenza dei vescovi come una questione di sola riforma, e ne sfuggiva l'aspetto teologico.

Le affermazioni di due prelati italiani, Giambattista Cicada vescovo di Albenga, e Filippo Archinto, vescovo di Saluzzo e vi-

---

[29] CASTANO, 119 seg.

[30] GARCÌA VILLOSLADA, op. cit., 157.

[31] CT, X 786 seg. e 793 seg. Si veda il *trattato di* FRANCESCO ROMEO, maestro generale dei domenicani, sulla residenza (CT, XII 737-743); come anche i *memoriali* presentati al Concilio da vari vescovi (CT, XII 578 segg.); e ASTRAIN A, *Los españoles en el Concilio de Trento*, Razón y Fe, 3 (1902) 204 segg.

[32] CT, V 802 seg.

cario di Roma, partecipanti entrambi al Concilio e acerrimi soste-
nitori della Curia contro le pretese dell'*episcopalismo anticentralista,* meritano un particolar rilievo, perchè in certo senso preludono
alla scissura che si verificò tra i vescovi a Trento nella primavera
del 1562, quando si risollevò la questione.

Il Cicada così scriveva al card. Farnese in data 14 gennaio
1547 : « in questo luogo non si potrà mai vegnir a conclusion alcuna, così nella materia della residentia, come nel resto della reformatione, perchè questi imperiali [33] et alcuni de' nostri vorriano
ridurre le cose al tempo della chiesa primitiva, et rivoltar il mondo sotto sopra, et per dirla in una parola : la loro intentione è
che ognuno sia papa nel suo vescovato, riducendo le cose in modo
che niuno habbi causa da vegnir a Roma » [34].

L'Archinto invece scrivendo lo stesso giorno, anch'egli al card.
Farnese, e detto con sferzante espressione che il Concilio era « una
mala bestia per causa de li mali humori », soggiungeva che ai pa-
trocinatori del diritto divino della residenza e di altre simili richieste che erano « tutte veneni latenti », bisognava « darli nel
viso con delle bolle e usar de l'autorità » [35].

Le posizioni degli spagnuoli — di una parte almeno, perchè
non sempre furono tutti dello stesso parere — e della Curia, di
fronte al problema della residenza, restavano ben delineate. Roma
aveva preso la via dalla quale, nonostante qualche esitazione, non
torcerà neppure in seguito.

3. E' lecito ora domandarsi : Pio IV nell'insistere fin dai primi giorni del suo pontificato sulla residenza dei vescovi, come anche nel concedere grazie ai residenti e nel minacciare con pene e
castighi gl'infrattori, intese forse, edotto dalle passate esperienze
tridentine, prevenire questioni odiose che si sarebbero potute ven-
tilare al concilio, che egli intendeva riconvocare e concludere?
Non pare. La condotta del Papa si ispirò ad un altro criterio :
affidare al Concilio la discussione e definizione dei problemi dog-
matici, con cui bisognava porre un argine alle false e perniciose

---

[33] Nella denominazione generica sono inclusi anche gli spagnuoli, sud-
diti dell'imperatore Carlo V.

[34] CT, X 791.

[35] CT, X 787 nota 1.

dottrine dei novatori, e riservare a sè la riforma della Chiesa e della Curia [36]: e primo tra i problemi di riforma era, senza dubbio, la residenza dei vescovi, che egli personalmente pare considerasse di diritto divino.

Ma le intenzioni di Pio IV cozzarono con i propositi dei vescovi spagnuoli, la cui presenza d'altronde alla terza epoca del Tridentino gli stava grandemente a cuore [37].

Essi giunsero a Trento persuasi che motivo precipuo del Concilio era la riforma della Chiesa [38]. Anche Filippo II pensava che il nuovo sinodo dovesse fronteggiare in pieno il problema della riforma, chè per sole questioni di fede i protestanti non sarebbero mai intervenuti all'assemblea ecumenica [39]; e la Spagna aspirava a una riforma profonda e radicale [40].

Il card. Seripando scriveva da Trento il 1º dicembre 1561 al card. Amulio: «questi prelati che sono gionti ultimamente da paesi lontani [41] non hanno altro in bocca che la riforma, et apertamente dicono che questo Concilio sarà cosa ridicola se non farà altro che determinare de i sacramenti della chiesa et simil cose, che loro hanno per chiare e che dagli heretici non saranno più credute, dopo il Concilio, di quel che hoggidì si credono. Dicono che 'l punto sta a una buona riforma, et massime di quelle cose, che escono indiferentemente da gli offici di Roma, senza saputa di Sua Beatitudine, in danno grave del regimento delle chiese particolari... Vogliono, in una parola, far credere che ogni mancamento di buon governo [da parte dei vescovi] naschi da questo, donde se tagliano le braccia a chi vuol ben governare e castigare i delinguenti » [42].

Anche Mons. Egidio Foscarari, vescovo di Modena, scrisse

---

[36] Vedasi l'*Istruzione* data il 19 nov. 1561 al card. Simonetta che partiva come legato al Concilio, dove già si trovavano i cardinali Ercole Gonzaga, presidente dell'assemblea ecumenica, e Girolamo Seripando (SUSTA, II 117).

[37] *Il card. Borromeo al card. di Mantova*, Roma 16 apr. 1561 (SUSTA, I 14).

[38] *Mons. Guerrero a Filippo II, Trento* 1º apr. 1562 (CDI, IX 113).

[39] *Filippo II a Vargas,* Toledo 22 nov. 1560 (DÖLLINGER, 345 segg.).

[40] CASTANO, 102.

[41] Per questi arrivi cfr. CASTANO, 68 seg.

[42] SUSTA, I 135; si veda anche CT, II 483.

in data 22 dicembre 1561 al card. Morone su quest'argomento. « Questi Signori Spagnuoli — dice — fanno una grande istanza di veder riformata la Chiesa, et essi vorrebbeno esser quelli che la riformassero et non havere una riforma fatta da Sua Santità » [43]. E prima di lui Mons. Calini arcivescovo di Zara [44] e mons. Sfondrati vescovo di Cremona avevano trasmesso a Roma la medesima impressione. Quest'ultimo in data 24 novembre 1561 confidava al fratello: « questi prelati spagnuoli, per il vero, pigliano volentieri soggetto con qualche persona, ma privatamente, di ragionare delli abusi della Corte e della riforma che si dovrebbe fare, nel che tacitamente, se già apertamente non lo dicono, viene a darsi la colpa a Nostro Signore » [45].

E' per lo meno curioso rilevare che tanto il card. Seripando come l'arcivescovo Calini e i vescovi Foscarari e Sfondrati, condivisero più tardi le idee degli spagnuoli circa il diritto divino della residenza.

Ciò che maggiormente dispiaceva in quei prelati, nel gruppo almeno che faceva capo al dotto e focoso Pietro Guerrero, arcivescovo di Granata [46] era la loro avversione e antipatia per la Curia. Un domestico dello Sfondrati così ne scriveva al Barone, di lui fratello: « ci sono molti spagnuoli, tutti ricchi di migliara di *maravedis;* ma, senza burla, prelati di molta stima, sossiego e riputazione; *in arcano* non *valde amici* di voi altri *domini curiales, immo de vobis pessime sentientes,* con tutto che siano cattolichissimi e religiosissimi » [47]. E a Roma si sapeva che « il più delli vescovi di Spagna, per veder levar tanto delle sue intrate », erano venuti al Concilio « non molto ben animati verso Sua Santità » [48].

Orbene le ostilità degli Spagnuoli contro la Curia, le loro brame di riforma, le prevenzioni che nutrivano sulla persona di

---

[43] SUSTA, I 134.

[44] BALUCE S, *Miscellanea,* IV 201.

[45] BALUCE, IV 201.

[46] Sulla divisione dei vescovi spagnuoli alla terza epoca del Concilio cfr. CASTANO, 69 segg.

[47] CASTANO, 74.

[48] SUSTA, I 90.

Pio IV [49], e in genere il senso di sfiducia che manifestavano verso la Santa Sede per i suoi replicati inefficaci tentativi di riforma, sommandosi alle idee episcopaliste di cui erano imbevuti, spiegano l'ardore e l'accanimento con cui sostennero a Trento il diritto divino della residenza, e ne invocarono, a più riprese, la solenne definizione conciliare. E ciò, a sua volta, spiega abbondantemente l'appassionata e talora subdola resistenza opposta dai difensori della Curia e del mondo curiale, cui, in definitiva, arrise la vittoria.

4. Da principio le intenzioni riformatrici degli Spagnuoli non destarono a Roma serie apprensioni. Anzi gli avvenimenti portarono, in certo modo, a favorirle.

Dopo la riapertura del sinodo, avvenuta con grande solennità il 18 gennaio 1562, non essendo possibile riprendere subito lo studio dei dogmi, interrotto ai tempi di Giulio III, si cercò di occupare i Padri in questioni secondarie, come la revisione dell'*Indice* dei libri proibiti [50]. Ma ciò dispiacque all'arcivescovo di Granata e agli altri vescovi spagnuoli, persuasi com'erano che « si dovesse attendere ad altro più necessario, *maxime* alla riforma » [51].

E l'idea che in Concilio convenisse trattare della riforma, lentamente era penetrata nell'animo di qualche rappresentante del Papa. Lo si coglie dal dispaccio collettivo che il 14 febbraio i legati spedivano al card. Borromeo, nel quale, pur con qualche titubanza, è detto : « alcun altro — di noi — [saria di parer] che frattanto si trattasse della riformatione di quelle cose che non appartengono alla riforma di Roma, che Sua Santità ha detto di voler far essa medesima » [52].

Chi fosse il legato più incline alle intenzioni degli spagnuoli non è espresso. Dai fatti posteriori si arguisce facilmente trattarsi del card. Seripando [53]. Non direi tuttavia che l'ex-generale degli Agostiniani agisse per mera simpatia verso gli spagnuoli, e tanto

---

[49] Si veda i sentimenti e le lagnanze che alcuni espressero in privati colloqui con Mons. Sfondrati (CASTANO, 75 segg.).

[50] Cfr. CASTANO, 93 segg.

[51] *Mons. Tomaso Sanfelice,* da Trento 5 febbr. 1562 *estratto* (Jedin, 105).

[52] *I legati al card. Borromeo,* Trento 14 febr. 1562 (SUSTA, II 23).

[53] Si veda la lettera giustificativa del Seripando al Borromeo in data 17 maggio 1562 (CT, III p. I 182 segg.)

meno che subisse la loro influenza, Anch'egli propugnava la riforma, non però alla guisa dei vescovi iberici, ma com'era concepita in Italia da uno stuolo di insigni prelati umanisti, che, proprio in lui, ebbero a Trento il loro più alto rappresentante e patrono[54].

E Pio IV, nonchè indignarsi per quel suggerimento che contrastava con le sue vedute iniziali, il 20 febbraio faceva rispondere al collegio legatizio che « per non lasciar i prelati in ozio » e per contentar gli spagnuoli si sarebbe potuto « toccar qualche cosa de la riforma universale » della Chiesa; ma insisteva che quella di Roma — tanto agognata dagli spagnuoli — fosse riserbata a sè[55].

Debolezza o accondiscendenza del Papa? Nè l'una nè l'altra cosa, ma semplice adattamento agli incerti sviluppi della vita conciliare, giacchè Pio IV conosceva a meraviglia le astuzie e i temporeggiamenti dell'arte diplomatica.

Quello stesso giorno in uno scritto al card. Simonetta, il Borromeo chiariva meglio la concessione del Papa al Concilio. I punti generali di riforma, da trattarsi in assemblea, bisognava prenderli da una bolla che Paolo III aveva in animo di pubblicare nel 1541 a favore dei vescovi, ma che non era stata resa di pubblico dominio[56]; anche qui però la scelta doveva cadere su questioni non ancora trattate nelle due precedenti epoche del Concilio, e che al Simonetta paressero « più convenienti e concessibili et manco pregiudiciali » alla corte, in modo tuttavia da dare soddisfazione « a li... prelati spagnuoli et altri che lo desiderano »[57].

La cautela e il riserbo con cui il Papa concedeva al Concilio di occuparsi della riforma, tenne perplessi i legati. Non usare dell'ottenuta facoltà sembrava un « perdere totalmente il credito » coi vescovi, e un metterli nell'occasione di « lamentarsi e dolersi » della loro condotta: l'usarne poi appariva anche più delicato, non volendo « per aventura entrare in cosa che havesse da offender l'animo » del Papa. « Non mancheremo già — scrivevano essi il

---

[54] JEDIN H, *Krisis und Wendepunkt des Trienter Konzils 1562-63*, (Würzburg 1941) 33; e dello stesso autore *Girolamo Seripando: Sein Leben und Denken im Geisteskampf des XVI. Jahrhunderts*, 2 voll. (Würzburg 1937) specie 143 segg.

[55] *Borromeo ai legati*, Roma 20 febr. 1562 (SUSTA, II 31).

[56] Cfr. CT, IV 489-512.

[57] *Il card. Borromeo al card. Simonetta*, Roma 20 febbr. 1562 (SUSTA, II 33).

28 febbraio — di consultare fra noi et con altri ancora confidenti nostri, se si potesse da quelle bolle di Paulo Terzo et di Giulio [Terzo] cavare cosa non decretata avanti, che facesse al proposito nostro, ma quando non ce ne fosse non saperessimo a che appligliarci ». E qui azzardavano una proposta scottante, non si saprebbe se per insinuarsi o per ottenere un categorico diniego : « Ad alcuni — confidenti o legati? — parrebbe che per tenere fra questo mezo in essercitio così i prelati come i theologi et mostrare loro di volere fare qualche cosa, fosse bene trattare *si residentia est de iure divino* ; che saria materia che durerebbe assai » [58].

Nonostante i timori di Simonetta, il quale scrisse a Roma per impedire ad ogni costo che il Concilio si occupasse di riforma [59], l'8 marzo il Borromeo confermava a nome del Papa le fatte concessioni : « Se le Signorie Vostre Illustrissime — diceva ai legati — troveranno ne le bolle di Paulo et Giulio III qualchi capi che non siano stati per ancora trattati e che si possano toccar senza molto preiuditio di questa corte (del che Mons. Illustrissimo Simoneta per la prattica potrà forse darne meglio giuditio), a Sua Santità nen dispiacerà che per interpositione piglino ancor a trattar di quelli » [60].

Due cose emergono chiare da tutto ciò : il timore della corte pontificia che a Trento, col pretesto della riforma, si volesse pregiudicare i suoi interessi, e la fiducia che essa metteva nel card. Simonetta, come il più versato nelle « cose » di Roma, e anche il più sicuro e fedele nel difendere le prerogative della Santa Sede specialmente contro le mire degli « oltremontani ».

Frattanto al Concilio non si era perso tempo. Per iniziativa del card. Seripando [61] alcuni vescovi italiani del gruppo umanista sopra mentovato, « huomini di virtù et dottrina singolari » [62], avevano steso un ampio schema di riforma, che, preso in esame da Simonetta, e per suo incarico riveduto da un gruppo di altri prelati

---

[58] *I legati al card. Borromeo,* Trento 26 febr. 1562 (SUSTA, II 38).

[59] *Il card. Simonetta al card. Borromeo, Estratto,* Trento 2 mar. 1562 (SUSTA, II 40).

[60] *Il card. Borromeo ai legati,* Roma 8 mar. 1562 (SUSTA, II 49).

[61] Ciò non dice il Seripando nella sua giustificazione al Borromeo del 17 maggio 1562 (CT, III p. I 183 seg.), ma lo si desume chiaramente dagli *Atti* di Gabriele Paleotto (CT, III p. I 285).

[62] CT, III p. I 183 e 285.

italiani, « persone confidentissime » e « vassalli della Chiesa » [63],
si concretò più tardi nei dodici famosi articoli di riforma [64], proposti allo studio dei Padri nell'assemblea dell'11 marzo 1562 [65].

5. Nel primo s'invitavano i vescovi a suggerire il modo con
cui ottenere le residenza « dei patriarchi, arcivescovi, vescovi ed
altri aventi cura d'anime ».

Il dado era gettato.

E' ben vero che l'intenzione dei legati, inquadrandosi nella
tradizionale condotta della Sede Apostolica in materia di residenza, mirava ad una soluzione pratica del vecchio problema. Pro-
postane però la discussione, non si poteva evitare che ognuno
manifestasse liberamente e difendesse le proprie idee, tanto più
se avvalorate dal prestigio di una scuola teologica com'era quella
di Salamanca. Infatti agli spagnuoli dell'arcivescovo Guerrero —
sostenuto in questo come in altre cose da Antonio Vargas, ambasciatore cattolico a Roma [66] — non sembrò vero di attacar batta-
glia per il trionfo delle dottrine episcopaliste sul centralismo della
Curia Romana.

E così dall'11 marzo al 7 aprile Trento echeggiò dei più sva-
riati commenti intorno al primo capo di riforma. « Questo primo
articolo — scriveva in quei giorni Mons. Sfondrati al Barone —
dà tanto che dir a tutti questi padri, et alli altri ancora, che da
ogni banda che l'uomo si volta, non sente ragionar d'altro : e chi
ne ragiona a un modo e chi all'altro » [67].

Più che la diversità e il contrasto di vedute impressionava il
fatto che dal terreno pratico si scivolasse in quello teorico o teologico. Il fiorentino Giovanni Strozzi così ne scriveva il 19 marzo
a Cosimo I : « secondo che io sento la proposta fu disputare *de
modo residendi,* et questi prelati vanno ampliando l'articolo *utrum
residentia sit de iure positivo solum,* dicendo che a voler risolvere
il modo di risiedere, bisogna prima chiarire da chi [la] residenza
sia commandata »; e aggiungeva : « questi son ragionamenti pri-

[63] CT, III p. I 286.

[64] Se ne veda il testo in CT, VIII 378.

[65] *I legati al card. Borromeo,* Trento 12 mar. 1562 (SUSTA, II 51).

[66] Il Vargas era stato Rettore dell'Università Salmantina : vedine il mio
giudizio (CASTANO, 72).

[67] CASTANO, 124 e 205.

vati, che si fanno per le cose alla spiciolata; non so poi, fatto la Pasqua, quel che ne sia per seguire nelle congregationi » [68].

Qualche giorno prima il vescovo di Modena Egidio Foscarari avevo scritto più esplicitamente al card. Morone: « Si sente una gran deliberatione di molti vescovi che si risolvono di fare ogni sforzo che si dichiari che la residentia è *de iure divino*, dandogli largo campo a fare la proposta del — il? — primo articolo circa la riforma » [69].

Mons. Sfondrati aggiunge dal canto suo che a nulla approdava l'impegno di quelli, tra i vescovi italiani più vicini al pensiero della Curia, che si adoperavano a dilucidare le direttive di Roma e dei legati; che anzi « le brigate » stavano « fisse e ferme » nel dire che qualora « l'articolo *de iure divino* non fosse proposto » sarebbe stato ugualmente necessario il trattarne, « per dipender da quello infiniti altri capi di molt'importanza », tanto più dunque « parendo loro che nelle parole proposte di questo primo articolo necessariamente s'includi la trattazione di questa materia » [70]

Il peggio si è che nel clima rovente di passioni che si veniva creando a Trento, non mancarono le voci anonime sparse negli ambienti conciliari allo scopo di denigrare la Curia e il Papa, come ad esempio quella che nel mese di marzo attribuiva a Pio IV la proibizione assoluta di trattare in assemblea il problema della residenza: « cosa che in vero — osservava lo Sfondrati — a questi tempi sarebbe molto scandalosa, e partorirebbe gran rumore in queste parti della Germania, ed anco dove s'intendesse, quando ella fosse vera » [71].

Un atteggiamento così risoluto e negativo Pio IV, da esperto diplomatico qual era, non l'avrebbe mai preso, per timore di compromettere gli sviluppi del Concilio, che tante fatiche gli costava, e anche tante spese, e dal quale si riprometteva tempi migliori per la Cristianità.

Se non che la tendenziosità di quella voce appare limpidamente dai fatti che seguono.

Il Papa non aveva visto di mal occhio i dodici articoli di

---

[68] SUSTA, II 64.
[69] SUSTA, ibid.
[70] CASTANO, 125 e 206.
[71] CASTANO, ibid.

forma presentati in Concilio, ma prudentemente avvertiva i legati di « haver cura che ne la trattazione del primo » non si disputasse *an residentia sit de iure divino,* « perche — spiegava il Borromeo — saria cosa che potrebbe generare qualche inconveniente: però basterà che si tratti del trovar via et forma che oblighi i prelati a far le loro residentie, senza entrar poi più oltre ». E in ciò — insisteva il solerte collaboratore di Pio IV — « Sua Santità haverà caro che si usi ogni circumspetione » [72].

Queste norme la Santa Sede le impartiva dietro informazioni segrete del card. Simonetta, e a lui con gesto di speciale fiducia il Papa ne affidava l'osservanza [73], quantunque il 26 marzo l'intero collegio legatizio assicurasse il Borromeo che si vedrebbe « di tener i padri sulle cose proposte, sì che non cambieno materia, nè passino *de genere in genus,* essendo che l'articolo da noi proposto spetta alla riforma, et quest'altro — *an residentia sit de iure divino* — alla fede et al dogma; et già destramente s'è cominciato con buona occasione a parlarne con qualch'uno » [74].

L'impressione prodotta sui vescovi da codeste voci ufficiose è ben descritto in un dispaccio di Mons. Gerolamo Gallarate, vescovo di Sutri e Nepi, allo zio card. Morone. « gl'animi — dice — si sono molto raffreddati et smarriti, quasi con disperatione che non si sia per far cosa buona, poiche il punto più principale non si vuol intendere ». Tacitamente il Gallarate attribuiva quell'ordine a Simonetta, che aveva « sempre mostrato di non voler comportar » il *ius divinum* della residenza; ma insisteva con Morone perchè facesse « qualche buon ufficio » col Papa in quel negozio [75].

Se fosse il Morone o altri a ottenere che Pio IV tornasse sulle emanate disposizioni, non saprei. E' certo che il 19 marzo, mentre a Roma si intensificava il lavoro di riforma [76], il card. Borromeo così scriveva ai legati: « Et quando pur non si possa schifare di trattare se la residenza sia o non sia *de iure divino,* et

---

[72] *Borromeo ai legati,* Roma 18 mar. 1562 (SUSTA, II 65).

[73] SUSTA, II 65.

[74] SUSTA, II 66.

[75] SUSTA, II 70.

[76] Se ne vedano i ripetuti accenni nella corrispondenza personale del Borromeo a Simonetta (CASTANO, 128).

che il resistere a quei padri ... possa partorire scandalo, Sua Santità dice che si contenterà che se ne tratti, se così a le Signorie
Vostre Illustrissime parerà, a le quali totalmente si rimette » [77].
Quasi colle stesse parole il card. Simonetta era avvisato dal Borromeo della nuova risoluzione pontificia [78].

Anche qui : come spiegare la condotta remissiva del Papa?
Debolezza o calcolo? Pensò forse che, senza assumersi l'odiosità
personale di un divieto, il Simonetta e gli altri legati avrebbero
strenuamente difeso gl'interessi della Santa Sede contro le indi-
screte pretese del partito di Guerrero, o non piuttosto ritenne che
da una eventuale chiarificazione e definizione circa il diritto divino della residenza non seguirebbero mali irreparabili per la Chiesa?

Ci si può anche domandare quale fosse la vera opinione del
Papa di fronte al problema della residenza, dato che la sua politica in materia, dopo aver oscillato tra la cautela e il timore, si
risolveva in sempre più larghe concessioni.

Se si vuol stare alla parola di Antonio Vargas, Pio IV rite-
neva esser la residenza *de iure divino* : lo avrebbe detto egli stesso
all'ambasciatore cattolico in privata udienza [79]. Anche Mons. Ip-
polito Rossi, vescovo ausiliare di Pavia sostenne più tardi, davanti
al Concilio, di « haver sentito con le sue orecchie proprie dir a
Nostro Signore, che la residentia è *de iure divino* » [80]. D'altra
parte, come sopra ricordammo, in due pubbliche circostanze il
Papa si mostrò di questo parere [81]. Meno categorico invece appare
il pensiero pontificio nella relazione di Federico Pendasio, inviato

---

[77] *Il card. Borromeo ai legati*, Roma 25 mar. 1562 (SUSTA, II 73).
[78] « Le dirò anche che quando non si possa schifar di trattare se la
residentia è o non è *de iure divino*, et che far resistentia in questo possa
partorir scandalo in quei padri, Sua Santità dice che non gli dispiacerà
che se ne tratti, et che in ciò si rimette a la prudenza de le Signorie Vostre
Illustrissime » : *Il card. Borromeo al card. Simonetta*, Roma 29 mar. 1562
(Arch. Vat., *Concilio* t. 51 f. 17).
[79] *Vargas al Marchese di Pescara*, Roma 26 apr. 1562 (CDI, IX 137).
[80] *Il vescovo di Cava* - Tommaso Sanfelice - *a Mons. Paolo Odescalchi*, Trento 16 apr. 1562, *estratto* (JEDIN, 107) et CT, VIII 451 e III p. I 312.
[81] CT, VIII 7 e 66. Anche il card. Gonzaga sostenne in privato che
Pio IV fosse favorevole al diritto divino della residenza (SUSTA, II 32).
[82] *Riporto dell'Arrivabene dal Pendasio* (SUSTA, II 113).

a Roma dai legati nel mese di aprile, per informare la Santa Sede sulla vita del Concilio e avere più sicuri indirizzi [82].

Ma a quell'epoca le cose si erano profondamente mutate, e Pio IV, accorgendosi di essere andato troppo avanti, cominciava a retrocedere.

6. Come si è potuto arguire dal sin qui detto, il problema della residenza mise lo scompiglio e la divisione tra i Padri. Si delinearono infatti tre correnti ben definite: dei *riformatori* ad oltranza, degli astiosi *conservatori* o *curiali* e dei *moderati* benpensanti.

I primi, tra cui gli spagnuoli di Guerrero, combattevano per il diritto divino della residenza e lo volevano definire in Concilio; i secondi, tutti italiani, lo osteggiavano accanitamente; gli ultimi, che lo Sfondrati presenta come le personalità più spiccate del sinodo, simpatizzavano per il diritto divino della residenza, senza farsene acerrimi propugnatori e senza trarne conseguenze peregrine [83]. Da notare che i *moderati* fecero poi causa comune coi *riformatori*.

Le contrastanti posizioni ideali emersero nelle congregazioni o sedute che il Concilio tenne sui primi quattro articoli di riforma dal 7 al 17 aprile [84].

Primo a proporre « con mirabil gentilezza e prudenza » che non vi fosse « miglior via per mostrare la necessità di risiedere, che l'esaminare *quo iure sit residentia* » fu il Guerrero, da tutti « benignamente ascoltato » [85].

Il silenzio dei legati, ispirato com'è facile pensare al dispaccio del Borromeo in data 29 marzo giunto a Trento il 4 aprile [86] destò le meraviglie e anche suscitò il dispetto dei *curiali*, giacchè uno dei più appassionati oppositori del *ius divinum* della residenza [87], il domenicano Tommaso Casello, vescovo cavense iunior, aveva scritto il 2 aprile a Mons. Odescalchi, uditore del card.

---

[83] Cfr. CASTANO, 128-133, dove la questione è trattata con qualche ampiezza, e dove si dànno i nomi dei principali rappresentanti di ogni gruppo.

[84] CT, VIII 402 segg.

[85] *Mons. Calini al card. Cornaro*, Trento 9 apr. 1562 (BALUCE, IV 222); anche CT, VIII 403,

[86] SUSTA, II 71.

[87] CDI, IX 260.

Borromeo, assicurando che i legati stroncherebbero « le parole in bocca » ai prelati spagnuoli, qualora insinuassero nei loro voti il diritto divino della residenza ; « con avvertirli — diceva — che nè Nostro Signore nè le loro Signorie Illustrissime propongono tal questione, ma che dichino li rimedii che possono far reseder i prelati » [88].

Dall'acquiescente condotta dei rappresentanti del Papa presero invece coraggio quelli dell'opposta fazione ; e dopo il Guerrero gli arcivescovi italiani Lodovico Beccadelli di Ragusa e Muzio Calini di Zara, entrambi molto stimati in Curia per sapere e probità di vita, votarono anch'essi a favore del *ius divinum* [89].

Le conseguenze della permessa libertà di parola apparvero nelle congregazioni seguenti. Il livore anticurialista dei *riformatori* scoppiò, irriverente e inopportuno, in motti, frizzi, allusioni, ironie e invettive contro i dicasteri di Curia e perfino contro la augusta persona del Papa [90].

I *curiali*, del canto loro, non furono da meno. Anzi lo Sfondrati osserva che alcuni italiani si portarono « quasi più immodestamente » degli spagnuoli : « vanno così apertamente a *complacebo* — scriveva al fratello il 9 aprile — che non si guardano di tirar dei motti fastidiosi addosso a questo o a quello, acciochè si possi poi scrivere costì che fanno *maria et montes* » [91].

Il danno fu che, a votazioni finite, i legati non riuscirono a fare un computo esatto delle opinioni dei votanti [92], poichè ognu-

---

[88] *Mons. Casello a mons. Odescalchi,* Trento 2 apr. 1562, *estratto* (Arch. Univ. Gregor. cod. 240 f. 6r) ; sull'importante contenuto di questo codice cfr. JEDIN, 74 segg.

[89] *Mons. Calini al card. Cornaro,* Trento 9 apr. 1562 (BALUCE, IV 223) e CT, VIII 403. Il Beccadelli, oltre a dirla oralmente, diede per iscritto il suo voto ai notai del Concilio (CT, VIII 413 segg.).

[90] Se ne ha un saggio in CASTANO, 135-137.

[91] CASTANO, 138.

[92] « Si finì sabàto - 17 aprile - di pigliare i voti sopra li quattro primi articoli et chi volesse torre a dare conto (anco sommariamente) di quel che vi si è detto sopra, piglierebbe la più difficile, la più intricata et la più fastidiosa impresa che per aventura si possa imaginare, et Dio sa quando et con quanti fogli et con che honore ne potesse uscire » (*I legati al card. Borromeo,* Trento 20 apr. 1562, SUSTA, II 86).

no, al dir del Seripando aveva parlato non « per modo di voto, ma di prediche et dottrine » [93].

Si venne così alla malauguarata seduta del 20 aprile 1562, nella quale i vescovi furono invitati a precisare con le sole parole *placet vel non placet* il loro pensiero circa il diritto divino della residenza, ma che fallì allo scopo [94].

Ad aggravare la situazione s'era aggiunto il dissenso fra i legati. Già il voto di Mons. Guerrero aveva messo fin dal 7 aprile la discordia tra Ercole Gonzaga, cardinal di Mantova e presidente del Concilio, e il card. Simonetta, poichè mentre il primo lo gradiva, il secondo lo impugnava come intinto di idee gallicane [95]. Proprio in ciò sta la ragione del disparere, vale a dire nelle malcelate intenzioni o meno degli spagnuoli. Un *estratto* del dispaccio che il Simonetta inviò al Borromeo il 27 aprile illumina questo retroscena: « Erano alcuni delli colleghi — leggi Gonzaga e Seripando — differenti d'opinione dal Simoneta che [gli] Spagnoli non andassero si mal cammino. Onde li legati non erano d'accordo, benche da principio tutti fossero stati d'accordo che non si toccasse questo punto, *an residentia esset de iure divino* » [96].

C'è di più. In una precedente lettera Simonetta diceva al Borromeo che il card. Gonzaga « voleva ... si dichiarasse » il diritto divino della residenza, ma che era stato « reietto da tutti gli altri » [97]; e in quella testè ricordata del 27 aprile, che diceva esser intenzione del Papa « che si dechiarasse che era [la residenza] del *iure divino* » [98].

E se non c'inganniamo, dal rapporto che i legati stesero la sera del 20 aprile sulla movimentata congregazione del pomeriggio, trapela l'animo del Gonzaga, il quale con fine e garbata insinuazione cerca di conquistare Pio IV alla sua idea, essendo che

---

[93] *Il card. Seripando al card. Borromeo,* Trento 17 mag. 1562 (CT, III p. I 184).

[94] Su quella movimentata assemblea cfr. EHSES S, *Eine bewegte Abstimmung auf dem Konzil von Trient 20 April. 1562* in Miscellanea Francesco Ehrle, III (Roma 1924) 224-234; JEDIN, *Girolamo Seripando,* II 147 segg.; CASTANO, 146 segg.

[95] SUSTA, II 82.

[96] *Il card. Simonetta a Borromeo,* Trento 27 apr. 1562, *estratto* (SUSTA, II 92).

[97] SUSTA, II 89.

[98] SUSTA, II 92.

« nella parte del *placet* — dice lo scritto — sono i voti di tutte le nazioni che son qui : Italiani, Spagniuoli, Portoghesi, Francesi, Ungheri et Inglese, et in quella del *non placet* non sono se non italiani » [99].

Comunque la lettera ha il sapore di un ricorso al Papa onde averne una parola decisiva.

7. Per capire la condotta prima riservata e poi sdegnosamente risoluta del pontefice di fronte al dibattito tridentino sulla residenza, più che fermarsi ai fatti e alle parole, bisogna scrutare le intenzioni di coloro che lo suscitarono, poichè il paravento della riforma — necessaria, urgente, da condursi a fondo — poteva nascondere mene occulte e pericolose.

Per gli spagnuoli di Guerrero il diritto divino della residenza costituiva, si è detto, un postulato dell'*episcopalismo anticentralista;* perciò il loro atteggiamento al Concilio va considerato sullo sfondo di questa teoria, nella quale non tutto era chiaro e definito.

In sostanza essi intendevano ampliare l'autorità dei vescovi, non solo contro le ingerenze della Curia nel governo delle diocesi, ma anche a scapito della stessa autorità del Papa. E qui stava il maggior pericolo, sull'orlo del quale non era facile trattenersi, anche perchè — e lo si è pure notato — nell'atmosfera religiosa del tempo si ripercuotevano ancora gli echi delle idee conciliariste e gallicane, non del tutto spente [100]

Bastino tre testimonianza: l'una di Ercole Pagnano, procuratore del Marchese di Pescara, che intervenne al Concilio quale rappresentante di Filippo II; l'altra del card. Simonetta; e la terza di Mons. Pietro Gonzalo de Mendoza, vescovo di Salamanca.

Il primo, che era in grado di conoscere le tendenze del grup-

---

[99] *I legati al card. Borromeo,* Trento 20 apr. 1562 (SUSTA, II 88); si veda anche il dispaccio del Gonzaga e Seripando al Borromeo in data 23 aprile, (SUSTA, II 90 seg.) dal quale si apprende che il Seripando condivideva le idee del cardinal Presidente.

[100] Fin dalla prima convocazione del Tridentino Roma temette un'eventuale rinascita del conciliarismo vero e proprio (CT, IV LIII e LXII); anche Pio IV condivise questi timori (CT, II 480 seg. e FERRANDIS M., *op. cit.,* II 266); ma in realtà esso non fece al Concilio che qualche breve comparsa e per opera di francesi, non di spagnuoli (SCHMIDT, *Studien zur Geschichte des Konzils von Trient*, Tübingen 1925, 145-151).

po capeggiato dal Guerrero, scriveva da Trento nel novembre 1562 che « per suo particolar interesse » i vescovi spagnuoli non volevano « haver ... in molte cose per superior il Papa e in altre il Re, ma solo esser papa e re ogn'un di loro nel suo vescovato » [101]. Del card. Simonetta si sa che biasimò aspramente il voto emesso il 7 aprile da Mons. Guerrero a favore del diritto divino della residenza, dicendolo « franco ma velenoso, et quale andava al camino del Basiliense di far certi fondamenti et costruzioni apparenti per edificar poi sopra il male » [102]. E' noto poi il testo di Mons. di Salamanca [103], il quale lasciò scritto nelle sue memorie sul Tridentino che i francesi combattevano « *por la autoridad del Concilio sobre el sumo Pontifice* », gli spagnuoli « *por la autoridad de los obispos* », e gli italiani « *por la del papa* » [104].

Non si può dunque concludere che invocando il diritto divino della residenza — e in genere sostenendo le dottrine episcopaliste — gli spagnuoli intendessero menomare il primato pontificio; ma è innegabile che dal loro modo di agire in pubblico e in privato, dalle loro conversazioni e discussioni, dall'impegno che mettevano nell'informarsi di tutti gli abusi della Curia [105], trapelarono le segrete intenzioni da essi accarezzate. E non è da stupire che il card. Simonetta se ne impensierisse forse esageratamente.

Infatti il diritto divino della residenza colpiva a morte la pluralità dei benefici e le « pensioni », tanto in auge tra i cardinali e gli alti prelati della Curia; aboliva i ricorsi e le dispense per le quali bisognava dipendere dai nunzi e dai dicasteri romani; e dava ai vescovi ampia libertà nel conferimento delle parrochie e prebende.

Ma il peggio si è che dal diritto divino della residenza alcuni traevano conseguenze incerte e pericolose. Fin dal 19 marzo Mons. Sfondrati scriveva al fratello che molti partigiani del *ius divinum* ritenevano che dalla residenza « non si possi dispensare

---

[101] *E. Pagnano a G. Perez*, Trento 22 nov. 1562 (CDI, IX 319).

[102] Susta, II 82.

[103] Assieme a Mons. Martin de Còrdoba y Mendoza, vescovo di Tortosa, era tra quelli che Roma aveva guadagnato alla sua causa (Susta, I 161, II 89 seg).

[104] CT, II 681.

[105] Si veda quel che ne scrissero Pacifico Arditi e il vescovo di Cremona al Barone Sfondrati (Castano, 101).

nè espressamente, nè tacitamente, nè per tolleranza » [106]; e qualche altro spingendosi più innanzi azzardava l'opinione che ciò non
sarebbe lecito neppur per giusta causa [107]. Inoltre, per confessione
dei vescovi di Orense, Almerìa e Leòn, si seppe che gli spagnuoli
dal diritto divino della residenza facevano dipendere i tre arti
della riforma [108]; e quest'ultimo ebbe l'imprudenza di affermarlo
in pubblico, suscitando le ire dei colleghi desiderosi di tener celate
le loro aspirazioni [109].

Il fatto accrebbe i timori del card. Simonetta che già vedeva
oscuro nella condotta degli spagnuoli. Ne scrisse infatti a Roma
molto impensierito, dicendo fra l'altro che il *ius divinum* della
residenza « non mirava ad altro che a legar le mani al papa ».
Del suo avviso era anche il card. Hosio, quarto legato al Concilio, per il quale il *ius divinum* « enervava l'autorità della Chiesa
et anco tendeva a mostrar che il Concilio [è] sopra il Papa ».
D'altra parte — osservava ancora il Simonetta — una eventuale
definizione del *ius divinum* « portava seco la condemnatione di
tutti [i] papi che hanno indistintamente dispensato alle incompatibilità » : il che darebbe ai protestanti l'occasione propizia di denigrare la Santa Sede, biasimando la condotta dei passati pontefici [110].

Questa resistenza, che potrebbe dirsi diplomatica, era stata
preceduta da una resistenza polemica ad opera dei *curiali*. Anch'essi però non seppero stare nel giusto mezzo. Per tener fronte
agli avversari, tirarono in campo l'utile e l'interesse della Santa
Sede, e cercarono di esagerare le conseguenze che i *riformatori*
presumevano trarre dal diritto divino della residenza, allo scopo
di poterlo più facilmente combattere e per incontrare il plauso
degli « amici » e « padroni » di Roma, dove si seguivano ansiosamente le vicende del Concilio. Costoro — scrive un domestico
dello Sfondrati — « per parer sviscerati del Papa, cercano impedire questa materia, per dubbio che non si sminuischi l'autorità

---

[106] CASTANO, 127 e 202.

[107] CASTANO, 128 seg.

[108] *Lettera* - senza firma nè destinatario - *su la residenza*, Trento
20 apr. 1562 (DÖLLINGER, III 330).

[109] SUSTA, II 89; CT, VIII 444 seg.

[110] SUSTA, II 89.

pontificia » [111]. Infatti Mons. Casello, uno dei più accesi *curiali*
sin dal 2 aprile scriveva con fare tendenzioso all'Odescalchi : « se
si dichiarasse la residentia esser *de iure divino*, sarebbe un levar
l'auttorità principale al vescovo universale » [112].

E tali esagerazioni, mascheranti il proprio interesse, non mancarono di produrre un effetto contrario sui *riformatori*. Non a
torto un vescovo italiano, dopo aver detto a un cardinale di Curia
che i presuli di Orense, Almerìa e Leòn avevano parlato « molto
lungamente et dottamente », ribattendo « per capo » tutto ciò che
aveva detto « il Thedeschino » — Mons. Stella — contro il diritto divino della residenza, conclude : « di maniera che si potrà
dire che il Thedeschino [è] in gran parte causa che si venghi a
questa risolutione, havendo voluto provare fuor di materia che la
residentia non era *de iure divino* » [113].

Dei *Curiali* e del concetto che si aveva a Trento sul loro modo
di agire, lo Sfondrati ne discorre al fratello nei seguenti termini :
« questi tali col difendere così debolmente e con ragioni più tosto
sensuali e *particolari* questa [opinione], si fanno avere talmente
in mal concetto da tutti, che per me non vorrei essere uno di
quelli » [114]; e il 23 aggiungeva trattarsi di persone le quali « per
aver avuto buon tempo in Roma, non vogliono veder alterato
niente » [115].

Tra i due gruppi in così fragrante contrasto per idee ed intenzioni, spicca di luce più viva la rettitudine dei *moderati*, fra
i quali si contavano uomini della tempra dei summentovati arcivescovi Calini e Beccatelli. Nel diritto divino della residenza essi
non vedevano che un mezzo energico ma necessario di riforma,
col quale semmai si ribatteva la sentenza di quelli che ne afferma-
vano il semplice diritto positivo. Nell'*estratto* di una lettera del
vescovo di Ugento in data 13 aprile si legge : « che li migliori di
vita et dottrina sono di parere (si come è anco lui) che si facci
questa dichiaratione per levar ogni dubbio mosso da quelli che
hanno scritto non esser *de iure divino*. Et che quando il Concilio

[111] CASTANO, 140.
[112] *Mons. Casello a mons. Odescalchi*, Trento 2 apr. 1562 (Arch. Univ.
Gregor., Cod. 240 f. 6r).
[113] DÖLLINGER, III 331.
[114] CASTANO, 151.
[115] CASTANO, 156.

non fusse congregato per altro, si dovrebbe congregare solo per questo. Et conclude che Sua Santità deve instar che si facci questa dichiaratione per conscientia sua et per dignità del Concilio et anche per non dar da dire alli adversarii » [116].

Dopo tutto ciò se è lecito intuire e chiarire le intenzioni dei legati si potrebbe dire che i cardinali Gonzaga e Seripando condividevano non le intenzioni degli spagnuoli, o se piace dei *riformatori*, ma dei *moderati;* mentre Simonetta e Hosio, per paura che gli spagnuoli tralignassero — e peggio sarebbe stato quando fossero giunti i francesi — s'avvicinavano ai *curiali*. Dico s'avvicinavano, perchè sembra fuori dubbio, che il Simonetta facesse questione di sola inopportunità. Di lui Mons. Fascarari scriverà al card. Morone il 18 maggio: « So bene che Mons. Illustrissimo Simonetta in presenza mia e di molti altri ha detto che non dubita punto che la residentia non sia *de iure divino,* sebbene non giudica espediente che si chiarisca » [117].

Ma di che opinione erano il Papa e la Curia?

8.. Della Curia bisogna dire che l'eventualità di veder discusso e definito a Trento il diritto divino della residenza, la scosse e la mise in orgasmo, quasi fosse in pericolo la sua vita. Il card. Francesco Gonzaga, nepote del presidente del Concilio, l'11 aprile così ne scriveva allo zio: « Qui si fa un gran rumore che si habbia da trattare *an residentia sit de iure divino,* et questi cardinali che hanno chiese, et i cortigiani che hanno parrocchiali stanno tutti con l'animo sospeso; però — suggeriva — quando si potesse fugir questo scoglio, crederei che si darebbe a questa corte una buonissima nuova »; tanto più che « molti amici » lo pregavano di fare quella raccomandazione [118]. E il 22 dello stesso mese, ritraendo l'inquietudine della Curia, informata delle prime votazioni sulla residenza, riscriveva: « non voglio manco lasciar di dirle che tutta questa corte è sottosopra, et hormai non posso vivere con i curiali,

---

[116] *Il Vescovo d'Ugento a li 13 d'aprile di Trento* (Arch. Univ. Gregor., Cod. 240 f. 6ᵛ).

[117] *Mons. Foscarari al card. Morone,* Trento 18 maggio 1562 (*Monumenti di varia letteratura tratti dai manoscritti di Mons. Lodovico Beccatelli Arciv. di Ragusa,* 3 voll. Bologna 1797-1804, cfr. II 328).

[118] *Il card. Francesco Gonzaga al card. Ercole Gonzaga,* Roma 11 apr. 1562 (DREI, 227).

perche dubitano che si risolva *an residentia sit de iure divino;* però —tornava a insistere con lo zio —io supplico a fuggir questo scoglio, se è possibile, perchè siccome hora tutti se ne dogliono quanto possono, così se saranno liberati da questa angoscia, havranno a Vostra Signoria Illustrissima infinito obbligo » [119].

Da Trento poi, con zelo indiscreto, molti *curiali* soffiavano nel fuoco. Basti come prova un dispaccio di Mons. Casello all'Odescalchi, dove si legge : « quando sia dechiarata la residentia esser *de iure divino,* ve andaranno appresso in dubio li casi riservati a Nostro Signore, le dispense, le administrationi delli Reverendissimi cardinali, le dispense a più benefici curati, et la comparatione del Papa col Concilio » [120].

Da Roma, a sua volta, partivano lettere nelle quali ora con lodi e approvazioni, ora con preghiere e minacce, si cercava di neutralizzare l'azione dei *riformatori.* Nello scritto del 23 aprile Mons. Sfondrati narrava al fratello : « Albenga — Mons. Carlo Cicada, vescovo di quella città — mi ha mostrato ieri una lettera del suo Cardinale — Giovanbattista Cicada, conosciuto per il suo titolo come cardinale San Clemente — nella quale scrive queste precise parole : *Non lasciate passar costì la determinazione di questa Residenza, perche non vuol dire altro che ligar le mani ai Superiori.* Or vedete — commenta lo Sfondrati — che parole son queste da scrivere ...; tanto più che il Nipote per tirar le persone dalla sua con l'autorità d'un cardinale, mostra queste lettere » [121].

Benchè del mese di giugno, quando cioè la disputa della residenza era passata in seconda linea, merita di venir qui ricordata la lettera che il card. Morone scrisse al nepote Mons. Gerolamo Gallarate, vivace sostenitore del *ius divinum.* Siccome il Gallarate aveva scritto allo zio che sarebbe stato uno « scandalo » il non fare quella dichiarazione, questi gli rispondeva enfaticamente : « Sarebbe maggior scandalo a dechiararlo — il *ius divinum* — essendo tanta divisione fra voi, et vedendosi tanta contentione per una cosa non necessaria .. Scandalo è, volendo che que-

---

[119] *Il med. al med.,* Roma 22 apr. 1562 (DREI, 234 in nota; cfr. anche 231 nota 1).

[120] *Mons. Casello a mons. Odescalchi,* Trento 16 apr. 1662 (JEDIN, 107).

[121] *Mons. Sfondrati al fratello,* Trento 23 apr. 1562 (CASTANO, 220).

sto Concilio sia continuato, come deve essere, voler ritrattare le determinationi già fatte sopra ciò [122]. Scandalo è voler dannare la Chiesa passata et tanti santi Pontefici et concilii et dar occasione alli heretici di vituperar li concilii che non hanno voluto determinar questo. In summa scandalo, danno e vergogna è voler, sotto specie di pietà, dar occasione di ruvinare la Santa Chiesa a chi avesse mala intentione; et se non conoscete questo — proseguiva amaramente il Morone — sete degno di maggior compassione, ma non di iscusatione, perseverando in tanta ostinatione, la quale voi forse reputate constanza ». E più innanzi concludeva: « Vi dico che io stimo nissuna cosa poter esser più nociva alla Chiesa di Dio, che trattare di questa dechiaratione...; et spero che Dio non permetterà che le practiche et li maligni disegni delli huomini accompagnati dall'ignoranza di alcuni altri (parlo quanto a questo effecto) prevaglia » [123].

La chiara allusioni agli spagnuoli dice quanto i timori del Simonetta si fossero comunicati ai più alti membri della Curia; ma la taccia d'ignoranza gettata sugli italiani del gruppo moderato, se pure contenuta e quasi riguardosa, non era che una calunnia per meglio colorire il proprio disappunto. « Queste conseguenzie, che si temono tanto costì — diceva candidamente Mons. Sfondrati al fratello — ogni volta che si termini questo Articolo, non vi diano fastidio, perche veramente non ne seguitano niune dannose costì, et a quel ch'io comprendo dall'animi dei nostri, stiamo qui apparecchiati più che tutti l'altri, per mantenervi più grandi che sarà in noi, con quanto avemo al mondo, e il sangue istesso, sì che quello che si fa ora, benche altri lo battezzino altrimenti, si fa a gloria e servizio di Dio e vostro, come ve ne accorgerete se vi ridurrete in voi stesso » [124].

Ma a Roma queste voci non erano ascoltate e tutti gridavano la croce addosso al card. Presidente, sul quale si faceva ricadere la responsabilità degli incresciosi ed audaci avvenimenti tridentini. Qualcuno arrivò persino a farlo autore dell'incriminato problema:

---

[122] Cfr. *Sess. VI, de ref. c. 1.*

[123] *Il card. Morone a mons. Gallarate,* Roma 13 giugno 1562, Historisches Jahrbuch, 37 (1916) 72 seg. e 74.

[124] *Mons. Sfondrati al fratello,* lett. *Se mai* allegata a un dispaccio del 27 apr. 1562 (CASTANO, 224).

an residentia sit de iure divino[125], e ad affermare che egli ed il card. Seripando erano « uniti et d'uno istesso volere alla ruina della Corte Romana »[126].

9. Gli scalpori della Curia insorta a difesa dei propi interessi, come pure le proteste del partito conservatore e i dubbi del Simonetta, da principio non influirono sinistramente su Pio IV. Aveva piena fiducia nei suoi rappresentanti e stimava troppo il card. di Mantova per supporre che a Trento potessero prevalere oscuri maneggi contro la Santa Sede[127].

Si era verso la fine di aprile, e a Roma si preparavano le risposte da mandare al Concilio per mezzo del Pendasio, venuto in nome dei legati a esplorare la volontà del Papa nei complessi problemi della riforma. Le notizie che si susseguivano di giorno in giorno su la crescente agitazione dei Padri a motivo della residenza, non toglievano al Papa il suo ottimismo. Tuttavia dalla lettera del 28 aprile, nella quale dà conto ai legati del lavoro di riforma che si veniva compiendo sotto i suoi occhi e grazie all'indomabile impulso della sua energica volontà, traspare una lieve preoccupazione. « Ben è vero che ci piace la riforma — asseriva il Papa con disinvolta chiarezza — ma non la distruttione di questa sede, come alcuni vorriano. Onde ci pare che si debba andar a poco a poco, et non far ogni cosa a un tratto, et considerar bene (come sapemo che farete) ; perchè sono alcune persone a chi si dà la mano quali vogliono poi pigliar tutto il braccio, et dopo il braccio tutto il corpo »[128].

Quello stesso giorno arrivò a Roma il dispaccio legatizio su la burrascosa congregazione del 20 aprile. Pio IV, pregato d'intervenire a dipanare l'intricata matassa della residenza, non mostrò fretta : « è materia degna di tanta consideratione per ogni

---

[125] *Il card. E. Gonzaga al card. F. Gonzaga,* Trento 23 apr. 1562 (DREI, 233).

[126] Da una relazione nella quale Camillo Olivo, segretario del card. Ercole Gonzaga, raccolse tutte le dicerie sparse contro il suo « Padrone ». (DREI, 233 seg.).

[127] Si veda quanto scriveva lo stesso card. Gonzaga al nepote il 27 aprile (DREI, 233).

[128] *Pio IV ai legati,* Roma apr. 1562 (SUSTA, II 100).

rispetto — scriveva subito il Borromeo — che la Santità Sua ha ragione di volerla prima ben consultare » [129].

Forti ragioni agivano sul Papa in un senso e nell'altro. Opporsi al diritto divino della residenza, ch'egli fino allora aveva mostrato di gradire, poteva ingenerare il sospetto che la Sede Apostolica cercasse di attraversare la riforma, tanto più trattandosi di un punto così capitale della disciplina ecclesiastica [130]; sancirlo con la sua autorità equivaleva a sconfessare il Simonetta e quelli che con lui pensavano di tutelare al Concilio gli interessi del papato e della Curia. Fra l'altro Pio IV temeva che la discordia dei vescovi, oltrepassate le mura di Trento, dilagasse nella cristianità [131].

Vagliati quindi i motivi che gli vietavano una netta presa di posizione in materia così delicata e tanto compromettente, risolse di rimandare a Trento il Pendasio senza nulla decidere.

Questi partì da Roma il 3 maggio portando uno schema di novantacinque articoli di riforma, « visti e decretati » dal Papa in base a un memoriale di riforma elaborato dagli spagnuoli venuti al Concilio e mandato a Roma dal card. Simonetta il 6 aprile [132].

Alle credenziali pontificie Pio IV di suo pugno aggiungeva questa raccomandazione per i legati: « havete da esser ben concordi et governarvi secondo li canoni et concilii passati, maxime et Tridentino et Lateranense et altri, et dovete non dubitare ponto et aspettare da noi quel che più volte vi havemo scritto, ciò è quanto possi et debba fare un bon papa, un bono gentilhomo, et bono cristiano » [133].

In realtà da questa postilla non emerge chiaramente la posizione che il Papa intendeva assumere. Suppliscono le note del Pendasio, il quale caduto da cavallo nel viaggio di ritorno dettava a Giovanni Francesco Arrivabene, mandatogli incontro dai lega-

---

[129] SUSTA, II 101.

[130] Negli *Avvisi di Roma* del 25 apr. 1562 è detto appunto che il Papa teneva molte congregazioni sulla riforma senza tuttavia concluder « nulla » (Bibl. Vat., Cod. Urb. lat. 1039 f. 358v).

[131] EHSES S, *Eine bewegte Abstimmung* (cf. n. 94), 233.

[132] Testo completo presso SUSTA, II 113-121.

[133] *Pio IV ai legati*, Roma 3 magg. 1562 (SUSTA, II 108).

ti, le sue commissioni. Dapprima il Papa non era contrario al diritto divino della residenza, purchè non se ne cavassero « conseguenze fastidiose »; conosciuta poi la disunione dei Padri, non si sarebbe opposto qualora « tutti unitamente » l'avessero determinato; ma « vedendo lo scandalo che dalla discrepanza dei voti loro ne può nascere alla christianità », non sapeva nè voleva risolversi « così presto », giacchè nelle cose « dubbie et importanti vi è bisogno ... di gran consideratione » [134].

Di suo il Pendasio faceva sapere ai legati che il diritto divino della residenza era molto mal visto a Roma, e che si sarebbe dato « un gran contento a tutta quella corte », se i rappresentanti del Papa e il Concilio avessero imposta la residenza « con quelle più gravi, strette et maggiori pene » che loro sembrassero più opportune allo scopo [135].

Un dispaccio del card. Borromeo a Mons. Alessandro Crivelli, vescovo di Cariati e nunzio a Madrid, spiega anche più minutamente la condotta di Pio IV. Egli era convinto che i fautori del *ius divinum* agivano per « mera malignità et captivo animo verso la Santa Sede; e che dalla sospirata definizione avrebbero preso ansa a sfogare il loro odio e risentimento contro la Curia. Nondimeno il Papa si era prefisso di non esprimere al Concilio la sua opinione, ma lasciare che esso « liberamente » decidesse a maggioranza di voti. Supplicava invece Filippo II di affrettarsi a spedire a Trento un suo buon ambasciatore che mettesse la concordia tra i vescovi spagnuoli e li tenesse uniti e soggetti ai legati, poichè il male proveniva « da la malignità d'alcuni » di essi e dalle loro « private passioni » [136].

Da quanto si è riportato è lecito dedurre una triplice conclucione: agli occhi della Santa Sede il pericolo non era giunto all'estremo da esigere un inderogabile intervento pontificio; il gruppo dei *moderati* — che potrebbero anche dirsi dei filospagnuoli in materia di residenza, sebbene non fosse una conquista del Guerrero e dei suoi colleghi — non veniva a Roma preso in grande considerazione; si sperava da ultimo e molto si confidava nell'aiuto

---

[134] *Riporto dell'Arrivabene dal Pendasio* (SUSTA, II 113).

[135] *Ibid.*

[136] *Il card. Borromeo a mons. Crivelli*, Roma 4 magg. 1562 (SUSTA, II 440 seg.).

del re Cattolico, ai cenni del quale i vescovi ispanici venuti a Trento avrebbero rinunciato ai loro particolari disegni.

10. Dopo la partenza del Pendasio, dal 3 all'8 maggio, le cose precipitarono.

Da Trento continuavano ad affluire a Roma le proteste di molti vescovi italiani, implacabilmente ostili al diritto divino della residenza, e la Curia ne fu innervosita al sommo. Il card. Francesco Gonzaga parla di « stridi » levantisi fino « al cielo »[137].

Ma nonostante le malignità che da molti si sussurravano contro il card. Presidente, Pio IV gli concedeva ancora il 6 maggio « grazie e favori ». Il Nepote però che vedeva sempre più oscurarsi l'orizzonte, quello stesso giorno scriveva allo zio « Vostra Signoria Illustrissima non può far cosa che sodisfaccia più al papa che governarsi conforme al parere del card. Simonetta ». Questo era anche il desiderio espresso del pontefice: « in modo che — diceva allarmato lo scrivente — vorei io più più tosto errare con Simonetta che far bene con tutto il Concilio »[138].

Nell'animo del Papa, come ognun vede, si era prodotto un sensibile mutamento. E la ragione è chiara. A uno a uno gli venivano tratteggiati e senza scrupoli esagerati gli effetti del temuto decreto a favore del diritto divino della residenza. Esso avrebbe incagliato la sua libertà nelle dispense; a corte non potrebbero più soggiornare i vescovi; impossibile assolutamente la pluralità dei benefici; i cardinali verrebbero a trovarsi nell'alternativa di lasciare Roma o spogliarsi delle chiese cattedrali e metropolitane di cui erano investiti; e i vescovi nelle rispettive diocesi assurgerebbero al grado di piccoli papi[139]. Filippo Musotti osserva acutamente che a Pio IV sembrava già di avere « li vescovi compagni in autorità e in ogni cosa, et li pareva di non esser più papa[140].

Ma su tutte codeste considerazioni, ciò che maggiormente preoccupò il Papa e lo trasse, in un momento di irascibilità, dalla sua politica temporeggiatrice, fu la divisione dei legati, cui pare

---

[137] *Il card. F. Gonzaga al card. E. Gonzaga,* Roma 6 magg. 1562 (DREI, 237).

[138] *Lett. cit.* (DREI, 238).

[139] *Vargas a Filippo* II, Roma 4 maggio 1562 (CDI IX 153); CT, III p. I 173.

[140] CT, III p. I 129.

debbano assommarsi le manovre dei nemici di casa Gonzaga, i quali sfruttarono il momento allo scopo di scalzare la riputazione del card. di Mantova.

Lo sdegno del Papa scoppiò impetuoso e incontenibile il venerdì 8 maggio « dopo desinare, allorchè, dominato dalla collera, risolse per l'indomani di nominare e dare la croce a nuovi cardinali legati che meglio servissero la Santa Sede ».

Non saprei chi versò nell'animo esacerbato di Pio IV la goccia che lo fece traboccare. Il card. Francesco Gonzaga ne discorre allo zio in questi termini : « La principal causa della risolutione è stata la paura che il Papa ha havuto che da questa propositione della residentia il Concilio non venghi in un'altra più cattiva, come fece già il Basiliense, et questa sospitione naturale di Sua Santità si fece tanto maggiore quanto che furono più di venti prelati che scrissero al Papa proprio che si andava a questo camino, et che le cose non potevano star peggio di quel che stavano, massimamente che i legati erano talmente discordi che havevano fatto parole tra di loro, e che Vostra Signoria Illustrissima et Simonetta non si parlano, però che bisognava provvederci con mandar nuovi huomini [141].

Anche il Borromeo descrive nel suo dispaccio dell'11 maggio al card. Gonzaga l'agitazione del papa e la fermezza del suo repentino proposito. « Io — afferma — non potrei dire a Vostra Signoria Illustrissima con molte litere quanti sono i rumori che vanno per questa corte, per litere d'infiniti di quei padri...; il che tutto, si come ha portato a Sua Santità un fastidio tale che mai più l'hebbe simile, l'ha anche messo in una fermissima volontà di mandar lì doi altri legati, e fra questi ha pensato nella persona di San Clemente — il card. Cicada — come bonissimo canonista » [142].

Il provvedimento era davvero estremo, Sarebbe stato un insopportabile affronto per il card. di Mantova cedere la presidenza del Concilio al Cicada che per ordine cardinalizio gli era superiore. Perciò il Nepote la sera stessa, d'accordo col Borromeo, che era « ancor lui tutto sottosopra », gli spedì in gran fretta Alberto Ca-

---

[141] *Il card. F. Gonzaga al card. E. Gonzaga,* Roma 9 magg. 1562 (DREI, 240).

[142] *Il card. Borromeo al card. E. Gonzaga,* Roma 11 magg. 1562 (SUSTA, II 140).

vriani, per informarlo della nuova risoluzione del Papa, prima che giungessero a Trento i corrieri pontifici [143].

I due giovani cardinali, uniti da legami di famiglia [144] temettero che il Presidente del Concilio, ferito nel suo onore, la rompesse apertamente col Papa; e però il Nepote pregava lo zio a sopportar quella « lotta » con la « sua solita prudentia », e a non venir a « rottura nissuna » [145].

Tuttavia, partito il Cavriani, egli si presentò coraggiosamente a Pio IV e protestò contro l'invio a Trento di nuovi legati: « et mostrai — dice — che la cosa mi premeva tanto, che il Papa stette sopra di sè » [146]. Anche il card. Borromeo fece « quelli offici » che sembravano più opportuni, per impedire l'esecuzione del disegno pontificio [147].

In realtà, sbollito lo sdegno del primo istante, Pio IV avrebbe desiderato « non offender » il card. di Mantova, e allo stesso tempo inviare a Trento il card. Cicada; e da quest'ultima risoluzione non lo trattenne altro — dice Francesco Gonzaga — « che i gridi che ho fatto io » [148].

Anzi lo stesso card. Gonzaga osserva che come « la risolutione — d'inviare altri legati al concilio — fu subita..., così non fu anco molto maraviglia che [il Papa] si pentisse di haver il sabato mattina fatto chiamare la congregatione nella quale esso non solo haveva risoluto di far et publicar i legati, ma di darli la croce anchora, et già erano stati avvisati i maestri di cerimonie » [149].

Infatti in quell'adunanza tenuta la mattina del 9 maggio, seb-

---

[143] DREI, 239 nota 1.

[144] Il fratello del card. Francesco, Don Cesare Gonzaga, duca di Guastalla aveva da poco presa in isposa Camilla, sorella del card. Borromeo.

[145] DREI, 239 nota 1. Dalla lettera del card. F. Gonzaga allo zio in data 9 maggio si capisce che il card. Sant'Angelo - Ranuccio Farnese - s'aspettava e s'augurava la rottura del card. di Mantova con Pio IV, il che priverebbe Casa Gonzaga del grande influsso che godeva a corte (DREI, 241).

[146] *Il card. F. Gongaza al card. E. Gonzaga*, Roma 9 magg. 1562 (DREI, 240).

[147] *Il card. Borromeo al card. Gonzaga*, Roma 11 maggio 1562 (SUSTA, II, 140).

[148] *Il card. F. Gonzaga al card. E. Gonzaga*, Roma 9 magg. 1562 (DREI, 240).

[149] *Lett. cit.* (DREI, 240).

bene proferisse parole amare contro il « disordine » del Concilio, non creò nuovi legati, ma si limitò a dire « che voleva in ogni modo publicarli ». Quanto al grosso problema della residenza assicurò di voler scrivere un Breve al Concilio nel quale si ordinasse che per intanto non era « spediente » trattar quella materia [150].

Il card. Gonzaga che voleva « scapar — son sue parole — quella piena » si strinse nelle spalle [151]. Difatti con l'aiuto del Borromeo era riuscito a vincere, e poteva essere contento per sè, per lo zio, e per tutta Casa Gonzaga.

L'11 maggio partiva da Roma una lettera del Borromeo che in nome del Papa ordinava al card. di Mantova di adoperarsi a tutt'uomo per « sopire » il dibattito circa la residenza [152].

La prima fase dell'angoscioso problema si poteva dire chiusa e la vittoria dei *curiali* sui riformatori assicurata.

---

[150] *Il card. F. Gonzaga al card. E. Gonzaga,* Roma 10 magg. 1562 (DREI, 29 segg.).

[151] *Il card. F. Gonzaga al card. E. Gonzaga,* Roma 9 magg. 1562 (DREI, 240).

[152] *Il card. Borromeo al card. Gonzaga,* Roma 11 magg. 1562 (SUSTA, II 139 segg.).

L. Lopetegui, S. I.

El Papa Gregorio XIII

y la Ordenación de mestizos

hispano-incáicos

Collectionis totius n. 13

Roma, 1943

Libreria Herder

Typis Pontificiae Universitatis Gregorianae

I

Orientaciones sobre el problema del Clero indígena en la América española del s. XVI.

La cuestión de clero indígena en la América Española es una de aquellas que el reciente movimiento misional pro-indígena ha exhumado de los olvidados archivos o escritos de polémica, para juzgarla a la faz del orbe católico.

La dirección de las opiniones era fácil de prever. Muchos escritores no españoles, que por razones obvias no han podido ponerse en contacto personal con la mole de documentos y publicaciones que iluminan el pasado colonial hispano, parecen inclinarse con cierta precipitación a juicios de conjunto, usando de los mismos cánones críticos aplicados a las cristiandades de la China y del Japón, o a las del antiguo Imperio romano, y son en general afirmativos y resueltos. Por lo mismo se les desliza con marcada facilidad cierta confusión entre los decretos de Concilios provinciales, cédulas reales y normas de gobierno de las Ordenes religiosas, mientras dan la sensación de amontonar obtáculos y nieblas, de donde salen mal parados e ininteligibles los nombres de criollos, mestizos y demás gama racial hispanoamericana aludida en los escritos.

Pero no faltan exceptiones significativas. Algo se acercó a la verdad el P. Juan Bertrand, misionero del Maduré, en un breve resumen sobre América [1], y mucho el P. Antonio Huonder, S. I. [2] en sus rápidas consideraciones sobre la realidad del problema indígena eclesiástico en las Indias Occidentales. Pero no llega a penetrar y menos esclarecer el fondo del problema, que no era por

---

[1] JEAN BERTRAND S. I. *Mémoires historiques sur les Missions des Ordres Religieux, et spécialment sur les questions du clergé indigène et et les rites malabares,* Paris 1862 61-66; 180-192; 192-199.

[2] ANTON HUONDER, S. I. *Der einheimische Klerus in den Missionsländern,* Freiburg i. B. 1909 capítulo primero.

otra parte el que más le interesaba en su investigación. Este se ilumina más en las exactas observaciones de Robert Ricard[3], quien al reconstruir el panorama misional mexicano anterior al 1572 a base exclusiva de la riquísima documentación hispano-mexicana, que es la única capaz de reconstruirlo históricamente, descubre al final de su trabajo la complejidad de la cuestión, y la insolubilidad práctica de la soluciones radicales o avanzadas propuestas.

En efecto, el problema presentaba en México dos aspectos que en cierto sentido lo desligan casi completamente de las misiones del Imperio romano y de las medievales: el problema de la raza y el de la cultura, junto a la floridísima legislación eclesiástica ya vigente en el siglo XVI. La continua afluencia de españoles al Nuevo Mundo cambió ya en el primer siglo grandemente su mapa etnográfico. Un grupo pequeño, pero organizado, vinculado estrechamente a la patria de origen, y aumentado continuamente por ella, ejerce la supremacía política, militar, económica y religiosa. Grupo que pronto da origen a una población más numerosa aún de mestizos e introduce por todas partes representantes de las razas africanas. Las modalidades de esta constitución racial y social, agravadas por el estado cultural, inmensamente bajo de muchísimas tribus indias y muy deficiente en las más progresistas, impedían prácticamente entonces la formación del clero indígena que sueñan algunos. Porque de ser éste posible entonces, sólo lo hubiera sido en el mejor de los casos en las regiones de cultura indígena más avanzada, los imperios azteca e incáico; pero éstas son precisamente las comarcas más hispanizadas tanto en sangre como en lengua y cultura, donde lo indígena como tal estaba en decadencia en el sentir de algunos[4], y donde el clero formado, difícilmente hubiera tenido entonces los caracteres que algunos sienten la tentación de prestarle. ¿O es que hubiera podido pretenderse la formación en el mismo país de un clero para los españoles y criollos, otro para los mestizos, otro para los indios y otro para los negros?. Tampoco puede vituperarse en absoluto la oposición de los blancos a ser regidos en lo espiritual por quienes acababan

---

[3] ROBERT RICARD. *La Conquête Spirituelle du Méxique. Essai sur l'Apostolat et les méthodes missionaires des Ordres Mendiants en Nouvelle Espagne de 1523-24 à 1572.* Paris 1933 340-344.

[4] Cf. por ejemplo el Bolletino della Reale Socità Geografica Italiana, 69 (1932) 396-397.

de salir del paganismo y de condiciones sociales y culturales tan distantes, cuando por otra parte no había falta de sacerdotes europeos o criollos relativamente numerosos.

Además esta abundancia, que hacia 1582 era real en las ciudades, y relativa en todo el país, del clero secular y religioso, quitaba al problema la acuidad que presentaba y presenta en otras partes, donde el clero extranjero era escasísimo; mientras que la admisión sin obstáculos de los criollos y la no tan rara de los mestizos, en espera del progreso y madurez espiritual, que fuera abriendo a los mismos indios las puertas del santuario, iba formando el único clero indígena en la recta acepción de la palabra, posible entonces en aquella original sociedad.

De la misma manera se presta a los conceptos más erróneos la comparación de lo que se hizo en América con la actitud de la primitiva Iglesia, que admitía en su clero con cierta rapidez a los originarios de los diversos países donde se establecía. En la primitiva Iglesia se trataba de judíos muy instruídos en la ley divina, o de gentiles de alta cultura, y en un tiempo en que ni la carrera de los estudios eclesiásticos como tal, ni la disciplina general, ni el celibato, existían como hoy. Al revés en la América española del siglo XVI, donde la mayoría de la población india pura era de deficiente o baja cultura, donde había que introducir la complicada legislación eclesiástica con sus severas normas disciplinares y el aprendizaje de diversas lenguas y ciencias, la cosa se present..ba con muy diverso matiz. Pretender ignorar estas circunstancias y por consiguiente insistir con cierta complacencia en los reproches que se pretenden hacer a la historia eclesiástica americana sobre este punto particular, es cortarse el único camino de solución equitable y exponerse a los errores y malas inteligencias donde vemos tropezar a no pocos. Tampoco pretendemos por lo demás defender en todo, ni mucho menos, la conducta observada en la materia, sobre todo en los siglos XVII y XVIII, que caen precisamente fuera de los límites cronológicos del presente artículo; sino insistir en que la cuestión es más compleja de lo que parece, y excluye por lo tanto con rigor ciertas generalizaciones y aplicaciones de criterios. Aun para los siglos XVII y XVIII se puede adelantar el aserto, que la legislación y la realidad del clero indígena en la América española ofrecen perspectivas más luminosas y católicas que las que se perciben en algunos escritores.

Adviértase finalmente otra circunstancia importante. En las Indias españolas jamás se puso el más mínimo reparo en admitir a las Ordenes sagradas a los *criollos* propiamente dichos, es decir a los nacidos en América de padre español y madre española. Si alguna dificultad se presentó en diversos casos, no provino ciertamente de su nacimiento americano, sino de los capítulos de irregularidad que rigen en todas partes, o de algunos defectos personales por los que se les creyera menos aptos para el sacerdocio. Y no tiene nada de particular cierta tendencia a una vida más libre y menos ordenada en quienes habían nacido y sido criados en aquel ambiente colonial de disciplina menos severa que la de la Península, y en calidad de señores de la tierra y de los indios.

II

Ordenaciones de mestizos en la América española hasta 1576.

Con estas salvedades imprescindibles a quien quiera introducirse en el delicado terreno que pisamos, vamos a reproducir en el presente artículo un par de documentos inéditos, sacados del Archivo Vaticano, que iluminan una de las más felices intervenciones de la Santa Sede en favor de los mestizos del virreinato peruano del siglo XVI. Ante de transcribir los nuevos documentos, recogeremos algunos datos previos que los harán más inteligibles. Los sacaremos del artículo del P. Bayle « España y el clero indígena en América » [5], del ya alabado libro de Ricard « Conquête spirituelle du Méxique » y de nuestros propios apuntes de impresos e inéditos.

En la legislación sobre la ordenación de los mestizos es básica para el siglo XVI la Real Cédula de Felipe II del año 1588, por la que se autoriza puedan recibir incluso el sacerdocio. Pero antes de esta Cédula tuvieron lugar varios tanteos y experiencias a cuyo ritmo se fueron acomodando decretos episcopales y sinodales. Lo más interesante en ese ritmo es la marcha contraria que durante varios años llevan el Papa Gregorio XIII y el Rey Felipe II.

---

[5] En Razón y Fe 94 (1931) 213-225, 521-535.

En *Nueva España* hubo en los primeros decenios — como es sabido — una primera tentativa de educación e intrucción de los indios[6]. Después de ella, el primer Concilio provincial mexicano (1555) no los admite a las órdenes sagradas, pero el tercero de 1585 deja ya un portillo abierto, por el que el correr del tiempo y el modo de pensar de cada Obispo pudieran introducir tantos cuantos quisieran, pues solo se ordenaba tener grande selección en admittir los mestizos; y aun se decretó lo mismo de los indios[6a].

En el *Perú* y en la *Nueva Granada* debieron abundar en el primer período las ordenaciones de mestizos. Así lo expresa el Rey el 13 de enero de 1576 al Arzobispo de Bogotá; el 13 de diciembre de 1577, al Obispo de Cuzco; y el 2 de diciembre de 1578, al Arzobispo de los Reyes[7]. Esa misma impresión nos causa el ver figurar en seguida a los mestizos entre los sacerdotes de las Ordenes religiosas. En la Compañía de Jesús, llegada a Lima en 1568, se ordenaron aquellos primeros años varios de los mestizos admitidos en ella. Así los Padres Blas Valera, Bartolomé de Santiago y Pedro de Añasco. Los tres son ventajosamente conocidos por diversos motivos, y el último fué un fervoroso misionero en el Perú, y luego en el Chaco, Tucumán y Paraguay[8].

---

[6] Cf. RICARD, *obr. cit.* 260-281 ; BAYLE, Razón y Fe, 1. c.

[6a] « Indi etiam et Metixi, tam ab Indis quam a Mauris, necnon ab illis qui ex altero parente Aethiope nascuntur, descendentes in primo gradu, ne ad Ordines sine magno delectu admittantur ». Lib. 1 tit. IV § 3: De vita Ordinandorum. Cf. SÁENZ DE AGUIRRE, *Collectio Maxima Conciliorum omnium Hispaniae,* Roma 1755 vol. VI 87.

[7] La Cédula al Arzobispo de Bogotá en *Biblioteca Nacional de Madrid,* Ms. 3035 fol. 349-350. La Cédula al Obispo de Cuzco la recuerda SOLÓRZANO PEREIRA, *Politica Indiana,* III, 1. IV c. XX (Madrid, 1930) 305. « Mire mucho que las personas que ordenare tengan las partes, virtud, calidad y suficiencias que para el estado del sacerdocio se requiere, excluyendo a los que carecieren dellas, y principalmente a mestizos, hasta que otra cosa se provea... Lo cual se repite en otras de los años 1578 y 1587, pero con declaración que la palabra Mestizos se ha de entender estrechamente hijos de india ó indio y español o española ». — La Cédula al Arzobispo de Lima la reproducimos más abajo. Otra igual al Obispo de Quito está registrada en la publicación: *Quito. Cédulas Reales,* I (Quito, 1935) 168. Sino que pone la fecha 2 de Diciembre 1568. Por todas las trazas (y así lo sugieren los documentos de nuestro estudio) es errata por 1578.

[8] Puede verse sobre esto lo que decimos en nuestra reciente obra:

Esta admisión de los mestizos a las Ordenes sagradas vino, sin embargo, acompañada de mucha cautela y selección. El segundo Concilio de Lima (1567-1568), que (como es sabido) prohibió *por entonces* la ordenación a los indios, nada dijo de los mestizos. Cuál fuera el sentido de ese silencio y de la práctica seguida hasta 1576 en el Perú, nos lo dice el P. José de Acosta, testigo autorizado en esta materia, pues había sido profesor de Teología de gran parte de los mestizos peruanos. En su libro « De procuranda indorum salute », terminado precisamente en 1576, como lo tenemos probado en otra obra [9], explica así el canon conciliar de 1567 : « Este documento ciertamente no solo sirve para que los indios no se inicien [en las Ordenes sagradas] por ser nuevos en la fe y de linaje oscuro, sino para que aquellos que tienen su origen de la unión de mujeres indias con españoles, sobre todo si ilegítima, se abstengan en lo posible de tomar parte en los misterios sagrados, para que el sacerdocio no sea tenido en poco, a no ser cuando superen con la gravedad de una vida largamente probada y el esplendor de las costumbres la oscuridad del nacimiento. Pues no podemos negar que hay algunos de éstos que, siendo iguales a los nuestros en la honestidad de la vida, les son superiores en el poseer la lengua indígena. Pero este ejemplo es más bien raro » [10]. Este es también el criterio personal de Acosta en los muchos pasajes de su obra en que toca esta materia [11]. Conviene tener una gran circunspección en admitir a los mestizos, pero sin excluirles nunca, pues con su pericia en las lenguas indígenas y su mayor contacto con las masas indias pueden obrar maravillas. Lo mismo había decretado aquel mismo año de 1576 la primera Congregación provincial de la Compañía de Jesús, presidida por Acosta [12] ; y el P. Juan de la Plaza, primer visitador de los jesuítas hispanoamericanos, presente por el mismo tiempo en Lima, lleva-

---

El P. José de Acosta y las Misiones, especialmente americanas del siglo XVI, Madrid 1942 IV, 113, XIII 388.

[9] Cf. ibid. VIII 207-230.

[10] *De Procuranda Indorum Salute*, Colonia 1596 l. VI c. XIX 566-567.

[11] Ibid. l. IV c. VIII 380-381 ; l. I, c. VI 140. Y más directamente en el l. VI c. XIX 565.

[12] La Congregación provincial decretó no admitir a las Ordenes *passim* a los mestizos. Cf. *Arch. Rom. Soc. Iesu* (ARSI), *Congreg.* 42 f. 259-260.

ba una instrucción similar del General de la Orden, P. Everardo Mercurian [18].

III

Breve de Gregorio XIII
a favor de las Ordenaciones de mestizos, 1576,
y Real Orden de Felipe II en contrario.

En estas circunstancias tiene lugar una primera intervención de Gregorio XIII que puso de actualidad la cuestión de las Ordenes de los mestizos y despertó reacciones diversas en el virreinato. En sus letras Apostólicas del 25 de enero de 1576 [14], « concedit quod filii illegitimi Hispanorum et Indarum, vel Hispanorum qui in Indiis vivunt, possint initiari omnibus Ordinibus, et excipere confessiones, et praedicare verbum Dei; modo bene calleant linguam Indorum et habeant qualitates per Concilium Tridentinum

---

[13] ARSI, *Hispan.* 90 f. 391-396.

[14] El P. MURIEL S. I. (con pseudónimo MORELLI) en su *Fasti Novi Orbis,* Venetiis 1776 277, pone este Breve el 25 de Enero de 1579, siguiendo un Sumario de privilegios aprobado por el Concilio III de Lima, aunque advirtiendo que Solórzano lo pone en 1576. De hecho Solórzano tenía razón, como se ve por expreso testimonio del Virrey Toledo que copiamos en seguida, cf. nota 18: «por el año pasado de 76 concedió un Breve» etc. ... Nótese además que el Compendio de privilegios del Concilio Limano, al menos en el texto usado per F. JAVIER HERNÁEZ S. I., *Colección de Bulas, Breves y otros documentos relativos a la Iglesia de América y Filipinas* I, Bruselas 1879 166, pone exactamente: «Ex litt. Apostolicis datis 25 Januarii 1576». Nosotros hemos acudido al Archivo Vaticano, y nuestra investigación confirma la fecha de 25 de Enero de 1576, pero nos hemos encontrado con algunas anomalías. Tanto el *Index Brevium* (1572-1576) vol. 16 de la Secretaría de Breves, cuanto el *Index Bullarum et Brevium a Pio V ad Greg. XIII* del Archivo Vaticano dan el mes de Enero de 1576 como la fecha del Breve, cuyo resumen dan, y el segundo precisa el día 25 del mismo mes. En el registro de los Breves correspondientes a esa indicación: (*Gregor. XIII,* 1576, *lib.* 1º) *Sec. Brev.* 37, en los folios 25 v y 26 r, está la copia de dicho Breve, pero con dos errores notables. El que ha hecho el resumen del Breve en la parte superior del margen izquierdo dice: Ianuarii 25, 1575. anno 4º. Se ve claro que se refiere al 1576 del que son todos los documentos de este volumen,

praescriptas. Circa quae onerantur Episcoporum conscientiae : non obstante defectu natalium, vel alio quocumque defectu, qui non sit homicidii voluntarii, vel bigamiae » [15]. Este privilegio se fué concediendo también a la Compañía de Jesús de 20 en 20 años [16]. El P. Muriel afirma en su comentario a estas Letras Apostólicas que fué otorgado por Gregorió XIII « propter sacerdotum penuriam », aunque añadiendo que los Padres del tercer Concilio de Lima declararon en 1583 que el número de sacerdotes era ya mayor que al tiempo de aquella concesión [17].

Es fácil de entender que este Breve del Sumo Pontífice animara a los Prelados a ordenar con mayor facilidad a los mestizos aunque fueran ilegítimos, y despertara entre los mestizos mismos un sentimiento de satisfacción y suficiencia. Contamos con dos interesantes testimonios contemporáneos y secretos de que sucedió efectivamente así: el primero es del Virrey del Perú Don Francisco de Toledo, que con tanta justeza y exactitud había examinado todas las cuestiones que interesaban a su inmenso territorio; el segundo se debe al oidor de la Audiencia de Lima Don Cristóbal Ramírez de Cartagena, quien en este punto coincide con Toledo a pesar de que en otras cosas era enemigo del Virrey oropesano.

---

pues de otra manera no sería *del año cuarto* de Gregorio XIII, (que empezó a reinar el 12 de Mayo de 1572) como se dice con todas sus letras al datar el Breve. Pero lo más curioso es que al final se diga: « Datum Romae, apud Sanctum Petrum die XXV Ianuarii 1562 (!!!) anno 4º ». El error es demasiado craso, pues se trata ciertamente del cuarto año de Gregorio XIII. Por otra parte el Breve que le antecede del mismo día 25 de Enero de 1576. sin erratas, corresponde exactamente al nuestro en varias cosas. Se trata de la dispensa que se concede a D. Diego García de Santiago de Chile, para recibir las órdenes sagradas a pesar de su ilegítimo nacimiento. Los motivos que se aducen para ello son los mismos que en el Breve siguiente, y ambos documentos dan la sensación de haber sido compuestos uno después de otro, como se encuentran de hecho en el registro. El texto dado por Hernáez, obr. cit. I, 222-3, tomándolo de Montenegro, varía un poco en algunas cosas del todo accesorias respecto del registrado en la Secretaría de Breves.

[15] Resumen del Concilio III de Lima en HERNÁEZ *obr. cit*, I, 126.

[16] Así expresamente HERNÁEZ, ibid, 166 nota.

[17] MURIEL [Morelli] *Fasti...* 277, Anotationes. La penuria de sacerdotes significada por el Papa es la de los que sepan las lenguas indígenas, no una penuria absoluta.

En su carta de 27 de noviembre de 1579 a Felipe II, recuerda Toledo la Real Cédula de que hablaremos enseguida sobre no ordenar a mestizos, y continúa así, describiendo lo que a su parecer había sucedido hasta entonces en el Perú:

« Dice V. M. que manda escribir a los Prelados de esta tierra sobre el no ordenar a personas inméritas de tan alta dignidad como el sacerdocio, que es la raíz y principio de los daños que ha habido y habrá, en cuanto no se remediare para la conversión y enseñanza de estos naturales y reformación de las malas costumbres de esta tierra. Lo cual muchas y diversas veces he advertido yo por escrito y por palabra a los Prelados por la importancia grande que entiendo es para que en esta nueva planta se consiga el fin que se pretende...; y con ser esto ansí ha habido mucha inadvertencia en los dichos Prelados, porque han ordenado a muchos sin tener la suficiencia necesaria, y a *muchos mestizos, hijos de españoles y indias, que traían habilitación de Su Santidad, y particularmente después que la Su Santidad del Papa Gregorio décimo tercio por el año pasado de 76 concedió un breve a los Obispos de las Indias, por el cual les da facultad que puedan habilitar y dispensar a los dichos mestizos y a otros bastardos que viven en esta tierra, por tener relación que los tales sabrán mejor la lengua natural de los indios, y que sabiéndola y teniendo las demás cualidades y partes que el Concilio Tridentino dispone, les puedan ordenar.* Y con esta color se han ordenado muchos, y dado caso que saben la lengua, atienden más a esta idoneidad, que no a las demás que requieren también » ... [18].

El informe del oidor de Lima Ramírez de Cartagena es todavía más expresivo e interesante, pues está dado antes de conocer la Cédula Real a la que alude ya Toledo, y deja más bien vislumbrar las causas y caminos por donde se llegó a la confección de esa Cédula. Dice así el oidor en carta del 27 abril de 1579:

« Digo que una de las cosas que en lo de adelante podía hacer notable daño en esta tierra es lo que toca a los clérigos indecentes, porque, como se va mostrando, habrá acá dentro en diez años más clérigos que quizá legos, por los muchos que toman ya esto, más por oficio y granjería, que por estado. *Con color de un Breve que vino se han ordenado algunos mestizos,* y si esto pasa tan adelante como hasta aquí, será negocio de mucho daño para la doctrina de los indios, y hay necesidad de prepararlo para que no pase adelante. Porque, en general, no tienen el que más sabe de

---

[18] Texto en ROBERTO LEVILLIER, *Cartas y Papeles del siglo XVI,* t. VI: *El Virrey Francisco de Toledo* (1577-1580), Madrid 184. En Archivo General de Indias, 70-I-30.

ellos sino sóla apariencia exterior para con nosotros; y metidos entre indios, no son menos defectuosos que los mismos indios, sino más, y seguirán los indios más el error y vicios que éstos tienen, porque se tratan y comunican más; y cuanto otros hubieren hecho de beneficio entre los indios en mucho tiempo, deshará la vida desotros en un mes que ande entre ellos, y no bastará ni habilitarlos para doctrinas, porque doquiera que estén serán causa de este daño, y plega a Dios no sea mayor. Vuestra Majestad sea servido proveerlo, y que los Prelados guarden en esto lo que ven que tanto importa, porque el que no quiere ordenar el uno Obispo, le ordena el otro con solo servir los seis meses. Y junto con esto, *Vuestra Majestad sea servido que se revoque cualquier concesión que Su Santidad haya dado en esto*, y que no entiendo que fué sino particular a uno, pero de allí toman ocasión los demás; *que con mandar al embajador que está en Roma lo pida, se proveerá luega*. Y si hubiera habido en esta tierra Concilio como Vuestra Majestad lo ha mandado por dos Cédulas, escusárame yo de dar a Vuestra Majestad pesadumbre en esta cosa y otras que son bien necesarias por acá. Pero hace trece o catorce años que no le hay, y así están paradas muchas cosas y materias que piden el remedio » [19].

Antes de que Felipe II y su Consejo de Indias recibieran esta interesante carta, habían decidido intervenir en el espinoso problema, del que sin duda habían ya tenido muchos otros informes y no sólo del Perú, sino de México y Nueva Granada. Por desgracia, la resolución del Consejo no siguió el prudente camino de lograr ante todo que el embajador del Rey en Roma informara a Gregorio XIII del verdadero estado de la cuestión, y lograra la revocación del Breve. Es verdad que esto último era muy difícil de obtener, como lo mostrarán los hechos posteriores. En realidad el Monarca obró por sí y ante sí, en virtud de la conciencia que tenía de tocarle en América el cuidado de los negocios de la Iglesia en virtud de Bulas de anteriores Pontífices [20]. Así se explica que promulgara el 2 de diciembre de 1578 la siguiente Real Cédula:

« El Rey.
Muy Reverendo y en Cristo Padre, Arzobispo de la Metropolitana Iglesia y Arzobispado de la Ciudad de los Reyes, de la Provincias del Perú, del nuestro Consejo:

Nos somos informado que habéis dado Ordenes a mestizos y a otras personas que no tienen suficiencia para ello. Lo cual, como podréis consi-

---

[19] Texto tomado de los apuntes manuscritos del P. PABLO PASTELLS S. I. en el Archivo de Indias, *Audiencia de Lima*, I, 496.

[20] Cf. los estudios del P. P. LETURIA S. I. sobre el Vicariato Regio

derar, es de gran inconveniente por muchas razones, y lo principal por lo
que podría (?), por no ser las personas a quien se han de dar las dichas
Ordenes, recogidas, virtuosas y suficientes y de las calidades que se requieren para el *estado del Sacerdocio*; y que es cosa que toca tanto al
servicio de Dios nuestro Señor y bien de las almas de los naturales, os
ruego y encargo que miréis mucho en ello, y tengáis en el dar las dichas
Ordenes el cuidado que vuestro buen celo y cristiandad se confía, dán-
dolas sólo a personas en quien concurren las partes y calidades necesarias,
y por ahora *no las daréis a los dichos mestizos de ninguna manera,* hasta
que habiendo mirado en ello se os avise de lo que se ha de hacer. Fecha
en el Pardo a 2 Deciembre de 1578 años. Yo el Rey. Por mandado de Su
Majestad, Antonio de Eraso » [21].

Como se ve, la Cédula comienza con la terminología tradicional del « Ruego y encargo », pero pasa enseguida a la resolución
perentoria : « por ahora no las daréis [las Ordenes] a los dichos
mestizos de ninguna manera ».

¿Cuál fué el efecto de la regia intervención en el Perú? El
Virrey y las autoridades civiles la recibieron con satisfacción. He
aquí cómo se expresaba Don Francisco de Toledo en su citada carta
a Felipe II del 27 noviembre de 1579 :

« Tengo por muy acertado que los tales mestizos no se ordenen, ni
los que no tuvieren el cimiento de virtud y letras, aunque sepan la lengua ;
porque se tiene por experiencia que hace más daño a los indios un sacerdote que le falta la virtud, sabiendo la lengua, que el que no la sabe ;
porque el haber de usar de intérprete y tercero en sus cosas, le pone algún
límite para no vivir tan desordenadamente ; y con todo esto, me parece
muy bien lo que Vuestra Majestad ordena y manda que no se provean las
doctrinas a quien no supiere la lengua, porque sin saberla es imposible
hacer fruto en la conversión de los indios ; y en muchas juntas de Prelados que yo he mandado hacer para tratar este ministerio y otros semejantes, he tenido por mi opinión con algunos de ellos, que un sacerdote cristiano y religioso que sabe la lengua se le encargue más que una doctrina,
antes que proveella a quien no supiere la lengua aunque tenga la dicha
virtud ; porque a los sacerdotes díscolos y de mal ejemplo, con resolución
no he consentido que vayan a ellas, ni dádoles presentación, aunque por

---

de Indias, en Historisches Jahrbuch, 46 (1926) 14-33 ; en Estudios Eclesiásticos, 7 (1928) num. extraord. [41-77] ; en Gesammelte Aufsätze der
Spanischen Forschungen der Görresgesellschaft, 2 (1929) 133-165.

[21] Tomamos el texto del memorial de los mestizos que reproducimos en seguida. *Arc. Vat. Nunz. di Spagna,* 30 ff. 390-392.

las muchas doctrinas que se han acrecentado por la reducción [22], ha habido hasta aquí falta de ministros, como otras veces tengo escrito a Vuestra Majestad. Y esto ha sido la causa por donde los dichos Prelados se disculpan de haber ordenado a los que no eran suficientes y padecen falta en sus nacimientos, como el tolerar yo y permitir que se proveiesen y presentasen algunos sacerdotes siendo virtuosos, aunque no supiesen la lengua, mas dándoles menos salario que a los que la sabían y haciéndoles otras conminaciones de que se les quitarían las doctrinas, si dentro de un breve término que se les señalaba, no la supiesen » ... [23].

Por lo que hace a las Ordenes religiosas y al Episcopado, podemos registrar la conducta seguida por la Compañía de Jesús y por el tercer Concilio de Lima, presidido (como es sabido) por Santo Toribio Alfonso de Mogrovejo.

Para la Compañía es interesante, que poco antes de recibirse la Cédula Regia, es decir en setiembre 1578, se celebró en la ciudad del Cuzco una gran consulta, a la que asistieron también los PP. Plaza y Acosta. En ella volvieron a insistir en la selección al admitir mestizos para el sacerdocio, pero sin cerrarles tampoco la puerta del todo [24]. Las cosas cambiaron los años siguientes hasta 1582, es decir el período en que estuvo vigente la ordenación del Monarca. Al P. Acosta había sucedido como provincial el P. Baltasar Piñas, 1581, que era francamente hostil a la ordenación de los mestizos. Valiéndose de las circunstancias concretas en que se hallaba en su provincia con uno de ellos acusado de cierto sacrilegio, hizo triunfar en la Congregación del año 1582 su parecer rigidista [25]. Por lo demás, la decisión de aquellos Padres no afectaba más que a su Orden religiosa, y no significaba una oposición completa a la ordenación de clérigos seculares mestizos, aunque

---

[22] A causa de la reducción a poblado de numerosas tribus indias enérgicamente procurada por el Virrey Toledo durante su mando. Era una de las instrucciones que llevaba del Rey y del Consejo de Indias al embarcarse para el Perú, y el Pontífice S. Pío V se la había también recomendado. Cf. nuestro artículo « San Francisco de Borja y el plan misional de San Pío V »' en la revista Archivum Historicum Societatis Iesu, XI (1942) 1-26.

[23] En LEVILLIER, obr. cit, 183-185.

[24] Arch. del Gèsù, Roma, leg. 1488, Colleg. 115 f. 30.

[25] En ARSI, Peru. 3 f. 97v-99v, « Congregationum Postulata et Responsa », hemos visto las respuestas del General P. Aquaviva a la Congregación. Vimos también las Actas de la Congreción fotografiadas, pero no llevaban signatura de archivo.

de parte del P. Piñas se aspirara también a eso [26], en un tiempo en que la Real Cédula estaba vigente y las demás Ordenes religiosas habían tomado una actitud semejante [27].

Por lo que hace al tercer Concilio de Lima (1582-1583), se puede observar en sus Actas la extrema prudencia y reserva con que los Padres procedieron. Por un lado parecen repetir las razones que el Virrey Toledo y el oidor Ramírez de Cartagena habían aducido antes contra la ordenación de los mestizos. «No deben admitirse al sacerdocio y ministerios sagrados (dicen las Actas), a los que fueren indignos, ni excusarse con decir que en las Iglesias hay falta de ministros, pues ha crecido asaz el número de ellos. Y cuando faltasen, es sin duda mucho mejor y más provechoso para la salvación de los naturales haber pocos sacerdotes y esos buenos, que muchos y ruines » [28]. Pero por otro lado tam-

---

[26] Cf. BAYLE, en Razón y Fe 94 (1931) 535 nota 35.

[27] El P. General Claudio Aquaviva escribe al P. Piñas el 21 de Noviembre de 1581: « Y porque me escriben que los mestizos prueban tan mal que ya en ninguna religión los reciben, y que Su Majestad ha mandado que a ninguno ordenen, será necesario conformarse V. R. en esto como las demás religiones, y V. R. esté advertido de no recibirlos». En el *Arch. del Gesù*, leg. 703, I^b, f. 30v-31. Cfr. BAYLE, loc. cit. nota 35. Entre las prohibiciones de recibir mestizos en las Ordenes religiosas cita la decretada en 1571 por el capítulo del Cuzco de los Agustinos, tomándola de CALANCHA, *Crónica de la Orden de S. Agustín en el Perú*, lib. 1º cap. 23, y la del capítulo de Cobán de los Dominicos en 1570, de REMESAL: *Historia de Chiapa y Guatemala*, l. IX c. 75.

[28] Texto en LEVILLIER, *Organización de la Iglesia y Ordenes religiosas en el Virreinato del Perú*, Madrid 1919 II 186. En SÁENZ DE AGUIRRE, obr. cit, Act. II, c. XXXIII, p. 34. Nótese que el redactor de estos decretos, el P. JOSÉ DE ACOSTA había empleado ya la misma doctrina en su tratado «*De procuranda Indorum Salute*»: « Nihil perinde nocet huic Ecclesiae atque mercenariorum et sua quaerentium turba. Quid vero in causa Dei agant homines animales, spiritum vix habentes? Pauci numero, virtute praestantes, opus Domini potius promovent» (1. VI, c. XXIII 579-80) El deseo del Concilio de inhibirse de la cuestión aparece tanto más patente, cuanto que el P. Nicolás de Ovalle, mercedario, propuso medidas en favor de la ordenación de los mestizos, y para confirmación de su parecer «dijo que en el colegio de la Compañía de Jesús explicaban eu aymará el catecismo los Padres jesuítas y clérigos mestizos y que él también enviaba con este objeto algunos de sus frailes que eran buenas lenguas» Cf. FR. PEDRO NOLASCO PÉREZ, *Religiosos de la Orden de la Merced que pasaron a América* », Sevilla 1924 216. Nótese que él insistía en el conocimiento del aymará de los mestizos para urgir su proyecto. Sin embargo en la fraseología del

poco mencionan expresamente entre los indignos a los mestizos, evitando así el tomar partido contra el Breve de Gregorio XIII. Como lo hemos visto anteriormente (nota 15) lo citan más bien en el compendio de privilegios vigentes en Indias. El Concilio determinó además que se pudiera admitir a las Ordenes sin patrimonio, a título de Indios solamente, a los que se juzgara con razón y fundamento habían de ser colocados al frente de las parroquias[29], aunque esta medida se refería a los hispano-criollos más bien que a los mestizos. De aquí parece deducirse que los Padres no quisieron declararse categóricamente en una cuestión en que habían intervenido ya las más altas autoridades de la Iglesia y del Estado, y en sentido que parecía entre sí contrario.

IV

La carta de los mestizos al Papa: 1583

En estas circunstancias (13 de febrero de 1583) entra en escena un tercer factor, para aquellos tiempos verdaderamente inesperado: los mestizos mismos del Perú que determinan dirigirse y se dirigen de hecho al Sumo Pontífice Gregorio XIII. Su carta al Papa es el documento central de este estudio.

No era la primera vez que indígenas americanos se ponían en comunicación con el Sumo Pontífice. Por recordar un ejemplo, el P. Mariano Cuevas publicó el mensaje que en 1552 enviaron a Julio III los caciques panches de Turuaco (Turbaco en la Nueva Granada) Cernazu y Sernagoso, suplicando al Papa en nombre de los indios americanos les enviara un Delegado apostólico[30]. Pero de mestizos, no recordamos haber visto otro documento an-

Concilio hay algunas notas que parecen referirse más en particular a los mestizos, junto a otras dirigidas especialmente a los peninsulares acabados de llegar a América. Cf. la Act. II, c. XXXIII-XXXVI. En SÁENZ DE AGUIRRE, obr. cita, 37.

[29] Cf. *Concilium Limanum*, Madrid 1591 Act. II, c. XXXI, f. 38v. En SÁENZ DE AGUIRRE, obr. cit, 37.

[30] MARIANO CUEVAS, S. I., *Los primeros panamericanistas*, en «Miscellanea Francesco Ehrle», III Roma 1924 334-342.

terior a éste que nos ocupa. Se trata de mestizos peruanos, bien formados en latín y ciencias eclesiásticas, y que saben exponer su difícil cuestión al Sumo Pontifíce con convicción y habilidad marcadas. Las alusiones que hacen a los Jesuítas, y la esperanza que muestran en que ellos apoyen sus derechos (esperanza que para 1583 era ya, como lo hemos visto, poco firme), parecen probar que se trataba de mestizos que habían estudiado en el Colegio de la Compañía en Lima, y con el P. Acosta. Lo que anteriormente tenemos dicho de mestizos jesuítas de la primera generación tan aprovechados como los PP. Blas Valera, Bartolomé de Santiago y Pedro de Añasco, hará extrañar menos que de entre el mestizaje hispano-incáico brotaran ya entonces sujetos capaces de componer esta carta.

No hemos hallado aún su original, pero sí la copia de la misma remitida por el Cardenal Secretario de Estado Tolomeo Galli, al Nuncio de España, Ludovico Taverna. Se halla en *Arch. Vat., Nunziatura di Spagna*, 30 fol. 390-392. Su texto es como sigue:

Sanctissimo ac pìissimo Gregorio XIII, Pontifici Maximo, Indiarum Incolae [31]. [13 februarii 1583].

Cum animadverterimus, Pater Sanctissime, nulli alteri incumbere, eorum qui Christianae religionis cultui et observantiae incumbunt, saluti consulere et laboribus subvenire, quam Tibi, qui in terra Dei ipsius vicem geris, qui ardentissimo amore nostri inflammatus efflavit, ut humanum genus ab hostis diaboli servitute vindicaret; visum est nostrae conditionis et calamitatis Te certiorem facere, ut nostri misertus, tot damnis et aerumnis quibus quotidie affligimur magis ac magis, opem feras, memor non minoris nos exstitisse Christo vindicatori, quam caeteras mundi nationes.

Scimus Tibi non esse ignotum, Pater Sanctissime, in his Occidentalis Indiae regionibus, ut in caeteris quas Hispani longis navigationibus explorarunt et invenerunt, esse plurimos ex foeminis Indis ac Hispanis patribus oriundos, quos vernaculo sermone *Mestizos*, vocant, quasi ex utroque semine mixtos, qui ut a matribus maternum sermonem callent, ita a patribus Christianae fi-

---

[31] Una mano desconocida añade al comienzo: «Supplica de Misticci Indiani».

13

dei praeceptis instructi; scimus, inquam Te, huiusmodi hominum
non esse ignarum, quia in ipsos innumerabilia beneficia confers [32],
et omnes, qui ante Te, Ecclesiae claves administrarunt, eisdem
semper beneficiis affecerunt; partim quia ad nos viros exspectatae
vitae exemplo insignes miseris [33], partim singularibus indulgentiis
elargitis [34]. Inter reliquos ultimi exstiterunt Patres ex Societate
Iesu [85], qui suo exemplo et vitae sanctimonia maxime omnibus

---

[32] Parece referirse al Breve de 25 de Enero de 1576 de que hemos
hablado antes. Cf. nota 14. Otros beneficios serán sin duda los generales
que concedió el Pontífice para las Indias Occidentales en punto a dispensas,
indulgencias etc.

[33] Esto se ha de entender no en el sentido riguroso de que el Papa
personalmente hubiese destinado o enviado los misioneros y Obispos al
Nuevo Mundo. De todos modos, él aprobaba y confirmaba éstos y enviaba
indirecta y remotamente aquellos, y a partir sobre todo del pontificado de
S. Pío V, se interesaba por sus expediciones y trabajos apostólicos de una
manera particular. Santo Toribio de Mogrovejo hacía poco más de un año
que había llegado a Lima.

[34] Estas fueron muy frecuentes no sólo a los indios en general o a alguna
región o ciudad en particular, sino también a las diversas Ordenes religiosas para el mayor fruto de sus ministerios espirituales. Gregorio XIII
concedió diversas gracias e indulgencias para las misiones jesuíticas de las
Indias, el 9 de Enero de 1576 (cf. ARSI *Institutum* 190, f. 63v-65v.) el 28
de Febrero de 1576 (ibid, f. 65v), el 17 de Mayo del mismo año (cf. f. 66
ibid.), el 8 de Setiembre de 1573 (ibid., f. 110v) el 12 de Agosto de 1573
(ibid., f. 112) etc. Además el 1 de Febrero de 1579 el Papa concedió al
P. General Everardo Mercurian, que los gracias apostólicas concedidas a
sus súbditos de las Indias Orientales se extendieran a los de las Occidentales y viceversa. En las gracias concedidas por el Breve de 12 de Agosto de 1573, se conceden nominalmente ciertas indulgencias a los alumnos
y congregantes del colegio de Lima de la Compañía de Jesús, donde es-
tudiaron los mestizos que nos ocupan: « Eis etiam qui coram Beatae Mariae Virginis imagine tertiam Rosarii partem vel coronam recitaverint; centum scholaribus vero in utraque India existentibus, qui eiusdem Beatae
Mariae Virginis confraternitati inibi institutae fuerint ascripti, singulis eiusdem B. Mariae Virginis, necnon Resurrectionis, Penthecostes et Nativitatis
Domini N. Iesu Christi festivitatibus, quibus et contriti Sanctissimum Eucha-
ristiae Sacramentum sumpserint et coronam vel tertiam partem Rosarii
recitaverint, trecentorum annorum de iniunctis sibi paenitentiis; in An-
nuntiationis vero et Assumptionis ipsius B. Mariae Virginis diebus, tantum plenariam »... (ibid. f. 112).

[85] Los jesuítas llegaron a Lima el 29 de Marzo de 1568, a raíz de
terminarse la sesiones del segundo Concilio provincial limense. Su primer

harum partium incolis sunt emolumento. In illorum enim Accademiis [36] quas informandis puerorum ingeniis construxerunt, maximam semper spem et exspectationem futurae virtutis praebuimus, iamque uberrimos fructus facturi, diplomate regio a tam sancto incepto sumus retardati, nostrique piissimi conatus ad divinum cultum aspirantes, in medio cursu evanuerunt. Habet nempe hoc pacto Philippi Regis diploma.

[Aquí transcriben la Cédula real que dimos antes, pág. 188-189]. 188-189].

Quaeres, Sanctissime Pater, unde in nos tantum odium fuerit conflatum. Dicemus brevi. Solent ex Hispania in has remotissimas partes plurimi sacerdotes, pudet dicere, insatiabili cupiditatis et avaritiae siti incensi navigare, qui postquam sex aut septem annos conquerendis pecuniis impendunt, nihil de animarum salute solliciti, iterum se in Hispaniam convertunt [37]. Ii, quoniam a nobis quodammodo a suis nefariis consiliis impediuntur, modum exco-

---

provincial fué el P. Jerónimo Ruiz del Portillo, quien con los ocho sujetos de la primera expedición, más los 11 que llegaron al año siguiente de 1569, y los numerosos que en poco tiempo entraron en el noviciado de Lima, formó el núcleo primero de la Orden en aquellas regiones.

[36] Se fundó muy pronto el colegio de Lima. Hacia 1571-1572 se inició el del Cuzco y luego se fueron abriendo residencias o colegios incoados, como en Arequipa, La Paz, Potosí, Charcas, y Juli, antes de la fecha de este documento. El más importante era el de Lima donde se comenzó con la enseñanza de las letras humanas, y se agregaron en seguida cursos de Filosofía, casos de conciencia y Teología dogmática. El P. Bartolomé Hernández inició las lecciones de casos de conciencia, y el P. José de Acosta, arribando de España el 27 de Abril de 1572, comenzó muy pronto las de Teología escolástica a las que sin duda asistieron los suscritores de la apelación que examinamos. En 1578 llegó la quinta expedición de misioneros jesuítas al Perú en la que venía el P. Esteban de Avila, como suplente del P. Acosta, entonces provincial, y comenzó sus clases, continuadas brillantemente por muchos años en Lima. Cf. nuestro artículo: « Notas sobre la actividad teológica del P. José de Acosta », en « Gregorianum », XXI (1940) 527-563.

[37] Sería difícil negar este abuso, aunque el cuidado de la propia fama y causa haga sin duda a estos clérigos reforzar las tintas oscuras del cuadro. Algo parecido encontramos en otros muchos documentos de españoles, pero para limitarnos a alguno más autorizado, se podrían citar varias cartas del Virrey Toledo, o memoriales, como el que escribió al dejar el mando. Cf. R. BELTRÁN Y RÓZPIDE, Colección de las Memorias... que escribieron los Virreyes del Perú, I (Madrid 1921) 79, no menos que el libro

gitarunt quo nobis aditum ad sacros Ordines praecluderent, suique voti compotes fierent [38]. Quod haec ita sint, **ex eo maxime patet,** quoniam eorum plurimi quotannis, notissimum hoc est, pecuniis onusti, et quasi spoliis potiti ex his regionibus in Hispaniam se conferunt [39]. Quod si a Pastoribus sentiunt posse impediri, **mutatis ve**stibus et intonsis capillis plurimisque aliis machinamentis fugam moliuntur [40]. Per Dei atque hominum fidem, quibus charitatis praeceptis instruent Indos, qui avaritia ardent! Quo pacto religionis archana aperient, qui nostrum patrium sermonem ignorant! [41].

At nos, tum quia sanguine iuncti, tum quia in nullas alias regiónés viam molimur [42] tum quia divitiis, quod ab ipsis matribus deprehensimus, minus inhiamus [43], tum quia materni sermonis non sumus ignari [44], aptius et commodius harum gentium saluti animarum possumus consulere. Inter nostrae gentis homines aliquos vi-

---

De procuranda Indorum salute, l. I c. XI 161, del P. ACOSTA, ambos contemporáneos de gran autoridad y buenos conocedores del terreno que pisan.

[38] Este raciocinio peca de demasiado simplista. Ni eran sólo los clérigos españoles los que se oponían a la ordenación de los mestizos, ni era esa la razón dominante ni la que informaba el fondo del asunto. Hemos procurado explicarlo un poco en el estudio preparatorio.

[39] El que se dieran algunos casos de éstos no prueba la anterior aserción en toda su generalidad, como se comprende fácilmente, pero el abuso era real.

[40] Hubo casos, pero generalmente no era así.

[41] El Virrey Toledo lo reconoce así varias veces. Cf. per ejemplo la obra antes citada de R. BELTRÁN Y RÓZPIDE, *Colección de las Memorias... que escribieron los Virreyes del Perú,* I 74.

[42] Observación exacta y natural, pero que no quita el que los deseos de los peninsulares de volver a su patria, se convirtieran para los mestizos en los de ir a determinados puestos o regiones dentro del inmenso territorio virreinal, pero al menos con arraigo en él.

[43] Este desprendimiento lo hacen notar mucho los escritores de entonces con respecto a los indios, y en su grado de los mestizos. Cf. *De procuranda Indorum salute,* l. I, c. XVI, 175; POLO DE ONDEGARDO, *Informaciones acerca de la Religión y Gobierno de los Incas,* I Lima, 1916 15.

[44] De la misma manera reconocen todos los escritores esta cualidad de los mestizos, o ventaja que tenían sobre los peninsulares. Cf. ACOSTA, *De procuranda,* l. VI, c. XIX 567, y l. IV, c. 371-372. Lo mismo recuerdan lo concilios limenses, el Virrey Toledo etc. pero no quieren que sea el argumento decisivo, a no ser que en las demás cualidades sean iguales o poco menos a los demás eclesiásticos.

tiis inquinatos fuisse et esse, nunc fatemur ingenue [45]. At ne omnes qui ex Hispania hunc transgrediuntur, virtutis ornamentis sunt decorati! Nullus, ne ullam unquam vitae labem concepit, nemo dicet, credo! Habent Hispani suos sacerdotes Hispanos; Galli, Gallos; Itali, Italos; Indi, ex Indi et Hispanis natos non habebunt? [46].

Obiicient fortasse ingenii hebetudinem. Non sumus tam barbari neque tam agrestes, ut hominum naturam non sapiamus [47]; sed haec ad Te latius a nostris sunt scripta [48]. Testes sunt ingeniorum nostrorum colendis Patres ex Societate Iesu [49], apud quos

[45] Se les acusaba fácilmente en esta materia, y en hecho de verdad ciertos malos ejemplos de algunos de los primeros sacerdotes mestizos obraron demasiado fuertemente en en el ánimo de muchos, y los indujeron a ser más rigurosos o exclusivos en recibirlos para el estado eclesiástico. Además del influjo pagano aún vivo durante aquellos primeros decenios cristianos, influía mucho el origen ilegítimo de la mayoría de ellos, con el consiguiente descuido en su educación, y las circunstancias turbulentas y algo libres de la vida que llevaban.

[46] La comparación no es del todo exacta. Lo sería en el caso de ser mestiza toda la población a lo menos de una comarca. Los criollos iban siendo también indígenas en el recto sentido de la palabra. Además tampoco los otros países tuvieron sacerdotes propios desde el primer día, y las circunstancias sociales etc. eran muy diversas. Sin embargo, la comparación, aunque debilitada, conserva alguna fuerza, y en virtud de ella, que es un reflejo del catolicismo de la Iglesia, obtuvieron la pronta derogación de los obstáculos jurídicos levantados entre ellos y el altar.

[47] Alguna impresión hacía esto, sin duda, y ciertamente no sin fundamento. El P. Juan de la Plaza escribía por aquellos mismos tiempos: «Otros hay que llaman mestizos... y éstos, aunque son más humildes y sujetos que los criollos, de su condición son más cortos de entendimiento... » *Arch. del Gesù*, leg. 1488, *Coll.* 115, f. 30. Primera relación de la visita al Perú del P. Plaza. Los hombres de más ingenio y personalidad en Hispanoamérica no ha sido ciertamente los mestizos. Pero tampoco se les puede acusar de inferioridad completa ni mucho menos, sobre todo después de siglos de asimilación gradual y de cultura, y así lo vemos en numerosos personajes de la política o de las ciencias y artes.

[48] No conocemos estos otros escritos enviados a Gregorio XIII; ni se hallan en el Vaticano junto con este informe.

[49] Esta apelación a los Padres de la Compañía es por demás elocuente. No debieron por lo visto mostrarse tan hostiles a los mestizos y a su posibilidad de ministros del Señor, cuando los mismos que están en causa los invocan como testigos de sus adelantos y esperanzas científicas en los estudios eclesiásticos. Por otra parte se confirma la amplitud de miras con que abrieron las aulas de los nuevos colegios a aquella gente, incluso las

eos progressus fecimus, ut tum in linguae latinae elegantia, tum in philosophiae studiis, tum in theologiae abditissimis sensibus percipiendis, non extiterimus omnium inepti ; sed aliquando de palma cum reliquis Hispanis decertaremus. Testis est universa Indorum gens, quas in Christiana religione maximos quotidie progressus facit, nostrorum industria et labore, praecipue eorum qui in Societatem Iesu sunt coarctati [50], qui tum concionibus, tum confessionibus, Indorum animos ad Dei amorem piissime alliciunt. Veruntamen eo dedecoris res nostrae devenerunt, ut non solum ad Ecclesiae dignitates, sed ad omnes omnino humanos honores aditus sit praeclusus [51]. Quod crudelitatis genus in nobis non exercetur? Quid inmane et atrox Regis Philippi auribus falsis delationibus non insusurratur, ut eius animum a nobis, benignissimum

---

de Filosofía y Teología, que lógicamente debían desembocar en la ordenación sacerdotal. Recordamos sin embargo antes, que en 1582 la posición del P. Provincial Baltasar Piñas y la de otros muchos no les era tan favorable, a lo menos para la admisión de mestizos destinados al sacerdocio dentro de su religión.

[50] Citamos antes los nombres de los más conocidos de éstos. El P. Blas Valera ayudaba entonces mismo a la traducción del catecismo conciliar al quechua y el P. Bartolomé de Santiago al aymará. El P. Pedro de Añasco comenzaba a revelarse como misionero, y lo fué eminente a los pocos años en las comarcas del Tucumán. A éstos hay que añadir algunos Hermanos Coadjutores y en especial el H. Gonzalo Ruiz, compañero de viaje y misiones de los PP. Provinciales Portillo y Acosta, cuyas alabanzas pueblan las cartas de los Padres del Perú a Roma, y se insertan dos o tres veces en las páginas de la primera obra del P. José de Acosta.

[51] Si se quiere hablar de puestos altos, así era en verdad. Pero tal medida no deja de ser comprensible después de las luchas civiles y turbulencias del primer período hispano-peruano. Según don Juan de Solórzano Pereira, los mestizos de legítimo matrimonio, sin otro vicio o defecto que lo impida, deben ser considerados como ciudadanos de aquellas provincias de las Indias « y ser admitidos a las honras y oficios de ellas, como resuelven Vitoria y Zapata, y a eso puedo creer que miran algunas cédulas reales, que permiten ser ordenados los mestizos, y admitidos a escribanías y regimientos ». Ley 7, tit. 7, l. 1, *Recop.* Pero si son ilegítimos, por ser infames, *infamia facti,* y tener de ordinario otros defectos, « hallo que por otras muchas cédulas no se les permite entrada para oficios algunos autorizados y de República, aunque sean protectorías, regimientos o escribanías, sin que hayan expresado este defecto cuando lo impetraron y estén particularmente dispensados de ellos »... Ley 40, tit. 8, l. 5, *Recop.* Cf. *Política Indiana,* v. 1, l. II, c. XXX 445-6.

quidem, avertant? Ubi sunt haec atrocissima facinora quae commisimus? Ubi seditiones et tumultus, ubi coniurationes et proditiones [52]. Quis ex nostris a vero Dei cultu ad Idolorum nefariam observantiam defecit? Nonne ex christianis patribus [53], non ex matribus nullius haeresis labe contaminatis [54], originem ducimus? Si denuo est hoc nostrae conditionis spectaculum tam lugubre, tamque funestum, ut nisi subvenias, nihil reliquum videatur quam desperatio, quod absit.

Tua refert, Pater Sanctissime, in his turbulentissimis flutibus tabulam iam iam naufragium facientibus iniicere [55]. Tuae partes sunt, res nostrae, quorum matres ultimae inter universi orbis habitatores ad Ecclesiae gremium sunt vocatae, tam collapsos erigere et adiuvare. Solent enim patres ultimos natu filios dulcius et charius diligere, et si quid a maioribus in ipsos est commissum, acerrime ulcisci. Doleas vicem nostram, Pater sanctissime. Doleas natorum qui a se depellere non possunt iniurias. Sentiamus Tui, quam

---

[52] El Virrey Toledo los consideraba « belicosos, trabajadores en el campo, grandes arcabuceros, y ansí pocos ministros de la guerra hay que no los escojan y quieran más que a los españoles, por ser de mayor servicio », pero recordaba que eran bulliciosos y que tenían pretensiones, juzgando que por parte de las madres es suya [la tierra] y que sus padres la conquistaron y ganaron ». Tanto los gobernadores como los oidores y los frailes, dirigiéndose al Rey y al Consejo de Indias, recomendaban se tuviese mucho cuidado con ellos, pues los estimaban como soldados, y los temían por su carácter díscolo y valiente. Cf. ROBERTO LEVILLIER, *Don Francisco de Toledo, supremo organizador del Perú*, Buenos Aires 1935 243-4. La quietud de que aquí se glorían estos mestizos era debida no en último lugar e las radicales medidas tomadas desde las últimas revueltas para prevenir cualquier motín.

[53] Que se gloriaban siempre de su cristianismo, como lo recuerda Acosta.

[54] Difícilmente podían tener herejías dado el estado general del país y de sus gobernantes. Pero no les faltaban hartas reliquias paganas, como se fué descubriendo en diversas ocasiones, y sobre todo a principios del siglo XVII. Cf. PABLO JOSÉ DE ARRIAGA, S. I., *Extirpación de la idolatría del Pirú*, Lima 1621.

[55] Aquí se ve lo mismo que por toda la carta, el recto concepto no sólo teórico sino práctico, de la soberanía del Papa en la Iglesia, enseñada por los misioneros de América. En virtud de esta enseñanza pueden estos clérigos apelar al Papa en una materia eclesiástica contra una disposición real.

nunquam hucusque defecisse videmus [53] neque defuturam credimus, amoris indulgentiam.

Datum *Conae* [57], primo idus Februarii 1583.

Sanctissimo ac Piissimo Gregorio XIII / Pontifici Maximo, Indiarum incolae.

Plurimam Salutem dant.

V

Gregorio XIII obtiene del Rey la revocación de su Real Orden.

Este interesante documento tuvo la fortuna de llegar por vía segura y para aquel tiempo relativamente rápida a manos del Papa, pues poco más de un año después, 15 de marzo de 1584, hallamos la intervención de la Secretaría de Estado de Gregorio XIII en el importante asunto. El Papa efectivamente dió orden ese día al Cardenal de Como, Tolomeo Galli, su Secretario de Estado, de escribir al Nuncio de España Ludovico Taverna, Obispo de Lodi, para que hablara con Felipe II del hecho. La notificación se la hace en los términos mas claros y perentorios, y a través de ellos se percibe el vibrante interés del Pontífice por la inesperada apelación. Es que ésta dejaba al descubierto el punto más vulnerable del sistema político religioso del Patronato y Vicariato regio en las Indias: es decir la intromisión del Monarca en una materia

---

[56] El mismo breve de Gregorio XIII de 25 de Enero de 1576 se debe parcialmente al menos a la intervención de los mismos mestizos, y a ella parece que se refieren aquí, pues es un caso claro de apoyo anterior a su causa. Fué también Gregorio XIII quien resolvió en favor de los mestizos la duda que existía sobre si ellos quedaban incluídos en ciertos privilegios concedidos a los *Neófitos*: «Quin etiam, quia de mixtim progenitis quos mestizos vocant, maius dubium esse accepimus, cum eisdem Mesticiis quos similiter ad hunc effectum Neophytos censendos esse decernimus, in gradibus et in matrimoniis contractis et contrahendis praedictis, gratis dummodo ita facile id fiat, dispensare». Cf. F. JAVIER HERNÁEZ S. I., obr. cit. I Bruselas 1879 51. Disposición del 21 de Setiembre de 1585, es decir al año siguiente de la intervención recordada en este artículo.

[57] No sé a qué ciudad o villa se refiera este *Conae*. Tal vez Ocoña-Pues no encuentro otro nombre parecido, ni tampoco lo han encontrado algunos peruanos a quienes me he dirigido.

directamente sacramentaria y espiritual. Sin duda por eso, el Papa canonista, que ya antes había temido surgiera una nueva « Monarchia sicula » de los proyectos americanos de Felipe II [58], hizo expresarse así al Cardenal de Como.

« V. S. intenderá da la qui allegata lettera, scritta a S. Santità da alcuni ecclesiastici dell'Indie Occidentali, il torto che pretendono fare loro, per haver Sua Maestà dato ordine al Metropolitano di quella Provincia, che non gli debba admettere a gli ordini sacri. Sua Beatitudine dice che V. S. ne debba tener proposito con Sua Maestà, et intendere un poco con che fundamento la Maestà Sua habbi dato ordine sì fatto, essendo cosa troppo manifesta che Sua Maestà non può ingerirse in queste materie di sacramenti » (borrado: « che sono cose meramente spirituali et pertinenti a soli ecclesiastici, et poi V. S. dovrà procurare insieme che il detto ordine sia in ogni modo rivocato ») [59].

Aunque esta última parte aparezca borrada en la comunicación, es natural que ese fuera el fin de la intervención que se ordena al Nuncio. No he podido sorprender los pasos dados por éste en orden al cumplimiento de esta misión [60]. Pero de todos modos, si no con absoluta prontitud, cosa que se obtenía entonces con cierta parsimonia en Madrid, esta negociación debió sin duda preparar el terreno a la revocación del decreto regio que tuvo lugar en 1588. Según una cédula real pasada a la Recopilación [61], Felipe II comunicó a las autoridades de Ultramar desde San Lorenzo, a 31 de Agosto y a 28 de Setiembre de 1588, « que los Prelados ordenen de sacerdotes a los Mestizos, con información de vida y costumbres, y provean que las Mestizas puedan ser religiosas con la misma calidad », como se lee en el resumen de la cédula. « Encargamos a los Arzobispos y Obispos de nuestras Indias que ordenen de sacerdotes a los Mestizos de sus distritos, si

---

[58] Cf. texto en LETURIA, Felipe II y el Pontificado en un momento culminante de la historia hispano-americana, Estudios Eclesiásticos, 7 (1928) núm. extr. 67.

[59] Arch. Vat., Nunz. di Spagna, 30 f. 388v.

[60] La razón es porque el volumen que contiene la correspondencia del Nuncio de estos años, está reparándose y no se halla al servicio de los investigadores. Pero tengo cierta confianza de hallar en él algún dato sobre esta materia, pues sé que contiene material sobre América y el negocio era grave.

[61] Cf. Recopilación, Ley 7, tit. 7, l. 1.

concurrieren en ellos la suficiencia y calidades necesarias para el orden sacerdotal, pero esto sea precediendo diligente averiguación e información de los Prelados sobre vida y costumbres, y hallando que son bien instruídos, hábiles, capaces y de legítimo matrimonio nacidos ... ».

Por este mismo tiempo era arzobispo de Lima Santo Toribio Alfonso de Mogrovejo, al comienzo de su glorioso episcopado. No he podido sorprender su actuación en el problema de los mestizos de una manera precisa, pero parece que el principio [62] le metieron algún temor de ordenarlos, por el sacrilegio de uno de ellos [63], y según Montesinos, « no sólo no ordenó a ninguno, pero los inhabilitó para otros oficios. Ellos se presentaron por su procurador a la Corte, ... y el Rey remitió esto al Virrey ... por cédula dada en el Pardo a dos de noviembre deste año (1591). En virtud de ella Don García [de Mendoza] los habilitó para que pudiesen tener cualesquier oficios reales y otros cargos onrosos, *como si ubiesen nacido de legítimo matrimonio,* y no tubiesen la incapacidad que han mostrado para que quedan eredar a sus padres ab intestato » [64].

Por esta noticia se ve que aquellos mestizos peruanos, animados sin duda por el buen éxito de sus gestiones ante el Pontífice, cobraron osadía para acudir también a la Corte madrileña en pro de sus derechos, que creían conculcados en fuerza de unos mismos principios gubernativos, y obtuvieron un resultado bastante favorable y completo en ambas capitales. El incidente, revelador

---

[62] Decimos en los principios de su pontificado (1581-1606), pues su sucesor en la mitra de Lima Don Bartolomé Lobo Guerrero (1609-1622) pudo hacer valer ya una « tradición » de ordenar mestizos, He aquí cómo se expresa SOLÓRZANO PEREIRA : « Pero aunque en el [capítulo] que voy tratando de los mestizos, parece se fundaba bien el reparo de los Obispos que he referido, todavía, habiendo sido consulado en este caso siendo oidor de Lima [lo fué entre 1609-1626] y después volviéndose a tratar de él siendo fiscal del Consejo, defendí se podía tolerar la *costumbre* que el Arzobispo de Lima *decía estar ya introducida en las Indias* de ordenarlos y ponerlos en doctrinas, aunque fuesen ilegítimos, lo uno por la fuerza que esa tiene en todas las cosas con que nos pone en obligación de seguirla, y de pensar que tuvo suficientes títulos para fundarse y continuarse ». *Política Indiana,* v. III, l. IV, c. XX, (ed. cit.) 306.

[63] BAYLE, *art. cit.,* 528 y 531, nota 37.

[64] *Ibid,* 531, nota 37 donde se cita a Montesinos.

magnífico de una mentalidad y de una época, no deja en fin de cuentas en mala posición a los gobernantes peninsulares. Si por un cúmulo de circunstancias, en parte ya enumeradas antes, se llegó a decretos limitativos de los derechos de las nuevas razas en formación, éstos se corrigieron oportunamente y sin grandes estridencias y oposiciones en general, aunque provocaran a veces ciertos desbordamientos de palabras o escritos muy comprensibles en asuntos tan vidriosos.

J. Grisar S. J.

Päpstliche Finanzen

Nepotismus und Kirchenrecht

unter Urban VIII

Collectionis totius n. 14

Roma 1943
Libreria Herder
Typis Pontificiae Universitatis Gregorianae

In den Lebensbeschreibungen Urbans VIII (1612-1644) wird berichtet, dass der Papst in den letzten Jahren seines Lebens angesichts der ernsten Lage der Finanzen des Heiligen Stuhles und des schweren Steuerdruckes, von Gewissensbedenken wegen seiner grossen Zuwendungen an seine Verwandten, das Haus Barberini, gequält worden sei. Er habe wiederholt das Gutachten von Theologen sich erbeten, ob er zur Wiedergutmachung verpflichtet sei [1].

Die finanzielle Lage des Papstes war gegen Ende seiner Regierung wirklich trostlos. Eine Entwicklung, die schon Jahrhunderte vorher eingesetzt hatte, erreichte einen Höhepunkt. Mit einer Staatsschuld von etwa 16 Millionen Scudi [2] begann Urban VIII sein Pontifikat; sie wuchs rasch weiter trotz der Einführung neuer Steuern und Monopole und des Sinkens der Zinssätze. Alvise Contarini, der 1631-1635 als ordentlicher Gesandter Venedigs in Rom weilte, zeichnet in seinem Schlussbericht an die Signorie anschaulich, wie man immer tiefer in die Schuldenwirtschaft hineingeriet und mit neuen Anleihen das Defizit deckte. Er behauptet der Papst habe — bis zum Jahre 1635 — schon 8 Millionen neuer Anleihen aufgenommen. Gegen Ende seiner Regierung unternahm Urban VIII noch den höchst kostspieligen

----

[1] So schon A. NICOLETTI in seiner vielbändigen handschr. *Vita di Papa Urbano*, t. VIII (Bibl. Vat. Barb. 4737), ferner RANKE, *Die römischen Päpste*, III⁹ 25, PASTOR, *Papstgeschichte*, XIII 1 261; XIII 2 878 f.

[2] CL. BAUER, *Die Epochen der Papstfinanz, Hist. Ztschr.*, 138 (1928) 494; die Arbeit stützt sich auf lange archiv. Vorarbeiten. Pastor (ebd. 282) spricht von 16-18 Millionen und lehnt BROSCHS Angabe von 22 Millionen (*Geschichte des Kirchenstaates*, I 1880 400) als übertrieben ab. Dieser hat sie offenbar aus dem Bericht des venezianischen Botschafters Al. Contarini von 1635 (BAROZZI E BERCHET, *Relazioni di Roma*, I 1877 361). Die zahlreichen Angaben der venezian. Gesandten über die päpstl. Finanzen sind, wie Pastor schon für eine frühere Zeit (VII 560) betont, sehr unzuverlässig. Der Wert des Silberscudo wird für die Mitte des 17. Jahrhdts auf 4-5 Goldfranken angegeben. Ueber die päpstl. Scudi vgl. E. MARTINORO, *La moneta*, 1915, 466 f. HUN. PLETTENBERG, *Notitia Congregationum ... Curiae Rom.*, 1693 bringt S. 366 ff. einen Vergleich der in Rom gangbaren Münzen.

[3] BAROZZI E BERCHET, a. a. O.

und unnützen Castrokrieg, dessen militärische Auslagen allein 6 Millionen Scudi in den beiden Kriegsjahren 1642-1644 betrugen[4]. So war die Schuld beim Tod des Papstes auf etwa 30 Millionen Scudi angelangt[5].

Eine ausführliche Uebersicht über die Einnahmen und Ausgaben der apostolischen Kammer[6] aus den ersten Jahren des Nachfolgers Urbans VIII gibt folgendes Bild: Die Gesamteinnahmen betrugen 2 509 558.32 Scudi, die Ausgaben 2 223 476.78. Es war also ein Ueberschuss von 286 101.54 Scudi vorhanden, der wohl den scharfen Sparmassnahmen zuzuschreiben ist, die Innozenz X sofort nach seiner Wahl eintreten liess. Von den Einnahmen gingen 1 473 676.78, also etwa 60 % auf den Zinsendienst. Die Aufstellung ist nicht vollständig; denn es sind darin die Einnahmen der Datarie und der Kanzlei (Bullarie) nicht ganz enthalten, von ihnen ging ein beträchtlicher Teil ohne Verrechnung mit der Kammer teils an die päpstliche Privatschatulle und wurde dort getrennt verwaltet[7], teils an die Almosenverwaltung. Den Schulden stand als Gegenwert noch der Erario sanziore, der von Sixtus V in der Engelsburg angelegte Staatschatz, gegenüber[8]. Er hatte unter seinem Begründer einmal die damals unerhörte Barsumme von 4 160 000 Scudi (darunter 3 Millionen in Gold) erreicht, war

---

[4] BAUER, 493; RANKE, 24 gibt, gestützt auf den Bericht der venezian. Obedienzgesandtschaft v. 1645 (BAROZZI E BERCHET, II 53), die Gesamtkosten des Krieges auf 12 Million. Sc. an. Ueber die phantastische Angabe der toskanischen Gesandten von 42 Million. vgl. unten S. 245.

[5] Die Zahl ergibt sich aus der Angabe des gut unterrichteten SFORZA PALLAVICINO in seiner *Vita di Alessandro VII*, I 1839 302, dass Urban VIII 14 Millionen neuer Schulden aufgenommen habe. PASTOR nimmt (XIII 2 862) schon für 1640 — also vor dem Castrokrieg — eine Gesamtschuldenlast von 35 Million. Sc. an, die Zahl stammt aus dem Bericht des venez. Gesandten Nani (BAROZZI E BERCHET, II 24).

[6] Im Privatarchiv des Fürsten Doria-Pamfili, Archiviolo, v. 108, f. 155-196.

[7] Das wird in der Uebersicht eigens gesagt f. 167v u. 169r, war aber seit langem so, vgl. W. v. HOFMANN, *Forschungen zur Geschichte der kurialen Behörden*, I 1914 99 ff, A. GOTTLOB, *Aus der Camera Apostolica des 15. Jahrhdts*, 1889 75, 253 f. Darüber auch CARD. JO. B. DE LUCA, *Tractatus de Officiis Venalibus*, Cap. 4, 1751 11 ss.

[8] vgl. PASTOR, X 92 ff; F. S. TUCCIMEI, *Il tesoro dei Pontefici in Castel S. Angelo*, 1937.

aber unter Gregor XIV und Clemens VIII bereits um 650 000 Scudi vermindert worden. Urban VIII entnahm ihm für den Castrokrieg weitere 704 986 Scudi, damit war der berühmte Schatz auf rund 2 805 000 Scudi zusammengeschmolzen.

Wie verzweifelt es um die päpstlichen Finanzen stand, als Urban VIII gestorben war, haben nicht bloss viele Zeitgenossen berichtet[9], noch klarer zeigen es einige Tatsachen. Innozenz X war gezwungen, gleich nach seiner Erhebung alle Ausgaben zu drosseln und die kaiserlichen Gesandten, die bei der damals in entscheidender Zeit so unglücklichen Wendung des dreissigjährigen Krieges auf das dringendste um Hilfe baten, abzuweisen mit der Begründung, dass alle Mittel erschöpft seien. Was der venezianische Gesandte Al. Contarini in seinem Schlussbericht von 1648 über diese Szene zu erzählen weiss, klingt durchaus glaubhaft, der Papst habe auf die wiederholten Vorstellungen den Gesandten die Rechnungsbücher der Kammer ins Haus geschickt, damit sie sich vom Stand der Dinge selbst ein Bild machen könnten[10]. Joh. de Lugo, der berühmte Theologe, hatte, wie wir noch hören werden, zwei Jahre vor dem Tod Urbans VIII sich sehr weitgehend für das freie Verfügungsrecht des Papstes über gewisse Einkünfte des Heiligen Stuhles ausgesprochen: Kardinal geworden nahm er öffentlich sein früheres Urteil zurück, da er jetzt erst « die bedrängte Lage der Apostolischen Kammer und die ganze Not der Untertanen der Kirche » kennen gelernt habe[11]. Am deutlichsten aber sprach sich das römische Volk aus, es jubelte über den Tod des Barberinipapstes und machte seinem Hass gegen

---

[9] z. B. PALLAVICINO l. c; die venezian. Gesandten 1645 u. 1648 (BAROZZI E BERCHET, II 53, 74); TH. AMEYDEN in seiner Biographie Urbans VIII in seinen weitverbreiteten handschriftl. *Elogia Summorum Pontificum et S. R. E. Cardinalium;* Card. Sacchetti in seinem bekannten Brief an Alexander VII; der anonyme Autor einer *Geschichte des Nepotismus,* III Teil, f 241 ss (Archiv. Vat, Fondo Bolognetti 256) usw.

[10] BAROZZI E BERCHET, II 76 s. Wie dringend die kaiserl. Gesandten um Hilfe baten, zeigt ein Dorsalvermerk des Staatssekretärs Panciroli, der im Bd. 100, f 197s des Archiviolo im Doria-Archiv aufbewahrt ist. Als der Papst Hilfsgelder abgelehnt hatte, baten sie um Anleihen aus den Fonds der Propaganda, dem Monte di Pietà und reicher Familien und um Zehnten aus den vom Krieg verschonten Teilen Italiens.

[11] vgl. im Quellenanhang N. 8, ferner Pallavicini, a. a. O, 416.

14

ihn und seine Familie in masslosen Schmähungen Luft. Der Druck
der Steuern und Lasten, der ganze Finanzwirrwarr, der eine Folge
der ungeheuren Ausgaben des Verstorbenen war, hatten diesen
wilden Ausbruch der Leidenschaft hervorgerufen [12].

I. Die Einnahmen der Paepste im 17. Jahrhundert

Bevor wir uns nun der Frage zuwenden, wofür Urban VIII
die gewaltigen Summen, die ihm aus Anleihen und Steuern zu-
flossen, verwandte, wird es am Platz sein, eine Uebersicht über die
einzelnen Einnahmen des Heiligen Stuhles hier einzufügen, die
im 17. Jahrhundert von besonderer Bedeutung waren. So genau
wir aber heute über die Finanzverhältnisse der Kurie in der avignonesischen Periode unterrichtet sind [13], und soviel Licht die
Forschungen Adolf Gottlobs über die Camera Apostolica im 15.
Jahrhundert und Walter v. Hofmanns zur Geschichte der kurialen Behörden vom Schisma bis zur Reformation auch in die
Geldverwaltung der römischen Kurie des ausgehenden Mittelalters gebracht haben, für die päpstliche Finanzverwaltung der Zeit
der Erneuerung der päpstlichen Macht im 16. und 17. Jahrhundert besitzen wir noch keine eingehenden Studien [14]. Was wir im
folgenden an neuem zur Kenntnis der einzelnen Einnahmen in
dieser Epoche beifügen können, stammt z. Teil aus handschriftlichen Quellen, wie sie in grosser Zahl in den römischen Biblio-

---

[12] vgl die Berichte über das Conclave nach dem Tod Urbans VIII
z. B. Bibl. Vat. Ottob. 2434, f. 166*v*; ferner AMEYDEN a. a. O.; NOVAES,
Elementi della Storia de' Sommi Pontefici, V 1788 86 unter Berufung auf
MURATORI, *Ann.* 1644; PASTOR, XIII 2 886.

[13] Besonders durch die grossen Publikationen der Görresgesellschaft:
« *Vatikan. Quellen zur Geschichte der päpstlichen Hof. und Finanzverwaltung 1316-1378* » und die zahlreichen einschlägigen Arbeiten des Preus-
sischen (jetzt Deutschen) Histor. Instituts, die in den « *Quellen und Forschungen aus ital. Archiven und Bibliotheken* » veröffentlicht wurden, ferner durch manche Arbeiten der « *Bibliothèque des écoles françaises d'Athènes et de Rome* » wie die grundlegende Studien von CH. SAMARAN U. G. MOL-
LAT, *La fiscalité pontificale en France au XIV*e *siècle*, 1905.

[14] Eine gute Einführung in die Entwicklung der päpstlichen Finanzen des 16. u. 17. Jahrhdts bietet BAUER, a. a. O, 480 ff.

theken und Archiven noch erhalten sind, und aus den Kanonisten
dieser Zeit, die, wie für viele andere Gebiete, auch für die Kuriengeschichte wertvollstes Material enthalten [15]. Wir folgen der Ordnung, die P. Valentino Mangioni im ersten Teil seines unten abgedruckten Gutachtens « De dispositione redituum Summi Pontificatus » innehält [16]: es ist eine für diese Zeit ganz vortreffliche
Zusammenstellung, die deutlich zeigt, wie gründlich sich ihr Verfasser in die Fragen eingearbeitet hat, als er von Urban VIII in
seiner Gewissensnot zur Beratung mitherangezogen wurde. Einen
besonderen Wert für uns hat sie noch dadurch, dass sie nur die
Titel aufführt, die damals für das Papsttum von Bedeutung waren.

Die Einkünfte des Papstes erflossen, gemäss seiner doppelten
Stellung als Kirchenfürst und weltlicher Herr des Kirchenstaates,
aus zwei Quellen: der Kirche und dem Kirchenstaat. Da diese
Einnahmen nicht getrennt verwaltet und nicht vollständig von der
Apostolischen Kammer, der eigentlichen zentralen Finanzbehörde,
erfasst wurden, und manche Erträge ihrer Art nach gemischt waren, ist es nicht möglich, genau anzugeben, wie beide Einnahme-
quellen sich zu einander verhalten; aber ganz im Gegensatz zur mittelalterlichen Finanz des Papsttums, überwiegen jetzt bei weitem
die Einnahmen aus dem Kirchenstaat [17]. Die kirchlichen Einnahmen
waren seit langem am Abnehmen. Der Abfall ganzer Nationen von
der Einheit mit Rom brachte einen weiteren gewaltigen Ausfall.
Die Reform der Kirche und der Kurie, wo bedeutende Päpste mit
eiserner Entschlossenheit neben anderen Missbräuchen auch Einnahmen, deren Art Bedenken hervorriefen, abstellten, wirkte in
gleicher Richtung. Pius IV schrieb 1562 an Philipp II, dass die
Neuordnung der Rota, Poenitentiarie und Gerichtshöfe eine Minderung von 200 000 Scudi zur Folge gehabt hätte [18]. 1570 berech-
nete man den seit 1538 eingetretenen Rückgang der kirchlichen
Einnahmen auf 400 000 Scudi [19]. Nach der schon angeführten

---

[15] Unter ihnen vor allem *Cardinal de Luca* (1614-1683) in seinem gewaltigen *Theatrum veritatis et justitiae*, das alle Zweige der kurialen
Verwaltung behandelt.

[16] vgl. im Quellenanhang N. 7.

[17] vgl. v. HOFMANN, I 320 ff. BAUER, 492 ff.

[18] PASTOR, VII 333.

[19] ebd, VIII 77.

Uebersicht über die Einnahmen und Ausgaben des päpstlichen
Stuhles aus der Anfangszeit Innozenz X betragen die klar erkenn-
baren kirchlichen Einnahmen noch keine halbe Million Scudi bei
einer Gesamteinnahme von 2 323 476.78 Scudi. Es ist wahrscheinlich, dass unter den übrigen Einkünften auch noch kirchliche enthalten sind; sie können aber nur einen ganz bescheidenen Anteil
ausmachen. Wir besprechen an erster Stelle die kirchlichen Einkünfte.

Der Papst hatte zunächst wie jeder Bischof *gestifteten Besitz,* bestehend aus unbeweglichen Gütern, fruchtbringenden Rechten, Kapitalien usw. Dieser Besitz hatte Jahrhunderte hindurch
in den schwierigen Zeiten des Unterganges der alten Welt den
Päpsten die Mittel für die Erhaltung der Kirche Roms und für
eine umfassende Liebestätigkeit gegeben [20]. Von den ungeheueren
Reichtümern der Patrimonien hatten die Päpste aber nur wenige
Trümmer ins hohe Mittelalter hinübergerettet. Es sind aber in
der Folge zweifellos neue Erwerbungen gemacht worden. Wie
hoch das Einkommen daraus im 17. Jahrhundert war, ist kaum
festzustellen, zumal auch die Abgrenzung von wirklichen Benefizialgütern und staatlichen Besitzungen und Rechten des Kirchenstaates kaum durchgeführt war [21]. Wohin gehören, um nur
ein Beispiel zu nennen, die berühmten Alaungruben von Tolfa
oder die zahlreichen Salinen? Waren sie Benefizialgüter oder Domänen? Gregor XIII suchte in seinem Pontifikat dem Defizit durch
Rückgewinnung kirchlichen Eigentums und kirchlicher Rechte,
wie sie namentlich auf dem Weg der Belehnung verloren gegangen waren, beizukommen. Er soll dadurch die Einkünfte um
94 000 Dukaten gesteigert haben [22]. Wenn diese Zahl richtig ist,

---

[20] vgl. H. GRISAR in der Zeitschr. f. kath. Theologie 1 (1877) 321 ff,
526 ff; E. CASPAR, *Geschichte des Papsttums,* II 1933, 488 ff; L. M. HART-
MANN, *Geschichte Italiens im Mittelalter,* II 2 1903 224 ff.

[21] Bei Mangioni erscheint der Kirchenstaat noch vollkommen mit seinen Einkünften als Beneficium des Papstes. Ueber die Regalien, die dem
Fürsten als Fürsten zustehenden Rechte, handelt DE LUCA im 2. Buch
des *Theatrum;* namentlich in der am Schluss beigefügten *Summa* gibt
er eine Einteilung der zu den Regalia gehörigen Rechte und Besitzungen.

[22] PASTOR, IX 757. Ueber Domänen im Kirchenstaat gegen Ausgang
des Mittelalters und die Versuche, neue zu erwerben vgl. GOTTLOB, a. a. O,
220 f u. 223 ff.

müssen die Besitzungen des hl. Stuhles an Stiftungsgütern im 16. Jahrhundert doch noch gross und ergiebig gewesen sein.

Ertragreicher waren aber die Einnahmen des Papsttums aus dem Pfründenbesitz der Gesamtkirche. Sie haben sich zum grossen Teil aus ursprünglich freiwilligen Leistungen, wie sie seit den ältesten Zeiten bei gewissen Gelegenheiten dem Oberhaupt der Kirche dargebracht wurden, entwickelt; auf dem Weg der Gewohnheit wurden sie zu verpflichtenden allgemeinen Steuern. Im 14. Jahrhundert erreichten diese Abgaben ihren höchsten Stand und bildeten das finanzielle Rückgrat des avignonesischen Papsttums. Der Widerstand, der sich dann gegen sie erhob, brachte eine ständige Verminderung mit sich [23]. Unter ihnen waren die *Annaten* die wichtigsten. Das Wort umfasste im 17. Jahrhundert verschiedene Auflagen, die bei Gelegenheit der Verleihung oder Bestätigung von Benefizien durch den Papst zu entrichten waren. Bei Empfang der sog. Consistorialpfründen, d. h. der im Consistorium verliehenen hohen Aemter (Bistümer, bestimmter Abteien) waren von dem Beliehenen die *Servitien* zu bezahlen, von denen das Servitium Commune zum Teil an die Cardinäle ging. Es betrug etwa ein Drittel eines Jahresertrages der verliehenen Pfründe [24]. Da die Erhebung im 17. Jahrhundert immer noch nach

---

[23] vgl. GOTTLOB, 198 ff, 238; I. HALLER, *Papstt. und Kirchenreform*, I 1903 133 ff; BAUER, 475 ff. Ein sehr lehrreiches Beispiel, wie die Fürsten schon in der Schismazeit die kirchlichen Steuerrechte vergewaltigten, hat JOH. VINCKE in den Spanischen Forschungen der Görresgesellschaft 7 (1938) 84 ff, ausführlich dargestellt: *Die Camera Apostolica Peters IV von Aragon*.

[24] Die Literatur über die päpstlichen Finanzen ist gut zusammengestellt bei SÄGMÜLLER, *Lehrbuch des kath. Kirchenrechts*, I⁴ 571 ff. und W. E. LUNT, *Papal Revenues in the Middle Ages*, II 1934 541 ff. Ueber die Annaten i. allg. vgl. SAMARAN u. MOLLAT, a. a. O, 23 ff und J. P. KIRSCH im Dict. d'hist et géogr. eccl. III 307 ff.

Ueber die Servitien insbesondere handeln: KIRSCH in der Revue d'hist. eccl. 1 (1900) 276; GOTTLOB, 190 ff; HALLER, 38 f; E. GÖLLER in: *Die Einnahmen der Apost. Kammer unter Johann XXII* (Vatik. Quellen der Görresgesellsch., I) 1910 Einleitung 20 ff; DERSELBE, *Aus des Camera Apostolica der Schismapäpste*, I, Röm. Quart. Schrift. 32 (1924) 82 ff; A. HAUCK, *Kirchengeschichte Deutschlands*, V 2 1920 599 ff; LUNT 81 ff. Ueber den Ursprung der Servitien ist immer noch wertvoll: A. GOTTLOB, *Die Servitientaxe im 13. Jahrhdt* (Kirchenrechtl. Abhandlgen 2), 1903; ferner: F. BAETHGEN in den Quellen u. Forschungen, 20 (1928-29) 154 ff.

den veralteten Ansätzen aus der Zeit Johannes XXII trotz der
inzwischen eingetretenen Geldentwertung erfolgte, war die wirklich geleistete Steuer bedeutend geringer. Darauf weist schon der,
berühmte Kanonist Prospero Fagnani 1661 hin [25], und P. Ehrenv.
Pirhing stellte 1645 in seinem weitverbreiteten Kirchenrecht fest,
dass das servitium commune für die deutschen Bistümer nur etwa ein Fünftel des wirklichen Jahresertrages bedeute [26]. Da aber
damals schon längst alle Bischöfe wenigstens der päpstlichen Confirmatio bedurften, und viele Bistümer und Abteien noch im Besitz reicher Dotationen waren, muss aus den Servitien trotz ihres
Rückganges immer noch eine erhebliche Summe nach Rom geflossen sein. In den Aufstellungen über die Einnahme des Apostolischen Stuhles aus dem Anfang des Pontifikats Innozenz X ist sie
nicht eigens aufgeführt. Aus den Angaben, die den mit der Prü-
fung der Bedenken UrbansVIII über seine Geldgebahrung beauf-
tragten Theologen 1643 gemacht wurden, ergibt sich, dass die
gesamten Annaten, d. h. die Servitien samt den übrigen Arten
der Annaten, jährlich etwa 110 000 Scudi dem Papst eintrugen [27].
Dass es sich aber bei dieser Summe um eine Nettoeinnahme des
Papstes handelte, von der die grossen Verpflichtungen, die auf
den Annaten lagen, bereits abgezogen waren, ist aus dieser Mitteilung zwar nicht bestimmt zu entnehmen, darf aber mit grosser
Wahrscheinlichkeit angenommen werden. Vielleicht kann eine Angabe, die Kardinal G. B. de Luca in seinem aufschlussreichen
Werk Il Cardinale della S. R. Chiesa (1680) macht, zu einer un-
gefähren Schätzung des damaligen Ertrags aus den Servitien hin-
führen [28]. Der grosse Kanonist betont, dass es reiche Cardinäle
(ganz wenige ausgenommen) nicht mehr gebe, und die weitaus meisten Eminenzen von den Provisionen, die der Heilige Vater ihnen
verleihe, ein verhältnismässig karges Auskommen hätten. An Einkünften ihrer Würde hätten die in Rom anwesenden Cardinäle
nur den Rotolo, der aus einigen Einkünften der Cancelleria Apostolica gespeist werde und im Jahr für den einzelnen Kardinal

---

[25] *Commentaria in Decretalia*, l. V, c. 1 n. 69 (Ed. Venet. 1709 V 74).
[26] *Jus Canonicum*, l. V, tit. V, sect. 9, § 8, n. 365 (Ed. Venet. 1759
III 85).
[27] vgl. Quellenanhang N. 6.
[28] S. 218 f.

die Summe von 1 000 Scudi nicht erreiche. Es handelt sich bei diesen Einkünften wohl in der Hauptsache um den Anteil der Kardinäle an dem Servitium commune [29]. Da sie die Hälfte dieser Einnahme erhielten [30] und die Zahl der in Rom residierenden Kardinäle zwischen 30 und 40 war, dürfte man den Ertrag vielleicht auf etwa 25-30 000 Scudi für die Kardinäle und auf das doppelte für die ganze Steuer schätzen. Leider kam von der dem Papst zustehenden Hälfte der Servitien, wie überhaupt von allen Annaten, im 17. Jahrhundert nur noch ein Rest in den Besitz der Kammer; der grösste Teil dieser Einkünfte war für die Verzinsung der durch die Beamtenkollegien aufgebrachten Summen beim Aemterkauf festgelegt. Schon 1525 gingen 80 % der Annaten an die sog. Annalistenkollegien [31]; seitdem aber waren die käuflichen Aemter an Zahl und Preis noch bedeutend gestiegen und weitere Einnahmen verpfändet worden.

Von den geringeren Pfründen wurden bei der Verleihung durch den Papst die *Annaten im engeren Sinn* erhoben, die man im 17. Jahrhundert allgemein bonifatianische Annaten nannte, weil man ihre erste Einführung oder Ausgestaltung Bonifatius IX zuschrieb [32]. Der erste Papst, der nachweislich zuerst von niede-

---

[29] BAUER, 480 scheint zu meinen, dass der Anteil der Kardinäle an den Servitien im Lauf des 16. Jahrhdts durch Gehälter ersetzt worden sei. Die Angabe de Lucas spricht dagegen. Die bedürftigen Kardinäle erhielten schon seit Pius II Geldunterstützungen (vgl. GOTTLOB, *Aus der Camera Apost.*, 73 f.); diese Beihilfen — Provisionen genannt — betrugen unter Sixtus IV 100 Dukaten monatlich für die einzelnen damit versehenen Kardinäle (ebd. 255), unter Sixtus V wenigstens 1320 Scudi im Jahr (Uebersicht über die Einnahmen und Ausgaben der Kammer aus der Zeit Sixtus V im Mscr. 158 der Bibl. des Kollegs bei S. Agnese in Rom, f. 95r) und nach einer ähnlichen Uebersicht aus den ersten Jahren Innozenz X 38 000 sc. für die gesamten in Frage kommenden Kardinäle, also für jeden gegen 1000 Scudi.

[30] Spätestens seit der Bulle Nikolaus IV vom 18. Juli 1289: «Coelestis Altitudo». Wegen dieser Teilung haben diese Servitien den Namen Servitia communia.

[31] v. HOFMANN, I 289.

[32] Ueber die Annaten in engeren Sinn vgl. PHILLIPS, V 567 ff; GOTTLOB, 193 f; I. P. KIRSCH, *Die päpstlichen Kollektorien in Deutschland während des 14. Jahrhunderts* (Quellen und Forschungen aus dem Gebiet der Geschichte, Bd. III) 1894, S. XXIV ff; DERSELBE, *Die päpstlichen Annaten in Deutschland während des 14. Jahrhdts* (Quellen u. Forschgen, Bd IX.),

ren Pfründen bei Gelegenheit ihrer Neubesetzung eine Abgabe
für den Heiligen Stuhl vorgeschrieben hat, war Clemens V, als
er 1306 von allen auf den britischen Inseln in drei Jahren zur
Erledigung kommenden Benefizien die Früchte eines Jahres forderte. Uebrigens schuf er damit nichts ganz Neues, sondern wandte eine Abgabe, die von geistlichen und weltlichen Herren längst
vielerorts erhoben worden war, der Apostolischen Kammer zu.
Die Steuer, die seit Bonifatius IX nur noch die Hälfte einer Annate (eines Jahresertrags) ausmachte und nur von Pfründen mit
einem Einkommen von wenigstens 24 Goldgulden erhoben wurde,
traf Benefizien, an deren Verleihung der Papst beteiligt war. Da
im späten Mittelalter « eine Unsumme von Pfründen, Kirchen,
Klöstern, Benefizien » [33] im ganzen Abendland in Abhängigkeit
von der Kurie gekommen war, warfen die Annaten damals einen
ausserordentlich hohen Ertrag ab. Immer schärfer wurde aber
auch der Widerstand gegen diese Auflage; schon schien unter
Martin V ihre Abschaffung gesichert, als sie in den Konkordaten
mit den Nationen aufs neue bestätigt wurden [34]. Freilich wurde
zugleich die Zahl der Annatenpflichtigen vermindert. Auch die
Höhe der Abgabe, die wie die Servitien nach alten Taxen erhoben
wurde, wurde in manchen Fällen herabgesetzt. Im 17. Jahrhundert bezahlten z. B. die sehr reichen Canonicate Spaniens und
Deutschlands nicht mehr nach dem taxierten Wert, sondern nach
dem Mindestsatz von 24 Dukaten [35].

Als dritte Art der Annaten sind schliesslich noch die *Quin-*

1903, S. IX ff; GÖLLER, *Einnahmen*, 79 ff; HAUCK, 611 ff; LUNT, 93 ff.
Während Mangioni (vgl. Anhang N. 7, 1. Teil) die Einführung der Annaten
Bonifaz IX zuschreibt, gestützt auf das barocke Buch *De rerum Inventoribus*
des Humanisten u. Historikers VERGILIUS POLYDORUS († 1555; über ihn Pierre Bayle in seinem Dictionnaire, V 1734 487 ff. und Tiraboschi in seiner
Storia della Letteratura VII 1824 1372 ff), bemerkt AZOR, *Institutiones
Morales*, II l. VII, c. 12, p. 519, dass andere Johann XXII als deren Be-
gründer ansähen. Sehr eingehend behandeln den Ursprung der Annaten
COHELLIUS in seiner für die Kuriengeschichte des 17. Jahrhdts so wichtigen *Notitia Cardinalatus*, 1653 209 und FAGNANO, l. c, n. 10, p. 69. Beide
kommen zu dem Ergebnis, dass die Annaten viel älter seien und von
Bonifaz IX nur ihre letzte Form erhalten hätten.

[33] GOTTLOB, a. a O, 189.
[34] HEFELE, *Conciliengeschichte*, VII 351 ff.
[35] PIRHING, a. a. O.

dennien zu nennen, die Paul II 1469 vorgeschrieben hat, als die Vereinigung nicht weniger annatenpflichtiger Pfründen mit anderen Institutionen eine Minderung des Annatenertrages herbeizuführen schien [36]. Der Papst bestimmte, dass von solchen inkorporierten Benefizien alle 15 Jahre die geschuldete Annate zu entrichten sei. Natürlich bildeten die Quindennien nur einen geringen Posten unter den kirchlichen Einnahmen der Kurie.

Wie die Annaten, stammte auch der Hauptteil der *Spolien* aus dem Benefizialvermögen der Gesamtkirche [37]. Man versteht unter ihnen die von verstorbenen kirchlichen Personen hinterlassenen, nicht verbrauchten Erträge ihrer Pfründe sowie bestimmte aus kirchlichen Einkünften beschaffte Besitztümer. Ausserdem wurden zu den Spolien Vermögensteile der verstorbenen Kleriker gerechnet, die mittels des dem Kleriker verbotenen Handels erworben waren. Letztere traten natürlich hinter den Spolien von Kirchengut zurück. Wie bei den Annaten, knüpfte das Papsttum, als es seit dem 13. Jahrhundert die Forderung auf Herausgabe der Spolien erhob, an eine von weltlichen und geistlichen Herren seit langem geübte Sitte an, die trotz wiederholter kirchlicher Verbote nicht davon abstanden, den Nachlass von Klerikern in Anspruch zu nehmen. Da das Spolienrecht von der Kurie immer weiter ausgedehnt wurde, erhob sich auch dagegen ein heftiger Widerstand. Karl VI. von Frankreich verbot 1385 die Einziehung der Spolien; seitdem wurden sie von Frankreich nicht mehr gegeben. Auf den Konzilien des 15. Jahrhunderts spielten sie ähnlich wie die Annaten eine grosse Rolle im Kampf gegen das Papsttum. Aber Rom hielt an diesem Recht zäh fest. Die grossen Päpste der kirchlichen Restauration Paul III, Pius V und Gregor XIII erneuerten die Vorschrift, dass Geistliche ohne besondere Erlaubnis des Heiligen Stuhles über ihr aus kirchlichen Einkünften stam-

---

[36] Ueber die Quindennien vgl. AZOR, II 521 f; PHILLIPS, *Kirchenrecht*, V 1854 581 ff; SÄGMÜLLER im Kirchen--Lexikon IX 660 ff; LUNT 102 f.

[37] Ueber die Spolien vgl. GUIL. RODOANUS, *De Spoliis Ecclesiasticis*, 1585; AZOR II, l. 8, c. 2, p. 577 ss; A. BARBOSA, *Jus Ecclesiasticum Universum*, II, l. 3, c. 17 (Edit. Lugdun. 1718, p. 316 ss); HALLER, 130 f; KIRSCH, *Kollektorien*, XXIX; SAMARAN U. MOLLAT, 47 ff; GÖLLER, 106 ff; HAUCK, 618; LUNT, 103. Ueber die Einführung derselben in Spanien s. V. DE LA FUENTE, *Historia eclesiástica de España*, V² 72 f.

mendes Vermögen testamentarisch nicht verfügen könnten und forderten diese Nachlassenschaft als altes Recht des Papstes. Tatsächlich aber wurde dieses Recht im 17. Jahrhundert nur noch im grösseren Teil Italiens und in beschränktem Umfang in Spanien anerkannt und durchgeführt. In den anderen Ländern hatte sich die volle Testierfreiheit des Klerus durchgesetzt [38]. Nach den schon angezogenen Auskünften, die der Theologenkommission 1642 gegeben wurden, betrugen die Einnahmen aus Spolien etwa 90 000-100 000 Scudi. Im Budget der Apostolischen Kammer aus dem Anfang des Pontificates Innozenz X erscheinen die Spolien Italiens mit 20 000 Scudi. Sicher sind aber unter den gesondert geführten Erträgnissen der Kollektorien von Neapel und Spanien, die mit 30 000 bezw. 40 000 Scudi beziffert sind, auch Spolieneinnahmen. Die 1642 gegebene Zahl von 90 000-100 000 Scudi enthält zweifellos auch die Einnahmen aus den beiden folgenden Titeln, die mit den Spolien enge zusammenhängen, den *fructus non exacti* [39] und den *Interkalarfrüchte* [40].

Die ersteren umfassen Erträge von Benefizien, die der Inhaber der Pfründe vor seinem Tod nicht mehr eingezogen hat, die letzteren die Früchte während der Erledigung der Pfründe. In der avignonesischen Epoche des Papsttums warfen beide Einnahmen wie auch die Spolien ziemlich bedeutende Summen ab. Aber dann trat eine Abnahme ein. Wiewohl Pius IV und V die Forderung auf Zahlung der Interkalarfrüchte und Julius III der fructus non exacti neu stellten, kamen beide Einnahmen doch nur noch in Italien zur Erhebung; aus Spanien bekam die Kurie die Interkalarfrüchte der bischöflichen Benefizien [41].

---

[38] vgl. AZOR, 581 f; MOLINA, *De Justitia* I, tr. II, disp. 147 (Ed. Veneta, 1602 519 s.); N. GARCÍA, *De Beneficiis*, p. II, c. 1, n. 5 ss (Ed. Moguntina 1614, 83 s.). Für Rom und seine Umgebung hat Paul V 1606 den Klerikern Testierfreiheit gegeben, vgl. FAGNANO, III 251 s.

[39] Ueber die fructus non exacti vgl. AZOR, II 585 f; RODOANUS, 153 ff: BARBOSA, c. 17, n. 75 ff.

[40] Vom den Interkalarfrüchten handeln: BARBOSA, l. c, c. 14, p. 251 ss; GARCÍA, l. c, 88 ss; SAMARAN u. MOLLAT, 62 ff; HALLER, 129 f; HAUCK, 617 f; GÖLLER, 13 ff; LUNT, 99 ff.

[41] GARCÍA, l. c, n. 91, p. 89; AZOR, II 586 f.

Sehr kurz macht Mangioni in seiner Aufstellung über die päpstlichen Einkünfte die *päpstlichen Zehnten*[42] ab, wiewohl sie einmal in päpstlichen Haushalt — vor allem im 13. Jahrhundert — an erster Stelle gestanden haben, wie die Annaten im 14. Jahrhundert. Sie entstanden aus Steuern, die dem Klerus als Beihilfe für die Kreuzzüge auferlegt wurden. 1199 ordnete Innozenz III an, dass der gesamte Klerus der Christenheit 1/40 seines kirchlichen Einkommens ein Jahr hindurch für die grosse Sache des heiligen Landes hergebe. Die Nachfolger des Papstes wiederholten diese Auflage, wobei die Quote zwischen 1/40 und 1/10 wechselte und die Steuer bald auf einzelne Länder beschränkt, bald auf die ganze Christenheit ausgedehnt wurde. Die Erhebung und Verwaltung der Zehnten wurde nun auch der Apostolischen Kammer anvertraut, die sie durch ihre Kollektoren in den betroffenen Ländern einsammeln liess. Es handelt sich also bei den päpstlichen Zehnten, die schon sehr bald auch für andere kirchliche Zwecke und die Bedürfnisse des heiligen Stuhles auferlegt wurden, um eine Einkommensteuer vom Reinertrag der Pfründen. Der Ertrag der Steuer war natürlich je nach der Höhe der Quote und der Ausdehnung verschieden. Ein allgemeiner Zehnter aus der ganzen Kirche erbrachte schon im 13. Jahrhundert etwa 300 000 Pfund, das Dreifache der damaligen Einkünfte der Krone Frankreichs[43]. Solche Summen reizten natürlich die Fürsten, die die Ausfuhr so bedeutender Mittel aus ihren Ländern verhindern und an einer so ergiebigen Einnahmequelle ihren Anteil haben wollten. In steigendem Mass erreichten sie ihre Wünsche, und nicht selten wurden die sich zu oft wiederholenden Auflagen trotz ihrer Bemäntelung mit kirchlichen Zwecken zu recht weltlichen Unternehmungen verwandt. Der Anteil, der den Finanzen des Papstes zu gute kam, wurde auch immer geringer. Das alles bewirkte einen steigenden Widerstand gegen die Zehnten und wach-

---

[42] Ueber die päpstlichen Zehnten vgl. GOTTLOB, 13 f, 180 ff; HALLER, 27 f, 135 ff: KIRSCH, *Kollektoren*, XV ff; SAMARAN U. MOLLAT, 12 ff; GÖLLER, 97 ff; HAUCK, 623 ff; BAUER, 459 ff; BAETHGEN, 173 ff; LUNT, 71 ss. Ueber den Ursprung der Zehnten vgl. A. GOTTLOB, *Die päpstl. Kreuzzugs-Steuern des 13. Jahrhdts, 1892.*

[43] BAUER, a. a. O. 463.

sende Schwierigkeiten bei ihrer Erhebung. Sie wurden aber auch
im 17. Jahrhundert noch oft von den Päpsten auferlegt [44]. Nun
dienten sie dem Kampf gegen die Türkengefahr und gegen die Hae-
resie. Es waren keine allgemeine Zehnten mehr, vielmehr wurden
sie vor allem den Ländern, denen sie zunächst nützten, und Italien auferlegt. Da sie wirklich für die Zwecke, für die sie ausgeschrieben worden waren, verwandt wurden, konnten sie für
das päpstliche Budget nur eine untergeordnete Rolle spielen. In
der Uebersicht über die Einnahmen der päpstlichen Kammer unter Innozenz X erscheinen sie nicht. Den Theologen Urbans VIII
wurde auch keine Auskunft über sie gegeben und in den Verhandlungen der Kommission hat man von den Zehnten nicht geredet,
ein sicheres Zeichen, dass sie unter Urban VIII als Einnahme
des Heiligen Stuhles bedeutungslos geworden waren. Deshalb hat
wohl auch P. Mangioni sie in seinem Verzeichnis so kurz abgemacht.

Um so wichtiger sind die Einnahmen, die nun bei ihm an
9. und 10. Stelle folgen: die *Compositionen*. Es sind Zahlungen
nach Vereinbarung mit der Datarie bei Erteilung bestimmter Gnaden. Unser Autor zerlegt sie in zwei Gruppen, die erste umfasst
die Zahlungen beim Nachlass der Rückerstattung unrechtmässig
bezogener Pfründeeinnahmen, die andere alle Auflagen, die bei
Gewährung von Ausnahmen bei Verleihungen von Pfründen, bei
Dispensen von Ehehindernissen und Irregularitäten und anderen
Gnaden festgesetzt wurden. Beide Gruppen werden von den Kanonisten als Compositionen bezeichnet. Wenn Mangioni sie trennte, so tat er es, um die Zahlungen aus Benefizialeinnahmen, die
er in seinem Gutachten besonders behandelt, von den anderen Geldquellen klarer zu scheiden. Auch bei den Compositionen handelt es
sich um eine Steuer, deren Anfänge tief ins Mittelalter hinabrei-
chen. Sicher wurden schon im 14. Jahrhundert bei Ehedispensen
und Umwandlung von Gelübden Zahlungen auferlegt; sie erscheinen seit Martin V verbucht in den Registern der Apostolischen
Kammer. Die Zahl der Fälle, wo sie zu entrichten waren, wuchs
und nahm besonders zu, seitdem die ganzen Compositionen im 15.

---

[44] vgl. z. B. PASTOR, XII 574, 578 (Paul V); XIII 183 (Gregor XV);
XIV 260, 265, 267 (Innozenz X) usw.

Jahrhundert in die Hände des Datars gekommen und unter Sixtus IV als förmliche Steuer ausgebaut worden waren [45]. Energische Datare verstanden es, diese Einnahmen so zu fördern, dass sie rasch zu einem der wichtigsten Titel in dem damals so schwierigen Haushalt der Kurie wurden. Ihr Gewicht wurde noch schwerer, weil aus ihnen vor allem die persönlichen Auslagen des Papstes stets gedeckt wurden [46]; an die Kammer kamen nur geringe Beträge. Die Einnahmen der Datarie betrugen um die Wende des 15. Jahrhunderts gegen ein Drittel des päpstlichen Budgets, darunter waren freilich neben den Compositionen auch die bedeutenden Summen aus dem Aemterverkauf einbegriffen, der auch nach seiner finanziellen Seite dem Datar unterstellt war. Die Compositionen haben bei den Männern der kirchlichen Erneuerung viele Bedenken hervorgerufen; diese nahe Verbindung von geistlichen Gnaden mit Geldzahlungen bot ja auch sehr ernste Gefahren. Trotzdem wurden sie nicht ganz abgeschafft. Aber viele Missbräuche und anstössige Zahlungen, vor allem bei Pfründeverleihungen, verschwanden doch im 16. Jahrhundert [47]. Darüber gingen die Einnahmen merklich zurück [48]. Die Erträge aus Kanzlei und Datarie werden in den Angaben für die Theologenkommission auf 200 000 Scudi im Jahresdurchsschnitt angegeben; wievel davon aus den Compositionem stammte, ist nicht festzustellen. In der Uebersicht der Kammereinnahmen aus den ersten Jahren Innozenz X werden die Erträgnisse aus Datarie und dem Siegelamt auf 300 000 Scudi beziffert. Dabei wird bemerkt, dass die Einnahmen aus Ehedispensen darin nicht enthalten seien, die sofort für Almosen verwendet würden. Der venezianische Botschafter Al. Contarini schätzte 1635 die Einnahmen der Datarie auf monatlich 20 000 Scudi [49] und 1648

---

[45] Ueber die Compositionen vgl. GOTTLOB, *Aus der Camera*, 188 ff; GÖLLER, *Die päpstliche Pönitentiarie*, II (Bibl. des Preuss. Hist. Institutes in Rom, Bd VII-VIII) 1. Teil, 1911, 179 ff. GÖLLER, *Einnahmen der Kammer*, Einltg, 117 ff; L. CELIER, *Les Dataires du XVe siècle*, 1910 87 ff; v. HOFMANN, I 90 ff; LUNT, 129 ff. Vgl. auch DE LUGO, *De Jure et Jusstitia* I, disp. 21, sect. 7.

[46] CARDINAL DE LUCA, *De officiis venalibus vacabilibus*, c. IV, n. 5-6.

[47] PASTOR, VI 460 f. (Paul IV); VII 333 f. (Pius IV); VIII 126 ff. (Pius V).

[48] ebd, VII 562.

[49] BAROZZI E BERCHET, I 361.

die aus Compositionen und dem Verkauf von Aemtern und Monti
auf etwa 400 000 Scudi im Jahr [50].

Bei Mangioni folgen nun die für die päpstlichen Finanzen
seit dem 15. Jahrhundert so wichtigen Einnahmen aus dem *Aemterverkauf* [51] und zwar als Nummer 11 die Erlöse aus den Kanz-
leiämtern, wobei in kurzen Sätzen meisterhaft der lange und kost-
spielige Weg geschildert wird, den eine Bittschrift durch den hoch-
komplizierten Apparat der damaligen päpstlichen Kanzlei nehmen
musste, bis die schriftliche Bestätigung ihrer Gewährung in die
Hände des Petenten endlich gelangte [52]; als Nummer 12 die Einnahmen aus dem Verkauf der Aemter mit geistlicher und gemischter Gerichtsbarkeit; und endlich als Nummer 13 die Erträge aus
der Uebertragung einiger besonders teurer weltlicher Stellen, der
Kammer- und Rotanotare und des Vicarius Urbis. Unter Kanz-
leiämtern verstand man damals nicht bloss Stellen an der päpstlichen Kanzlei, sondern alle kurialen Posten, die der Papst selbst be-
setzte. Auch der Vizekanzler, Pönitentiar und Camerlengo hatten
eine Anzahl Stellen zu vergeben. Fast alle diese Aemter waren im
17. Jahrhundert verkäuflich. Nur die Pönitentiariestellen waren
seit der Reform dieser Behörde durch Pius V. dem Verkauf wieder entzogen worden [53].

Die uns so schwer verständliche, damals schon angefochtene
Einrichtung des Aemterverkaufs, die übrigens keineswegs auf die
päpstliche Verwaltung beschränkt war [54], brachte nur scheinbar

---

[50] ebd, II 75.

[51] Ueber den Aemterverkauf an der Kurie vgl. für die ältere Zeit:
GOTTLOB, 245 f; GÖLLER, *Aus der Camera Apostolica der Schismapäpste*,
Röm. Quartalschrift, 32 (1924) 87; VON HOFMANN, 162 ff; LUNT, 135 f;
für das 17. Jahrhundert die in Anm. 46 zitierte Arbeit DE LUCAS, sowie
in seinem Traktat, *De Regalibus* viele Casus und Cp. 2 der beigefügten
Summa; ferner BAUER, 485 ss. Sehr wertvolles Material bieten auch die
NN. 1, 2, 3, 5, 7 unseres Quellenanhangs zur Frage des Aemterverkaufs.

[52] Quellenanhang, n. 7.

[53] cf. GÖLLER, *Pönitentiarie*, II 1 129; PASTOR, VIII 129 ff.

[54] CARD. DE LUCA macht darauf aufmerksam, dass die Aemterkäuf-
lichkeit schon bei den Römern in Gebrauch war und zu seiner Zeit in
Neapel und Spanien bestand, *De regalibus*, disc. II, n. 4. Ueber die Durch-
führung des Aemterverkaufs im Frankreich Ludwig XIV vgl. A. TOC-
QUEVILLE, *L'ancien régime et la Révolution*, 1866[7] 136 ff; R. HOLTZMANN,

der Verwaltung Einnahmen, in Wirklichkeit war es eine Form von Kredit, den der Käufer dem Staat gewährte, der Kauf einer Leibrente; denn zur Verzinsung bekam der Käufer eine unverlierbare, gewöhnlich mit Taxen dotierte Beamtenstellung, die an die Verwaltung zurückfiel, wenn der Inhaber in ihrem Besitz vom Tod überrascht wurde. Er hatte aber das Recht, gegen Entrichtung einer massvollen Summe (einer Composition) zu Gunsten eines anderen zu resignieren, d. h. sein Amt weiterzuverkaufen. Eine sichere Exsistenz gewährten ihm auch kirchliche Pfründen, die den Kurienbeamten stets mit vielen Erleichterungen gewährt wurden.

Die Geschichte der Entstehung und der Ausbreitung dieser höchst verhängnisvollen Einrichtung hat Walter v. Hofmann in seinem schon wiederholt angezogenen Werk über die Kurialbehörden gründlich dargestellt [55]. Danach beginnt der Verkauf einzelner Aemter — wahrscheinlich unter dem Druck momentaner Geldverlegenheiten — schon unter Bonifatius IX, in der Zeit des grossen Schismas. Trotz mancher Bemühungen, das Uebel wieder loszuwerden, Bemühungen die an den hohen Rückkaufsummen scheiterten, ist noch kein Jahrhundert später, unter Sixtus IV, bereits fast der ganze grosse Aemterbestand der Kurie verkäuflich und in der Hand von Käufern; die Käuflichkeit der Aemter war zu einem Bestandteil der Kurienorganisation geworden. Aber es kam noch schlimmer: in der Zwischenzeit hatten die Beamten begonnen, sich zur Vertretung ihrer Interessen in Kollegien zusammenzuschliessen. Diese Kollegiengründungen wurden nun von der päpstlichen Verwaltung wieder zur Gewinnung langfristiger und immer grösserer Kredite unter Benutzung des Aemterverkaufs herangezogen [56]. Pius II begann das, als er 1463 in der päpstlichen Kanzlei das Kolleg der Abbreviatoren schuf und dessen 70 Stellen für 30 000 Dukaten ausbot. Rasch nahm die Zahl solcher Kol-

---

Französ. Verfassungsgeschichte, 1910 359; FUNCK-BRENTANO, *L'ancien régime*, [1926].

[55] s. Anm. 51.

[56] CL. BAUER weist a. a. O. sehr gut auf das wirtschaftsgeschichtliche Moment dieser Wandlungen hin. Die Aemterverkäufe bedeuten den Uebergang vom kurzfristigen zum langfristigen Kredit, die Gründung der Monti eröffnet den Weg zum reinen Staatskredit.

legien nun zu, und mehr und mehr wurde bei deren Gründung das
ständige Kreditbedürfnis der Kurie zur Hauptsache. Nachdem
alle Beamtengruppen organisiert waren, ging man dazu über, auch
Funktionäre der Kurie, die gar keine öffentliche Stellung hatten,
in Kollegien zu vereinigen, wobei sie Beamteneigenschaft und das
Monopol ihrer Tätigkeit erlangten. Ja, man schuf ganz künstliche
Beamten- und Ehrendienstkollegien, deren Mitglieder überhaupt
keine ernsten Obliegenheiten zu verrichten hatten. Ihre Titel als
Beamte oder Hofchargen oder Ritter verdeckten nur notdürftig
die Tatsache, dass sie reine Leibrentenempfänger waren. Die Kollegien erhielten zur Entschädigung für ihre Anleihen und die Arbeit, die sie allenfalls zu leisten hatten, Taxen und Gebühren, die
dadurch ständig an Zahl und Höhe zunahmen, und andere Einnahmen der Kammer aus dem Kirchenstaat oder den kirchlichen
Einkünften des Papstes. Die Verzinsung betrug in der älteren Zeit
etwa 10-12 % der Einlagesummen. Die Summen, welche das Papsttum bei der Begründung der Kollegien erhielt, wuchsen ständig;
sie betrugen im Durchschnitt 150-200 000 Scudi. Eine ungeheuere
Staatschuld wurde dadurch angehäuft. Schon unter Sixtus IV
(1471-1484) waren 300 Stellen verkäuflich, in denen zwischen
300 000 und 400 000 Dukaten investiert waren. An eine Beseiti-
gung des Systems war kaum mehr zu denken. Aber die Zahl der
verkäuflichen Aemter wie der Kollegien wuchs bis tief ins 16.
Jahrhundert immer weiter; noch Pius IV gründete 1560 das Kolleg der 375 Piusritter [57] und Sixtus V machte von den verhältnismässig wenigen Kurien- und Staatsämtern, die bisher umsonst
verliehen worden waren, eine ganze Anzahl verkäuflich und ver-
mehrte die Zahl der Mitglieder verschiedener Kollegien. Er steiger-
te die jährlichen Einnahmen aus dem Aemterverkauf so, dass sie
300 000 Scudi im Durchschnitt erbrachten [58]. Nach einer in seinem
Pontifikat veröffentlichten Liste der verkäuflichen Aemter betrug

---

[57] PASTOR, VII 560.
[58] BROSCH, I 279.
[59] PASTOR, X 89; TUCCIMEI, a. a. O, 8 ff. Ein Verzeichnis der verkäuflichen Aemter aus der Zeit Sixtus V bietet die schon erwähnte Hdschr.
158 der Bibl. v. S. Agnese in Rom f. 77 ff. Die Preise sind angegeben
mit dem Vermerk: « in circa »; die endgültige Festsetzung geschah in
einer Abmachung mit dem Datar, dem der Aemterverkauf unterstand.

ihr Gesamtwert 3 596 225 Goldscudi [59]. Eine Liste aus dem Jahre
1666, die auf vielen Seiten in alphabetischer Ordnung die Aemter
angibt, die von der Datarie, dem Vizekanzler, dem Kardinal Camerlengo und dem Kardinal Poenitentiar verkauft werden, gibt
bei jedem Amt bezw. Kollegium an, wie hoch der Wert des einzelnen Amtes und des Kollegs ist und wieviel die Compositio
ausmacht, die bei der Resignation zu Gunsten eines anderen zu
bezahlen war [60]. Es unterstanden danach dem Datar i. g. 2885
Curialämter (davon 19 Einzelämter), deren Wert auf 7 370 950
Scudi angegeben ist. Die Compositionen sind sehr niedrig und über-
steigen auch bei den teuersten Aemtern, die bis zu 64 000 Scudi
kosten, nie 100 Scudi und betragen in einzelnen Fällen nur 10
und 12,5 Scudi. Ausser diesen Aemtern hatte der Datar noch eine
lange Reihe weltlicher Aemter zu verkaufen und weitere Kurial-
lämter, deren Ertrag dauernd frommen Stiftungen (Klöstern, Bru-
derschaften, Hospitälern usw.) übereignet war. Was er sonst aus
dem Verkauf und aus Compositionen einnahm, ging unmittelbar
an den Papst. Die Einnahmen aus den Stellen, deren Verkauf dem
Vizekanzler, Poenitentiar und Camerlengo übertragen war, flossen
diesen Kardinälen zu und bildeten einen wesentlichen Teil ihrer
Einkünfte. Es handelte sich bei dem Vizekanzler um Stellen im
Wert von 333 060 Scudi, durch sie allein war sein Amt das ertrag-
reichste von allen Kardinalsämtern. Der Poenitentiar hatte die
Verfügung über Stellen im Wert von 44 000 Scudi ; der Wert der
Aemter des Camerlengo war unbekannt, er muss aber auch ziemlich bedeutend gewesen sein, denn es handelte sich um 89 Aemter,
darunter viele mittlere und kleinere der rein weltlichen Verwaltung des Kirchenstaats. So hoch auch der Gesamtwert der Aemter war, so entsprach doch der Ertrag aus ihrem Verkauf nicht
der Höhe dieses Kapitals. Zwar wechselten die Besitzer recht
häufig, aber es geschah doch in den weitaus meisten Fällen in der
Form der Resignation, und dann erhielt die päpstliche Kasse nur
die schmale Composition. Wichtig war, dass die Aemter nicht
bloss durch den Tod ihres Besitzers erledigt und damit für einen
neuen Verkauf verfügbar wurden, sondern auch durch Beförde-
rung auf einen Bischofssitz oder durch Erhebung zum Kardinal. Die

---

[60] Bibl. Vat., Ottob. 923.

15

Erledigung der Aemter durch die Verleihung eines Bistums wurde durch Innozenz IX (1591) und endgültig durch Urban VIII abgeschafft.

Manche der grossen Kardinalspromotionen des 16. und 17. Jahrhunderts haben viele Aemter freigemacht — die Kumulation der Aemter war auch weithin möglich — und bedeutende Einnahmen gestattet [61]. Leider war der fiskalische Standpunkt bei manchen Ernennungen nicht ganz ohne Einfluss. Selbst den Weg bis zum Cardinalat erleichterte der Aemterverkauf. Wer über die notwendigen Summen verfügte und natürlich auch die anderen Vorbedingungen erfüllte [62], konnte sich eines der hohen Kurialämter erwerben, die dann gewöhnlich zum Cardinalat weiterführten. Ameyden stellt es in seinem boshaften Leben Urbans VIII so dar, als ob Maffeo Barberini nur durch das Geld seines reichen Oheims in die hohe Prälatur und dadurch zum Cardinalat und schliesslich zur Tiara gelangt sei [63].

Wieviel der Aemterverkauf im 17. Jahrhundert dem Papste einbrachte, ist nicht festzustellen; er wechselte natürlich auch stark. Die Erträge finden sich in den oben bezeichneten [64] Gesamteinnahmen der päpstlichen Datarie aus der Zeit um 1640. Mit dem Verkauf der Kurienämter enden bei Mangioni die kirchlichen Einnahmen des Papstes; es folgen die Einkünfte des Papstes als Herr des Kirchenstaates.

---

[61] Bericht des venezian. Botschafters Mich. Suriano v. 1571; Cop. im Doria-Archiv, Archiviolo v. 88, f. 534 ff., es wird dort der Gewinn bei einzelnen Promotionen auf 100-150 000 Sc. geschätzt.

[62] CARD. DE LUCA handelt an der mehrfach zitierten Stelle im Traktat *De Officiis venalibus*, c. 4, n. 11 ausführlich über die Frage, ob auf diesem Weg auch unwürdige Kardinäle ins hl. Kollegium gelangt seien. Er ist der Ansicht, dass eine Reihe hervorragender Praktiker so in den Senat der Kirche gelangt ist; unter diesen bedeutenden Männern nennt er Urban VIII, was gerade für den im folgenden berichteten Angriff gegen den Papst durch Th. Ameyden von Interesse ist. Auch Lugo ist der Ansicht, dass durch die Käuflichkeit der Aemter die Aussichten der Reichen, zu den höchsten Posten zu gelangen, wachsen. Vgl. seine Ausführungen über die Aemter mit Jurisdiktion am Ende seines 1. Berichtes (Quellenanhang N. 1).

[63] AMEYDEN in seiner Biographie Urbans VIII in den handschr. *Elogia Summorum Pontificum et S. R. E. Cardinalium*.

[64] S. oben S. 221.

In einer von ihm selbst verbesserten Handschrift seines Gutachtens setzt er an die erste Stelle der weltlichen Einnahmen die
« monti », die er ursprünglich unter die Regalien, die fürstlichen
Erwerbstitel, eingereiht hatte [65]. Die von ihm dieser für die ganze
Finanzgebarung der Kurie in den Jahrhunderten nach der Reformation ebenso wichtigen wie bezeichnenden Einnahme beigefügte
Erklärung ist nur schwer verständlich, und bedarf einer Erläute-
rung aus der Geschichte der Einrichtung [66].

Die monti sind die folgerichtige Fortbildung der Kollegienanleihen zur modernen Staatsanleihe hin. Bedeuteten diese bereits
den Uebergang von der kurzfristigen und engbegrenzten Leihe
zum langfristigen und reicheren Kredit, der aber noch mit wirklichen oder scheinbaren Amtsfunktionen verquickt war, so streiften
die monti dieses Anhängsel ab. Sie waren wirkliche reine Staats-
anleihen. Es blieben die Gläubiger, die nun blosse Staatsrentenem-
pfänger geworden waren, noch zu einem Verband, einer Art Kolleg verbunden, das mehr oder minder grosse Selbstverwaltung und
Rechte genoss, bis auch dieses letzte Ueberbleibsel der Vergangen-
heit verschwand, und die gesamte Schuldenverwaltung der einheit-
lichen Leitung des Thesaurarius generalis und der von Paul V
begründeten Congregation der Monti unterstellt wurde [67]. Die einzelnen Mitglieder besassen einen oder mehrere Anteile der Anleihe, die « portiones » oder « luoghi » hiessen. Dienten die Kollegienanleihen der päpstlichen Finanzverwaltung in erster Linie
dazu, das Personal der Kurie zur Befriedigung der Kreditbedürf-
nisse der Kurie heranzuziehen, so waren die monti auf breitere
Gläubigerkreise abgestellt, bis hinab zum kleineren Bürger, denn
die luoghi waren schon mit geringeren Kapitalien von 50 bis 100
Dukaten zu erwerben. Da die monti mit vielen Vorrechten

---

[65] Auch DE LUCA reiht die monti unter die Regalien, die Herrschafts-
rechte, *Summa de Regalibus, Prooemium*.

[66] Ueber di « monti » vgl. DE LUCA, *De Locis Montium non vacabilibus* sowie das 3 Kap. der *Summa Regalium* im 1. Band des *Theatrum
veritatis et justitiae;* v. HOFMANN, I 172 ff; BROSCH, I 280 f; PASTOR, X
89 f; BAUER, 485 ff; L. NINA, *Le finanze pontificie sotto Clemente XI*,
1928 76 ff.

[67] Ueber diese Congregation und ihre Befugnisse DE LUCA, *Relatio
Curiae Romanae*, Disc. 28, HUNOLDUS PLETTENBERG, *Notitia Congregationum et tribunalium Curiae Romanae*, 1693 772 ff.

verbunden waren und als sehr solide Anlage galten [68], waren sie
in ganz Italien begehrt und standen meistens sehr hoch im Kurs.
Man unterschied zwei Arten der monti, die ältere Form, den
mons perpetuus oder monte non vacabile, dessen Anteile durch
den Tod des Besitzers nicht ausgelöscht wurden, also eine ewige
Rente, und den monte vacabile, dessen Stücke mit dem Tod des
Gläubigers für die päpstliche Finanzverwaltung zu neuem Verkauf
frei wurden, also eine Leibrente. Natürlich war die Verzinsung
bei diesen beiden Arten verschieden, die Differenz betrug 3-4 %.
Die Zinsen selbst blieben nicht dauernd auf gleicher Höhe; sie
zeigen die dauernde Tendenz abzusinken; zur Zeit Urbans VIII
sind sie auf ungefähr 5 % für die monti non vacabili und 8 für
die vacabili gefallen [69]. Wiederholt haben die Päpste in ihren finanziellen Nöten die Zinsen gesenkt. Die Drohung, die luoghi unzu-
friedener Gläubiger zurückzuzahlen, vielleicht sogar zum Emis-
sionssatz, genügte meistens, um diese Aenderung und andere, die
auf eine Vereinheitlichung und Zusammenlegung der vielfältigen
Monti hinausliefen, durchzusetzen. Gleich der erste Monte, der
überhaupt aufgelegt wurde, der Monte della Fede, den Klemens
VII 1526 zur Beschaffung der Mittel für den Türkenkrieg begründete und mit 10 % aus den Tiberzöllen dotierte, wurde von
Paul III schon auf 7 ½ % und von Sixtus V auf 6 % herabgesetzt [70].

Nachdem der Weg dieser Anleihen einmal beschritten war,
folgten sie rasch aufeinander. Schon Clemens VII, der 1526 200 000
Dukaten aufgenommen hatte, begründete noch im gleichen Jahr
einen zweiten monte von 284 000 scudi zu 8% und zur Zeit des
Sacco di Roma, um die Befreiung aus der belagerten Engelsburg
zu erwirken, den Monte del macinato von 284 800 Scudi [71]; so

---

[68] Ueber die mit den monti verbundenen Vorrechte DE LUCA, De
iocis montium, c. 5; über die wirtschaftlichen Vorteile: BAUER, 488.

[69] BAUER, 494. Ueber die grundsätzliche Seite dieser Herabsetzungen
sehr gut DE LUCA, l. c, c. 3, n. 23. Die Frage, ob die monti nicht gegen
das Wucherverbot verstossen, behandelt DE LUGO in 2. Band von De Jure
et Justitia, Disp. 25, sectio 10.

[70] BROSCH, I 281, vgl. den Bericht des venez. Gesandten Giov. Pesaro
v. 1632 (BAROZZI u. BERCHET, I 230).

[71] PASTOR, X 90, NINA, a. a. O. 76 s.

hatte er im ganzen 774 800 Scudi Staatsschulden eingegangen. Seine Nachfolger ahmten dieses Beispiel nach; Sixtus V. namentlich hat aus dem Bestreben, seinen Staatsschatz rasch zu vermehren, nicht weniger als 11 neue monti begründet, darunter den Monte Sisto (1587) mit 500 000 Scudi und den Monte S. Bonaventura von 330 000 Scudi; im ganzen hat er 2 ½ Millionen Scudi durch monti zusammengebracht [72]. Beim Beginn des Pontifikates Clemens VIII 1592 war die Staatsschuld, zu der auch die Kollegienanleihen zu rechnen sind, schon auf 12 242 620 Scudi gestiegen [73]; trotzdem erfolgten unter diesem Papst noch 7 weitere Gründungen mit 2 289 320 Scudi neuer Schulden [74]. Paul V liess kaum ein Jahr ohne eine oder mehrere neue Ausschreibungen von monti vorübergehen, auch er hat mehr als zwei Millionen Scudi so aufgenommen [75]. Wie die Schulden unter Urban VIII beschleunigt weiterwuchsen, haben wir eingangs gehört. Nach der Uebersicht über die Einnahmen und Ausgaben der Apostolischen Kammer aus den ersten Jahren Innozenz X, also bald nach dem Tod des Barberinipapstes, gab es 33 Monti (davon 23 non vacabili), die zu ihrer Verzinsung 1 282 427, 82 Scudi erheischten. Die Verzinsung wurde, wie es schon Clemens VII vorgemacht hatte, aus päpstlichen Einnahmen genommen, weltlichen und kirchlichen, und als diese zur Neige gingen, wurden neue Steuern und Monopole dem Volk auferlegt, die dann zur rascheren und sichereren Realisierung verpachtet wurden (die sog. appalti), auch forderte man von den Provinzen Subsidien und — wie P. Mangioni in seinem Gutachten erwähnt — jährliche Zahlungen (censum annuum) von kirchlichen Besitzungen. So findet sich in dem gerade angeführten Kammerbudget gleich zu Anfang der Einnahmen ein Posten: Dalle dodici Congregazioni de' Regolari 55 791.30 Scudi.

Durch dieses Anwachsen der Schulden wurden die ordentlichen Staatseinnahmen [76], die in unserem Verzeichnis an letzter

---

[72] Pastor, ebd; Tuccimei, 9.

[73] Ranke (nach einer handschr. Uebersicht in der Bibl. Barberini) a. a. O, III 8.

[74] Pastor, XI 507.

[75] Ranke, 9; Pastor, XII 80.

[76] Ueber die Einnahmen des Papstes aus dem Kirchenstaat vgl.: Gott-

Stelle folgen, fast ausschliesslich für die Verzinsung in Anspruch genommen. Mangioni fasst diese unter dem Titel « *regalia* » zusammen und unterscheidet 7 — bezw. 8[77] — Arten : Steuern, die Einnahmen aus den Tratten (Erlaubnisse zur Ausfuhr von Erzeugnissen des Kirchenstaats, besonders von Getreide)[78], sowie aus anderen ausserordentlichen Vergünstigungen, das Recht auf herrenloses Gut und einen Teil von gefundenen Schätzen, die Besitznahme von Gütern, die Rechtsbrechern aberkannt waren, d. h. von Strafgeldern und Konfiskationen, eindlich die Erträge aus dem Verkauf weltlicher Aemter.

Es ist klar, dass P. Mangioni damit nur eine kleinen Teil der von der päpstlichen Verwaltung auf Grund der Landeshoheit des Papstes beanspruchten Nutzungen angedeutet hat[79]. Erst recht kommt darin nicht die ganze verwirrende Fülle von Abgaben und Einnahmen zum Ausdruck, die, wie bereits bemerkt, seit dem 16. Jahrhundert die Hauptstütze der weltumspannenden Tätigkeit des Pontifikats geworden war. Der Papst hatte seit den ältesten Zeiten des Kirchenstaates seine Hoheitsrechte auf Abgaben ausgeübt; sie waren ihm schon in den Schenkungen der Karolinger zugesprochen. Viele von diesen Rechten waren bei der Feudalisierung des Staates im Mittelalter verloren gegangen. Die Erneuerung der päpstlichen Herrschaft im 14. und 15. Jahrhundert und der Ausbau des Staates brachten auch eine Erneuerung dieser Rechte. Das Nachlassen der kirchlichen Einnahmen und die gewaltigen Aufgaben, vor die

---

LOB, 237 ff, 278 ff ; GÖLLER, 65 ff ; BAETHGEN, 166 ; LUNT, 134 ; BAUER, 481 ff.

[77] In der verbesserten Handschrift Mangionis sind die Erlöse aus dem Verkauf der luoghi dei monti von den Regalien getrennt und als selbständiger Erwerbstitel neben die Regalien gestellt.

[78] Ueber die Tratten, die vor allem für Getreideexport gegeben wurden, handelt DE LUCA in der *Summa regalium* IX 122, einen interessanten Fall bietet er im Tractat *De regalibus*, Disc. 133. Nach dem Budget aus der Anfangszeit Innozenz X ergaben die Tratten im Jahr 5000 Sc.

[79] Einen guten Ueberblick über die Rechte und Besitzungen, die der damalige Staat als Regalien in Anspruch nahm, gibt CARD. DE LUCA in der wiederholt angezogenen *Summa regalium;* AZOR, *Institutiones*, II, 1. XI, c. 4. Ueber das Recht des Staates auf diese Regalien handelt der Kardinal in De regalibus, Disc. 148, ferner LUGO, *De Jure et Justitia*, II Disp. 36 (dort am Anfang auch eine Uebersicht über die Steuern).

das Papsttum dann gestellt wurde, zwangen dazu, die Finanzkräfte des Staates immer stärker anzuspannen und alle Wege, welche die Staatshoheit eröffnete, zu betreten. Eine ausserordentliche Vielzahl und Vielgestaltigkeit der staatlichen Einnahmen war die Folge davon, die noch vermehrt wurde durch die Verschiedenheit dieser Auflagen in den einzelnen Gebieten des Staates und durch die vielen Privilegien, die einzelnen Personen und ganzen Klassen erteilt wurden [80].

Neben den alten Formen der Einkünfte grundherrlicher und fiskalischer Art, unter letzteren vor allem die Monopole des Salzes und des Alauns aus den Gruben von Tolfa [81], und den Erträgen aus Domänen und Weidegerechtigkeiten, waren seit alters wichtig die Zolleinnahmen der Städte, die im Laufe des 15. Jahrhunderts im Zug der Wiederherstellung der Landeshoheit des Papstes ihre finanzielle Unabhängigkeit fast ganz verloren hatten. Die Pachtsummen für die verschiedenen stadtrömischen Zölle bildeten auch noch in der Mitte des 17. Jahrhunderts den beträchtlichsten Posten des ganzen Kammerbudgets [82].

Zu diesen älteren Staatseinnahmen kamen dann im 16. Jahrhundert die ersten eigentlichen Staatssteuern, die teils direkt vom Besitz erhoben wurden, teils indirekt eingezogen wurden. Zu den ersteren gehörte das « subsidium triennale » von 300 000 Scudi Pauls III von 1543, das zunächst als vorübergehende Leistung auf-

---

[80] Ueber die Steuern im Kirchenstaat vgl. GOTTLOB, 239 ff, (ihre Organisation, 100 ff.), PASTOR, VI 433; VIII 77; IX 90 ff; XIV 2 862 f; NINA, 87 ff; BAUER, 484 f.

[81] Ueber die Alaungruben in Tolfa und das Alaunmonopol vgl. GOTTLOB, 243 und Anhang 2, S. 278; J. STRIEDER, *Studien zur Geschichte kapitalistischer Organisationsformen*, 1925² 168 ff. Nach dem Ueberblick über die Einnahmen der Kammer (Bibl. S. Agnese in Rom, Hdschr. 158 f. 88r u. v.) waren die Gruben zur Zeit Sixtus V verpachtet für 64 500 Sc. jährlich, dann heisst es weiter: de quali paga 36 500 alle fabbricatori di Alumi, il resto alli ufficiali ministri et a diversi con le ragaglie de' Camerali. Onde per la Camera non avvanza cosa alcuna, anzi mancaria. Nach dem Ueberblick aus der Anfangszeit Innozenz X erbrachten die Verpachtung der Gruben und des Monopols 33 000 Sc.; fast ebensoviel trug die Verpachtung der Salura (Salzliefermonopol) von Rom ein: 32 000 Sc. (über dieses Salzmonopol: DE LUCA, *De regalibus*, Disc. 168 u. 107).

[82] Sie trugen nach der gleichen Uebersicht 420 000 Sc. ein. Ueber die städtischen Steuern und Zölle vgl. GOTTLOB, 239; BAUER, 483.

erlegt wurde, dann aber immer von neuem eingefordert und wiederholt erhöht wurde, bis Marcellus II es als dauernd erklärte. Es
war eine quotierte Steuer, zu der grundsätzlich alle Untertanen
herangezogen wurden. In diese Reihe gehören auch verschiedene
Wehrsteuern, wie die « tassa delle galere » und Abgaben für allgemeine Staatszwecke, wie den Ausbau der Häfen und die sehr
ergiebige « tassa dei cavalli morti », die Clemens VII 1524 pro
emendis et subrogandis equis einführte [83].

Von den indirekten allgemeinen Steuern ist die erste die auf
Fleisch (seit 1553), später die von Mühlprodukten (1630), von
deren Zahlung sich die Mönchscongregationen mit der einmaligen
Abgabe von 100 000 Scudi loskauften. Dazu wurden dann Zölle,
Gefälle, Abgaben verschiedenster Art bei der Einfuhr oder dem
Verkauf bestimmter Dinge und der Benützung öffentlicher Einrich-
tungen (Archive, Notariate usw.) neu eingeführt oder erhöht.

Charakteristisch ist dann weiter für dieses Steuersystem die
Verpachtung der Einnahmen aus Zöllen, indirekten Steuern und
Gefällen und die sofortige Kapitalisierung des Ertrages in der Forn
der Monti. Dass die Steuern so drückend wurden, lag nicht bloss
an ihrer Zahl und ihrem raschen Anwachsen — Urban VIII hat
in den ersten zwölf Jahren seiner Regierung 10 neue Steuern eingeführt [84]! — sondern, wie schon Ranke und nach ihm Pastor [85]
betonen, an ihrer Auswahl und Zahl, die gerade die notwendigsten
Dinge trafen, und wohl auch an ihrer Eintreibung durch Pächter.
Dazu kam dann noch ein weiterer Grund : der Gebrauch, der von
diesen Steuern und Einnahmen gemacht wurde.

---

[83] NINA, 108 f.

[84] BROSCH, I 400.

[85] RANKE, III 24; PASTOR, XIII 2 863. Wie sehr die Eintreibung der
Steuern u. Zölle durch Pächter erbitterte, hat Cardinal Sacchetti in seiner bekannten, vielleicht etwas zu scharfen Mahnung an Alexander VII
in furchtbarer Weise gesagt : die vielen Auflagen und Quälerein brächten
dem Papst keinen Vorteil und dienten nur zur Bereicherung einiger Ge-
wissenloser. « Queste afflittioni che superano di gran lunga quelle del popolo eletto in Egitto, non potrebbero dirsi che con ammiratione e scan-
dolo dalle Nationi straniere, massime se le considerassero come effetti
dell'immoderato affetto de nostri Sommi Sacerdoti verso il loro sangue ».
(Copie im v. 252 des Archiv der Università Gregoriana, p. 319 f.).

Ehe wir uns diesem Punkt zuwenden, dürfte zur Vervollständigung unseres Ueberblicks noch die Frage zu beantworten sein, ob unsere Aufzählung der Einkünfte, bei deren Ordnung wir P. Mangioni gefolgt sind, alle wesentlichen Einkünfte des Papsttums im 17. Jahrhundert enthält, oder ob Titel von Bedeutung übergangen sind. In der Tat hat unser Verfasser einige Einnahmen, die im mittelalterlichen Papstbudget enthalten waren, bei Seite gelassen: die Subsidia caritativa, die Gruppe der sog. Schutzzinsen (census protectionis) samt dem Peterspfennig, ferner die Taxen, die *Prokurationen*[86] und *Visitationen*[87]. Die beiden letzten Einkünfte, von denen die erste ein Geldablösung war zu Gunsten der päpstlichen Kasse für Reiseverpflegung, die dem Papst, seinen Legaten und einzelnen Bischöfen zustand, die andere ein Abgabe, welche wenige Bischöfe bei der visitatio liminum zu zahlen hatten, brachten trotz allen Drängens schon im Mittelalter wenig ein. Die Abschaffung der päpstlichen Prokurationen wurde auf dem Konstanzer Konzil verlangt[88]; danach sind sie nicht mehr eingefordert worden[89]. Das scheint auch das Schicksal der Visitationen gewesen zu sein; wenigstens findet sich bei den Kanonisten des 17. Jahrhunderts von ihnen keine Spur mehr.

Die *Subsidia caritativa*[90] waren Geldbeträge, die die Päpste bei dringenden Bedürfnissen des Heiligen Stuhles oder der Kirche dem Klerus einzelner Länder, Diözesen oder Orden auferlegten. Sie waren also ein Gegenstück zu den päpstlichen Zehnten, von denen sie sich eigentlich nur dadurch unterschieden, dass der Ertrag, der beim Zehnten unsicher war, bei ihnen von vornherein festgesetzt war. Sie wurden schon im 11. Jahrhundert erhoben und haben im Mittelalter beträchtliche Summen der Kurie zugeführt. Sie wurden auch noch zu Beginn des 16. Jahrhunderts ausgeschrieben[91] und wie die Zehnten auch Fürsten bewilligt. Es scheint, dass sie im 17. Jahrhundert nur noch in dieser letzteren Form vorkamen.

Die *Schutzzinsen*[92], die von einzelnen Bistümern und Klöstern als

---

[86] Ueber die Prokurationen vgl.: SAMARAN U. MOLLAT, 34 ff; HLLER, I 131 f; GÖLLER, 74 ff; BAETHGEN, 173 ff; LUNT, 107 ff.

[87] Ueber die Visitationen vgl.: SÄGMÜLLER in der Theol. Quart. Schrift 82 (1900) 92 ff; GÖLLER, 52 ff; LUNT, 91 ff.

[88] Sess. 39, decr. 5; HEFELE, VII 323.

[89] SAMARAN U. MOLLAT, 47.

[90] Ueber die Subsidia caritativa vgl.: KIRSCH, *Die päpstl. Kollektorien*, XXII ff; SAMARAN U. MOLLAT, 56 ff; HAUCK, 621 ff; GÖLLER, 103 ff; BAETHGEN, 173 ff; LUNT, 77 ff.

[91] cf. DE LA FUENTE, V 107 ff.

[92] Die ältere Geschichte dieser Census gibt PAUL FABRE, in *Étude sur le Liber Censuum* (Bibl. des Écoles Françaises d'Athènes et de Rome 62), 1892 26 ff und FABRE und DUCHESNE in der Einleitung zu ihrer Ausgabe des Liber Censuum. Vgl. ferner: KIRSCH, *Kollektorien*, XIV; SAMARAN U. MOLLAT, 60 ff; GÖLLER, 56; LUNT, 61 ff.

Anerkennung ihres besonderen Verhältnisses zum Heiligen Stuhl zu zahlen
waren, haben selbst im früheren Mittealter, wo ihre Zahl noch gross
war, keine irgendwie bedeutsame Rolle für die Finanzen der Päpste gehabt [93]. Im späten Mittelalter war ihre Zahl stark zurückgegangen [94]. Die
Zinsen der exemten Bistümer erscheinen unter Johann XXII überhaupt
nicht mehr in den Eingangsregistern der Kammer. Im 15. und 16. Jahrhundert kamen durch Kriege und Abfall viele Abteien zum Untergang, was zweifellos zu einer weiteren Verringerung der zinspflichtigen Klöster beigetragen
hat. So ist es sicher, dass der Schutzzins kirchlicher Anstalten, wofern er
überhaupt noch im 17. Jahrhundert bezahlt wurde, nur unbedeutende Erträge abwerfen konnte. ·

Die Schutzzinsen der dem Heiligen Stuhl im früheren Mittelalter
lehenspflichtig gewordenen Gebiete waren auch verhältnismässig unbedeu-
tend und mehr eine Anerkennung der Lehenshoheit des Papstes als eine
finanzielle Leistung [95]. Dagegen sind im hohen und späteren Mittealter von
Fürsten Lehensverträge eingegangen worden, die mit erheblichen jährlichen Geldleistungen an die Kurie verbunden waren [96]. Es sind die Lehens-
zinsen Englands, Neapels, Siziliens (Trinacria) und Aragoniens. Johann
ohne Land versprach 1213 für England und Irland 1000 Mark Sterling,
Karl von Anjou 1265 einen Zelter und 8000 Unzen Gold für die Belehnung
mit dem Königreich Neapel-Sizilien, Friedrich II aus dem Haus Aragonien, der das von den Anjous abgefallene Sizilien übernommen hatte, 1302
3000 Goldunzen und der grosse König Jakob I von Aragonien für die
von Bonifaz VIII ihm 1297 übergebenen Inseln Sardinien und Corsica 2000
Mark Sterling. Alle diese Census wurden schon im Mittelalter höchst un-
regelmässig und nicht selten Jahrzehnte hindurch überhaupt nicht entrich-
tet. Die für England, Trinacria und die Inseln Sardinien und Corsica verschwinden vor der Neuzeit [97]. England, das seit 1333 nichts mehr bezahlt
hatte, erklärte durch sein Parlament 1366 sich frei von jeder Verpflichtung. Unendliche Mühe haben sich die Päpste des 15. Jahrhunderts gegeben,

---

[93] FAVRE, 149 ss; LUNT, 162.

[94] GÖLLER, 58.

[95] vgl. FAVRE, 115 ff.

[96] Ueber die Zinsen lehenspflichtiger Länder handelt Jos. HERGEN-
RÖTHER in seinem bekannten Werk, *Katholische Kirche und christlicher
Staat*, I. Abtlg., 1872 224 ff; ferner: GOTTLOB, 230 ff; KIRSCH, *Kollekto-
rien*, XIV; GÖLLER, 62 ff; BAETHGEN, 162 ff; LUNT, 63 ff.

[97] Nicht ganz richtig sagt GOTTLOB, dass die früheren Lehensträger
ausser Sizilien und Ferrara mit dem Eintritt der Neuzeit verschwunden
seien. Wohl mag die Tributzahlung aufgehört haben, der Papst hielt seine
Oberlehensherrschaft fest. Noch 1726 protestierte der hl. Stuhl unter Berufung auf die Lehensnahme unter Bonifaz VIII gegen die Zuteilung Sar-
diniens an das Haus Savoyen ohne vorherige Verständigung mit dem
Papste, vgl. PASTOR XV 495, HERGENRÖTHER, 232.

den neapolitanischen Lehenszins einzutreiben, aber fast nie ist es ihnen gelungen [98]. Gegenüber Karl V verzichtete Clemens VII 1527 im Frieden von Barcelona auf die Geldleistung und begnügte sich mit der Stellung des Zelters. Später ist sicher wiederholt auch die Geldsumme, die sich nun auf 7000 Scudi belief, in der üblichen feierlichen Weise zum St. Peterstag in Rom übergeben worden. Eine Uebersicht der Kammereinnahmen von 1550 erwähnt neben den censi von Ferrara (7000 Duk.), Urbino (2290), Parma (4500), Paliano (2000) auch den von Neapel (7000) mit dem Zusatz « ogni anno ». Ob er aber später weiter regelmässig gezahlt wurde, kann man aus den Uebersichten der Kammer nicht ersehen. Die Uebersicht aus den Anfängen Innozenz X enthält unter den Einnahmen einen Posten: « Da feudi e livelli che si riscuotono a S. Pietro: 26 500 scudi ». Vielleicht, dass sich in dieser Summe auch der Tribut für Neapel verbirgt. Sicher ist in dieser Zahl der Lehenszins von Parma-Piacenza enthalten, der in Höhe von 9000 Dukaten 1545 vereinbart wurde, als Paul III diese Herzogtümer seinem Sohn Pier Luigi Farnese als päpstliche Lehen übergab. Der Zins ist regelmässig bezahlt worden. 1732 legte Klemens XII noch Verwahrung dagegen ein, dass der Infant Don Carlos, dem unter Umgehung des päpst- lichen Hoheitsrechtes von den Mächten die beiden Staaten zugeteilt wor- den waren, es unterlassen hatte, am Vorabend von St. Peter den üblichen Tribut an die Apostolische Kammer abzuliefern [99]. In der genannten Sum- me werden auch noch andere Feudalabgaben der im Kirchenstaat ansäs- sigen Lehensträger des Heiligen Stuhles enthalten sein; es waren ja im Laufe der Jahrhunderte aus den verschiedensten Gründen Besitzungen und Hoheitsrechte der römischen Kirche als Lehen abgetreten worden, bis endlich Pius V durch seine berühmte Konstitution von 1567, die alle Kardinäle von nun an beschwören mussten, dieser verhängnisvollen Zer- stückelung des Staates in seiner gründlichen Weise für immer ein Ende machte [100].

Der *Peterspfennig* [101], die Steuer der nordischen Länder (Englands, der baltischen Gebiete, Polens), ist eine der ehrwürdigsten Einrichtungen auf diesem Gebiet gewesen. Er war die erste regelmässige Abgabe frem- der Länder an den heiligen Vater und war ursprünglich aus Ehrfurcht und Liebe zu den Apostelfürsten und dem Nachfolger Petri freiwillig von

---

[98] cf. GOTTLOB 231 ff; F. P. KIRSCH, *Die Finanzverwaltung des Kar- dinalkollegiums im 13. u. 14. Jahrhdt*, 1895, 31 ff; GÖLLER, 63 f.

[99] PASTOR, V 525 f. u. XV 122 u. 495 f; HERGENRÖTHR, 234.

[100] *Bullarium Romanum*, II, Pius V, n. 35.

[101] Aus der reichen Literatur über den Peterspfennig seien erwähnt: GOTTLOB, 214 ff; FABRE, 129 ff; P. JENSEN, *Der englische Peterspfennig* (Diss.), 1903; C. DAUX, *Le denier de St. Pierre*, 107; GÖLLER, 59 ff; LUNT, 65 ff. und vor allem die eingehende Darstellung des gleichen Verfassers in dem neueren Werk: *Financial relations of the Papacy with England to 1327*, 1939, 3 ff.

den Königen Englands übernommen. Er war auch nicht wie die anderen kirchlichen Auflagen eine Einnahme auf Kosten des Klerus, sondern wurde von den Freien familienweise bezahlt. Der Ertrag aus dieser Gabe, die man dann später irrig und zu ihrem Schaden zu einem Zins gestempelt hat, war nicht so gross, als man manchmal angenommen hat [102]. Sie hat nie zu den bedeutenden Einnahmen des Papstes gehört. Im späteren Mittelalter machte auch ihre Erhebung bei dem allgemeinen Widerstand gegen die päpstlichen Kollektoren manche Schwierigkeit. Mit dem Abfall der nordischen Länder von der katholischen Einheit in 16. Jahrhundert hörte der Peterspfennig auf, der darum auch bei Mangioni nicht erwähnt ist. Unter Pius IX ist der Name auf eine ganz neue Art von Gaben der Gläubigen für den Papst übertragen worden.

Die letzte Einnahmequelle, die wir noch zu behandeln haben, sind die Taxen [103], die von der päpstlichen Kanzlei und anderen Aemtern bei der Ausfertigung von Dokumenten erhoben wurden. P. Mangioni erwähnt sie in seiner Beschreibung der Kanzleiarbeit, ohne sie aber als Einkünfte in seinen Ueberblick aufzunehmen. Mit Recht hat er sie übergangen; denn die Taxen erbrachten im 17. Jahrhundert für den Papst nur wenig, wiewohl sie an Zahl und Höhe seit dem Mittelalter ständig gewachsen waren [104]. Noch unter Sixtus IV (1471-1484) gelangten von der Bullierungs- und Registertaxe 30 000 Duk. an die päpstliche Kasse [105] und in einem Budget, das aus der Zeit Sixtus V stammt, heisst es: « Le minute della Cancelleria rendono l'anno 10 000 scudi »; es ist beigefügt, dass dieser Betrag fast ganz an die Hofbeamten und Familiaren des Papstes gehe [106]. In dem Ueberblick über Einnahmen und Ausgaben aus den ersten Jahren Innozenz X ist der päpstliche Anteil an der Bullierungstaxe mit den Einnahmen der Datarie zusammengefasst. Von den ausgewiesenen 300 000

---

[102] vgl. GOTTLOB, a. a. O ; LUNT, 68.

[103] Ueber die Taxen vgl.: GOTTLOB, 194; M. TANGL, *Das Taxwesen der päpstlichen Kanzlei vom 13. bis z. Mitte des 15. Jahrhdts*, Mittlgen des Instit. f. österr. Geschichtsforschg, 13 (1892) 1 ff; GÖLLER, *Der liber taxarum der päpstlichen Kammer*, Quellen und Forschungen aus ital. Arch. und Bibl., 8 (1915) 113 ff, 305 ff; GÖLLER, *Einnahmen*, 71 ff; HAUCK, 620 f; v. HOFMANN, 234 ff; LUNT, 125 ff. Ueber die Kanzlei im 16. u. 17. Jahrhundert PLETTENBERG, 329 ff; OCTAVIANI VESTRII, *In Romanae Aulae Actionem et Judiciorum mores Introductio*, l. 1, c. 4-7. (Ed. Roman. 1609, f. 9 ff.); PYRRHI CONRADI, *Praxis Dispensationum Apostolicarum*, l. 2, c. 8 (Ed. Venet. 1699, p. 36 ff.) ; CARD. DE LUCA, *Relatio Curiae Romanae* (Theatr. l. 15, 2) Disc. VII et VIII. Kurz aber recht brauchbar ist die Beschreibung des P. MANGIONI in unserem Quellenanhang N. 7.

[104] vgl. *v.* HOFMANN, 276 ff.

[105] vgl. das von GOTTLOB veröffentlichte Budget aus dem Pontifikat Sixtus IV, a. a. O. 253.

[106] Manuskr. d. Bibl. bei S. Agnese in Rom 158, f. 94r.

Scudi trifft natürlich nur ein geringer Teil auf die Taxen. Andere Einnahmen aus Taxen sind nicht namhaft gemacht. Die Taxen gingen im 17. Jahrhundert fast ganz an die Beamten der päpstlichen Behörden teils als Lohn für ihre Tätigkeit, zum Teil auch als Verzinsung ihres in den Aemtern angelegten Kapitals.

Das Gesagte dürfte hinreichend begründen, warum Mangioni diese letzten Einnahmen in seien Ueberblick übergangen hat.

II. Die Verwendung der päpstlichen Einkünfte
unter Urban VIII.

Wir kommen nun zu der wichtigen Frage, wofür die Päpste und insbesondere Urban VIII die kirchlichen und weltlichen Einnahmen verwendet haben. Leider gestattet uns unser Quellenmaterial noch keine abschliessenden Aufstellungen darüber. Erst wenn einmal die Akten der Kammer und Datarie genauer durchforscht sind, wie das für die avignonesische Zeit in den umfang- und inhaltreichen Veröffentlichungen der Görresgesellschaft zur Geschichte der päpstlichen Hof- und Finanzverwaltung geschehen ist, werden wir die Finanzgebarung der Päpste des 16. und 17. Jahrhunderts genauer und sicherer ermessen können. Immerhin können wir eine Reihe von Feststellungen auf Grund anderer Quellen machen.

Sehr wertvoll sind dabei die Ueberblicke über die Ausgaben und Einnahmen der Apostolischen Kammer, die sich für manche Pontifikate dieser Zeit erhalten haben und in römischen Archiven nicht selten zu finden sind [107]. Sie bieten aber nur, und zwar ziemlich summarisch, das ordentliche Budget nach Durchschnittswerten. Aus der Uebersicht aus den Anfangsjahren Innozenz X kön-

---

[107] Ausser den 2 in den Anmerkungen 105 u. 106 genannten Uebersichten findet sich eine weitere aus der Zeit vor dem Sacco im Band 88 des Archiviolo im Archiv Doria in Rom. Budgets aus den Pontifikaten Gregors XIII sind in der Vatik. Bibliothek (Ottob. 3142, f. 297v-309v u. Ottob. 2604) Ebenda ein weiteres aus der Zeit Clemens VIII (Barber. L. 5057). Im Vat. Archiv (F. Borghese I 372 u. 373) ist eines von Paul V.

nen wir ungefähr die laufenden Kosten der kirchlichen und weltlichen Verwaltung in der Zeit Urbans VIII entnehmen; sie sind
gemessen an heutigen Verhältnissen, fast lächerlich klein. Neben
dem Zinsdienst, der 60 % aller Einnahmen verschlang, erforderten
das meiste Heer und Flotte: 279 000 Scudi. Urban VIII hatte
die Ausgaben dafür bedeutend erhöht [108]. Die Provisionen der
Kardinäle betrugen 38 000, die Kosten des diplomatischen Dienstes
(Nuntiaturen) 21 800, die Finanz- und Schatzverwaltung 138 000
Scudi. Für Verwaltung und Verteidigung Avignons waren 30 000
Scudi angesetzt und für Almosen und Unterstützungen 92 400.
In dem Budget erscheinen keine Ausgaben für Staatsverwaltung
und Justiz, für Volksunterricht und Kultus. Die letzteren leistete
die Kirche aus ihrem gestifteten Vermögen; die Ausgaben für
Verwaltung und Rechtsprechung stecken tatsächlich mit in dem
Zinsendienst. So betrugen also die eigentlichen ordentlichen Staats-
und Kirchenausgaben, ohne die Schuldenverzinsung und die Ausgaben für die Provinzverwaltungen, nicht mehr als 570 000 Scudi.

Nach diesen Ausgaben folgen in der Uebersicht noch zwei
Titel: 90 000 Scudi « per le spese del Palazzo Apostolico » und
60 000 « per le spese divᵉ straordinarie di muratori, falegnami,
mercanti, donativi di medaglie e spese per la giustizia ». Wahrscheinlich bezieht sich auch die letztere Summe auf Ausgaben für
den päpstlichen Hof. Sonst findet sich in dem Budget nichts über
Zahlungen der Kammer für die persönlichen Zwecke des Papstes
und seiner Umgebung. Beim ersten Titel ist aber bemerkt, dass
der Apostolische Palast noch weitere eigene Einnahmen habe.
Woher diese im einzelnen flossen und wie hoch sie waren, ist
im einzelnen nicht bekannt [109].

---

[108] vgl. BROSCH, 395 ff; PASTOR, XIV 2 838.

[109] Früher kamen die für den Papst selbst benötigten Summen zum
grössten Teil aus der Datarie. Sie wurden getrennt von der Kammer verwaltet. Unter Paul V kamen von den 300 000 Sc. der Datarie 160 000 an
diese private päpstl. Verwaltung; ausserdem 10 000 Sc. noch für Geschenke
(Arch. Vat. F. Borghese I 371 f 91). So war es auch in der Zeit nach
Urban VIII. In einem Gutachten des Petrus Franciscus de Rubeis für Alexander VII vom J. 1656 (Cod. Ottob. 1061, f. 95r u. v.) heisst es: der
Papst habe zwei Schlüssel: « Alterum ut Pontifex sub nomine thesaurariae
seu depositariae secretae, cui praeest specialis minister: Thesaurarius Se-

Ausser den regelmässigen Einnahmen und Ausgaben hatte
die päpstliche Verwaltung auch ausserordentliche. Ueber sie berichten diese Uebersichten nichts. Es brachten aber die zahlreichen
Anleihen, die namentlich im Pontifikat Urbans VIII sich mit un-
heimlicher Schnelligkeit folgten[110], ganz bedeutende Summen in
die päpstlichen Kassen. Sie betrugen unter dem Barberinipapst
in den 23 Jahren seines Pontifikats zum mindesten 14 Millionen,
also jährlich im Durchschnitt weit über 700 000 Scudi.

Von diesen Anleihen, gelegentlichen Ueberschüssen und anderen ausserordentlichen Einnahmen (Geschenken, Subsidien)
bestritten die Päpste dieses Zeitalters die ausserordentlichen Ausgaben ihrer weltlichen und geistlichen Verwaltung, so wie ihre
bedeutenderen persönlichen Aufwendungen (künstlerischer und
wissenschaftlicher Mäzenat, Sorge für ihre Verwandten).

Was stand von diesen Ausgaben im Vordergrund? Es dürfte
nicht zu bezweifeln sein, dass die Anstrengungen, die das Papsttum im Zeitalter der Gegenreformation machte, die alte Kirche
und in ihr die Autorität des Papstes zu erhalten und zu erneuern,
den grösseren Teil der ausserordentlichen Kosten verursacht haben und damit auch zur Hauptursache der grossen Schuld geworden sind, die nun auf den Finanzen der Kurie lastete[111]. Ge-

---

cretus, in quod referuntur omnes reditus Datariae provenientes ex componendis et quibuscumque aliis proventibus ac emolumentis illius (praeter dispensationes matrimoniales erogandas in usus pios...) ac etiam ex pretio
quorumcumque officiorum vacantium ipsius Datariae, Cancellariae et Romanae Curiae, quae ut plurimum participant de annatis, hoc est dimidia
Bonifatiana, communi ac minutis servitiis, quindenniis et similibus, eorumque fructus ultra dictam participationem fere omnes provenire solent ab
expeditionibus literarum Apostolicarum aliorumque diplomatum Pontificio-
rum, licet aliqua illos, vel in totum vel partim assequantur de proventibus
cameralibus». Es werden aber in dem Budget aus der Anfangszeit Innozenz X die Einnahmen aus der Datarie und Bullarie, in Höhe von 300 000 Sc.,
als Kammereingänge bezeichnet und verrechnet. Da die beiden Aemter kaum
mehr einbrachten, bleibt es unklar, wie die thesauraria secreta des Papstes
mit Geldmitteln versehen wurde.

[110] vgl oben S. 207.

[111] so BAUER, 492. Dazu stimmt, was CARD. DE LUCA an der eben
(Anm. 109) zitierten Stelle sehr schön zeigt, dass von den Eingängen für
den Papst aus Datarie und Kanzlei bedeutende Summen für Zwecke der

waltige Summen haben die Päpste seit Paul III für die Belange
der Kirche und für die Weltgeltung des Pontifikates eingesetzt.
Sie finanzierten das Trienter Konzil, begründeten in Rom und
an den Brennpunkten des Kampfes neue priesterliche Studienan-
stalten und unterstützten sie dauernd, sie halfen der katholischen
Wissenschaft und förderten in Rom die neue Kunst, die auch
ein Mittel für die erneuerte Stellung des Papsttums im Geistesleben dieser Zeit wurde. Namentlich halfen sie durch ihre Subsidien und ihre Hilfstruppen allen katholischen Fürsten in ihren
Kämpfen gegen die Häresie und den Halbmond. Von Paul III
bis Urban VIII und weiter bis ins 18. Jahrhundert « ergiesst sich
der unaufhörliche Strom päpstlicher Subsidien in die Kriegskas-
sen Europas » [112]. Paul III gab am Anfang der Periode Karl V
200 000 Dukaten und ein Heer von 12 500 Mann für den Kampf
gegen die Schmalkaldener, und für die Bekämpfung der aufstän-
digen Böhmen und ihrer Helfershelfer stellten Paul V und Gregor XIII in den ersten Jahren des Dreissigjährigen Krieges über
600 000 Scudi zur Verfügung. Auch Urban VIII hat dem Kaiser
und dem Bayernherzog Maximilian noch Gelder übersandt [113].

Sie werden allein für die Jahre 1632-34 auf 2 Millionen Fran-
ken angegeben. Aber in seinem Pontifikat treten diese Ausgaben
doch hinter denen zurück, die er für die militärische Rüstung des
Kirchenstaates, für die Erwerbung Urbinos und im Castrokrieg
gemacht hat, und hinter den riesigen Aufwendungen für sein literarisches und künstlerisches Mäzenatentum und für seine Familie. Rom kündet heute noch an den vielen Stätten, wo man auf
das Bienenwappen der Barberini stösst, von der grenzenlosen
Freigebigkeit und dem rücksichtslosen Bauwillen Urbans VIII und
seiner Nepoten. Das römische Volk hätte dem Papst diese Ausgaben, die ja auch Geld unter das Volk brachten, gewiss leich-
ter verziehen. Was die Wut des Volkes, das schon für die kirch-

---

Gesamtkirche abgingen, vor allem für die Kämpfe um die Erhaltung
des Glaubens. De Luca stellt hier die Behauptung auf, die nach unseren
Kenntnissen durchaus zutrifft, dass seit den Tagen Pauls III von Rom
weit mehr Geld in die Christenheit geflossen, als auf dem Weg kirchlicher
Einnahmen nach Rom gelangt sei.

[112] BAUER, 493.

[113] vgl. PASTOR, XIV 1 273; 300; 466 XIX 2 1024.

lichen und politischen Ziele des Papstes so grosse Opfer bringen musste, aber masslos erregte, waren die alles Bisherige übersteigenden Zuwendungen des Papstes an seine Familie.

Der Nepotismus [114] war ein altes Erbübel aus den Tagen Bonifaz VIII, von dem viele Päpste auch dieser Zeit angesteckt waren. Nachdem durch das Strafgericht, das Pius IV an dem Hause Caraffa vollzogen, und durch die bereits erwähnte Constitution des hl. Pius V von 1567 [115] die ältere Form dieses Uebels, die vor allem auf Kosten des Kirchenstaates Lehensfürstentümer für die Papstfamilien zu schaffen strebte, ausgerottet war, suchte der jüngere Nepotismus wenigstens noch aus den Einnahmen des Papstes bedeutende Summen den Angehörigen des Papstes zuzuführen. Die Vorgänger Urbans VIII hatten schon in steigendem Mass ihre Familien bereichert. Gregor XIII, der als äusserst massvoll auch in diesen Dingen galt, gab seinem weltlichen Nepoten ausser einträglichen Stellen die Mittel zum Ankauf von drei bedeutenden Adelsgütern. Klemens VIII verlieh seinen beiden Kardinalnepoten Einkünfte von 40 000 bezw. 20 000 Scudi und schenkte einem weltlichen Nepoten allein in den Jahren 1600 und 1601 zusammen 190 000 Scudi für den Erwerb von Landbesitz; im ganzen soll er ihm eine Million zugewendet haben. Viel schlimmer wurden die Dinge dann noch unter Paul V, dem Borghesepapst. Unter ihm begründete diese Familie ihren ungeheuren Reichtum. Der Kardinalnepot Scipione hatte schliesslich jährliche Einkünfte in der Höhe von 140 000 Scudi, mit denen er seine grossartige Bau- und Sammeltätigkeit bewerkstelligen konnte. Die Geschenke des Papstes an seine Neffen sollen sich auf 960 000 Scudi belaufen haben. Gregor XV regierte nur zwei Jahre, aber in dieser Zeit konnte der sonst so treffliche Cardinalnepot Ludovico Ludovisi aus den ihm zufliessenden Einkünften von den Colonna das Herzogtum Zagarolo um den Preis von 850 000 Scudi kaufen, die Villa Ludovisi ausbauen und mit den herrlichsten Skulpturen schmücken. Das sind einige Beispiele, die uns vor allem aus

---

[114] Ueber den Nepotismus vgl. den umfassenden und gründlichen Artikel von W. FELTEN, im *Kirchenlexikon*, IX 102 fl.

[115] s. oben S. 235.

16

Berichten der venezianischen und anderer Botschafter bekannt geworden sind [116].

Ueber den wahren Umfang der Ausgaben für die Verwandt-
ten kann man aber nur Vermutungen anstellen Die Wege, die
dabei eingeschlagen wurden, waren so zahlreich und teilweise ihrer
ganzer Natur nach so verschwiegen oder unabschätzbar, dass die
päpstlichen Geschenke nicht mehr in ihrer Gesamtheit festgestellt
werden können [117]. Die Zuwendungen geschahen bald durch An-
weisungen einzelner Geldsummen oder regelmässiger — meistens
monatlich zu zahlender — Pensionen, zu denen der Papst einen
eigenhändig unterschriebenen Auftrag an den tesoriero generale
ergehen liess, bald durch Uebereignung von erledigten oder noch
nicht verkauften luoghi der Anleihen und durch kostbare Geschenke, bald durch Uebertragung von Staatseinnahmen z. B. von
Steuern oder Zöllen, die sonst verpachtet wurden, durch Verleihung von anderen nutzbringenden Rechten, z. B. Tratten, und
Befreiung von Lasten und Abgaben, weiter namentlich — wie
wir es auch in den vorausgehenden Beispielen gesehen haben —
durch Verleihung einträglicher Aemter, und wenn es sich um geistliche Verwandte handelte, durch Uebertragung guter Benefizien.
Eine Reihe anderer Vorteile war fast unabänderlich für die nähe-
ren Verwandten mit der Erhebung eines Mitglieds der Familie
zur päpstlichen Würde verbunden : Standeserhöhung, Wohnung
in einem Papstpalast, Verpflegung durch die päpstliche Hofhal-
tung, Ernennung eines Nepoten zum Cardinal usw. Dazu kamen
dann Geschenke anderer, namentlich auch Pensionen von Fürsten,
die auf gute Beziehungen mit dem Papst Wert legten.

Schien der Nepotismus unter Urbans VIII unmittelbaren
Vorgängern schon die letzten Grenzen erreicht zu haben, so zeigte
der Barberinipapst, dass er noch weiter zu treiben war. Der Verfasser einer handschriftlichen Geschichte des Nepotismus, ein
Zeitgenosse des Papstes [118], beginnt seine von Bitterkeit vergifte-

---

[116] Die Beispiele finden sich bei PASTOR, IX 21 ff; XI 37; XII 42 ff;
XIII 1 42 ff. und FELTEN 136 f.

[117] Sehr aufschlussreich für die verschiedenen Formen der Zuwendungen an die Nepoten ist ein Verzeichnis der Einnahmen des Generals
der hl. Kirche in der Zeit Urbans VIII. Der Posten war ein typischer
Nepotenposten. (Arch. Doria, Archiviolo v. 108).

[118] Arch. Vat. Fondo Bolognetti 256, f. 142 ff.

ten Ausführungen über dieses Pontifikat mit den Worten: « Was wir bisher erzählt haben, war nur die Vigil, der Festtag des Nepotismus in Rom begann zur Zeit Urbans VIII ». Ludwig v. Pastor bringt eine Menge von Einzeltatsachen, die die verschwenderische Freigiebigkeit Urbans gegen seine zahlreiche Verwandtschaft und zugleich deren rasch wachsenden Besitz grell beleuchten. Zusammenfassend hält er die Angabe des venezianischen Botschafters Alvise Contarini [119], dass die drei Brüder Barberini, die Neffen des Papstes, unter denen sich auch gegen alle kanonischen Vorschriften zwei Kardinäle befanden, ein jährliches Einkommen von mehr als 300 000 Scudi gehabt hätten, für glaubhaft. Die Angabe in einem Bericht über das Konklave Innozenz X, dass die beiden Brüder Francesco und Taddeo während des 21 jährigen Pontifikats 105 Millionen Scudi erhalten hätten, wagt er auch nicht abzustreiten, wie es noch Ranke getan hat, der diese Zahl so unglaubhaft fand, dass er einen Schreibfehler annahm, wiewohl die gleiche Zahl sich in mehreren Handschriften findet [120]. Pastor betont, dass diese « fabelhaften Summen » durch die Depeschen der toskanischen Gesandten und eine Berechnung in den Diari di Roma bestätigt würden. Franz Xaver Seppelt urteilt in seiner Papstgeschichte über diese Angabe noch viel bestimmter, sie sei so gut bezeugt, « dass Zweifel an der Richtigkeit nicht berechtigt sind » [121].

Trotz der scheinbar guten Bezeugung dürften Zweifel dennoch mit Recht erhoben werden. Die Aufbringung einer so ungeheuren Summe — es handelt sich um rund 500 Millionen Vorkriegslire! — durch den Papst neben all seinen anderen Ausgaben erscheint einfach unmöglich. Wer an unsere Ausführungen über die Einnahmen des Papsttums im 17. Jahrhundert zurückdenkt, wird wohl dieselben Zweifel hegen. Nach der Angabe Contarinis, die wahrscheinlich bedeutend zu niedrig gegriffen ist, hätten die drei Brüder Barberini jährlich 300 000 Scudi an regelmässigen Einnahmen — einschliesslich der Pfründen, wie der Gesandte betont — bezogen. In dieser Summe müssen alle regelmässigen Einnahmen aus Aemtern, Commenden, luoghi di monte, Tesorie-

---

[119] Bericht 1635, BAROZZI U. BERCHET, I 369.
[120] *Papstgeschichte*, III 16, Anm 1.
[121] *Geschichte der Päpste*, V 284.

rati usw., die von den toskanischen Gesandten und in der anderen Berechnung aufgezählt werden, enthalten sein. Macht die Summe für die drei Brüder 300 000 Scudi aus, so dürfen wir für zwei vielleicht 250 000 setzen. Das ergäbe, wenn ihnen die Summe vom Anfang des Pontifikats an zugekommen wäre, in 20 Jahren 5 250 000 Scudi. Da die Zahl von 300 000 sich auf 1635 bezieht und wahrscheinlich zu niedrig ist, wollen wir sie nahezu verdoppeln und 10 Millionen Scudi als Gesamtertrag aus regelmässigen Einkünften annehmen — also 500 000 Scudi in runder Summe für jedes Jahr — immerhin ein stattlicher Betrag in einem Land, dessen Staatsausgaben im ganzen 570 000 Scudi betrugen. Nach Abzug dieser regelmässigen Einnahmen der beiden Nepoten bleiben von den angeblichen 105 Millionen noch 95 Millionen an ausserordentlichen Zuwendungen. Streichen wir von diesen 5 weitere Millionen als Gaben, die nicht vom Papst, sondern von anderen Stellen ihnen überlassen wurden, so beliefen sich die Geschenke des Papstes auf 90 Millionen oder 4.5 Millionen an die beiden Brüder jedes Jahr. Nun steht aber fest, dass Urban VIII wenigstens in den ersten 6 Jahren sich von Masslosigkeiten gegenüber seiner Familie freigehalten hat [122]; die 90 Millionen wären also in der Hauptsache auf die letzten 15 Jahre seiner Herrschaft zu verteilen. Er hätte mithin etwa 6 Millionen Scudi jährlich aus seinen ihm zur freien Verfügung stehenden Geldern geben müssen. Urban VIII wird in seinem ganzen Pontifikat sehr selten, vielleicht nie, 6 Millionen Scudi zur freien Verfügung gehabt haben. Womit hätte er aber nach Verausgabung dieser Summe noch seine grossen militärischen und politischen Ausgaben bestreiten, womit seine Bauten bezahlen und die anderen Verwandten mit Zuwendungen versehen sollen? Eine Summe von 105 Millionen Scudi erscheint bei der finanziellen Leistungsfähigkeit der Kurie in dieser Zeit als Geschenk an 2 Nepoten völlig ausgeschlossen.

Sind aber die Zeugnisse, die übereinstimmend solche Summen bestätigen, nicht zu gewichtig? [123]. Sie sind es nicht, wiewohl

---

[122] Das sagt sehr deutlich der anonyme Verfasser der Geschichte des Nepotismus (Anm 118) trotz seiner Erbitterung gegen die Barberini. Seine Aufstellung wird bestätigt durch PASTOR, XIV 1 253.

[123] Für die folgenden Ausführungen dienten als Unterlagen die Aus-

sie durch ihre Einteilung in verschiedene Einnahmengruppen und durch Hinweis auf angebliche Akten bestechend wirken. Die meisten der Ziffern sind reine Vermutungen, Schätzungen ohne sachlichen Wert unter dem Eindruck der Gerüchte, die vor und namentlich nach dem Tod Urbans VIII durch die erregte Stadt Rom gingen. Es ist nicht möglich, das an dieser Stelle im einzelnen zu zeigen; es soll später einmal geschehen. Aber kurz sei doch auch hier auf einiges hingewiesen.

Zunächst ist es keineswegs so, dass diese drei Zeugnisse sich gegenseitig bestätigen. Cardinal Francesco Barberini, der nach der Mitteilung des Conclaveberichtes 63 Millionen erhalten haben soll, empfing nach den Diari 29 Millionen; die toskanischen Gesandten aber berichten nur, dass sein Besitz, « wie man sage », mindestens 17 Millionen wert sei. Für Taddeo, dem die Nachricht des Conclave 42 Millionen als Zuwendungen seines Oheims zuschreibt, gibt der Bericht der Gesandten 20 Millionen, dazu aber noch einen nicht näher bestimmten unterschlagenen Teil der ihm für den Castrokrieg anvertrauten 42 Millionen Scudi, und die Diari di Roma ausser 10 Millionen an Papstgaben 31.5 Millionen aus Strafgeldern und eigenen « Diebereien und Betrügereien ». Gerade die Angaben, die unsere beiden Zeugen über die Unterschlagungen Taddeos zu machen wissen [124], zeigen greifbar, dass hier Gerüchte und Redereien die Quelle sind. Ein Prozess über die Verwendung der für den Castrokrieg ausgeworfenen Gelder ist von Innozenz X wohl eingeleitet worden; die damals im Besitz des Papstes befindlichen Materialien mit vielen handschriflichen Bemerkungen des Papstes befinden sich in drei starken Bänden im Besitz der fürstlichen Familie Doria in Rom [125], aber der Prozess wurde nie durchgeführt und keine Schuld ausgesprochen. Die mit Sorge gemachten Erhebungen seitens der Kammer brachten keine Klarheit in

züge, die auch Pastor und wahrscheinlich Seppelt gedient haben, von GROTTANELLI in der Rassegna Nazionale 13 (1891) 213 f. und von CIAMPI in dessen Buch *Innocenzo X Pamfili e la sua Corte*, 1878 332 f.

[124] Er zeichnete sich nach Pastor, a. a. O, 260 durch Sittenreinheit aus, sein ganzes Interesse habe der Verwaltung und Mehrung seines Reichtums gegolten.

[125] Sie wurden weder von Ciampi noch von Pastor benützt, wiewohl sie sehr vieles zur Geschichte Urbans VIII und Innozenz X bringen; wir denken in anderem Zusammenhang daraus einiges zu bringen.

diese Ausgaben. Woher sollen die Gesandten Toskanas oder der
« curioso » [126], der in den Diari di Roma über diese so geheimen
Dinge berichtete, zuverlässige Nachrichten haben erhalten können?
Die von den Florentiner Gesandten angegebene Summe für den
Castrokrieg ist einfach phantastisch. Urban VIII wäre nicht im
Stande gewesen, binnen zwei Jahren diese Summe in bar auf-
zubringen [127]. Die wirklichen Kriegskosten haben wir oben schon
genannt.

Es gingen beim Tod Urbans VIII die unglaublichsten Gerüchte über den Reichtum der Barberini und natürlich auch über
die Herkunft dieses Reichtums um und wurden geglaubt, auch
von sonst nüchternen Leuten. Ein Beispiel bietet der schon genannte Verfasser der handschriftlichen Geschichte des Nepotismus, dem man bei aller Verbitterung eine gewisse Kritik und
Sachlichkeit gegenüber Tatsachen nicht absprechen kann. Er erzählt und betont, dass es wahr sei, wenige Monate vor dem Tod
Urbans VIII habe man in zwei Nächten eine Karawane von über
70 Maultieren, alle beladen mit Geld unterwegs nach Palestrina
gesehen, wo Taddeo sie schon erwartete, um das Geld in einem
neugebauten Schatzhaus unterzubringen [128]. Der Verfasser, der
seine Geschichte etwa 20 Jahre später unter Alexander VII geschrieben hat, hat aber doch soviel Klugheit und Abstand, dass
er sich die Gerüchte über die 100 Millionen nicht zu eigen macht;
er schätzt die Summe, welche die Barberini erhalten haben, auf
30 Millionen Scudi [129] und fügt hinzu, das könne übertrieben erscheinen, aber wer die Dinge kenne, wisse, dass das keine Uebertreibungen seien. Mit dieser Schätzung ist er wahrscheinlich der
Wirklichkeit viel näher als die drei Zeugen, auf die sich Pastor
und Seppelt berufen können.

In den Akten aus dem Verfahren Innozenz X gegen die Barberini findet sich ein Schriftstück, das auf die Beurteilung der
Gesamteinnahmen der Verwandten Urbans VIII etwas Licht

---

[126] So bezeichnet ihn Ciampi selbst.

[127] Selbst ein Sixtus V brachte bei all seiner Energie in 6 Jahren nur
2½ Millionen Sc. auf dem Weg der Anleihen zusammen und er übertraf
in der Mehrung der Monti alle seine Vorgänger, vgl. PASTOR, X 90.

[128] a. a. O, fol. 242r.

[129] ebd, f. 243r.

wirft[130]. Es ist ein Versuch, der von der Kurie ausging, die Allgemeinheit über den Fall zu unterrichten und Hetzereien, wie sie
von den Barberini und namentlich von französischer Seite gegen
den neuen Papst ausgesprengt wurden, entgegenzutreten. Die Auf-
forderung Innozenz X an die Brüder zur Rechenschaftsablage über
die Gelder für den Castrokrieg und die dann erfolgte Flucht des
Kardinals Antonio nach Frankreich hielten ganz Europa in Span-
nung. Man erwartete einen neuen Caraffaprozess. Damals setzte
der Vatican eine Nachricht im Umlauf, deren korrigierte Minute
und Reinschrift vorhanden sind; in Form eines Berichtes über
die Stimmung und Lage in Rom wird darin den Versuchen der
Barberini entgegengetreten, sich als arme, zur grössten Einschränkung gezwungene Leute hinzustellen, die ihre Dienerschaft ent-
lassen und die gewohnten Almosen einstellen müssten, weil der
Papst dem geflüchteten Kardinal Antonio die Einkünfte aus seinen Benefizien gesperrt hätte. In der Einleitung wird gegen diese
Täuschungsversuche mit schneidender Schärfe aufgezählt, was die
Barberini alles vom Papst haben. Es heisst da: « Si scrive da
Roma farsi ivi molti discorsi sopra l'attione de' Barberini et fra
gli altri, che in loro casa vi sono oltre 400 m. scudi d'intrata, che
consistono in offitii, luoghi d'monti, casali, castelli, ville, palazzi
et rendite ecc[e] de pensioni abbatie, priorati, comende a tal segno,
che li mig[ri] benefitii di tutta Italia sono cumulati nelle loro persone
et li possedono come hereditarii senza timore, che possano uscire
dalla loro casa per haverli posti in più persone per via di accesso
et future succes[ni] tanto prohibite da sacri canoni. Oltre di questo
non vi è carico ne offitio di emolumento et giurisditione sotto diversi tituli in modo, che più provede quella casa che il Papa
istesso ».

Ueber Taddeo wird später gesagt: « Don Taddeo ... in sentirsi minacciare una multa per spronarlo a dare i conti di tanto
gran denaro entrato nelle sue mani nell'occasione dell'ultima guerra,
nel fine della quale stando il Papa morendo, ha investito in uno

---

[130] Archiv Doria, Archiviolo, v. 195. Dass es sich um ein Stück handelt,
das vom Vatikan ausging, scheint dadurch gesichert, dass das korrigierte
Konzept vorhanden ist. Die Reinschrift hat den Dorsalvermerk: Copia
d'una scrittura andata per manus sopra la giustificazione de procedimenti
del Papa contro il Card. Antonio e altri.

stato compro da gli Orsini un milione et mezzo et scordandosi di
havere i pozzi d'oro et più di 200 m. scudi d'entrata, come fosse
ridotto in gran meschinità ha licentiato una parte della sua famiglia ... ».

Hier werden also als Jahreseinnahmen 400 000 Scudi für die
ganze Familie, und 200 000 für Taddeo Barberini allein angenommen, die der Freigebigkeit des päpstlichen Verwandten zu verdanken sind, und es werden dabei so ziemlich alle Titel aufgezählt, aus welchen Nepoten ihre Einkünfte beziehen konnten:
staatliche und kirchliche Pfründen und Geldquellen, Kapitalien
und fruchttragende Besitzungen [131]. Ausserdem wird insinuiert,
dass Taddeo Barberini aus den ihm zur Kriegsführung anvertrauten Geldern anderthalb Millionen zum Ankauf einer Besitzung
der Orsini verwendet habe.

Es ist nun freilich nicht zu leugnen, dass es sich bei diesem
Dokument nicht um eine authentische und abschliessende Erklärung der Kurie handelt. Ausdrücklich wird gesagt, dass es sich
um Reden handle, die man überall in Rom zu hören bekomme.
Aber dieses Stück, das unmittelbar aus der Arbeitsstube des Papstes kommt und sicher ein Mitglied der Kammer, wo man doch
noch am ehesten Bescheid wusste, zum Verfasser hatte, gibt doch
sehr wahrscheinlich eine obere Grenze der Familieneinkünfte, wie
man sie bei dieser Behörde für richtig hielt. Der Zweck der Arbeit hätte es ja wünschenswert gemacht, eine höhere Summe anzugeben, wofern man sie nur als zutreffend verantworten konnte.
So spricht sehr vieles dafür, dass wir hier eine Zahl vor uns
haben, die den wirklichen Einnahmen der Familie nahe kommt.
Leider ist nicht gesagt, wieviel von dieser Summe aus geschenkten
Kapitalien und Grundbesitz stammt. Auch ist nichts Bestimmtes
über andere nicht fruchttragende Schenkungen des Papstes angegeben. Daher können wir keinen Schluss auf die Gesamthöhe der
den Barberini gemachten Zuwendungen aus dieser Summe ziehen.
Aber sicher folgt doch daraus, dass sie 100 Millionen noch nicht
bei weitem erreichten.

In den Akten des Prozesses gegen die Barberini findet sich

---

[131] Nach BROSCH, 403 hätten allein die Einkünfte Taddeos aus seinem Grundbesitz 300 000 Sc. betragen; Brosch stützt sich dabei auf die
Berichte der venezian. Botschafter.

zwar keine Gesamtübersicht über die von Urban VIII gemachten
Vergabungen, aber viele erschütternde Einzelangaben, die die ganze
verwerfliche Art des Nepotismus dieses sonst nicht unrühmlichen
Pontifikates bezeugen. Da sind zahlreiche Einzelanweisungen an
den tesoriere im Original und Abschrift, in denen Urban VIII
Geldzahlung, Uebereignung von Kostbarkeiten aus den Spolien
u. dgl. befiehlt[132]. Da ist ein Verzeichnis nach den Brevenregistern
bearbeitet, das alle Gnaden des Apostolischen Stuhles, die durch
ein Breve erfolgten, zusammenstellt; es ist über 50 engbeschrie-
bene Seiten lang und enthält an 1000 Verleihungen von geistlichen
und weltlichen Privilegien, Exemtionen, Rechten, Verleihungen
usw. jeglicher Art[133]. Da ist ein Verzeichnis der Einnahmen und
Versorgungen des Generals der Kirche aus den Einkünften der
Kammer zur Zeit Urbans VIII[134]. Diesen Posten bekleidete zuerst
der Bruder des Papstes Carlo, dann sein Neffe Taddeo. Aus den
verschiedensten Titeln: Gehalt, Aemtern, Rechten, Zöllen, No-
tariaten, Strafgeldern ergeben sich Einnahmen von circa 44 890.40
Scudi. Taddeo hatte ausserden das Amt des Präfekten von Rom,
das wahrscheinlich eine ähnliche Versorgung mit sich brachte. Da
findet sich ein Verzeichnis der Pfründen des Cardinals Antonio
Barberino[135]; es sind 20 Abteien, Priorate und Comenden, von 10
derselben ist der Ertrag mitgeteilt, diese 10 ergeben 40 039 56
Scudi Einnahmen. Da ist ein Blatt, das Geldsendungen an die
drei Brüder Barberini durch Bankhäuser in Bologna, Perugia,
Ferrara und Rom aufzählt, es handelt sich um 3 215 507 Scudi[135].
Da ist eine Aufstellung der Aemter und Protektionen des Kardinals Francesco Barberino, sie umfasst mehrere Seiten[137]. Unter
seinen Aemtern war das des Vizekanzlers, das als erstes Ku-
rienamt galt[138] und schon unter Sixtus V mit einem Einkom-

---

[132] Archiv Doria, Archiviolo, v. 77, f. 27, 28, 29, 30, 108 usw., ebenso
im v. 108.

[133] ebd. v. 100, f. 74 ff.

[134] ebd. v. 108.

[135] Es sind zwei Ausführungen vorhanden, ebd. v. 100, v. 195.

[136] ebd. vol. 195.

[137] ebd.

[138] vgl. VESTRIUS (s. Anm. 103), f. 10r, JAC. COHELLIUS, *Notizia Cardinalatus,* 198.

men von 14-16 000 Scudi verbunden war [139]. Da finden sich auch
die Breven, durch die Urban VIII seine Nepoten gegen spätere
Nachforschungen und Verfolgungen wegen ihrer Verwendung
öffentlicher Gelder sichern wollte und alle ihre Ausgaben auch
ohne Vorlage einer Abrechnung anerkannte und weitere Untersuchungen verbot [140]. Diese Proben dürften genügen. Man mag
den Nepotismus des Barberinipapstes nehmen wie man will: nach
seiner materiellen Seite als Verschleuderung ungeheurer Werte
aus dem Staats- und Kircheneigentum an Verwandte — auch
wenn Urban VIII « nur » 30 Millionen Scudi den Seinen gegeben hat, es waren doch gegen 150 Millionen Goldfranken und
dem Kaufwert nach wenigstens das Doppelte, vielleicht das Dreifache —, oder nach der Art und Weise, wie er praktiziert wurde,
er war ein bedauerlicher Schatten am Papsttum und an der Kirche
des 16. und 17. Jahrhunderts. Er wurde aber erst recht zu einem
schweren Schaden, wenn man bedenkt, dass er zu einer Zeit, wo
der apostolische Stuhl schon mit einer unabtragbaren Schuld bela-
stet war, durch neue Schulden ins Werk gesetzt wurde, und dass
das vielfach arme Volk des Kirchenstaates mit immer schwe-
reren Steuern die Bezahlung der stets wachsenden Zinsen aufbringen musste. Die oben erwähnte aufklärende Mitteilung des
Vatikans über das Verfahren Innozenz X gegen die Barberini
sagt sehr bitter, aber wahr: die Machenschaften der Barberini
könnten vielleicht im Ausland Eindruck machen, nicht aber in
Italien, « dove è nota l'immensità dell'oro et gioie ch'hanno cu-
mulato nel corso di vintun anni con tanta destruttione di Roma
et di tutto il stato Ecc° che si trova gravato di tanti milioni colati
per la mag^e parte nelle loro mani, sentendosi i popoli esclamare
al Cielo che si faccino sgravare da Barb^ni che gl'hanno cavato il
sangue dalle vene per arrichire se medesimi, i loro parenti et
fedeli » [141].

Die Klagen des Volkes, die allgemeine Unzufriedenheit konnten dem klugen Barberinipapst nicht unbekannt bleiben. Die Sorgen um den hereinbrechenden Castrokrieg, bei dem ja auch Interessen der Nepoten mitspielten, wohl auch das wachsende Ge-

---

[139] GIR. LUNADORO, *Relazione della Corte di Roma,* Viterbo, 1642 25.
[140] Archiv Doria, Archiviolo, v. 77.
[141] s. Anm. 130.

wicht der Jahre und die kommende Verantwortung machten Urban VIII, der bisher nach der Art der Fürsten seiner Zeit unbe-
kümmert und selbstsicher mit den Einnahmen seines Staates und
den Einkünften aus der Kirche geschaltet hatte, nachdenklich und
unsicher, ob er so weiter handeln könne, oder gar zum Wieder-
gutmachen der durch seine Verwandtenliebe gemachten Verluste
verpflichtet sei.

Um die Rechte des Papstes an diesen Einkünften zu klären
und den Zweifel seines Gewissens zu lösen, berief Urban VIII
zuerst 1640 eine Commission, die entschied, dass der Papst seiner
Familie die Mittel zur Begründung eines Familienmajorates, das
80 000 Scudi einbringe, und einer Sekundogenitur geben, und seinen Nichten 180 000 Scudi als Aussteuer zur standesgemässen
Verheiratung schenken dürfe [142]. Warum der Papst sich mit diesem Bescheid, der zweifellos zu weit ging, obwohl er hinter dem
zurückblieb, was die Barberini alljährlich von ihrem Oheim empfangen hatten, nicht beruhigen konnte, wissen wir nicht. Felten
vermutet wohl nicht unrichtig [143], dass der Castrokrieg das Gewissen des Papstes geschärft und den Blick für den wahren Zustand der Dinge geöffnet habe. Der Feldzug war so ganz anders
gegangen, als der selbstsichere und auf seine stattlichen Rüstun-
gen vertrauende Papst gewähnt hatte. Die politische Schwäche des
Papsttums war offenbar geworden, die italienischen Fürsten hatten
sich ohne Scheu um den Gegner Urbans geschart, die grossen Mächten blieben teilnahmlos, und das schwer verschuldete Land war
in neue schlimmere Schulden gestürzt, und der Hass gegen die
Barberini noch glühender geworden. Auch an diesem Unheil trug
der Nepotismus Mitschuld, wie dem Papst nicht entgehen konnte.
Was nun auch die Motive gewesen sein mögen, Urban VIII berief gegen Ende 1642 eine neue Commission oder, wie man damals
sagte, Particularcongregation, die beraten sollte, inwieweit der
Papst über die dem Heiligen Stuhl zufliessenden Einkünfte frei

---

[142] Ueber diese Kongregation berichtet RANKE, a. a. O, 16. Er beruft sich auf Nicoletti und auf ein von ihm eingesehenes Schriftstück:
Motivi a far decidere quid possit Papa donare, vom 7 Juli 1640. Es ist uns
leider nicht gelungen, eine Spur von dieser Kongregation von 1640 zu
finden. Auch Nicoletti wurde vergebens durchsucht.

[143] a. a. O, 140.

verfügen könne und welche Summe er daraus für seine persönlichen — auch weltlichen — Zwecke nehmen dürfe. Es war also
hier die Kardinalfrage des Nepotismus gestellt.

III. Berufung der Partikularkongregation im Jahre 1642.

Ueber diese Kongregation haben die Darsteller der Papstgeschichte bisher kaum etwas mitgeteilt, wiewohl schon Sforza Pallavicino [144] und Muratori [145] einige Angaben darüber gemacht haben.
Pastor erwähnt sie bloss neben her, bringt aber unter den ungedruckten Aktenstücken das angebliche « Protokoll einer Kardinals-
kongregation de redditibus ecclesiasticis », das er in einem Akt
der Instrumenta Miscellanea des Vatikanischen Archivs gefunden
hat [146]. Es handelt sich bei dem von Pastor abgedruckten Stück nur
um eine Ergänzung zu dem Majoritätsgutachten unserer Theologenkommission, das der Papst offenbar noch verlangt hat, nachdem
die Kongregation bereits ihre Arbeiten beendet hatte. Das Stück
trägt die Unterschrift aller Vertreter der in ihm vorgelegten Anschauungen. Eine gleichfalls von allen eigenhändig unterzeichnete
Ausfertigung dieser Ergänzung steht in dem für die Geschichte
des Nepotismus der Päpste so wichtigen Codex Ottobonianus 1061
der Vatikanischen Bibliothek. Pastor ist es allem Anschein nach
entgangen, dass auch der Hauptteil des Gutachtens, der die Ansicht der Mehrheit der Theologen zu den in früheren Sitzungen
behandelten Fragen enthält, in dem vorhergehenden Teil des von
ihm benützten Miscellaneaaktes steht [147]. Es ist das auffällig, weil
auch das Aeussere dieses Dokuments seine grosse Bedeutung schon
nahelegen musste. Die feine Ausstattung, das grosse goldene Papst-
wappen mit den Bienen auf dem weissen Pergamentdeckel, die
höchst sorgsame Schrift zeigen, dass diese Ausfertigung für den

---

[144] *Della Vita di Alessandro VII*, 1839, 416.

[145] A. MURATORI benützte die vorgenannte Biographie in einer Handschrift; so kam die Kenntnis von dieser Kongregation in die *Annali d'Italia*, a. 1644; vgl. G. DE NOVAES, *Elementi della Storia de' Sommi Pontefici*,
1822 IX 275. Auch von dieser Kongregation hat sich bei Nicoletti nichts
gefunden.

[146] a. a. O. XIII 1 261 u. XIII 2 1008. Das Aktenstück hat die Signatur: Instr. Misc. 4196.

[147] Das zeigen sowohl der irrige Titel, wie die Fragezeichen in Text.

Papst selbst bestimmt war. Die Arbeit trägt den Titel: « De redditibus ecclesiasticis ». Zwei beglaubigte Abschriften davon befinden sich heute im Fondo Carpegna des Vatikanarchivs [148]. In diesem Stück haben wir also die amtliche Antwort der Majorität
der Theologenkongregation auf die Fragen des Papstes vor uns.
Umfangreiche Nachweise und Auseinandersetzungen mit den ab-
weichenden Ansichten sind den einzelnen Entscheidungen beigefügt. Die Leitsätze daraus bringen wir im Dokumentenanhang
(n. 3).

Ausser diesem inhaltreichen und gründlichen Dokument haben sich in römischen Archiven noch weitere Stücke zur Geschichte der Kongregation gefunden, die nun einen Ueberblick über ihre
Arbeiten gestatten. Wir bekommen damit auch einmal einen an-
schaulichen Begriff von der Arbeitsweise einer Particularkongre-
gation, die im damaligen Geschäftsgang der Kurie noch eine ganz
ausserordentliche Rolle spielte. Akten dieser Kongregationen sind
nur sehr selten so vollständig erhalten geblieben.

Unter den zur Geschichte der Theologenberatung über den
Nepotismus wiedergefundenen Stücken sind zwei verschiedene
Aufzeichnungen über den Gang und die Ergebnisse der Verhand-
lungen aus der Feder des grossen Theologen Johannes de Lugo
S. J. von besonderer Bedeutung. Sie befinden sich im römischen
Archiv der Gesellschaft Jesu und tragen die Titel: « De reditibus
Pontificiis » bezw.: « Conclusiones quae a maiori parte Illmorum
DD. et RR. Patrum statutae fuerunt in Congregatione particulari
jussu SSmi D. N. septies facta in palatio vaticano, quarum etiam
fundamenta breviter attinguntur » [149]. Beide scheinen von Lugo
grösstenteils selbst geschrieben zu sein. Die eine davon ist wohl in
den Sitzungen selbst oder sofort danach aufgezeichnet worden, die
zweite scheint als Grundlage für das amtliche Gutachten der Kongregation verfasst worden zu sein [150]. Von der letzteren befindet

---

[148] v. 37, f. 12-59r u. v. 89, f. 28-84r. Beide sind eigenhändig von Card.
Altieri, der als Vicegerente von Rom an der Kongregation teilgenommen
hatte, unterschrieben.

[149] Ihre Signatur ist Opp. NN. v. 160 f. 265-268, bezw 104-110.

[150] Das ergibt sich nicht bloss aus dem Inhalt der beiden Stücke, von
denen das eine (im Quellenanhang N. 2) viel länger, sorgfältiger verfasst
und, wie sich aus manchen Wendungen ergibt, erst nach dem Ende der

sich eine Abschrift in dem Akt der Instrumenta Miscellanea [151], der das amtliche Majoritätsgutachten enthält; am Ende hat sie folgenden Zusatz: « His conclusionibus, quibus tunc cum maiore parte subscripsi, nunc etiam subscribo. In Collegio Romano, 18 januarii 1643. Joannes de Lugo » (im Anhang N° 1 u. 2).

Von der Minorität sind zwei Gutachten, die keine Unterschrift tragen, gefunden worden; das eine ausführlichere behandelt die Rechte des Papstes an den Compositionen, Annaten, Quindennien, Spolien und dem Erlös aus verkauften Aemtern, und erörtert den Begriff des Stipendiums, es steht in dem schon genannten Codex der Ottobonianischen Bibliothek [152]. Das andere kurze Stück betrifft die Einnahmen aus der päpstlichen Poenitentiarie, Datarie und Kanzlei [153]. Eine Kopie davon steht in Vol. 252 des Archivs der Gregorianischen Universität [154] (im Anhang N° 4 u. 5).

Einen Standpunkt, der von den Anschauungen der Mehrheit in vielem abweicht, nahm auch P. Valentinus Mangioni S. J. ein. Er verfasste während oder nach Kongregation eine lange Abhandlung: « De dispositione Reddituum summi Pontificatus ». Sie beginnt mit dem Ueberblick über die Einnahmen des Papsttums, dem wir in der Einteilung im ersten Abschnitt gefolgt sind. Dann erörtert er die Rechtsgründe dieser Einkünfte und die Zwecke, für die sie verwandt werden dürfen, um sich zuletzt mit den Gegnern seiner Auffassung auseinanderzusetzen. Nicht weniger als 5 Abschriften von dieser gründlichen und ehrlichen Arbeit konnten bisher in Rom festgestellt werden: zwei im römischen Archiv der Gesellschaft Jesu [155], eine im Archiv der Gregorianischen Universi-

---

Kongregation geschrieben ist, sondern auch aus der äusseren Form. Das kürzere ist auf Zettel verschiedener Form flüchtig geschrieben. Einmal ist als Blatt eine Einladung zu einer Sitzung der Kongregation benützt. Es fehlt auch einmal ein Teil der Niederschrift. Die Transskription des Berichtes war mühsam. Dagegen ist das längere Stück sorgfältig u. sauber geschrieben.

[151] Instr. Misc. 4196, f. 41-50*r*, eine weitere Abschrift befindet sich im Vat. Arch. Fondo Carpegna, v. 89, f. 88-97*v*.

[152] fol. 3-17.

[153] Cod. Ottob. 1061, fol. 93.

[154] pag. 115.

[155] Opp. NN. 178, f. 9-32 und Opp. NN 177, f. 1-28*r*.

tät [156] und zwei im Vatikanischen Archiv [157], ein Zeichen, welchen Wert man dieser Denkschrift beimass. Eine von den beiden Handschriften im Archiv der Gesellschaft Jesu hat eine Reihe von späteren Verbesserungen und Zusätzen von der Hand des Verfassers. Von den verschiedenen Handschriften folgt die eine Abschrift des Vatikanischen Archivs (Fondo Carpegna v. 89) dem verbesserten Text, die übrigen geben den ursprünglichen Text; einzelne sind aber voll von Schreibfehlern und kleinen Abweichungen. In allen Handschriften ist dem Text ein Brief des P. Mangioni an einen Kardinal vom 13. März 1648 vorangestellt. Der Kardinal — es war wohl sein damaliger Gegner Lugo oder vielleicht auch Joh. B. Altieri [158] — hatte den Pater gebeten, die Anschauungen, die er bei den Beratungen vor 5 Jahren gehegt, ihm schriftlich vorzulegen. Darauf übersandte Mangioni das vorliegende Gutachten mit der Bedingung, dass es streng geheim gehalten werde und namentlich der Name des Verfassers verschwiegen werde, da sein Inhalt manchen geläufigen Anschauungen schnurstracks zuwiderlaufe und ihm Schwierigkeiten bereiten könne. Ein Auszug aus dem langen Schriftstück bildet Nummer 7 des Anhangs.

Es fand sich dann weiter eine kurze Zusammenfassung der von der Kommission im Jahre 1642 geleisteten Arbeit. Sie enthält die von uns oben schon benützten, höchst wertvollen Zahlenangaben über gewisse Einkünfte des Papstes. Offenbar sollte dieses Schriftstück als Vorbereitung für eine Fortsetzung der Beratun-

---

[156] v. 252, p. 67-112.

[157] Fondo Carpegna, 89 f. 4-26r und Fondo Bolognetti 17, f. 88-177v.

[158] Beide waren Teilnehmer an der Kongregation und kommen daher zunächst für die Bitte um das Gutachten in Frage. Von beiden dürfte aber eher de Lugo der Adressat des Briefes sein. Schon die Form des Briefes scheint dafür zu sprechen. De Lugo ist aber ausserdem um 1648 von Innozenz X wegen der päpstlichen congrua und Ausgaben um Rat gefragt worden. Davon wissen wir aus dem Bericht des venez. Gesandten Giac. Quirini aus dem Jahr 1668 (BAROZZI u. BERCHET, II 319). Was der Botschafter über den dem Papst gegebenen Rat mitzuteilen weiss — die Congrua dürfe bei der Würde des Papstes 800 000 Scudi betragen —, ist nach allem, was wir im folgenden über Lugos Verhalten bei den Beratungen 1642 und 1643 und seinen Widerruf erfahren werden, mehr als unwahrscheinlich. Aber die Tatsache einer Befragung durch Innozenz X scheint annehmbar und wird durch diese Bitte um die Anschauungen Mangionis wieder bestätigt.

gen dienen und insbesondere die Beantwortung der Frage nach einer bestimmten Summe, über die der Papst sicher frei verfügen dürfe, einleiten. Abschriften von diesem anonymen Schriftstück bewahren das Archiv der Gregoriana[159] und die Vatikanische Bibliothek[160] (N° 6 des Anhangs).

Endlich sind als wertvolle Ergänzungen zu den früheren Aufzeichnungen des Pater de Lugo zwei spätere Aeusserungen von ihm zu bewerten, in denen er seine ersten Entscheidungen bedeutend einschränkt und berichtigt. Die erste schrieb er am 3. August 1656 nieder, als Papst Alexander VII die Kardinäle und andere befragt hatte, ob er seine Verwandten aus Siena nach Rom berufen und als Nepoten behandeln solle[161]. Die zweite vom 19. Juni 1658 ist die Antwort des Kardinals auf die Frage des gleichen Papstes bei Gelegenheit der Hochzeit seines Neffen, wieviel er den Seinen schenken dürfe[162]. Dieses Schreiben Lugos findet sich mitten unter den hochinteressanten Antworten der übrigen Kardinäle, denen allen die gleiche Frage vorgelegt worden war. In ihrer Gesamtheit sind die damaligen Aeusserungen der Kardinäle ein erschütterndes Zeugnis dafür, wie tief der Nepotismus noch im hl. Kollegium drinsteckte. Aber auch auf diese Gutachten hoffen wir bei einer anderen Gelegenheit noch eingehender kommen zu können. Die beiden Schreiben Lugos finden sich im Anhang unter N° 8 u. 9.

Urban VIII bestimmte als Mitglieder der Kommission seinen Beichtvater — ihn wohl vor allem, weil es sich ja um seine eigene Gewissensangelegenheit handelte —, den Vicegerente von Rom, den Brevensekretär Maraldi und drei Jesuiten, neben den uns schon bekannten Patres de Lugo und Mangioni noch Torquatus de Cuppis. Ausser diesen werden andere Teilnehmer in unseren Akten nicht genannt; wo Zahlen der Mitglieder vorkommen, sind es stets sechs.

Der Papst muss wohl der Kongregation Eile anbefohlen ha-

---

[159] v. 252, p. 117-119.
[160] Cod Ottob. 1061, f. 93 ff.
[161] ebd, f. 96v.
[162] ebd, f. 202v.

ben, denn die 8 Sitzungen [163] der ersten Tagung fanden mit grosser Pünktlichkeit in November und Dezember wöchentlich statt;
und um vor Neujahr fertig zu werden drängte man in den letzten
Tagungen die Gegenstände zusammen. Man kam im Vatikan in der Wohnung (in aedibus) des Brevensekretärs zusammen unter dem Vorsitz des Vicegerente [164]. Auffällig ist, dass
kein Kardinal an die Spitze dieser Kongregation gesetzt wurde;
die beiden Kardinäle, die das Majoritätsgutachten unterschrieben
haben, Joh. B. Altieri und de Lugo erhielten erst im Juli bezw.
Dezember 1643, als unsere Kommission ihre eigentliche Arbeit
schon abgeschlossen hatte, den roten Hut.

Für die Besprechungen wurde der Stoff nach scholastischer
Art zergliedert und dann gründlich durchdisputiert, wobei es offenbar manchmal heiss und lange herging. Ueber die wichtigsten
Vorschläge, Einwendungen und Entgegnungen, sowie über die Ergebnisse führte P. Lugo eine Art von Protokoll [165]. Ob er es im
Auftrag der Tagung getan hat, ist nicht zu ersehen. Es ist die erste
seiner Aufzeichnungen, die wir im vollen Wortlaut im Dokumentenanhang n. 1 aufführen. Auf Grund dieser hat er dann seinen Ueberblick über die Tagungen von 1642 geschrieben, das zweite Stück
in unserem Anhang, wobei er wohl einem Wunsch der Mehrheit
nachkam; dieser Ueberblick diente als Unterlage für die Ausfertigung des Majoritätsgutachtens; er kam aber auch in den offiziellen Akt über die Verhandlungen hinein und findet sich daher
heute in dem Band 4196 der vatikanischen Instrumenta Miscellanea. Auch die Gegenseite, die schliesslich nur noch aus dem
päpstlichen Beichtvater bestanden zu haben scheint, legte ihren
Standpunkt in einem schriftlichen Gutachten nieder. Es scheint,
dass man auch bei sonstigen Verschiedenheiten in der Auffassung
eine schriftliche Vorlage gewünscht hat [166].

---

[163] Ausser den bei PASTOR (XIII 2 1008) angegebenen 6 Sitzungen fanden
nach de Lugos erstem Bericht weitere am 26. Nov. und 9. Dez. 1642 statt.

[164] Er beglaubigte auch später die Abschriften des Mehrheitsgutach-
tens und war auch dem Range nach der erste unter den Mitgliedern der
Kongregation.

[165] Es macht den Eindruck, als ob es während der Sitzungen geschrieben
sei (vgl. Anm. 150).

[166] Einem solchen Wunsch scheint das kleine Gutachten (N. 4. des
Anhangs) sein Entstehen zu verdanken.

17

Waren die Männer, die der Papst zur Erörterung und Entscheidung der überaus heikeln Frage berief, ihrer Aufgabe gewachsen? Waren sie unabhängig genug, um frei ihre Meinung nach
ihrem Gewissen auszusprechen? Um das letztere vorwegzunehmen,
so scheint das doch der Fall gewesen zu sein. Zwei Mitglieder
traten dem entgegenkommenden Standpunkt der Mehrheit nicht
bei, und begründeten ihren Standpunkt mit Ausführungen, die in-
haltlich und formell eine harte Kritik des herrschenden Systems bedeuteten, und Mangioni hatte nicht nur die Möglichkeit, sondern
den Auftrag, seine strengeren Anschauungen vorzulegen und zu begründen, wiewohl er das Majoritätsgutachten schon unterschrieben
hatte. Was die wissenschaftliche und moralische Befähigung der
von Urban VIII ausgewählten Männer angeht, so kann kein Zweifel über ihre Eignung bestehen, und es macht dem Papst alle
Ehre, dass er solche Ratgeber sich erkor.

Vicegerente war damals *Giambattista Altieri* (1589-1654) [167],
der ältere Bruder des späteren Papstes Klemens X, der nach glän-
zenden Studien am Collegio Romano auf Empfehlung des hl. Kardinals Bellarmin Kanonikus und Theolog an St. Peter wurde und
Kirchenrecht dozierte. 1624 gab ihm Urban VIII das Bistum Camerino, auf das er 1627 zu Gunsten seines Bruders verzichtete.
Merkwürdiger Weise unterschrieb er sich aber auch noch später
als Bischof von Camerino [168]. Nun widmete er sich dem Dienst
der Kurie und seinen geliebten Studien. Wie sein Bruder zeichnete er sich durch feine humanistische Bildung aus. An der Poenitentiarie, deren Haupt damals Kardinal Scipio Borghese, sein
Gönner, war, hatte er das Amt des Custos Sigilli. Dazu bekam
er das noch wichtigere des Vicegerente, mit dem tatsächlich die

---

[167] Ueber Giambattista Altieri ausser EUBEL, IV 26, 131, 349; MORONI,
passim; UGHELLI, II 569 und 1357; CIACCONIUS-OLDOINUS, IV 626 ff.
noch LOR. CARDELLA, *Memorie Storiche de' Cardinali*, VII 1793 35 ff; GEORG.
JOS. EGG, *Purpura docta*, 1714 383 f; DE NOVAES, a. a. O, 265 f; und *Dictionnaire d'hist. et de géogr. eccl.*, II 812 f. (P. Richard). Was OCTAVIUS
TURCHI *De Ecclesia Camerinensis Pontificibus libri VI*, 1762 321 f. hat,
stammt ganz aus Ughelli.

[168] So unter dem Mehrheitsgutachten von 1642 und in der Beglaubi-
gung von dessen Abschriften. In Camerino war damals der jüngere Bruder Altieris, Emilio, der spätere Papst Klemens X, Bischof.

Leitung der Diözese Rom verbunden war. Zugleich wurde er viel
als Visitator benachbarter Diözesen und der kirchlichen Institute
Roms verwandt. Am 13. Juli 1643 machte Urban VIII ihn zum
Kardinal und gab ihm bald darauf das Bistum Todi, dem er sich
mit grossem Eifer hingab. Ughelli rühmt seine hervorragenden
Kenntnisse in der Theologie, und Cardella kennzeichnet ihn als
« soggetto di eminente memoria e di singolare perizia ne' canoni ».

Bischof, wie Altieri, war auch der Beichtvater Urbans VIII
Celso Zani O. Min. Obs. (1576-1656) [169]. Maffeo Barberini lernte
ihn als Nuntius in Paris kennen [170], wo er den Studien oblag. Als
toskanischer Landsmann [171] war er dem künftigen Papst wohl
von vorneherein sympathisch, aber seine humanistische Kultur zog
den Nuntius, der ihn zu seinem Theologen und Beichtvater machte,
noch mehr an. Mit dem inzwischen zum Kardinal erhobenen Maffeo Barberini kehrte er nach Italien zurück, verwaltete verschiedene Ordensämter und zeichnete sich als Prediger aus. Nach der
Wahl Urbans VIII wurde er päpstlicher Beichtvater und bald
darauf (1625) Bischof von Città della Pieve. Da er aber nicht
beide Aemter versehen konnte, verzichtete er auf sein Bistum
(1630) und lebte nun in Rom. Aus seiner Bischofszeit stammt ein
dicker Band Fastenpredigten, der heute in der Vatikanischen Bibliothek verwahrt wird [172]. Ein anderes Manuskript von seiner
Hand trägt den Titel: « Poetica ecclesiastica et civilis » [173] und
behandelt die Gesetze des Dramas und des Epos; es ist eine Frucht
seiner humanistischen Studien. Wadding und Sbaralea nennen meh-

---

[169] Celso Zani und nicht Reginaldo Lucarini O. Pr., wie Moroni, XVI
114 angibt, war Urbans VIII Beichtvater. Nicoletti (VIII f. 758) sagt
ausdrücklich, dass Zani dem sterbenden Papst als Beichtvater beistand.
Als Beichtvater ist er aber auch sonst vielfach bezeugt, so von allen folgenden Autoren. Ueber sein Leben vgl Eubel, IV 152; Ughelli, II 594 f;
L. Wadding, *Scriptores O. Min.*, 1906 62; J. H. Sbaralea, *Supplementa*,
1806 189.

[170] Nicht in Spanien, wie Eubel sagt.

[171] Er war geboren in Sentinello bei Florenz; oft wird er als Pistojese
bezeichmet.

[172] Barb. lat. 4488.

[173] ebd., 3785. Wahrscheinlich ist es ganz oder zum Teil dasselbe Werk,
das Wadding, I 62 unter seinen gedruckten Büchern nennt: *De Rhetorica
et Poetica ecclesiastica et civili*, Romae 1643 in 4°.

rere Gedichtsammlungen und eine Tragödie, die er verfasst hat. Ughelli der noch zu Lebzeiten Zanis dessen kurze Biographie schrieb, schloss sie mit den Worten : « ei adhuc superstiti in ornamentum Ecclesaie tota Romana aula ampliorem dignitatem precatur ac spondet ». Wadding, der mit ihm befreundet war, rühmt ihm nach, dass er ein « vir integerrimae vitae » gewesen sei, « quem tot annorum, quo vixit in Pontificatu Urbanus, aulica conversatio non temeravit, moderato victu et religiosa veste contentus ». Als einen vollkommen unabhängigen und charakterstarken Menschen zeigen ihn auch die Akten der Kongregation von 1642, und wer seine dortige Haltung kennen lernt, kann wohl kaum daran zweifeln, dass er das Gewissen des Papstes geschärft und wahrscheinlich die Einberufung dieser zweiten Versammlung veranlasst hat. Bei dieser Art Zanis kann das schöne Urteil nicht überraschen, dass Galetti in seinen handschriftlichen Necrologia ihm widmete; es lautet kurz aber vielsagend: er sei in Alter von 80 Jahren am 14. Februar 1656 gestorben « con ottima fama e dispositione di santità » [174].

Einer der erfahrensten und befähigtsten Beamten der damaligen Kurie war das dritte Mitglied der Brevensekretär *Marco Aurelio Maraldi* aus Cesena (1566?-1651) [175]. Er gehörte zum Kreis der Familiaren des Papstes und stand zu Kardinal Francesco Barberini in einem engeren Vertrauensverhältnis. Wie seine Schreiben, die sich in dem grossen Briefwechsel des Kardinals erhalten haben [176], zeigen, musste er mit seiner reichen Erfahrung und seinem Einfluss dem Kardinal in mancherlei Angelegenheiten helfen. Die Kurie und ihr Recht kannte er aus den wichtigen Stellungen, die er in seinem langen Leben bekleidet hatte, aufs genaueste. Er war erst Sottodatar, Uditore della Camera und Referendar der beiden Signaturen gewesen [177], dann erhielt er den

---

[174] Necrologia Romana dal 1650-1656, B XV, Cod. Vat. 7882.

[175] Eine Zusammenstellung über das Leben Maraldis scheint es nicht zu geben. Die folgenden Notizen, die über den Menschen nicht viel bringen, bezeugen wenigstens seine wissenschaftliche Befähigung für die Teilnahme an der Kongregation.

[176] Bibl. Vaticana, Barber. L. 8942.

[177] Dass Maraldi Familiar des Papstes, Sottodatar und Referendar beider Signaturen gewesen ist, bezeugt MORONI, 23, 82; 39, 250; 103, 99; als

wichtigen Posten des Brevensekretärs und wurde Canonicus an
St Peter. Urban VIII und Innozenz X verwandten ihn oft bei
schwierigen Geschäften. So gab ihm Urban VIII die Leitung
und den Aufbau des neu begründeten Propagandakollegs [178] und
liess ihn in dem für die Kurie peinlichen Streit mit Spanien über
die Datarieforderungen das römische Gegengutachten ausarbei-
ten [179]. Innozenz X machte ihn zum Mitglied der Kommission, die
über die Gegensätze zwischen Bischof Palafox und den Jesuiten
entscheiden sollte [180]. Es war eine gewisse Tragik darin, dass er,
der bei den Verhandlungen über den Nepotismus mit der Majorität für ein weites Verfügungsrecht des Papstes an den Einnahmen eingetreten war, unter Innozenz X gerade das Breve ausfer-
tigen musste, durch das der Papst der Kammer Vollmacht und
Auftrag gab, von den Barberini Rechenschaft auch über Gelder
des Heiligen Stuhles zu verlangen, für deren Verwendung Urban VIII ihnen alle Verantwortung abgenommen hatte [181].

Wie hoch Maraldi in den Geschäften geschätzt wurde zeigt
ein Brief des Kardinals Giambattista Pamfili (des späteren Innozenz X) an dem « Cardinal Padrone », d. i. Kardinal Barberini [182], vom 11. April 1640. Darin bittet er, dass Msgre Maraldi
zu Beratungen, die in dem Schreiben nicht näher genannt werden,

---

Uditore della Camera bezeichnet ihn ein Brief in der Barberini Korrespon-
denz, a. a. O. vom 25 Febr. 1622.

[178] MORONI, 14, 221 f.

[179] PASTOR, XIII 2 725.

[180] ebd, XIV 1 157.

[181] Das Original des Breve in Archiv Doria, Archiviolo, v. 77, fol.
27 u. 52.

[182] Den Titel eines Cardinale Padrone verlieh Urban VIII seinem geliebten Nepoten Francesco. Der wiederholt genannte Verf. der Geschichte
des Nepotismus (vgl. Anm 9) macht dem Papst wegen dieses unerhörten
Titels ganz besondere Vorwürfe und weiss zu erzählen, wie der Titel Aergernis und Schwierigkeiten weckte. Nach PLETTENBERG (502 f), dessen
ausserordentlich wertvolles Kurienbuch 1693 erschien, hatte einer der Kardinalnepoten den Titel « Secretarius et Superintendens Generalis Status
Ecclesiastici ». Plettenberg bemerkt, dass gerade, wo er schreibe (1692),
der Papst mit den anderen Nepotenrechten auch diesen Titel abgeschafft
habe (durch die berühmte Constitution « Romanum decet Pontificem », die
den Nepotismus beendete). Ob der Titel « Cardinale Padrone » mit dem des
« Superintendens » zusammenhängt?

zugezogen werde: er sei « necessarissimo ». Ausser der ganzen
Literatur beherrsche er auch vollkommen die Praxis derartiger
Materien. Der Kardinal solle ihn einfach mitbringen oder ihn
wissen lassen dass er sich zur bestimmten Zeit einfinden müsse [183].
Maraldi war an der Kurie bei allen beliebt und in jüngeren Jahren
hat man ihm das Kardinalat als sicheres Ziel bezeichnet [184]. Aber
die Weissagung erfüllte sich nicht. In dem Verzeichnis der in Rom
verstorbenen Prälaten, das die vatikanische Bibliothek aufbewahrt,
ist eingetragen, dass er am 28. Jan. 1651 ungefähr 85 Jahre alt
als Canonicus von St. Peter und Sekretär der Breven gestorben
und in S. Maria de Victoria begraben worden ist [185].

Von den drei Jesuiten ist der Spanier *Johannes de Lugo* (1583-
1660) [186] so bekannt, dass es nicht notwendig scheint, über ihn
eingehender zu handeln. In Bezug auf unser Thema sei nur bemerkt, dass der nahezu Sechzigjährige damals noch Dogmatik am
Collegio Romano las. Seit 1621 hatte er die erste Cathedra für
Theologie an der blühenden Anstalt und stand selbst auf der Höhe
seines Ansehens. Gerade in diesem Jahr 1642 war sein bedeutendes
Werk « De Justitia et Jure » erschienen, das er Urban VIII wid-
men durfte. In ihm waren die Kernpunkte der Schwierigkeit, die
die Theologenkonferenz zu behandeln hatte, bereits mit der für

---

[183] Archiv Doria, Archiviolo, v. 195.

[184] PASTOR, XIII 1 262 Anm. 2.

[185] Cod. Vat. Lat. 7901.

[186] Ueber Lugo vgl. Eubel, IV 26; SOMMERVOGEL, V 176 ff; CIACCO-
NIUS-OLDOINUS IV 634 ff; HURTER, *Nomenclator*, I 373 ff; GRABMANN,
Geschichte der kath. Theologie, 1933 170 u. 180; *Kirchenlexikon*, VIII
289 ff; *Dictionnaire de Théol. Cath.* mit vortrefflicher Charakteristik der
wissenschaftlichen Art Lugos (P. Bernard). ... Die Lobrede Urbans VIII
bei seiner Aufnahme ins Kardinalkolleg hat NICOLETTI VIII, Bibl. Vat.
Barb. L. 4737 f. 750r u. *v.* NOVAES, a. a. O, 268 weiss zu berichten, dass
Ludwig XIII Lugo den « Cardinale integerrimo » genannt hat. Der venez.
Botschafter Giov. Giustiniani schreibt 1657 an seine Regierung (BAROZZI
E BERCHET, II 122), Lugo sei am Hof als Jesuit nicht sehr beliebt, er
sei sehr spanisch gesinnt, kümmere sich aber nicht viel um die Kurien-
geschäfte. Eine sehr gute Lebensskizze des grossen Theologen bietet Jos.
ROMPEL in der *Festschrift zum 75 jährigen Jubiläum der Stella Matutina
in Feldkirch*, 1931 I 416-452. Cf. auch L. GÓMEZ HELLÍN. *Praedestinatio apud
Ioannem Cardinalem de Lugo*. Roma 1938 S. 1-22, wo die römische Lehrtä-
tigkeit des späteren Kardinals und ihr theologischer Ertrag eindringend
gewürdigt wird.

Lugo charakteristischen Weite, Aufgeschlossenheit, Ursprünglich-
keit und eindringenden, manchmal überspitzten Schärfe behandelt.
Die IV. Disputatio des ersten Bandes trägt den Titel: De beneficiariis, an et quomodo sint domini, vel administratores liberi suorum redituum [187]. In dieser breiten Auseinandersetzung ist die ganze Frage über die Rechte der Pfründeinhaber an ihren kirchlichen
Einkünften behandelt und am Schluss in aller Form auch das Problem gestellt, was solche Personen von ihrem Einkommen Verwandten schenken dürfen. Lugo steckt die Grenzen bei aller grund-
sätzlichen Klarheit doch ziemlich weit. Es heisst, dass Urban VIII
das Werk überaus hochgeschätzt und wiederholt selbst benützt
habe [188]. Wahrscheinlich wurde es zum Anlass, dass der Papst den
so einfachen und bescheidenen Gelehrten zum Mitglied der Kongregation bestimmte. Als Moralist, Kanonist und Dogmatiker war
Lugo gleich gross. Martin Grabmann zählt ihn zu « den grossen
führenden Theologen » der neueren Scholastik, « die Dogmatiker
und Moralisten in Personalunion waren »; ja er möchte ihn « seiner geistigen Anlage nach vorzugsweise als Moralist » bezeichnen [189].

Für die Kommission war ein solcher Mann von grossem Nutzen; er hat auch bei den Verhandlungen eine überragende Rolle
gespielt und die Entscheidungen des Majoritätsgutachtens durchaus massgebend beeinflusst. Lugos und der anderen Majoritäts-
theologen Entgegenkommen ist als Schwäche gelegentlich bezeichnet worden, als ein Nachgeben gegenüber den Wünschen der
mächtigen Barberini [190]. Der grosse Theolog hat wohl kaum tiefer
unter diesem Einfluss gestanden; denn als er in der Kongregation
seine Entscheidung traf und verteidigte, die er selber später, wie
bereits gesagt, freimütig in aller Oeffentlichkeit als zu weitgehend
bekannt hat, war er mit seinen Anschauungen längst fertig.

Gegen solche Unterstellungen sollte einen so grossen Menschen und Gelehrten wie Lugo, seine ganze Lebensgeschichte, die
so voll von Bescheidenheit und wissenschaftlichem Mut war, schüt-

---

[187] Editio Lugdun. 1646 p. 100-121.
[188] HURTER, a. a. O, 374.
[189] a. a. O.
[190] So z. B. von AUDISIO, *Storia religiosa e civile dei Papi*, V 1868
77 und in etwas massvollerer Form SEPPELT, a. a. O. 284.

zen. Ihm mag es manchmal, als einem stillen Gelehrten an der praktischen Erfahrung des Lebens gefehlt haben; er dürfte ferner der ihm angeborenen Güte und Nachsicht auch als Moralist vielleicht öfters zu weit nachgegeben und Entschuldigungen gesucht haben, aber dass er sein Gewissen vor den Mächtigen verraten habe, dessen war ein Lugo unfähig. Einer der besten Kenner des grossen Theologen, Joseph Rompel, urteilt über ihn in einem Lebensabriss, der vor allem die Verdienste des Kardinals um die Einführung des Chinin in die Heilkunde herausstellt [191] « ... wir wollen durchaus nicht sagen, an Lugos Person und Wirken müsse alles und jedes superlativisch gelobt werden. Mag tiefere kritische Schau des zukünftigen Biographen da und dort auch etwas Schatten aufdecken — Lugo war ja ein Mensch — so wird sie dennoch nach unserer festen Ueberzeugung bekennen müssen: Kardinal de Lugo war ein wirklich Grosser, ein Mann der stets Grosses gewollt und — vorab durch Summierung des Kleinen — viel Grosses erreicht hat » [192].

P. *Valentinus Mangioni* (1573-1660) [193] gehörte auch zu den bedeutendsten Gestalten, über die der Orden damals in der ewigen Stadt verfügte. Er war nicht bloss ein tüchtiger Kanonist und Moralist, sondern auch ein Mann des praktischen Lebens, der, wie das auch sein Gutachten in der Frage des Nepotismus ausweist, die Not der Kirche und die Schäden der herrschenden Sitte genau fühlte. Er stammte aus Perugia, trat sehr jung in den Orden ein und lehrte, nachdem er den üblichen Studiengang durchgemacht hatte, 4 Jahre am Collegio Romano Casus (1614-17); ausserdem dozierte er — jedoch nicht am römischen Kolleg — 12 Jahre Moral [194]. Dann wurde seine Kathedertätigkeit durch eine Reihe wichtiger Ordensämter abgebrochen. Er war Rektor der Kollegien in

---

[191] Ueber dieses Verdienst Lugos vgl. NOVAES a. a. O. und A. CANEZZA, *Pulvis Jesuiticus*, 1925.

[192] a. a. O, 418.

[193] Ueber P. Val. Mangioni vgl. FERRARIS, *Bibliotheca Canonica Juridica Moralis Theologica*, VIII (Indices) Editio Romana 1892, 308; SOMMERVOGEL, V 479 ff. Die folgenden Notizen sind zumeist Aufzeichnungen, die sich in verschiedenen Abteilungen des Archivum Romanum S. J. finden, entnommen.

[194] Archiv der Gregor. Universität, *Catalogus dei Dignitari dell'Università*.

Fermo und Loreto und wurde schliesslich zur Leitung des grossen Brerakollegs nach Mailand gesandt. Diese Verwendung ausserhalb seiner Provinz an der Spitze einer der grössten Anstalten des Ordens zeigt deutlich, welche Fähigkeiten die Leitung der Gesellschaft Mangioni zutraute. Nach seiner Rückkehr nach Rom war Mangioni im Professhaus des Gesù, dem er auch eine Zeit lang vorstand. Hier war er als geschätzter Prediger tätig. 1613 hielt er vor Paul V die Karfreitagspredigt [195]. Seine Haupttätigkeit fand er aber jetzt an der päpstlichen Poenitentiarie, zu deren Consultor theologus er ernannt wurde. In seinen Werken und Briefen aus dieser Zeit bezeichnet er sich selbst mit diesem Titel. In einer handschriftlichen Beschreibung der Pönitentiarie aus der Zeit bald nach 1645 [196] wird er als Theolog des Amtes genannt, und als sein Einkommen die Summe von 10 Goldscuti monatlich angegeben.

Nach Urbans VIII Tod ging er als Beichtvater mit in das lange und höchst bewegte Konklave [197]. Die Exclusive, die Spanien dem Kardinal Sacchetti, dem Kandidaten der Barberinipartei, gegeben hatte, erregte das Konklave aufs höchste. Francesco Barberini wandte sich in seiner Erbitterung an den damals bereits hochangesehenen Pater, um sein Urteil über den Wert dieser Exclusive zu vernehmen. Unter den Kardinälen entstand eine nicht geringe Bestürzung, als der Nepot danach verbreitete, der Beichtvater habe es als Gewissenspflicht aller Kardinäle bezeichnet, auch einen Ausgeschlossenen zu wählen, wofern er sonst der beste Kandidat sei. Von anderen Kardinälen befragt, stellte Mangioni fest, dass er diese Entscheidung nicht gegeben habe, sondern ausdrücklich gesagt habe, man müsse anch die bösen Folgen, die die Missachtung der Exclusive durch einen mächtigen Monarchen für den künftigen Papst haben könne, bedenken und das kleinere Uebel

---

[195] Die Predigt erschien im Druck in einer Sammlung: *Orationes quinquaginta de Christi Domini morte* unter dem Titel: *Oratio de passione Domini in Parasceve habita ad Paulum V 1613*, Neuburg 1724.

[196] Archiv Doria, Archiviolo, v. 122, f. 257.

[197] Das folgende nach der Darstellung in dem handschriftl. Bericht: *Conclave e successi nella Sedevacante. di Urbano VIII*. Von diesem Bericht besitzt das Archiv der Gregor. Universität 2 Exemplare (vol. 269 u. 276), ein weiteres Exemplar ist im Cod. Ottob. 2434, fol 121 ff. der Vatik. Bibl.

wählen. Ueber seine Erfahrungen als Konklavebeichtvater hat Mangioni eine Handschrift hinterlassen : « Monita ad futuros Confessarios Conclavis » [198]. Schon achtzigjährig wurde der greise Pater noch 1653 zum Assistenten des Ordensgenerals für Italien gewählt, welchen Posten er bis zu seinen Tod innehatte.

Mangionis Tätigkeit erschöpfte sich aber nicht in seinen Arbeiten der Verwaltung und Seelsorge. Zeitlebens war er auch mit der Feder tätig. Sommervogel bietet in seiner « Bibliothek » ein Verzeichnis seiner gedruckten und ungedruckten Bücher, das vor allem Werke über Moral und Ordensrecht enthält. Im römischen Archiv der Gesellschaft Jesu befinden sich ausserdem noch zwei starke Bände mit handschriftlichen Arbeiten ähnlichen Inhalts und mit vielen Gewissens- und Rechtsfällen [199]. Darunter sind auch weitere Gutachten zur Frage der Verwendung der Benefizialgüter [200]. Diese Untersuchungen und Antworten dürften zum Teil mit seiner Tätigkeit an der Pönitentiarie zusammenhängen, zum Teil sind es auch Antworten auf Anfragen, die, wie es scheint, von vielen Seiten ihm gestellt wurden. Es ist schade, dass einige dieser Arbeiten nicht datiert sind, sodass wir ihren Zusammenhang mit den Beratungen unter Urban VIII nicht feststellen können. Sie beweisen aber auf jeden Fall, dass Mangioni für die Entscheidung, die der Barberinipapst von der Theologenkongregation forderte, in ganz besonderer Weise zuständig war.

Der letzte Teilnehmer an den Sitzungen war *P. Torquatus de Cuppis S. J.*, ein Römer (1577-1657) [201]. Auch er war, wie Lugo

---

[198] Röm. Archiv der Ges. Jesu, Opp. NN. 178.

[199] ebd. 177 u. 178.

[200] vol. 177 f. 29 ss : Quomodo Em. DD. Cardles de suis reditibus disponere possint ; f. 32 : De potestate alienandi res Ecclesiae competente episcopis Provinciarum Germaniae ; f. 59 ss : Responsum datum Emo ac Revmo Cardinali N. supra dispositionem redituum. Hier wird entschieden, dass ein Kardinal als seine Congrua 10 000 Sc. ansetzen dürfe. Es folgen dann viele Fragen über die Simonie usw.

[201] Ueber P. Torquatus Cuppis hat SOMMERVOGEL, II 1735 einige Angaben. Erhalten ist im röm. Archiv der Gesellsch. Jesu ein Fragment seines Nekrologs. Die folgenden Angaben stammen wie bei P. Mangioni zum grossen Teil aus zerstreuten Notizen in verschiedenen Abteilungen des röm. Archivs der Gesellsch. Jesu. Um ihre Auffindung hat der Archivar, R. P. Jos. Teschitel, der auch sonst viel bei dieser Arbeit geholfen hat, grosse Verdienste.

und Mangioni Professor am römischen Kolleg und zwar gab er
in den Jahren 1610-12 und wieder 1617-19 den ganzen philoso-
phischen Kurs. Dann trug er lange Zeit (1621-1637) die Moral
vor, und zwar, wie es in seinem Nachruf heisst, « zur grössten
Zufriedenheit aller Hörer, sodass man seinen Rat überall begehrte,
und die Generalkongregation des Ordens, Prälaten und Kardinäle
sich an ihn wandten und der Kardinalvikar ohne seinen Rat kaum
etwas anordnete ». Auch de Cuppis war ein bedeutender Kanzel-
redner; vor Paul V [202] und Alexander VII hat er gepredigt. In
den letzten Jahre seines Lebens ist er als Examinator Pontificius
in den Mitgliederverzeichnissen der römischen Ordensprovinz aufgeführt. Sein Tod, der in ein grosses Peststerben hineinfiel, erregte unter seinen Mitbrüdern und am ganzen päpstlichen Hof
Trauer und Teilnahme [203].

Das also waren die Männer, die Urban VIII sich zur Lösung
der ihn quälenden Gewissensfrage gewählt hatte. Wenn man ihre
Reihe noch einmal überblickt, wird man sagen müssen, dass es
alles reife und in den einschlägigen Gebieten wohlerfahrene Persönlichkeiten waren. Höchstens war bei ihrer Berufung die kano-
nistisch-theoretische Befähigung vielleicht etwas zu bestimmend
gewesen. Denn selbst die beiden Mitglieder, die noch am ehesten
die Praxis vertraten, die hohen Kurialbeamten Altieri und Maraldi, standen wohl mehr als es bei einer so ganz delikaten Frage
erwünscht sein konnte, unter dem Geist des Kanonistischen, der
naturgemäss ihren ganzen Pflichtenkreis an der Kurie stark be-
herrschte.

Die Antwort, die der Papst verlangte, war sehr praktisch und
bestimmt: « ut in praxi nosci possit, quid Summus Pontifex ex
omnibus fructibus, proventibus et emolumentis, quae percipit, libere sibi acquirat » [204]. Urban VIII wollte also eine Summe angegeben haben, die ihm aus den Einkünften des Apostolischen
Stuhles zur völlig freien Verfügung stand, sodass er sie auch
ohne Bedenken seinen Verwandten zuwenden konnte.

---

[202] Die Predigt vor Paul V ist in der in Anm. 195 genannten Sammlung erschienen.

[203] Nach dem Nekrolog.

[204] So heisst es wenigstens in dem zusammenfassenden Bericht, durch

Aber diese Antwort setzte eine Menge theoretischer Entscheidungen voraus, die zum Teil unter den Fachgelehrten umstritten waren. Diese teilen die Einkünfte kirchlicher Personen drei Gruppen zu [205] : die Einnahmen aus Familienbesitz und neue Erwerbungen bei nicht kirchlichen Betätigungen gehören zu den bona patrimonialia, über die der Besitzer volle Verfügung hat. Die Einnahmen aus Benefizien, d. h. aus Kirchengut, das mit einem dauernden kirchlichen Amt verbunden ist, oder Einkünfte, die auf Grund eines Kirchenamtes erfliessen, gehören zu den bona ecclesiastica. Nach der fast allgemeinen Lehre der Moralisten und Kanonisten, werden diese Einkünfte nicht völlig freies Eigentum, sodass sie ganz nach Belieben verwandt werden könnten. Der Empfänger darf sich von ihnen seinen geziemenden Unterhalt, die sog. « congrua » nehmen, muss aber unter schwerer Verpflichtung, was dann übrig bleibt, für gute Zwecke, vor allem für Arme verwenden. Diese Einschränkung oder « passive Pflicht » wurde von den Theologen teils damit begründet, dass die Geber kirchlicher Stiftungen und Gaben seit den ältesten Zeiten ihre Güter der Kirche unter der ausdrücklichen oder stillen Verpflichtung übereignet haben, dass sie dem Unterhalt der Geistlichen und guten Zwecken dienen sollen, und dass die Kirche die Schenkungen stets mit dieser Willenseinstellung angenommen habe, teils damit, dass sonst die Gefahr der Simonie zu nahe komme. Für seinen Unterhalt darf der Kleriker gelegentlich seines Dienstes Gaben annehmen, wie das durch die hl. Schrift hinlänglich feststeht [206], aber nicht zu anderen Zwecken. Zwischen den Einnahmen aus Familienbesitz und aus Kirchengut steht dann noch eine dritte Gruppe, die die bona quasipatrimonialia bilden, d. h. Einkünfte die zwar aus Kirchengut oder auf Grund des Amtes erfolgen, aber dennoch der freien Verfügung des Empfängers unterstehen. Es sind die

---

den die bereits geschlossene Kongregation neu berufen wurde. Quellenanhang N. 6.

[205] Diese Einteilung hat schon der berühmte DOCTOR NAVARRUS, *De reditibus,* qu. 1, mon. 19, auf ihn beruft sich LESSIUS, *De Justitia et Jure,* II, c. 4, dub. 6. MOLINA, *De Justitia,* I tr. II, disp. 142.

[206] Die klassischen Texte, die man immer anführt, sind: Mt. 10, 10; Lc. 10. 7; 1. Cor. 9, 7-14; 1. Tim. 5, 17-18.

sog. Stipendien, d. h. Zahlungen die bei Gelegenheit der Verrichtung geistlicher Handlungen unter Billigung oder gar nach der
Vorschrift der Kirche von den Gläubigen gereicht oder aus Kirchengut geleistet werden.

Es erhob sich nun die Frage ob auch der Papst mit seinen
Einkünften dieser Ordnung unterliege, ob sein Amt als Benefizium anzusprechen sei? dann weiter ob die Bestimmung über das
Benefizialgut göttlichen oder menschlichen Rechtes sei, ob sie eine
Gerechtigkeitspflicht oder eine Pflicht der Religion sei? War sie
göttlichen Rechtes, so konnte auch der Papst sich ihr nicht entzie-
hen, und war sie ausserdem eine Pflicht der Gerechtigkeit, so
musste ihre Verletzung durch Ersatz der nicht recht verwendeten
Einkünfte wiedergutgemacht werden. Waren diese Punkte geklärt
so kamen die weiteren Fragen, welche von den verschiedenen
Einkünften des Papstes als Benefizialeinkünfte zu bezeichnen seien,
ob nicht einzelne davon als Erträge des eigenen Fleisses oder besonderer Sparsamkeit von der passiven Pflicht ausgenommen seien.

Dann erhob sich die schwierige Frage über den Charakter der
Einnahmen, die er als weltlicher Fürst bezog. Es war zu bestimmen,
wie hoch der geziemende Unterhalt des Papstes und seines Hofes
etwa anzusetzen war.

Eine Fülle von Fragen und Schwierigkeiten war also mit
der Entscheidung verbunden, die Urban VIII der Kongregation
anvertraut hatte.

Nun war es freilich nicht so, als wenn das alles für die Kongregation Neuland gewesen wäre. Wir sagten schon, dass Johannes de Lugo in seinem grossen Werk De Justitia et Jure die Fragen über die Verwendung des Kircheneinkommens der Kleriker
ausführlich behandelt habe [207]. Er selbst beruft sich in diesen Untersuchungen auf nicht wenige Vorgänger. In den zahlreichen im
16. und 17. Jahrhundert erschienenen, oft mit staunenswerter Erudition und Tiefe geschriebenen Zusammenfassungen der moral-
theologischen und kanonistischen Wissenschaft und vor allem in
den vielen Traktaten De Justitia et Jure ist dieses Problem immer wieder behandelt worden [208]. P. Mangioni weist in seinem

---

[207] S. oben S. 262 f.

[208] z. B. von LESSIUS, a. a. O.; FAGNANO, *Commentaria in libros De-
cretalium*, III, De peculio clericorum, C. V; MOLINA, a. a. O, Disp. 42-48;

Gutachten am Schluss sehr eindringlich auf einen Auktor hin, der schon vor der Mitte des 16. Jahrhunderts geschrieben hat, den Minoriten Anton von Cordoba [209]. Er hat in seinem damals viel bewunderten und gebrauchten Quaestionarium theologicum [210] in der 18. quaestio mit Gründlichkeit die Frage beantwortet: « Utrum clericus de reditibus suis ecclesiasticis teneatur in pauperes et in pios usus erogare residuum excepta sua suaeque familiae decente sustentatione? » Und auch er beruft sich bei seiner Entscheidung auf viele mittelalterliche Gelehrte.

Selbst die Frage nach den Pflichten des Papstes gegenüber seinen Einkünften wurde erörtert. Manche grosse Auktoren haben sie ganz direkt gestellt, wie Navarrus, Redoanus, Molina, Barbosa, Hurtado [211]; andere berühren sie gewöhnlich bei der Frage der Simonie; wie der Papst bei der Verleihung von Pfründen und Gewährung von Gnaden Abgaben erheben dürfe. Die Frage wird dann dahin beantwortet, dass diese Abgaben keine Bezahlung der

---

BARBOSA, *Jus Eccles. Universum,* II, l. II, c. 17; AZOR, a. a. O, II, p. II, l. 7, c. 8-10 und allen Commentatorem des hl. THOMAS, der selbst die Frage behandelt in der *Summa, II. II,* q. 185, a. 7. Gerühmt und viel angezogen wurden die Ausführungen CAJETANS zu dieser Stelle. Sie spielten auch bei unserer Congregation eine Rolle.

[209] S. unten S. 363.

[210] Starb 1578, 93 Jahre alt; sein oft gedrucktes durch Klarheit und Erudition ausgezeichnetes *Quaestionarium* enthält 57 Fragen meist moraltheologischer Art, deren verschiedene Beantwortungen vorgelegt und nachgeprüft werden.

[211] Die Texte aus NAVARRUS (*De reditibus,* q. 1, mon. 39, n. 3) und THOMAS HURTADO finden sich bei THOM. DE ROSA, der den ganzen Fragekomplex in seinem Werk *De recta distributione redituum beneficiorum ecclesiasticorum* behandelt, C. 3, n. 112-116 (Neapoli 1682, p. 102); MOLINA, De *Justitia,* I, tr. II, disp. 29, concl. 3 und REDOANUS, *Tractatus de alienationibus rerum ecclesiasticarum,* q. 21, n 58 sprechen streng über das Verfügungsrecht des Papstes über Kirchengut. Sehr deutlich ist vor allem der berühmte Kanonist AUG. BARBOSA in seinem grossen Lehrbuch des ganzen Kirchenrechts, III, *De fructibus Beneficiorum in genere,* c. 17, n. 44 ff; In n. 47 ff. zählt er grosse Päpste auf, die sich des Nepotismus enthalten haben. Er schliesst seine Darlegung mit den bitteren Worten des hl. Bernhard an Papst Eugen III: « Quis mihi det, antequam moriar, videre ecclesiam Dei, sicut erat in diebus antiquis, quando Apostoli laxabant retia in capturam, non in capturam argenti vel auri, sed in capturam animarum? » (Edit. Lugdun. 1718, S. 313 f.).

geistlichen Verrichtung, sondern ein Beitrag ausschliesslich zum Unterhalt des Papstes und seines Hofes seien oder den Charakter einer Sühne oder eines guten Werkes, das an die Stelle einer anderen Verpflichtung trete, an sich trügen. Auch der Papst wird also meistens der allgemeinen Ordnung der kirchlichen Einkünfte unterworfen, wiewohl sein höchstes Verfügungsrecht über das Kirchengut unbestritten ist. Doch genüge dies, um zu zeigen, dass die Kongregation mit einer Frage befasst war, deren Wesensglieder von der theologischen Wissenschaft seit langem und eingehend behandelt und sicher auch den meisten Mitgliedern der Kongregation bekannt waren.

Trotzdem blieb die Entscheidung, die sie finden sollten, sehr schwierig, nicht bloss wegen der vielen noch unentschiedenen Teilfragen und der Anwendung auf so ganz besondere Verhältnisse, sondern vor allem weil der Papst, der die Frage gestellt hatte, sie in der Wirklichkeit seines Verhaltens so eindeutig selbst schon beantwortet hatte.

IV. Die Entscheidungen der Kongregation im Jahre 1642.

Wie gingen nun unsere Theologen an ihre Aufgabe heran? Für die Einstellung der einzelnen Kongregationsmitglieder gegenüber den ihnen sich bietenden Schwierigkeiten haben wir in den kurzen Bemerkungen Lugos in seinem ersten und zweiten Bericht und in seiner Erklärung von 1656 über die Abstimmungen und Einwendungen wenige, aber sehr wertvolle Hinweise. Ueber die inneren Spannungen und Gegensätze werden wir am besten belehrt durch einen Vergleich der Gutachten der Minorität und Majorität. Sie zeigen, welche Beweise von beiden Seiten vorgelegt und wie man von der Gegenseite darauf geantwortet hat. Das Gutachten Mangionis dürfte aber die Anschauungen enthalten, die er selbst vertreten hat.

Es ist hier noch eine bisher übergangene kritische Frage einzufügen. Mit welchem Recht können wir die zur Darstellung der Verhandlungen der Kongregation gesammelten Schriftstücke überhaupt verwenden? Für die Mitteilungen und Briefe Lugos und

das Majoritätsgutachten bestehen keine Schwierigkeiten. Ihr un-
mittelbarer Zusammenhang mit der Kongregation, ihr Datum und
ihre Verfasser stehen fest. Aber anders ist es mit den beiden
Minoritätsgutachten, sie sind ohne Unterschrift und Zeit und haben auch keine direkte Bezugnahme auf die Kongregation in ihrem
Wortlaut. Das Gutachten Mangionis aber erweckt den Verdacht,
dass es nicht während und im Dienst der Kongregation, sondern
reichlich später zusammengestellt ist und demgemäss mehr die spätere Haltung des Verfassers zum Ausdruck bringt.

Wenn man das grosse Minoritätsgutachten, das sich mitten
zwischen Stücken der Kongregation von 1642-1643 im Codex Ottobonianus 1062 befindet, auch nur oberflächlich mit den sicher bestimmten Dokumenten über die Tagungen vergleicht, kann einem
gar nicht entgehen, dass es zu diesen Dokumenten gehört : dieselbe
Frage, dieselbe Einteilung des Stoffes, die gleichen Beweise und
Objektionen — nur hier mit umgekehrten Vorzeichen —, die gleichen zitierten Autoren bezeugen bis zur vollen Gewissheit, dass dieses Gutachten sich auf die Kongregation von 1642 bezieht. Es darf
wohl auch als feststehend angenommen werden, dass es bald nach
der Konferenz, sicher vor der neuen Einberufung im August 1643
übergeben wurde ; denn es findet sich kein Bezug mehr auf letztere
darin. Aber wer ist sein Verfasser? Wenn wir annehmen müssen
— eine andere Annahme ist nicht möglich —, dass ein Mitglied der
Kongregation das Schriftstück verfasst hat, so kommt nur der
päpstliche Beichtvater Celsus Zani in Frage, als der einzige, der
damals konsequent bis zum Ende die Aufstellungen der übrigen
Mitglieder abgelehnt hat [212]. Mangioni, der zweite Gegner, hat
noch im August 1643 die in dem Minoritätsgutachten bestritt-
tenen Grundsätze und Folgerungen unterschrieben. Zweifellos
erweckt diese Zuweisung Bedenken, neben anderen vor allem
dieses, dass Zani als Kanonist sonst nicht bekannt ist, während das vorliegende Gutachten, das, wie die kanonistischen Arbeiten dieser Zeit zwar etwas weitschweifig ist, im übrigen aber
eine ausgezeichnete Leistung darstellt und eine grosse Vertrautheit
mit der Literatur verrät. Der Verfasser sagt am Ende seiner Ar-

---

[212] S. unten S. 308 f. Der « unus », der « constanter » widersteht, ist
nach S. 300, 301 Zani.

beit, dass er noch eine andere Abhandlung, die mit dieser sehr nahe verwandt sei, unter dem Titel : « De potestate Papae super ecclesiastica beneficia eorumque redditus » geschrieben habe. Leider ist sie, die vielleicht Sicherheit über den Verfasser unseres Gutachtens erbringen könnte, bisher nicht gefunden worden. Die Mitteilungen über das Leben und die Arbeiten Zanis erwähnen keine der beiden Schriften und überhaupt keine kanonistische Arbeiten aus seiner Feder [213].

Grössere Schwierigkeiten als das ausführliche Gutachten der Minorität bietet das kurze Schriftstück über die Einnahmen des Papstes aus der Poenitentiarie, Datarie und Kanzlei ; es erweckt Bedenken, weil die Fragestellung anders ist als in den übrigen Stücken, die nicht von den Aemtern ausgehen, sondern von den einzelnen Einnahmen. Auch werden Autoren angeführt (Papst Zacharias, Toledo), die niemals anderswo in den Verhandlungen wiederkehren. Trotzdem scheint es zu unserer Kongregation zu gehören, und zwar vor allem, weil es die Anschauung bekämpft, dass diese päpstlichen Einnahmen als bona quasipatrimonialia aufgefasst werden könnten, die sicher bei den Verhandlungen auch vertreten wurde [214]. Dazu findet sich die einzige Kopie (oder das Original?), die wir im Cod. 252 des Archivs der Gregorianischen Universität besitzen, zwischen Dokumenten, die auf die Verhandlungen von 1642 sich beziehen.

Vor ganz eigenartige Schwierigkeiten stellt uns die wertvolle Abhandlung des P. Mangioni. Dass er der Verfasser ist, ist zwar ausser Zweifel. Die Exemplare im römischen Archiv der Gesellschaft Jesu befinden sich im handschriftlichen Nachlass des Theologen, und die eine von beiden trägt Verbesserungen die unverkennbar von seiner Hand sind. Das Exemplar im Archiv der Gregorianischen Universität führt ausdrücklich seinen Namen. Dass die übrigen Exemplare ohne Verfasser sind, erklärt der einleitende

---

[213] vgl. Anm. 169.

[214] Eine Auffassung dieser Art scheint der Vicegerente nach einer Bemerkung Lugos in seinem ersten Bericht gehabt zu haben (vgl. unten S. 300) ; jedenfalls wird diese Meinung in dem grossen Minderheitsgutachten ausführlich zurückgewiesen (s. unten S. 331 ff) dgl. von Mangioni (s. S. 357).

18

Brief an den nicht genannten Kardinal vollständig [215]. Aber wann ist dieses Gutachten geschrieben und zu welchem Zweck?

In demselben Brief erzählt Mangioni gleich zu Beginn: dass der Kardinal ihn zu berichten gebeten habe, « quid ego senserim in consultatione illa », die vor fünf Jahren stattgefunden hätte. Der Kardinal verlangte also 1648 nicht eine Denkschrift, die früher geschrieben worden ist, sondern einen Bericht, über die Erfahrungen von damals. Noch bedeutsamer ist, dass die Haltung, die der Verfasser des Gutachtens vertritt, unvereinbar mit dem erscheint, was wir über P. Mangioni in den Jahren 1642-43 wissen. Der Pater war zwar in manchem anderer Ansicht als die Majorität und konnte nur mit Mühe und verspätet für den Satz über die dem Papst gestatteten Stipendien gewonnen werden [216]. Aber er unterschrieb doch das Gutachten der Mehrheit von 1642 und setzte auch noch seinen Namen unter das Ergänzungsgutachten von 1643, das die Folgerungen aus diesem Grundsatze zieht [217]. In seiner Denkschrift erklärt sich Mangioni aber nicht bloss gegen die Benützung der päpstlichen Einkünfte für andere persönliche Zwecke als für den Unterhalt — das war auch der grundsätzliche Standpunkt der Mehrheitstheologen —, sondern auch gegen die Zuwendung eines Teiles der Einnahmen in der Form eines Stipendiums zur freien Verfügung des Papstes, und darin bestand gerade die Lösung, die die Majorität 1642 für das Problem der freien Verwendung eines Teils der päpstlichen Einnahmen aus der Kirche gefunden hatte, wie wir gleich noch genauer hören werden. In den Schwierigkeiten 6-10 seines Gutachtens [218] hat Mangioni die Gründe, die für diese Auffassung sprachen, zu erschüttern versucht. So kann das Gutachten nicht gut vor August 1643 geschrieben sein. Es erscheint doch unvereinbar mit der Unterschrift Mangionis.

---

[215] S. unten S. 341.

[216] Vgl. die Bemerkung Lugos über Mangioni in seinem ersten Bericht, s. unten S. 300 u. 301.

[217] Die eigenhändige Unterschrift unter dem Ergänzungsgutachten steht in dem Exemplar der Instr. Misc. f. 39. Am Ende der Copie des Majoritätsgutachtens von 1642 in Fondo Carpegna, N. 37 bestätigt Altieri, dass neben den anderen auch Mangioni das Gutachten unterzeichnet habe.

[218] S. unten S. 367 ff.

Trotzdem muss das Schriftstück nicht lange danach, genauer noch in Pontifikat Urbans VIII, das am 29. Juli 1644 zu Ende ging, verfasst worden sein. Mangioni bemerkt am Schluss desselben: « ego alieno jussu scripsi », und wer dieser « alienus » war, deutet er in dem Brief an den Kardinal an: wiewohl die Auffassung, die er vertrete, vielen zum Anstoss seie, fühle er sich doch geborgen wegen der « auctoritas eius, qui me illi consultationi interesse voluit, protestatus velle se singulorum sensum (quicumque tandem futurus foret) cognoscere, neque ego debui pro viro religioso indignam adulationem meam et interrogantis conscientiam laedere » Das besagt doch wohl, dass Mangioni seine Arbeit auf Verlangen Urbans VIII verfasst und diesem vorgelegt hat. Die Denkschrift in ihrer ganzen Länge und Art ist auch als blosse Antwort auf die Bitte eines Kardinals, ihm die damals vorgelegten Anschauungen mitzuteilen, nicht recht denkbar. Vielleicht hat Mangioni, der wie gesagt, während der Verhandlungen schon von der Majorität abwich, seine wahrscheinlich ungern gegebene Unterschrift durch diese Abhandlung wieder zurückziehen wollen. Jedenfalls enthält seine Arbeit die Gedanken, die ihm bereits bei den Beratungen vorschwebten und die er dort geäussert oder gehört hatte; das ist um so mehr anzunehmen, wenn der Kardinal der die Darlegung Mangionis verlangte, einer der beiden Kardinäle war, die selbst vor ihrer Erhebung der Kongregation als Mitglieder angehört hatten, Altieri oder Lugo. Es ist aber zum mindesten nicht wahrscheinlich, dass ein anderer sich in dieser sicher streng geheimen Sache an Mangioni gewandt hätte.

Wie dem aber auch sei, mit den uns zur Verfügung stehenden Quellen können wir die Handlungsweise des Theologen der Poenitentiarie nicht ganz durchdringen. Wir kommen nun zur Kongregation selber. Sehr klug war die Weise, mit der man an die Beratungen heranging. Offenbar weil man wusste, dass die Anschauungen auseinandergingen und bei dem Unentschiedensein mancher Vorfragen weit auseinandergehen konnten, begann man damit einige Grundsätze festzulegen, bei denen man bleiben wollte, und die Frage in Teilfragen aufzulösen. Es scheint, dass dieses Vorgehen auf Lugos Vorschläge zurückzuführen ist. Vor seinem ersten Bericht über die Anfangsverhandlungen findet sich

nämlich ein Verzeichnis von Sätzen [219], und der erste allgemeine
lautet : man könne die verschiedenen Einnahmen des Apostolischen
Stuhles nicht nach einer Regel behandeln, man müsse die einzelnen ansehen, ob sie rein kirchlich oder « quasipatrimoniales » seien,
über die dann frei verfügt werden könne. Damit war der Kongregation der Weg gewiesen. Dann folgen 11 mehr besondere Sätze,
von denen die Mehrzahl Titel angibt, auf Grund deren der Papst
über Teile dieser Einnahmen frei verfügen kann oder von Verpflichtungen wegen unrechtmässigen Gebrauches freigesprochen
werden darf.

Die Sätze setzen voraus, dass auch der Papst an sich an die
Regel des kirchlichen Pfründeeinkommens gebunden ist, also, wo
kein besonderer Titel vorliegt, von diesen Einnahmen nur seinen
Unterhalt bestreiten darf. Für die Spolien und Vacantien wird
sogar im letzten Satz festgesezt, dass sie ganz für gute Zwecke
zu verwenden seien. Die Mehrheit hat sich später anders entschieden.

Von ganz besonderer Bedeutung wurden alsbald in der ersten
Tagung die Sätze 7 u. 8. An sie knüpfte sich sofort der Gegensatz.
Für die Mehrheit wurden sie zur entscheidenden Norm für die
Beurteilung der kirchlichen Einkünfte des hl. Stuhles. Ihre Wich-
tigkeit ist in dem Majoritätsgutachten mit aller Deutlichkeit her-
vorgehoben worden [220]. Die beiden Sätze besagen, dass der Papst
das Recht habe, wie andere Benefiziaten für Arbeiten, die er über
seine Pflicht hinaus bei der Gewährung von Dispensen und Verleihung von Pfründen persönlich verrichte, sich ein Stipendium
ausser der congrua zu bestimmen ; ja dass er wahrscheinlich das
auch für pflichtmässige Betätigungen tun dürfe, wie das auch
den Kanonikern für den Chordienst gegeben werde ; es sei zum
Nutzen der Kirche, dass der Papst dadurch zu eifriger Besorgung
dieser Obliegenheiten bestimmt werde und dass er nicht schlechter
dastehe als andere Pfründeninhaber.

Hier war auch schon der beste Beweis, den die Majorität für
ihre Auffassung anführen konnte, vorgelegt : die Bestimmung des
Konzils von Trient, dass ein Drittel des Einkommens aller Kapi-

---

[219] S. unten S. 298.
[220] S. Instr. Misc. 4196 f. 2 ; vgl. unten S. 306.

telspfründen abgesondert und zur Förderung des Chordienstes an die bei dem Chorgebet Anwesenden verteilt werden solle[221]. Nach allgemeiner Auffassung wurden diese Anwesenheitsgelder, die sog. distributiones, den Kanonikern wie ein Stipendium zugeteilt zur freien Verfügung. Hier hatte man also ein Einnahme aus Kirchengut, die über die congrua hinaus für einen pflichtmässigen Dienst den Kapitelsmitgliedern zum vollen Eigentum gegeben wurde. Konnte die Kirche es hier tun, warum sollte der Papst, als oberster Verwalter des Kirchengutes, sich für seine Tätigkeit nicht über den Unterhalt hinaus auch eine freie Summe zuteilen können? Noch nach Jahren hat Kard. Lugo, als er 1656 seinen kurzen Rückblick auf die Verhandlungen von 1642 schrieb, dieses Beispiel als den entscheidenden Grund für seine und der übrigen Mehrheitstheologen Entschliessung bezeichnet[222].

Für die Einstellung der Mehrheit der Kongregation zu der ihr gestellten Frage sind die Sätze Lugos und die ersten Verhandlungen ungemein bezeichnend. Ueberzeugt von der allgemeinen Pflicht, das Kirchengut der alten Satzung gemäss verwenden zu müssen, suchte man doch vor allem nach rechtlichen Wegen dem Papst einen Teil des bisher so bedenkenlos geübten freien Gebrauchs zu bewahren und zugleich dadurch seine Handlungsweise wenigstens für einen Teil des Geschehenen zu entschuldigen. Mit dieser Behandlung der Angelegenheit ging man leider an der ganz schweren Frage vorüber, die gross hinter dem Zweifel des Papstes stand. Man betrachtete als eine Sache des blossen Rechts, was eigentlich ein Anliegen der Christenheit und ein Aergernis für die Nichtkatholiken war. Mit rein rechtlichen Mitteln suchte man zu heilen, wo eine Aenderung von Grund auf erforderlich war. Die Verhandlung wurde zu einer Disputation unter Fachgelehrten. Auch die beiden Gegner der Majorität, die in ihren Gutachten gelegentlich mit erschütternden Worten über das Aergernis des Nepotismus reden und wohl auch diesen Gedanken unter ihren Gegengründen gegen jede Konzession geltend gemacht haben[223], konnten die Wucht dieses Arguments nicht ausnützen und waren

---

[221] Sess. XXII, Decr. de Reform. C. 3.
[222] S. unten S. 364.
[223] S. unten S. 328, 355.

gezwungen, in der Hauptsache kanonistisch und moraltheologisch ihren Gegnern zu antworten.

Diese Entwicklung braucht man aber nicht der Schwäche jener Theologen zuzuschreiben. Sie waren Kinder ihrer Zeit und ihrer Umgebung. Wie tief der Gedanke der Berechtigung des Nepotismus in Rom noch festsass, zeigen — wie wir schon gesagt haben — die Urteile der Kardinäle von 1656 und 1658, die von Alexander VII über die Berufung seiner Verwandten nach Rom und ihre Ausstattung befragt, bis auf ganz wenige beides als notwendig bezeichneten und den noch zagenden Papst zu entschlossenen und grosszügigen Handeln vorantrieben [224]; das zeigen vor allem noch später die Widerstände, die sich auch von Gutgesinnten gegen die Absicht Innozenz XI (1676-1689) erhoben, durch eine von allen Kardinälen und jedem neuen Papst zu beschwörende Verurteilungsbulle dem Nepotismus auch in seiner letzten Form ein Ende zu machen [225]. Die Zeit dazu war 1642 noch nicht reif.

Ferner darf man bei der Bewertung der Arbeit der Theologen auch nicht übersehen, dass sie, soweit wir wissen, nur den Auftrag hatten, festzustellen, wieviel der Papst rechtmässig von seinen Einnahmen für profane Zwecke ausgeben dürfe. Das war wesentlich eine kanonistisch-moraltheologische Frage. Endlich wird bei diesen Theologen auch der Gedanke mitbestimmend gewesen sein, den Luis Molina am Schluss seiner Ausführungen über die Verwendung des Benefizialeinkommens fünfzig Jahre früher ausgesprochen hat. Er sei in der Behandlung dieses Stoffes so weitherzig, wie nur eben möglich, gewesen. Der Beichtvater solle den Weg zum Heil nicht einengen und dürfe nichts verdammen, was nach vernünftiger Ueberlegung noch geduldet werden könne. Gerade bei dieser Materie könne man aber viele Pfründenbesitzer zur hellen Verzweiflung bringen, wenn man ihnen das, was eigentlich zu ihrer Heiligung dienen sollte, zu einer schweren Last ma-

---

[224] Die Gutachten der Kardinäle finden sich in Abschrift im Cod. Ott. 1061 f 1-57 u. 153-214; Pallavicini spricht darüber in seinem Leben Alexanders VII, II 18 u. 231 f; PASTOR XV 1 317 ff.

[225] vgl. PASTOR XV 2 961 ff. Es sei hier bemerkt, dass ausser den Vota von Kardinälen, die PASTOR 962, Anm. 8 aufführt, sich das Votum des Kardinals Ottoboni (des Nachfolgers Innozenz XI) im Fondo Carpegna v. 37, f 73-76 befindet.

che [226]. Auch die Kongregation war ja in erster Linie berufen, um einem Menschen in harter Gewissensnot Rat und Hilfe zu spenden.

Natürlich war die Bestimmung des Trienter Konzils über die Distributionen nicht die einzige Waffe, die die Mehrheitstheologen schwangen, um das Recht des Papstes auf einen frei verfügbaren Teil an den kirchlichen Einnahmen der Kurie zu verteidigen. Sie suchten diese Position auszubauen. Dem Beispiel der Kanoniker fügte man ähnliche Fälle aus der kirchlichen Gewohnheit bei. Auch die Pfarrer und Bischöfe bekommen seit Jahrhunderten und unbestritten für Dienstobliegenheiten frei verfügbare Stipendien, wiewohl sie ihre Congrua bereits haben; jene für die Spendung bestimmter Sakramente und andere Pfarrdienste, diese bei Gelegenheit der Visitationen (die Prokurationen) und der Synoden (das Synodaticum). Die höchsten Kurienbeamten erhalten bedeutende Summen aus den Einnahmen der Poenitentiarie und Datarie ohne die Pflicht, den Ueberschuss für Werke der Frömmigkeit zu verwenden. Man zog daraus die Folgerung, dass der Papst also nicht bloss Stipendien auch haben könne, sondern bekommen müsse, da er nicht schlechter gestellt sein dürfe als der ihm unterstelle Klerus.

Dann versuchte man die These über die Berechtigung der Benefiziaten, neben dem Unterhalt aus der Pfründe weitere freie Einnahmen zu bekommen, als die gewöhnliche Auffassung der Kirche zu erweisen, die in Schriftworten ihre Grundlage und in Aussprüchen und Feststellungen der Lehrer und Kanonisten ihren Ausdruck gefunden habe. Nach der Sitte der damaligen theologischen Wissenschaft führte man lange Reihen von Autoren an. Vor allem aber ging man daran, aus der inneren Struktur des Benefizialrechtes zu begründen, dass es zwei Formen der Einkünfte der Geistlichen gebe, die aus Benefizien, auf denen tatsächlich vertragsmässig die schwere Last liege, den Ueberschuss für gute Werke zu verwenden und die Stipendien, die ihrer Natur nach diese Pflicht nicht haben können, da sie wegen bestimmter geschuldeter oder freier Dienste geleistet und aus Gerechtigkeit geschuldet werden. Auch wenn diese Summen aus Kirchengeld genommen

---

[226] A. a. O. Disp. 145 am Ende.

werden, so ist die auf diesem Geld ruhende Pflicht zur Verwendung zu guten Zwecken durch die Uebergabe als Stipendium ein-
gelöst. Das Stipendium werde ja gegeben für irgend einen unge-
schuldeten Dienst oder in der Absicht den Geistlichen durch diese
Spende zur treueren und besseren Erfüllung der ihm obliegenden
religiösen Verpflichtungen anzuhalten. Auch der Name des Stipendiums musste zum Beweis dienen und selbstverständlich die
Tatsache, dass die Päpste seit alters Summen aus den kirchlichen
Einnahmen für ihre persönlichen profanen Interessen über die
Congrua hinaus verwandt hätten [227].

Es war der Gegenseite nicht schwer eine Reihe von diesem
Gründen zu entkräften, gegen Schriftworte konnten sie auf andere, oder wie P. Mangioni es tat, auf das ganze arme Leben
Jesu und der alten Kirche hinweisen, und gegen die Zeugnisse
der Lehrer die Worte anderer anführen, zumal da sehr gewichtige
Autoren, wie der grosse Doctor Navarrus [228], recht strenge Ansichten über die Verwendung der Benefizialgüter und die Simonie
vertraten.

Dem Gedanken Lugos auf dem Wege der Stipendien dem
Papst einiges frei verfügbare Einkommen zu erschliessen, setzte
sich sofort der Beichtvater mit der Schwierigkeit entgegen, dass
der Papst dann schliesslich für alle seine Betätigungen ein Stipendium sich zusprechen könne [229]. P. Mangioni hatte vielleicht
schon damals das Bedenken geäussert, dass von den kirchlichen
Einnahmen des Papstes, die fast alle unmittelbar aus Pfründen-
einkommen herrührten, nichts abgesondert und als Stipendium ver-
wertet werden dürfe; denn diese Früchte seien ja eindeutig für den
Unterhalt des Papstes und gute Werke festgelegt. Später war das
für ihn das Hauptmotiv, jede Verwendung kirchlicher Einkünfte
des Papsttums für weltliche Zwecke, soweit sie nicht zum Unterhalt des Papstes und seines Hofes gehörten, unbedingt abzulehnen [230].

---

[227] S. unten S. 363.

[228] vgl. das erste Kapitel in der für Navarrus wichtigen Publikation
von José OLARRA, *Miscelánea de noticias romanas acerca de Don Martín
de Azpilcueta Doctor Navarro*, Madrid 1943, besonders S. 19 ff.

[229] S. unten S. 301.

[230] S. unten S. 350, secundum fundamentum.

Das waren aber nicht die einzigen Motive, welche die Gegner der Stipendien aus den Einkünften des Apostolischen Stuhles vorzubringen hatten. Sie brachten auch recht tief durchgedachte Schwierigkeiten der Mehrheit gegenüber zum Ausdruck. Sie zergliederten den Begriff des Stipendiums und stellten zwei verschiedene Arten fest, von denen die eine mehr den Charakter einer Entlohnung für den geleisteten Dienst hat, die andere den einer reicheren Spende zum Unterhalt im Hinblick auf die Person des Diensteleistenden. Dann untersuchte man die innere Verknüpfung der Arbeit mit dem zu belohnenden Dienst, ob die Arbeit nur äusserlich mit ihm zusammenhänge oder innerlich für sein Dasein entscheidend sei. Man könnte, so zeigt das spätere Gutachten der Minderheit, die Werke des Papstes, für die die Mehrheitstheologen ein Stipendium bestimmen wollten, unter diesen verschiedenen Gesichtspunkten betrachten und werde feststellen müssen, dass sie nur ganz ausnahmsweise die Bedingungen erfüllten, welche für ein erlaubtes Stipendium anzusetzen seien. Der Papst dürfe zwar für eine ernstere Arbeit, die nur aeusserlich mit einer seiner geistlichen Verrichtungen zusammenhänge, ein Stipendium sich nehmen; das sei keine Simonie, weil die Entlohnung für die an sich getrennte Arbeit und nicht für das geistliche Werk erfolge; aber auch in diesem Falle müsse gefordert werden, dass er nicht bereits durch sein Amt zu der zu entlohnenden Arbeit verpflichtet sei. Dazu seien aber die meisten Leistungen des Papstes für die man nun Stipendien gewähren wolle, kaum mit einer ernsteren Arbeit verbunden. Wenn die Arbeit hingegen innerlich zu der geistlichen Verrichtung gehöre, dürfe überhaupt kein Stipendium dafür verlangt und angenommen werden; denn das wäre klare Simonie. Ein persönliches Stipendium zum Unterhalt aber komme nur in Frage, wenn der Empfänger noch ohne ausreichende Congrua sei. Bei ausreichendem Unterhalt aus einem Benefizium, wie ihn der Papst habe, könne ein Stipendium nur angenommen werden, wenn altes Herkommen oder eine kirchliche Bestimmung es billige. Stipendien dieser Art habe der Papst auch schon, z. B. die Geschenke bei Gelegenheit der Heiligsprechungen [231].

---

[231] Bei der Heiligsprechung erhält der Papst bei der Opferung nach altem Brauch symbolische Geschenke: Kerzen, Brote, 2 kleine Fässchen

Wir können hier natürlich nicht die Gründe für und gegen der beiden Parteien alle aufzählen, zumal sie recht vielgestaltig und aus den verschiedensten Gebieten des Rechtes und der Theologie genommen waren. Einen grossen Teil davon bieten die in unserem Quellenanhang abgedruckten Stücke. Bedauerlich ist, dass das Gutachten der Mehrheit nicht in seinem vollen Wortlaut mit den eingehenden Begründungen und Widerlegungen gegnerischer Ansichten aufgenommen werden konnte. Einen Ersatz bietet der zweite Bericht Lugos. Der dialektisch geschulte Leser wird nicht ohne Befriedigung die beiden Standpunkte vergleichen und davon Kenntnis nehmen, wie man im Verlauf der Beratungen immer tiefer in die Materie eindrang und namentlich den Begriff des Stipendiums immer genauer zu erfassen strebte. Diese Berichte zeigen, dass man sich die Arbeit nicht leicht gemacht hat und auf dem einmal eingenommenen Standpunkt der kanonistischen Betrachtung des Falles wirklich bedeutsame Arbeit geleistet hat.

Was wir kurz hier aus den Debatten angeführt haben, sind einige der bedeutendsten und am häufigsten wiederholten Gründe und Einwände, die von beiden Seiten vorgebracht wurden. Natürlich können wir auch nicht sagen, dass diese Gründe gleich in der ersten Begegnung schon so vorgelegt worden sind. Es ist im Gegenteil wohl anzunehmen, dass sie erst im Lauf der Verhandlungen sich so herauskristallisierten und dann in den Schlussgutachten ihre letzte Form gefunden haben. Aber diese Proben geben doch ein Bild davon, mit welchen Waffen man kämpfte, und von der Höhe, zu der schliesslich diese Debatten hinaufgeführt haben.

Wein und 3 Käfige mit Vögeln (vgl A. ROCCHA, *De canonizatione Sanctorum Commentarius,* 1610 116 ff.), ausserdem wird ihm — Roccha erwähnt das nicht — nach der hl. Messe vom Kapitel von St. Peter in einer reich verzierten Börse ein Messstipendium in der alten Münze von 22 Giuli (= 27 Goldfranken) überreicht, die der Papst aber alsbald den ihn begleitenden Geistlichen gibt (vgl. J. BRINKTRINE, *Die feierliche Papstmesse und die Zeremonien bei Selig- und Heiligsprechungen,* 1925 41). Schliesslich bekommt der Papst von Seiten der Postulation ein kostbares Reliquiar mit Ueberresten des neuen Heiligen. Die Kosten der Geschenke an den Papst betrugen, wie BECCARI über die Heiligsprechung von Ant. Zaccaria und Peter Claver unter Leo XIII anzugeben weiss, 1438,87 Lire (*Cath. Encyclopedia,* II 369).

Die Gründe der Minderheit, so tief sie drangen, scheiterten am Ende immer an der Wirklichkeit. Die Kirche hatte nun einmal Stipendien sich entwickeln lassen oder selber eingeführt, die den etwas aprioristischen Forderungen der Stipendiengegner nicht entsprachen. Immer konnte ihren Darlegungen anders geartete Tatsachen entgegengehalten werden. Und so war das Ergebnis schon der ersten Zusammenkunft, dass der für die kommenden Beratungen über die kirchlichen Einnahmen des Papstes so entscheidende Satz angenommen wurde: « Wie Bischof, Kanonikus und Pfarrer trotz des Besitzes einer Congrua von einigen Funktionen, und zwar auch von solchen, die sie amtsmässig zu verrichten haben, Stipendien für die dabei geleistete Arbeit annehmen dürfen, die in ihre Familienhabe übergehen und nach Belieben für alle Zwecke ausgegeben werden dürfen, so kann auch der Papst, selbst wenn er seinen Unterhalt schon hat, ähnliche Stipendien von seinem Dienst bei einigen Verrichtungen erhalten, und zwar auch von Verrichtungen, zu denen er durch sein Amt bereits verpflichtet ist. Sie kann er verwenden, ganz wie er will » [232].

Lugo bemerkt, dass « alle » diesem Satz als Ergebnis der langen und sehr eindringenden Beratungen vom 11. November 1642 beigestimmt hätten. Man möchte aber doch glauben, dass diese « alle » nur die Mitglieder der Majorität gewesen sind, die sich jetzt bildete; denn der Widerstand, den der päpstliche Beichtvater gleich in der nächsten Sitzung gegen ein Stipendium aus den Compositionen erhob [233], das doch nur eine Folgerung aus diesem ersten Grundsatz war, und die Zähigkeit, mit der er diesen Widerstand gegen alle späteren Vorschläge fortsetzte, ist nicht recht zu verstehen, wenn er dem ersten grundlegenden Satz zugestimmt hat. Bei den Beratungen scheint Lugo einen überragenden Teil gehabt zu haben [234], wie ja auch wohl der Gedanke der Stipendien von ihm ausgegangen ist.

---

[232] S. unten S. 321.

[233] S. unten S. 300 f.

[234] Es ergibt sich namentlich aus seinem ersten Bericht, wo so manchmal entscheidende Gründe oder Widerlegungen mit der Wendung: ich sagte u. ähnlichen eingeführt werden.

Man hätte nach der Annahme dieses ersten Grundsatzes ein schnelles Fortschreiten der nun beginnenden Einzelberatungen über die Einkünfte des Papstes erwarten sollen. Aber schon bei dem ersten Titel, den Compositionen, gab es reichliche Schwierigkeiten, und zwei Sitzungen waren nötig, ehe man zu der zweiten Entscheidung (Conclusio) kam, dass der Papst von den Compositionen bei Gelegenheit von Gnadenverleihungen (Dispensen von Ehehindernissen, besonderen Vergünstigungen bei Pfründenübertragungen usw.) sich ein Stipendium für die dabei geleistete Arbeit zusprechen könne. Es war, wie gesagt, der Beichtvater des Papstes, der unbeugsamen Widerstand entgegensetzte. Seine Gründe hat Lugo in dem zweiten Bericht ausführlich dargestellt und widerlegt [235]. Darunter findet sich auch der Gedanke des Aergernisses, den gerade die Geldzahlungen bei geistlichen Gnaden erwecken müssten. Die Anklagen der Gegner Roms auf Simonie bekämpfe man stets mit dem Hinweis, dass diese Zahlungen nur dem Untelhalt des Papstes dienen sollten, und nun volle man sie doch für rein weltliche Zwecke erschliessen. Auch P. Mangioni war am Ende der ersten Besprechung nicht für die Unterschrift zu haben, weil ihm noch ein ausreichender Titel für diese Stipendium zu fehlen schien. Die Mehrheit gab als Titel die Arbeit des Papstes an. Dagegen wird Mangioni wohl schon damals geltend gemacht haben, was er in seinem späteren Gutachten gesagt hat, dass das Signieren der Suppliken mit dem Wörtchen Fiat oder ähnlichen keine rechte Arbeit sei, die man besonders entlohnen müsse. Zu Ende dieser Sitzung über die Compositionen hatte sich auch Msgre Maraldi entfernt. So kam in ihr noch keine Entscheidung über die Compositionen zustande.

Bei der folgenden dritten Zusammenkunft, am 26. November, gelang es, Mangioni zur Mehrheit hinüberzuziehen [236]. Man wird ihm wohl vorgestellt haben, dass bei nicht wenigen Entscheidungen des Papstes doch mehr zu leisten sei als ein flüchtiges Fiat, und dass der Papst manche Fälle gründlich durchstudieren und erwägen müsse, um eine kluge und gerechte Lösung der ihm gestellten Bitten zu finden, und dass das Stipendium vor allem dahin wirken solle, den Papst zu veranlassen, moglichst selbst und

---

[235] S. unten S. 309 ff.
[236] S. unten S. 301.

selbständig die Entscheidungen zu treffen, wie es das höhere Interesse der Kirche und der Bittsteller erwünscht mache. Diese beiden Gedanken haben bei den Verhandlungen, wie aus ihrer öfteren Wiederholung in den Akten hervorgeht [237], eine Rolle gespielt. In ihnen lag auch die Antwort auf Mangionis Bedenken.

Aber Mangionis Anschluss an die Mehrheit war wenigstens in diesem Punkt nur von ganz kurzer Dauer. Lugo erzählt, dass einer von denen, die zunächst zugestimmt hätten, in einer späteren Kongregation wieder zurückgetreten sei [238]. Es kann nur Mangioni gewesen sein. Cuppis erklärte nämlich gleich bei der ersten Verhandlung über diesen Punkt seine volle Zustimmung, und Maraldi der beim Schluss dieser Sitzung abwesend war, gab zu Beginn der nächsten seinen Beitritt. Altieri aber erweist sich gleich damals und im späteren Verlauf der Besprechungen als ein eifriger Vorkämpfer des Gedankens der päpstlichen Stipendien. Er wollte von den Compositionen nicht bloss einen Teil sondern gleich den ganzen Ueberschuss dem Papst in der Form eines Stipendiums zusprechen [239] und er führte auch in der Frage der Spolien die die Versammlung zunächst nach dem ursprünglichen Plan Lugos ganz für gute Werke bestimmen wollte, eine Entscheidung zu Gunsten des Papstes herbei [240]. Dass Mangioni der Mann war, der später zurücktrat, das beweist sein anfängliches Schwanken und beweist seine spätere Denkschrift, in der er gegen jede Verwendung dieser Einnahme ausser für den Unterhalt des Papstes und für gute Zwecke bestimmt sich ausspricht.

Die Beratung über die Compositionen war auch dadurch bemerkenswert, dass ein Vorstoss von Seiten Lugos gemacht wurde, genauer festzulegen, wieviel der Papst aus diesen Einnahmen sich für Stipendien festlegen könne. Lugo glaubte an dem Anteil, den der Grosspönitentiar an diesen Einkünften hatte, einen objektiven Masstab für die dem Papst zu bestimmende Summe zu besitzen. Er fand aber mit seinem Bestreben nicht viel Gegenliebe bei der Versammlung. Sie anerkannte zwar, dass der Weg gangbar sei und nahm ihn in ihre Entscheidung mit auf. Weiter wollte

---

[237] S. unten S. 308, ferner im Mehrheitsgutachten a. a. O, f. 17v.
[238] S. unten S. 309.
[239] S. unten S. 300.
[240] S. unten S. 314.

sie sich aber nicht auf die Festlegung einer bestimmten Summe einlassen, da diese von zuvielen Umständen und unsicheren Bedingungen abhänge. Die Einzelfestsetzung müsse man dem klugen Urteil dessen, den es angehe, anheimgeben. Lugo fügt als seine Auffassung des Falles bei, dass man dem Papst bei gleicher Arbeitsleistung das Zwei-bis Dreifache der Summe bewilligen müsse, die der Grosspönitentiar beziehe, und bei einer Mehrleistung des Papstes einen noch höheren Betrag [241].

Die nächste Sitzung vom 3. Dezember brachte die Aussprache über die Annaten. Wie eigens von Lugo bemerkt wird, kam es rasch zu einer Einigung unter den Mehrheitstheologen, da ja die Voraussetzungen die gleichen waren, wie bei den Compositionen. Man ging also über zu den Quindennien; hier lag der Fall anders. Sie wurden von der Kammer regelmässig eingezogen ohne jede Dazwischenkunft des Papstes. Wie konnte man aus ihnen ein Stipendium als Arbeitsentgelt nehmen? Man einigte sich daher auf einen anderen Titel für dieses Stipendium, den des « lucrum cessans », des verlorenen Gewinnes [242]. Durch die Vereinigung annatenpflichtiger Pfründen sei dem Papst ein Teil seines Einkommens verloren gegangen; zum Ersatz seien die Quindennien eingeführt worden. Mit den verlorenen Annaten habe der Papst auch die ihm daraus zustehenden Stipendien für seine persönlichen Bedürfnisse eingebüsst; als Ersatz dürfe er sich eine gewisse Summe als Stipendien bestimmen freilich nicht in der vollem Höhe des Stipendiums der Annaten, weil ja die Arbeistsleistung hier fehle. So ging die Entscheidung in die dritte Conclusio der Kongregation ein.

Danach verhandelte man über die Spolien und beschloss, sie ganz für gute Werke vorzubehalten [243]. In einer der folgenden Sitzungen brachte der Vicegerente aber die Mehrheit dahin, auch aus dieser Einnahme ein Stipendium dem Papst zu bewilligen, weil ihre Beitreibung viel Mühe bereite [244]. Gegen diese Begründung brachte man den naheliegenden Einwand vor, dass man doch niemand dafür besonders belohnen könne, dass er seine Einkünfte

---

[241] S. unten S. 312 f.
[242] S. unten S. 313 f, 322, tertia conclusio.
[243] S. unten S. 314.
[244] S. unten S. ebd.

mit Sorge sich beschaffe. Die Antwort lautete, es sei ein Interesse der Kirche, dass der Papst für die Spolien sorge, damit nicht Kirchengut in die Hände von Verwandten komme. Dass man hier Rechtsgrundsätze mit allzu grosser Consequenz und Treue anwandte, liegt auf der Hand. Die diesen Grund vorbrachten, vergassen scheinbar, dass man auf dem Wege über das Stipendium ja gerade einen Teil der zunächst für fromme Zwecke bestimmten Spolien für weltliche Zwecke freimachen wollte. Der Vicegerente erreichte seine Absicht. In dem dritten Beschluss der Mehrheit ist das Recht des Papstes, aus Annaten, Quindennien und Spolien ein freies Stipendium zu erheben, festgelegt [245].

Die letzten vier Sitzungen der Kongregation am 9., 16., 23. und 30. Dezember waren in der Hauptsache dem Aemterverkauf gewidmet. Hier standen die Theologen vor wirklich grossen Schwierigkeiten; denn die verkäuflichen Aemter waren so zahlreich und wichtig im Budget der Kurie und so vielgestaltig in ihrer Art, dass sie die verschiedensten moral-theologischen und rechtlichen Betrachtungen erforderten. In ihnen berührten sich private und öffentliche Interessen, kirchliche und weltliche Belange. Da gab es kirchliche und staatliche Aemter und Hofstellen, einige mit geistlicher, andere mit weltlicher Jurisdiktion, wieder andere mit beiden; da waren Aemter mit und ohne ernsthafte Betätigung; da waren Stellen, die mit besonderen geistlichen oder weltlichen Titeln und Ehren oder mit Aufstiegsmöglichkeiten verbunden waren; einige waren weit über die Bedeutung der damit verbundenen Leistungen bezahlt. Ein Teil der Aemter bezog seine Einkünfte aus kirchlichen Quellen, andere aus Steuern und Abgaben des Kirchenstaates, wieder andere aus Taxen und die meisten hatten aus allen diesen drei Quellen Teile ihrer Bezahlung, einige waren um hohen Preis gekauft, andere um geringeren.

Die Theologen mussten in dieses Gewimmel erst etwas Ordnung bringen. Sie machten drei grosse Gruppen: rein kirchliche Aemter ohne Jurisdiktion, Aemter mit geistlicher und gemischter Jurisdiktion und endlich weltliche Aemter mit vorwiegend weltlichen Einkünften. Man trennte die geistlichen Stellen von den weltlichen, nicht bloss, weil der Papst über sie mit noch grösserer

---

[245] Im zweiten Bericht Lugos sind die Beschlüsse über die Annaten, Quindennien und Spolien jedesmal als besondere Conclusionen formuliert.

Autorität als über die Staatsämter verfügen, sie also auch unzweifelhaft verkaufen konnte [246], sondern vor allem, weil der Erlös aus ihrem Verkauf nach Ansicht der Theologen, als rein kirchlich, frei von aller Verpflichtung gegenüber dem Staate war, selbst, wenn dieser in grossen Schwierigkeiten sich befand [247]. Warum man die kirchlichen Aemter in solche mit und ohne Jurisdiktion teilte, findet seine Erklärung darin, dass die Lehrer gewöhnlich den Verkauf der Aemter mit Jurisdiktion als viel bedenklicher ansahen und aus ihm viel eher Schaden für das Gemeinwohl befürchteten wegen der Anstellung minder geeigneter Personen [248]. Bei der Entscheidung in der Kongregation wurde dieser Unterschied als weniger bedeutsam erkannt und beide Arten des Aemterverkaufs in gleicher Weise betrachtet und entschieden.

Dagegen spielten in den Vorbesprechungen andere Umstände, vor allem die Aufbringung der Bezahlung, die Grösse dieser Bezahlung und Ehren und Rechte, die mit ihnen verbunden waren, noch eine bedeutende Rolle. Diese Unterschiede treten in den Conclusionen, die man fasste, nicht entsprechend hervor, denn schliesslich fand man ein Prinzip, dass doch eine mehr summarische Lösung der ganzen verwickelten Frage gestattete. Der entscheidende Gedanke war, dass der Papst die Aemter, die er frei vergeben kann, auch frei verkaufen kann, solange das nicht mit Nachteilen für die Allgemeinheit verbunden ist, und dass der Erlös als Ergebnis seines Unternehmergeistes (fructus industriae) ihm gehört [249]. Nach der Auffassung der Mehrheit war der Papst nicht bloss Herr der kirchlichen Aemter, sondern auch der weltlichen des Kirchenstaates; nur trat hier dem freien Verfügungsrecht über den Erlös die Pflicht in den Weg, in Notzeiten dem leidenden Volk zu helfen, das die Kosten für diese Beamten aufbringen muss [250].

So lauteten die Entscheidungen in ihrer endgültigen Formulierung im Majoritätsgutachten [251]: Der Erlös aus kirchlichen Aemtern an der Kurie gehört dem Papst zur freien Verfügung

---

[246] S. unten S. 317, Majoritätsgutachten, a. a. O, f. 29r.
[247] S. unten S. 314.
[248] S. unten S. 318.
[249] S. unten S. 315, 319, 330 f, 363.
[250] S. unten S. 319, Majoritätsgutachten, a. a. O. f. 35r.
[251] S. unten S. 322 f.

unter folgenden Bedingungen: dass diese Aemter nicht zu hoch bezahlt sind (einschliesslich der Einnahmen, die sie aus den Annaten beziehen), sondern ein Einkommen erbringen, das den mit ihnen verbundenen Leistungen und ihrer Würde entspricht, und dass aus der Errichtung und dem Verkauf der Aemter kein Schaden für die Gemeinschaft entspringt und die Aemter ebenso gut besetzt werden, als wenn sie nicht verkauft würden.

Der Erlös aus Aemtern mit kirchlicher Jurisdiktion ist freies Eigentum des Papstes, falls der Verkauf für das Gemeinwohl ohne Nachteil ist. Es kann ja [beim Verkauf] für das Gemeinwohl ebenso gut gesorgt werden wie bei der freien Verleihung. Die in der vorigen Conclusion angegebenen Bedingungen helfen dabei mit.

Die lange und etwas gewundene letzte Entscheidung über die weltlichen Aemter besagte kurz, dass der Papst an sich auch freies Eigentum über den Erlös aus ihrem Verkauf besitze, dass aber wegen der gegenwärtigen Notlage der Ertrag für das Gemeinwohl verwendet werden müsse. Der Papst könne auch jetzt noch zu seinem freien Nutzen die Aemter verkaufen, die auch in dieser Zeit an sich frei besetzt würden; einige Aemter müssten ihm unter allen Umständen zur freien Besetzung bleiben, die er dann auch verkaufen könne.

Auch diese Sätze fanden keine einstimmige Annahme. Bis zuletzt widersetzte sich ihnen der Beichtvater des Papstes. Ganz bestimmt hat auch Mangioni das Bedenken, das ihn später in seiner Denkschrift zur Entscheidung kommen liess, dem Papst ausser der Congrua jeden Anteil an dem Erlös zu bestreiten, schon damals vorgebracht; denn es ist ausführlich von der Mehrheit behandelt und zu widerlegen versucht worden [252]. Dieses Bedenken ging von der Auffassung aus, dass der Kirchenstaat zu den Benefizialgütern der römischen Kirche gehöre, und zog daraus die Folgerung, dass die Einnahmen aus dem Staat zur Congrua oder zum allgemeinen Besten dienen müssten.

Zani griff von ganz anderer Seite her die Conclusionen über den Aemterverkauf an. Er erklärte, auf grosse Lehrer, wie Thomas und Cajetan, gestützt, den Verkauf der Aemter für ein Uebel, das

---

[252] S. unten S. 316.

19

nur durch eine öffentliche Notwendigkeit oder durch einen über-
wiegenden Nutzen für die Gemeinschaft gerechtfertigt werde[253].
Es müsse daher zum mindesten der Erlös dieser zugewandt werden und dürfe nicht dem Papst zur freien Verfügung zugeteilt werden. Sehr ernst wandte sich der Beichtvater auch gegen die ab-
solute Freiheit in der Besetzung öffentlicher Aemter durch den
Papst, aus der die Mehrheitstheologen sein uneingeschränktes
Recht zum Verkauf der Aemter und freien Verfügung über den
Ertrag vor allem ableiteten. Der Papst könne diese Aemter nicht
ohne vernünftige Ursache vergeben, « quia constitutus est fidelis administrator et non dissipator rerum ecclesiasticarum »[254]. Es ist
wohl nicht verwegen, wenn wir annehmen, dass es Zanis ernste
und tiefblickende Mahnungen waren, die die Mehrheitstheologen
mitbestimmten, in ihre Entscheidungen über den Verkauf gewisse
Sicherungen gegen Missbrauch des Aemterverkaufs einzuschalten,
die dem hl. Thomas letztlich entnommen sind.

Die Bedenken, die gegen die Entscheidung über den Verkauf
geäussert wurden, waren so ernst und bedeutend, dass zwei Sitzungen für die erste der drei Conclusionen erforderlich waren. Nachdem aber da einmal die richtunggebenden Grundsätze festgelegt
waren, kamen die beiden letzten schneller zur Annahme durch die
Mehrheit und Mangioni. Hinter den Schwierigkeiten, die vorgelegt wurden, stand eine, die den Theologen wohl selbst nicht so
klar zum Bewusstsein kam. Es rangen hier auch verschiedene
Staatsauffassungen um Anerkennung, die des mittelalterlichen Be-
nefizialstaates, des absolutistisch regierten und eines scholastisch-
naturrechtlich konstruierten Staates. Sehr bezeichnend ist ein Einwand der Minderheit und dessen Beantwortung im Mehrheitsgutachten. Der Einwand war, grosse Lehrer seien der Meinung, dass
Aemter nur verkauft werden dürften, wenn der Preis dem allgemeinen Nutzen zukomme, da die Aemter nicht wie die Steuern
und andere Staatserträge Eigentum des Fürsten seien, sondern
der Gemeinschaft der Staatsbürger (« reipublicae ») gehörten und
nach Verdienst und Fähigkeit verteilt werden müssten. Dass der
Landesherr sie so verteile, dazu habe die Gemeinschaft ihn bestellt.

---

[253] S. unten S. 329 f.
[254] S. unten S. 331.

Sie wolle den Aemterverkauf nur für den Fall, dass er für das allgemeine Wohl notwendig sei, und der Erlös für die Behebung der Not verwandt werde. Darauf antwortet das Gutachten: Die gewöhnliche Auffassung der Lehrer verlange keineswegs, dass der Erlös für die Allgemeinheit verwandt werde, sie gehe vielmehr dahin, dass der Fürst nicht bloss administrator, sondern Herr der Aemter sei, und dass die Einnahmen aus dem Aemterverkauf zum Patrimonium des Fürsten gehörten. Der Papst habe aber obendrein seine Macht nicht von der Gemeinschaft, wie vielleicht die Fürsten, denen daher diese Gemeinschaft auch Vorschriften machen könne, sondern unmittelbar von Christus, vor allem natürlich, was die Kirchenämter angehe [255].

In den beiden letzten Sitzungen über die Aemter wurde von den Theologen auch noch die Frage über die Verwendung der Tratten und Monti behandelt. Ueber die ersten wurde bestimmt, dass der Papst sie in einzelnen Fällen umsonst gewähren könne, nur dürfe sich diese Vergünstigung namentlich in Notzeiten nicht zu einem allgemeinen Schaden auswachsen.

Diese Entscheidung kam in die letzte Conclusio über die Aemter. Den Monti widmete man hingegen im Majoritätsgutachten noch eine letzte besondere Conclusio [256]. Sie erklärt, dass diese, soweit ihre Zinsen aus Einnahmen des Kirchenstaates gedeckt würden, als echte Benefizialeinnahmen nur für den Unterhalt des Papstes verwandt werden könnten; der Ueberschluss sei vollständig dem Nutzen der Gemeinschaft zuzuführen. Warum war hier kein Stipendium anzusetzen? Weil Stipendien nur von geistlichen Funktionen gegeben wurden. Damit schloss die Kongregation ihre Beratungen ab.

Es handelte sich nun darum, die Ergebnisse der Sitzungen in einem Schlussgutachten der Mehrheit für den Papst zusammenzufassen. Dabei hat Lugo wieder bedeutsam durch seinen zweiten Bericht, der offenbar sofort nach den Verhandlungen geschrieben ist, mitgewirkt. Warum man diese Arbeit nicht einfach als Schlussprotokoll nahm, ist nicht leicht zu sagen. Man muss wohl daran

---

[255] S. unten S. 317.

[256] S. unten 328. Im 2. Bericht Lugos ist auch den Tratten eine eigene Conclusio gewidmet.

gedacht haben. Es ist ja auffallend, dass sie von Lugo unterschrieben in den Akt kam, der dem Papst überreicht wurde [257].

Vielleicht war das Minoritätsgutachten schuld daran, da es
die ganze Frage der päpstlichen Einkünfte breit behandelte und
die Anschauungen der Mehrheit mit Gründen und Autoritäten
zu widerlegen suchte. Man kann sich denken, dass die Mehrheit
nun eine gründlichere und systematischere Darlegung der Beschlüsse für notwendig erachtete. Diese Arbeit ist sehr klar angelegt. Die Beschlüsse der Kongregation, deren Zahl nach Lugo
10 betragen hatte, wurden in 7 zusammengefasst. Bei jedem gab
man die Gründe für und gegen an und löste dann die in den Gegengründen steckenden Schwierigkeiten. Die Methode ist also
ganz scholastisch, auch die Art und Reihenfolge der Gründe folgt
der alten Schulweise: heilige Schrift, Autoritäten, Vernunftgrün-
de. Am Ende der ganzen Arbeit ist eine Zusammenstellung von
Sätzen über die dem Papst zustehende Congrua.

Das Gutachten ist gründlich und unter Aufgebot eines grossen kanonistischen Wissens geschrieben. Lange Reihen von Autoritäten, zahlreiche Anführungen aus dem Recht unterbauen
die Behauptungen und verstärken die Beweise. Unverkennbar ist,
dass der gelehrte Lugo mit seiner bewunderungswürdigen Litera-
turkenntnis seinen gemessenen Anteil an der trefflichen Arbeit gehabt hat. Wer noch neben ihm mitgeholfen hat, wissen wir nicht;
vielleicht Altieri, der das Schriftstück auch unterzeichnet hat [258].

Von ihm sind noch besonders die Sätze über die Congrua
unterschrieben, in denen festgestellt wird, woher der Papst seinen
Unterhalt nehmen kann und wie weit sich das Recht darauf aus-
dehnt. Dann wird darin mit grosser Weitherzigkeit festgestellt, was
alles zur Congrua des Papstes gehört; es werden unter vielen anderen Dingen auch Geschenke — und zwar Geschenke würdig eines
Papstes — an seine Blutsverwandten aufgeführt. Zuletzt wird die

---

[257] Die Unterschrift Lugos, deren Wortlaut wir oben mitgeteilt haben, besagt nicht, dass Lugo als Verfasser unterschreibe. Man könnte
glauben, dass seine Arbeit von allen unterschrieben worden sei. Aber diese
Bedeutung ist nicht zwingend; « his conclusionibus » kann sich auf die
Thesen an sich beziehen.

[258] Altieri war selbst Kanonist und durch seine Tätigkeit in der Poenitentiarie und im Vikariat mit den Fragen vertraut.

Beantwortung der Frage, wie hoch die Congrua anzusetzen sei, als unmöglich abgelehnt und dem Papst als Norm das Beispiel seiner Vorgänger empfohlen.

Sollte die Kongregation am Ende noch einmal versucht haben, eine feste Zahl für den Teil der Einnahmen aufzustellen, der dem Papst frei zur Verfügung stehen könne? Dieser Abschluss des Kapitels über die Congrua lässt es fast vermuten. Denn erst nach Festsetzung einer Höchstsumme für die Congrua konnte man an die Bestimmung einer Zahl für die freien Ausgaben herangehen. Es ist also keineswegs ausgeschlossen, dass die letzten Sätze über die Unmöglichkeit, die Summe für die Congrua zu bestimmen, die Erklärung dafür bieten sollen, dass die Kongregation keine Angaben über die Höhe des dem Papst frei zur Verfügung stehenden Anteils an den Gesamteinnahmen geboten hat.

V. Wiederzusammentritt der Kongregation im Jahre 1643.

Urban VIII war auf jeden Fall nicht damit zufrieden, dass die Kongregation dieser Feststellung sich entzogen hatte. Er war entschlossen, wenn es die Gerechtigkeit forderte, das der Kirche entzogene Gut zurückzuerstatten [259]. Dazu bedurfte er einer bestimmten Angabe. So erging der Auftrag an die Mitglieder, diese Zahl zu bestimmen. Das Dokument, das wir im Anhang unter N. 6 bringen, zusammen mit dem von Pastor veröffentlichten Ergebnis der neuen Tagung [260], geben volle Sicherheit über diese Zusammenhänge. Diesmal wurden den Theologen auch einige Angaben über die Höhe der kirchlichen Einnahmen des Papsttums gemacht, die ihnen die Arbeit erleichtern sollten; sie kamen in die Uebersicht über die bisherigen Festsetzungen der Kongregation hinein, die den Teilnehmern zuging.

Von der Tagung selbst wissen wir ausser ihrem Ergebnis nur das wenige, was Cardinal Lugo 13 Jahre später in seiner Erklärung für Alexander VII mitgeteilt hat [261]. Ob lange Beratungen

---

[259] Nicoletti berichtet das ausdrücklich aus den letzten Tagen des Papstes. Ohne diese Absicht hatte aber auch die ganze Berufung der Kongregation keinen Sinn.

[260] A. a. O, XIV 2 1008.

[261] S. unten S. 364.

noch notwendig waren, ob sich grössere Widerstände erhoben, ist uns unbekannt. Es ist nicht einmal sicher, ob alle Mitglieder der Tagungen des vergangenen Jahres wieder zugegen waren. Es scheint fast, als ob der Beichtvater nicht zugezogen worden sei. Er hat die endgültige Entscheidung nicht mitunterschrieben und wird auch von Lugo, der die Teilnehmer aufzählt, nicht erwähnt. Auch ist kein Gegenvorschlag von ihm bekannt. Aber das alles gibt noch keine Gewisheit.

Bei der Festsetzung der dem Papst jährlich frei zur Verfügung stehenden Summe kam man zu der Auffassung, dass wohl ein Viertel der kirchlichen Einnahmen von 400 000 Scudi als Stipendium bestimmt werden könne, also 100 000 Scudi [262]. Die Kongregation war sich bewusst, dass sie damit eine bedeutende Summe für die persönlichen Bedürfnisse des Papstes opfere. Sie fand aber eine gewisse Beruhigung darüber in der Erwägung, die auf erschütternde Weise das ganze Elend des Nepotismus noch einmal enthüllt, dass man mit dieser Summe kein Aergernis gebe, sondern einen grossen Fortschritt mache : « nullum esset scandalum, sed potius laudaretur Papa, qui post annum obiret et non dedisset nisi centum milia scutorum ». Diese 100 000 Scuti wurden als Mindestsatz dessen, was der Papst ohne Skrupel frei ausgeben dürfe, bezeichnet [263]. Ausserdem könne er noch die Erlöse aller verkauften Aemter und was er durch sparsameres Leben von der ihm zustehenden Congrua nicht verbraucht habe, in gleicher Weise verwenden. Die Congrua selbst war, wie wir schon hörten, mit möglichster Weitherzigkeit in dem Schlussgutachten umschrieben worden [264].

Der Papst, für den die Kongregation gearbeitet hatte, kam im nächsten Jahr ans Sterben. Am Tag nach seinem letzten Consistorium, das am 1. Juli stattgefunden hatte, liess er, schwer krank, wie Nicoletti erzählt [265], Kardinal de Lugo, P. de Cuppis

---

[262] ebd. Die Zahl von 400 000 Sc. ist den Angaben entnommen, die mit dem Dokument 6 unseres Quellenanhanges mitgeteilt waren ; sie passt ungefähr zu dem, was wir oben (s. S. 212) als Ertrag der kirchlichen Einnahmen angenommen haben.

[263] ebd : « ad minus ei assignari centum millia scuta ... ».

[264] vgl. den 4. Punkt des Abschnittes über die Congrua unten S. 324.

[265] Im VIII Bd seines handschr. Lebens Urbans VIII (Cod. Barb. L. 4737) ; die ganze Stelle ist abgedruckt bei Ranke, a. a. O, III 160*.

und einige andere Theologen, auf deren Wissen und Offenheit er vertraute, zu sich kommen. Er setzte ihnen auseinander, was er alles seiner Verwandschaft gegeben hatte, und befahl ihnen zu sagen, ob er seine Rechte damit überschritten hätte. Er hatte bereits mit Kardinal Barberini abgemacht, dass unrechtmässig übereigneter Besitz zurückerstattet werden solle. Nicoletti, dessen Berichte dieser Art kritisch geprüft werden müssen [266], weiss mitzuteilen, dass die Theologen einstimmig erklärt hätten, der Papst könne alles seinen Nepoten belassen; er habe eine Reihe von Männern zum Kardinalat erhoben, ohne sie entsprechend auszustatten. Das könnten die Nepoten aus den verliehenen Besitzungen mit Leichtigkeit nachholen. Dann hätten die Verwandten des Papstes sich während des langen Pontifikats und in dem vergangenen Krieg den Hass und die Feindschaft mancher Fürsten zugezogen. In ihren Besitzungen hätten sie eine Bürgschaft für den Bestand ihrer Stellung, was auch im Interesse des Papsttums sei. Endlich seien die Nepoten so christlich gesinnt, dass sie die Einnahmen gewiss für gute Werke verwenden würden. Damit soll der Papst sich beruhigt haben.

Die hier angeführte Entschuldigung des Nepotismus mit der Notwendigkeit der künftigen Sicherung der Nepotenfamilie ist von Ranke in seine Darstellung aufgenommen worden und dann immer wieder abgedruckt worden [267]. Die ganze Szene aber, wie Nicoletti sie erzählt, und besonders dieses Argument, ist wenig glaubhaft. Dieses Argument hat später, nachdem Innozenz X versucht hatte, die Barberini zur Rechenschaft zu ziehen, bei den Anfragen Alexanders VII über die von ihm einzuschlagende Familienpolitik tatsächlich eine Rolle gespielt [268]. In den langen Theo-

---

[266] So schon Ranke a. a. O. 158*: «Wo der Autor urteilt oder in seiner Person referiert, wird man ihm freilich nicht unbedingt zu folgen haben». Dieses Urteil macht sich auch Pastor zu eigen, a. a. O, 1019. Pastor schreibt zu den Ratschlägen der Theologen am Sterbebett Urbans VIII: mit welchen Gründen sie das Gewissen des Papstes beruhigt hätten, sei nicht authentisch bekannt; Nicoletti berichte nur, was man sich darüber erzählt habe.

[267] Leider auch von Felten im Kirchenlexikon, IX 140.

[268] Es kommt auch in einzelnen Gutachten von Kardinälen aus dem Jahre 1658 vor, so des Kardinals Azzolino (Cod. Ottob. 1061 f. 159 ff) und des Kardinals Aquaviva (ebd. f. 181 f.).

logenkonferenzen von 1642, wo doch so ziemlich alle Motive für
die Spenden des Papstes an seine Angehörigen durchberaten wurden, ist es jedoch nicht ein einziges Mal angedeutet worden. Darum
scheint es nicht recht verständlich, dass dieselben Theologen gerade
bei dieser Gelegenheit diesen Gedanken zur Rechtfertigung des Nepotismus Urban VIII und zur Beruhigung seines Gewissens auf-
gegriffen haben sollen. Es ist auch nicht eben sehr wahrscheinlich,
dass man einem Mann von der Klugheit eines Urban VIII, im
Ernste der Sterbestunde mit einem so fadenscheinigen Motiv das
Gewissen beruhigen konnte. Wenn wir uns nicht täuschen, ist dieses Argument aus späterer Zeit hierhin verschoben worden. Dagegen scheint es wohl möglich, dass die Theologen dem Papst
Wege gewiesen haben, wie er ohne grosses Aufheben die unrechtmässig vergebenen Summen ihrer wirklichen Bestimmung wie-
derzuführen konnte. Dass die Theologen die ganzen Schenkungen
des Barberinipapstes ohne jede Wiedergutmachung angenommen
haben, nachdem der Papst diese selbst angeboten hatte, und sie
selbst ein Jahr zuvor eine um ein Vielfaches kleinere Summe als
berechtigt festgesetzt hatten, ist auch nicht sehr glaubhaft. Es enthält eine Nachgiebigkeit und eine Verantwortungslosigkeit gegenüber einem Sterbenden, deren wir Männer wie Lugo und Cuppis
nicht fähig halten. In dem Bericht Nicolettis sind entweder Irr-
tümer, oder fehlen wesentliche Dinge, die die Theologenentschei-
dung, falls sie wirklich so lautete, bestimmt haben.

Schon ehe Urban VIII starb, hatte P. Mangioni, wie wir
gehört haben, seine Zustimmung zu dem Majoritätsgutachten durch
sein Separatvotum zurückgezogen. Auch Kardinal de Lugo ging
den Weg. Er selbst sagt, dass er die ganze Not der Bewohner des
Kirchenstaates und die trostlose Lage der päpstlichen Finanzen erst
später erkannt habe [269]. Pallavicini, der über diese Dinge mit dem
greisen Kardinal freundschaftlich sich aussprach, weiss zu berichten,
dass er auch das wahre Wesen der offizi vacabili erst in der Folge
durchschaut habe [270]. So gab er 1656, als Alexander VII die Kar-

---

[269] S. unten S. 264.

[270] Pallavicini teilt das Alexander VII in seinem Gutachten von 1656
mit. Gleichzeitig mit diesem Gutachten wurde der Widerruf des greisen
Kardinals übergeben; vgl. Cod. Ottob. 1061 f. 79v. und 64r. Im Index des

dinäle um Gutachten über die Berufung seiner Familie ersucht
hatte, an, dass ein Papst unter den bestehenden Verhältnissen höchstens die Hälfte der 1643 festgesetzten Summe für seine Angehörigen verwenden dürfe [271]. Bei dieser Gelegenheit gab dann Lugo zur
Abwendung jedes Aergernisses und zur Beruhigung seines Gewissens eine öffentliche Erklärung über seine geänderte Auffassung
ab. Pallavicini erhielt von ihm den Auftrag, sie allgemein bekannt
zu machen [272]. In der Summe von 50 000 Scudi sollten alle Aemter
und andere Einnahmen einbeschlossen sein.

Zwei Jahre später, als der Chigipapst vor der Frage stand,
seinem Neffen Agostino, der eine Borghese heiraten sollte, ein
entsprechende Stellung zu verschaffen, und wieder die Kardinäle
befragte, verminderte Lugo noch einmal die Quote und gab 40 000
Scudi als Höchstsumme an [273].

Die Kongregation von 1642 und 1643 hatte wegen des bald
darauf erfolgten Todes Urbans VIII keinen unmittelbaren praktischen Erfolg. Wäre er ihr beschert worden, so wäre ihre Wirkung
doch nur die einer Zwischenlösung gewesen, die radikalerer Ab-
kehr vom Nepotismus wieder hätte weichen müssen. Der Nepotismus musste verschwinden ganz und gar; die Vorsehung sorgte
dafür, teils dadurch, dass sie dem heiligen Stuhl mehr und mehr
die Mittel zu diesen Ausgaben entzog, teils dadurch, dass sie Männer erweckte, die sich gross und ganz diesem Aergernis entgegen-
setzten. Unter Innozenz XII wurde endlich 1692 das Ziel erreicht.
Durch die Konstitution « Romanum decet Pontificem » verbot der
Papst, Verwandten Geld, Güter und Aemter zu geben. Die Nepoten
sollten nicht über 12 000 Scudi aus päpstlichen Einnahmen beziehen. Auf dem Weg zu diesem Ziel waren die Tagungen und
Entscheidungen der Partikularkongregation von 1642 und 1643
nur eine Episode, die aber die Entwicklung der Dinge und die
Meinungen der handelnden Personen hell beleuchtet.

Bandes ist das Gutachten fol. 79 ff. als Discorso des P. Marcus Antonius
bezeichnet; es kann aber gar kein Zweifel sein, dass es das Votum Palla-
vicinis ist.

[271] S. unten S. 264 f.

[272] vgl. Anm. 270.

[273] S. unten S. 265.

Ungedruckte Quellen

I.

Erste Aufzeichnung Johannes de Lugo über die Tagungen und Entschliessungen der Theologenkongregation 1642.

Orig. im römischen Archiv der Gesellschaft Jesu, Opp. NN. 160, f. 265-268.

De reditibus Pontificiis.

Non potest una regula generalis dari pro omnibus, sed oportet de singulis quaeri, ut constet, an sint mere ecclesiastici, an vero quasi patrimoniales, de quibus possit libere disponi.

1. Aliqua possunt asseri probabiliter. Primum est, licet sit obligatio expendendi in usus pios, quod superest post congruam sustentationem ex reditibus mere ecclesiasticis, datur tamen parvitas materiae in hac obligatione, quae excusat a mortali[1]. Et hinc Disputatio 4., De Justitia, n. 42[2], dixi esse 20^{am} partem superfluorum.

2. Etiamsi (quod non creditur) donata fuissent consanguineis male haec superflua ex fructibus ecclesiasticis, ex hoc tamen capite et obligatione insumendi in usus pios, non oritur obligatio restituendi nec repetendi, quia non est ex justitia, sed ex religione.

3. Si ex suis, quae libere poterit expendere, insumpsit ad suam sustentationem, vel ad subveniendum camerae[3], vel ad alios usus pios, potest sibi ex his superfluis compensare, ut cum aliis dixi dicto loco, n.º 47.

4. Non est dubium, si consanguinei egent ad statum suum sustinendum[4],

---

[1] a peccato mortali.

[2] Es handelt sich an der angegebenen Stelle von *De Justitia et Jure* um die Frage, wann der Missbrauch des Ueberschusses aus den Benefizialgütern schwer sündhaft ist. Lugo kommt in eingehender Begründung zu dem Satz, dass 1/20 des Ueberschusses keine materia gravis darstelle, wenn der übrige Teil wirklich dem Gesetz gemäss für gute Zwecke verwandt worden sei.

[3] Hier spricht Lugo von den Zahlungen, die der Papst von den für seinen Unterhalt bestimmten und gesondert verwalteten Einnahmen an die Zentralkasse der Kurie nicht selten machen musste, um dieser in Zahlungsnöten zu helfen.

[4] Lugo greift hier eine Frage auf, die fast alle Moralisten bei der

vel si filia eget ad dotes pro sua qualitate et gradu, posse eis etiam ex superfluis dari.

5. Certum etiam est, si plus, quam debet, laboret in utilitatem ecclesiae, posse sibi ex superfluis compensare pro ratione industriae et laboris maioris.

6. Si ex eo, quod camera gravata est, non potest ex ea sumere congruam, qualis ad statum Pontificium requiritur, posse defectum suppleri ex his superfluis compositionum, quia opus pium est juvare cameram, ut possit ministrare congruam. — Congrua autem Papae satis late patet et complectitur donationes etiam, non solum remunerationes sed etiam liberales, proportionatas statui.

7. Pro eo labore et ministerio, quod non tenetur ex officio facere circa dispensationes et bullas, sed quae posset vel omittere vel per alios facere, quibus nova stipendia decrevit, potest sibi taxare stipendium ultra congruam, quod integrum aliunde habeat, et de hoc potest libere disponere [5].

8. Probabiliter videtur vero, quod etiam pro praedictis, ad quae tenetur ex officio, potest sibi stipendium accipere, ut canonicis pro choro assignatur ultra congruam, et posse de illo libere disponere, quia hoc expedit, ut promptius Pontifices attendant his rebus, et in utilitatem ecclesiae id expedit, ut Pontifex non sit peioris conditionis quam alii, qui de aliquibus ultra congruam possunt libere disponere.

9. Officia vacantia potest vendere et de pretio libere disponere, si ea officia antea gratis dabantur cum iisdem emolumentis, quia iam ea emolumenta juste debentur ministris pro labore, et libere ut stipendium; quare potest partem stipendii sibi accipere vel tamquam pensionem cum causa impositam, vel, si causa absit, tamquam fructus industriae, sicut judex potest pacisci (?) de parte stipendii lege assignati cum ministro, quem mittit ad exsecutionem faciendam, dum tamen non sit contra bonum publicum, v. g. si ideo dentur minus dignis cum damno publico. — Rursus, si possent juste ea officia hodie dari gratis cum eisdem emolumentis, possunt etiam vendi eisdem et de pretio libere disponi, dum venditio non sit contra publicum bonum, ut dixi: quia Princeps solum tenetur ad consulendum reipublicae, non vero ad danda lucra gratis, sed potest suas beneficentias vendere excluso damno communi.

10. Ergo superflua compositionum post congruam et stipendium debent insumi pie, quia debet eleemosynas impertire ad justificandas causas dispensationis.

11. Spolia et fructus beneficii vacantis debent expendi in usus pios, quia fructus beneficiales, et hoc titulo accipiuntur, ut applicentur camerae ad sumptus necessarios, quia hic est usus pius.

Besprechung der Verwendung der Pfründeeinnahmen behandeln und bejahen, ob ein Kirchenfürst seine Verwandten die durch seine Erhebung auch in eine höhere Stellung gelangt sind, als «Arme» unterstützen darf, wenn sie die für ihre gehobene Stellung notwendigen Mittel nicht haben.

[5] Ueber den Begriff des Stipendiums vgl. oben S. 268 f.

Am Rand bei 9 befindet sich ein Zusatz, der äusserst schwierig zu lesen ist:

Confirmatur 1º quia Sancta Ecclesia potuit dare jus Poenitentiario vel Vicecancellario conferendi haec officia, et tunc ipse potest ea vendere[6]; cur non poterit idem jus cum eadem liberalitate dari Papae?

2º quia princeps, qui fecit stipulationem cum aliquo, ut vendat solus tales merces, potest justum accipere pretium pro electione huius, et quia sit eadem persona, non impeditur Pontifex ... accipere illud pretium ab ecclesia, sed ab officiali, sicut princeps non accipit a republica sed a mercatoribus.

Prima congregatio, die 11 novembre 1642.

Resolutum fuit, quod sicut parochus et canonicus ultra totam congruam possunt accipere stipendia pro iis etiam functionibus, ad quas alias ex officio tenentur, quae stipendia sint quasipatrimonialia bona: ita Pontifex potest ultra congruam similia stipendia habere in functionibus, ad quas etiam ex officio tenetur.

Secunda congregatio, 19 novembris.

Dixi, loquendo de compositionibus in dispensationibus matrimoniorum beneficiorum, pensionum et aliis: posse ex illis Pontifices assignare sibi aliquid ut stipendium illius laboris personalis, sicut assignat Maiori Poenitentiario, habita ratione maioris laboris (si a Papa adhibetur maior labor) et majoris dignitatis personalis. De qua pecunia possit libere disponere, ut de quasi patrimoniali, quia iam expenditur pie in illo stipendio. Sicut pecunia cruciatae[7] expenditur ex parte in stipendiis commissariis, concionatoribus, et sicut tertia pars fructuum praebendae expenditur pie in distributionibus[8].

Consensit P. Torquatus, item Vicegerens, qui volebat totum residuum fieri Papae liberum, sed de residuo contradiximus.

P. Mangionus dixit posse id fieri, si aliquis justus titulus inveniatur. P. Confessarius non consensit. Maraldus adfuit in fine ad resolutionem

---

[6] Es wird hier also aus der Tatsache, dass der Vizekanzler und Grosspönitentiar frei über den Erlös der ihnen zum Verkauf überlassenen Aemter (vgl. oben S. 225) verfügen können, auf ein gleiches Recht des Papstes geschlossen.

[7] Lugo denkt hier an den Kreuzzugsablass, die Cruzada, seiner spanischen Heimat, bei der gegen ein bestimmtes Almosen ein Ablass und viele andere Vergünstigungen verliehen wurden. Von dem Ertrag wurde ein Teil als Stipendien an die Prediger des Ablasses und an andere Beteiligte gegeben; denn die Verkündung war mit grosser Feierlichkeit verbunden.

[8] Ueber die Distributiones s. oben S. 276 f.

Tertia congregatio, 26 novembris.

D. Maraldus consensit mihi et aliis duobus in resolutione congregationis praecedentis.

P. Mangionus tandem consensit et fassus est posse reperiri iustum
titulum ad applicandum aliquid ex compositionibus ipsi Pontifici, tanquam
patrimoniale et liberum. — Adhuc usus sum exemplo canonizationis, ad
quam Papa ex officio tenetur, et tamen accipit propinam liberam[9]. — Quare dixi ex officio teneri ad eos actus dispensationis gratis exhibendos
pauperibus, non tamen divitibus, sicut parochus ad sepeliendos gratis pauperes tenetur ex officio, non tamen divites. —

Opposuit D. Confessarius: ergo potest Papa accipere stipendium pro
omnibus suis actibus. — P. Torquatus concessit, quando fiunt in favorem
alicuius personae. — Ego negavi sequelas, 1° quia erga pauperes tenetur
sub gravi dispensare etc. ex officio; — 2° quia, si pro omnibus acciperet,
esset maxima indecentia; sicut, si concederet parocho pro omnibus accipere, etiam pro confessionibus concionibusque etc., esset gravis indecentia. Quod autem pro aliquibus conceditur, ita ut resultet aliqua rationabilis summa libera, non est indecens. Sicut judices tenentur ex officio ad
proferendam sententiam, et tamen permittitur eis propina accipienda a
div[ersis] juribus.

Quarta Congregatio, 3 decembris.

Dixi ex annatis posse Papam sumere sibi ultra congruam stipendium
pro labore liberum et quasipatrimoniale, sicut datur Cardinali Poenitentiario propina; sed tamen maius, quando pertinet ad ipsum electio, quam
quando pertinet sola confirmatio. — De quidenniis iterum posse aliquid,
sed minus et hoc propter praejudicium, quod infert sibi in bonis et lucris
liberis, quando unit beneficium, minus tamen propter minorem laborem,
quem

> Hier endet f. 266v; der Rest der Aufzeichnung über diese
> 4. Kongregation ist verloren. Die folgenden Notizen sind auf
> der Einladung zur 5. Kongregation, hinter der Einladung, die
> folgenden Wortlaut hat, geschrieben: Die Martis 9. decembris
> hora 21.[10] erit solita congregatio in aedibus Illmi Maraldi et

---

[9] Propina ist ein Geschenk. Ueber die dem Papst bei der feierlichen
Kanonisation gereichten Geschenke s. oben S. 282.

[10] 21 Uhr im Dezember nach damaliger römischer Rechnung ist zwei
Uhr unserer Rechnung. Die Stunden wurden nach dem wechselnden Abend-
läuten, das als 24 Uhr galt, bestimmt. Im Dezember war das Ave um 5 Uhr
unserer Rechnung. In den alten Vorlesungsverzeichnissen, wie sie z. B. im
Archiv der Gregorianischen Universität verwahrt werden, ist immer eine
Tabelle beigefügt zur Ermittelung der Stunden in den verschiedenen
Jahreszeiten.

agetur: de officiis vacabilibus, quae non habent annexam jurisdictionem et emolumenta percipiunt solum ex taxis bullarum et
annatis; de officiis notariatus, vicariatus Urbis, quae emolumenta
percipiunt ex expeditionibus causarum dicti tribunalis; de officiis
notariatus auditoris Camerae; de officiis notariatus auditoris
Rotae.

[Quinta Congregatio.]

De notariis Vicarii Urbis[11], si emolumenta excessiva non percipiunt
nec eorum venditione aliud damnum ecclesiae sequitur, vendi posse officia, et pretium erit liberum. S. Thomas, opusc. 21, solum videtur loqui de
jurisdictionem habentibus et aliunde haec officia possent gratis dari; si
autem hinc damnum sequatur, non posse vendi, nisi ex causa necessitatis;
et jure pretium debet in necessitatem converti, ut justificetur venditio. —
Probatur, quia nulli facit iniuriam, non ecclesiae, quia providetur ei aeque
bene, nec ideo stipendia crescunt, nec alia mala sequuntur; non emptori. —
Videntur autem esse lucra libera, quia non tenetur gratis dare occasionem
lucrandi, et quia poterat gratis dare, — et quia est fructus industriae, quem
non capit ab ecclesia, sed ab officiali ex suis lucis, et porque el mayordomo puede recibir del carnizero por ir a él a comprar la carne[12], dum
id non praejudicat domino.

De notariatibus auditoris Camerae et Rotae, si emolumenta solum ex
causis ecclesiasticis accipiant et non sint excessiva, idem dicendum est.
— Si autem partim ex causis ecclesiasticis, partim ex temporalibus accipiant, idem dicendum erit, quoad partem correspondentem causis ecclesiasticis, — quoad aliam vero partem infra dicemus. Ratio est, quia Papa
non tenetur ex emolumentis ecclesiasticis sublevare statum temporalem
aggravatum.

Beim letzten Satz steht am Rande: Hoc in loco supponen-
dum est.

De aliis officiis positis in primo puncto[13], quae habent emolumenta
solum ex annatis et taxis bullarum, in primo adverto non loqui me nunc
de bullis, quae fiunt in ordine ad statum temporalem a Papa, ut Principe
temporali, (de his alia est ratio, et pertinent ad officia temporalia), sed de
bullis mere ecclesiasticis. De his ergo distinguendum est: nam vel habent

---

[11] Vicarius Urbis, gewöhnlicher Vicarius Papae genannt, ist der Stell-
vertreter des Papstes als Bischof von Rom. In seinem Amt waren damals
4 Notare (LUNADORO, *Relatione della Corte di Roma,* 1642 24). Nach dem
Aemterverzeichnis im Cod. Ottob. 923 waren es 5. Der Kaufpreis eines
dieser Notariate betrug im Durchschnitt 7000 Sc.

[12] Joh. de Lugo gerät hier in seine spanische Muttersprache. Kultur-
historisch ist nicht ohne Interesse, wie hier Geschenke an Angestellte als
harmlos und die Ehre nicht beeinträchtigend behandelt werden.

[13] In primo puncto der weiter oben abgedruckten Einladung zur Sitzung.

emolumenta excessiva, constituta ut vendi possent propter necessitates [14], quae urgebant, vel non habent emolumenta excessiva.

Si non habent excessiva, possunt vendi et pretium erit liberum cum duplici condicione supra posita, ne scilicet resultet venditio in damnum ecclesiae et quod non dentur minus dignis.

Si vero habent emolumenta superflua, data, ut vendi possent ob necessitates urgentes, tunc pretium liberum erit quoad partem. 1° Quoad partem annatarum et aliorum lucrorum, quae Papa posset libere habere ex annatis et bullis, quod dictum in congregatione praecedenti, et quam partem nunc non accipit, quia datur officialibus. — 2° Quoad partem, qua venderentur officia, si non habent emolumenta excessiva, sed condigna, quo casu pretium esset Papae liberum, ut dixi. Si tamen haec officia non sunt addita sine necessitate talium officialium, cum fortasse sine tot officialibus stipendiatis possent aeque bene causae expediri, nam jure totum pretium applicari debet ad necessitates, ob quas multiplicata sunt officia haec vendibilia, posset tamen pretium praedictum quoad illam partem accipi ex officiis, quae necessaria vel utilia essent ad expeditionem causarum et negotiorum. — 3° Idem videtur dicendum, si crescit pretium horum officiorum ob spem promotionis; nam hoc augmentum pretii non erit propter annatas vel alia, quae debebant expendi in usus pios, sed propter aliam causam extrinsecam, in qua non praejudicatur iis, in quorum utilitatem debebant expendi annatae, quindennia etc, — 4° Idem dicendum videtur, si pretium horum officiorum crescit ex privilegiis eis annexis v. g. rocheto, praecedentia et aliis similibus, quae non sint spiritualia.

Nec obstat, quod Lessius [15] et alii signarunt non posse haec officia vendi nisi ob utilitatem publicam. Nos respondemus 1° Eos id dicere, quia supponunt regularem venditionem afferre damnum bono publico, quod damnum debet compensari publica utilitate; nos autem loquimur [de] casu, quo nullum damnum sequetur. — 2° Eos agere de principe saeculari, cui non praesumitur data ea potestas a republica, nisi ad bonum reipublicae. Papa autem non accepit hanc potestatem ab ecclesia. — 3° Addi potest ex Azorio posse esse in bonum publicum, quod vendantur, quia invenimus meliores et diligentiores officiales et ii, si delinquant, gravius puniuntur iactura pretii dati [16].

---

[14] Hier wird die Tatsache bestätigt, die wir oben (s. 224) behandelt haben, dass manche Aemter an der Kurie nur aus fiskalischen Gründen, zum raschen Erwerb einer bedeutenderen Anleihe begründet worden sind.

[15] Leon. Lessius († 1623) behandelt die Käuflichkeit weltlicher Aemter in seinem klassischen Traktat *De Jure et Justitia*, II, c. 32, dub. 4. Er hält die Verkäuflichkeit unter mehreren Vorbedingungen für erlaubt.

[16] Joh. Azor († 1603) schreibt in seinen vielbenützten *Institutiones Morales*, III, l. 8, c. 7: «Caeterum, quamvis auctores clament et conquerantur penitus detestantes et damnantes, videmus tamen ea (sc. officia) in principum curiis vendi, quia ipsi principes contendunt tales venditiones reipubli-

De officiis habentibus jurisdictionem,
Auditore Camerae, Thesaurario, Clericis Camerae etc.

Si haec officia habent emolumenta in totum vel in partes ex componendis vel aliunde quam ex statu temporali Papae, possunt quoad partem pretia applicari Papae libere, non tamen totum. Altera pars probatur, quia negari non potest quod venditio resultet in aliquod. damnum publicum, tum quia experientia constat digniores et doctiores [potius?] assumi ad Rotam quam ad Cameram; tum etiam quia languescunt merita et studia, si praemia maiora non dentur percipi ob merita, sed ditioribus. Debet ergo justificari venditio conservando pretium in bonum publicum. Prima vero pars probatur: 1° quia si saltem quoad partem habentur emolumenta ex ea parte, quam Papa posset sibi assumere in stipendia, juxta antea dicta, eam partem poterit sibi Papa assumere ex officiali[bus]. — 2° Si carius emuntur propter spem promotionis vel propter rochetum et similia [17], quae non debentur ex se illis officiis, sed dantur, ut carius vendan[tur], pars pretii huic excessui respondens erit libera. — 3° Quia, quod semel aut iterum venduntur dignis, non est in damnum publicum, ergo quoad partem moderatam erit liberum.

Si vero officia haec habent emolumenta ex statu temporali, vel quatenus inde ea habent, debet pretium magis converti in bonum status propter eius gravamina et debita. Potest tamen aliqua pars Papae esse libera, etiam minor, quam in casa praecedenti — 1° si carius venduntur propter spem promotionis, — 2° si privilegia habentur rocheti et similium non debita iis officiis et ideo carius vendantur.

Dices promotio ipsa officialium ad Cardinalatum est incomoda bono publico. Ergo debet justificari per conversionem pretii in bonum publicum. — Respondeo, si esset mala non posset justificari ex hoc capite. Deinde nego esse incomodum, quia adhuc manent praemia pro aliis et illi sunt apti ad Cardinalatum. Dices insuper: officia ipsa afferre secum hanc spem, ergo pretium est intrinsecum officio. — Respondeo spem hanc fundari magis in expeditione, quae oritur ex pretio libero Pontificis, qui posset hunc non eligere.

De officiis habentibus jurisdictionem temporalem.

Dicendum videtur, si emolumenta accipiant a rebus spiritualibus, eamdem esse sententiam ac de aliis officiis supra positis, quoad partem pretii

---

cae utiles esse eo, quod emptores metu poenae, ne officium amittant simul et pretium, quod dederunt, coguntur suo munere recte fungi, et principes possunt ipsos emptores facilius officiis amovere et poenis coercere, quam si gratis ea officia contulissent ». Azor stimmt dem zu und meint, dass auch der Antrieb, den Wert des Amtes zu erhöhen, die Käufer zu grösserer Treue u. Tätigkeit antreibe.

[17] Ueber die Ehrenvorrechte und Aufsteigemöglichkeit einzelner käuflicher Aemter vgl. DE LUCA, *De officiis venalibus*, c. 2-3.

respondentem illis emolumentis. — Si vero accipiant emolumenta a statu temporali vel pretium sit propter honores et jurisdictionem, sunt regalia et debent solvi in bonum status aggravati. — Si vero sint mixta, resolutio erit mixta cum proportione.

De *locis montium* vacabilibus, si sunt supra gabellas [18], videtur pretium convertendum in usus publicos.

De *trattis* [19], si venduntur a Papa, videtur idem dicendum, quia possunt deservire pro gabella. Si conceduntur alicui gratis etiam cum facultate vendendi et hoc cum moderatione, ut non sequatur damnum statui extrahendo frumenta, non videtur negandum Principi, quod possit gratias et privilegia aliquibus concedere, sed quod omnia tenetur vendere ad sublevandum statum.

Idem videtur dicendum de aliis privilegiis temporalibus, quae non praejudicant bono publico.

Privilegia vero, quae oriuntur ex jurisdictione spirituali, ut licentia testandi et alia similia, videntur esse modus simoniae juxta veriorem sententiam Suarii et aliorum: quare (?) de pecuniis, quae pro iis dantur, videtur dicendum sicut de componendis.

2.

Zweite Aufzeichnung Johannes de Lugo über die Tagungen und Entschliessungen der Theologenkongregation 1642.

Original (vielleicht von der Hand Lugos, sicher aus seinem persönlichen Besitz) im römischen Archiv der Gesellschaft Jesu, Opp. NN. 160, f. 104-110.

Original (von Lugo unterzeichnet) Vatik. Archiv, Instr. Misc. 4196, f. 41-50r.

Wir folgen der ersten Handschrift. Bedeutendere Abweichungen des Vatikanischen Exemplars (= b) werden im kritischen Apparat angezeigt. Der Uebersichtlichkeit halber sind öfter Abschnitte gemacht.

Conclusiones quae a maiori parte Illmorum DD. et RR. Patrum statutae fuerunt in Congregatione particulari jussu Ss.mi D. N. septies facta in palatio Vaticano, quarum etiam fundamenta breviter attinguntur.

1. Conclusio.

In prima congregatione, die 11. novembris, 1642 resolutum fuit, quod, sicut episcopus, canonicus et parochus ultra totam suam congruam pos-

---

[18] Lugo spricht von luoghi, deren Zinsen mit Staatssteuern aufgebracht werden.

[19] Ueber die Tratten s. oben S. 230.

20

sunt accipere stipendia sui laboris ex aliquibus functionibus, ad quas etiam
aliunde ex officio tenebantur, quae stipendia fiunt eorum bona quasi patrimonialia, et de quibus possunt libere disponere ad quoslibet usus, ita
Summus Pontifex ultra totam suam congruam sustentationem potest similia stipendia laboris habere in aliquibus functionibus, ad quas aliunde
ex officio tenetur, quae sint bona quasipatrimonialia, et de quibus possit
in quoslibet usus disponere. Ita senserunt omnes.

Quia vero conclusio haec est aliarum fundamentum, ideo accurate
examinata et fundata fuit. Et in primis adductum fuit exemplum episcopi,
qui ultra suam congruam accipit procurationes solitas in visitatione, ut
constat ex capite «Conquerente» et aliis de censibus et capite primo, § 1.
eodem titulo l. 6 [20]. Et idem est de tributo illo antiquo, quod vocabatur
Synodaticum, quod pro synodo cogenda dari solebat, de quo in capite
«Conquerente» de officio ordinarii et aliis similibus, quae rationabili consuetudine et statutis ab episcopo recipi solent. Deinde parochi in funere,
in baptismo, in matrimonio solent stipendia et collationes [a] iam ex consuetudine debitas exigere et accipere, cum tamen episcopi et parochi ad
has omnes functiones ex officio teneantur et frequenter habeant aliunde
ex fructibus episcopatus et beneficiorum suam congruam. Idem constat in
canonicis, ex quorum praebendis et fructibus Concilium Tridentinum,
Sess. 22, cap. 3 de reformatione, voluit extrahi tertiam partem et dividi
in distributiones quotidianas, quas omnes distributiones fieri bona quasipatrimonialia et expendi posse in quoslibet usus, docent Silvester, Covarru-
vius, Angelus, Gonzalez et alii innumeri, quos afferunt et sequuntur Bo-
naccinus, Azorius, Filliucius [21] et alii, quos ego adduxi in primo tomo De

---

Zum Apparat sei bemerkt, dass die angegebenen Varianten stets die
aus dem vatikanischen Exemplar (= b) sind; es erübrigt sich also, jedesmal
dies beizufügen. + bedeutet, dass b etwas zufügt. Es sind nur Abweichungen
aufgenommen, die für den Sinn von Bedeutung sind.

[a] oblationes

---

[20] Hier und im folgenden sind aus dem Corpus Juris Canonici angeführt: Decr. Greg. IX, l. 1, tit. 31, De officio judicis ord. c. 16; ebd.
l. 2, tit. 39 De censibus und Sextus Decr. l. 3, tit. 20 De censibus, c. 1, § 1.

[21] Die angeführten Autoren sind MARTINUS BONACINA († 1631), Opera
omnia v. I, De Simonia, Disp. 4, punctum 4 (in edit. venet. 1687, p. 352).
VINCENTIUS FILLUCIUS S. J. († 1622), Moralium quaestionum de christianis officiis et casibus conscientiae, vol. III Appendix postuma de statu
clericorum, tract. 43, c. 39 (in edit. Lugdun. 1625, p. 115). Von den in
diesen beiden Autoren genannten Werken ist SILVESTER der durch seinen
Kampf gegen Luther bekannte Silvester Mazzolini de Prierias O. Pr.
(† 1523), dessen Summa der Moraltheologie weit verbreitet war; ANGELUS
ist Angelus a Clavasio O. Min. Obs. († 1495) der Verfasser der bekannten Summa angelica de casibus. GONZÁLEZ dürfte Hieron. González († 1609)
sein, der nach langer Tätigkeit an der Kurie sein «Glossema seu Commen-

Justitia, Disp. 4, n. 25. Et tamen canonici tenentur procul dubio ex officio suo ad assistendum choro et ob absentiam aliis poenis in jure puniuntur. Et adhuc possunt ultra totam congruam, quam ex aliis fructibus beneficii accipiunt, recipere in illis functionibus et assistentia chori distributiones, quasi stipendium illius laboris personalis, quae fiant illis bona quasipatrimonialia et libera.

Ex quibus et aliis similibus exemplis inferebatur non apparere, cur id, quod licitum est aliis omnibus clericis et ecclesiasticis inferioribus, illicitum aestimari debeat in Papa, omnium supremo, et ipse peioris conditionis debeat esse quam alii omnes nec possint ei similiter stipendia assignari sui laboris in aliquibus functionibus, quae fiant eius bona quasipatrimonialia, etiam si ad eas ex officio aliunde teneatur. Sic enim videmus eum, licet ex officio debeat declarare et canonizare atque proponere ecclesiae aliquos Sanctos, accipere tamen in ea functione propinam non exiguam ex consuetudine occasione laboris adhibiti [b].

Est autem regula generalis, quod ea, quae ut stipendium laboris dantur, et non immediate ratione officii, sed ratione alicuius functionis personalis, fiunt bona quasipatrimonialia clerici aut beneficiarii, et ideo omnes auctores supra citati dicunt distributiones quotidianas posse a canonicis expendi in quoslibet usus, quia non dantur immediate ratione praebendae (quamvis hic titulus etiam exigatur); nam et canonico absenti non dantur, sed dantur immediate ut stipendium functionis personalis et assistentiae quotidianae, qua deficiente non dantur, et hoc non per modum poenae, sed ex defectu tituli. In quo notanda est differentia a reliquis fructibus beneficii. Hi enim auferuntur aliquando canonico non residenti; haec tamen ablatio tunc non est propter defectum tituli, sed est poena jure imposita: carentia vero distributionum non est in poenam, sed ex defectu tituli ad illas, nempe laboris et functionis personalis, cuius intuitu stipendium illud dandum erat.

Ratio autem horum omnium est, quia quamvis haec omnia emolumenta proveniant radicaliter ex beneficio ecclesiastico, et regula generalis sit, quod omnes fructus et reditus ecclesiastici ultra congruam debeant expendi in usus pios. Id tamen dupliciter fieri potest et solet. Aliquando enim ecclesia commisit ipsi beneficiario, ut quae post congruam supersint, pie expendat, aliquando vero ipsa ecclesia pie expendit et dat beneficiario sine alia obligatione pie expendendi, sed libere, quia ob justas causas judicavit ecclesia pie expendi illud, quod titulo stipendii datur clerico sine alia obligatione, sed cum plena libertate expendendi pro libito. Sic enim ex reditibus ecclesiasticis assignatur pars aliqua danda cantoribus ut stipendium, quae pars datur eis libera et expendenda libere, quia licet sit ex reditibus

---

[b] + Quod ergo in ea functione fit, potest licite fieri in aliquibus aliis.

---

tatio ad regulam octavam cancellariae » verfasste, in dem ausführlich das Recht der Benefiziaten über die distributiones besprochen wird, § 7, prooemium, n. 162 ss.

ecclesiae et ideo debuerit expendi pie, iam tamen pie expensa est, quando datur cantoribus ad promovendum divinum cultum, et ideo iam est satisfactum praecepto expendendi pie illam pecuniam. Sic etiam distributiones quotidianae, quae dantur canonicis, dantur eis libere et cum facultate expendendi pro libito, quia quamvis sint reditus ecclesiae et debeant pie expendi, ecclesia tamen judicat pie a se expendi partem illam, quando dat libere canonico ut stipendium laboris ad promovendam assistentiam chori et cultum divinum; et ideo canonicus potest eam partem pro libito expendere, quia iam expensa est pie ab ecclesia et satisfactum est debito expendendi pie partem illam.

Quod ergo ecclesia facit cum aliis, id etiam c) potuit facere cum Summo Pontifice et assignare illi portionem aliquam ex redditibus ecclesiasticis, quae sit stipendium rationabile laboris personalis in aliquibus functionibus, et quam possit Pontifex pro libito expendere, quia iam satisfactum est debito expendendi pie partem illam; nam pie expenditur, quando ad sollicitandum et promovendum studium et attentionem Pontificis in aliquibus functionibus laboriosis et ecclesiae necessariis assignatur et stipendium aliquod, de quo ultra suam congruam possit libere disponere. Quod autem potuit ecclesia prudenter facere, potest a fortiori facere ipse Pontifex, qui est caput et administrator bonorum ecclesiae, atque adeo poterit sibi assignare ea stipendia personalia, quae iam sibi assignat ob eas rationes, quibus potuissent libere aliis beneficiariis assignari d), eo modo, quo licitum est, iam tunc eam partem pie expendit; quare postea poterit libere illam expendere, quia iam satisfactum est debito pie illam expendendi; quando justas ob causas applicatur Pontifici in stipendium personale illarum functionum.

Itaque supposita doctrina communi et principiis generalibus non videtur esse difficultas in hac conclusione in genere loquendo, sed tota difficultas erit in applicanda ea ad casus particulares, in quibus videri debet, an inveniantur rationes, ob quas ecclesia et Pontifex eius nomine possint prudenter applicare partem aliquam ex bonis ecclesiasticis, quae sit stipendium laboris personalis Pontificii, et de qua ultra congruam possit libere disponere, eo quod iam sit pie expensa, quando ei in stipendium laboris applicata fuit. De quo in sequentibus congregationibus agendum erat.

2. Conclusio.

Facta est ergo secunda congregatio 19. novembris 1642, in qua actum est de pecunia, quae colligitur ex compositionibus in dispensationibus circa matrimonia, beneficia, pensiones et aliis similibus, de quo eodem puncto actum iterum fuit 26. novembris hebdomada sequenti. Unus autem con-

---

c) statt: id etiam hat b: cum hoc stare
d) statt: quibus potuissent ... assignari hat b: ob quas potuisset aliis beneficiariis licite assignari.

stanter dixit Pontificem nihil posse sibi ex ea pecunia accipere, de quo
ultra suam congruam posset libere disponere. Alii quinque dixerunt post
longam et accuratam disputationem posse partem aliquam sibi accipere
quae sit stipendium rationabile laboris personalis, quae Pontifex adhibet
in examine et expeditione literarum *e)* dispensationum; et de qua parte
possit ultra congruam disponere in quoslibet usus et hoc propter rationes
adductas in praecedenti conclusione, quae omnes procedunt in hoc puncto.
Unus tamen Pater ex his quinque postea ·in sexta congregatione recessit
et accessit ad sententiam illius, qui negaverat.

Rationes, quas afferebant illi ad negandum, hae erant: 1ª quia Doctores dicunt hanc pecuniam ideo licite exigi in dispensationibus, quia con-
vertitur in usus pios. 2ª quia dispensatio est actus potestatis spiritualis,
pro quo nihil potest accipi sine simonia juris divini. 3ª quia Pontifex tenetur ex officio ad has actiones, non potest autem quis exigere stipendium
pro iis actionibus, ad quas aliunde ex officio et justitia obligatur, et quia
haec emolumenta procedunt ex dignitate Pontificia; nam si non esset Pontifex, ea non haberet. Ergo sunt reditus ecclesiastici et per consequens debent expendi in usus pios *f)*.

Ad haec argumenta responderunt clare alii quattuor. Ad 1ᵘᵐ faten-
tur pecuniam illam debere expendi in usus pios et ideo licite ad eum
finem. Cum hoc tamen stat, quod prius debeant extrahi stipendia ministrorum, qui attendunt expeditioni harum dispensationum. Et de facto
extrahuntur stipendia Maioris Poenitentiarii, quae copiosa sunt, et mul-
torum aliorum officialium, quae omnia pie censentur expendi, quia extrahuntur ad stipendia congrua ministrorum, qui attendunt harum causarum
expeditioni. Et haec stipendia dantur his libere et cum facultate disponendi ad quoslibet usus ultra congruam sustentationem, quam plures ex
iis habent aliunde ex beneficiis ecclesiasticis, ut de ipso Cardinale Poenitentiario fatetur Azorius t. 2, l. 8, cap. 3, q. 10 posse libere disponere
in quoslibet usus de stipendio sui officii. Inter hos ergo ministros necessarios ad expeditionem harum causarum numerari merito debet ipse Summus Pontifex, qui *g)* (ut dicunt) labore et assiduitate attendit his causis,
quare stipendium liberum laboris, quod ei assignatur, non minus pie expenditur, quam quod Maiori Poenitentiario et aliis ministris assignatur,
etiam si Pontifici detur liberum ad quoslibet usus, sicut datur et illis.

Haec responsio confirmatur et explicatur 2º exemplis; primum est
bullae cruciatae [22], ex cuius promulgatione coadunatur magna pecuniae
summa, quae juste a fidelibus data accipitur et exigitur, quia datur ad
opus pium, nempe in subsidium belli contra infideles. Cum hoc tamen stat,
ut antequam in eum usum convertatur, extrahi possint et de facto extra-

---

e) earum

f) + detracta congrua.

g) + maiori

---

[22] Vgl. Anm. 7.

hantur ex tota illa summa stipendia copiosa, quae solvuntur commissario generali et aliis commissariis consiliariisque et officialibus innumeris cruciatae, imo et concionatoribus, qui eam populo promulgant, quae omnia stipendia dantur illis sine onere expendendi in usus pios, sed ut quasipatrimonialia, quia iam tunc supponuntur pie expendi, quando dantur in stipendia ministrorum, quorum opera necessaria est ad expeditionem ipsius cruciatae. Similiter ergo, quamvis pecunia compositionum exigatur et accipiatur ad usus pios, non obstare [h]) potest, quod prius extrahantur stipendia pro ministris necessariis et stipendia etiam laboris pro Summo Pontifice, cuius opera maxime necessaria ibi est; quae stipendia dentur illis absque alio onere, quia iam pie expenditur illa pecuniae pars, quando applicantur stipendia necessaria pro officialibus et [i]) pro ipso Summo Pontifice.

Secundum exemplum est, quod supra adductum iam fuerat de reditibus canonicorum, qui certe ultra congruam canonici debent expendi in usus pios; et tamen ecclesia iudicavit non esse contra hanc obligationem, si tertia pars eorum daretur titulo distributionum et stipendii laboris, ut de tota illa ultra congruam integre possint integre [k]) disponere ut de quasipatrimonialibus; quia nimirum iam pie expendebatur illa pars, dando illam ut stipendium ministris ·ecclesiae ad favendum studium et assistentiam chori. Similiter ergo pie expenditur portio illa, quae ex pecunia compositionum extrahitur pro stipendio laboris Pontificis in expeditione illarum dispensationum, quia nimirum sicut distributionibus datis per modum stipendii liberi alliciuntur canonici ad assistentiam chori, ita hac portione data Pontifici ut stipendio laboris libero allici ipse poterit ad assistendum personaliter his expeditionibus; quae assistentia et cura personalis plurimum interest, ut juste, prudenter et debito modo dispensationes examinentur et concedantur, quae fortasse, si per ministros alios solos fierent, minus fideliter et exacte examinarentur et concederentur.

Ad secundum argumentum desumptum ex labe simoniae responsum est clare: in primis ad vitandam simoniam, si quae esset, parum referret, quod Pontifex possit vel non possit partem aliquam illius pecuniae in quoslibet usus convertere. Non enim vitatur simonia, si pro sacramento vel aliquo actu spirituali accipias pecuniam, etiamsi eam accipias ad dandam eleemosinam. Simonia ergo tunc fit, quando accipies temporale pro spirituali, hoc est ut pretium, pro quo vendatur res spiritualis. Quando vero res spiritualis datur gratis et simul accipitur [l]) stipendium ministri titulo stipendii, sive minister possit libere de illo stipendio disponere in suos usus, sive non possit, nulla intervenit simonia, ut constat de stipendio, quod datur sacerdoti celebranti missam, de quo potest libere disponere in omnes usus, etiam si aliunde habeat congruam sustentatio-

---

[h]) statt: non obstare hat b: cum hoc stare
[i]) + maxime
[k]) integram possint libere disponere,
[l]) exigitur

nem ex beneficiis ecclesiasticis. Et tunc nulla est simonia, quia non datur in pretium missae, sed ut stipendium debitum ministro ad sustentationem; et hoc, licet aliunde habeat ab ecclesia et fidelibus congruam sustentationem. De quo ultra videri potest Suarez, t. 1. De Religione, l. 4 de simonia, c. 46 et 47, qui bene explicat regulam generalem, quod pro actibus potestatis spiritualis non potest accipi aliquod temporale, intelligi solum, quando accipitur ut pretium, non vero si accipiatur ut stipendium; hoc enim et accipi et exigi potest in multis casibus.

Unde constat in casu nostro non esse periculum simoniae, quia dispensatio gratis conceditur; exigitur autem aliqua pecunia non ut pretium, sed partim ad stipendium eorum, qui interveniant, partim ad justificandam causam dispensationum imposita illa eleemosina ad opera pia.

Denique non obstat, quod theologi communiter dicunt non posse aliquid exigi pro labore necessario ad actum potestatis spiritualis, qualis est dispensatio, quia loquuntur semper in eodem sensu, nimirum quod non possit exigi ut pretium, quo vendatur ille labor; non tamen negant de stipendio, ut explicat et distinguit bene idem Suarez, l. 4, c. 21, n. 10.

Ad tertium argumentum desumptum ex eo, quod Papa tenetur ex officio ad has functiones et ideo non potest exigere de novo stipendium ex illis, responsum fuit in primis contrarium constare exemplis allatis; nam parochus tenetur ex officio sepelire mortuos, assistere matrimonio, baptismo, et tamen potest exigere stipendia consueta et lege statuta vel permissa in iis functionibus. Item canonicus tenetur ex officio ad chorum; hac enim potissimum de causa instituti sunt canonicatus; et tamen ultra totam suam congruam, quae propter hanc obligationem datur, accipit postea stipendium ex distributionibus quotidianis.

Item episcopus tenetur ex officio visitare dioecesim, et tamen accipit postea procurationes in visitatione, et idem est de tributo antiquo Synodico, licet etiam ex officio teneatur celebrare synodum debito tempore.

Denique Papa etiam tenetur ex officio canonizare Sanctos aliquos, et tamen accipit et exigit propinam, non exiguam, in illa functione.

Hoc idem invenitur in judicibus, qui ex officio tenentur ad judicandum, et tamen aliquando licite accipiunt et exigunt propinas in prolatione sententiae. Imo ipsi Rotae auditores, qui ex potestate spirituali ferunt sententias atque adeo invendibiles, et qui ad id ex officio tenentur, accipere possunt et exigere huiusmodi propinas. Unde pro solutione argumenti animadversum fuit: dupliciter posse aliquem teneri ex officio ad aliquas functiones. Aliquando enim tenetur ad id omnino gratis faciendum et nullo alio stipendio petito, aliquando vero [tenetur] ad id faciendum, cum facultate tamen petendi stipendium a singulis, saltem a divitibus *m)*. Nam a

---

m) + Utroque modo conduci possunt et fortasse solent medici ab aliqua communitate dato eis stipendio communi, ut parati sint ad curandos aegrotos, aliquando facta eis prohibitione, petendi ab infirmis aliud stipendium: aliquando non facta hac prohibitione, sed solum ut pauperes gratis curare debeant. Similiter parochus ex officio tenetur ad confessiones gratis

pauperibus de facto nihil accipit, sed gratis cum eis dispensat, quando intercedunt causae justae ad dispensandum, sicut parochus debet gratis ex officio sepelire mortuos [pauperes] et assistere eorum matrimoniis.

Ad quartum demum argumentum ex eo, quod haec emolumenta procedunt ex dignitate Pontificia, et ideo sunt reditus ecclesiastici et per consequens convertendi in usus pios, sicut alii reditus beneficiorum ultra congruam, responsio constat ex dictis. Neque enim omnia, quae ecclesiastici accipiunt ultra congruam, etiam titulo ecclesiastico [accipiunt], et quae deficiente illo titulo non acciperent, debent ab iis expendi in usus pios, ut constat in distributionibus canonicorum, quas non acciperent, nisi essent canonici, et in stipendiis, quae dantur Cardinali Poenitentiario, Legatis Pontificiis, Vicario Papae et aliis similibus, quae certe supponunt statum ecclesiasticum et tamen possunt ab iis expendi in quoslibet usus, quia dantur ut stipendium laboris. Idemque dicendum erit de hac portione assignata Papae ut stipendio personali harum functionum. Haec enim stipendia non vocantur reditus vel fructus beneficii in stricta significatione, sed in magis lata, quae non usurpatur in odiosis.

Hoc itaque semel probato et statuto actum fuit in iisdem secunda et tertia congregationibus, an possit aliqua ratione assignari et determinari portio, quam Pontifex possit sibi ex compositionibus dispensationum accipere pro stipendio illarum functionum, et quae ei esset quasi patrimonialis. Patres autem judicabant id esse reliquendum arbitrio prudentis, eo quod pendeat a circumstantiis particularibus, nempe ab opere et labore Pontificis in his causis et dispensationibus expediendis, item a summa maiori vel minori, quae ex his compositionibus colligitur et aliis similibus.[23].

Ut autem aliquid taxari posset, dixerunt esse bonam regulam a posteriori et ab exemplo illud, quod Maiori Poenitentiario in stipendium sui officii assignatur, ita ut stipendium Pontificis in his causis eo sit maius quo labor ipsius in illis maior est et dignitas personae sublimior. Juxta quam regulam, si labor Pontificis aequalis sit labori, quem Maior Poenitentiarius adhibere debet, ego puto posse ad minus duplo maius stipendium Pontifici assignari in iis negotiis. Si vero labor Pontificis sit duplo

---

audiendas, non vero ad sepeliendos gratis mortuos, nisi sint pauperes. Potest ergo quis ex officio teneri ad aliqua opera, pro qua obligatione accipit congruam sustentationem cum facultate tamen, ut postea a divitibus saltem exigat stipendia particularia. Hoc supposito non apparet, cur hoc ipsum non possit Papa in ordine ad se ipsum statuere, ut ultra congruam, ob quam ex officio tenetur ad has functiones exercendas, accipere possit stipendia particularia in eisdem functionibus, saltem a divitibus: nam a pauperibus ...

---

[23] Damit entzog sich die Kongregation dem, was der Papst eigentlich wollte: der Angabe bestimmter Summen, über die er ohne Bedenken frei verfügen konnte. 1643 mussten die Theologen noch einmal zusammenkommen, um diese Summe festzulegen.

vel triplo maior etc., posse ad minus stipendium Pontificis excedere ter
vel quater vel aliquando quinquies stipendium, quod pro Poenitentiario extrahitur ex illis compositionibus, quod totum, ut supra dictum est, sit
Pontifici liberum ad omnes usus. Ratio autem est, quia dignitas maior Pontificis et utilitas ecclesiae et observantia ecclesiasticae disciplinae, quae non
parum pendet ex eo, quod Pontifex non committat omnino harum dispensationum examen et expeditionem aliis, sed ipse immediate attendat et
examinet has causas, faciunt, ut juste, utiliter et pie expendatur tota illa
pars, quando assignatur Pontifici ut stipendium operae personalis, quamvis eo ipso detur ei tamquam patrimoniale et liberum in omnes usus.

3. Conclusio.

His ergo in secunda et tertia congregatione decretis in quarta congregatione 3. decembris actum est de pecunia, quae colligi solet ex annatis. De qua dictum fuit et maiori suffragiorum parte resolutum posse
Papam ex illa accipere sibi partem, quae sit stipendium rationabile et proportionatum laboris, quem adhibet in distributione et promotione episcopatuum et aliorum beneficiorum, de qua parte possit libere disponere in omnes usus. Nam licet annatae sint pars redituum beneficialium et ideo converti debeant in usus pios detracta congrua sustentatione, potest tamen
in hac etiam materia locum habere titulus justi stipendii personalis, sicut
probatum est in compositionibus et dispensationibus. Et ad hoc adductum
fuit exemplum Cardinalis Protectoris, qui in iis causis et in proponen-
dis ecclesiis habet suas propinas, quae sunt quasistipendium sui laboris, et
potest de illo libere disponere ad omnes usus. Cur ergo Pontifex non poterit habere suum stipendium et quasipropinam correspondentem suo labori in iis functionibus, de qua possit similiter libere disponere ad quoslibet usus?

Fundamenta alia non repetuntur, quia sunt eadem, quae adducta sunt
in conclusione praecedenti, et eodem modo solvuntur fundamenta eadem,
quae in contrarium adducta fuerunt.

4. Conclusio.

Postea autem in eadem congregatione actum est de quindenniis, de
quibus videbatur esse maior difficultas eo, quod in illis nihili laboris aut
operae videatur Pontifex adhibere, cum semel facta unione beneficii nihil
ulterius juvandum[n]) sit de eius provisione. Ceterum adhuc maiori parte
suffragiorum resolutum fuit: ex his etiam posse Pontificem aliquam partem liberam sibi accipere, nempe titulo compensationis. Si enim uniones
beneficiorum non fuissent introductae, non decrevissent annatae et collationes beneficiorum, atque adeo maius stipendium liberum tunc corres-
ponderet Pontifici attendenti ad provisiones plurium beneficiorum. Hoc ergo
lucrum liberum, quod Pontifex occasione unionum amittit, potest sibi ex

---

[n]) curandum

quindenniis resarcire, ut se indemnem servet si voluerit. De hoc tamen non videbatur multum curandum quia res erat non magni momenti.

5. Conclusio.

Denique in eadem congregatione actum est de spoliis, de quibus fere omnes dicebant convertenda omnino esse in usus pios, tum quia id disertis verbis docet Navarrus [24], t. 2, tract. de spoliis, § 11: «num primo», tum etiam, quia, cum sint superflua beneficiario defuncto ex redditibus ecclesiasticis, secum videntur afferre obligationem ad hoc, ut pie expendantur; et hoc titulo justificantur, ut scilicet expendantur bene et pie in levamen camerae et in opera pia. Postea tamen in congregatione quinta propositum fuit ab Ill.mo Domino Vicesgerente, in his etiam spoliorum causis multum laboris et operae assiduae a Summo Pontifice adhiberi, ut spolia obtineantur et coerceantur impedientes. Quare in his etiam partem aliquam titulo stipendii liberi applicari ei posse, sicut in annatis. Cui maior suffragiorum pars consensit. Nam licet labor hic videatur immediate a Pontifice adhiberi in utilitatem suam et ad exigenda bona suae camerae et ideo non videatur labor dignus stipendio ultra congruam, sicut parochus non accipit ultra congruam stipendium aliquod quasipatrimoniale propter laborem exigendi reditus beneficii. Verumtamen Papa laborat quoad hoc ad utilitatem publicam ecclesiae, ad cuius bonum spectat, quod reditus beneficiorum non veniant moriente clerico vel episcopo ad manus consanguineorum, sed expendantur in opera pia vel stipendia ministrorum ecclesiae; quare labor hic dignus videbatur suo stipendio proportionato et rationabili.

6. Conclusio.

In congregatione quinta, die 16 decembris actum est de pretio officiorum vendibilium et imprimis de officiis curiae non habentibus jurisdictionem nec spectantibus ad negotia et causas concernentes principatum et dominium temporale Pontificis ad causas ecclesiasticas, quae spectant ad Papam, ut Papa est. Judicarunt enim Patres distinguendum merito inter officia, quae pendent a Papa, ut Papa est, et quae ab eo pendent, ut princeps temporalis est. Nam licet status temporalis Papae reperiatur multis debitis et tributis oppressus et ideo videatur qualibet arte et ratione sublevandus, non tamen tenetur Papa convertere in suum finem emolumenta, quae aliunde ipse habet ex Papatu, et quae haberet, si non esset princeps temporalis, sed solum Summus Pontifex et supremus princeps spiritualis. Habet quidem

---

[24] Der hier genannte *Tractatus de spoliis* des DOCTOR NAVARRUS (Don Martín de Azpilcueta, † 1586) findet sich im 2. Band der römischen Ausgabe seiner Werke von 1590 f. 215 ff; ebenda ist der nachher erwähnte berühmte Traktat *De reditibus*, der fast kanonische Geltung bei den späteren Kanonisten hatte (f. 317 ff.). Im 1 Band, 1 ff. ist die weiter unten zitierte *Summa seu Manuale confessariorum*.

utrumque principatum, sed spiritualem independenter a temporali. Unde
satisfacit statui et dominio temporali expendendo in utilitatem subditorum,
quae ab ipsis subditis temporalibus percipit, nec tenetur veram utilitatem
connectere *o)*, quae aliunde ex Papatu, ex potestate spirituali percipere potest. Nam principatus et dominium temporale transiit ad Papam cum suis oneribus, hoc est cum obligatione defendendi et conservandi hunc statum expensis eorumdem subditorum, non expensis patrimonii, quod aliunde Papa
et *p)* sua familia haberet, nec etiam proventuum ecclesiasticorum, quos ex
dominio temporali, sed titulo spiritualis potestatis Pontifex lucrari potest.
Ad judicandum ergo de pretio horum officiorum ecclesiasticorum non est
considerandum an status temporalis Papae oppressus sit debitis, sed considerandus est Papa, ac si non esset princeps temporalis.

Quo supposito maiori suffragiorum parte conclusum fuit, pretia horum
officiorum curiae non habentium jurisdictionem esse posse quasipatrimonialia Papae et expendi ad quoslibet usus stantibus duabus condicionibus:
Prima est: quod ea officia non habeant emolumenta excessiva, etiam computatis, quae accipiunt ex annatis, sed congrua iuxta laborem et dignitatem officialium. Secunda est, quod ex institutione, multiplicatione aut venditione officiorum nullum sequatur detrimentum boni publici, sed aeque
bene provideatur ecclesiae ac bono publico, ac si non venderentur. Quibus
condicionibus stantibus vendi posse a principe licite haec officia, dixi cum
S. Thoma, Opusc. 21 ad Ducissam Brabantiae [25], et cum communi Doctorum
torum [sententia] tom. 2º De Justitia, Disp. 34, sect. 3ª, num. 27.

Quod autem tunc Papa possit libere disponere de pretio, probatur,
quia ita nihil facit contra rem[publicam] vel contra emptores. Nam rei-
[publicae] satisfacit providendo illi de ministris dignis et idoneis. Neque
etiam facit contra jus emptorum; nam iis princeps nullam habet obligationem, ut ostendi loco citato, sed soli reipublicae, in cuius gratiam debet
eligere bonos ministros. Unde, quod hic eligatur potius quam alius aeque
dignus, est liberalitas et benevolentia principis, quam ipse potest nolle [gra-
tis] exercere, sed pretio accepto, quod sibi ad suos usus liberos applicet.

Ad quod declarandum afferebatur exemplum oeconomi, qui ex officio
tenetur providere de carnibus vel piscibus pro familia divitis, potest tamen eligere hunc vel illum venditorem vel macellarium, a quo carnes emat,
et potest etiam ab hoc venditore donum aliquod pretiosum accipere, eo quod
ipsum eligat, ut ab eius taberna merces pro illa familia emantur, dum hoc
sit sine praejudicio principis vel familiae, cui nimirum aeque bene provi-

---

o) statt: tenetur veram utilitatem connectere liest b: tenetur in eorum
etiam utilitatem convertere,

p) in

---

[25] Dieser sicher echte Brief des hl. Thomas an die Herzogin von Bra-
bant steht in der römischen Ausgabe der Werke des Aquinaten von 1670
unter dem Titel *De regimine Judaeorum ad Ducissam Brabantiae* als n. 21
unter den Opuscula des 17. Bandes, f. 192*v*-193*v*.

deatur de victu et eodem pretio. Tunc enim oeconomus accipit donum illud pro sua libera electione huius potius venditoris quam alterius. Sic quoque Papa, qui debet providere reipublicae de bonis officialibus potest aliquid sibi accipere pro libera electione huius potius quam alterius, dum hoc sit sine detrimento ecclesiae et boni publici, sed aeque bene provideatur, et stipendia officialium non ideo maiora sint, quam si officia non venderentur.

Contra hanc conclusionem sic explicatam duo potissimum argumenta adducta fuerunt, quae aliquibus videbantur difficilia. Primum erat, quod pretium horum officiorum videtur omnino esse proventus procedens ex ipsa dignitate Pontificia. Quod enim Papa possit eligere notarios, v. gr. ad causas ecclesiasticas, atque ideo quod possit notariatum vendere, procedit ex eo, quod sit Papa. Ergo hoc emolumentum est fructus et reditus ipsius Pontificatus et per consequens debet converti in usus pios sicut alii reditus ecclesiastici. Hoc tamen argumentum saepius solutum fuit et ostensum non omnia emolumenta, quae clericus accipit ex occasione dignitatis aut beneficii ecclesiastici, et quae non acciperet, nisi haberet beneficium ecclesiasticum, esse proprie et stricte fructus beneficii convertendos necessario in usus pios. Nam inprimis distributiones personales, quae Canonicis dantur, oriuntur ex canonicatu neque dantur nisi canonicis, et tamen vidimus ex communi sententia non esse necessario convertendas in usus pios. Et ut alia mille exempla omittamus, afferebatur exemplum episcopi, qui potest in una vel altera civitate suae dioecesis libere residere. Huic si communitas huius civitatis offerat 1000 aureos, ut hoc anno in hac civitate resideat, volens nimirum pretio illo comparare suae civitati honorem residentiae episcopalis, nemo dicet episcopum debere dare hos 1000 aureos in eleemosinam, tamquam fructus sui episcopatus; sed omnes dicent esse bonum quasipatrimoniale et pretium liberae electionis. Et tamen procedunt ex dignitate episcopali; nisi enim esset episcopus, non haberet illud emolumentum.

Sic ergo pretia horum officiorum, licet procedant radicaliter ex Pontificatu, non sunt tamen fructus et reditus convertendi necessario in usus pios. Ratio autem est, quia ad hanc obligationem considerandus est titulus immediatus, ob quem dantur, an sit solum beneficium, an sit aliquid aliud, ut consideravit bene Navarrus, Tract. de Redd. Eccl., qu. 1, mon. 19, n. 2: non subiacere huic obligationi, quae testator reliquerit pro missis celebrandis a parocho suo, quicumque ille fuerit; nam licite eum proventum non haberet, nisi esset parochus, datur tamen immediate non propter titulum beneficii, sed in stipendium missarum. Sic ergo pretium horum officiorum non datur Papae ab ecclesia ob titulum Pontificatus, sed datur ab officialibus immediate et proxime ob electionem liberam sui ad tale officium et datur illud sine ullo onere convertendi in usus pios, licet occasio remota fuerit potestas Pontificia.

Secundum argumentum, quod maxime deterrere videbatur aliquos a nostra conclusione, erat, quia Doctores concedentes posse licite vendi haec officia, exigunt ad hoc aliquas condiciones, quarum una est, ut venditio fiat propter gravem necessitatem publicam, cui aliter non possit commode consuli. Ita Sotus et Salonius, quos refert et sequitur Thomas Sanchez libro 2º Cons., c. 1, dub. 37, n. 4 [26]. Unde inferebat, si officia licite venduntur, id debere esse propter publicam necessitatem, atque adeo pretia converti debent in eamdem necessitatem, propter quam licite venduntur. Ad hoc argumentum aliqui respondebant eos doctores nunquam locutos esse de Summo Pontifice, sed de principibus temporalibus et in ordine ad officia temporalia, qui quidem principes, cum potestatem suam accipiant a republica, potuerunt eam limitatam accipere, ut non vendantur officia nisi ob publicam utilitatem *q*). Quam rationem reddidit Rebellus, 2 p, l. 9, q. 18, sect. 2, n. 24, Malderus in IIam IIae, tr. 9, 1, dub. 5 [27]. Papa vero non accepit potestatem ecclesiasticam a republica, sed a Deo immediate cum tota plenitudine potestatis, quare in ordine ad beneficia *r*) ecclesiastica non debet mensurari regulis aliorum principum temporalium.

Secundo tamen et facilius responderi potest, licet communiter ea conconditio requiratur publicae necessitatis ad licitam venditionem officiorum, quia communiter affert detrimentum boni communis ea venditio; quando tamen illud detrimentum non afferretur (in qua hypotesi posita fuit conclusio), non requiri ad illam venditionem conditionem illam necessitatis publicae. Unde alii plures et gravissimi doctores alias conditiones licitae venditionis enumerantes illam de publica necessitate merito omiserunt, quia non erat universaliter necessaria. Hi sunt Vasquez in Opere Mor.[28], Tractat. de beneficiis, c. 2, par. 3, dub. 14, n. 102, Armilla [29], verbo: « offi-

q) necessitatem

r) officia

[26] Das Werk von THOMAS SÁNCHEZ S. J. († 1610) hat den Titel *Consilia seu opuscula moralia,* die zitierte Stelle ist im 2. Band. Die beiden bei Sánchez erwähnten Autoren sind: der berühmte Dominikus SOTO O. Pr. († 1560); es wird hier verwiesen auf seinen Traktat de *Justitiaa et Jure,* l. III, q. 6, art. 4, und. MICH. SALONIUS O. S. AUG. († 1620), *Commentariorum in disputationes de justitia, quam habet S. Thomas IIa IIae,* q. 63, a. 2, controv. 8.

[27] Die hier angeführten Werke von FERNANDUS REBELLUS S. J. († 1608) und JOANNES MALDERUS, Bischof v. Antwerpen († 1633), sind: *De obligationibus Justitiae,* Venetiae 1610, bezw. *De virtutibus theologicis et justitia et religione commentaria ad IIam IIae D. Thomae,* Antverpiae 1616. Die Zitationen der Stellen sind hier wie in der ganzen Arbeit sehr genau.

[28] Der Traktat des berühmten Theologen GABRIEL VÁSQUEZ († 1604) findet sich im letzten 9. Band der sämtlichen Werke (Editio Lugdun. 1631 p. 400 ff.).

[29] *Armilla* oder *Armilla aurea* ist der Name der weitverbreiteten alphabetisch geordneten Casussammlung des Dominikaners BARTH. FUMUS († 1567): *Summa casuum conscientiae.*

cium », Silvester, « Restitutio » 3, qu. 2, dist. 4 [30], Navarrus in Summa,
c. 25, n. 7, Turrianus [31], De Justitia et Jure, disp. 23, dub. 2, n. 4 et alii
plures. Et quod caput est ipse S. Thomas opusculo citato, ubi ex professo
de hoc agit, condicionem illam publicae necessitatis ad venditionem liberam non apposuit, sed illas solum duas, quas nos in conclusione nostra
posuimus, quibus concurrentibus licitam esse fatetur.

[7. Conclusio]

In congregatione sexta, die 23 Decembris 1642 disputatum fuit de
pretio officiorum habentium jurisdictionem ecclesiasticam, vel si habeant
utramque, de pretio eorum, quatenus correspondet officio, quatenus habet
jurisdictionem ecclesiasticam et emolumenta illius. Resolutum fuit maiori
suffragiorum parte: stantibus duabus condicionibus designatis in conclusione praecedenti posse etiam pretium horum officiorum converti a Pontifice libere in quoslibet usus, quod iisdem fundamentis et auctoritatibus probatum est. Hoc tamen discriminis est, quod Doctores magis rigide loquuntur de venditionibus horum officiorum habentium jurisdictionem et
potestatem gubernativam, quia difficilius vitari potest, quod ex hac venditione non sequatur detrimentum grave boni publici, quatenus venduntur
minus idonei, et languent studia bonarum artium, dum subditi vident
praemia non melioribus, sed ditioribus conferri, ut consideravit Cajetanus [32] in Summa, verbo: « Officiorum Vendibilitas », et cum eo alii Doctores communiter. Quando tamen haec incommoda non sequuntur, idem
dicendum erit de his officiis ac de aliis quoad facultatem Pontificis convertendi pretium in quoslibet usus.

[8. Conclusio]

In congregatione denique septima et ultima, 30 decembris 1642, actum fuit primo loco de pretio officiorum spectantium ad Papam ut principem temporalem sui status, vel si forte mixta sunt, de parte pretii
iis officiis secundum eam partem correspondente, vel si quae alia officia
emolumenta habeant a subditis temporalibus, quatenus tales sunt. De quibus dictum fuit, quamvis in genere loquendo et praescindendo ab his cir-

---

[30] Zu Silvester vgl. Anm. 21.

[31] LUISIUS TURRIANUS S. J. († 1635) bekannt vor allem als Dogmatiker, handelte über moraltheologisch — rechtliche Fragen in seinen *Disputationes in II^{am} II^{ae} S. Thomae*. Die hier angeführte Stelle findet sich
im 2. Band des 1621 in Lyon veröffentlichten Werkes.

[32] Auch der grosse Kardinal CAJETAN (Thomas de Vio O. Pr. † 1534),
der Gegner Luthers auf dem Reichstag von Augsburg, verfasste eine Casussammlung deren gewöhnlicher Titel ist: *Summula peccatorum* oder *Summula de peccatis*. Sie ist sehr oft gedruckt worden.

cumstantiis posset pretium horum officiorum in aliquibus casibus accipi
a Pontifice libere ad quoslibet usus, ut constat ex 6. et 7. conclusione, in
hodierno tamen statu, in quo dominium Papae temporale ob frequentes
necessitates praeteritas et praesentes debitis et tributis oppressum invenitur, videri omnino convertendum in utilitatem publicam eiusdem status,
ita ut tunc solum possit Pontifex de illo pretio libere disponere, quando
posset pretium officiali pro suo libito remittere, et aliunde concurrerent
duae illae conditiones suprapositae ad licitam officiorum venditionem.
Cum hoc tamen stat: posse etiam in praesenti rerum statu Pontifices aliquando haec officia aliquibus pro suo libitu sine alia causa gratis conferre
et consequenter posse etiam aliquando pretium sibi ad quoslibet usus applicare.

Ratio huius conclusionis fuit, quia princeps temporalis non potest sine
necessitate subditos novis et gravioribus tributis vexare, imo ex justitia
tenetur ab iis abstinere, quando sine gravamine aliter potest insurgenti necessitati occurrere. Unde si venditis iis officiis potest eo pretio necessitati
occurri sine novi et gravioris tributi exactione, subditi habent jus, ut eo
modo necessitati occurratur sine impositione gravioris oneris. Per hoc tamen non debet principi etiam in statu reipublicae debitis gravato et oneribus
auferri facultas gratias et liberalitates circa aliquos exercendi. Principatus
enim geri non potest sine potestate puniendi et gratificandi, alioquin ma-
neret princeps ad mere puniendum et vexandum subditos, qui vix posset
vocari princeps, si non posset beneficia conferre. Pertinet ergo ad principis statum semper et ad eius dignitatem habere materiam liberalitatis
et gratiae exercendae. Si vero hanc gratiae materiam princeps vellet ad
suam utilitatem convertere et vendere ea officia, tunc, quando posset gratis ea donare, ageret quidem minus decenter, non tamen contra justitiam,
quia censeretur ad alios usus proprios velle convertere, quae juxta suam
dignitatem potuisset licite donare, vel certe vellet commutare donationis
et liberalitatis materiam vendendo aliqua officia, ut deinde posset pecunias
liberaliter donare.

9. Conclusio.

Deinde in eadem congregatione actum fuit de trattis seu facultatibus
extrahendi frumenta, et ab iisdem resolutum fuit: posse Papam eas gratis aliquibus concedere atque etiam facere facultatem, ut ipsi eam facultatem aliis vendere possint, dum tamen id non redundet in praejudicium
boni communis.

Ratio est fere eadem, quia supponimus extractionem frumenti prohi-
bitam propter bonum publicum, ne subditi caro cogantur emere et laborare
inopia frumenti, si omnes possent illud extrahere. Haec autem inopia non
timetur ex eo, quod uni vel alteri haec facultas concedatur, imo id plerumque expedit, quando non potest totum frumentum in proprio territorio consummari. Tunc autem ad dignitatem principis spectat, ut possit aliquibus hanc gratiam concedere, ut dicebamus in conclusione praecedenti.

Quod semper intelligitur cum moderatione debita, ne ea de causa subsequatur frumenti inopia. Imo si plurimis facultates concedendae essent, jam tamen [s]) fortasse oporteret eas vendere, ut pretium in utilitatem publicam converteretur, et subditi minus graventur aliis oneribus et tributis, sicut de venditione officiorum dictum fuit.

10. Conclusio.

Ultimo loco in eadem congregatione dictum fuit de pretio locorum montium vacabilium. Cum autem relatum fuisset, horum montium fundamentum esse gabellas ob diversas necessitates impositas, omnes judicaverunt eamdem esse rationem de locis his vacabilibus ac de gabellis, quae a subditis exiguntur et solvuntur ad necessitates et utilitates communes, atque adeo in eumdem finem debere utiliter converti et expendi [33].

3.

Aus dem Majoritätsgutachten der Theologenkongregation von 1642.

Original mit der Unterschrift aller Theologen der Majorität: Vatikanisches Archiv, Instr. Misc. 4196, f. 1-39;

Weitere Ausfertigungen, unterschrieben von dem Leiter der Kongregation, dem nachmaligen Kardinal Joh. B. Altieri: Vatikanisches Archiv, Fondo Carpegna 37, f. 12-59^r und 89, f. 28-84r.

Da die ausserordentliche Länge des Stückes seine völlige Wiedergabe verbietet, der Inhalt auch in der obigen Darstellstellung vorgelegt ist und sich vielfach mit den Mitteilungen des Kardinals de Lugo berührt (1. und 2. Dokument), folgen hier nur die eigentlichen Conclusionen oder Thesen, in denen die Majorität knapp ihre Entscheidungen über die Rechte des Papstes an den einzelnen Einnahmen darlegt, und die nach den Conclusionen gebotene Darstellung der Majorität über die dem Papst zustehende Congrua; auch bei dieser lassen wir die den einzelnen Abschnitten nachfolgende Begründung und die langen Aufzählungen von Autoren weg. Im Text und der Blätterzählung folgen wir dem Original in den Instrum. Misc.

---

[s]) tunc

[33] In dem Exemplar dieses zweiten Berichtes Lugos in den Instr. Misc. des vatikanischen Archivs folgt hier die oben besprochene Unterschrift des Theologen (vgl. S. 254).

De Bonis quasipatrimonialibus Summi Pontificis conclusiones mature discussae ac firmatae in congregatione pluries habita de mandato Smi Dni N. Urbani VIII in Palatio Apostolico S. Petri.

f. 2. In congregatione habita d. 11 nov. 1642 fuit post longam et exactam disputationem firmata infrascripta conclusio.

Prima Conclusio.

Sicut episcopi, canonici et parochi ultra totam congruam possunt accipere aliqua stipendia, quae sunt bona quasipatrimonialia, et de quibus possint libere disponere pro aliquibus functionibus, ad quas alias ex officio tenebantur, ita Summus Pontifex potest ultra congruam aliqua *stipendia* accipere in aliquibus functionibus, ad quas etiam ex officio tenetur, quae stipendia sint quasipatrimonialia, et de quibus possit libere disponere [34].

f. 13. In secunda congregatione, de mandato Smi D. Nri facta in Palatio Apostolico d. 19 nov. 1642 diligenter et exacte disputatum fuit de compositionibus, quae pro Summo Pontifice tam in dispensationibus, quam in aliis beneficiorum et pensionum expeditionibus exiguntur, videlicet, an pecunia, quae ex dictis compositionibus exigitur, sit censenda Summi Pontificis libera ac tamquam bonum patrimoniale, de quo ad libitum disponere possit, et post longam inquisitionem firmata fuit haec 2. conclusio.

Secunda Conclusio.

Summus Pontifex ex *compositionibus* in dispensationibus ad matrimonia, beneficia, pensiones et similia potest accipere sibi partem aliquam, ut stipendium laboris in eiusmodi causis impensi, quod sit quasipatrimoniale, et de quo possit libere disponere. In hac autem stipendii quantitate taxanda potest attendi ad id, quod ex iisdem compositionibus Majori Poenitentiario datur, addito excessu ratione maioris laboris (si maior is sit in Summo Pontifice) et ratione maioris dignitatis personae, et hoc totum ultra congruam.

f. 19. In congregatione habita 3 dec. 1642 fuit exacte disputatum de annatis, quindenniis et spoliis, an videlicet eodem modo, sicut dictum est de compositionibus, possit Summus Pontifex ea licite exigere et sibi applicare tamquam bonum quasipatrimoniale, et firmata fuit infrascripta conclusio.

Tertia Conclusio.

Ex *annatis* potest Summus Pontifex aliquid sibi sumere ultra congruam, ut stipendium sui laboris personalis in beneficiorum provisione im-

---

[34] Der Nachweis dieser ersten Conclusion und die Widerlegung der entgegengesetzten Ansicht umfasst 24 Seiten (f. *2r-13r*).

21

pensi, sicut et Cardinalis Protector ultra totam suam congruam, quam
aliunde ex fructibus ecclesiasticis habet, accipit propinam pro labore proponendi ecclesias[35], quae sit eius bonum patrimoniale et liberum. Idem
dicendum est de *quindenniis* posse videlicet aliquid a Summo Pontifice accipi, quod sit quasipatrimoniale, nimirum propter praejudicium, quod sibi
infert in bonis et lucris liberis, quae habere posset, si non esset facta unio
beneficii, minus tamen, quam ex annatis propter minorem laborem, quem
subit. *De Spoliis* etiam militat ratio, si etiam in iis non levis interveniat
opera et labor eiusdem Summi Pontifiis, ut suppositum est in ultima Congregatione[36].

f. 25. In congregatione habita die 16 dec. 1642 diligenter disputatum
fuit de pretio officiorum curiae non habentium jurisdictionem, et fuit firmata 4. conclusio, quae est huiusmodi.

Quarta Conclusio.

Pretium *officiorum* curiae Romanae *vacabilium non habentium jurisdictionem,* et quae non pertinent ad causas proprias Summi Pontificis,
quatenus est princeps temporalis, sed ad causas *ecclesiasticas* et proprias
Summi Pontificis, ut Papa est, esse potest quasipatrimoniale et liberum
Summo Pontifici stantibus his conditionibus, quod ea officia non habeant
emolumenta aut stipendia excessiva computatis etiam, quae accipiunt ex
annatis, sed congrua pro labore ac dignitate officialium, et quod ex institutione aut venditione horum officiorum non sequatur detrimentum boni
publici, ac si non venderentur.

f. 33v. In congregatione habita d. 23 dec. 1642 actum est de pretio officiorum habentium jurisdictionem ecclesiasticam, et firmata fuit

Quinta Conclusio.

Pretium *officiorum habentium jurisdictionem ecclesiasticam* est bonum quasipatrimoniale Summo Pontifici, si venditio nullum afferat detrimentum boni publici, quia nimirum aeque bene provideatur bono publico,
ac si gratis darentur, et concurrant aliae conditiones in praecedenti conclusione explicatae.

f. 34v. In congregatione d. 30 dec. 1642 actum est de pretio officiorum
habentium emolumenta ex statu temporali Summi Pontificis vel ab eius
subditis, et firmata fuit infrascripta

---

[35] Der Kardinal Protektor schlug im Konsistorium die Kandidaten für
die Konsistorialpfründen des seiner Protektion anvertrauten Landes vor
und erhielt dafür die propina.

[36] In dieser 3. Conclusion sind die Conclusionen 3-5 des Protokolls Lugos zusammengefasst.

Sexta Conclusio.

Pretium *officiorum habentium emolumenta ex statu temporali* Summi Pontificis, quamvis secundum se posset esse liberum et quasipatrimoniale illius, attento tamen praetenso gravamine status ecclesiastici ac necessitate imponendi nova tributa seu gabellas, non videtur, quoad partem illam correspondentem statui temporali et ut respicit causas et honores temporales, libere converti posse in quoslibet usus, sed converti debere in bonum publicum, si ea ratione posset status reipublicae aliquantum sublevari, ita ut tunc solum possit pretium illud converti in quoslibet usus, quando in hoc reipublicae statu possent ea officia gratis conferri, et concurrerent conditiones in praecedenti conclusione positae circa officia ecclesiastica. Cum hoc tamen stat : posse Summum Pontificem etiam in hoc statu aliquando ea officia gratis conferre, cum ad principis statum spectet, posse aliquando liberalitatem exercere. Unde infertur posse etiam in hoc statu aliquando pretium in usus liberos convertere cum debita moderatione. Quod idem dictum fuit de *tractis,* posse nimirum a Summo Pontifice aliquando gratis concedi etiam cum facultate eas vendendi, dummodo concessio non sit in praejudicium boni communis in casu sterilitatis vel alterius necessitatis [37].

f. 35*v.*   ### Septima Conclusio
in eadem congregatione firmata.

Pretium *locorum montium vacabilium,* si eorum emolumenta percipiuntur ex statu ecclesiastico, non est bonum quasipatrimoniale et liberum, sed est proprie fructus et reditus ecclesiasticus sicut gabellae, tributa et alii fructus, qui ex statu ecclesiastico percipiuntur, de quibus Summus Pontifex non potest sumere nisi congruam sustentationem suae personae, familiae ac status Pontificii juxta suam dignitatem et qualitatem et reliquum expendere in utilitatem eiusdem status ecclesiastici seu in opera pia.

f. 36*v.*   ### De Congrua Summi Pontificis.

Infrascriptas propositiones ponimus ex communi Doctorum sententia.
Primo posse Summum Pontificem sumere suam congruam sustentationem ex omnibus fructibus status ecclesiastici, ex tributis, gabellis et aliis quibuscumque proventibus eiusdem status, licet dicti fructus sint beneficiales, cum supradicto onere expendendi superflua in opera pia; et ratio est, quia sicut episcopi et alii beneficiati congruam suam ante omnia detrahere possunt ex praebenda seu aliis fructibus beneficialibus, ita et Summus Pontifex congruam sustentationem potest et debet ante omnia

---

[37] In dieser 6. Conclusion sind die Conclusionen 8-9 des P. Lugo zusammengezogen.

ex omnibus reditibus, qui non sunt patrimoniales aut quasipatrimoniales detrahere et reservare sibi ad omnes usus liberos omnia bona patrimonialia vel quasipatrimonialia. Haec propositio est communis Doctorum omnium et ideo non eget alia probatione.

Secundo Summum Pontificem, si non habeat, unde sumat congruam sustentationem ex statu ecclesiastico, habere eamdem facultatem et potestatem, quam habent omnes reges et principes supremi saeculares, imponendi nova tributa et gabellas ad se et suam dignitatem sustentandam, imo maiorem quia eamdem habet etiam super omnia bona et beneficia ecclesiastica.

Tertio. Si Summus Pontifex expendat aliquid de bonis quasipatrimonialibus et liberis in expensas suae sustentationis et congruae vel in eleemosynas, posse tantumdem accipere ex bonis ecclesiasticis seu fructibus status temporalis et reservare sibi in usus liberos.

Quarto. Ad congruam Summi Pontificis taxandam attendendam esse eius dignitatem, quae maxima est, et ideo comprehendere non solum illa, quae sunt ei necessaria pro victu et familia, ministris, viridariis aliisque similibus ad suae personae sustentationem et animi oblectamentum convenientibus, sed comprehendere etiam ea, quae ad eius splendorem et Pontificiam dignitatem pertinent, ut excipere splendide principes et eorum legatos eisque sacra donaria aliaque munera elargiri, milites alere pro custodia ac defensione status ecclesiastici, arcium et civitatum, comprehendere etiam exstruere aedificia pro decentia dignitatis Pontificiae, facere eleemosynas, dare suis consanguineis et familiaribus secundum status condicionem, remunerare eorum servitia, donare non solum in remunerationem, sed etiam pro decentia dignitatis Pontificiae liberalitatis et benevolentiae causa et reliquas expensas facere pro sustinendo decore in suo sublimi statu juxta inveteratam et approbatam consuetudinem suorum praedecessorum. Ita communiter docent Doctores omnes de quolibet episcopo ac beneficiato juxta suam qualitatem ac dignitatem.

Quinto. Licet difficile sit taxare in particulari summam seu quotam congruae Pontificiae sicut in quolibet alio beneficiario, quia justum cuiusque rei pretium regulariter non consistit in indivisibili, sed habet latitudinem quamdam infimi, medii et supremi seu rigorosi, et sic quod necessarium est ex reditibus beneficii ad congruam cuiusque beneficiati in particulari sustentationem, non consistit in indivisibili, non solum quia pro diversitate temporum et circumstantiarum plus requiritur uno anno quam alio, sed etiam quoniam uno et eodem anno existentibusque eisdem circumstantiis humana aestimatio assignare non potest medium usque ad indivisibile.

Tandem optimam regulam esse pro conscientiae quiete et securitate, praesertim in Summo Pontifice admetiri familiam et alios sumptus ad sui status sustentationem juxta consuetudinem et praescriptum aliorum praedecessorum Pontificum. Quia si hanc regulam Doctores tradunt pro aliis beneficiatis et praesertim Molina ... [38] multo magis servanda est in

---

[38] Die hier angeführte Stelle aus MOLINAS klassischem Traktat *De*

Summis Pontificibus, de quibus dubitari non potest, quod sint piae ac timoratae conscientiae.

I. B. Ep. de Camerino Vicegs.

4.

Kürzeres Gutachten der Minorität, vermutlich verfasst vom päpstlichen Beichtvater Celsus Zani O. Min. Obs.

     Abschrift im Archiv der Gregorianischen Universität, vol. 252, p. 115.

Utrum emolumenta, quae Summus Pontifex percipit ex poenitentiaria, dataria et cancellaria percipiat (ita!), [39], vel ad ipsum spectent tamquam bona quasipatrimonialia et pro libito expendere possit.

Partem negativam probo. Emolumenta praedicta in tantum cohonestantur et licite accipiuntur a Summo Pontifice, in quantum determinata sunt et deserviunt in subsidium pro sustentatione ipsius Summi Pontificis et ad sustinenda onera Pontificatus et non aliter nec alio modo : alias esset vitium simoniale. Ergo non potest Summus Pontifex ea percipere tamquam bona quasipatrimonialia et pro libito ea expendere. Consequentia clarissima est. Antecedens quoad illam partem, quam Summus Pontifex percipit ex compositionibus dispensationum seu aliarum concessionum

---

Justitia steht im 1. Band des Werkes, tract. 2, disput. 145, quartum, n. 13. Sie lautet : « Quartum est, consuetudinem beneficiariorum piae timorataeque conscientiae in unoquoque loco merito habendam esse pro regula, ad quam similes beneficiarii tuto admetiri possunt familiam et sumptus ad suam competentem sustentationem, quando nulla intervenit circumstantia, quae aliud exigat ». Molina ist auch der Ansicht, dass diese Regel bestehen bleibt wenn ein armer Kleriker, der bisher ein sehr bescheidenes Dasein führen musste, auf eine reiche Pfründe kommt. (Edit. Venet. 1602, c. 510).

[39] Es handelt sich um die kirchlichen Einnahmen des Papstes. Dass einer sie ohne weiteres ganz als quasipatrimoniale Einkünfte bezeichnet hätte, ist aus den beiden Berichten Lugos nicht zu ersehen. Nur eine Bemerkung des Vizegerenten weist in dieser Richtung, er wollte (s. o. S. 300) den ganzen Ueberschuss aus den kirchlichen Einnahmen als quasipatrimonial bezeichnen. Dass aber ähnliche Anschauungen bei den Verhandlungen laut geworden sind, folgt daraus, dass die Ansicht im grossen Minderheitsgutachten bekämpft wird, und dass die Mehrheit immer wieder betont, dass nur auf dem Weg des Stipendiums ein Teil des Ueberschusses für die Zwecke des Papstes verwandt werden darf, dass also der Ueberschuss an sich nicht frei ist.

apostolicarum, affirmant Gargias [40], par. 8, l. 1, num. 100, Suarez, De
Religione, tract. ult. 4° p. de simonia c. 20, num. 8, Lessius, l. 2, c. 35,
num. 58, Sanchez, Consilia, lib. 2, c. 3, dub. 17, num. 4, quos citat et sequitur P. Thesaurus, De poenis ecclesiasticis [41], p. 2 verbo « Simonia »,
c. 14, Versic. limita 2°. Videatur etiam epistola S. Zachariae Papae ad
Sanctum Bonifatium [42] et Toletum [43], Offic. sacerd., l. 5, c. 90, quamvis
in aliquibus impressionibus istius libri hoc sit praetermissum. Quantum
ad illam partem, quam Summus Pontifex percipit ex annatis, aut quindenniis, ut vocant, percipit eam ex fructibus beneficiorum ecclesiasticorum
loco decimarum, quae pars nullo pacto dici potest bonum quasipatrimoniale neque pro libito expendere: ut alias visum est fuse [44].

---

[40] Das von NIKOL. GARCIAS angeführte Werk ist sein berühmter, oft
gedruckter Traktat *De beneficiis ecclesiasticis amplissimus et doctissimus
tractatus.* Die hier zitierte Stelle steht im 2. Band, pars 8, c. 1, n. 100
(Edit. Venet. 1619, p. 128).

[41] CAROLUS THESAURUS S. J. († 1655) schreibt in seinem Buch *De
poenis ecclesiasticis praxis* sehr scharf gegen die freie Verwendung der
kirchlichen Einnahmen: « cessante autem illa causa rationabili [sc. sustentationis Pontificis] illicitum esset et simoniaca illa exactio, siqua a Papa
seu curia Romana fieret circa actus potestatis spiritualis, et ideo olim tales
exactiones non fiebant, ut ex epistola 8. Zachariae Papae ad S. Bonifatium,
de qua Baronius, Annal. t. 9 a. Christi 743, p. 153.

[42] Es handelt sich um dem Brief des Papstes Zacharias vom 5. Nov.
744 (J. E. 2271, in der *Schulausgabe der MG, EE selectae,* t. 1. 2. Teil,
S. 105 ff.). Der Papst weist darin sehr entschieden den Vorwurf zurück,
dass man in Rom für teures Geld die Pallien verkaufe: « Absit a nobis
et a nostro clero, ut donum, quod per Spiritus Sancti gratiam suscepimus,
pretio venundemus ». Wie ein Blick auf die vorige Anmerkung zeigt, ist
das Jahr dieses Briefes umstritten. BARONIUS und nach ihm ANT. PAGI,
Annales Baronii cum critica historico-chronologica, XIII 494) setzen den
Brief ins Jahr 743; die neuere Forschung hat sich für 744 entschieden.

[43] Der genaue Titel des bekannten Buches des Kardinals Franciscus
Toletus († 1596) lautet: Instructio Sacerdotum. Die von uns eingesehenen
Ausgaben von 1625, 1635 und 1636 enthalten alle die scharfe Absage an die
Simonie und die Erklärung, dass der Papst Abgaben für seine jurisdiktio-
nellen Akte nur ad sustentationem erheben und annehmen darf.

[44] Worauf sich das « alias » bezieht, ist nicht leicht zu entscheiden. Es
dürfte kaum auf das grosse Minoritätsgutachten gehen, da das vorliegende
Votum durchaus den Eindruck macht, früher entstanden zu sein. Vielleicht
bezieht es sich auf die « alia scriptura », die am Schluss des grossen Mino-
ritätsgutachtens erwähnt wird.

5.

Ausführliches Minoritätsgutachten der Theologenkongregation von 1642, verfasst wahrscheinlich vom päpstlichen Beichtvater Celsus Zani O. Min. Obs.

Abschrift in der Vatikanischen Bibliothek, Ottob. 1061, f. 3-17.

Auch dieses Gutachten können wir wegen seines Umfanges nicht ganz abdrucken; wir lassen die zahlreichen Anführungen von Kanonisten und vor allem die oft recht langen aus ihnen angeführten Texte zum grössten Teil fort. Der Uebersichtlichkeit wegen ist die Arbeit in mehrere Abschnitte zerlegt worden.

Utrum Summus Pontifex ex pecuniis, quas ob varias causas juste percipit, possit ultra suam congruam sustentationem aliquid sibi applicare tamquam bonum quasipatrimoniale pro libito et licite expendendum etiam in profanos usus, non tamen prohibitos lege naturali aut divina, ut ditando consanguineos.

I. DER PAPST KANN BESTIMMTE EINKÜNFTE NICHT GANZ FREI VERWENDEN.

De compositionibus dispensationum spiritualium respondeo negative, ex eo quia Summus Pontifex in tantum excusatur a simonia contra jus divinum [45] in compositionibus spiritualium dispensationum, ut matrimonii, voti, juramenti et similium, in quantum pecuniae acceptae applicantur et deserviunt pro congrua sustentatione ipsius Summi Pontificis et ad onera Pontificatus ferenda. Ergo si Summus Pontifex eas pecunias in profanos usus applicaret, non excusaretur a simonia contra jus divinum.

Antecedens a Doctoribus ecclesiasticis communiter asseritur.

Similiter hanc pecuniarum acceptionem in compositionibus spiritualium dispensationum honestari atque a labe simoniae excusari ex hoc, quod dictae pecuniae Apostolicae Camerae applicantur pro magnis sumptibus necessario faciendis, pro sustentatione Summi Pontificis ac ministrorum et ad onera Papatus ferenda, asserunt communiter Doctores ecclesiastici ... Consequentia patet, sc. quod Summus Pontifex non excusaretur a simonia contra jus divinum, si pecunias, in compositionibus acceptas in profanos usus expenderet; quia, cum sit simonia contra jus divinum, acci-

---

[45] Das kanonische Recht unterscheidet zwischen simonia juris divini und juris ecclesiastici, je nach dem es sich um göttliche Gaben und Dinge handelt, die für materielle Werte hergegeben werden oder um ein durch positive kirchliche Rechtsbestimmung für simonistisch erklärtes Geschäft handelt; vgl. Sägmüller, Kirchenrecht, III³ 382.

pere aliquod temporale pro actibus jurisdictionis spiritualis, ut est communis sententia ..., et cum Papa possit hanc simoniam contrahere, quamvis non subjaceat poenis humano jure contra simoniacos impositis, ut est communis opinio ..., non excusaretur ab hac simonia Summus Pontifex, si pecuniam in compositionibus dispensationum spiritualium acceptam in profanum usum converteret. Quia, ut dictum est, ex hoc titulo seu capite pecunias applicat in suam necessariam sustentationem et ministrorum atque ad onera pontificatus sustinenda.

Hinc est, quod Redoamus [46], De simonia, c. 21, p. 1 ... asserit Summum Pontificem habere potestatem seu dominium ad erogandas pecunias in compositionibus spiritualium dispensationum acceptas in sui usum vel in utilitatem ecclesiae, ad convertendum autem illas in profanos usus nullum habere dominium ... Non igitur potest Summus Pontifex de antedictis pecuniis pro libito in usus profanos disponere tamquam de bonis quasi patrimonialibus, quia non accipit eas pecunias liberas ab omni onere, sed accipit cum onere et conditione applicandi illas ad usus et fines praedictos.

His addi potest, quodsi Summus Pontifex pro libito in usus profanos disponeret de praedictis pecuniis, magnum scandalum oriretur apud catholicos et apud infideles, quorum querelis et calumniis saepe responsum est et respondetur a Doctoribus ecclesiasticis nequaquam esse simoniacam seu iniustam acceptionem talium pecuniarum, quia non exiguntur tamquam pretium dispensationum spiritualium, sed pro sustentatione Papae ac Papatus. Quomodo ergo praedicti murmuratores non valde scandalizarentur nec nos de falsitate arguerent, si scirent tales pecunias non in pios, sed in profanos usus, non pro necessitatibus, sed pro voluptatibus insumi? Itaque tum ad repellendam simoniam, seu speciem simoniae tum ad evitandum scandalum, a quibus Summus Pontifex immunis omnino esse debet, non potest ipse de praefatis pecuniis in usus profanos disponere.

De annatis respondeo negative. Exigere enim aliquid temporale pro collatione beneficii ecclesiastici simonia est ex communi doctrina auctorum ecclesiasticorum, ex quibus multi, quos citat et sequitur Laymann [47], l. 4, tr. 10, c. ult., § 5, n. 1 tenent esse simoniam non solum jure ecclesiastico, sed etiam jure divino. Idcirco reservatio annatae, i. e. omnium fructuum vel partis fructuum primi anni, quam facit Summus Pontifex in collatione beneficiorum, a multis damnatur tamquam simoniaca ... Attamen Navarrus, Manuale, c. 23, n. 108 ... et alii Doctores communiter honestant atque justificant huiusmodi reservationem ex hoc, quod praedicti

---

[46] GUILELMUS REDOANUS († 1574) war besonders geschätzt wegen seiner auf langer kurialer Praxis beruhenden Traktate über die Simonie und die Spolien. In der röm. Ausgabe von De Spoliis, 1585 heisst er Rodoanus.

[47] Es handelt sich hier um die *Theologia Moralis* des grossen deutschen Moraltheologen PAUL LAYMANN († 1625), die in der Gesamtausgabe seiner Werke (Edit. Lugdun. 1681) die beiden ersten Bände umfasst. Unsere Stelle ist aus dem Traktat über die Simonie im 2. Band.

fructus non reservantur tamquam pretium collationis beneficiorum, sed reservantur ad sustentationem Summi Pontificis et ad alias Sedis Apostolicae necessitates sublevandas ... Cum ergo reservatio fructuum annatarum honestetur et a simonia excusetur propter hoc, sc. quia fit in sustentationem Summi Pontificis, in stipendium ministrorum et pro necessitatibus ecclesiae, nefas esset, si tales fructus in profanas causas insumerentur. Item Summi Pontifices, et praesertim Pius V, Sixtus V et Urbanus VIII in suis constitutionibus determinant de annatis, ut de juribus ad Cameram Apostolicam percipere spectantibus. Ergo fructus annatarum non sunt bona Summi Pontificis quasipatrimonialia, alias omnes reditus ad Cameram Apostolicam spectantes Summi Pontificis bona quasipatrimonialia essent. Insuper isti fructus annatarum vere et proprie sunt bona ecclesiastica, de quibus non licet Summo Pontifici aliquid accipere ultra suam congruam; de bonis autem ecclesiasticis, quae congruae sustentationi supersunt, Doctores determinant communiter, et in alia congregatione[48] firmatum est, quod ipsa debeant in pios usus erogari. Ergo non potest Summus Pontifex de his pro libito et licite in profanos usus disponere.

De quindenniis idem est judicium sicut de annatis.

De spoliis respondeo negative. Navarrus enim de spoliis § II, n. I aperte asserit Papam non posse juste reservare spolia sibi vel alii ad finem utendi eis pro libito in usus profanos sine justa causa, et n. 2 dicit Papam non posse donare aliis spolia ad profanos usus.

De venditione officiorum respondeo hanc venditionem aliquos existimare esse illicitam per se et ex natura rei ... Verumtamen ... Doctores communiter secuti S. Thomam, Opusc. 21 ad Ducissam Brabantiae asserunt eam venditionem per se et ex natura rei seu nude et speculative spectatam non esse illicitam. Si vero talis venditio consideretur non speculative, sed practice et secundum deformitates, quae ex ea manant, putat Sotus illam illicitam esse; sic enim scribit conclusione 2: « Si res haec non ita speculative sed practice et per applicationem ad usus atque ad effectuum absurditatem, qui ferme necessario inde sequuntur, consideretur, non solum nunquam aut expedit aut decet, verum secundum moralem prudentiam neque licet ». Item Doctores omnes asserunt hanc venditionem esse turpem ac pestem reipublicae, propterea quod ex ea multa oriuntur incommoda; officia enim non dantur dignioribus, sed locupletioribus, qui officia emunt, ut pretium recuperent ac ditescant, multa injuste extorquent, justitiam

---

[48] Die « alia congregatio » kann eine frühere Sitzung unserer Kongregation sein, z. B. die zweite, in der dieser Satz angenommen wurde (s. S. 309). Vielleicht ist aber die Theologenberatung v. 1640 (s. S. 251) gemeint. Wenn unser Verfasser ihr beigewohnt hat, hat er wohl schon für sie die am Schluss unseres Gutachtens erwähnte Schrift geschrieben (s. S. 338 u. Anm. 44).

venalem habent, divitibus et potentibus favent et causas pauperum negligunt. Haec et alia adducuntur incommoda a Doctoribus ex illa venditione sequentia. Praesertim vero hanc officiorum venditionem non decere ecclesiasticos antistites docet Sotus [49], ubi supra conclus. 5, ita scribens: « Inter hos omnes iniustissime et foedissime ecclesiastici antistites huiusmodi munia venundant; nam praeter absurda, quae superius numerata sunt, scandalo christianos oculos offendunt; gratis acceperunt, gratis dent non solum spiritualia, sed etiam saecularia, quae ad custodiam spiritualium instituta sunt ».

Demum hanc officiorum venditionem vetant ecclesiasticae et civiles leges....

His non obstantibus videmus haec officia publica de facto vendi, non solum apud principes saeculares [50], sed etiam in curia Romana. Quae venditio defenditur a Doctoribus ecclesiasticis tamquam licita, dummodo limitata sit quibusdam circumstantiis seu conditionibus, quae videndae sunt apud eosdem Doctores. Quantum autem ad propositum nostrum spectat, una specialis conditio in officiorum publicorum venditione requiritur secundum eosdem Doctores, nempe quod venditio fiat ob publicam necessitatem et utilitatem, et pretium expendatur in commune bonum ... Demum nullam aliam originem venditionis apud S. Sedem reperimus nisi necessitatis vel utilitatis eiusdem Sedis Apostolicae, ob quam necessitatem vel utilitatem introducta talis venditio fuit [51]. Certe Sixtus IV, constit. XVI, recenset quorundam officiorum institutionem et venditionem a Pio II factam propter Romanae ecclesiae necessitatem. Sic enim legitur § 2 eiusdem constitutionis: « Certis pecuniis pro necessitate dicti Pii praedecessoris et eiusdem Romanae Ecclesiae et provisione contra Turcas tunc imminente persolutis ».

Cum ergo ex his, quae dicta sunt, perspicuo constet venditionem officiorum publicorum ex natura rei iniquam non esse, esse tamen practice consideratam iniquam, turpem et detestabilem propter absurditates illam consequentes neque honestari nisi quibusdam conditionibus, quarum una est, ut ipsa venditio fiat ob publicam necessitatem vel utilitatem, sequitur, quod Summus Pontifex non potest licite pretium officiorum venditorum sibi applicare tamquam bonum quasipatrimoniale pro libito expendendum in profanos usus etiam non prohibitos. Si autem dicatur, quod Summus Pontifex potest praedicta officia donare cuicumque voluerit, ergo ea ven-

---

[49] Auch hier ist Dominikus Sotus und sein Traktat De Jure et Justitia gemeint; vgl. Anm. 26.

[50] Vgl. oben. S. 222.

[51] Der Aemterverkauf kam an der Kurie zuerst auf zur Zeit des grossen Schismas, spätestens unter Bonifaz IX (1389-1404) unter dem Druck von Geldnot. Nachdem man ihn in der Zeit nach dem Konstanzer Konzil wieder zurückgedrängt hatte, begann er aufs neue unter Pius II, der Gelder für seine Kreuzzugspläne brauchte, und eroberte nun rasch die meisten Stellen an der Kurie. vgl. v. HOFMANN, a. a. O, I 162 ff.

dendo poterit eorum pretium similiter cuicunque voluerit donare, respondetur, quod Summus Pontifex potest ea officia et pretium eorum pro libito cuicunque donare in subsidium indigentiae et propter alias similes rationabiles causas; at sine causa rationali nec officia nec pretium eorum potest pro libito licite donare, quia constitutus est fidelis administrator et non dissipator rerum ecclesiasticarum.

II. Widerlegung der Beweise für die entgegengesetzte Meinung.

Contra praedicta instatur quattuor argumentis, quae singillatim cum suis responsionibus proponentur. *Primum argumentum* sit: Potestas Papae summa est circa bona ecclesiastica et eorum fructus ac circa reditus quomodocunque ad Papatum spectantes, quorum omnium Papa est dominus, et de omnibus potest pro libito disponere donando, transferendo etc. Ergo poterit de omnibus pecuniis et emolumentis praedictis in quoscunque usus, etiam profanos, non prohibitos pro libito disponere.

Respondetur sicut in alia gravi congregatione disputatum est atque mature conclusum: quod Summus Pontifex est administrator absolutus seu Dominus limitatus omnium beneficiorum et redituum ecclesiasticorum [52]. Sic etiam conceditur, quod eamdem potestatem habet circa omnia alia emolumenta, quae sibi de officio et beneficio Papatus obveniunt et semper, quomodocunque de his disponat, valide disponit, cum non sit homo, qui possit ei dicere, cur ista facis.

Ut autem Summus Pontifex de praedictis bonis non tantum valide, sed etiam licite disponat, requiritur, ut adsit rationabilis causa, alias peccaret contra jus divinum vel naturale, cui se conformare tenetur. Est profecto in dispositione ecclesiasticorum bonorum rationabilis causa, ut Summus Pontifex in primis et ante omnia ex eisdem bonis seu emolumentis accipiat suam congruam sustentationem, quae sit tantae maiestati proportionata. Similiter est rationabilis causa, quod praedicta bona aliis distribuat secundum merita aut secundum indigentiam recipientium, ut recta ratio dictat et possibilitas Camerae Apostolicae permittit. Sed si Summus Pontifex emolumenta praedicta sine rationabili causa sibi vel aliis ad profanos usus applicaret, peccaret, cum teneatur vel tamquam dispensator absolutus, vel tamquam dominus limitatus bona Papatus fideliter ac rationabiliter ministrare seu dispensare, ut fusius in scriptura praedictae congregationis continetur et explicatur. Ideo secundum hanc declaratio-

---

[52] Diese Stelle in Verbindung mit dem im folgenden Alinea Gesagten kann wohl nur von einer in früheren Jahren stattgehabten Kongregation (vgl. Anm. 48) gelten, da nach den Akten unserer Kongregation ein solcher Beschluss nicht gefasst worden ist. Die Tatsache, dass der Papst nicht absoluter Herr der Kirchenpfründen ist, wurde wiederholt ausgesprochen und lag schon von vornherein der ganzen Behandlungsweise der päpstlichen Einkünfte durch unsere Kongregation zu Grunde.

nem ac limitationem antecedens argumenti est falsum, sc. quod Summus Pontifex possit de reditibus Pontificatus pro libito disponere.

Secundum argumentum : Bona clericorum sunt triplicis generis, videlicet patrimonialia, quasipatrimonialia et ecclesiastica, ut scribit Layman, l. 4, tr. 2, c. 3, n. 1... Bona patrimonialia sunt, quae ipsis clericis obveniunt hereditate, arte, donatione. Bona quasipatrimonialia sunt, quae a fidelibus offeruntur non ecclesiae, sed particulariter ipsis ministris tamquam laboris et vitae stipendium, ob quotidianas missas, sacramentorum administrationem, funeralia. Bona ecclesiastica sunt, quae secundum originem suam ad ecclesiam pertinent, sed ab ecclesia postea clericis peculiariter deputata sunt tamquam beneficia sive stipendium ob spirituale ab eis praestitum officium. Huc spectant annui reditus ex fundis ecclesiasticis, item decimae [53], cum et ipsae sint velut pars ususfructus ecclesiae debiti ad ministrorum sustentationem. Sed praefata elementa seu praefatae pecuniae, quas Papa percipit ex diversis causis, non sunt bona patrimonialia Papae, quia illi non obveniunt hereditate etc., nec sunt bona ecclesiastica (seclusis annatis et quindenniis), quia non sunt annui reditus. Ergo a sufficienti divisione sunt bona quasipatrimonialia ipsi Papae, et per consequens ipse Papa potest de iis pro libito disponere licite, etiam in profanos usus, non tamen prohibitos, cum de bonis quasipatrimonialibus possint sic disponere clerici omnes....

Huic argumento tripliciter respondetur : 1º ducendo illud ad oppositum probando scil., quod praedicta non sunt bona Papae quasipatrimonialia. Probatur sic : maior propositio eiusdem argumenti est haec : bona clericorum sunt etc. Sed bona illa non offeruntur a fidelibus ipsi Papae tamquam laboris et vitae stipendium ob quotidianas missas, sacramentorum administrationem, funeralia. Ergo non sunt bona Papae quasipatrimonialia.

2º respondetur praedicta bona esse ecclesiastica reductive, quia sunt fructus Papatus, qui quidem est vere et proprie beneficium, ex quo obveniunt Papae omnia praefata bona sive omnes praefati reditus.

3º respondetur verius et proprius illam triplicem divisionem bonorum clericorum non esse divisionem bonorum clericorum praelatorum, qui, ut patet, alia plura bona seu alios plures reditus habent ultra praedictos, et maxime Papa, qui non continentur sub aliquo membro illius triplicis divisionis, ut fere sunt omnes reditus praefati et forsitan alii ; ideo illa divisio respectu bonorum Papae praesertim est insufficiens.

Tertio arguitur : Summus Pontifex ex praefatis pecuniis multa tribuit ministris in stipendia meriti et laboris, ut Summo Poenitentiario, Vicecancellario et quam plurimis aliis inferioribus ministris ; quod quidem stipendium est eisdem ministris bonum quasipatrimoniale seu patrimoniale, de quo possunt pro libito disponere etiam in profanos usus non prohibitos.

---

[53] Hier ist nicht die Rede von den päpstlichen Zehnten, sondern von den durch die Pfarrangehörigen aufgebrachten Zehnten, von denen in weiten Teilen des Abendlandes der Seelsorgeklerus seinen Unterhalt hatte.

Ergo multo magis potest Summus Pontifex pro suo magno merito et labore sibi tribuere de illis emolumentis stipendium, quod sit illi bonum patrimoniale vel quasipatrimoniale, pro libito et licite expendendum eo modo, quo dictum est.

Antequam huic argumento respondetur, notanda est *distinctio de stipendio* allata a Cajetano in art. 3, q. 100, II. II. S. Thomae, quae distinctio deserviet etiam pro elucidatione infra dicendorum. Duplex igitur est stipendium, scil. stipendium sustentationis et stipendium locationis operis seu laboris praestiti ... Stipendium sustentationis est illud, quod petitur et datur in sustentationem vitae ac status alicuius personae ob aliquod ministerium seu laborem exhibitum. Stipendium locationis operis seu laboris praestiti est illud, quod petitur et datur pro mercede et pretio operis et laboris. Est differentia inter duo ista stipendia, quia, ut dicit Suarez, t. 1, De Religione, l. 4, de simonia, c. 22, n. 10 pretium spectatur per commensurationem ad valorem et aestimationem operis. Stipendium autem sustentationis consideratur in ordine ad personam, quatenus sustentatione indiget. Verum est tamen, quod in S. Scriptura aliquando stipendium vitae dicitur improprie merces et pretium propter quamdam similitudinem, quia etiam stipendium vitae datur ex justitia, sicuti pretium ex justitia datur. Igitur stipendium, quod datur in mercedem et pretium operis et laboris, semper est correspondens et proportionatum ipsi operi seu labori, ut tantum accipiatur, quantum est laboratum vel laborandum. Stipendium autem sustentationis vitae non datur secundum proportionem ad laborem, sed secundum proportionem ad congruam sustentationem alicuius personae talis vel talis conditionis seu status et secundum istum respectum plerumque stipendium sustentationis excedit meritum operis seu laboris exhibiti a tali persona, cui tale stipendium confertur. Non tamen excedit seu non debet excedere meritum suae condicionis ac status.

Nunc ad argumentum respondetur dicendo ad antecedens, quod Summus Pontifex ex praedictis pecuniis sive emolumentis licite et ex justitia solvit plurimis ministris mercedem et pretium correspondens et proportionatum operi vel labori eorum; aliquibus vero ministris maioribus, ut Summo Poenitentiario, Vicecancellario ex praedictis emolumentis magnam summam confert, quae magna summa, quamvis non semper sit proportionata labori seu operi ministri recipientis, sed excedens laborem, tamen licite a Summo Pontifice confertur in stipendium sustentationis illius personae in dignitate constitutae secundum decentiam suae conditionis ac status.

Et tam maiores quam minores ministri licite praedicta stipendia recipiunt pro suis officiis et ministeriis, quia ad illa alias non tenentur. Secundum istam declarationem antecedentis negatur consequentia, quia Summus Pontifex ex debito suscepti officii et ex stipendio suae congruae sustentationis sibi assignato tenetur ad omnes operas et labores Papatui incumbentes; ideoque non potest ex illis pecuniis pro se aliquid accipere; non potest tamquam stipendium et pretium operis et laboris, quia ad illas operas et ad illos labores ex debito officii tenetur; — non potest tamquam stipendium sustentationis, cum hoc stipendium aliunde habeat. Haec est sententia S. Thomae, II. II, qu. 100, a. 3, ad 3um, ubi postquam quaesivit, an praelatus possit aliquid temporale exigere pro dispensationibus spiritualibus, respondet negative, quia praelatus ex debito sui officii et ex reditibus sibi assignatis de bonis ecclesiasticis tenetur ad omnes operas et labores ad suum officium spectantes....

Contra istam responsionem instatur, et erit simul *quartum argumentum* principale: clerici, etiamsi curati sint et ex reditibus ecclesiasticis habeant suam congruam sustentationem, possunt recipere pecunias, quae a fidelibus offeruntur eis ob spirituales functiones, ad quas ex debito suscepti officii et ex justitiae lege tenentur, ut pro missis quotidianis celebrandis, sacramentorum administratione, funeralibus ... Pecuniae vero ex istis functionibus acceptae ad ipsos clericos spectant ut bonum quasipatrimoniale pro libito expendendum ... Ergo a simili, imo a fortiori poterit Summus Pontifex pro functionibus, ad quas ex debito suscepti officii tenetur, praefata emolumenta ultra congruam, quam ex reditibus ecclesiae habet, sibi applicare ut bonum quasipatrimoniale pro libito expendendum, eo modo, quo dictum est saepius.

Ut huic obiectioni fiat satis, in primis meminisse oportet distinctionis de stipendio superius allatae. Atque insuper *distinguendum* hic *est de labore in functionibus spiritualibus requisito*.

Duplex igitur est labor, quantum ad nostrum spectat propositum, scil. labor per se et intrinsecus, et labor per accidens et extrinsecus functionibus spiritualibus, ut docet Suarez ... Lessius ... et alii. Labor per se et intrinsecus functioni spirituali est ille labor, sine quo illa functio sive illud ministerium fieri non potest; et iste labor est vel antecedens vel concomitans vel consequens ...

Labor intrinsecus antecedenter est ille, qui necessario requiritur ad praeparationem et dispositionem illius functionis. Labor intrinsecus concomitanter est ille labor, qui necessarius est subeundus in actuali exercitio seu executione illius functionis. Labor intrinsecus consequenter est ille labor, qui necessario requiritur illa functione peracta seu expleta. Itaque ultra laborem exhibendum in actuali functione spirituali consideratur labor necessarius antecedenter ad illam functionem, ut v. g. accessio ad locum, audientia, studium et similia, sine quibus actibus praeviis functio illa perfici non potest. Consideratur etiam labor necessarius consequenter ut reversio ad locum, abstersio sudoris et similia, quae necessario consequuntur illam actualem functionem. Labor vero per accidens et extrinsece conjunctus functioni sacrae est ille, qui non est necessarius illi functioni..., sed per accidens illi conjungitur, ut sine illo labore illa functio exsequi posset. Talis est v. g. iter unius miliarii faciendum ad celebrandam missam tali loco vel obligatio celebrandi tali hora aut talibus diebus. Iste labor dicitur per accidens et extrinsecus, et etiam ista obligatio dicitur per accidens et extrinseca spirituali seu ecclesiasticae functioni, quia bene potest celebrari missa extra talem locum vel extra tale tempus. Idem dicatur de similibus laboribus et obligationibus respectu aliarum functionum spiritualium.

Suarez, De Religione, 1. 4 de simonia, c. 21, n. 7 distinguit de labore ex parte subiecti, i. e. ex parte personae operantis, et de labore ex parte obiecti, i. e. ex parte operis operati, e. gr. labor requisitus in fabricatione unius scanni [54] dicitur labor ex parte objecti, quia tale objectum sive talis res tantum requirit laboris, ut fiat. Labor vero, quem Joannes vel Petrus impendunt in factione illius scanni, dicitur labor ex parte subiecti, quia iste labor subiectatur et vere est in persona operante. Labor autem ex parte obiecti non est in obiecto, puta in scanno, sed est circa scannum. Idem Suarez, ibid. n. 11 scribit, quod labor ex parte obiecti est pretio aestimabilis, et auget vel minuit pretium secundum quod majorem vel minorem laborem requirit opus, quod fit. Labor vero ex parte subjecti non est pretio aestimabilis, nec auget vel minuit pretium major vel minor labor impensus ab una persona operante quam ab alia, quia una persona, quae citius et cum parvo labore facit unum opus, non minus meretur de pretio pro illo opere, neque una persona, quae tardius et cum magno labore perficit idem opus, non magis meretur de pretio pro eodem opere.

His distinctionibus de labore respectu functionum spiritualium assignatis statuantur aliquae conclusiones, quibus intellectis facillimo negotio respondebitur ad argumentum.

1. Conclusio: pro functione spirituali ex parte, qua sacra est, nihil temporale potest exigi vel accipi in stipendium absque simonia ... Pro functione vero spirituali ex parte, qua laboriosa est, potest aliquid temporale accipi atque exigi, sive iste labor sit per accidens et extrinsece, sive per se et intrinsece conjunctus functioni sacrae ... Ratio, quam adferunt [Doctores] est, quia iste labor est pretio aestimabilis, tum propter se, tum quia minister, dum illum laborem impendit, in illa functione privat se libertate exercendi alios actus, quibus posset alibi lucrum facere. Ista tamen conclusio intelligitur de labore extrinseco, ad quem minister aliquo debito speciali non esset alias obligatus. Quod vero dictum est de labore, intelligitur etiam de obligatione ad spiritualia ministranda, ut talis obligatio incommodum adfert et laborem.

De labore autem per se et intrinsece conjuncto functioni sacrae controvertunt plures et graves Doctores ecclesiastici, utrum pro eo possit minister operans aliquod temporale recipere, ut Suarez, De Religione, 1. 4 de simonia, c. 21, n. 2 et 5; at Lessius et Layman l. c. asserunt utramque sententiam sustineri et defendi posse, si dicatur, quod negantes intelligunt tamquam pretium, i. e. quod pro labore intrinsece conjuncto functioni sacrae non potest accipi aliquid temporale tamquam pretium. Affirmantes vero intelligunt tamquam stipendium sustentationis, i. e. quod pro labore intrinsece conjuncto functioni sacrae potest aliquid temporale accipi, non tamquam pretium, sed tamquam stipendium sustentationis, quod stipendium

---

[54] scannum = scamnum = Bank.

aliquando improprie dicitur pretium, ut supra notatum fuit. Quod istud stipendium sustentationis licite accipiatur a ministris ecclesiasticis, et quod eis ob spirituale ministerium debeatur, habetur ex S. Scriptura apertissime: « Dignus est operarius mercede sua ». « Qui altari servit, die altari vivere debet » [55] et alia similia ...

2. Conclusio: clerici, quamvis habeant suam congruam sustentationem ex reditibus ecclesiasticis, scil. ex praebenda vel ex decimis, possunt etiam aliquid temporale ultra illam congruam accipere pro quibusdam functionibus spiritualibus, ad quas alias ex debito suscepti officii tenentur...

Duobus modis, ut scribit Suarez, De Religione, l. 4 de simonia, c. 47, n. 2-3 statutum fuit ab ecclesia, ut pro ministeriis spiritualibus aliquid possent clerici accipere et exigere, quamvis habeant congruam sustentationem et ad illa ministeria ex debito suscepti officii teneantur: 1. modo: acceptando spontaneas voluntates et obligationes fidelium ... 2. modo ex auctoritate et potestate ipsius ecclesiae, quae sic voluit; et de hoc sunt in jure aliqua, sed pauca exempla de cathedratico, de sinodatico, de procuratione in visitatione et consecratione ecclesiarum ... [56]. Hae rationabiles et laudabiles consuetudines debent et praecipiuntur observari tamquam jus praescriptione introductum, ut sentiunt communiter Doctores juxta decretum Concilii Tridentini sess. 24, c. 14 ... Haec tamen observatio istarum rationabilium consuetudinum fieri non debet vi aut extorsione parochorum, sed per auctoritatem et potestatem Episcoporum ...

3. Conclusio: Praeter praedictas functiones, non sunt aliae functiones, ob quas clerici aliquid ultra suam congruam accipere possint propter laborem per se et intrinsecum, quando ad illas ex debito suscepti officii tenentur. Patet hoc ex doctrina clarissima plurimorum gravissimorum Doctorum ... (Lessius, Layman, Suarez).

Nunc ad quartum argumentum bifariam respondetur: 1º concesso antecedente negando consequentiam; et ratio negationis est, quia emolumenta, quae clerici percipiunt ultra suam congruam pro praedictis functionibus spiritualibus, ad quas ex debito suscepti officii tenentur, sunt emolumenta libera et ab omni alio onere soluta, et ideo licite dantur et accipiuntur; sed emolumenta, quae dantur Papae modis praedictis et ob narratas causas non sunt libera, sed determinata et obligata, ut deserviant congruae sustentationi Papae, stipendiis ministrorum, necessitatibus Camerae Apostolicae ac Papatus et bono publico, ut de singulis visum est supra. Ideo non potest Summus Pontifex ea emolumenta ad alios usus

---

[55] Mt. 10, 10 und 1. Cor. 9, 13.

[56] Der Bischof ist nach dem Kirchenrecht befugt, von den Diözesangeistlichen das Cathedraticum, eine jährliche Huldigungsabgabe zu erheben, diese Steuer hiess auch Synodaticum, weil sie oft bei Gelegenheit der Synode übergeben wurde. Bei Gelegenheit der Visitation oder Kirchenkonsekration hatte der Bischof Anrecht auf die procurationes; vgl. SÄGMÜLLER, a. a. O, II[3] 445.

applicare et per consequens non potest ea sibi tribuere tamquam bonum quasipatrimoniale, pro libito expendendum.

2° respondetur concedendo antecedens juxta sensum in conclusionibus explicatum et secundum eumdem sensum conceditur consequentia et consequens. Nam etiam Summus Pontifex pro functione spirituali ex parte, qua laboriosa est, potest aliquid temporale accipere. Pro labore enim per accidens et extrinsece coniuncto functioni spirituali potest non solum stipendium vitae accipere, sed etiam ultra hoc potest accipere pretium, secundum quod labor ille extrinsecus et per accidens meretur, quamvis ad illam functionem ex debito suscepti officii teneatur, — dummodo tamen ad illum laborem extrinsecum alias non teneatur. Pro labore vero spirituali functioni per se et intrinsece coniuncto potest stipendium sustentationis accipere, quamvis ad illam ex debito officii teneatur. Si vero pro eadem functione habeat aliunde stipendium sustentationis, non potest aliud exigere, nisi forsan essent aliquae functiones vel aliqui casus, in quibus jura vel legitima consuetudo permitteret Summum Pontificem aliquid aliud accipere ultra suam congruam ..., ut de functione canonizationis Sanctorum dicendum videtur ...

Ubi vero non adest legitima consuetudo, non videtur Summum Pontificem posse ultra suam congruam aliquid accipere pro functionibus spiritualibus, ad quas ex officio Papatus tenetur, quia secundum doctrinam Suarez superius allatam non potest titulo stipendii congruae sustentationis, cum illud aliunde habeat, nec alius titulus esset nisi pretii, qui titulus esset simoniacus.

III. Lösung von zwei Schwierigkeiten.

Dicetur fortassis, quod Summus Pontifex sua potestate poterit introducere consuetudinem, ut Summi Pontifices pro functionibus spiritualibus, ad quas ex debito officii tenentur, possint ultra congruam sustentationem aliquid aliud accipere, quod sit illis tamquam bonum quasipatrimoniale, pro libito expendendum, quemadmodum de quibusdam functionibus respectu aliorum clericorum dictum fuit. Et si poterit pro functionibus spiritualibus, multo magis pro functionibus temporalibus et politicis.

Respondetur, ut iam visum est, quod illa consuetudo in proposito nostro licita censetur, quia ex uno istorum duorum titulorum introducta fuit, scil. vel voluntariae oblationis fidelium vel congruae sustentationis supplendae. Quoad primum modum nullum dubium est, quod Summus Pontifex posset ex illo capite seu titulo illam consuetudinem introducere, si invenirentur fideles, qui pro illis functionibus, ad quas Papa alias tenetur, vellent ultra suam congruam sustentationem aliquid illi tribuere ex liberalitate seu pietate, et hoc fieret multiplicatis vicibus ac diuturnitate temporis.

Posset etiam Summus Pontifex ex secundo titulo scil. congruae sustentationis supplendae, si non haberent Summi Pontifices congruam et suf-

22

ficientem sustentationem, introducere consuetudinem aliquid accipiendi pro
functionibus, ad quas Papa ex officio tenetur. Sed si Summus Pontifex habet suam congruam sustentationem, non potest hanc consuetudinem introducere neque pro istis functionibus aliquid exigere; non potest titulo stipendii sustentationis, quia iam aliunde habet, non potest titulo pretii, quia
in functionibus spiritualibus iste titulus esset simoniacus, in functionibus
vere temporalibus et politicis esset iniustus, ut patet, ex iis, quae dicta
sunt.

At dicet aliquis: durum nimirum videtur, quod status et dignitas
Summi Pontificis deterioris conditionis sit conditione reliquorum clericorum, qui possunt habere et habent supradicta stipendia et emolumenta,
tamquam bonum quasipatrimoniale ultra suam congruam pro quibusdam
functionibus, ad quas ex debito officii tenentur, — et Summus Pontifex,
qui valde laborat et defatigatur, si illa facultate et illo commodo careat.

Respondetur imprimis, quod Summus Pontifex illa facultate atque
commoditate non omnino caret, cum jam dictum sit, in canonizatione Sanctorum illam habere. Deinde respondetur, quod — quantum spectat ad dignitatem — illam conditionem clericorum, scil. quod possint pro quibusdam
functionibus, ad quas de jure tenentur, aliquid accipere tamquam bonum
quasipatrimoniale ultra suam congruam, nihil dignitatis habet, cum potius sit mercennaria, nec decet Summi Pontificis maiestatem [57]. Quantum
vero spectat ad utile atque commodum, quod clerici propter illas functiones capiunt, hoc respectu Summi Pontificiis suppletur assignatione congruae sustentationis suae majestati proportionatae. Ex qua congrua multa
commoda tribuuntur Summo Pontifici, ut ex illa superius citata congregatione constat.

Alia scriptura nostra exstat, quae huic valde affinis est, sub hoc titulo:
« De potestate Papae super ecclesiastica beneficia eorumque reditus » [58].

6.

*Zusammenfassung der Ergebnisse der Kongregationstagungen
von 1642, Fragestellung für eine weitere Sitzung 1643.*

Abschrift befindet sich im Archiv der Gregorianischen Universität, vol. 252, p. 117-119 und in der Vatikanischen Bibliothek, Cod. Ottob. 1061, f. 93 f.

*Corollaria seu Compendium Conclusionum in speciali Congregatione
a Sanctissimo Domino Nostro deputata firmatarum,* ut in praxi nosci pos-

---

[57] Es ist von Interesse, diese Auffassung zu vergleichen mit der entgegengesetzten im Gutachten Lugos; vgl oben Anm. 12.

[58] Trotz allen Suchens gelang es bisher nicht, die Schrift, die für die

sit, quid Summus Pontifex ex omnibus fructibus, proventibus et emolumentis, quae percipit, libere sibi acquirat, tamquam bonum quasi patrimoniale, ita ut de illo, licite et absque peccato possit in quoslibet usus, etiam non pios disponere.

Supponimus autem ex iisdem conclusionibus et discursu in earundem confirmationem facto fructus et proventus quoslibet, quos Summus Pontifex percipit, esse in duplici differentia. Quosdam spectare ad Summum Pontificem, uti Pontifex est, quia nimirum proveniant ex functionibus ecclesiasticis et spiritualibus, quales sunt omnes proventus, qui percipiuntur ex dataria, cancellaria et penitentiaria, ut sunt compositiones, annatae, quindennia, spolia clericorum, pretia officiorum ecclesiasticorum vacabilium, tam non jurisdictionalium quam jurisdictionalium. Quosdam vero spectare ad Summum Pontificem, ut principem temporalem, et sunt omnes introitus et emolumenta, quae proveniunt ex statu ecclesiastico, quales sunt fructus fundorum ac bonorum stabilium donatorum Ecclesiae Romanae, et omnia quae dicuntur regalia, ut vectigalia, gabellae, tracta et similia, quae proveniunt ex statu ecclesiastico, de quibus singulis fuit quaesitum ac disputatum ut infra:

1º enim de *compositionibus*, quae percipiuntur occasione dispensationum tam in causis matrimonialibus quam aliis, firmatum fuit: posse ex iis Summum Pontificem accipere sibi saltem partem aliquam in stipendium laboris in eiusmodi causis impensi, quod sit quasipatrimoniale.

Non fuit determinata quantitas huius stipendii, quia disputatio solum erat scholastica, an posset vel non posset aliquid ex dictis emolumentis licite percipere tanquam bonum quasipatrimoniale ultra congruam, et ad praxim deinde relinquebatur judicio prudentis viri determinare, an totum illud emolumentum deberet computari in stipendium vel solum aliqua pars seu quota deberet determinari, et hoc est, quod modo quaerimus [59]. Loquendo ergo modo de compositionibus.

Supponimus ex praxi datariae seu cancellariae quolibet anno percipi ex compositionibus omnibus scuta ducenta millia circiter, reducta ad monetam Romanam habita collatione omnium viginti annorum Pontificatus et proportione unius anni cum alio. Quaeritur ergo, quaenam pars seu quota debeat morali judicio habita ratione laborum, qualitatis et dignitatis personae Summi Pontificis eidem assignari; ex dicta summa an scilicet medietas, vel tertia aut quarta pars?

---

endgültige Feststellung des Verfassers unserer Schrift von Wert sein könnte, wiederzufinden. ROCCABERTI hat in seiner *Maxima Bibliotheca* nichts, was auf die hier genannte Schrift hinwiese; vgl. Anm. 44, 48 u. 52.

[59] Die Stelle bezieht sich auf die Erklärung der Kongregation, die de Lugo in seinen zweiten Bericht am Ende der 2. Conclusio aufgenommen hat (s. oben S. 312). Auch in den Sätzen über die Congrua am Schluss des Majoritätsgutachtens (s. S. 324) findet sich der ablehnende Standpunkt der Theologen gegenüber der Festsetzung einer bestimmten Summe.

2° de *annatis* et *quindenniis,* ex quibus facta supradicta collatione annorum percipiuntur quolibet anno scuta monetae Romanae circiter centum et decem millia. Item quaeritur, quod de compositionibus, quaenam ex iis pars debeat Summo Pontifici assignari in stipendium suorum laborum, quos subit in distributionibus et collationibus beneficiorum et aliis Datariae expeditionibus?

3° de *spoliis,* ex quibus quolibet anno percipi solent scuta centum vel nonaginta millia. Idem quod supra quaeritur.

4° de *officiis vacabilibus non jurisdictionalibus* et ecclesiasticis, videlicet quae non percipiant emolumenta ex statu ecclesiastico, firmatum fuit eorum pretium libere spectare ad Summum Pontificem tamquam bonum patrimoniale et de iis libere disponere posse.

5° de *officiis jurisdictionalibus ecclesiasticis idem* firmatum fuit, quod supra de non jurisdictionalibus.

6° de *officiis* non jurisdictionalibus sive jurisdictionalibus *mixtis,* id est, quae partim percipiunt emolumenta ex statu ecclesiastico, partim ex annatis, spoliis aut aliis proventibus ecclesiasticis, et partim habent jurisdictionem ecclesiasticam, ut in controversiis spoliorum, facultatis testandi et similibus, partim temporalem circa statum ecclesiasticum, ut sunt officia cameralia, auditoratus, thesaurariatus et clericatuum camerae Apostolicae, dictum fuit pro ea parte, quae habet jurisdictionem et emolumenta ecclesiastica, spectare ad Summum Pontificem libere, sicut dictum est supra de aliis officiis ecclesiasticis. Pro alia vero parte, pro qua habent emolumenta ex statu ecclesiastico et jurisdictionem temporalem attento praesenti gravamine status ecclesiastici non posse semper libere converti in quoslibet usus, sed tantum aliquando.

Quaeritur ergo de istis officiis, ut in praxi possit sciri, quaenam pars spectet ad Summum Pontificem. An possit moraliter aestimari dicta officia posse alternatim vendi tamquam libera, vel medietatem pretii cuiuslibet officii comparandam esse tamquam bonum quasipatrimoniale?

7° de *locis montium* vacabilium, quae habent emolumenta ex statu ecclesiastico, firmatum fuit non posse computari inter bona quasipatrimonialia, sed esse ecclesiastica, et ex iis Summum Pontificem solum posse sumere suam congruam et reliquum expendere in opera pia et eleemosinas. Quod idem dictum fuit de omnibus aliis fructibus et emolumentis, quae percipiuntur ex statu ecclesiastico, ut de fructibus fundorum ac bonorum stabilium Ecclesiae donatorum, regalibus, vectigalibus, gabellis, tractis et similibus, et ratio fuit reddita, quia haec omnia proveniunt ex fructibus bonorum stabilium Ecclesiae Romanae donatorum a fidelibus, cum expressa vel tacita condicione expendendi superflua in opera pia, ut probatum fuit.

7.

Denkschrift des P. Valentin Mangioni mit einem sie beglei-
tenden Brief.

> Das Handexemplar des Verfassers aus seinem Nachlass mit Ver-
> besserungen von seiner Hand befindet sich in röm. Archiv
> der Gesellschaft Jesu, Opp. NN. 177, f. 1-28 (= A).
> Abschriften des unkorrigierten Exemplars sind im röm. Archiv
> der Gesellschaft Jesu, Opp. NN. 178, f. 9-32 (= B),
> im Archiv der Gregorianischen Universität v. 252, p. 67-119.
> im Vatikanischen Archiv Fondo Bolognetti 17, f. 88-117v
> (= C).
> Eine Abschrift des korrigierten Textes befindet sich im Vatika-
> nischen Archiv, Fondo Carpegna, f. 4-26 (= D).

> Die korrigierten Stellen werden im Druck durch Nebeneinan-
> dersetzen der beiden Lesarten kenntlich gemacht. Sonst folgen
> wir dem Text im Exemplar der Gregorianischen Universität. Ab-
> weichungen von Bedeutung unter den verschiedenen Exemplaren
> werden in dem Apparat angezeigt. Wegen der grossen Aus-
> dehnung des Gutachtens ist es nicht möglich, das ganze Gutachten
> abzudrucken; einige Teile werden wir durch kurze Inhaltsangabe
> ersetzen müssen.

A. Brief des P. Val. Mangioni an einen Kardinal vom 13. Febr. 1648.

Ad Em^{mum} ac Rev^{mum} Dominum D. N. N. Tit. S. N.,
     S. R. E. Presbiterum Cardinalem.

Rogasti me, Princeps Em^{me} [60], (cum tamen iubere posses) ut quid ego
senserim in consultatione illa, quae super reditibus Summi Pontificatus
ante quinquennium in Vaticano instituta fuit, scripto consignatum ad te
mitterem. Mitto, sed liceat per tuam istam humanitatem singularem, condicionem adjicere, ne cum ullo mortalium omnino scriptum ipsum com-
munices, aut si communicandum esse censueris, nomen ne prodas meum.
Non omnes (ut tu facis) verum amant, et fortasse, quae dico, vera esse
existimabunt, nec deerit, qui, quod ego parendi studio feci interpretetur
factum, audacia praecipiendi, aut etiam libidine summa capita sugillandi,
quod tamen semper alienum fuit a meis moribus, eritque dum vivam;
quamquam me famae securum reddit auctoritas ejus, qui me illi consul-

---

[60] Zur Frage, wer der Adressat des Briefes ist, vgl. oben S. 255.

tationi interesse voluit, protestatus velle se singulorum sensum (quicumque tandem futurus foret) cognoscere, neque ego debui pro viro religioso indignam adulationem, meam et interrogantis conscientiam laedere.

Divisi autem lucubrationem in partes quatuor. In prima omnia genera reditum, proventuum, obventionum atque emolumentorum, quae Summus Pontifex habet, enumero.

In secunda, quo jure illa percipiat, expono.

In tertia, quos in usus ea dispensare debeat, quaero.

In quarto argumentis, quae sententiae meae adversari videbuntur, respondebo.

Reliquum nunc est, ut te, Princeps Eminme, supplex orem, ut tua summa sapientia corrigat, atque emendet, si quo ego per imperitiam peccaverim, et scriptum hoc qualecumque tuo jussu, vel rogatu exaratum, multis partibus melius remittas. Vale publico bono diutissime. Romae, Idibus Febrarii 1648.

Humillimus servus
N. N.

B. Denkschrift des P. Valentin Mangioni S. J.

Iª Pars: De variis summi Pontificatus reditibus.

Sicut Romanus Pontifex duas personas gerit, hoc est Papae et principis, ita generatim loquendo duo redituum atque emolumentorum genera habet. Et illi quaedam tamquam Pontifici Maximo ª), quaedam tamquam principi, superiorem non agnoscenti, competunt. Prima vocari possunt reditus Pontificatus, secunda principatus.

Emolumenta Pontificatus sunt triplicia; alia enim sunt reditus bonorum immobilium vel quasi immobilium, corporalium seu incorporalium ecclesiae Romanae dona b).

Alia consistunt in pecuniis numerari ac solvi solitis ab iis, qui a Summo Pontifice beneficia ecclesiastica, dispensationes, aliasve gratias aut pri-

---

Der gedruckte Text ist der unverbesserte wie ihn das Exemplar der Gregor. Universität bietet. In den Varianten sind vor allem die beiden verbesserten Texte A und D berücksichtigt. Da beide fast genau übereinstimmen, ist D nur eigens genannt, wenn es von A abweicht. A bedeutet also eine A u. D gemeinsame Lesart. Handschrift C hat nicht die grossen Veränderungen, die wir im Text zur Darstellung bringen, nähert sich aber sonst A und D sehr häufig. Die Handschrift B haben wir nur selten angeführt, da sie viele Fehler hat.

a) D + donata vel alias acquisita.
b) dona fehlt in A.

vilegia obtinent *c)*. Nonnulla denique sunt pretia quorumdam officiorum venalium *d)*.

Emolumenta vero principatus sunt ea omnia, quae uno nomine regalium continentur.

Explicemus aliquanto latius singula.

Inter reditus Summi Pontificatus primo loco pono fructus praediorum, domorum, fodinarum, uno verbo *bonorum* corporalium [61], fidelium liberalitate *ecclesiae Romanae* ac Beato Petro aut Summo Pontifici aut Christi Vicario donatorum, nec non fructus bonorum incorporalium, hoc est censuum, canonum, praestationum eidem ecclesiae Romanae debitarum.

Secundo loco pono *commune servitium,* hoc est certam quantitatem fructuum seu redituum episcopatuum et monasteriorum, quae in consistorio conferuntur, solvi solitam in pecunia numerata ab impetrantibus iuxta taxationem antiquam, a Joanne XXII reformatam; et est fere tertia pars reditus annui episcopatus vel monasterii impetrati; et haec portio fructuum seu pecuniarum appellatur commune servitium, quia eius dimidia pars Summo Pontifici cedit, reliqua DD. Cardinalibus praesentibus distribuitur, sicut minuta servitia sunt quaedam portiunculae *e)*, quae inter minores ac quasi minutulos Papae familiares dividuntur. Vide Antonium Massam in Serm. de annatis, initio [62].

Tertio loco pono *annatas,* institutas a Bonifatio IX [63], ut testatur Polydorus Virgilius, De rerum Inventoribus, l. 6 *f)*, c. 2 [64]; et sunt dimidia pars veri annui valoris fructuum beneficiorum infra episcopatus ac monasteria consistorialia, dummodo excedant valorem 24 ducatorum, et sol-

---

c) A + aut alio titulo a Summo Pontifice exiguntur, ut mox patebit.

d) A + aut censum seu locorum vacabilium montium super bonis Pontificatus impositorum.

e) A + earumdem personarum; D + earumdem pecuniarium.

f) A u. C haben richtig l. 8.

---

[61] Die bona ecclesiae werden von den Kanonisten in corporalia et incorporalia geteilt, je nach dem sie mit den körperlichen Sinnen wahrnehmbar sind oder nicht. Zur ersten Gruppe gehören Häuser, Felder usw, zur zweiten Rechte, Zinsen usw. Cf. Cappello, *Summa* II³ 637.

[62] Antonius Massa aus Gallese, dessen Name merkwürdiger Weise weder bei Hurter, noch bei Schulte, noch bei Ferraris zu finden ist, wiewohl er, der in erster Linie Civiljurist war, auch eine Anzahl von Schriften verfasst hat, die für das Kirchenrecht und namentlich die Kuriengeschichte des 16. Jahrhunderts von Bedeutung sind. Ausser dem hier erwähnten *Sermo de annatis* stammen von ihm ein *Tractatus ad formulam cameralis obligationis* und ein anderer Traktat *De usu judiciorum palatii Pontificii.* Seine civilrechtlichen Schriften, die stark humanistischen Geist verraten, wurden im 16. Jahrhundert ausserordentlich oft gedruckt.

[63] Zu der Entstehung der Annaten und dem Anteil Bonifatius IX dabei vgl. Anm. 32 des 1. Teiles, S. 215.

[64] Ueber Polydorus Vergilius ebd.

vitur Summo Pontifici. Et hi reditus appellati sunt annatae, non quia solvantur ab impetrantibus integri unius anni fructus, sed quia ex fructibus
primi anni, et si credimus Antonio Massae, l. c., annata successit in locum
reservationis, quam antea solebant Romani Pontifices facere pro necessitatibus Romanae ecclesiae ac de proventibus unius anni beneficiorum,
quae sequenti triennio vel quinquennio in quibusdam provinciis vacatu-
ra essent, et fit mentio in Extravagant. « Nonnulli » de Praebendis.

Quarto annatis affinia sunt *quindennia*, hoc est annata quinto decimo
quoque anno solvenda Summo Pontifici pro beneficiis unitis seu incorpo-
ratis alicui collegio, conventui, seminario et universitati clericorum. Cum
enim hae personae fictae non moriantur et consequenter beneficia semel
illis collata non vacent amplius, ideo Summi Pontifices, ne in suis reditibus hoc caperent detrimentum, imperarunt quindennia, prudenter arbi-
trando beneficia vacare decimoquinto quoque anno viventibus beneficiatis
quibusdam diutius, aliis minus diu, et ab hoc spatio annorum quindecim
huiusmodi solutiones nomen quindenniorum invenerunt.

Quinto loco pono *spolia,* quo nomine intelliguntur hic bona quaecumque a quibusvis ecclesiasticis et *g)* a regularibus intuitu ecclesiae acquisita et tempore obitus eorumdem relicta, quae de jure communi, si defunctus esset saecularis, successori in beneficio, si regularis, monasterio
debebantur. Nunc autem a multis annis a Summo Pontifice camerae Apostolicae addicta sunt.

Sexto sunt *fructus non exacti* ab obtinentibus beneficia seu pensiones [65] *h)* quomodocumque contigerit, ut non exigerint, priusquam suum
diem obirent.

Septimo sunt *vacantiae,* hoc est fructus medii temporis, qui a morte
possessoris beneficii usque ad tempus factae de alio provisionis proveniunt.

Octavo sunt *decimae,* quae aliquando a Summo Pontifice super fructibus beneficiorum imponuntur.

Nono sunt *compositiones,* praesertim in S. Paenitentiariae officio [66]
concedi solitae; cum enim non raro accidat, ut beneficiati fructus non faciant suos, quia carent vero titulo vel ob non emissam fidei professionem
vel omissionem horarum canonicarum aut alios defectus, nec facile ad-
duci possent, ut quod indebite perceperunt et mala fide consumptum fuit,

---

g) A etiam.
h) In A fehlt: seu pensiones.

---

[65] Pensiones sind feste Zahlungen, die aus den Benefizialeinnahmen
jährlich auf Grund einer rechtlichen Verpflichtung an eine der Pfründe
fernstehende Person zu leisten sind. Sie spielen im Benefizialrecht und
in der Moraltheologie dieser Zeit eine ausserordentlich grosse Rolle.

[66] Die Vereinbarung über die Höhe der Composition geschah vor
dem Datar, dem die Poenitentiarie die vorher genehmigte Supplik zu-
leiten musste.

restituant ecclesiae vel in pauperes erogent, solent a Summo Pontifice, omnium bonorum ecclesiasticorum supremo dispensatore, impetrare, ut partem aliquam in curia persolvant, partem vero ipsi sibi retineant; et pars, quae in curia solvitur, ad receptorem pecuniarum datariae mittitur, atque hae pecuniae vocantur compositiones.

Decimo: praeter enumerata hactenus emolumenta, quae omnia portiones quaedam sunt redituum ecclesiasticorum provenientium ex bonis fructiferis ecclesiasticorum beneficiorum, sunt *summae* pecuniarum, quae *ab impetrantibus beneficia vel dispensationes* sive in cancellaria sive in secreteria brevium penduntur ac praecipue exiguntur pro gratia renuntiandi beneficia in favorem tertii vel cum pensione vel assumendi coadjutorem cum futura successione vel pro dispensationibus in impedimentis matrimonii i) irregularitatibus, in aetate ad ordines suscipiendos vel extra tempora non servatis interstitiis aliisve rebus, de quibus esset longum dicere.

Undecimo sunt *pretia officiorum cancellariae,* ut autem intelligatur, in quo consistant, sciendum est ad transigenda negotia et ad litteras Apostolicas expediendas pro beneficiis, varios esse deputatos officiales a Summo Pontifice, imo integra officialium collegia instituta, quorum et nomina et munera, quae sint, colligitur ex praxi expeditionum [67]. Etenim postquam orator habuit supplicationem a Summo Pontifice signatam et registratam, apud abbreviatores parci majoris sollicitator curat minutam litterarum dictari et dictatam a scriptore describi; cum scripta per rescribendarium taxatur, taxatae computator manum suam apponit et ad abbreviatorem minoris parci defertur. Hinc iterum per janizzeros [68], quos vocant, ad abbreviatores majoris parci reportatur. Tandem bulla una cum supplicatione in ventre ad abbreviatorem, qui eam dictavit, reportatur et collatione facta in terram projicitur, quam custos colligit et collectam recognoscit, an omnium officialium manus appositas habeat, inde ad cancellariae regentem transmittitur, quam (si videatur) collationandam tradit abbreviatori et a supplicatione separata traditur plumbatori in manibus collectorum plumbi consignanda. Denique per scriptorem defertur ad registrum bullarum ac sollicitatoribus atque per hos oratori consignatur,

---

i) Das folgende des Satzes fehlt in A.

---

[67] Ueber die Organisation der päpstlichen Kanzlei im 16. u. 17. Jahrhdt. vgl. VESTRIUS, a. a. O, l. I, c. 4-7; PLETTENBERG, a. a. O, 330 ff; PYRRHI CORRADI, *Praxis Dispensationum Apostolicarum,* edit. 6. Venetiis 1699; L. SCHMITZ-KALLENBERG, *Practica Cancellariae Apostolicae saeculi XV exeuntis,* 1904. Ferner H. BRESSLAU, *Handbuch der Urkundenlehre,* I² 287 ff; v. HOFFMANN, a. a. O, I 18 ff.

[68] Die Bezeichnung « Janitscharen » (janizzeri) für die Sollicitatoren (die Agenten der Parteien an der Kurie) war im 16. u. 17. Jahrhdt. weder scherzhaft noch schimpflich. Sie war auch im amtlichen Gebrauch gangbar. Ueber ihre Entstehung vgl. v. HOFMANN, a. a. O, II 149 f.

quodsi annata solvenda sit, prius traditur notario camerae Apostolicae, pro quarum annatarum receptione sunt alii officiales, scriptores archivi, cubicularii, cruciferi *k*), riparii [69] atque his omnibus officialibus aliqua portio pecuniarum obtingit. Haec porro officia olim gratis a Summo Pontifice conferebantur, postea crescentibus negotiis et crebris expeditionibus faciendis ab his officialibus non exiguae pecuniarum summae percipiebantur, et ideo potuissent Pontifices minuere jura solvenda ab oratoribus gratias obtinentibus. Non fecerunt nec remiserunt aliquid de taxis solitis, quo facto stipendia ministrorum et officialium moderata fuissent, sed ipsa officia, jam valde quaestuosa, venalia proponere coeperunt ad vitam ementium et pretium suo aerario applicarunt; et hoc est undecimum emolumentorum genus.

Duodecimo sunt in Romana curia *alia officia, quae jurisdictionem spiritualem aut mixtam* annexam *habent*: auditoris camerae, thesaurarii, camerarii, clericorum etc., qui vel juridicendo vel rationibus aerarii Apostolici vel bonis administrandis vel annonae curandae aliisve negotiis operam navant et ex horum officiorum administrationibus copiosos proventus percipiunt et longe meritum operae excedentes; huiusmodi ergo officia solet vendere Summus Pontifex magno pretio, quod loco duodecimo inter Pontificios proventus collocamus.

Decimotertio adjungi potest etiam *pretium officii notariorum camerae Apostolicae et rotae et vicarii Urbis,* quae, quod sint valde quaestuosa, venduntur; sed de proventibus Pontificatus nihil restat dicendum. Dicendum restat de proventibus principatus, quae omnia diximus contineri nomine regalium.

Ursprüngliche Fassung:	Verbesserte Fassung (A u. D):
Decimoquarto loco ponamus *regalia,* quae potissimum sunt:	Decimoquarto addi potest *pretium locorum montium,* si enim contingat egere Summum Pontificem magna vi pecuniarum solet imponere censum annuum super bonis certis ecclesiasticis corporalibus vel incorporalibus eumque per partes vendere, diversis emptoribus, quorum aliqui, ut majorem exigere possint pensionem, pasciscuntur, ut ipsis
1º vectigalia seu gabellae,	
2º tractae solvi solitae ab extrahentibus merces e ditione ecclesiastica,	
3º bona vacantia seu carentia domino et sine herede decedentis,	

---

k) A und C haben richtiger scutiferi.

---

[69] Die hier genannten Beamten, die 10 Correctores Archivii, die 60 Cubicularii und die 142 Scutiferi gehören zu den oben (vgl. S. 224) beschriebenen Beamtenkollegien an der Kanzlei, die kaum noch nennbare amtliche Verpflichtungen hatten, aber an den Taxen beteiligt waren.

4° pars aliqua thesauri inventi,

5° bona propter delicta fisco addicta,

6° privilegia concessa,

7° pretium aliquorum officiorum saecularium,

8° pretium locorum montium vacabilium.

ementibus parcat census, alii eorum, qui minus exigunt, emunt censum perpetuum.

Decimoquinto loco ponam *regalia*, quae potissimum haec sunt et percipiuntur ratione principatus: 1° vectigalia ... Der Rest stimmt mit der nebenstehenden ursprünglichen Fassung wieder überein, nur ist n. 8: « pretium locorum ... » usw fortgelassen.

Alia plura vide apud Cardinalem Tuscum v. « regalia » [70]. Atque haec de eo, quod primo loco explicandum proposuimus, iam sequitur, ut videamus, quo jure Summus Pontifex haec emolumenta percipiat.

IIᵃ Pars: Quo jure Summus Pontifex hos proventus percipiat.

In diesem 2. Teil sucht der Verfasser die Titel festzustellen, die dem Papst das Recht geben, die bisher aufgezählten Einnahmen zu erheben, und vor allem den Vorwurf der Simonie zu entkräften, den man gegen einzelne dieser Einkünfte gerichtet hat. In seiner Darlegung macht er vier Gruppen:

I. Die Einnahmen aus den Besitzungen der römischen Kirche bezieht der Papst mit dem gleichen Recht, mit dem jeder Pfründeninhaber die Früchte seines Benefiziums bezieht. Sehr gut -auch historisch treffend- zeigt er bei dieser Gelegenheit, wie die Benefizien entstanden sind, und weshalb auf ihnen die Verpflichtung ruht, das Ueberschussgut für causae piae zu verwenden. Nach ihm ist der Benefiziat (auch der Papst) nicht Eigentümer des Pfründegutes, sondern Nutzniesser. Eigentümer ist die Kirche, der coetus ecclesiasticus. Dagegen wird der Pfründeninhaber Eigentümer der Früchte seiner Pfründe.

2. Servitien, Annaten, Quindennien, auch die Spolien, fructus medii und Zehnten kann der Papst als oberster Verwalter des Kirchenguts (universalis dispensator bonorum ecclesiasticorum) den Pfründen auferlegen und sich zuwenden, weil er für seinen Dienst an der Kirche das Recht auf Unterhalt hat, und die Besitzungen der römischen Kirche für den Unterhalt des Papstes und seines grossen Mitarbeiterstabes nicht ausreichen.

---

[70] Kardinal Dom. Tuscus († 1620) hinterliess ein alphabetisch geordnetes Hilfsbuch für das kanonische Recht: *Practicae Conclusiones Juris, vol. octo, Romae* 1605-1608.

3. Die Taxen und Compositionen sind dem Verdacht der Simonie am meisten ausgesetzt; denn sie scheinen entweder eine Bezahlung für die verliehene Gnade oder für die bei dieser Gnadenverleihung geleistete Arbeit zu sein. Auch das letztere geht nicht; denn diese Arbeit ist innerlich mit der Gnadenverleihung verbunden und daher mit einem rein irdischen Masse nicht bewertbar. Der Verfasser unterscheidet nun zwischen Abgaben bei besonderen Vergünstigungen in Benefizialsachen (Verzicht zu Gunsten eines Dritten, Erlaubnis zur Annahme eines Coadjutors mit dem Recht der Nachfolge usw.) und bei Gewährung von Dispensen. Bei Gelegenheit der ersteren kann der Papst, als oberster Verwalter des Kirchengutes zu seinem Unterhalt ohne jede Simonie eine Abgabe auf die Pfründe legen. Dazu kommt aber noch ein weiteres: die Pfründenverleihung besteht aus einem doppelten Akt: der Uebertragung der Vollmacht zur Verwaltung eines geistlichen Amtes und der Uebertragung des Rechtes auf Genuss der mit dem Amt verbundenen zeitlichen Vorteile. Letzterer Akt ist weltlich; wenn der Papst dafür eine Abgabe erhebt, ist von Simonie nicht die Rede. Bei Dispensen gibt es eine Reihe von Titeln, welche die Erlegung einer Zahlung erlaubt machen. Die Summe, die bezahlt wird, soll als Zuchtmittel dienen, das von der ungehörigen Forderung von Ausnahmen abschreckt; in anderen Fällen hat die Zahlung den Charakter einer Geldstrafe oder sie ist ein leichteres gutes Werk, das für eine schwerere gelobte Sache eingesetzt wird.

4. Mit welchem Recht kann der Papst aus dem Verkauf der Kanzlei- und Kammerämter Gewinn machen? Der Verfasser sagt:

Et dico ea percipi optimo jure; nam ut supra ostensum fuit haec officia sunt maxime quaestuosa, et emolumenta, quae ex ipsorum administratione ab officialibus capiuntur, longe superant laborem et operam eorumdem officialium; nec tamen judicarunt Summi Pontifices esse minuenda jura solvi solita ab iis, quibus gratia vel justitia administratur, quia videbant illud plus emolumenti esse sibi necessarium ad onerum Pontificalium supportationem. Cum ergo haec officia vendunt, vendunt rem suam atque adeo jure optimo pretium inde proveniens percipiunt, ut omnes alii, qui rem suam vendunt.

5. Sehr lehrreich für die Auffasung von der Natur des Kirchenstaates ist auch die Begründung, die Mangioni den päpstlichen Einnahmen aus dem weltlichen Herrschaftsgebiet gibt:

Respondeo primo vindicare illa sibi Summum Pontificem eo jure, quo reditus bonorum Ecclesiae Romanae donatorum. Sicuti enim a fidelibus donata sunt praedia, domus, census etc., sic a principibus donatus fuit principatus et omnia jura principatui annexa; et quemadmodum reditus praediorum sunt ecclesiastici, ita jura principatus et regalia sunt fructus ecclesiastici. Denique ad eum modum, quo Summus Pontifex non est dominus bonorum stabilium, ita neque principatus; et non secus ac fructus bonorum percipit ratione dominii, quod illorum respectu habet, sic emolumenta regalium percipit jure dominii eorumdem.

Respondeo secundo: si praeterea quaeratur, quo jure principes habeant jura regalium, dici posse, habere jure gentium, quarum nulla est, apud quam princeps seu respublica regalia non habeat.

III. Pars. Quomodo Summus Pontifex disponere possit
de suis reditibus

Haec quaestio definienda est non ex jure canonico, cui si quid hac de re in eo praescriptum sit, derogare posse Summum Pontificem extra controversiam est, sed ex jure divino ac naturali, cui quisquis hominem se fatetur pareat necesse est, antequam autem incipiam de singulis emolumentis dicere, quaedam iacienda sunt *fundamenta,* quibus sententia, quam veram esse censeo innititur.

Primum fundamentum est non aliunde certiorem regulam ac formam peti posse, juxta quam Summus Pontifex disponere debeat de suis reditibus, quam *exemplo Christi*[l]) et *Sanctorum Apostolorum,* quibus episcopi successerunt, et priscorum clericorum, qui omnibus beneficiatis praecessere.

Et Christus quidem Dominus, si S. Augustino credimus, relato in can. Habebat 9. q. 1. suo exemplo in eo facto regulam hanc proposuit: quod, inquit S. Augustinus «habebat loculos et a fidelibus oblata conservans suorum necessitatibus et aliis indigentibus tribuebat», et subdit tunc «primum ecclesiasticae pecuniae distribuendae forma instituta est», ut scil. ex ea Evangelii ministri sustentarentur, et pauperum sublevaretur inopia.

Idem servatum fuit ab Apostolis; nam legitur Act. 4 «quotquot possessores agrorum aut domorum erant, vendentes offerebant pretia eorum, quae vendebant et ponebant ante pedes Apostolorum, dividebant autem singulis, prout cuique opus erat»; et supra Lucas dixerat: «multitudo autem credentium erat cor unum et anima una, nec quisquam eorum, quae possidebat, aliquid suum esse dicebat; sed erant illis omnia communia, neque enim quisquam erat egens inter illos».

Idem institutum perseveravit in ecclesia usque ad tempora S. Silvestri[71]. Vivebant siquidem episcopus et clerici omnes simul in communi, et

---

[l]) C u. D fügen bei Domini aeterni Pontificis.

---

[71] Dieses Gemeinschaftsleben des Klerus hat sicher viel länger gedauert als unser Autor hier annimmt. Erst vom 6. Jahrhdt an beginnt die Aufteilung des gemeinschaftlichen Vermögens in einzelne Benefizien; vgl. Sägmüller, a. a. O, I³ 276; A. M. Koeniger, *Grundriss einer Geschichte des kath. Kirchenrechts,* 1919 27; L. v. Hertling, *Die Professio der Kle-*

bonorum ecclesiasticorum quatuor fiebant partes, quarum una cedebat episcopo, altera clericis, tertia fabricae, quarta pauperibus, ut habetur pluribus
can. 12, q. I [72]. Itaque [quicquid][m]) erat in bonis ecclesiarum, totum in usus
pios convertebatur, et diligenter notandum est hanc applicationem in pios usus
fuisse omnium omnino fructuum, redituum atque collationum; ac proinde,
si Christi et Sanctorum Apostolorum et primitivae ecclesiae exemplum aliquid potest, nihil ex bonis ecclesiasticis impendi posse in usus profanos.

Secundum fundamentum est, quod non aliter disponi possit de bonis
sponte oblatis ecclesiae quam *iuxta intentionem donationum,* cum unusquisque rei suae apponere possit condiciones, quas vult. Jam vero plurimi Doctores censent bona ecclesiastica [n]) donata ecclesiis cum hoc onere et pacto,
ut tamquam res Dei et patrimonium Christi et pretia peccatorum ad Dei
cultum et usus pios pro salute offerentium fideliter dispensentur, et addunt
hoc onus et condicionem fuisse acceptatam a praelatis, et propterea quidam
ex his Doctoribus concedunt dominium redituum non esse penes beneficiatos; alii esse, sed non absolutum, ac proinde, si male dispensent, teneri ad
restitutionem, sed quia non recipitur haec opinio communiter, et idcirco
multi Doctores non admittunt hoc onus et pactum, seu conditionem, sed dicunt fideles habuisse solum intentionem, ut reditus bonorum donatorum con-
verterentur in usus pios. Parum refert, sive illorum sententiam amplecta-
mur, sive horum, hoc satis est, quod omnes — nemine excepto — sentiunt
ecclesiasticos omnes peccare mortaliter, si in redituum dispositione non ob-
servent intentionem vel conditionem, cum qua sunt bona donata. Unde etiam
Summus Pontifex ad id tenetur.

Tertium fundamentum, quomodo expendendi sint proventus, quos Summus Pontifex percipit, non a sponte dantibus, sed exigit, non aliunde melius
intelligi potest, quam si attendatur *jus et causa finalis,* ob quam exigi possunt, et ratio huius regulae est, quia si solum [o]) ob hunc peculiarem finem
exigi possunt, non poterunt licite ad ullum alium usum impendi. Gabellae
v. gr. imperari dumtaxat possunt ob bonum publicum et ad principis dignitatem tuendam; nec princeps habet jus illas imponendi nisi ad hunc effectum,
et ideo illicite aliter dispensat. Si ergo demonstratum fuerit suo loco hos vel
illos proventus non posse licite exigi a Summo Pontifice, nisi ad sui et onerum Pontificalium sustentationem et Dei cultum et opera pia, necessario con-
cludendum erit, non esse in ipsius potestate de his proventibus disponere, ac
si essent bona patrimonialia.

[m]) A u. C fügen ein quicquid.
[n]) A + fuisse.
[o]) A + ex hoc particulari jure et solum.

riker und die Entstehung der drei Gelübde. Zeitschr. f. kath. Theologie
56 (1932) 149 ff (vor allem S. 160 ff.).
[72] *Decr. Gratiani,* C. 12, q. 2.

Quartum fundamentum ex *praecepto dandi eleemosinam* colligi potest, quanta sit obligatio Summi Pontificis circa dispositionem supradictorum proventuum. Praeceptum autem eleemosinae est, ut sit facienda de superfluis. Luc. 11 : « quod superest, date eleemosinam ». Legendus S. Thomas II. II q. 33, a. 5, ubi ostendit neminem ab huius praecepti observandi necessitate excludi, obligari vero speciali modo ecclesiasticos praelatos docet optime Vasquez, Opus *p)* de eleemosyna, c. 4, n. 15 [73], ubi haec inter alia : primo, quod ecclesiastici omnes habentes beneficia tenentur facere eleemosinam, si non ex justistia, saltem ex caritate, et de jure divino ac naturali, cui per nullam consuetudinem derogari possit. Secundo quod ecclesiastici, ac praecipue episcopi tenentur quaerere pauperes, quibus beneficiant, ad quod saeculares non tenentur. Tertio quod ecclesiastici et maxime praelati non possunt superflua congregare, ut ad statum altiorem ascendant, quia bona ecclesiastica non sunt data nisi ad congruam sustentationem. Quarto quod episcopi et beneficiati tenentur de superfluis non solum graves, sed etiam communes pauperum necessitates sublevare, ita ut respectu harum personarum non tam videatur esse praeceptum eleemosynae, quam prohibitio dissipationis bonorum ecclesiasticorum, quae omnia cum sint verissima, facile est inferre, quanta sit obligatio Summi Pontificis bene impendendi reditus Pontificatus, qui pietatis ac misericordiae Pater est universalis.

Haec sunt quatuor principia, nisi ego vehementer fallor, verissima, ex quibus per se quisque elicere possit conclusiones practicas et intelligere, in quales usus converti debeant reditus Pontificatus, maioris tamen claritatis gratia dicemus aliquid de singulis.

De reditibus bonorum fructiferorum ecclesiae Romanae.

De his omnes concedunt debere Summum Pontificem superfluum sustentationis suae et onerum Pontificalium dispensare in opera pia, quia cum hoc pacto aut onere aut saltem intentione sunt donata huiusmodi bona a fidelibus, et nisi fiat, nemo est, qui negat esse peccatum mortale ex fundamento secundo.

De reditibus aliorum bonorum ecclesiasticorum generatim.

Huiusmodi sunt commune et minuta servitia, annatae, quindennia, spolia, fructus non exacti ac medii temporis, decimae, compositiones, quae

---

p) C opusculum.

---

[73] Gemeint ist der grosse Theologe GABRIEL VASQUEZ S. J. († 1604). Seine kleine Schrift über das Almosen steht im 5. Bd. seiner gesammelten Werke (Edit. Lugdun. 1635). Er begnügte sich übrigens nicht damit, über das Almosen zu schreiben ; er war dafür bekannt, dass er half, wo immer seine Hilfe möglich war.

omnia emolumenta detrahuntur ex reditibus beneficiorum ecclesiasticorum et dantur Summo Pontifici. De his ergo, si superflua sunt sustentationi, non debere disponi nisi in usus pios, probatur, quia sunt vere fructus beneficiorum ecclesiasticorum, qui ex intentione fidelium sunt destinati ad divinum cultum et pauperum sustentationem, nec ex ullo alio jure neque ad ullum alium finem exigi possunt a Summo Pontifice, nisi ex eo, quod habet jus ad suam sustentationem necessariam exigendi a fidelibus, quibus servit, et ad eum finem exigit. Ergo non potest aliter de iis disponere.

Et haec ratio eo majorem habet vim respectu Summi Pontificis, quod ille non est dominus immediatus horum redituum, sed sunt ipsi beneficiati. Nec unius rei duo esse possunt domini immediati, sed est dispensator. Ergo si beneficiarii ipsi de his reditibus non possunt suo arbitratu disponere, neque poterit Summus Pontifex, sed debebit eos impendere in sui sustentationem, et quod superest, in usus pios *q)*. Ac laudabile esset, si sunt superflui ad sustentationem, desistere ex parte ab exactione.

De communi servitio, annatis et quindenniis.

Hos proventus fuisse institutos ad sustentationem Summi Pontificis testatur Polydorus Virgilius, De rerum Inventoribus, l. 8, c. 2 his verbis: « Cum Romanus Pontifex, non haberet tot possessiones, quot nunc habet, et cum oporteret pro dignitate, pro officio multos magnosque facere sumptus, paulatim impositum fuit sacerdotiis *r)* vacantibus, quae ille conferret, hoc onus ». Sed nullum luculentius testimonium quam ipsorum Romanorum Pontificum, qui haec emolumenta vocant magnum Apostolicae camerae, imo etiam totius christianae reipublicae subsidium et commodum, ita Paulus II, Constit. 6, Innocentius VIII, 3, Julius II, 4, Paulus IV, 17 citans Eugenium IV, Coelestinum III, Martinum V, Nicolaum V, Paulum II, idem scribit Pius V, Constit. 3, Xistus V aliique posteriores [74]. Cum ergo emolumenta, de quibus agimus, ad commodum camerae Apostolicae et subsidium inventa sint, ne ob alium finem exigi possint, sequitur ex tertio fundamento non posse de his aliter disponi quam ad onera Pontificatus ferenda, ac proinde, si quid supersit, in pios usus convertendum.

---

q) A +, quamquam, si sustentationi non sunt necessarii, satius esset non exigere. Der folgende Satz fehlt.

r) A u. C sacerdotibus.

---

[74] Die Zahlen der Constitutionen beziehen sich auf die Nummern im *Bullarium Romanum.*

De spoliis, quatenus sunt bona ecclesiastica defuncti.
De fructibus non exactis et medii temporis et compositionibus.

Spolia sunt fructus ecclesiastici beneficiorum, prout de illis nunc agimus, et sunt instituta solum ad utilitatem camerae Apostolicae tamquam auxilia opportuna, sic illa vocat Pius IV, Constit. 8, Pius V, 47 aliique omnes Pontifices successores; ergo ex 2° et 3° fundamento non possunt impendi nisi in Pontificatus sustentationem et reliqua in opera pia.

Deinde de jure spolia debentur successori, ut pluribus allegatis ostendit Redoanus, De Spoliis, q. 1, n. 11. Quis ergo dicat Pontifices derogasse juri communi, ut spoliorum emolumenta sibi vindicarent et ea, si jusserit, etiam in usus profanos dispensarent?

Denique spolia sunt fructus ecclesiastici, quos defunctus tamquam superfluos debuisset in Dei honorem pie distribuere, non fecit, quis sibi persuadeat esse nunc in libera Summi Pontificis potestate eos pro suo arbitratu dispensare?

Jam fructus non exacti a beneficiario defuncto et medii temporis, hoc est collecti, dum beneficium vacat, de jure communi debentur successori, ut probat Redoanus, De Spoliis, l. c., cum successor sit quasi heres defuncti. Est ergo par obligatio Summi Pontificis et defuncti, qui, si suae sustentationi superfuissent, in opera pia debuisset impendere.

Idem sentiendum est de emolumentis compositionum. Cum ergo fructus indebite percepti omni jure debeantur ecclesiis et pauperibus, absurdum erit dicere eos a Summo Pontifice in quemcumque usum posse converti.

De spoliis, quatenus comprehendunt acquisita per illicitam
negotiationem aut alias contra sacros canones.

Fieri potest, ut bona relicta, a beneficiato defuncto sint aliquando restituenda illis, a quibus injuste extorta fuerunt per illicitos contractus, et haec non cadunt sub spolio. Aliquando non debent ulli [s]) particulari restitui et in poenam retineri non possunt ab herede; et de his spoliis, si esset vera sententia, quam asserit esse probabilem Lessius, De Justitia, c. 14, dub. 8, n. 60, esse danda in conscientia pauperibus, haberemus argumentum satis validum, quo probaretur haec spolia non deberi Pontifici, nisi ut pauperi pro suo statu, sed quia verius est solum de jure positivo non esse in poenam restituenda iis, qui dederunt, ideoque esse applicata camerae Apostolicae; ideo oportet aliter in hac re philosophari.

Dico ergo ex duplici capite non posse Pontificem de his bonis, si supersunt suae sustentationi, ad libitum [t]) disponere. Primo: quia sunt instituta spolia solum ad utilitatem camerae Apostolicae; ergo ex tertio fun-

---

[s]) C alicui.
[t]) C habitum.

23

damento solum sic impendenda [u]) sunt. Secundo: quia poenae omnes pecuniariae ab ecclesiasticis sunt applicandae piis locis ex concilio Tridentino, sess. 25, cap. 3 de reformatione. Et licet Summus Pontifex ad decreta concilii observanda teneatur solum ex vi directiva [v]), tamen si absque justa causa non observaret, non careret culpa saltem veniali, ut idem Lessius ostendit, l. 2, c. 3, n. 19 [w]).

De decimis.

Praeter rationes petitas ex quattuor fundamentis positis non posse decimas pro arbitratu converti in usus quoscumque, probatur hoc argumento. Decimae sunt quoddam vectigal et tributum impositum fructibus beneficiorum ecclesiasticorum; de ratione vectigalis est, ut non possit exigi nisi ob bonum communitatis et principis sustentationem; ergo sine scandalo non possunt decimae converti in utilitatem privatam ullius [x]).

De taxis et componendis.

Ostendimus parte II[a] haec emolumenta provenire aliquando ex collatione beneficiorum et licentiis renuntiandi ad favorem tertii vel cum pensione vel assumendi coadjutorem cum futura successione, aliquando vero pro dispensationibus, et tunc exigi variis titulis.

Taxas et componendas primi generis non alio jure Summus Pontifex licite exigit, nisi quia necessaria sunt ad suam ac ministrorum sustentationem, neque in hoc est ulla suspicio simoniae vel injustitiae, ut demonstravimus, quia dignus est operarius mercede sua, et non venditur quicquid [y]) spirituale. Cum ergo haec ita se habeant, manifeste sequitur ex tertio fundamento initio huius partis jacto non posse Summum Pontificem plus exigere, quam non [z]) sit necessarium ad se ac ministros alendos, et si quid amplius percipiat, id totum esse in opera pia insumendum [a]) vel potius moderandam tantam exactionem.

De emolumentis et proventibus [b]) ex dispensationibus, quae, ut dixi, variis titulis exiguntur, eadem est ratio, si exigantur titulo necessariae sustentationis.

Quodsi haec emolumenta exacta fuerunt ut quaedam mulctae ad coercendos homines a petendis crebris dispensationibus et non volentibus

---

[u]) A u. C imponenda.
[v]) A decretiva.
[w]) A u. C lesen 59. Das Zitat scheint in beiden Fällen nicht zu stimmen.
[x]) In A fehlt ullius.
[y]) A u. C quicquam.
[z]) A u.C haben statt non: si.
[a]) Die folgenden Worte fehlen in A.
[b]) C De emolumentis provenientibus.

vivere jure communi cum aliis, probatur esse applicanda operibus piis et non debere Summum Pontificem pro suo arbitratu etiam in usus profanos convertere, quia esset magna suspicio avaritiae et scandali occasio, si quod alioquin gratis erat concedendum existente legitima causa, aliquando etiam nulla legitima causa existente, concederetur ad opes Pontificias augendas et postea in usus profanos convertendum.

Si vero haec emolumenta [c] in poenam alicuius delicti praecedentis, iam dictum est, ex concilio Tridentino haec esse piis operibus et locis applicanda, et Summum etiam Pontificem vi directiva ad id teneri, praeterquam quod non careret res scandalo, si aliter fieret.

Si [d] aliquid exigatur quasi in commutationem rei per votum promissae, quis non videt esse applicandum exactum in cultum Dei, sicut res promissa in cultum Dei promissa fuerat?

De pretio officiorum venalium.

Pontifex vendendo haec officia vendit portionem illam emolumentorum, quae exiguntur pro collationibus beneficiorum, sive sint communia servitia, sive annatae, sive quindennia, sive taxae etc., ac propterea illam portionem, quae ipsi reservatur supra stipendium fructuum ipsorum officialium, quibus officia venduntur; atque huiusmodi pretia succedunt emolumentis, quae venduntur. Cum ergo supra demonstratum fuerit ipsa emolumenta, si superflua sint sustentationi congruae, esse piis usibus deputanda, sequitur, ut ipsa pretia similiter expendenda sint.

In A und D ist hier folgendes eingefügt: De pretio locorum montium eadem est ratio, quia retrahitur de emolumentis potissimum gabellarum ac fructibus fundorum patrimonii S. Petri, et sicut illa debent deservire Summi Pontificis sustentationi et superflua erogari in opera pia, ita etiam pretium locorum montium.

De emolumentis regalium.

Cum, quemadmodum supra dictum est parte II[a], haec sint fructus principatus ac proinde ecclesiastici, ex quo ipse principatus donatus ecclesiae Romanae sacer quodammodo factus est, sequitur, ut sint expendenda tamquam bona ecclesiastica in opera pia.

Et de vectigalibus est peculiaris ratio, quia retrahitur de emolumentis potissimum gabellarum... Das übrige wie oben in dem eingerückten Text A und D. Es fehlt natürlich an dieser Stelle in A u. D.

Atque de his satis. Superest ut argumentis contrariis respondeatur.

---

[c] A u. C schieben richtig ein exigantur.

[d] A u. C + vero.

IVᵃ Pars. Proponuntur ac refutantur argumenta contraria.

Im vierten und letzten Teil seiner Abhandlung setzt sich
Mangioni, der im dritten Teil der Arbeit die Verwendung fast
aller päpstlichen Einkünfte für persönliche Zwecke als uner-
laubt erklärt hat, mit den Gründen auseinander, die man seiner
Entscheidung entgegenhalten kann. Im ganzen legt er 12 Beweise
gegen seine Auffassung vor; die ersten 4, die sich gegen die von
ihm aufgestellten « Fundamente » seiner Entscheidung richten,
wollen wir nur kurz abmachen. Der erste Einwand geht gegen
den Satz, dass für Klerus und Papst in der Behandlung der Einkünfte das Beispiel Christi und der alten Kirche Norm sein
müsse. Dieses Beispiel habe nur den Wert eines Rates, nicht den
einer Vorschrift. In diese Schwierigkeit ist dann gleich eine
andere hineinverwebt, dass die Kirche, wenn sie sonst feste Summen für ihre Diener, z. B. die Kirchensänger, festsetze, dieses
Geld nicht mit der Pflicht der Verwendung des Ueberschusses
für gute Zwecke belaste. Mangioni setzt sich nur mit diesem
letzteren Einwand auseinander, den er im Anschluss an de
Lugo löst: den einfachen Angestellten gebe die Kirche einen Lohn entsprechend der Arbeit und mit diesem Lohn könne
der Empfänger machen, was er wolle; den Benefiziaten aber habe
die Kirche einen Teil ihrer eigenen Aufgabe übertragen, das
Kirchengut seiner Bestimmung zuzuführen; er bekomme keinen
Lohn, sondern einen Teil des Kirchengutes mit den darauf lie-
genden Verpflichtungen zur Verwaltung.

In der zweiten Schwierigkeit geht es um die Frage, ob die
Stifter des Kirchenvermögens wirklich eine schwere Pflicht zur
Verwendung der Ueberschüsse an die Armen haben begründen
wollen. Der Gegner meint, es handle sich nicht um eine Pflicht,
sondern höchstens um einen Wunsch. Wieder erfolgt die Lösung im Anschluss an de Lugo: die Stifter hätten vor allem Gott
und seinen Heiligen eine Gabe darbringen wollen und als « Res
sacra » müsse das Kirchengut vor profanen Bestimmungen ge-
schützt werden.

Das dritte Argument erklärt den Grundsatz, dass bei der
Verwendung der vom Papst aufgelegten Abgaben der Zweck
der Abgabe innegehalten werden müsse, für hinfällig; die Einkünfte der Benefiziaten seien Bezahlung für die geleistete Arbeit; jeder Arbeiter könne aber seinen Lohn nach Gutdünken
verwenden. Dagegen zeigt Mangioni sehr schön den Unterschied
zwischen der Arbeit eines Lohndieners und der Tätigkeit des
Seelsorgers und vor allem des Papstes, die mit einem Arbeits-

lohn nicht abgemacht werden könne, sondern die Einkünfte auf
ein ganz andere höhere Basis hinaufhebe.

Die vierte Schwierigkeit richtet sich gegen den Satz, dass
die Pfründenbesitzer und vor allem der Papst eine ganz besondere Verpflichtung haben, Almosen zu geben. Diese Pflicht, so
wird eingewandt, liege nur auf den Einnahmen, die aus Kirchengut stammen, also nicht auf den Taxen, Kompositionen, Aemter-
preisen. In der Antwort wird zugegeben, dass diese Einnahmen
wirklich weniger den Charakter einer « Res sacra » hätten; aber
der Papst könne sie nur zu seinem Unterhalt erheben, sonst seien
sie simonistisch, und daraus ergebe sich, dass er das, was davon
dem Unterhalt nicht zugeführt werden könne, für gute Zwecke
verwenden müsse.

Mit dem fünften Einwurf berührt Mangioni schon einen Gedanken, der von der Mehrheit bei den Verhandlungen wiederholt in die Wagschale gelegt wurde: dass der Papst ohne das
Recht, sich aus den päpstlichen Einnahmen Stipendien zur freien
Verfügung zuzuteilen, schlechter gestellt sei als der ganze übrige
Klerus, der ausser seinem Pfründeeinkommen auch noch Stipendien, über die er ganz frei verfügen könne, habe. P. Mangioni
weiss darauf nur zu sagen, dass auch der Papst einige solche
Einnahmen, z. B. die Geschenke bei den Kanonisationen, habe.

Die nun folgenden letzten Argumente sind Auseinandersetzungen mit den Beweisen der Majorität und daher von Wich-
tigkeit.

Sextum argumentum. Ex omnium sententia bona clericorum sunt triplicia. Prima patrimonialia, quae per successionem vel industriam vel per donationem aliosve contractus et modos, quibus laici suum augent patrimonium,
acquiruntur. Secunda ecclesiastica, hoc est fructus, quos annuatim et statutis temporibus percipiunt e suis beneficiis. Tertia quasipatrimonialia, quae
lucrantur functionibus sacris sui ordinis, celebrando, funera comitando etc.,
et de his bonis quasipatrimonialibus ex communi etiam sententia clericis
fas est disponere[e] ad libitum. Ergo Summus Pontifex de omnibus a
nobis enumeratis emolumentis exceptis iis, quae percipit ex fundis Ecclesiae Romanae, tamquam de quasipatrimonialibus potest disponere in quemcumque usum, cum non sint bona ecclesiastica.

Respondeo negando non esse bona ecclesiastica emolumenta commu-
nium servitiorum, annatarum, quindenniorum, spoliorum, fructuum non exactorum et medii temporis, decimarum et compositionum; sunt enim fructus aliorum beneficiorum, qui a Summo Pontifice, universali administratore
talium bonorum, exiguntur, quique expendi ab illo debent, sicut expendendi essent ab ipsis beneficiariis, qui eos solvunt, hoc est in usus pios
et pauperum sustentationem.

---

[e] C dispensare.

Die verbesserten Handschriften A und D fügen hier ein: Adde, quod circa haec emolumenta, quae exiguntur a Summo Pontifice, quatenus Summus Pontifex est, et pro jure, quod Summus Pontifex habet imponendi has quasigabellas clericis inservientibus (inferioribus?) haec emolumenta dici possunt et revera sunt: fructus Summi Pontificatus. Sunt fructus agrorum et feudorum ecclesiae donatorum.

Alia vero emolumenta taxarum et componendarum et spoliorum pro ea portione, quae [est] acquisita per illicitam negotiationem aut alias contra sacros canones, et pretia officiorum non sunt proprie bona ecclesiastica, sed neque sunt quasipatrimonialia, sed quasi cuiusdam generis, quae nempe competunt Summo Pontifici, non tamquam clerico, sed tamquam supremo pastori ac universali administratori et gratiarum dispensatori, et *f)* propterea supplicantibus pro gratia vel justitia potest imponere aliquod onus solvendi pecunias ad sui status decentiam conservandam, quod alii clerici facere non possunt. Sed quoniam, ut supra dictum est saepius, hoc jus non se extendit nisi ad exigendum necessaria pro sua sustentatione et ad hunc finem, ideo de his emolumentis non potest aliter *g)*

Ursprüngliche Fassung:	B und D haben statt dessen:
disponere, et haec eadem ratio procedit de communibus servitiis, spoliis, fructibus non exactis et medii temporis, decimis, quae exiguntur titulo necessariae sustentationis.	disponere. Respondeo eo melius haec solum emolumenta dici posse fructus Summi Pontificatus, cum jus hoc taxarum, spoliorum etc. competat Papae, ut Papa est, et ut jus verum Summo Pontificatui, ac proinde dici possunt bona ecclesiastica.

Septimum argumentum. Multi officiales Summi Pontificis pro labore, quem ponunt in suorum officiorum administratione varia emolumenta percipiunt; de quibus ad libitum disponunt: thesaurarius, camerarius, maior poenitentiarius etc., cur idem non liceat Summo Pontifici, omnium maxime laboranti?

Respondeo primo Summum Pontificem multa ex emolumentis supradictis accipere non ut certum ac proportionatum stipendium certi ac determinati laboris, sed tamquam fructuum ecclesiasticorum ac aliorum beneficiorum portiones, quod potest facere tamquam universalis omnium administrator et ideo non est par ratio illius et officialium.

Respondeo secundo alios officiales non teneri gratis ad officia sua exercenda, quia ad illa exercenda non tenentur, ut Summus Pontifex te-

---

f) A u. C haben statt et: qui.
g) D taliter.

netur ex officio ad functiones, quas exercet. « Ille autem (inquit S. Thomas, II. II, q. 100, a. 3 ad 3ᵘᵐ), cui committitur spiritualis potestas, ex officio obligatur ad usum potestatis sibi commissae in spiritualium dispensatione, et etiam habet statuta stipendia ex reditibus ecclesiae, et ideo, si aliquid acciperet pro actu spiritualis potestatis, non intelligeretur locare operas suas, quas ex debito sui officii debet impendere, sed intelligeretur vendere ipsum spiritualis gratiae usum; et propter hoc non licet pro quacumque dispensatione (eadem est ratio de collatione beneficiorum) aliquid accipere ». Haec S. Thomas. Summus ergo Pontifex in tantum aliquid accipit pro spiritualibus functionibus, in quantum non habet aliunde, quo suum statum conservet.

Octavum argumentum fit contra modo dicta: quia etiam episcopus tenetur ex officio visitare dioecesim, et curatus celebrare et mortuis exequias peragere, et tamen ille accipit procurationes, dum visitat, hic emolumentum aliquod temporale, de quo licite disponit in omnes usus; ergo similiter poterit Summus Pontifex, licet teneatur ex officio; et nota illis hoc esse licitum, licet aliunde habeant sufficientem sustentationem.

Respondeo primo esse sine dubio aliquas functiones extraordinarias, pro quibus, licet sint debitae ex officio, potest tamen aliquid temporale accipi et exigi, sed ut bene docet Suarez, de simon., l. 4, c. 4, ut hoc licite fiat, est necessarium, ut fiat vel ex concessione canonum, ut conceduntur procurationes episcopo visitandi, toto titul. De Censibus ⁷⁵, et approbatur a concilio Tridentino, sess. 24, c. 3 de reformatione vel ex laudabili consuetudine ʰ⁾, vel dantur in administratione baptismi, matrimonii, in funeribus etc.

Porro: ut statuamus, quid hac in re liceat Summo Pontifici, non debemus considerare, quid illi humana jura scripta vel non scripta concedant aut prohibeant, cum ipse sibi lex sit, et superior omni humana lege, sed quid eidem recta ratio permittat, quamvis etiam verum sit non esse facile negligendos canones, quorum vi saltem directiva ipse etiam conditor tenetur. Jam vero quid recta ratio hac in parte Summo Pontifici permittat, non est facile constituere, considerandum potius est, quid rationi repugnet; repugnare autem judicabitur ex Suarez, l. c., si exactio habeat speciem simoniae vel avaritiae, vel sit conjuncta cum scandalo, vel modus exigendi sit violentus. Sane si Summus Pontifex [abundans] ⁱ⁾ omnibus necessariis ad suum statum decenter conservandum graves exactiones extorqueret ad usus non pios, non facile careret res scandalo pusillorum.

Respondeo secundo: argumentum factum nullam habere vim ad probandum exigi a Summo Pontifice tamquam stipendium laboris emolumenta spoliorum, quindenniorum, fructuum non exactorum et medii temporis,

---

ʰ⁾ A +, ex qua varia exiguntur.

ⁱ⁾ abundans steht in allen anderen Hdschr.

---

⁷⁵ *Decret. Gregor.* IX, l. III, tit. 39 De censibus.

decimarum et compositionum et pretii officiorum, quia haec omnia emolumenta sine ullo labore Summo Pontifici obveniunt, eo ipso siquidem,
quod semel constitutum fuit, ut solverentur suis temporibus sine ullo Summi Pontificis labore, et illi, ut ita dicamus, domi nascuntur.

Videtur ergo argumentum habere vim aliquam in emolumentis com-
munium et minutorum servitiorum et annatis, quae non percipiuntur, nisi
cum Summus Pontifex beneficia, episcopatus et monasteria confert, et in
taxis et componendis ex occasione dispensandi et dandi licentiam renun-
ciandi in favorem vel cum pensione, in his enim Summus Pontifex aliquem
habet laborem audiendi supplices libellos signandi et ideo videtur haec
emolumenta accipere pro labore.

Respondeo nihilominus cum Lessio, l. 2, De Justitia, c. 75, n. 56
hunc Summi Pontificis laborem non esse considerabilem quoad hoc. Quid
enim aliud requiritur, quam ut scribat: « fiat », « concessum » suo adjecto
nomine [76]; deinde qualis et quantuscumque sit labor iste intrinsecus et
necessario conjunctus cum actione illa sacra conferendi, dispensandi etc.
Nec potest dici, quod accipiatur tamquam stipendium labori ac molestiae
proportionatum; nam Summus Pontifex tantum laboris ac molestiae su-
stinet in collatione episcopatus, quantum pro collatione canonicatus vel
parochiae, et tamen ex episcopatus collatione accipiet v. gr. mille, pro collatione beneficii 200. Similiter eumdem laborem subit dispensando in im-
pedimento consanguineitatis in 2° gradu cum homine ditissimo et dispensandum in 4° cum mediocri; et tamen emolumenta sunt valde maiora pro
prima quam pro secunda dispensatione, quod argumentum est non dari tamquam stipendium labori debitum. Restat ergo, ut exigatur tamquam necessarium ad decentem suum statum conservandum, ac consequenter, ut
non possit aliter dispensari.

Nonum argumentum. Licet bona ecclesiastica sint res Dei, ut supra
vidimus, et Deo oblata in manus praelatorum, et ideo habeant annexam
quasi passivam obligationem, ut non expendantur, nisi in Dei cultum et
honorem, tamen haec obligatio solum durat tamdiu, quamdiu ipsa bona
sunt eo modo, quo possunt esse Dei et Deo consecrata; tunc enim sunt
apud Ecclesiam, tamquam in aerario Dei. Postquam vero [k]) Ecclesia semel institutis beneficiis ea bona distraxit [l]), eo ipso satisfactum est illi
obligationi et statim fiunt bona profana et manent sub libera et absoluta

---

[k]) C enim statt vero.

[l]) A (ohne D) fügt bei: dando illa ministris divini cultus ac proinde
religiose distraxit,

---

[76] Ueber die Arten der Signierung von Suppliken durch den Papst
oder seine Vertreter vgl. VESTRIUS, a. a. O, f. 7 ff; COHELLIUS, a. a. O,
73 ss; PLETTENBERG, a. a. O, 299 ff. und vor allem PYRRHUS CORRADUS,
a. a. O; ferner GÖLLER, *Die päpstl. Poenitentiarie,* II 82 ff; v. HOFMANN,
I 56 ff.

potestate accipientis. Unde ecclesiastici omnes, qui percipiunt reditus ecclesiasticos, possunt eos impendere, ut volunt. Sic quoque videmus, quod canonici de distributionibus et pensionarii de suis pensionibus et cardinales de communibus servitiis et officiales de minutis et, quicumque vendunt ecclesiasticis aliquid, de pretio disponunt suo arbitratu. Ergo etiam Summus Pontifex [m]) cum eo ipso, quod ista emolumenta, quantumvis sint bona ecclesiastica, ad eius manus pervenerunt, non amplius sunt talia, ac proinde possunt expendi in omnes usus.

Respondeo [n]) hoc argumento non probari fructus ecclesiasticos, statim atque Summo Pontifici consignati sunt, non habere amplius illam obligationem passivam ,ut in opera Deo grata convertantur; nam ut bene docet Cardinalis de Lugo l. c. sect. 2, n. 19 ecclesia aliter distribuit bona sua beneficiatis quam aliis etiam suis ministris, sed non beneficiatis. Etenim beneficiatis tribuit, ut ipsi faciant, quod Ecclesia deberet facere et consequenter, ut tamquam res Dei religiose expendant, et hoc probatur, quia omnes Doctores sentiunt beneficiatos de reditibus superfluis sustentationi teneri disponere in usus pios, et si ecclesiae ministri, quibus loco Dei a fidelibus dantur bona, non deberent religiose illa expendere, numquam sic expenderentur; aliis vero, qui non sunt beneficiati, non dantur ecclesiastici fructus cum ista obligatione; et ideo statim desinunt esse Dei res et fiunt profanae atque expendi possunt in quemcumque usum

Ursprüngliche Fassung:

et tales sunt distributiones, pensiones, communia et minuta servitia et pretia rerum, quas ecclesiastici emunt.

A hat folgende erweiterte Fassung: [o])

et talia sunt communia et minuta servitia et pretia rerum, quas ecclesiastici emunt, quae ecclesia attribuit Cardinalibus et aliis officialibus Summi Pontificis. Sed ipsi Summo Pontifici fructus bonorum ecclesiasticorum . . . . proventus principatus, qui continentur nomine regalium tamquam res Dei assignata sunt, ut inde se alat et superflua eroget in usus pios sicut ceteri beneficiati tenentur, in quorum manibus haec bona ecclesiastica habent annexam hanc obligationem passivam; alia vero emolumenta Summus Pontifex erogat (exigit?), nempe pro se, cum servitium, anna-

---

[m]) A + poterit.

[n]) A lässt die folgenden Zeilen bis Cardinalis de Lugo aus und setzt dafür: Respondeo pro solutione huius notandum ex Cardinali de Lugo sect. 2, n. 19 quod ecclesia. ...

[o]) Der handschriftliche Zusatz von P. Mangioni ist sehr schwer lesbar. Die Transskription dieser Stelle in D, die offenbar nach der Handschrift A gemacht ist, ist voll von Fehlern und gibt keinen Sinn. Schon bei früheren Zusätzen hat der Schreiber von D, wo Schwierigkeiten waren, sie willkürlich durch eigene Worte ersetzt oder die schwierigen Stellen fortgelassen.

tas, quindennia, spolia, vacantias, tractata exigit, ut necessaria
ad sui sustentationem, et ideo, si indiget illis, debet . . . .
expendere, si non indiget, non potest exigere.

Decimum argumentum fieri potest de proventibus spoliorum. Nam non
raro Summus Pontifex concedit facultatem testandi beneficiatis etiam ad
causas non pias, et in quibusdam provinciis de bonis ecclesiasticis *p*) viget
eadem consuetudo [77]. Ergo sicut ex concessione Summi Pontificis de bonis ecclesiasticis licet ipsis disponere in usus profanos, licebit etiam ipsi
Summo Pontifici spolia clericorum suo arbitratu disponere seu distribuere.
Cur enim illa liceat concedere heredibus, non aliis?

Respondeo Navarrum, De Spoliis, § 9, n. XI existimare huiusmodi
facultates esse subreptitias et consuetudinem corruptelam. Alios vero sentire prohiberi beneficiatos testari solum jure positivo ac proinde Summum
Pontificem posse similes facultates concedere et non improbare consuetudinem ita testandi. Ita significat Azor, p. 2, l. 7, c. 9, q. 1 vers. «Obiicies
beneficiarios».

Sed quoniam sententia Navarri communiter reiicitur, et opinio Azor
solum vera est, prohiberi ecclesiasticos testari etiam ad pias causas, et
nos supra ostendimus esse de jure divino ac naturali, ut bona ecclesiastica
a beneficiatis viventibus et decedentibus erogentur in usus Deo gratos,
ideo alio modo ad argumentum respondere debemus.

Dico ergo admissa tamquam valida facultate et consuetudine non im-
probanda testandi etiam ad causas non pias, non sequi ex hoc, quod Summus Pontifex pro suo arbitratu possit disponere de spoliis; et summa rationis meae est, quia ad concedendam hanc facultatem aliis et ad non re-
probandam consuetudinem hanc Summo Pontifici possunt esse legitimae
causae; ut vero sibi applicet et ad nutum dispenset, non item probatur
huius dicti pars prior. Beneficiati possunt esse valde benemeriti in ecclesia sua vel etiam universali ob labores susceptos, ob libros scriptos, ob
probitatem insignem, ut multa debita contraxerint aedificando, augendo reditus beneficii, ut de reditibus suae sustentationi necessariis multa sub-
traxerint, ut consanguineos pauperes habeant, ut pecunias congesserint sub-
trahendo sibi aliquid cum intentione erigendi aliquod pium opus. Haec
et similia possunt inducere Summum Pontificem ad rationabiliter concedendam facultatem testandi. Accedit, quod non est Deo ingratum, ut Summus Pontifex aliquando faciat liberalem aliquam donationem de bonis ecclesiasticis, maxime cum nemini in particulari sint debita; sic enim ani-
mantur saeculares ad bene merendum de ecclesiis.

Posterior vero dicti pars, quod non facile excogitari possunt causae,
ut sibi vindicet Summus Pontifex spolia dispensanda in usum quemcumque patet, quia vix poterit evitari scandalum, si appareat bona spoliorum,

---

p) A u. B lassen de bonis ecclesiasticis aus.

---

[77] vgl. oben S. 217 f.

quae ex jure divino ac naturali (utpote ecclesiastica bona) debuerunt impendi in usus pios, impendantur in usus profanos et ad ditandos immodice consanguineos.

Undecimum argumentum. Pretium officiorum venalium ab emptoribus datur Summo Pontifici absque ullo onere et intentione, ut piis operibus applicetur, et si non venderentur, totum emolumentum esset ipsorum officialium. Ergo Summus Pontifex pretium datum libere et tamquam fructum suae industriae, qui cum posset donare officia, maluit vendere, expendere poterit in quemcumque usum etiam profanum.

Respondeo ex supradictis: haec pretia officiorum esse quasdam portiones redituum sive obventionum, quae percipiuntur ex administratione talium officiorum ad modum quaestuosum, quod ab impetrantibus gratiam vel justititiam summae graves pecuniarum solvantur et quoniam superant meritum laboris, quem officiales subeunt in officiorum administratione, Summus Pontifex has portiones sibi reservavit, quia non habebat aliunde, quo se sustentaret decenter. Ratio ergo postulat, ut quandoquidem non expedit minuere summas pecuniarum pendendarum ab imperantibus gratiam vel justitiam, istae portiones a Summo Pontifice impendantur q) ad eumdem finem, ad quem exigi jure possunt, hoc est ad suam sustentationem et ad usus pios.

In A et D ist hier noch beigefügt: Respondeo 2° quod Summus Pontifex quatenus talis instituere potuerit aliqua officia venalia et illa vendere, esse quasi fructum et reditum quemdam Pontificatus, ... ut Pontifex r) (?) exigendi gabellas et regalia ac proinde esse fructum ecclesiasticum et bonum ecclesiasticum impendendum tamquam bonum ecclesiasticum et rem Dei.

Duodecimum argumentum: Laudatissimi Pontifices de emolumentis, de quibus agitur, disposuerunt suo arbitratu sine ullo scrupulo, ergo debet subesse aliqua ratio, ob quam licite fiat.

Respondeo hoc pertinere ad factum nec puto facile ostendi posse hos Summos Pontifices plus sibi sumpsisse, quam liceret; eorum exempla venerari nos decet, non examinare.

Ego alieno jussu scripsi quae mihi videntur vera, et dedoceri cupio, si erro. Suadeo lectori, ut de toto hoc argumento videat, quae sentit Ant. Corduba in Quaest. lib. 1. q. 18. 3 [78].

---

q) A impendentur, D impenderentur.

r) D lässt diese schwer lesbare Stelle aus.

---

[78] vgl. oben S. 270.

8.

Erklärung des Kardinals de Lugo vom 3. August 1656 über sein Votum von 1643.

Copie in der Vatik. Bibliothek Cod. Ottob. 1061, fol. 97v.

Die 28 aug. Anno 1643 facta fuit ex ordine S^{mi} Congr^o super hoc puncto in palatio Em^{mi} Card. Alterii, cui ultra dictum Cardinalem interfuerunt Ill^{mus} Maraldus et P. Torquatus de Cuppis et P. Johannes de Lugo et ex omnium consensu resolutum fuit, quod ex omnibus proventibus Pontificis ratione stipendii personalis laboris et propter alios titulos et rationes saepe discussas et consideratas possent ad minus ei assignari prudenter centum millia scuta monetae Romanae annua, de quibus possit libere disponere ultra pretia officiorum ecclesiasticorum, de quibus, quando, quomodo et quantum possit libere disponere, et cum quibus conditionibus dictum fuerat in aliis congregationibus, vel ultra id, quod ex sua congrua parcius vivendo et expendendo sibi reservaverit. Et huic resolutioni subscripserunt omnes praedicti.

Rationes, quae ad hoc moverant, quia in Tridentino data est facultas applicandi tertiam partem redituum in distributiones personales, quae sunt quasi patrimonialia et ultra congruam, ut hoc modo foveretur studium chori. Pontifex autem habet magnum laborem et assistentiam ad expedienda negotia. Potest ergo ei assignari ex proventibus saltem spiritualibus, quae excedunt 400 millia Scuta, quarta pars in stipendium ad fovendam assistentiam et laborem. Item proventus omnes Pontificii excedunt fortasse duos milliones, et quamvis gravata sit Camera. Sed tamen hoc gravamen fortasse non praejudicabit Pontifici, ne extraheriat (!) stipendium suum personale. Sicut extrahit pro aliis officialibus et hoc ex reditibus integris: sed ad hoc propter gravamina imponere potest tributa, ut satis faciat stipendiis prioribus. Denique nullum esset scandalum, sed potius laudaretur Papa, qui post annum obiret et non dedisset nisi centum millia Scuta. Adde consanguineos vere deservire Pontifici, quare donationes illae sunt ex parte remuneratoriae.

Sed revera mihi non placet illa summa centum millium Scutorum in anno, sed sufficeret dimidia, quia vereor, ne scandalum generaret in Ecclesia tantam summam donare consanguineis in tanta copia publicarum necessitatum.

Ego Joannes Cardinalis de Lugo omnibus has litteras inspecturis attestor, qualiter in congregationibus iussu felicis recordationis Urbani VIII factis resolutum fuit, posse Pontificem pro laboris personalis dispendio disponere libere de centum millibus scutis monetae annuis et de officiis et aliis vacantibus cum certis condicionibus. Et quidem postea Cardinalis factas et attentis necessitatibus Camerae Apostolicae et aliis subditorum Ecclesiae in temporalibus judicavi et judico reducendam illam summam ad dimi-

dium, in qua includantur omnia officia et quaecumque alia. Et ita, ut plene
constet de hac mea mente subscripsi illam manu mea, ut omnibus ostenda-
tur.

Romae in meo palatio, 3 Augusti 1656 Joannes Card^lis de Lugo.

9.

*Antwort des Kardinals de Lugo an Papst Alexander VII
vom 19. Juni 1658.*

Copie in der Vatikan. Bibliothek Cod. Ottob. 1061, f. *202v.*

Beatissimo Padre.

Monsig. Ugolino m'impose a nome di V. Santtà, ch'io Le facessi sapere
il mio parere in ordine a che somma potrebbe arrivare per sovvenire il Suo
Nipote a compire il pagamento di un certo stato, che comprato la Santtà
Vostra. La notitia, che ha della mia ultima opinione in questa materia, potrà da se stessa facilissimamente cavar la conseguenza perchè tenendo io,
che si possa obligare circa 40000 scudi l'anno quello di che il Papa possa
disporre... che oltre a quello che spetta... [79] Vostra Santtà in una volta
dar adesso quel, che haverebbe potuto in più di questi anni passati: e poi
se non arrivasse il bisogno potrà prudentemente imprestarli qualche somma notabile, ancorchè fosse la metà del prezzo, con obbligo il rinfrancare
la Camera Apostolica in caso che Idio non permetterà che la Santtà V.
mancasse prima, che potesse estinguere questo debito, il che giudico omnino
necessario, che si sappia da tutti: perche l'attioni di V. Santtà resteranno
modello e misura per tutti i successori. Il resto della mia mente saprà
V. Santtà del nostro Sforza Pallavicino [80], scrittore di quella mia poliza, con
chi ho conferito et humilissimamente Le bacio i santi piedi. Di Casa 19 di
Giugno 1658. Di V. Santtà Humilissima, Divotissima et Obligatissima Crea-
tura

Il Card^le de Lugo

---

[79] Die Lücken befinden sich schon in der Kopie des Briefes und
gehen daher wohl auf Schäden des Originals zurück.

[80] Es ist der berühmte Verfasser der Geschichte des Konzils von
Trient. Er stand dem greisen Kard. de Lugo nahe und war Beichtvater
Alexanders VII, bei dem er mit unerschrockenem Mut gegen den Ne-
potismus kämpfte. Freilich war auch er der Meinung, dass der Papst
seine Angehörigen nicht ganz ausschliessen könne und in bescheidener
Weise auch versorgen müsse.

NACHSCHRIFT.

Als die vorliegende Arbeit schon abgeschlossen und fast gedruckt war, fand der Verfasser in der Vatikanischen Bibliothek (Barb. L. 5838) noch ein Budget der päpstlichen Kammer aus der Zeit Urbans VIII (vgl. oben S. 237, Anm. 107). Die Kenntnis dieses Stückes hätte manche Lücken dieser Untersuchung ausgefüllt und einige Aufstellungen berichtigt. Einer späteren Arbeit müssen diese Verbesserungen vorbehalten bleiben.

P. Leturia S. I.

El viaje a América

del futuro Pontífice Pio IX

1823-1825

Collectionis totius n. 15

Romae 1943
Libreria Herder
Typis Pontificiae Universitatis Gregorianae

Hasta nuestros mismos días se ha escrito frecuentemente en las vidas de Pío IX: es el único Papa que ha estado en América.

Hoy no es ya posible repetirlo. Su Santidad Pío XII ha visitado también las ciudades y las Iglesias americanas. Y no sólo las de lengua española, sino igualmente las de lengua portuguesa e inglesa. Su visita a América se ha desarrollado, además, en un ambiente de gloria y majestad que faltó a la de su predecesor de 1824. Mastai marchó al nuevo Continente como compañero de un Vicario apostólico; el Cardenal Eugenio Pacelli como Legado pontificio. La estancia de Mastai en Buenos Aires y en Santiago de Chile se asemejó más bien a un doloroso Calvario diplomático, apenas endulzado por la tranquila demora de algunos meses en Montevideo; la carrera americana del Legado de Pío XII fue una magnífica apoteosis de la Eucaristía, del Papado y de la púrpura cardenalicia. La prensa liberal americana y europea se cebó en Mastai, motejándole de ambicioso en su supuesto afán de obtener la mitra de Santiago; la prensa mundial colmó al futuro Pío XII de expresiones de respeto y de cariño, preanuncio de las que acompañaron en todo el mundo a su coronación solemne.

En dos puntos, sin embargo, han coincidido ambos viajes al nuevo mundo: en el amor imperecedero hacia América que engendraron en los dos Pontífices, y en la magnífica actividad eclesiástica americana que por parte de ambos ha seguido a ese amor. La importancia que el joven Continente ha venido adquiriendo en los diversos sectores de la vida moderna, viene así a reflejarse también en el sector religioso y católico, y aun en las aficiones características de dos modernos Pontífices.

Esta última consideración me ha movido a ilustrar en este artículo los ideales que llevaron al futuro Pío IX a las repúblicas hispanoamericanas apenas emancipadas, y los sentimientos que la permanencia en ellas despertaron en su alma.

24

Este tema es uno de los más flojamente tratados en los estudios sobre el Pontífice del Concilio Vaticano [1]. Aun las monografías sobre la Misión Muzi [2] y sobre la parte que en ella tuvo Gian Maria Mastai [3], apenas pasan del relato de los hechos externos y anecdóticos. Por mi parte, toqué hace años y con fuentes nuevas el tema, pero de modo aún insuficiente [4]. Por eso quisiera ahora profundizarlo más, fijándome sobre todo en el aspecto interior del mismo, es decir en los sentimientos apostólicos que llevaron a Mastai a América, y en las impresiones culturales, misionales y religiosas que allí fue recibiendo.

Las fuentes más íntimas y secretas para ese estudio pude utilizarlas entre 1931 y 1934 en el Archivo de la *S. Congregazione degli affari ecclesiastici straordinari*, gracias precisamente a la protección del entonces Cardenal Eugenio Pacelli...

Para encuadrar el estudio, recuérdese ante todo el itinerario y cronología de aquella expedición. Mastai salió de Roma el 3 de julio de 1823 bajo el pontificado de Pío VII. Se embarcó en Génova el 5 de octubre del mismo año en el bergantín *Eloísa*, elegido ya el nuevo Papa León XII. Después de tocar en Palma de Mallorca, en Gibraltar y en Montevideo, desembarcó en Buenos Aires la noche del 4 de enero de 1824. Salió

---

[1] Por ejemplo en JOSEPH SCHMIDLIN, *Papstgeschichte der neuesten Zeit. Zweiter Band... Pius IX...* (München 1934) 8, donde se exponen solamente hechos externos, y esos con varias inexactitudes.

[2] Por ejemplo: LUIS BARROS BORGOÑO. *La Misión del Vicario apostólico D. Juan Muzi. Notas para la Historia de Chile* (Santiago de Chile 1883), de criterio liberal; FRANCISCO DURÁ. *Misión para Hispano-América confiada en 1823... al Vicario Apostólico Mons. Juan Muzi* (Buenos Aires 1924), de criterio católico; PEDRO LETURIA S. I., *Das Scheitern der Mission Muzi,* en Historisches Jahrbuch 46 (1926) 254-270; *Bolívar y la Misión Muzi,* en Razón y Fe 93 (1930) 209-224.

[3] Así: *Viaggio al Chili' del Canonico Don Giovanni Maria Mastai, oggi Sommo Pontefice Pio IX* (Velletri 1846), folletto anónimo sobre el cual véase más abajo nota 9; CARLOS PEÑA OTAEGUI, *La primera Embajada Pontificia y Pío IX en Chile* (Santiago de Chile 1933); GALLI ROMEO, *Una missione in minoribus al Cile* en Resto del Carlino (Bologna, marzo 1934); GIUSEPPE MAZZINI *Pio IX in Cile* (Roma 1940), extracto de Rassegna storica del Risorgimento 27 (1940).

[4] *Luces vaticanas sobre la Misión de Mons. Muzi en Chile,* en Razón y Fe 100 (1932) 28-44; *Gian Maria Mastai en Montevideo o Pío IX en la América española,* ibidem 101 (1933), 308-322.

de Buenos Aires para Santiago de Chile el 16 de enero, haciendo el largo y penoso viaje de los Andes, primero en coche y luego a lomo de mula, a través de Luján, Córdoba de Tucumán, San Luis, Mendoza, Santa Rosa de los Andes y Colina. La entrada en Santiago tuvo lugar el 7 de marzo, y allí permaneció - sim nás salida que alguna corta excursión al campo vecino - hasta el día 19 de octubre, en que marchó al puerto de Valparaíso para embarcarse en la goleta *La Columbia,* que hacía viaje directo a Montevideo por el cabo de Hornos y sin tocar en Buenos Aires. El 30 de octubre, sin que Mastai marchara (como supone la leyenda) [5] al Perú, emprendió esa navegación, llegando a Montevideo el 4 de diciembre. Después de una larga demora en esta ciudad, con pequeñas excursiones a sus cercanías, dejó el Continente americano el 18 de febrero de 1825, y a bordo de la misma nave llegó a Gibraltar el 6 de mayo [6], y a Génova el 5 de junio. Total 23 meses, de los que más de siete y medio en el barco.

I.

La relación de Sallusti descalificada.

La Misión apostólica constaba de cuatro personas : Mons. Giovanni Muzi, Arzobispo i. p. de Filippi y Vicario apostólico de Chile; el canónigo de Santa María in via lata in Urbe Gian Maria Mastai, su compañero y Provicario; el secretario abate Giuseppe Sallusti, y el camarero Lorenzo Cuneo.

Ya en 1827, es decir, apenas dos años después de la vuelta a Génova y a Roma, imprimió Sallusti en la ciudad eterna una

---

[5] Un tal viaje al Perú está excluído por el Diario de Mastai, por la relación de Sallusti y por las cartas de Muzi y Mastai. El episodio del negro Baku debió de suceder en alguna pequeña excursión marítima en los pocos días que Mastai se detuvo en Valparaíso esperando embarcarse para el Cabo de Hornos y Montevideo.

[6] Nótese que la carta de Mastai que reproducimos abajo DOCUMENTO X está fechada el 5 en Gibraltar. Pero debió de poner esa fecha al empezar a escribir la carta cerca del puerto, pues el mismo Mastai dice en su *Diario* que entraron en él la madrugada del 6 (p. 317). Lo mismo dice SALLUSTI IV, 206.

descripción de aquel viaje [7]. Constaba de no menos que cuatro volúmenes, y el autor prometía añadir todavía un quinto en latín sobre la Historia interna de la Misión [8]. Aunque es fácil descubrir en la obra la profunda antipatía que el autor profesaba a Muzi y sobre todo al que creía su propio émulo Gian María Mastai, ella ha sido hasta tiempos cercanos la fuente principal, si non exclusiva, de lo que los biógrafos de Pío IX nos han dicho de viaje de éste a América. Más todavía: al subir Mastai al trono pontificio, hubo un aficionado que creyó hacer cosa grata al nuevo Papa publicando un extracto de lo que en los cuatro tomos de Sallusti se decía de aquel episodio de su juventud, aunque - como es natural - con prudentes omisiones y cortes [9]. Aun en el siglo XX y en Chile mismo ha merecido Sallusti una traducción al castellano [10].

La obra posee su valor para la cronología y topografía de la expedición, y va salpicada de noticias concretas que en más de una ocasión pueden servir al historiador (bien pasadas por el tamiz de la crítica) de referencia y complemento. Pero para conocer la verdadera Historia de aquella primera Misión pontificia a la América de lengua española, y en especial los ideales y carácter de Mastai, resulta desorientadora y contraproducente. Precisamente el quinto volumen, todavía hoy inédito, dio ocasión en 1829 a un cambio de notas en la Curia Romana que ilumina y confirma este juicio. He aquí cómo tuvo lugar.

En vida de León XII no se atrevió Sallusti a publicar su quinto volumen, que encierra de hecho mucho más veneno con-

---

[7] GIUSEPPE SALLUSTI. *Storia delle Missioni Apostoliche dello Stato del Chile colla descrizione del viaggio dal vecchio al nuovo mondo fatto dall'autore* (Roma 1827) 4 volúmenes.

[8] Ibidem IV, 109 et passim.

[9] *Il viaggio al Chili del Canonico Don G. M. Mastai,* citado en nota 3. En la Introducción dice el editor que Sallusti tocó en su obra «cose o fuori proposito o poco importanti», y que «pochi tollerarebbero pazienti la lettura» de los 4 volúmenes. Por eso se contenta con un breve extracto en 53 páginas. Posteriormente reeditó ANTON MARIA BONETTI este relato en un apéndice de su obra: *Pio IX a Imola e Roma* (Napoli 1892) 131-137.

[10] *Historia de las misiones Apostólicas de Monseñor Juan Muzi en ei Estado de Chile* (Santiago de Chile 1906).

tra Mastai y Muzi que los cuatro precedentes. Pero muerto el
Papa della Genga, tentó el vado de una censura favorable con el
cardenal Giuseppe Albani, secretario de Estado del nuevo Pontífice Pío VIII. Reproducimos en el *Apéndice de documentos,*
números XII y XIII, el oficio que el cardenal pasó al maestro
del S. Palacio Giuseppe M. Velzi el 19 diciembre de 1829, y la
respuesta de éste.

Consta por ellos que los tomos anteriores salieron sin pre-
vio conocimiento de la Secretaría de Estado (XII n. 2), y que
« encontraron la general desaprobación por las muchas cosas
poco decorosas que contienen, ajenas del todo a la gravedad
del argumento, y que dicen mal con la dignidad y el carácter
de varios personajes eclesiásticos » (XIII n. 1). A pesar de
ello, el cardenal apunta las razones que podrían aducirse en
favor de la edición del nuevo volumen : puede parecer menos
ofensivo después de conocidos los cuatro precedentes : y de no
publicarse, sufriría su autor grave perjuicio por haberse em-
peñado ya con los suscritores de toda la obra. De todas maneras
se requieren muchas e importantes enmiendas, tanto con relación a algunas materias tratadas, cuanto al honor de ciertas
personas. Una de ellas es Mons. Mastai (que era ya arzobispo
de Espoleto) : « La persona di Mgr. Mastai (dice el purpurado), allora segretario di quella Missione, non vi è risparmiata
e in qualche luogo resta esposto al ridicolo, mentre l'autore
cerca di scuotere a lui di dosso quello che a piene mani si studiarono di versargli sopra i giornali liberali del nuovo mondo » (XII n. 7).

De hecho las correcciones impuestas por el cardenal hubie-
ran exigido un nuevo libro. Pero las hizo innecesarias la ta-
jante respuesta prohibitiva del Maestro del Sacro Palacio.
(Doc. XIII). A Sallusti no quedó otro remedio que volverse
a su retiro de San Vito Romano, donde se entretuvo en poner
en italiano su quinto volumen, y en copiar como apéndice otro
documento todavía más mordaz y desenvuelto. Porque es el
caso que ya en 1825, apenas retornado de Chile, había presentado a León XII una violenta diatriba contra Muzi y Mastai.
El Papa la mandó sepultar en los archivos secretísimos de la
Congregación de negocios eclesiásticos extraordinarios, donde

se encuentra hasta el presente [11]. Esta fue la memoria que trascribió Sallusti al fin de su quinto volumen. Muerto tanto él cuanto Pío IX, fue el manuscrito con el susodicho apéndice regalado a León XIII, quien lo consignó a los fondos de la Secretaría de Estado [12].

Para el fin del presente estudio ambas relaciones inéditas presentan escaso interés. Sallusti ignoró (como es obvio) los sentimientos interiores de Mastai; y por lo que hace a la interpretación que da a sus acciones, resulta fuente sospechosa y turbia, pues la ordinaria neurastenia de Don Giuseppe se refuerza cuando toca la persona y las cosas de su supuesto envidioso émulo. De más importancia son para la Historia de la Misión, y en particular para la conducta de Mons. Muzi. Se verá ser así, cuando salga a luz la edición que de ambas relaciones prepara en Buenos Aires el P. *Avelino Ignacio Gómez S. I.*

II.

El « Diario » de viaje de Mastai.

Afortunadamente no fue Sallusti el único en tomar notas durante aquel viaje. Cuando los eruditos escritores de la Vaticana *Vatasso* y *Carusi* publicaron en 1914 los índices de los manuscritos latinos 9.852 a 10.300 de esa Biblioteca, registraron y describieron el códice 10.190, que contiene una copia del *Diario de viaje de Mastai a Chile,* acompañado de la transcripción de algunas cartas del mismo, escritas desde América [13]. Este interesante documento escapó a mis rebuscas de 1925 y 1931, por ir más bien orientadas hacia el Archivo Pontificio [14]. Ni conozco otras publicaciones que lo hayan usado, fuera de la obra del *P. Pirri* sobre el cardenal Carlos Odescalchi, quien

---

[11] *Archivio della S. Congregazione per gli Affari eccl. straordinari, Arch. Vecchio* Buste Verdi, A, III n. 4.

[12] Cf. lo que tengo dicho en Razón y Fe 100 (1932) 31.

[13] VATASSO-CARUSI. *Codices Vaticani latini. Codices* 9852-10300 (Romae 1914) 528. La descripción es exacta. Falta únicamente añadir que el Cardenal a quien va dirigida la carta que abre el volumen es el Secretario de Estado de León XII, della Somaglia, como consta por nuestro Doc. VII.

[14] Véase Razón y Fe de 93 (1930) 427; 100 (1932) 31.

más bien que el Diario usa la carta escrita por Mastai a este ilustre purpurado, contenida en el mismo códice [15]. Quien verdaderamente aprovechó a fondo el Diario fue el citado *P. Avelino Gómez*, al hacer en 1937-1938 en la Facultad de Historia eclesiástica de la Universidad Gregoriana su tesis doctoral sobre *La Misión apostólica de Mons. Muzi a Chile*. Es él quien prepara una edición del documento completo. Pero no podrá hacerse hasta estudiar el *original del Diario,* de cuya existencia entre los fondos de la biblioteca « Piancastelli », ha dado noticia recientemente Giuseppe Mazzini [16]. Las circunstancias actuales de la guerra me han impedido hacer por ahora ese estudio. He de contentarme por ello con la copia de la Biblioteca Vaticana.

Es ésta correcta en cuanto a cronología y datos de acciones y cosas. En cuanto a nombres, lo es también, aunque con algunos fallos, en lo referente a personas y lugares de Italia; pero mucho menos en lo que toca a América. Al Director supremo de Chile, por ejemplo, se le llama *Fraila* en vez de *Freire;* el enviado chileno *Cienfuegos* se convierte siempre en *Cenfuegos;* y el nombre del general español del Perú *Canterac,* sufre una serie de transformaciones violentas [17]. Pero para el fin del presente estudio, que se refiere a los sentimientos autobiográficos del autor, el texto es suficientemente seguro. Aunque tal vez el original de donde se tomó la copia estaba ya algo retocado y completado por Mastai mismo, poco después de terminado el viaje.

Destaca desde luego en el Diario su carácter de notas íntimas y aun de conciencia. El lector podrá comprobarlo en los pasajes escogidos que reproduzco en el apéndice documental (Doc. n. III).

---

[15] Pietro Pirri S. I. *Vita del Servo di Dio Carlo Odescalchi...* (Isola del Liri 1935) 302-303. - Al P. Pirri debo varios interesantes datos que me ha comunicado personalmente y que uso en las siguientes notas con sincera gratitud.

[16] Mazzini, *Pio IX in Chile* ya citado. La biblioteca Piancastelli acaba de ser trasladada de Fusignano a Forlì.

[17] En las cartas autógrafas de Mastai que reproducimos más abajo, éstos y los demás nombres españoles y americanos están generalmente bien escritos, aunque también a él se le escapa alguna vez *Cen*fuegos en vez de *Cienfuegos*. Cf. *por ej.* Doc. VII n. 2.

Mastai, que se hallaba entonces entre los treinta y treinta y un años, se muestra en ellos preocupado por el problema de su elección de vida. Cien veces ha expuesto a su confesor sus deseos de hacerse jesuíta (nn. 2, 12). Desaconsejado otras tantas por él de seguir ese deseo, ansía al menos imitar el apostolado de S. Francisco Javier: si va a Chile, es por imaginarse la Misión Muzi semejante a las expediciones javerianas (n. 2). Así se explica que en Santiago y en Montevideo sean las misiones de infieles y semiinfieles las que más le atraen (n. 18), y eso con nuevo recuerdo de Javier (n. 19). A la vuelta, se reprocha el no haber hecho bastante por permanecer entre los araucanos (n. 18), y planea quedarse en el colegio de misiones de Santa Fe o en el Uruguay (nn. 18, 19). Cuando la voz de Mons. Muzi y los consejos de un sacerdote de Montevideo le disuaden de ello (n. 20), oscila melancólicamente entre el volver a cuidar de los niños del Hospicio romano de Tata Giovanni, el retirarse a la vida de oración como canónigo de S. María in via lata, o el darse al apostolado en su cuidad natal de Sinigaglia (n. 22). Para nada apuntan ambiciones de ascensos en le prelatura romana y menos en el escalafón diplomático, al que en realidad no pertenecía. La Misión Muzi tuvo de hecho un marcado carácter diplomático, si bien velado por razón de la difícil situación política de Europa y América, y en ella dio el joven canónigo buena prueba de prudencia y penetración; pero para el futuro Pío IX fue ante todo y sobre todo un ensueño misionero.

Otro rasgo resalta fuertemente en el Diario. Su autor lleva una intensa vida espiritual de oración y exámenes de conciencia, con las oscilaciones de consolación y desolación que le son propias (nn. 7, 11, 13ª, 17). El mar, especialmente, produce en él una suave concentración interior (n. 17). En ella prepondera la lucha contra el desaliento y el pesimismo. Confiesa que no le tientan ni la codicia del oro (n. 13), ni la ambición de las dignidades (nn. 15, 22); pero se siente lleno de defectos, principalmente de amor propio (nn. 18, 23), y ellos le impiden el capacitarse para grandes empresas (nn. 5, 18). Dios, sin embargo, le concede con frecuencia la confianza y la paz del espíritu (nn. 10, 11, 17), y, al vuelo de la consolación, se siente superior a las incomodidades y sinsabores del largo y molesto viaje (n. 8). Su salud, además, fuera de un amago neurálgico en el viaje de vuelta (nn. 24, 25), fue excelente.

La sinceridad de estas páginas les da un valor especial para resolver el debatido problema de si Mons. Muzi propuso a Mastai para la mitra de Santiago. Muzi mismo lo negó rotundamente en su *Carta apologética,* escrita desde Montevideo[18]. A pesar de ello, algunas referencias de los manuscritos de Sallusti, me inclinaron en 1933 a suponer que aquel rumor no carecía de fundamento[19]. El texto del Diario pone ahora las cosas en su punto. Es verdad que el Director supremo de Chile, general Freire, trató con Sallusti sobre una possible candidatura de Mastai para una mitra en Chile y que la rechazó porque « non voleva fare torto ai figli del paese » (n. 16). En este sentido hay alguna base para las alusiones de Sallusti[20]. Pero que Mons. Muzi hubiera hecho esa propuesta, y que ella hubiera entrado en los planes del futuro Pío IX, son supuestos que quedan excluídos por el Diario.

Lo que sí permanece en él y se confirma, es el amor a América de su autor. Vale por un libro la lacónica frase del 2 de mayo 1825, al divisar no lejos del estrecho de Gibraltar tierra europea : « La mattina... vide terra, lo che mi cagionò piacere, benchè molto inferiore di quello che esperimentai quando la vidi nel giungere in America » (n. 26).

III.

El epistolario americano del futuro Pio IX.

Mons. Muzi puso empeño desde el principio del viaje en fijar la vía por la que habría de comunicarse con la Secretaría de Estado. El 6 de setiembre de 1823, escribía al secretario del

---

[18] Llamándola « fastidiosa fábula ». Puede verse el texto de este importante documento en C. SILVA COTAPOS, *Don José Santiago Rodríguez Zorrilla, obispo de Santiago de Chile,* (Santiago de Chile 1915) 358.

[19] Razón y Fe 100 (1932) 29, 38; 101 (1933) 316. Así también MAZZINI, *Pio IX in Cile,* 8.

[20] En la Memoria presentada a León XII en 1825, dice: « Quando fu trattato [in Santiago] l'affare dei Vescovi, poteva questo combinarsi... Ma

Sacro Colegio, Sede vacante, Mons. Mazio, que las cartas de
Roma pasasen al Sr. Pisoni cónsul pontificio de Génova : éste
las consignaría al banquero de la misma cuidad Turlot; Turlot
las enviaría a otro banquero su correspondiente en Gibraltar,
el cual las expediría en la primera ocasión que fuera presentán-
dose a Buenos Aires, de donde marcharían a Chile [21]. El 20 de
setiembre respondió Mons. Mazio aceptando la propuesta. Sólo
añadía que a veces podría él enviar las cartas a Gibraltar o directamente desde Livorno, o por medio del Nuncio en Madrid.
Necesitaba por eso saber el nombre del banquero de Gibraltar [22].
Muzi lo dió el 27 setiembre todavía deste Génova : se llamaba
Judah Benoliel [23]. En cartas posteriores añade que era judío,
pero de fiar.

Estas preocupaciones por asegurar la correspondecia son
muy explicables. Además de no existir entonces correo regular
entre Italia y el nuevo mundo, aquella era la primera Misión
directamente pontificia que Roma enviaba a la América de lengua española, desde su mismo descubrimiento [24].

La primera experiencia de la combinación propuesta por
Mons. Muzi pudo parecer satisfactoria. Pocos días después del
arribo de la expedición a Buenos Aires, recibió Muzi en esta
ciudad tres despachos de León XII del 28 setiembre y 2 y 6 de
octubre de 1823, salidos de Italia pocos días después del *Eloísa* [25].
Pero aquí acabaron los buenos auspicios. Hasta el mes de julio
de 1824, la misión se halló completamente aislada de Europa.
A mediados de julio recibieron Muzi y Mastai sendas cartas,
pero no de Roma, sino del arzobispo de Génova Mons. Lambruschini, con quien ambos habían intimado en su demora en

---

siccome Mastai, a cui era stata negata la nomina del Vescovado, insisteva
per la partenza..., perciò fu tutto concluso ». Mss. citado p. 226.

[21] *Arch. délla S. Congr. degli aff. eccl. straord. Arch. vecchio, Buste
Verdi* A, III, 2º, despacho de Muzi n. 2, del 6 setiembre 1823, n. de protocolo 393. - A este fondo de Archivo se deben las citas que siguen.

[22] Ibid. Mazio a Muzi, 20 Set. 1823, n. de protoc. 914.

[23]. Ibid. Muzi a Mazio, 27 Set. 1823, n. de protoc. 27370.

[24] Puede verse P. LETURIA. *La primera Nunciatura en América y su
influencia en las Repúblicas hispanoamericanas* en Razón y Fe, 86 (1929)
31-34.

[25] SALLUSTI *Storia...* II, 63.

aquella ciudad [26]. El 19 de agosto Muzi se queja sentidamente a la secretaría de Estado de que no tiene despacho alguno de ella [27]. De hecho, hasta la víspera de abandonar definitivamente América, 14 de febrero de 1825, no recibió la menor comunicación del cardenal Secretario de Estado, della Somaglia [28]. El pliego que entonces llegó a sus manos fue tal vez el remitido por el Cardenal el 28 de julio 1824 [29]. Es todavía más expresivo lo que sucedió con otro envío de della Somaglia de marzo 1825, es decir cuando ya Muzi se hallaba en alta mar de vuelta de América. No lo remite a Chile por Gibraltar, sino por vía Londres, encargando el 3 de marzo de ese año al Vicario Apostólico de Inglaterra Mons. Poynter lo hiciera remitir a Muzi a Chile [30]. De hecho la vía de Londres era entonces la más rápida y expedita [31]; pero o no se usó para anteriores expediciones, o fue poco feliz para los primeros legados papales de la América española.

No fue más afortunado el canónigo Mastai con su correo particular de Europa. Fuera de la carta de Mons. Lambruschini que hemos ya mencionado, escrita en Génova en noviembre de 1823 y recibida en Santiago a mediados de julio de 1824, no vio letra ni de su familia ni de sus amigos hasta la víspera del reembarque en Montevideo. Anota en su Diario el 14 de febrero de 1825. « Si ricevettero lettere da Roma..., ed io ricevetti quelle dei miei genitori e quella del vero amico canonico Sto-

---

[26] Cf. infra Doc. VIII, n. I.

[27] Muzi a della Somaglia n. 27, 19 agosto 1824, n. de protoc. 3048. Ya antes en su despacho 22 del 17 mayo 1824 n. de protoc. 3054, se había quejado Muzi de la dificultad de comunicaciones con Europa. Y Mastai escribe en su Diario en Setiembre 1824 p. 215: « Si aggiunga poi lo star incerti se avrebbe potuto piacere o no alla S. Sede, *della quale non avevamo nessuna communicazione da un'anno intero* ».

[28] Cf. infra Doc. III n. 21.

[29] Este despacho es respuesta a los nn. 14-16 de Muzi, y nos cerciora que hasta el 28 de julio 1824 no se habían recibido en Roma los nn. 11-13 escritos en enero desde Buenos Aires. Cf. *Arch. Aff. Straord.* A, III, 2°

[30] Registrados en el protocolo con nn. 2341 y 2342. La carta del Secretario de Estado de 3 marzo 1825 era respuesta a la que escribió Muzi en abril 1824.

[31] Cf. lo que tengo dicho sobre esto en Razón y Fe 86 (1929) 38-39, tomándolo de los despachos del primer Internuncio en el Brasil Mons. Pietro Ostini durante el año 1830.

race, con quella consolazione che può misurarsi dal desiderio grande in cui mi trovavo di averle » (Doc. III n. 21).

Algo más satisfactoria fue la suerte que cupo a las cartas de la Misión escritas desde América. Es verdad que los primeros despachos enviados por Muzi a Roma desde Buenos Aires (números 11-13 de su correspondencia iniciada en Génova) no habían llegado aún a Roma seis meses más tarde, y aun es probable no llegaran nunca [32]; pero las cartas posteriores arribaron bastante bien a la Secretaría de Estado, si bien con marcados retardos. Estos se debían generalmente al hecho que tanto Muzi como Mastai no se fiaban del Gobierno de Buenos Aires, dominado entonces por el ministro Rivadavia, y aprovechaban solamente barcos que desde Chile marcharan directamente a Europa o se dirigieran sin escala a Montevideo [33]. Es típico el caso de la carta que Mastai envió en esta forma al cardenal Carlos Odescalchi desde Santiago de Chile el 27 de abril de 1824. Se la entregó en propias manos al ministro de Chile en Londres Don Mariano de Egaña que se dirigía a su destino, con el ruego de que la enviara desde Londres a Roma. La carta llegó a manos del cardenal seis años más tarde, cuando Mastai era ya arzobispo de Espoleto!... (*Doc.* V. n. 1).

En mis investigaciones en el archivo de la Secretaría de Estado, en el de la Congregación de negocios eclesiásticos extraordinarios y en la Biblioteca Vaticana, he podido fijar que el futuro Pío IX escribió, *al menos,* las siguientes cartas:

1. En Santiago, entre el 6 de marzo y el 27 de abril de 1824, a los canónigos Simonetti y Storace en Roma, por vía Buenos Aires [34].

[32] Cf. nota 29. Ni en la *Rubricella* ni en los *Protocolos* del Archivo de la Secretaría de Estado hay nota de esos despachos.

[33] Pueden verse alusiones en nuestros Doc. IX n. 1, 2; XI n. 1; pero hay otras muchas en las cartas escritas por Muzi desde Chile. Véase por ej. lo que dice en su carta n. 22 del 17 mayo 1824, registrada en el protoc. n. 3054: «I due dispacci 24 e 21 qui annessi del 5 corrente doveano partire con un legno Francese che andava direttamente in Francia. Ricusò per altro il francese di concludere seco il mio piego sino a Buenos Aires; perciò sospesi l'inviarlo, *non piacendomi che andasse per la posta fino a Buenos Aires.* Ora che parte da Valparaiso un brigantino francese, diriggo il piego a Mgr. Nunzio Ap.lico di Parigi».. etc. Cf. también abajo Doc. IV n. 3.

[34] Véase la alusión en Doc. IV n. 3, y VI n. 1. Pueden ser dos cartas.

2. *En Santiago, el 27 de abril de 1824, al cardenal Carlos Odeschalchi, en Roma, por vía Londres por medio de D. Mariano de Egaña* [35].

3. *En Santiago, el 1 de mayo de 1824, al profesor de Teología Don Giuseppe Graziosi en Roma, por vía que no he podido determinar* [36].

4. *A León XII por medio del cardenal della Somaglia su Secretario de Estado, en Santiago el 3 de julio de 1824, por vía para mí desconocida* [37].

5. A Mons. Luigi Lambruschini arzobispo de Génova, de Santiago antes del 15 de julio de 1824, por medio del capitán Copello, via Génova [38].

6. *Al mismo, en postdata de una carta de Mons. Muzi, de Santiago el 15 de julio de 1824, por el mismo conducto* [39].

7. *Al mismo, de Santiago el 13 de setiembre de 1824, por medio de una persona que va a Buenos Aires y a Italia* [40].

8. A sus padres, de Santiago 13 setiembre de 1824, en el mismo pliego de esa fecha al arzobispo de Génova [41].

9. A León XII por medio del cardenal della Somaglia, de Montevideo el 25 de enero de 1825, por vía de un banquero de Montevideo para que la enviara a su agente en Londres y de allí a Roma [42].

10. *Al mismo desde Gibraltar el 5 de mayo de 1825, vía Génova* [43].

De estas diez cartas (a las que habría que añadir algunas otras dirigidas sobre todo a su familia, pero que no me ha sido posible individualizar), he hallado el texto de las seis puestas en bastardilla, es decir: 2, 3, 4, 6, 7, 10. Son las que reproduzco en el apéndice documental.

El grupo de estas cartas ofrece un primer interés por razón

---

[35] La publicamos en el apéndice Doc. IV.
[36] Reproducida abajo Doc. VI.
[37] Damos el texto en Doc. VII.
[38] Alusión en Doc. VIII n. 4, y IX n. 1.
[39] Reproducida en Doc. VIII.
[40] Idem en Doc. IX.
[41] Cf. Doc. IX n. 9.
[42] Alusión en Doc. IX n. 1, y XI n. 22.
[43] La reproducimos Doc. XI.

de los *destinatarios* a los que el joven Mastai se dirige. Como
se ve, son altísimas personalidades de la Iglesia, de las que era
ya entonces no sólo conocido, sino estimado y amado [44]. Esto
vale ante todo del Sumo Pontífice *León XII,* quien siendo Vicario de Roma le había recomendado al cardenal Consalvi para
aquella misión, y le había dado al partir el encargo de escri-
birle sus impresiones del nuevo mundo [45]. Con el santo cardenal
Odescalchi (quien, como es sabido, entró años adelante en la
Compañía de Jesús) le unían vínculos de la más íntima espiritualidad : él le había introducido en la vida apostólica cuando
Mastai no era todavía sacerdote [46], y por eso tiene la carta que
le dirige un acento especialmente apostólico y espiritual. Al insigne arzobispo *Lambruschini,* quien compartió más adelante
con Mastai los votos para el Pontificado, había éste abierto su
conciencia en Génova, y no menos las angustias que ya entonces
le causaba la desunión naciente entre Muzi y el enviado chileno
Cienfuegos [47] : sus cartas son por eso de grande y filial confianza. En el sabio profesor de la Academia eclesiástica de Roma,
Giuseppe Graziosi [48]. está representado el elemento intelectual

---

[44] Mons. Capaccini había escrito ya el 17 mayo de 1823 al representante
de Chile Sr. Cienfuegos, en nombre de la Secretaría de Estado: « Il
primo di questi [cioè dei compagni di Mgr. Muzi] è il Sign. Conte Mastai,
Canonico della Basilica di S. Maria in via lata, giovane di circa 35. [sic
pro 31] anni, di costumi angelici e di talenti distinti. Questi e per la sua
nascita e per le sue virtù avrebbe facilmente potuto essere ascritto alla
Prelatura Romana, ma mosso da spirito veramente evangelico, ha pre-
ferito di andare come semplice subalterno alla Missione del Chile ». *Aff.
eccl. straord. Buste verdi* A, III, 1ª.

[45] Cf. Docum. III n. 3, 5; VII n. 1. Esta intervención del Card. della
Genga la recordó Mons. Mastai en su primera Pastoral como Arzobispo de
Espoleto : « hortatu praesertim confirmatus Em. Principis Annibalis Card.
della Genga, qui tunc Pontificis Maximi hic in Urbe Vicarius, nunc vero
Leo XII. Pont. Maximus, perlongum, perque arduum iter suscipere haud
dubitarim non iam ignotis repetens compendia terris, sed solummodo ut
quos possem Christo lucrifacerem ». En *Memorie dei Primordi dell'Episco-
pato della Santità di N. Signore Pio IX nella Chiesa spoletina...* (Roma
1877) 14-15.

[46] Cf. PIRRI, *Carlo Odescalchi,* 77.

[47] Cf. Doc. IX n. 1; III n. 14 Y nótese el bello elogio que de Mastai
hace Lambruschini mismo el 2 de abril de 1825, Doc. X n. 1.

[48] *Giuseppe Maria Graziosi* canónigo de Letrán, Profesor académico

que formó al futuro Pontífice en literatura y en las ciencias eclesiásticas, y dentro del cual siguió viviendo entre 1819 y 1823 en el *Jardín* del Colegio Romano, en la *Pía Unión* de S. Pablo y en la *Arcadia* pontificia (Accademia degli Arcadi) en la que había sido recibido Mastai con el nombre de Cleomedes por su custodio o presidente Godard [49]. De Graziosi se refiere que había dicho un día a sus discípulos hablando de Gian María : « Batte nel suo petto il cuore di un Papa » [50]. Es lástima que no hayamos hallado la carta escrita a los canónigos Simonetti y Storace, pues eran no sólo amigos cordialísimos, sino guías del joven sacerdote antes de su viaje a América, especialmente Storace que era su confesor en Roma [51].

Por lo que atañe a la materia del epistolario, campea ante todo en él el espíritu apostólico y la preocupación de hallar la divina voluntad en la disposición de la propia vida [52]. Cuanto sobre ambos puntos nos ha revelado el Diario de Gian María, queda aquí plenamente confirmado, algunas veces con idénticas frases, otras con detalles todavía más íntimos y secretos. Por eso la misiones de infieles, y sobre todo las de Arauca y Pa-

---

de Teología dogmática en la Universidad Gregoriana, sita en el Colegio Romano. Cf. *Notizie per l'anno* 1824 (Cracas) 166. El periódico *Notizie del giorno* en el n. 34 del año 1847 describe los solemnes funerales que se le hicieron al morir, siendo ya Papa Pio IX, al cual legó su biblioteca. Entre sus obras se citó bastante en su tiempo *I progressi della critica, deludendo le mal fondate speranze dei novatori, fornirono nuovi e preziosi documenti ad illustrare la Storia de' Romani Pontefici.* Cf. MORONI, *Dizionario di erudizione ecclesiastica 64,* 20; *36,* 142.

[49] Sobre la actividad de Mastai en el *Giardino* y en la *Arcadia* cf. MAURIZIO MAROCCO, *Della Vita, del Pontificato e del Regno di S. S. Pio IX,* I (Torino 1863) 102-103. La « Accademia degli Arcadi » dedicó en 1871 ocho veladas a su antiguo miembro y trató de ilustrar el porqué de su sobrenombre *Cleomedes.* Cf. *Il Giubileo Pontificale di Sua Santità Papa Pio nono solennizzato in otto adunanze dalla Romana Accademia degli Arcadi* (Roma 1871) 28-32. Sobre las sesiones de la *Pía Unión de S. Pablo,* dirigida por Don Giuseppe Tarnassi, cf. infra nota 165.

[50] MAROCCO, *ob. cit.* I, 100.

[51] Cf. infra nota 97 y MAROCCO, *obr. cit.* 99. El canónigo Giulio Cesar Storace dirigió antes que Mastai el Hospicio Tata Giovanni MORONI, *50,* 27-28. El canónigo Simonetti era romano y fue creado cardenal par Gregorio XVI el 22 de julio de 1844. *Ibid., 6,* 129; SCHMIDLIN *obr. cit.* 1, 653.

[52] Cf. Doc. IV n. 1, 2, 4; VI n. 11; IX n. 7 etc.

raguay, ocupan una buena parte de sus relaciones [53]. Surge
también la lucha con el desaliento pesimista ante la propia
nada.

Junto a estos desahogos de tipo interior y espiritual, aparecen sus impresiones sobre el paisaje y la sociedad de Hispano
América, especialmente de Chile y Montevideo. A pesar de que
el exjesuíta chileno, abate Ignacio Molina, había poco años
antes publicado en Bolonia sus descripciones de Chile, para re-
mediar la ignorancia que de su patria halló en los centros culturales de Italia [54]; Mastai creyó poder interesar a sus corres-
ponsales con noticias de la naturaleza y de las costumbres de
aquella tierra, expuestas en general con marcada simpatía, bien
que alguna vez con un candor que hará sonreir cariñosamente
al lector hispanoamericano, y también al español. Por lo que
hace al estado de la Iglesia en aquellas lejanas regiones, llaman
la atención dos detalles de importancia : el expresivo elogio que
hace del clero chileno, sobre todo del clero secular, que por lo
general aventajaba entonces al regular [55]; y el relieve que concede a la práctica de los Ejercicios espirituales en la conservación
de la fe y de la piedad de aquellos habitantes; fe y piedad que
el autor admira en el pueblo tanto de Buenos Aires como de
Chile y de Montevideo. Es éste un punto en el que coinciden
cuantas fuentes conocemos de la Misión. Como coinciden también en atribuirlas especialmente a la práctica de los Ejercicios
espirituales de S. Ignacio [56].

---

[53] Sobre todo en las dos cartas al Card. della Somaglia, Doc. VII
n. 4-10; XI n. 6-8.

[54] Tanto el *Diario* de Mastai como SALLUSTI I, 31 recuerdan las conver-
saciones que el Vicario Apostólico y sus acompañantes tuvieron con el
abate Molina en Bolonia al pasar por esta ciudad, camino de Génova y
Chile. Su primera obra: *Compendio della Storia geografica, naturale e
civile del Regno del Chilì es de* 1776. La desdobló luego en dos partes:
la *Storia naturale* en 1782, y la *Storia civile* en 1787. Se tradujeron al español, alemán, inglés, y francés.

[55] Cf. Doc. IV n. 7; V n. 6 etc. El Clero regular había decaído porque
la Revolución, la guerra y las disposiciones de los Gobiernos habían hecho
poco menos que impossible la vida de comunidad, base de la observancia.

[56] Cf. Doc. IV n. 7; VI n. 7; XI n. 3; y las notas que ponemos a esos
pasajes. Sobre la importancia que las Casas de Ejercicios fundadas por los
antiguos Jesuítas, y promovidas después de su expulsión por celosos sacer-

Mastai habla poco en estas cartas de los gobernantes de las nuevas Repúblicas. Lo mismo puede decirse de su *Diario*. Se comprende por lo delicado de la materia y lo expuesto de los correos. Hay, sin embargo, una excepción y que vale tanto para las cartas como para el Diario. Es la del Ministro de Buenos Aires, Rivadavia. El futuro Pío IX le aplica los epítetos más duros, y no una sino varias veces: « gran enemigo de la Religión, y por consecuencia de Roma, del Papa, del Vicario apostólico y de su correspondencia » (IV n. 3); « principal ministro del infierno en Sudamérica » (VII n. 3) etc. Esta impresión que Mastai recibió ya en Buenos Aires, en la audiencia concedida por Rivadavia a Mons. Muzi [57]; vino a confirmarse en las posteriores experiencias de Santiago y de Montevideo. No era en realidad Rivadavia un descreído, ni pretendía destruir la Jerarquía eclesiástica ni desconocer el Primado Romano, al menos teóricamente [58]; pero como tantos otros políticos y aun eclesiásticos de su época (basta en Argentina misma recordar al deán Funes y al canónigo Valentín Gómez) abundaba en reminiscencias febronianas y jansenistas, y aprovechó tenazmente las dificultades que la distancia y la revolución ponían al contacto con la Santa Sede, para implantar la intromisión del Poder civil y de las Autoridades eclesiásticas locales en materias que sólo al Sumo Pontífice competían [59]. El influjo del Re-

---

dotes y damas apostólicas, tuvieron en la América española, sobre todo en el borrascoso período de la Emancipación, publiqué algunas notas en la revista Manresa 6 (1930) 272-283: *Ejercicios cerrados en la América española los años de la Emancipación.*

[57] Con mal contenido rencor nos habla en su *Diario* p. 111 de la « fisionomia... israelitica » del Ministro, y de la « stomachevole sovrana prosopopeja » con la que recibió en su palacio a la Misión diciendo, entre otras cosas, que era necesario a Roma tener   como Secretario de Estado a Consalvi... Alusión entonces poco correcta, pues es sabido que el nuevo Papa León XII y su secretario de Estado della Somaglia habían sido opuestos en muchas cosas a la política del célebre Cardenal.

[58] Puede verse el artículo, un poco panegirista, del ilustre Profesor Rómulo Carbia *Rivadavia y la Iglesia* eu la revista de Buenos Aires Criterio, 237 (1932) 251-252; y su exposición anterior de la Reforma eclesiástica de Rivadavia: *La revolución de mayo y la Iglesia* en Anales de la Facultad de Derecho... de Buenos Aires 5 (1915) 270-290.

[59] Véanse sobre este punto Faustino J. Legón *Doctrina y ejercicio*

galismo borbónico, sobre todo del de Llorente, es en él más visible y consecuente que en Freire o en Bolívar[60]. De aquí el juicio acre y fijo que merece a Mastai, y en el que abundan también Mons. Muzi y Sallusti.

Sería de gran interés para la Historia el poder fijar la actitud que Mastai adoptó ante el gran problema de la emancipación de la América española. La ocasión de manifestarla es la carta escrita desde Gibraltar, de vuelta del viaje, pues da varios detalles de la definitiva victoria del ejército de Bolívar en Ayacucho (*Doc.* XI, n. 5). Pero su comentario elude pronunciarse en la espinosa cuestión política: « Quiera Dios (dice) restituir el orden a América alguna vez, pues su falta acarrea tantos males a la Religión ». Fue más explícito en su *Diario íntimo,* tal vez bajo el influjo del sacerdote español D. Pedro de Portegueda, exaltado realista, con quien trató muy íntimamente en Montevideo[61] He aquí las palabras de quien ventidós años más tarde pudo ser tenido por un momento como el Papa liberal del siglo XIX: « Alle notizie della vittoria di Bolivar, varij ecclesiastici esultavano e specialmente il curato di Montevideo, D. Damaso Antonio Larrañaga, senza riflettere che sia qual si fosse il Governo di Spagna protegeva la Religione; mentre gli attuali Governi independenti mirano a distruggerla direttamente. Questo è stato sempre il gran male della Religione nelle rivoluzioni, che gli ecclesiastici ci han preso parte attiva, in vece di conciliare gli animi alla pace »[62].

---

dei Patronato Nacional (Buenos Aires 1920) 471-492; P. Leturia S. I. *El ocaso del Patronato Real en la América española* (Madrid 1925) 44-61, 167-177, 282-294; M. Aguirre Elorriaga S. I. *El abate de Pradt. en la Emancipación hispanoamericana* (Roma 1941) 180-192.

[60] Aguirre Elorriaga ibid. 186-188.

[61] Portegueda siguió en correspondencia con Muzi y con Mastai. Sus cartas se conservan en el *Archivo de la Secretaría de Estado* 279, 1819-1830, y en el de la *Congregación de Negocios ecl. extraordinarios* A, III, 2º y *Carte varie* 2. En una nota de fin de 1825 a la Secretaría de Estado dice con razón de él Mons. Muzi: « egli è deciso per il Re di Spagna ».

[62] *Diario* p. 284-285.

IV.

Intervención posterior de Mastai en asuntos americanos.

Aunque las experiencias americanas de Muzi y de Mastai distaran mucho de ser completas y aun suficientes, significaban el principio de una nueva época para el funcionamiento de la Curia Romana con respecto al antiguo Imperio español. En los tres siglos del Patronato Regio, no fue enviada por la Santa Sede una sola Misión directamente pontificia a los inmensos virreinatos; de donde los informes que de ellos se tenían en Roma (y no eran en realidad abundantes) provenían de elementos no curiales. No fue así cuando los secretarios de Estado de León XII, de Pío VIII y de Gregorio XVI empezaron a tener junto a sí « peritos » [63] de América en las personas de Mons. Muzi y del canónigo y poco después Arzobispo Mastai.

Rebasaría los límites y la finalidad de este estudio el recoger todas las intervenciones de este último, aun las referentes, al primer decennio 1825-1835, de las que ha quedado constancia en los archivos Vaticanos. Pero a modo de ejemplo, aduciré dos casos de alguna mayor importancia. El primero se refiere a un informe de carácter general sobre el estado de los Cabildos eclesiásticos de la América española; el segundo, a la restauración de la Iglesia de Buenos Aires, tan duramente probada en la larga vacante del movimiento emancipador.

La petición de informes sobre los Cabildos hispanoamericanos la hizo el Secretario de Estado della Somaglia el 19 de marzo de 1827, después que la Congregación de negocios extraordinarios determinó proceder al nombramiento de varios Obispos en la Argentina, Chile, Bolivia, y el Perú. La Santa Sede deseaba dirigirse a los respectivos cabildos en demanda de informes, pero antes quería saber cuáles eran los que gozaban

---

[63] En una nota del Card. della Somaglia a Mons. Sala del 24 enero 1827, se dice: « Essendo stato consultato... il Sign. Caco. Mastai, *come perito di quelli affari* [di America] »... etc. *Segr. di Stato 279*, 1824-1829 n. de protocolo 25801.

fama de estar canónicamente instituídos y no compuestos de
intrusos ni de indignos [64].

La respuesta de Mastai, que dirigía por entonces el Hospicio apostólico de S. Miguel a las orillas del Tíber, fue la
siguiente :

Dall'Ospizio Apostolico li 29 marzo 1827.
(De otra mano *America*)

Eminenza R.ma

In esecuzione della rispettabile nota di V.tra Em.za V.ma in
data 19 corrente, mi fo un dovere comunicarle quei lumi che posso
avere acquistati, benchè conosca la difficoltà di poter rispondere
con tutta la possibile precisione in materia di tale importanza.

E' da premettersi che in tutti i Capitoli di America vi sono
attualmente varj Canonici nominati dai nuovi governi, come ve
ne sono in quello di Santiago, dove però il Vescovo esiste ancora,
benchè lontano [65].

L'altra Diocesi del Chili detta della Concezione non ha che
un solo Canonico il Sig.ʳ Deandrade, uomo troppo debole, ed in-
capace di opporsi alle innovazioni Ecclesiastiche [66].

Nelle Provincie Unite del Rio della Plata, i Capitoli di Cordova e di Salta godono buona opinione. Nel primo Capitolo sono
da eccettuarsi due soggetti, cioè i Canonici Gómez e Baigorri che
non godono fama di retto pensare [67].

La deplorabile situazione di Buenos-ayres è ben cognita a
V.tra Em.za per non farne nuova menzione.

Il Capitolo di Trujillo nel Perú ha fra gli altri un buon sog-

---

[64] n. de protocolo 27901 en la misma signatura. Aquí mismo está la
respuesta de Mastai que copiamos a continuación.

[65] Mons. Santiago Rodríguez Zorrilla. Cf. su biografía por SILVA
COTAPOS cit. en nota 18.

[66] Había sido presentado a Muzi como candidato para la mitra de
Concepción y rechazado por él por esa su nimia condescendencia. Cf.
lo que expuse en Razón y Fe 100 (1932) 32-37.

[67a] SALLUSTI *Storia delle Missioni...* I, 122, 139 recogió impresiones
igualmente favorables del Cabildo de Córdoba, que fue el primero de
América en reconocer los poderes de Mons. Muzi. El Vicario Capitular
se llamaba José Gabriel Vázquez, y entre los canónigos que presentaron
un respetuoso mensaje a Mons. Muzi al paso de la Misión pontificia, figu-
raban los dos a que alude Mastai: Gómez y Baygorri.

getto nella persona di Dn. Carlo Pademonte [sic], che quantunque Republicano, è non pertanto uomo di buone intenzioni, e in America è tenuto in stima [68].

Del Capitolo della Plata, o sia Charcas, o sia Chiuquisaca [69] non potrei darne contezza, essendo stata d* città ni poteri dei Spagnoli fino agli ultimi tempi [70]. E' probabile però che questa circostanza abbia influito nel conservar nel Capitolo degli uomini di sana opinione.

Nel Paraguai nel tempo della n.ra dimora in America è stato inaccessibile per poterne saper notizie, e ciò per i noti sistemi del Dott[r] Francia, onde non altro potrei dirle se non che il Vescovo dell'Assunzione, se ancora vive, era due anni indietro ristretto nel Convento della sua Religione dei Francescani per disposizione del med° Francia [71].

Ciò è quanto posso dire alla Em.za V.tra I.ma, mentre con la maggior stima e rispeto, baccio il lembo della S. Porpora.

U.mo D.mo obb.mo Servitore
GIOVANNI M. MASTAI [72]
[num. de registro] 27901.

---

[68] Mastai recordaba, sin duda, al escribir ese informe, que fue Pedemonte, Vicario Capitular de Trujillo, quien instó en nombre de Bolívar a Mons. Muzi a pasar al Perú, ofreciéndole la garantía de su gobierno. Cf. lo que dijimos en Razón y Fe 93 (1930) 446-447. — El mismo Bolívar presentó a Pedemonte para Arzobispo de Lima, y el presentado gobernó de hecho la archidiócesis como Vicario Capitular desde noviembre de 1826 hasta octubre de 1827. Así el informe del Cabildo de Lima a León XII del 30 de agosto 1828. *Segret. di Stato* 251 (1821-1832) n. 223.

[69] Mastai pone tres nombres, pero más que ellos ha prevalecido el cuarto de *Sucre*.

[70] La Secretaría de Estado tenía sobre esto en 1827 más informes que Mastai, pues el 15 de octubre de 1826 el enviado de Bolívar D. Ignacio Texada había presentado a la S. Sede un informe favorable al Libertador del Vicario Capitular de Charcas D. Matías Terrazas, el cual había producido favorable impresión en el Cardenal della Somaglia. Véanse los despachos en mi artículo de Razón y Fe 93 (1930) 223: *León XII y Bolívar*.

[71] El desventurado obispo de Paraguay, Fray Pedro García de Panés O. F. M., murió en 1834, pero desde 1819 se vio depuesto por el dictador Francia, como aquí recuerda Mastai. Cf. R. VARGAS UGARTE S. I. *El Episcopado en los tiempos de la Emancipación sudamericana* (Buenos Aires 1932) 234-235.

[72] Las dos últimas líneas son autógrafas.

El segundo ejemplo se refiere a esa misma Iglesia de Buenos Aires que destaca en las referencias de Mastai como la más desgraciada de todas, y que sin embargo había de alcanzar en el porvenir insospechada grandeza. Las bases para su restauración las puso de hecho Mons. Muzi en su Misión de 1824; y en el nombramiento de su primer Obispo republicano cupo una parte no despreciable al futuro Pío IX.

En el Archivo secretísimo de *Affari straordinari* he hallado dos cartas del venerable sacerdote *D. José de Reina,* escritas desde Buenos Aires a Mastai [73]. La primera es del 30 mayo de 1825; la segunda, sin fecha, debió de escribirse hacia fines de 1828 [74]. En ambas se ve que Reina había intimado con el joven canónigo de S. María in via lata en su paso por América, y que coincidía absolutamente con las ideas pontificias de la Misión Muzi. La segunda carta es además commovedora, pues se reduce a una instantísima súplica hecha a Mastai para que con todas las fuerzas que estén a su disposición impida que el Santo Padre le nombre Obispo de Buenos Aires como con horror ha sabido se pretende. El rumor no carecía de fundamento, y por propuesta nacida en Buenos Aires mismo, si bien Reina era español de nacimiento.

En ese mismo Archivo encuentro la explicación de todo el asunto y la parte sobresaliente que en él cupo a Mastai.

Mons. Muzi, antes de salir de Montevideo para Roma, había nombrado Delegado apostólico en Buenos Aires al sacerdote argentino D. Antonio Medrano, decidido patriota americano y propugnador no menos valiente — podíamos decir hasta un poco demasiado valiente — de los derechos de la Santa Sede [75]. Aunque los poderes de Medrano hubieron de ejercitarse durante el Gobierno de Rivadavia con gran reserva y cautela, fueron el principio de la ordenación y curación canónicas de aquella afligida Iglesia, que el mismo Medrano seguía describiendo con negros colores, como lo hizo ya en 1824 en sus re-

---

[73] En *Arch. della Congr. degli Aff. eccl. Straord. Buste verdi* A, III, n. 34°.

[74] Parece deducirse del hecho que Mastai la remite a la Secretaría de Estado el 15 de agosto d 1829. *Ibid.* A, III, n. 91 (ahora 11).

[75] Decreto de 5 de febrero de 1825. Cf. R. CARBIA obr. cit. *La Revolución de mayo y la Iglesia* 313.

laciones a Mons. Muzi y al Papa León XII [76]. En dos cartas dirigidas al Santo Padre por medio de Mastai, una sin fecha pero que debió de escribirse a principios de 1828, y otra del 7 setiembre de 1828 [77], insistía Medrano en la necesidad urgentísima de que al Papa nombrara un Obispo-Vicario de Buenos Aires, y proponía para ese puesto al presbítero ya citado D. José de Reina, cuyo elogio presenta. El futuro Pío IX pasó estas cartas al secretario de la Congregación de negocios eclesiásticos extraordinarios Mons. Frezza, y éste en billetes del 6 de setiembre del 1828 y del 11 de agosto de 1829 puso en curso el importante asunto, acudiendo para obtener nuevas luces a Muzi y a Mastai [78]. Se conserva afortunadamente la respuesta original de Mastai de 15 de agosto de 1829, escrita en Espoleto de cuya Iglesia era ya Arzobispo. Con gran previsión y prudencia, alaba a Reina como excelente eclesiástico, pero se escuda en su edad avanzada para secundar su deseo de que no fuera él el elegido; vuelve en cambio a repetir las loas de Mons Medrano que había sido siempre el candidato de Mons. Muzi y también el suyo, como se podría verificar en los informes dejados por la Misión apostólica [79]. Esta gestión, junto con otra coincidente de Mons. Muzi, decidieron la nominación de Medrano como Obispo i. p. de Aulón y Vicario apostólico de Buenos Aires, 7 de octubre 1829 [80].

Quedaba por obtener la aceptación efectiva de aquel nombramiento, por parte del Gobierno del Plata, que hubiera sido dificilísima bajo el influjo de Rivadavia. Pero la Providencia había venido en auxilio de su Iglesia. Al día siguiente de suscrita la bula, el nuevo Gobernador Supremo, Viamonte, había firmado al otro lado del océano una carta al Sumo Pontífice en la que pedía la nominación de un Obispo-Vicario de Buenos

---

[76] Se hallan, junto con varias referencias a la acción de Mastai en 1826, en *Arch. Congr. Aff. Straord.* A, III, n. 71 (ahora 48).

[77] *Ibid.* 91 (ahora 11).

[78] No aparece *en ese* fondo la carta de Mastai enviando los informes de Medrano, pero sí las comunicaciones de Frezza que la suponen.

[79] *Ibid.* Alude a las Actas de la Misión dejadas· en poder del card. della Somaglia. Muzi en la respuesta de 16 agosto 1829 habla además de un libro de sus actos entregado al Señor Luigi Armellini.

[80] Cf. CARBIA *obr. cit.* 314.

Aires, poniendo entre los dos candidatos el nombre de D. Mariano Medrano [81]. Fue así posible al electo recibir la consagración episcopal en Río de Janeiro el 30 de setiembre de 1830, de manos del Internuncio en el Brasil Mons. Pedro Ostini [82]. Le acompañaba como secretario el inteligente y piadoso joven D. Mariano Escalada, el que había de ser su sucesor, primer Arzobispo de Buenos Aires, y Padre del Concilio Vaticano, muerto en Roma antes de terminar la Asamblea ecuménica. Quedaba así restablecida la Jerarquía platense, y apuntada la gloriosa curva de ascensión de la Iglesia de Buenos Aires.

----

[81] *Ibid.* 313-314; y lo que dije en Razón y Fe 78 (1927) 334-335.

[82] Tengo publicados los despachos de Ostini sobre este punto en Razón y Fe 86 (1929) 40-41.

POSTSCRIPTUM. *Mientras se imprimía este artículo, he hallado otras dos cartas de Mastai: la primera escrita al canónigo Simonetti desde Santiago de Chile el 12 de abril de 1824; la segunda, a su madre allí mismo el 15 de junio. Se ve por ellas que Juan María envió otra a Simonetti de Buenos Aires, los primeros días de enero, y varias a sus padres desde Santiago entre abril y junio. Se confirma así cuanto conjeturaba en la introducción, párrafo III. Como tengo esperanza de hallar estas últimas epístolas, prefiero retrasar la publicación de las dos ya encontradas hasta tenerlas todas. El nuevo texto, por lo demás, no hace sino confirmar cuanto del carácter y conducta americana del futuro Pío IX he ido diciendo en la introducción y las notas del presente estudio. Añade sin embargo bastantes pormenores de interés para la Historia.*

Documentos inéditos

I.

Carta original de la Condesa Mastai al Card. Consalvi
pidiéndole impida el viaje de su hijo a América (18 Mayo 1823) [84].

Emo., e Revmo. Principe [a]

1. Fresca tuttora la piaga che produsse nel mio cuore la perdita dirò quasi prematura di due amatissimi cognati nelle persone del Vescovo de Pesaro [85], e del primo Luogoten.e dell'A. C. [86]
i quali nelle respective loro forze servivano la Religione, e lo Stato,
mi vien ora acremente exacerbata dall'improviso annuncio dato
dall'ulti. mio uco. figlio Giammaria di doversi recare in remotis-
sime Regioni per la via di Mare, e per importantissima Missione;
di quel figlio, il quale, conforme sà tutta Roma, la Patria, la Famiglia, sopravive per solo tratto di divina Providenza, di quel Figlio, ripeto, che nelle deboli sue forze serve tuttavia egualmente,
e complessivamente alla Religione ed allo Stato, di quel Figlio
in fine che tanti anni or sono per la sua debole complessione fu *le-*
galmente esentato della coscrizione militare [87], ed è tutto dire.

_____

a) Debajo de Principe, escrito de otra mano: Vescovi Esteri 283/23.

_____

[83] En la reproducción de los documentos he puesto por mi cuenta los
números a los párrafos, y desligado algunas abreviaturas, como predetta
(pa.), per (p^r) etc.; pero dejando en general intactas las otras.

[84] *Arch. Vat. Segr. di Stato* 283 (Vescovi Esteri) 23. Es original.

[85] Mons. Andrea Mastai obispo de Pesaro y autor, entre otras obras,
de *Gli Evangelisti uniti, tradotti e commentati.* Cf. MAROCCO *Della vita...*
di... Pio IX ya cit. I, 77-79. Murió el 25 junio 1821.

[86] Abreviatura corriente por *Luogotenente Auditoris Camerae.* Como
recuerda MORONI *82,* 144, 147, el Auditor general de la Reverenda Cámara
Apostólica tenía entonces jurisdición civil y criminal, y para su ejercicio
contaba con dos lugartenientes civiles y uno criminal. - Se trata de Mons.
Paolino de Mastai, tío de Pío IX, bajo cuyos auspicios hizo éste sus
primeros estudios en Roma. Cf. MAROCCO I, 83. Murió el 11 abril 1820.

[87] Alusión al servicio militar obligatorio impuesto en 1812 por Na-
poleón I a las regiones de Italia, y del que Juan María logró eximirse

2. E come no? Gracile egli per natura, soggetto ad alterarsi ad ogni piccolissimo urto nell'applicare, nel cibarsi anche sempre misurato, nei patemi d'animo che la sua umanità le faranno talvolta ripatire [88], dividendosi per sempre da suoi, nell'esporsi a si lunga navigazione e passare la linea; è azzardo tale che se egli giungesse alla Meta, no so mai qual frutto potrebbe racoglere, colà giunto, sapendo altronde, e conoscendo, quant'altri abbian sofferto, coll'animo [b] avventurato, sanissimi, una simile navigazione; ed a me in fine si toglie l'unico conforto di mai piu rivederlo.

3. L'Animo sensibile di Vra. Emza. Revma., che tale dimostrossi nella perdita dei due ricordati cognati, di quella segnatamente del Vescovo di Pesaro, [1ᵛ] non ha bisogno di parole, onde penetrare nel cuore di una Madre, e sentire il dolore che altamente la penetra in si fatta circostanza; Ed è in questi sensi, che alla di Lei pietà mi rivolgo, accioche mostrando a questo figlio, quanto nell'alta sua mente, e nell'affettuoso suo cuore può concepire, e sentir di consiglio, e persuasione, si compiaccia rimuoverlo dalla presa risoluzione, e conservare così alla Chiesa ed al Governo un giovane che almen per zelo, può rendere dei piccoli sì, ma buoni servizi, e togliere a me questa pena, che me farà perdere in breve i pochi giorni di vita che me rimangono [89].

Nella fiducia di essere consolata, le bacio umilmente la S. Porpora.

De Vra. Emza. Revma.

Senigaglia 18 maggio 1823.

CATARINA MASTAI [90].

Umilissima [c] devotissima serva.

---

b) Lectura dudosa: parece que la abreviatura es *amo*.

c) Desde aquí, autógrafo de la condesa.

---

haciendo valer los ataques epilépticos que por entonces sufría. Cf. G. S PELCZAR *Pio IX e il suo Pontificato* I (Torino 1909) 27; ED. CLERICI, *Vita e Pontificato di Pio IX* (Milano 1928) 20.

[88] La epilepsia había desaparecido hacía años y Pío IX lo atribuyó siempre a la Sma. Virgen. CLERICI *ibid.* 24. Temía la condesa retornase con el viaje a Chile.

[89] No fueron tan pocos los días de vida que le quedaron, pues murió 19 años más tarde, 12 enero de 1842.

[90] Su nombre de familia era, como se sabe, Catalina Solazzi.

II.

Minuta original de respuesta del Card. Consalvi a la Condesa Mastai
(28 mayo 1823) [91]

Contesa [a] Caterina Mastai. Sinigaglia.
28 maggio 1823.

Non si rinove [b].

Ricevuta [c] la lettera di V. S. Ilma. del 18. corrente, non ho
lasciato di chiamare a me il suo Signr. Figliuolo D. Gianmaria
e [d] gli ho tenuto [e] proposito dell'argomento cui appella la sua lettera medesima. Egli però mi ha mostrato il più pieno ed il più
esteso consenso Paterno e Materno, quale [1ᵛ], sebbene si trattasse
di un oggetto così lodevole e santo, non aveva omesso di riportare
precedentemente [92]. Attribuisce il di Lei pentimento ad un naturale impulso di tenerezza materna; ma egli, stante la bontà del
motivo che lo spinge, dopo di avere implorato dal cielo gli agiuti
opportuni, e dopo di essersi consigliato con persone [f] [2ʳ] di dottrina e prudenza, non crede di recedere della presa risoluzione, e si
è mostrato decisissimo di seguire la chiamata del Signore. Com-
prenderà ella per tanto nella sua ragionevolezza che io non ho
la maniera di oppormi alla virtuosa determinazione del detto suo
Sigr. Figliuolo, e che non mi converrebbe di farlo.
Tanto posso [g] significarle in risposta etc..

---

a) *Contesa* añadido de otra mano.
h) Nota de la secretaría de mano del minutista.
c) Antes de *Ricevuta* tachado: *La Pietà.*
d) Tachado: *di tenergli serio pro.*
e) Tachado: *serio.*
f) Tachado: *dotte.*
g) Las palabras siguientes, al margen.

---

91 En *Segr. di Stato* 283, 23. Es minuta original. Las correcciones
son del minutante.
92 Este consentimiento lo testifica también el *Diario.* Cf. Doc. III n. 5.

III.

*Trozos tocantes a la vocación y vida interior del Can. Mastai
en el « Diario » de su viaje a Chile (1823-1825)* [93].

[23] *Breve relazione del viaggio fatto al Chile del Canonico
Giovanni Maria Mastai Ferretti di Sinigaglia*:

Nota. Relazione cominciata a scriversi dal Can.co Mastai in
Firenze nel giorno 8 Luglio 1823.

1. Stava io occupandomi in Roma con qualche impegno nella
educazione della gioventù, e particolarmente dei poveri Orfani che
forman l'Ospizio così detto di Tata Giovanni, ove ho abitato dal
di 1º Febr. 1818 a tutto il di 2 Luglio 1823 [94]; quando piacque
alla Divina Provvidenza di traslocarmi altrove. Era la Quaresima
del d'anno 1823 quando seppi che un rispettabile Ecco. Romano [95]
aveva avuto invito dal Sig. Card. Consalvi di recarsi al Chile per
trattare affari importanti [24] di Religione inerendo alle istanze di
quella predetta Nazione, che avea mandato a S. S. un Rappresentante [96] per domandare un Vicario Apostolico. Questa notizia
avuta dal mio confessore mi elettrizzò subito e mi animò a parlare al mio confessore per sentire cosa egli pensasse di me per tale
oggetto, e dandomi per risposta che l'Ecc.o (come che molto a
me cognito e viceversa) avrebbe forse gradito la mia compagnia.

2. Nota. E' da notarsi che questo istesso confessore [97] erasi
dimostrato contrario costantemente ad una vocazione che pareva
a me avere avuto, dintraprendere cioè vita più perfetta nella Compagnia. E per quanto glie ne parlasse col più vivo impegno, non
una ma cento volte, sempre mi confermò che il suo consenso non

---

[93] *Biblioteca Vaticana, Vat. Lat.* 10190, copia de mano desconocida.
Cf. lo dicho antes en la introducción parr. II.

[94] Fue el canónigo César Storace el que le puso en relación con aquel
Hospicio, y el que recomendó a Pío VII le confiara la dirección del mismo.
PELCZAR *obr. cit.* I, 29, 31.

[95] Mons. Pedro Ostini que fue en 1829 el primer Nuncio en el Brasil,
y luego Nuncio en Viena y Cardenal. Cf. Razón y Fe 86 (1929) 36-37.

[96] Don J. Ignacio Cienfuegos de quien habla el DOCUM. VIII n. 2.

[97] Según CLERICI, *Pio IX* (Milano 1928) 22 el confesor era el can.
Storace. Nótese por lo demás que también el jesuita P. Pavani disuadió
a Mastai de entrar en la Compañía. Cf. infra nota 141.

ci sarebbe mai stato. Aggiungo che la idea che mi era formato di questa missione era che fosse come quella di S. Francesco Xavier.

3. [25] Tanto bastò per farmi cercare opportuna occasione per dimostrargli i miei desiderj. Questa non tardò molto a presentarsi. Di fatti, nel giorno in cui è la Stazione a S. Anastasia [98] mi avvenni in detta Chiesa col nominato Ecclesiastico, il quale al sortir meco di là mi dette conto della trattativa che aveva col Card. Consalvi del gran viaggio, ma che però non era perfettamente conclusa. Era troppo naturale la risposta che da me ricevette, cioè: « Beato Lei, quanto volentieri Le farei compagnia ». E prendendo Egli le mie parole tal quale me uscirono, ne mostrò segno di molta gioja, non solo ma volle pure manifestarle all'Emmo. Sig. Card. della Genga, oltre di averne [26] parlato in Segreteria di Stato. Per il che avvenendomi in una sera succesivamente da detto Porporato, egli stesso volle domandarmi se veramente avesse palesato desiderio di andare in America, e rispostogli che si, gli narrai il come lo aveva detto, e mi prese in parola.

4. L'Ecclesiastico non credette per vari riflessi di partire, ond'è che pensatosi a nuovo soggetto, si rivolsero al Sign. Abb. D. Giovanni Muzi, Uditore della Nunziatura in Vienna, Uomo di sperimentata pietà e dottrina [99].

5. Venuto questi in Roma ed io trovandomi nuovamente una sera nella casa del nominato E.mo, mi addimandò [27] l'E.mo se avevo presentato istanza per essere ammesso nel numero dei viaggiatori Americani, e risposto che no (giacchè conoscendo la mia insufficiensa per ogni riguardo, non aveva ardito di fare una tale istanza), mi chiese permesso di propormi a compagno del Sign. Abb. Muzi, ora Mons. Muzi Arcivescovo di Filippi, e trattando l'affare con Mg. Caprano Segretario di Propaganda, glie ne fece scrivere in Segretaria di Stato [100]. Intanto non cessavo di farci

---

[98] En 1823 fue el 18 de febrero.

[99] Era doctor en Teología por el Colegio Romano, y descollaba en el conocimiento del Derecho Canónico.

[100] B. GRADONI *Regno temporale di Pio IX,* y luego MAROCCO *obr. cit.* I, 268-269 han publicado el billete de recomendación de Caprano. Dice así: « Gentilissimo signor abate Capaccini. Per compiacere un Eminentissimo (il signor Cardinale Anibale della Genga) debbo proporre a compagno di Mgr. Muzi nel viaggio del Chili e nel suo aplco. Ministero il conte Giovanni Maria Mastai, e canonico coaiutore in S. Maria in Via lata. E' difficile di ritrovare persona che riunisca tutti i requisiti che si

Orazione e di celebrare e far celebrare Sacrifici ferventi [a] al Signore, acciò si degnasse manifestarmi la sua volontà : come ancora non tralasciai d'interpellare i miei genitori, fermo nella risoluzione [28] di non partire, se non ci concorreva la loro approvazione. Accordatasi questa dopo molti stenti ed opposizioni [101], guidato dal consiglio di savi Ecclesiastici, disposto Mons. Muzi ad accettarmi volontieri in sua compagnia, e sopra tutto consigliato al gran passo dal Sommo Pontefice Pio VII, al quale in tutto mi riportai, tanto di quello che aveva a fare del canonicato [102], quan-

---

[a] La copia dice *inerventi*.

---

incontrano in questo respetabilissimo sacerdote. Pietà singolare e soda, dolcezza di carattere, prudenza ed avvedutezza non ordinarie, zelo grandissimo, accompagnato però della scienza che in lui si ritrova in abbondanza, ed in fine giuventù, perche debbe essere di pochi anni al di sopra dei trenta. Aggiunga desiderio di servir Dio e di essere utile al prossimo colle Missioni presso gl'infedeli. Non debbo però dissimulare due obbiezioni che si oppongono e chi fanno un gran peso nel mio animo. Temo in primo luogo che ad onta del suo coraggio, la di lui salute non sia tale, onde reggere al lungo e disastroso viaggio del Chili. Egli fino a quattro anni circa in dietro era soggetto a frequenti ed assai violenti atacchi d'epilepsia ; sebbene da quel tempo non ne abbia sofferto (direi quasi miracolosamente), tuttavia non ha mai mostrato un temperamento molto robusto e del tutto rasicurante. In secondo luogo la di lui partenza da Roma priverebbe l'Ospizio di Sta. Anna, a Lei ben noto, di un capo amoroso e prudente, e i cento e più giovani che ivi si allevano, del loro più tenero Padre. Si farebbe un vuoto difficile o quasi impossibile a riempire, perchè sarebbe difficile o quasi impossibile il rimpiazzarlo. Eccole il soggetto che io le propongo, ecco le sue verissime doti, ed ecco finalmente le difficoltà che possono opporsi all'accettazione della di lui bona volontà. V. S. Ilma. deciderà quello che crede opportuno. Se Ella credesse che circa il mezzogiorno di giovedì prossimo mi recassi da S. E. Revma. [Consalvi], me lo avissi, che io mi farò un dovere di venire. Pieno in tanto di rispetto e di riconoscenza, di V. S. Illma., Casa 22 aprile 1823, dvmo. et obbmo. servitore Pietro Caprano, arcivescovo d'Iconio e Segretario. — Sign. Ab. D. Francesco Capaccini, minutista di Segr. di Stato». — Es sabido que Mons. Caprano amaba mucho a Mastai por haberle conferido las Ordenes Sagradas.

[101] Esto confirma la aseveración de Consalvi, cf. supra DOCUM. II.

[102] Mastai era canónigo coadjutor con derecho de sucesión de Mons. Aníbal G. Schmidt, y era fácil de preveer que éste, ya anciano, muriera durante el viaje de su coadjutor a Chile, como efectivamente sucedió. Cf. PELCZAR *obr. cit.* I, 37.

to per varie difficoltà insorte per parte dei parenti [103]; stabilì fermamente di partire, persuaso che dopo aver agito con prudenza cristiana, Dio benedetto mi avrebbe dato quei lumi che non conoscevo in me affatto sussistere, e che pure erano necessari per il disimpegno dell'Ufficio che andavo [29] ad adossarmi.

6. Così stabilito [sic] le cose, il giorno 3 Luglio partii da Roma » ... etc.

7. [77] *1823 Noviembre 21, en el mar, a bordo del « Eloísa » entre Mallorca e Ibiza*. « In questo giorno dissi la S. Messa con maggior consolazione e promisi al Signore (Kempis lib. 4, a. 8 § 2) che mi sia sempre impressa ».

8. [78] *1823 Noviembre 22-26, en alta mar entre Ibiza y Gibraltar*. « L'uso, la riflessione, e sopra tutto l'ajuti del Signore, che in quei giorni si moltiplicarono sopra di me, mi rendevano superiore a tutti [gli incommodi], anzi provavo interna consolazione. Quanto è buono Gesù ».

9. [87] *1823 Diciembre 18-22 en pleno Atlántico*. « In quei giorni avevo alcune prove interni di tedi, dubbi, tenebre ecc., ma non ostante le grazie, le consolazioni si raddopiavano ».

10. [91] *1823 Diciembre 24-25, en el mar frente a la costa del Uruguay*: « Il dolce mistero della Incarnazione bisognò meditare in mezzo a questi orrori [della tempesta]. Verso la sera il vento calmò di molto, ma seguitarono le onde, se non tanto alte, al meno quanto bastava per dare molto movimento al legno. Nella fiera tempesta non esperimentai timore, parendomi di stare nelle mani di Dio: non che non conoscessi in me tanti difetti che dovevano darmi timore, ma il considerare i motivi ed il modo prudente con cui mi ero accinto alla navigazione mi persuadevano di dover essere nelle mani di Dio, e ci guardavo come suoi movimenti quello dell'onde e del vento, e mi quietavo ».

11. [100] *1823 Diciembre 31, frente a Montevideo*: « io per mia parte posso confessare di essere stato favorito particolarmente della Divina Bontà con interne consolazioni e con eccitamenti di

---

[103] Parece aludir a la carta de su madre Docum. I. Algunos biógrafos, como Tessi-Passerini, *Pio IX e il suo tempo* I (Firenze 1877) 35, suponen que fue Pío VII quien por primera vez habló a Mastai de la carta de su madre; pero tal supuesto está excluído por la carta de Consalvi. Cf. Doc. II. Lo que sí descubre este paso del Diario es que Pío VII confirmó personalmente la expedición apostólica del joven canónigo.

confidenza e di fiducia in quel Signore amoroso che liberatomi da
tanti altri maggiori pericoli, pareva chiaramente che mi avesse
scelto per membro di questa missione ».

12. [106] *1824 Enero 3, al desembarcar de noche y sin aparato
en Buenos Aires*: « Il quale [Vicario Apostolico Mgr. Muzi] ... sces-
se di notte, e ciò mi dette sommo piacere, giacchè gustandomi la
solitudine di un Noviziato, non poteva che aborrire la publicità
e tumulti »...

13. [115] *1824 Enero 12 en Buenos Aires*: « La mattina dello
stesso giorno 12, tre diverse persone mi offrirono con tre elemosine
60 scudi [116] per applicar la Messa. Siccome però l'interesse era
quella molla che non mi aveva mai legato in tutta la vita, e il demonio non aveva ardito nemmeno di pormela avanti prima di partire
per il paese ove stanno le miniere preziose, così ricusai tutto, persuaso che necessitava tutte le cautele possibili in questa missione ».

13ª. [160] *1824, Febrero, al pasar la Cordillera*: « Da molto
tempo mi sentivo internamente arido ed una certa confusione mi
agitava straordinariamente ».

14. [164] *1824 Marzo 3, en Colina cerca de Santiago de Chile,
después de referir los sinsabores que el enviado chileno Cienfuegos
ocasionaba a Mons. Muzi*: « Io mi sentivo lacerare internamente
per tutte le difficoltà già esposte al degno Arciv.º di Genova [104], e
sempre peggio mi sentij nei primi giorni che si stete in Santiago ».

15. [185] *En Santiago Abril-Mayo 1824, hablando de su Obispo Mons. S. Rodríguez Zorrilla* [105]: « In una delle molte visite che
dovetti farli, mi propose una dignità del suo Capitolo, ma come
non dipendeva di lui la nomina, mi disse di voler raccomandar la
cosa con impegno al Supremo Direttore. Rispose, come era naturale, che non mi era possibile di valermi delle sue cortesi esi-
bizioni » ...

16. [234] *1824 Octubre entre el 1 y el 7, en Santiago poco
antes de la vuelta a Europa*. « Il Direttore mandò chiamare Sallusti,
e gli disse che il Governo era pronto a soccombere a questa spesa
abbonandola al Capitano [106], purche Mons. Vic.º fosse rimasto in

---

[104] Mons. Lambruschini. Cf. texto correspondiente a nota 47, y
DOCUM. IX n. 1.

[105] Cf. más adelante Doc. VII n. 3.

[106] Muzi había contratado ya el flete de vuelta con el capitán de *La
Columbia*, el genovés Montebruno, a quien Mastai llama « mio compagno
di Collegio ». *Diario* p. 216.

Santiago per consagrare i Vescovi, tra quali non poteva prescin-
dere da Cienfuegos [a] per il primo; che avrebbe ben volentieri nominato anche me, ma che non voleva far torto ai figli del paese.
Questa frenesia [107], benchè non l'avessi mai avuta, molto meno
mi si [235] sarebbe potuto presentare in un'epoca in cui il Chile era
abbandonato a tanta disunione; e che sarebbe stato condamnabile
l'averla per ottenere una mitra nel proprio paese, multo più lo sarebbe stato per desiderarla in un paese così remoto. Non nego che
come missionario, varie volte mi si era affaciato il desiderio di
rimanere fra gli indiani [108]; ma però in questa semplice qualità, e
nulla più. Tutte queste però erano voci vaghe che si spargevano
a bella posta dal Governo per acquistare il popolo, che prendeva
molto interesse per la partenza del V° Apostolico, e per procurare
di persuadere che tutta sua era la colpa se partiva da Santiago ».

17. [247] *1824 Noviembre entre el 8 y el 14, a bordo de « La
Columbia » cerca del cabo de Hornos.* « Il Signore mi colmava di
suoi favori e debbo ringraziarlo di tutto cuore che di tanto in
tanto mi faceva sentire la sua voce per darmi nuovo coraggio, e
a dir meglio per scuotermi un poco di tanti difetti e tanta tiepi-
dezza. La navigazione è molto opportuna per rivolgermi a Dio ».

18. [255] *1824 Noviembre hacia el 26-27 en el mar frente a la
Argentina.* « Erano molti giorni che mi sentivo un pensier melanco-
lico dentro di me, che mi rimproverava di non aver fatto nulla
a vantaggio della S. Sede e della Religione. Come mai, diceva a
me stesso, dopo essere stati 7 mesi nel Chile non hai pensato seriamente alla Missione dei Selvaggi, facendo al meno qualche
passo per vedere se Dio ti permetteva di dedicarti al loro servizio? Mentre così riflettevo, mi occorse in mente il motivo per cui
il Signore non si era voluto servir di me in quest'opera; ed il motivo era la mia cattiva condotta [256] verso di Lui, e i tanti difetti
di cui era pieno. Feci dei buoni propositi e mi raccomandavo di
nuovo a Lui, dicendoli che giacchè andavamo a mettere il piede
un'altra volta nel Continente americano, mi ci lasciasse, se era di
suo beneplacito, a faticare per gli infedeli. Mi ricordai che in

---

a) La copia escribe erradamente Cenfuegos.

---

[107] Más adelante, *Diario* p. 264, la llama *sciocchezza.* Véase antes
la *Introducción* parr. II.
[108] Cf. más adelante Doc. IV n. 2; IX n. 3.

Santa Fede vi è un collegio di missionari [109] e mi lusingai che il Signore avrebbe forse consolato le mie brame, alle quali avrei voluto dare sfogo nelle vie regolari domandando cioè l'opportune licenze a Mons. V° Aplco. e facendo quei passi che la prudenza insegna in questi casi ».

19. [257] *1824 Diciembre 3 en el mar frente al cabo de S. Antonio al Sur del Río de la Plata.* « Mattina del 3, dedicato al glorioso Apostolo dell'Indie, si scoprì vicinissima la costa del capo San Antonio al Sud del Rio della Plata. Parvero terre incolte e disabitate e forse più in dietro vi saranno indiani che S. Francesco metteva alla nostra considerazione e raccomandava al nostro zelo ».

20. [266] *1825 Enero en Montevideo.* « Considerando la scarsezza dei Ministri Eccl.i [nell'Uruguai], mi sentivo inclinato a restare a Montevideo, specialmente coll'idea di dedicarmi al profitto spirituale dei campagnoli [110]. Parlai di ciò con un zelante Ecclesiastico [111], ed egli esagerò i pericoli spirituali ai quali si spone un [267] Eccl.o solo, specialmente si è giovane, ove non vi è da prender consiglio o buon esempio da chichesia, vivendo nelle campagne ; mi fece conoscere che non minor utile avrei potuto recare ai fedeli restando nelle città. Posi per tanto la cosa nelle mani di Dio, sempre nella idea di restare nel caso di ottenere il beneplacito di Mr Vicario per maggior tranquillità di coscienza nella risoluzione. Crescendo questo desiderio lo communicai a Mr Vicario, che non lo approvò per non espormi a pericolo con B. Ayres, e che gli sembrava giusto che tornassi con lui a dar conto a Sua Santità della nostra missione » [112].

21. [286] *1825 febrero 14 en Montevideo.* « Il giorno antecedente fissato per la partenza, cioè il 14 Febr., si ricevettero lettere da Roma colla Enciclica di S. S. publicazione del Giubileo del anno

---

[109] Parece referirse al Colegio franciscano den San Carlos, sito en San Lorenzo a orillas del Paraná en la Provincia de Santa Fe, el cual había sido fundado en 1786 para cuidar de las misiones meridionales del Chaco. Cf. L. LEMMENS O. F. M. *Geschichte der Franziskannermissionen* (Münster i. W. 1929) 332. Mastai pudo estar informado de él por medio del P. Melchor Martínez cujos maniscritos misionales usa. Cf. Doc. VII n. 10.

[110] Véase en Doc. XI n. 2 lo que Mastai dice de aquel buen pueblo de los campos, lleno de fe y privado de Clero. Cf. también DOCUM. IV n. 2.

[111] Me inclino a creer fuera D. Pedro de Portegueda (Cf. nota 61) o Pablo Antonio Sala (Cf. nota 215).

[112] Ambos motivos eran de prudencia diplomática bien fundada.

Santo [113]; ed io ricevetti quelle dei miei genitori e fratelli e quella del vero amico canonico Storace [114], con quella consolazione che può misurarsi dal desiderio grande in cui mi trovavo di averle ».

22. [294] *1825 febrero entre el 20 y el 26 en pleno Atlántico.* « Mi si presentarono varij dubbi di come si sarebbe ricevuto in Roma l'esito di questa Missione, ma finalmente avendo in idea di tornare in una vita privata e nascosta, e avendo sempre operato colla più retta intenzione, metteva le cose in mano di Dio. Per mezzo del pacchetto [295] inglese partito da Montevideo nel fine di Gennaio, avea scritto al Sig. Card. della Somaglia la relazione riguardante i motivi della nostra partenza [115], e mi aveva fatto proporre a S. Santità per desimpegnare qualunque altra faticosa commissione, però proporzionata alle mie forze morali che veramente conosceva essere poche; per consepuenza questa domanda escludeva qualunque mira ambiziosa quale, se ho da parlare con tutta la sincerità, non sentivo a fatto; mentre tutte le mie idee si riducono a tornare all'Ospizio, ovvero a ritirarmi a una casa a fare il canonico di S. M. in via Lata, senza nessuna altra veste dalla quale mi sentivo totalmente [296] alienato: oppure stare a Sinigaglia a disimpegnare il mio Ministero Appl.co ».

23. [296] *1825 marzo 27 en alta mar.* « Il di 27 si fece scarsissimo cammino. Mi raccomandavo al Signore che giacchè mi dava luce di conoscere i miei difetti, mi dasse ancora forza per emendarmene, mentre al fine dei conti, vedeva ogni sera che molto ci aveva da ripulirmi specialmente per vincere il mio non ordinato amor proprio... Tutte le mattine si era potuto dire la Messa, e la sera recitavo il Rosario sopra la coperta, come nel 1° viaggio, avendone io [297] promosso la divozione che nel viaggio del capo di Horn il capitano avea trascurato ».

24. [303] *1825 marzo 29, en alta mar.* « Fin dalla sera antecedente mi cominciai a sentire una rapprensione nei nervi della faccia dalla parte destra, lo che, si accrebbe in questo giorno e mi fece pensare, che potesse essere indizio [304] di un qualche colpo: mi raccomandai al Signore acciò mediante i meriti della sua Passione, che in quei giorni della Settimana S. si presentava più particolar-

---

[113] Se refiere a la Bula de indicción del Año Santo de 24 mayo 1824. Cf. SCHMIDLIN. *Papstgeschichte der neuesten Zeit* I, 448.

[114] Cf. notas 51, 94 y 97.

[115] Como queda dicho en texto correspondiente a nota 42, no ha aparecido aún esta carta.

404 P. LETURIA, PÍO IX EN AMÉRICA

mente per soggetto di meditazione, mi facesse fare la Ss.ma volontà ».

25. [305] *1825 Abril 2 en alta mar.* « Il mio incommodo seguitava al solito, tentando di alleviarlo con acqua del mare, procurando bensì di assoggettarmi alla volontà [306] di Dio, che sapea Egli i motivi di averlo permesso; il quale incommodo seguitando al solito si rendeva forse più grande dall'apprensione ».

26. *1825 Mayo, 2, a vista de tierra europea.* « La mattina 2 Maggio S. Atanasio ... verso le 11 vide terra, lo che mi cagionò piacere, benchè molto inferiore di quello che esperimentai quando la vidi nel giungere in America. Ringraziai al Signore che ci aveva salvati finora di tutti i pericoli ».

IV.

Carta del Can. Mastai
al Cardenal Carlos Odescalchi (Santiago 27 abril 1824) [116].

[335] Eminentissimo ed amatissimo Sig. Cardinale.

1. Occupato in una missione che comunque voglia mirarsi, non ha altro oggetto se non se la gloria di Dio e la salute delle anime, scrivo a chi mi pose la prima volta nell'Esercizio delle S. Missioni, benchè quelle a cui mi iniziò VE. servonsi di altri mezzi per raggiungere allo stesso fine [117]. A queste ultime veramente tendevano i miei desideri, quando la prima volta sentì discorrere in Roma del Chile, e gli affetti che in me allora si risvegliarono non avevano altro di mira che Indiani, pellegrinaggi ecc.; ma povero me! Io mi accorgevo alla [336] impresa e non misuravo le forze. Ben altra virtù che la mia tanta scarsa ci voleva per tale oggetto. E questa in cui mi trovo, ben altra scienza ci vorrebbe e cognizioni, delle mie. Non ostante mi trovo contento perchè non ho operato a capriccio, e ringrazio Dio di cuore che si degna concedermi tanta pace e tranquillità di Spirito e con buona sanità e robustezza.

---

[116] Copia en *Vat. Lat.* 10190 p. 335-349. Sobre el destinatario cf. lo dicho en la introducción parr. III.

[117] Se refiere a la primera misión dada con Odescalchi en Sinigaglia siendo Mastai diácono. Cf. texto correspondiente a la nota 46; TESSI-PASSERINI *Pio nono* ... I, 32.

2. Sono due mesi che siamo giunti qui, ricevuti con molto buon grado dal governo, che ci ha dato finora alloggio e completo trattamento: fra pochi giorni andiamo ad abitare altra casa presa in affitto a nostro conto. Il medesimo governo ha fissato un mensile [337] assegnamento a Mons. Vic. Apco. durante la sua dimora in Chile [118]. Si va ora al elegere una commissione particolare incaricata di dar sfogo a tutti i diversi punti che compongono la Missione di Mons. Arcivescovo di Filippi. Sono oggetti importantissimi: il ristabilimento d'un Vescovo in Concezione, che da vari anni sta priva, come priva è ancora di Clero sufficiente; la riapertura di un Collegio di Missioni per gl'infedeli; il ritrovare i più opportuni espedienti perchè le campagne più remote abbiano i ministri bastanti alla Istruzione degli abitanti, e alla amministrazione dei Sacramenti [119]. La gente del campo è buona assai, e piena di desiderio di [338] ricever pascolo spirituale; valuto una delle migliori occupazioni il ritirarsi in una capanna e attendere alla educazione christiana di queste anime. Migliore occupazione sarebbe quella d'internarsi fra gl'indiani. Per parte mia voglio scegliere l'ottima che è il fare la volontà di Dio. V. E. mi aiuti colle sue orazioni per conseguire questo intento salutare, che io cioè possa fare pienamente ciò che piace al Signore, mentre a me corre un obbligo particolare di compire a questo dovere per gli evidenti miracoli ch'Egli si è degnato di operare in me per la salute dell'Anima e del corpo[120]. Sia in eterno benedetto.

3. Siccome dubito che le lettere che ho scritto di qui siano [339] pervenute al loro destino, per essersi mandate per la via di Buenos Aires, ove ha tutta l'influenza nel governo un gran nemico della Religione e per conseguenza di Roma, del Papa, del V° Aplcõ. e della sua corrispondenza [121], mando questa per altro condotto, e repeterò alcune cose che ho già scritte al Cañco Simonetti [122]. Sarà latore del presente un Signore di S. Jago, D. Ma-

---

[118] De estas cuestiones externas habla con muestros detalles SALLUSTI *Storia* ya cit. III, 13 ss., 29 ss.

[119] Compárese el optimismo de estos proyectos con la inacción efectiva que se siguió hasta julio. Doc. VII n. 3.

[120] Cf. nota 88.

[121] Sobre Rivadavia a quien alude, cf. *Introducción* parr. III.

[122] Cf. nota 51. Alude a la carta del 12 de abril de la que he hablado en el *Postscriptum,* al fin del parr. IV.

riano de Egaña [123], che imbarcandosi nel porto di Valparaiso qui vicino 30 leghe, va direttamente a Londra.

4. Tre volte in tutto questo viaggio mi son disposto alla morte : la prima nel mare, e quella fu la preparazione più lunga, giacchè durò circa un giorno intero, avendo durato altre [340] tanto la più pericolosa fra le tempeste che abbiam sofferte nella navigazione [124]; la seconda nelle pianure de las Pampas in un punto dove secondo le relazioni avute si temeva molto d'incontrar una truppa d'indiani assaltatori che comparvero tre giorni dopo, e fecero macello di 20 poveri uomini che andavano a B. Aires con carico di vino : avvicinandoci al detto punto, lessi nel Breviario la raccomandazione dell'anima [125]. La terza nel passaggio della Cordigliera in quattro passi i quali percorsi a occhi chiusi lasciandomi guidar dalla mula dove era montato e recitando giaculatorie [126]. In tutti questi incontri : Dextera Domini fecit virtutem. Confesso di aver esperimentato [341] che altra cosa è parlar di morte, altra cosa è trovarsi al pericolo prossimo di morire. Confesso ancora che essendo un miserabile peccatore, la memoria dei miei delitti mi dava doppio motivo di temere : ma non ostante sentivo nel profondo del cuore una segreta confidenza, che procedeva dal fine per cui aveva intrapreso il viaggio, procedeva dal modo con cui lo avevo intrapreso con orazioni e con consiglio di savj Ecclesiastici [127], e mi lusingavo che morendo avrei esperimentato la benignità e misericordia di G. Christo.

5. Il dì 4 Gennajo si pose piede a B. Ayres, ove l'affluenza del popolo fù molta, istando con importunità per essere [342] consolato nelle sue religiose richieste.

6. Il Governo ed in particolare un tal Rivadavia [128] fecero il possibile per distogliere un tal concorso e finalmente c'intimò la

---

[123] Don Mariano de Egaña había sido hasta entonces Ministro de Gobierno, y pasaba ahora a representar a Chile en Europa Cf. SILVA COTAPOS. *Rodríguez Zorrilla ...* 228.

[124] Parece referirse a la tempestad sufrida frente a la costa de Valencia en el Mediterráneo. De ella habla SALLUSTI *Storia ...* I, 120-121.

[125] En su *Diario* p. 145 añade que sucedió en la venta llamado *El Desmochado.* Cf. también SALLUSTI, *Storia ...* II, 106 s.

[126] En el *Diario* p. 156-157 dice que los dos más terribles pasos fueron al pasar el río Mendoza.

[127] Cf. supra Doc. III n. 5.

[128] Ministro de Gobierno del presidente Don Martín Rodríguez.

partenza. Fra il Clero vi sono dei dotti e zelanti sacerdoti, e molti ancora miserabili istrumenti di Rivadavia; vi è un impio sacerdote che tiene Catedra nel Collegio ed essendo pretto materialista, insegna le più perverse dottrine, si oppone alla canonicità delle scritture, alla Autorità delle tradizioni, alla verità dei miracoli ecc. [129]. Ciò non ostante, la maggior parte di quella popolazione, si conserva [a]) con buone massime. Dopo un mese di viaggio si giunse a Mendoza, passando per S. Luis de la [343] Punta, e la sera dei 5 Marzo giungemmo qui in Santiago. Mons. Vic. Ap.co ha ricevuto dapertutto dimostrazioni di cordiale accoglimento, non sol dal popolo, ma ancora dalle Autorità governative, meno che della prima sudetta [di B. Ayres].

7. Qui in Santiago si conserva ancora molta Religione, giacchè molto si frequentano i Sacramenti. Mi succede [b]) quasi sempre quando vado in Chiesa di sentirmi chiamare da qualcuno desideroso di confessarsi. Il Clero si presta molto per Missioni, Esercizi e Confessionale. Nel ultima settimana di Quaresima il Vescovo fa una tabella nella quale sono registrati i nomi dei preti che sono qui in Città e le Chiese [344] alle quali ciascheduno è destinato ad udire le confessioni. Non vi è nessuno che si ricusi o che tacci di stravagante [c]) il Vescovo per una tal Provvidenza: ubbidiscono con edificazione e tutto al più domanderanno alcuni di essere mutati da una Chiesa ad un altra. Le Chiese mi pare che sieno qui una trentina: gli ospedali tre, una casa di poveri; due case di Esercizi [130], senza contare quelle dei Padroni delle tenute qui vi-

---

[a]) La copia: *conseve*.
[b]) La copia: *succedo*.
[c]) La copia: *travante*.

---

[129] Era el presbítero *Manuel Fernández Agüero* quien negaba en su cátedra de la Universidad la divinidad de Cristo y el Primado Romano. Véase F. LEGON, *Doctrina*... ya cit. 472. No recuerda Mastai el otro heterodoxo, más extremo que Agüero pero menos peligroso por su desequilibrio mental, *Francisco Ramos Mejía*. Cf. R. CARBIA, *La revolución* ya cit. 239-241.

[130] Una de Santa Rosa y otra de S. José, ésta última fundada poco antes por el celoso sacerdote *Manuel Vicuña*, que fue el primer Arzobispo de Santiago. Copié los elogios que él mismo hacía de los Ejercicios en la revista Manresa 6 (1930) 279-280. Y cf. ALEJANDRO VICUÑA, *Vida del Ilmo. Sr. D. Manuel Vicuña Larráin, primer arzobispo de Santiago de*

cine ove si danno gratis ai campagnoli. I Gesuiti tenevano qui tre
Chiese: la principale è officiata dal Clero secolare [131], il Collegio
e la publica Università. Conosco il Professore di Istituzioni canoniche che spiega il Devoti [345] [132].

8. In questi due mesi che siamo qui sono stati quattro terremotti
tutti di notte: io però non ho inteso nessuno, dal che inferisca
che sono state piccole scose. Le case per la maggior parte sono
edificate con mattoni di terra e paglia infradiciata, senza che i
mattoni siano cotti [133]; si intonaca tutto di terra e danno il bianco
sopra: qui sono persuasi che le fabbriche edificati [sic] con tali
mattoni resistono più ai tremori che le altre fabbricate al nostro
uso, delle quale ve n'è qualcuna. Se non sbaglio dipende la loro
debolezza dai fondamenti malfatti.

9. Le case sono quasi tutte di pian terreno, avvene alcuna,
specialmente quelle che fabbricano adesso con un alto, così dicono
[346] qui, e sarebbe per esempio come se il Palazzo Piombino [134]
non avesse altro che Mezzanini sopra le botteghe.

10. In questi giorni ho mangiato il Cocco, frutto della Palma:
ha la forma di nocchia benchè grossa più del doppio, il sapore è
simile e un poco più lattiginoso: tiene due cortezze, la immediata
prima è dura, la seconda carnosa e simile ad un albicocca, che
però non è buona a mangiarsi; questi frutti non stanno sul albero
divisi come le pere e le mele, ma tutti ad un ramo, tale quale l'uva
sul raspo. Alcuna volta si vedono dei grappoli lunghi un mezza

---

Chile (Santiago de Chile 1912) 132-144, « La Casa de Ejercicios de San
José ».

[131] Esta famosa « Iglesia de la Compañía », de la que era capellán
D. Manuel Vicuña, el promotor de los Ejercicios, se incendió en 1841, y
fue reconstruída por los cuidados del mismo Sr. Vicuña que era ya arzobispo de Santiago. Cf. ALEJ. VICUÑA *obr. cit.* 155-156. De la primitiva Iglesia, comenzada en 1595 con planos de Miguel de Teleña, quedaron algunos
portalones típicos. Cf. MIGUEL SOLÁ, *Historia del Arte hispano-americano*
(Barcelona 1935) 313-315.

[132] Es decir los *Institutionum canonicarum libri quatuor* del profesor
de Derecho canónico en la « Sapienza » de Roma Giovanni Devoti. Mastai
lo recuerda para mostrar el espíritu pontificio del Professor de Santiago
cuyo Seminario estaba desde 1819 unido al Instituto nacional. Cf. SILVA
COTAPOS. D. *Santiago Rodríguez...* ya cit. 162-164. ¿Sería ese Profesor
Don Pedro Marini, recordado por SALLUSTI, *Storia* III, 60?

[133] En español se llaman *adoves*.

[134] Palacio bien conocido en Piazza dei Dodici Apostoli de Roma.

canna. Un signore di qui nominato Chavarias [134a] in una sua tenuta possiede 20 mille [347] palme, credo che egli darà buon fruttato, siccome qui essendo mancante delle api, tragono il miele dalla palma. Può figurarsi che la Domenica delle Palme si vegono rami assai più belli che in Roma. Il legno di questa pianta non serve a niente.

11. Eminentissimo, preghi e preghi assai per tutti noi, ma particolarmente per me, e stia sicuro di essere corrisposto. Stia allegro in Domino e seguiti a faticare per la S. Chiesa. Se non fosse Cardinale, lo invitarei a venire agli Indiani, ma Iddio vuol da Lei altre cose. Mi saluti, se V. E. sta in Roma, i miei colleghi Emiliani, Jacarini e Zarlatti, che tutti vede spesso [135], e [348] Genovesi stando a Ferrara [136]. Mons. Patrizi, che riverisco molto, potrebbe far la carità di dire una Messa secondo la mia intenzione [137]. Mi farà grazia di salutare quando se le presenti occasione tutti di casa Pianciani [138] e prima di qualunche altro i fratelli di V. E. D. Pietro e D. Girolamo [139]. Al Signor Roberti [140] gran commissioni spirituali, gli ho fiducia nelle sue orazioni. Al P. Ravani [141] [sic] dica che qui si desiderano i suoi e vi è chi ajuta

---

[134a] Probablemente Echevarría

[135] Los canónigo Giuseppe Jacarini y Pietro Zarlatti eran grandes amigos desde la juventud del Card. Odescalchi. Cf. PIRRI obr. cit. 98 et passim. Sobre Vinz. E. Emiliani, MORONI 78, 79.

[136] Mons. Domenico Genovesi, canónigo in S. Maria in via lata como Mastai, era el Vicario General del Cardenal en Ferrara. PIRRI, ibid. 102.

[137] Parece referirse a Mons. Constantino Patrizi, íntimo confidente del Card. Odescalchi. Ibid. 252 et passim. Es sabido que, hecho cardenal en 1836, llegó a tener influjo preponderante en la Curia de Pío IX. Por Doc. V n. 1, se ve que Odescalchi interpretó gentilmente que era él y no Patrizi quien debía celebrar la Misa.

[138] La familia dei Pianciani, como la de los Colonna, fue una de las que frecuentaba Mastai en Roma desde 1814. Cf. MAROCCO obr. cit. I, 85.

[139] El Príncipe Pietro Odescalchi fue literato y fundador del Giornale Arcadico; Girolamo fue nombrado por Gregorio XVI «preside del rione Monti» en Roma. PIRRI obr. cit. 6, 451.

[140] Parece tratarse de D. Romualdo Roberti, sacerdote de la Misión y confesor largos años de Odescalchi. Cf. PIRRI, obr. cit. 125, 298.

[141] La copia de la carta dice Ravani, pero creemos que el original decía Pavani. Mastai, en efecto, había hecho Ejercicios bajo la dirección del P. Vincenzo Pavani S. I. en S. Andrés del Quirinal y precisamente para determinar el punto de la vocación a la Compañía. El Padre le disuadió, anunciándole más bien la mitra. Cf. MGR. CAM, Procès romain pour

per il necessario. — Finisco queste mie ciance bacciandole rispettosamente la S. Porpora.

Santiago del Chile 27 aprile 1824 ᶜ)

U.mo aff.mo servitore

GIOVANNI MARIA MASTAI.

P. S. Al Signore Principe di Colofra tanti saluti. [349] Tanti
ossequi a V. E. di Mons. Vic. Ap.co e dell'Abbate Salusti. [sic]

All'E.mo Principe

Il Sig. Cardinal Carlo Odescalchi

Arcivescovo di Ferrara. Roma.

V.

Respuesta del Cardenal seis años má tarde [142].

Roma li 17 Gennaio 1830.

[350] Caro Mastai,

1. Ecco cosa oggi stesso per la posta ricevo. Ho letto tutta la
vostra lettera dei sei anni in dietro. Non vorrei farvi spendere,
ma vi son dentro due lettere che voglio piuttosto sieno in vostre
mani che bruciate. Siete così più sicuro che non si son perdute.
Dirò la Messa che dovevo dire allora, ma non saluterò i vostri
amici perche lo avete potuto fare dopo da voi.

2. Come mai tanto ritardo; e poi gettare la lettera così alla
posta. Conviene dire che il Signore a cui daste la lettera abbia
viaggiato dopo assai e non sia che recentemente venuto in Roma [143].
Ho gradito però questa lettera assai, specialmente le prime righe

---

ᶜ) La copia decía 1827, pero está corregido en 1824.

[142] Copia en *Vat. Lat.* 10190 p. 350.

la *cause de beatification... de Pie IX* (Paris 1910) 14 n. 31. Pavani fue
de 1821 a 1822 maestro de novicios en San Andrés del Quirinal, y desde
1822 era Provincial de la Prov. Romana. Cf. P. GALLETTI, *Memorie storiche
intorno alla Provincia Romana della Compagnia di Gesù* I (Prato 1914)
157, 178.

[143] Efectivamente, D. Mariano de Egaña recorrió como representante
de Chile varias Cortes de Europa de 1824 a 1829, y precisamente en 1829
volvió a su patria.

e l'invito d'andare alle Indie. Ora però e ancorchè non fossi Cardinale non avrei più forze per tali intraprese. Sento che siete amato da tutti, me ne consolo davvero. Ditemi se vi siete contento. Mi par di si. Ferretti è in Roma [144]. Qual terremotto.

Pregate per il vostro af.mo di cuore

C. Card. Odescalchi.

VI.

Carta del Can. Mastai al Prof. D. Giuseppe M. Graziosi (Santiago 1 mayo 1824) [145].

[351] Sig. D. Giuseppe Maria Graziosi.

Santiago del Chile 1 maggio 1824.

Car.mo e stim.mo amico.

1. Non era possibile che mi fossi dimenticato di un amico tanto di me benemerito e che tanto io amo e stimo. E siccome sono persuaso di essere corrisposto nell'affetto in Domino, così giudico che le saran grate le mie nuove, che avrà in parte sentite dai SSg.i Canonici Storace e Simonetti [146] ai quali ho scritto a lungo.

2. E cominciando dalla sanità, non posso abbastanza lodar Iddio che si degna di accordarmela così buona. E più ancora debbo ringraziarlo, della tranquillità che godo nello spirito per la intrapressa risoluzione. [352] Mons. Vic.° Ap.co mi serve di ottima guida e compagnia, mentre è veramente un angelo [147]. Egli ancora sta bene e tranquillo, e saluta Lei con tutti i amici del Col. Romano [148].

---

[144] Parece referse a Mons. Gabriele Ferretti, pariente y gran amigo de Odescalchi, creado cardenal in petto en 1838 por Gregorio XVI. Cf. PIRRI obr. cit. 174, 275. Si no es ya que se tratase del conde Ferretti.

[145] Copia en Vat Lat. 10190 p. 351-364. Sobra Graziosi cf. nota 48.

[146] Cf. nota 51.

[147] Mastai se entendió siempre bien con Mons. Muzi, aunque no estuviera muy conforme con algunas medidas suyas, sobre todo, las referentes a la secularización de religiosos. En el Diario p. 151 hallo una alusión velada que parece referire a él: «Hieri [12 febraio 1824] fuvvi piccola altercazione con Alfa, prima vice». Con Sallusti habían comenzado antes.

[148] Como recordanos en la nota 99, Muzi había obtenido su laurea de Teología en el Colegio Romano, el cual no fue restituido de hecho

3. Il clima è ottimo, il cielo sempre o quasi sempre sereno, il freddo comincia ad esser sensibile mentre S. Jago è situato in una estesa pianura cinto per ogni dove da monti coperti di neve; ma ciò fortifica la macchina. Gli usi sono quasi identici coi nostri: mobilio di casa lo stesso che in Roma, ed in qualche cosa migliori, giacchè ci son ebanisti Inglesi, Francesi, Tedeschi che lavorano assai bene, oltrechè giungono di frequente da Europa bastimenti carichi [353] di questi merci, di stupende porcellane, cristalli ecc. In mezzo però a questa eleganza di mobilio assai caro, manca generalmente l'esatezza del mobilio più necessario perchè le porte e le finestre poche son quelle che difendon dall'aria, perche sconesse, malfatte ecc. Grande uso fanno nella cucina di pepe e altre spezie, che abbruciando il palato non si confanno alla nostra costituzione. E' cosa nuova il vedere, ora che va cominciando l'inverno specialmente in qualche giorno che piove l'andar tutti, anche le donne, con zoccoli di legno sopra le scarpe o stivali: fa ridere i primi giorni, ma in sostanza è un costume assai commodo e salubre [149]. Le carrozze non sono [354] molte, ma ve ne sono alcune inglese dell'ultimo buon gusto: generalmente vanno a cavallo per il qual esercizio tengono molta pratica anche le donne. Il carattere di questa porzione d'America che ho veduto e in consequenza anche del Chile, non è quello che noi diciamo faticatore; per lo più son commodi e lenti, meno che per andare a cavallo ove corrono in modo che fanno per qualche scommessa un viaggio di 300 leghe, qual è quello da Mendoza a B. Ayres, in otto giorni; il miracolo maggior in questo è il non dormire o quasi niente, come si può dormire correndo a cavallo?

4. Vi è molto lusso di tappeti, non vi è casa che non tenga tappeti in tutte [355] le camere: questo costume si rende qui necessario, giacche abitandosi a pian terreno e poco abili nel fare i pavimenti, i tappeti difendono dalla umidità, dal freddo e rendono più decenti le abitazioni. Nelle Chiese ancora si costuma tappeto in tutto il pavimento, ma siccome così per distesa non si mette altro che le feste, e non usandosi a fatto le sedie, le donne tutte portano il suo picciol tappeto, e postolo per terra vi s'ingi-

---

a los Jesuítas hasta fines de este año de 1824. Cf. GALLETTI *Memorie* ya cit. I, 193.

[149] El uso de las «almadreñas» o zuecos es frecuente también en varias provincias de España.

nocchiano e vi seggono. Le chiese si chiudono un ora ed anche due primo del mezzo dì, e non si riaprono fino all'Ave Maria.

5. Vi è oratorio notturno tutte le sere alla Chiesa detta della Compagnia perche fu dei Gesuiti [150]. In altra Chiesa della [356] Città vi è parimenti alcune sere per turno in tutta la Settimana, e quivi vanno anche le donne: chiaman questo sagro Esercizio « Scuola di Cristo » [151]. Generalmente qui le funzioni si fanno di notte; ho veduto una Missione frequentatissima fatta di notte: di più gli uffici della Settimana Santa terminano circa le due di notte, e il Miserere si dice con piena oscurità. Mi assicurano che mai è accaduto il menomo inconveniente. Dio voglia che non accada in futuro.

6. Certo è pero che il popolo è buono e religioso, che il Clero secolare è esemplarissimo ed assiduo negli Esercizij del suo Ministero. Il suo vestiario stesso eccita rispetto [357] [152].

7. Dopo la rivoluzione si è introdotto qualche abuso, ma non ostante i libertini ed empj qui sono pochi; e si conoscono tutti a nome. Missioni esercizi qui sono frequenti e producono il buon effetto, giacchè i libri cattivi (che parmi il fonte principale della irreligiosità) pochi se ne incontrano, e non trovano esito [153]. Le Chiese hanno sufficienti ricchezze di argenteria, il numerario poi che corre è inferiore nella quantità a quello che correva in Roma quando io partj. Le pianete sono più strette alle spalle, e tanto stretto [sic] nel collo, che nel levarsele urtano sempre o nelle orecchie o nel naso; per mettere le stille di acqua nel calice, usano

---

[150] Cf. supra nota 131. Sobre los ministerios implantados en ella por D. Manuel Vicuña, véase ALEJ. VICUÑA, obr. cit. 20-25.

[151] Habla también de él SALLUSTI, Storia... III, 35.

[152] En el Diario 175-176 describe así ese vestido: « Le tonacelle non hanno maniche, ma due code ben larghe che arrivano al gomito e che di lontano non differenziano dalle nostre maniche. I ministri portano un cillarone della stessa robba e colore della tonacella che per di dietro gli copre mezza testa, e per avanti finisce in punta da ambi lati ».

[153] Mons. SILVA COTAPOS en su Historia eclesiástica de Chile (Santiago de Chile 1925) 228 conviene con este juicio. Los únicos errores de arraigo se referían a la ingerencia práctica y también teórica del Poder civil en asuntos eclesiásticos; pero aun estos « no se difundieron, porque el robusto sentido católico del clero y del pueblo chileno comprendió su falsedad, y los que los propalaban carecían del prestigio y del arte necesario para hacerse escuchar ».

un piccolissimo sgomarelletto [358] in cui entreranno tre o quattro
gocce [154].

8. I Canonici della Cattedrale portano un rocchetto senza
maniche con sopra un ferrojalone nero, e sopra una mozzetta parimente nera, ripiegata alle spalle, per cui vedendogli per di dietro
sembrano Agostiniani. Il distintivo che portano per istrada è un
merletto sopra i paramani. Il frutto annuale è di 2000 scudi, e
poco più per le dignità. E' cosa ben rara di trovare un Altare con
quadro, sono quasi tutte statue di legno vestite con seta stoffa ecc.
Di legno parimente sono le colonne e l'ornato dello stesso altare.

9. Qua vi è molto partito per il P. Lacunza Millenario [155]. In
Londra ne hanno fatte varie edizioni e l'han vendute [359] qui
18 scudi la copia : non vi è uno che fra i suoi libri non lo tenga [156].
Quando mi risponde, mi sappia dire se in Roma se n'è formato
qualche giudizio : mi pare che si stasse esaminando quando partj [157].

10. Le campagne vicine a S. Jago hanno pascolo spirituale,
giacchè vari padroni di tenuta tengono casa di Esercizi nella tenuta
stessa, e fanno dar mute di due in trecento contadini, alimentan-
doli gratis in quei giorni [158]. Non hanno la stessa sorte quelli che

---

[154] La forma de las casullas y la cucharilla para el agua de la Misa
pasaron de España, donde todavía perseveran.

[155] Es sabido que Lacunza era chileno. Cf. la monografía de AL-
FRED F. VAUCHER, *Une célébrité oubliée. Le P. Manuel Lacunza y Díaz
(1731-1801) de la Societé de Iésus, auteur de «La venue du Messie en
glòire et majesté»* (Collonges - sous - Salève) 1941. Este autor, recoge
p. 109 estas palabras dichas en 1859 por Pío IX al canónigo chileno Martínez Garfías: «Au Chili j'ai lu Lacunza avec beaucoup de plaisir; il
m'arrive encore souvent de lui donner un coup d'oeil». Es interesante que
Giuseppe Mazzoti, al hacer entre 1853-1854 su traducción italiana del libro
de Lacunza, se atrevió a dedicarla a Pío IX. Cf. FR. ALOYSIUS BERRA.
Codices Ferrajoli. Tomus I (Vaticanum 1939) 39, cod. 20.

[156] VAUCHER 41-43 registra una edición de Londres de 1816, y otra de
1826. Pero existió otra hecha en S. Fernando (Cádiz) entre 1810 y 1812.
Cf. F. MATEOS en Razón y Fe 127 (1943) 354.

[157] En efecto, durante 1823-1824 se examinó el libro de Lacunza en
Roma por el Santo Oficio, siendo condenado por decreto del 6 Setiembre
1824. VAUCHER 123-124. En Chile se habían también declarado contra él
el secretario Sallusti el 1 de julio y Mons. Muzi et 7 agosto del mismo
año. Cf. *ibid*. 45-47; SALLUSTI, *Storia* III, 60, 179.

[158] SALLUSTI *Storia*... III, 19-20 recuerda expresamente que lo hacía
así el marqués Tagle en sus inmensas posesiones.

vivono più lontani. Vi è ora un P. Francescano che sta dando Missioni e istruisce da varj mesi quei buoni contadini che vivon lontani. E' ben poca cosa però un solo Istruttore in [360] tanto numero di gente e in tanta ampiezza di paese: Se vedesse che ansietà che smania tengono nelle campagne remote quei semplici abitanti perche li si spezzi il pane spirituale: fa venir voglia di restar in quelle capanne a far loro da curato. Ma bisogna star in Città, ove mi raccomando al buon Gesù che mi faccia far sempre la sua volontà.

11. Eravi in Chilian [159] dalla parte del Sud un Collegio di Francescani destinati alle Missioni per gl'Indiani da quella parte; ora non vi è più: vi è qualche Domenicano ora destinato a tale oggetto [160]. Ma ci vorrebbero più operaj, più ordine, e specialmente il ritabilimento del Collegio [161]. Lei preghi il Signor perchè [361] si possa conseguire un tanto bene, e lo preghi anche per altri oggetti acciò riescono a maggior gloria di Dio.

12. Vi sono altre Città qui in Chile assai scarse di Clero, e che necessitano assolutamente di maggiori ajuti spirituali. In tutto il Chile ci sono 8 monasteri di Monache, 7 qui in S. Jago e uno nella Città di Concezione [162]. Quest'ultimo in una insurrezione che fecero gl'Indiani Araucani, fù manomesso, e le povere monache condotte prigioniere nelle terre dei medesimi Indiani; ora sono ritornate, due sole ne mancano, che se non son tornate, le aspettano

---

[159] El colegio de Misiones de Chillán fue fundado el 28 junio 1756, y descolló sobre todo por su Seminario para el clero indígena. Cf. ROBERTO LAGOS O. F. M. *Historia de las Misiones del Colegio de Chillán* (Barcelona 1908); LEMMENS *obr. cit.* 310, 313-315.

[160] También el franciscano Palma trabajaba en la misión de Quila-cahuín, y estaban para marchar a Valdivia los PP. Rocamora y Hernández, como lo supo unos meses más tarde SALLUSTI IV, 76-78. Además el jesuíta argentino Diego León Villafañe venía afanándose por la restauración de la Misión, y había obtenido desde 1798 poderes para ello de la Congregación de Propaganda, confirmados en años posteriores. Mastai no debía ignorarlo, pues Mons. Muzi traía para Villafañe una carta del Prefecto de la Propaganda. No lo apunta sin embargo en esta carta, o por ser cosa reservada o porque Muzi no recibió hasta más tarde la primera carta de Villafañe, escrita en Tucumán el 21 de junio de 1824. Cf. G. FURLONG S. I. *El Jesuíta Diego León Villafañe* 1741-1830 (Buenos Aires 1936) 55.

[161] Este no se verificó hasta 1831. Cf. LEMMENS *obr. cit.* 314.

[162] Sobre ellos cf. SILVA COTAPOS *Historia*... 148, 168. SALLUSTI *Storia* III, 38-50 describe también a su modo los de Santiago.

di giorno in giorno [163]. Questi Araucani sono assai valorosi e non sono riuscito gli Spagnoli ad assoggettarli [362] giammai. Sono fedeli nel mantenere i trattati e molto amanti dei loro diritti. Mons. Maran che fù Vescovo circa 30 anni indietro [164], nel visitar la Diocesi passò per una porzione di Paese appartenente agli Araucani, senza prima domandarli licenza. Ciò fu bastante per arrestarlo e condannarlo a morte: un Cascico che conosceva ed era amico del Vescovo, s'interpose e ottenne solamente che cambiata la sentenza assoluta, si avventurasse la sua testa a tre partite di gioco liscio, delle quali per disposizione della Provvidenza due furono favorevoli a Lui: fù bensì spogliato di tutto quello che portava, e i principali degli Indiani si vestirono colle [363] sue pianete, mitre ecc. Anche per questi Indiani vi erano le Missioni: ci vuol coraggio, zelo e prudenza per andarci.

13. Tanti saluti all'ottimo Sig. A. Tarnassi [165], che essendo stato io escluso dal numero degli Assisi, riconosco tuttavia per

---

[163] Se trataba de las Religiosas Trinitarias de Concepción. Y a juzgar por el relato que hace SILVA COTAPOS, *ibid.* 215-216, las monjas no fueron propiamente aprisionadas por los indios, sino sacadas de su monasterio por las realistas e indios fieles a España «con licencia del gobernador del Obispado» por orden del coronel Sánchez. Vivieron cuatro años junto al río Lebu entre grandes privaciones, y fueron devueltas a Concepción en noviembre de 1822 mediante la acción combinada del jefe español Carrero y del capitán patriota Picarte. Por la que apunta Mastai, en 1824 debían aún faltar por volver algunas religiosas. Detalle que no recuerda SALLUSTI *Storia* III, 96-97 en su referencia a este hecho.

[164] SILVA COTAPOS ibid. 157-158 refiere este mismo episodio de modo bastante diverso.

[165] Debe ser, no A., sino G. (Giuseppe) Tarnassi, canónigo Lateranense y secretario del Vicariato de Roma de 1841 a 1859. En 1824 era Superior de la Obra pía de los Ejercicios en Ponte Rotto, y sobre todo «Regulatore primario della Pia Unione di S. Paolo». Cf. MORONI 99, 81. Creemos que Mastai alude a esta segunda institución, que tenía, además de las obras de beneficencia, sesiones de carácter literario y científico, y a las que no se podía asistir como miembro sino superando un concurso, que - por lo visto - no fue favorable a Mastai. Cf. GUL. COSTANZI. *L'Osservatore di Roma* I (Roma 1825) 171-172 n. 182. Adviértase que en los saludos que Mastai encarga a Tarnassi, recorre los principales centros frecuentados por él antes del viaje: el *Gesù* para la nobleza (Pianciani y Colonna); el *Giardino del Colegio Romano* para los literatos; el *Hospicio de Tata Giovanni* para la beneficencia. Por eso hemos puesto en cursiva en el texto esas palabras.

Direttore: gli dia incombenza di salutarmi tutti di casa Pianciani e Colonna *al Gesù;* all'A. Palma Brunelli, al mio C. Vespignani [166], de Rossi, Fabj e tutti *del giardino*: a D. Pio Bighi [167], Pastelli, Rettore Gasparini [168] ecc. ecc. a Mons. Falconieri, Mazzani, C. Orengo, Genelli, C. Ferretti ecc. C. Minetti, Pacetti, C. Zarlatti, D. Domenico Gigli e tutti i confessori dell'*Ospizio,* mi raccomando a Lei perchè abbia cura di quei [364] ragazzi che sono esciti, al Can. Frosi ecc. Salutate Fratres Omnes in osculo sancto. Fratres! orate pro nobis. Di questa carità supplico tutti di vero cuore.

14. Si D. Giuseppe mio, preghi per me, preghi per tutti noi, perche possiamo tutti dissimpegnare fedelmente l'alta commissione che ci è stata affidata, ed io che sono il maggior peccatore ed il soggetto il meno utile della comitiva, ho necessità più degli altri di essere coadjuvato colle orazioni dei buoni amici. Vale.

Af.mo amico
GIOVANNI MARIA MASTAI.

A. Sig. D. Giuseppe M. Graziosi
    Saluti ancora il Curato, Rettore e Sagrestano degli Orfani.

VII

Carta autógrafa del Can. Mastai al Card. della Somaglia, Secretario de Estado de León XII (Santiago 3 julio 1824)[169].

All'E.mo Principe
Sig.or Cardinal Giulio Maria della Somaglia
Decano del S. C. e Seg.o di Stato di S. S.

    Eminentissimo Principe,

    1. Prima di partire da quella Capitale del Mondo Cattolico fui ad ossequiare e prendere la Benedizione dall'Emo. Sig.or

---

[166] El canónigo Vespignani, más tarde Obispo de Orvieto, era compañero de Mastai en la dirección de *Tata Giovanni*. Cf. MAROCCO *obr. cit.* I, 99

[167] Don Pio Bighi, compañero de Mastai en el Hospicio, y que había aspirado a ser su Director, tenía una notable antipatía contra el futuro Po IX. De Papa, se vengó Mastai haciéndole Prelado doméstico y Arzobispo i. p. de Filippi, título que llevaba en 1824 Mons. Muzi. Cf. PELCZAR *obr. cit.* I, 37. En 1824 era Profesor de Teología Moral en la Universidad Gregoriana. Cf. *Notizie per l'anno 1824* (Cracas) 165.

[168] Mons. Gasparini era Rector del Seminario Romano y prefecto de las Clases de la Universidad Gregoriana, *Notizie, ibid.* 166.

[169] En *Arch. Aff. Straord., Carte varie* (en locales del Arch. de la

Cardinal Vicario di Roma, ed ora per Divina Provvidenza Vicario
di G. Cristo. E siccome per suo consiglio mi accingievo al viaggio [170], (consiglio che tanto ha contribuito a tranquillizzarmi nella
intrapresa risoluzione) perciò si compiacque di commettermi per
l'avvenire le notizie di questa Apsca. Missione. E' per me ora un
dovere di compiere con questa commissione: ma siccome la subli-
mità del grado, e l'ampia dignità di cui è ora rivestito m'impediscono di presentarmegli direttamente con questa mia, perciò supplico Vostra Emza. acciò voglia degnarsi di manifestare a S. Santità quanto qui le trascrivo.

2. E primieramente non è da tacersi la condotta straordinaria
tenuta dal Sig.or Cenfuegos [sic] da Genova finora [171]. Senza
entrare in minuto dettaglio su di ciò, dirò solo che ha conservato
sempre con Mons.or Vicario Apsco. un contegno di Superiore, e
qualche volta ancor di disprezzo. Dopo aver intrapreso un sì lungo
viaggio, ed essersi assoggettato a tante fatiche unicamente per ottenere dal Sommo Pontefice un suo Vicario per questo Regno, si è
poi tanto raffreddato con Lui, che alcuni testimonj di tal freddezza
qui in Santiago, non han dubitato di asserire che la cagione di ciò
era il dispiacere di non esser stato scelto Cienfuegos stesso per
Vicario Apsco.; quantunque si sà bene in Roma che Egli non ha
mai manifestato simili desiderj. M.or Muzi al contrario, con quella
prudenza che lo distingue, ha saputo tollerare e contraccambiare
questo procedere, con tutta la urbanità e civiltà per sua parte.

3. Non contento il demonio di pregiudicare ai fini santi della
Missione per questa parte, è riescito ancora a mettere un poco di
diffidenza in M.or Giuseppe Rodriguez Vescovo di Santiago [172].

Secretaría de Estado) Busta II, 2 está el original, todo él de mano de
Mastai. En *Vat. Lat.* 10190 p. 1-22 una copia incompleta, a la que le falta
además el nombre del destinatario.

[170] Cf. supra *Diario* Doc. III n. 3 y 5.

[171] Se trata del Deán de Santiago D. Ignacio Cienfuegos, enviado de
Chile a Roma. Cuanto aquí refiere Mastai es de valor para la Historia
diplomática de la Misión, que no nos interesa directamente.

[172] Mons. Santiago Rodríguez Zorrilla, obispo de Santiago y natural
de esa ciudad, era un Prelado dignísimo, y a él se debía en gran parte el
buen estado de su Clero, aun en tiempos tan difíciles. Véase la biografía
de Mons. SILVA COTAPOS ya citada. Su conducta fría y reservada para
con la Misión Apostólica se debía a dos motivos: la novedad que para un
Prelado de la América española significaba verse junto a un enviado
directo de la S. Sede e italiano, y el temor que él y sus amigos nutrían

Si esternò Egli meco fino dai primi giorni che venimmo in questa
Città, che teneva assunti interessanti da trattare con M.or Vic.o
Ap.o relativi ai [1ᵛ] vantaggi spirituali delle Diocesi del Chile, e
dopo 4 mesi da che siam qui, non ha più fatto parola su tal proposito; quantunque siano state, e siano ancora ripetute le visite da
ambo le parti. Sono persuasi alcuni, anche nel Clero, che avvici-
nano M.or Vescovo che la venuta del Vicario Apsco. sia stata
inutile, e che la Religione Cristiana in questo Paese, fù dipinta
in Roma quasi fosse ridotta ad uno stato il più lacrimevole, quando poi non era così. Che non sia stata inutile però la venuta di
M.or V.o Ap.o lo prova bastantemente l'occupazione a cui siamo
soggetti ogni giorno per dare sfogo alle diverse petizioni che
vengono anche fuori del Chile, per quello che cape nelle facoltà
di Monsignore [173]. Lo prova la età avanzata del Vescovo M.or
Rodriguez, ch'è l'unico esistente in questa porzione di America [174].
Lo prova il piacere manifestato da tanti e qui, e fuori di qui,
avendo ricevuto ovunque è passato M.or Vicario i segni non equi-
voci di riverenza e di omaggio, e lettere di congratulazioni da altri
luoghi ove non è passato. Lo prova l'essersi ora smentita la falsa
idea che si era impressa nella mente di moltissimi, che il Vicario
di G. C. si fosse dimenticato di questa porzione del suo Gregge.
Lo prova il colpo che hanno avuto i Giansenisti colla venuta di
M.or V.o A.o, coloro cioè che attribuiscono alle autorità civile ed
Ecctiche. subal.e certe facoltà il di cui esercizio è unicamente
riservato al Sommo Pontefice. Lo prova finalmente la tranquillità
che hanno ricercato tanti Ecclesiastici nella coscienza, per poter
star ᵃ) sicuri nell'esercizio de lor ministero [175]. Qualunque oppo-

---

ᵃ) *star*, escrito por Mastai sobre la línea.

---

de que el Gobierno quisiese valerse de Mons. Muzi para removerle de la
Diócesis. De hecho fue siempre el Obispo decidido realista, aunque cauto
en mostrarlo de 1820 a 1825.

[173] Sus facultades se extendían de hecho a toda la América española.
Lo expuse en Razón y Fe 93 (1930) 428 ss. *Valor continental de la Misión
Muzi*.

[174] Ni en Chile, ni en Argentina, ni en Uruguay, ni en Paraguay
existían entonces más Obispos qué él y Mons. Panés de la Asunción,
recluído y quebrantado de los nervios. Cf. nota 71.

[175] Se refiere a la dudosa jurisdición de que adolecían muchos Cabildos y Gobernadores Eclesiásticos impuestos por los Gobernos indepen-
dientes. Cf. la *Introducción* parr. IV.

sizione però non deve sgomentare, mentre si sa che tutte le Opere
di Dio debbono esperimentarla : e siccome questa è tale, dispiace
all'Inferno e ai suoi ministri, fra i quali il principale in Sud-Ame-
rica è il Sig.or Bernardino Ribadavia Ministro di Stato di Buenos-ayres [176]. Egli scrisse ai suoi corrispondenti, che molto inte-
ressava per distruggere la Missione di mettere in discordia fra
loro M.or Vic.o Ap.o, M.or Vescovo, e il Sig. Cienfuegos. Da
quanto ho detto risulta che qualche cosa ha ottenuto. Dal canto
nostro faremo quanto è possibile per conservar la unione e la
pace, per disingannare così i due partiti opposti alla Missione ; il
partito cioè degli empj, che sono sempre contrarj alla Religione,
e a qualunque mezzo conducente a conservarla ; e il partito della
Spagna che è contrario alla stessa per fini politici. M.or Vescovo
e alcuni del Clero [2ʳ] sono di questa ultima Classe [177].

4. Passo ora a parlare a V. E. di cose più conformi al mio
genio, cioè delle Missioni agl'Indiani, benché attualmente ridotte
in uno stato degno più di compassione che di compiacenza. E prima di parlare dello stato attuale, spero cha non dispiacerà a V. E.
che dia un cenno di quello che sono state per lo passato [178].

5. Il Regno di Chile conquistato nel 1541, si trova ora civiliz-
zato fino al Rio chiamato Biobio [179], che sta ai 36 gradi di Lat.e
Australe : da questo punto fino all'Arcipelago di Chiloè cioè ai 42
gradi, è abitata dagl'Indiani che han saputo conservarsi in libertà
nonostante gli sforzi e le guerre intentategli dalla Spagna per 200
anni quasi continuati. E benché gli Spagnoli [b]) fondassero quivi
nel 1547 le Città di Angole [180], Colue, Tucapen, Imperial, Villa-

---

[b]) *gli spagnoli,* añadido por Mastai sobre la línea.

---

[176] Cf. *Introducción* parr. III.

[177] De interés para los que han acusado a la Misión de haberse
dejado influir exclusiva o preponderantemente de Rodríguez Zorrilla, Portegueda, Reina etc.

[178] Como lo dice Mastai más abajo n. 11, compendia aquí la relación,
entonces manuscrita, del franciscano español (de Tudela en Navarra) Fray
Melchor Martínez, que había pasado 22 años entre los araucanos. Cf.
SALLUSTI, *Storia* IV, 71, 77 etc. Su *Memoria histórica* de las misiones
del Arauco ha sido dada a conocer por la imprenta por el P. ROB. LAGOS,
obr. cit. en nota 159, p. 538-545. Véase también STREIT, *Bibliotheca Mis-
sionum* III n. 3104 p. 1000.

[179] En castellano Bío-Bío.

[180] En castellano *Angol.*

ricca e Osorno, furono tutte distrutte nel 1599 dagl'Indiani, con profanazione di Templi e cose sagre, e con immensa strage dei Spagnoli dai quali erano troppo maltrattati.

Tutto questo terreno si stende circa 200 leghe dal Nord al Sud, e contiene cinque diverse Province che non hanno altra cosa comune che l'idioma; ma non tengono nè Governo nè statuti che gli uniscano insieme: nè ciascuna di queste Provincie tiene leggi o forma alcuna di Governo, ma essendo divise in tante Riduzioni di 5, o 6, o dieci capanne, ciascuna riduzione tiene un Casiquo subalterno ad altro Casiquo che sta comandandoli. In tre Provincie, che comprendono lo spazio dove stavano le dette Città, vivono nella espressata maniera; ma nelle altre due che stanno alle falde e nell'interno della Cordigliera, vivono pellegrinando, e ove incontrino miglior sostentamento, separata per lo più una Capanna dall'altra.

6. Tutti costoro non avevano quando furon scoperti, e non hanno ancora (meno quelli che son convertiti) nè Religione, nè Templi, nè adoratorj, nè Sacerdoti: dico non han Religione, perchè non sò se tale possa chiamarsi le scarse idee che hanno di un esser supremo [181]. Tuttociò che sembra a quest'Indiani sopranaturale chiamano *Pillàn*. Il tuono, il lampo, il terremoto ecc. tutto è *Pillàn*, il quale dicono Essi che abita nei Vulcani. Quelli che si son convertiti non han saputo dare altra idea di Pillàn, se non chè è un Ente che risponde ai loro *Indovini* e li dice chi sono i *Bruchi*. Gl'Indovini sono alcuni Indiani, o Indiane barbari come tutti gli

---

[181] Así también SALLUSTI, *Storia* III 110 ss., 118 ss. Tanto Mastai como Sallusti se limitan a extractar sobre ésto al P. Melchor Martínez. El P. SEBASTIÁN ENGLERT, al estudiar recientemente los araucanos o mapuches, ha precisado y rectificado algunas de estas afirmaciones, confirmando otras. La idea de un Ser Supremo de los mapuches *Nënéchen* es más precisa de lo que se creía. El *Pillañ* no es el *Espíritu* de los volcanes y del fuego, sino el fuego mismo. Los espíritus malignos: *wekufü* son diablos o almas damnificadoras, que obran por medio de brujos o brujas, *kalku*. Para impedir sus efectos en los enfermos precisa la intervención del *machi* o mejor de la *machi*, especie de hechicera. Su misión es fijar quién ha sido el o la *kalku*, que viene *expuesto* al odio de todos, y echar fuera mediante los buenos espíritus et efecto de los malos. Cf. su estudio: *Un aspecto psicológico de la Raza Araucana* en Anthropos 33 (1938) 945-948; y MARTÍN GUSINDE, *Medicina e higiene de los antiguos araucanos*. en Publicaciones del Museo de Etnología... de Chile, 1 (1917) 87-120, 177-296.

altri, e gli danno tal nome perchè convengono brutalmente, senza esame, e senza nissuna ragione a riconoscerli per tali, e li pagano bene per sentire i loro oracoli. Credono generalmente che nessuno muore di morte naturale, ma che a ciascuno [2ᵛ] toglie la vita il Bruco in una maniera occulta. Con questi principj quando alcuno è ammalato, vanno dall'Indovino a saper chi è il Bruco che ha fatto tal danno; e Costui dà sempre la risposta secondo il gusto di chi consulta, nominando un Indiano ᶜ) tacciandolo per Bruco. Con questa notizia si convocano i parenti e aderenti dell'infermo, e scagliandosi addosso all'infelice Bruco, lo uccidono; non la perdonano nè a Padri, nè a figli, nè a mariti, nè a mogli, e nemmeno ai bambini innocenti. Sopra la immortalità dell'anima credono realmente che sia eterna, ma formano idee grossolane e ridicole. Altri dicono che l'anima separata dal corpo si converte in passero e vola a certe Isole: altri credono che una balena in figura di una Donna vecchia viene a transfretarli; tutti convengono che siano corporee; e nel sepolcro del morto, mettono carne, farina, e ciccia (che è un liquor fermentato molto facile a ubbriacare); e mettono ancora alcune bagattelle e utensili delle loro Capanne: non riconoscono nè premio, nè castigo per meriti o demeriti.

7. Dopo la scoperta del Chile varie Religioni, ma specialmente i Francesani furono incaricati della Conversione dei naturali: nel 1593 i PP. Gesuiti accompagnati da D.n Martino di Lojola nepote del Santo Fondatore [182], si dedicarono alla conquista spirituale di quest'Indiani. Fondarono più di 20 Missioni, ossia più di 20 *Ospizi* ove stavano due Missionarj dedicati alla conversione di quei popoli. La più australe stava 150 leghe lontana dalla Concezzione in un luogo chiamato Nahuelhuapi: a questa Missione apparteneva il V. P. Mascardi Gesuita Italiano ᵈ) che ebbe il coraggio Apsco. d'internarsi nelle Patagoniche fino allo stretto di Magallanes, e fu ucciso dai barbari il dì 15 Feb. 1663 [183]. Nel 1758

ᶜ) *e,* tachado.
ᵈ) *italiano,* añadido por Mastai sobre la línea.

---

[182] Propiamente sobrino segundo, pues su padre Don Martín era sobrino de S. Ignacio. Cf. el árbol genealógico de los Loyolas en MHSI, *Chronicon Polanci* I, 547.
[183] Cf. ANT. ASTRÁIN S. I. *Historia de la Compañía de Jesús en la Asistencia de España* 6 (Madrid) 755-756.

furono uccisi dagli stessi i due Missionarj che stavano nel detto luogo, bruciando l'Ospizio, e rubando tutto. Dopo la estinzione dei Gesuiti fu data la Missione ai PP. Francescani, i quali per tale oggetto venivano tutti dall'Europa, ed avevano il Collegio di Propaganda Fide in Chillan sotto il titolo di S. Idelfonso [e]. Il Re di Spagna dava 300 scudi ad ogni Missionario, e 60 scudi per mantenere la Cappella di ciascheduno Ospizio che furono ridotti a minor numero: passava ancora certe razioni di vettovaglie da dispensarsi agl'Indiani, specialmente quando si riuni [3[r]] vano all'Ospizio della Missione, per essere istruiti, prima di ricevere i Sagramenti del Battessimo, Cresima, Confessione, Comunione, e Matrimonio. Questi Francescani venivano tutti dalla Spagna, ed erano dipendenti unicamente dal lor Guardiano, che era il Prefetto della Missione, e corrispondeva direttamente con il Generale in Spagna [184].

8. Le Missioni che esistevano prima delle attuali mutazioni, erano le seguenti.

1[a] S. Croce di S. Barbara alle falde della Cordigliera, sulle sponde del Biobio, 30 leghe da Chillan, e 40 dalla Città della Concezzione, che gli rimane all'Est.

2[a] S. Francesco di Arauco a piè del Monte Colocolo, vicino al mare, in una insenata fra le punte di Coronel, e di Rumena. In Europa tutti questi Indiani, sono conosciuti sotto il nome di Araucani.

3[a] S. Ambrogio di Tucapèn, 40 leghe dalla Concezzione, e 20 da Arauco; l'una e l'altra rimangono al Nord di Tucapèn. E' la missione più estesa e più popolata: sembrano piuttosto docili alle insinuazioni dei Missionarj, e volenterosi di avvicinarlo.

4[a] S. Francesco della piazza di Valdivia: la vicinanza di questa Missione a detta piazza, che fu sempre in poter dei Spagnoli, ed ora appartiene a questo Stato, ha contribuito a dirozzare un poco i [f]) costumi barbari di quegl'Indiani [g]) e a dilatare ancora la nostra S. Religione. Valdivia fu una delle Città fondate nel 1547, delle quali ho fatto cenno di sopra, e fu l'unica che scampò

---

[e]) Sic pro *Ildefonso*.
[f]) tachado: *loro*.
[g]) *di quegli indiani,* añadido por Mastai sobre la línea.

---

[184] Esta fue, junto con la guerra, la razón principal de la ruina de aquellas misiones al sobrevenir la Emancipación política.

dalla distruzione, prima della quale apparteneva al Vescovato del-
l'Imperiale, ed ora appartiene a quello della Concezzione.

5ª S. Giuseppe della Mariquina: è lontana una lunga giornata da Valdivia che gli rimane al Suduest. Si vede bene dalla
Casa Missionale il vulcano di Villa ricca, che vomita fiamme con
molta frequenza: sta situata la Missione in una valle lunga 6
leghe, e larga 2, circondata da montagne e da boschi, ricovero di
Leoni e di altri animali: corre nel mezzo alla valle il Rio Quepe,
o di S. Giuseppe, alle di cui sponde abitano gl'Indiani, che stan
divisi in dieci riduzioni, ciascheduna col suo Cacico, e tutte riconoscono un Cacico Governatore. Sono questi un poco più labo-
riosi degli altri, lavorando la terra, e mantenendo una por-[3ᵛ]
zione scarsa di armenti; ma sono ancora di carattere insubordinato
e supervo.

6ª La Puris.ª Concezzione di Arique: sta situata alle sponde
de Rio grande, all'est di Valdivia da cui dista 8 leghe di un
pessimo cammino, con molti torrenti: gl'Indiani vivono alle sponde di d.º Rio, e sono divisi in 6 Parzialità, ciascuna delle quali
contiene 7, o 8 Capanne tutte in qualche distanza l'una dall'altra.
Vendono una porzione delle loro raccolte, prendendo in cambio
alcune cose, specialmente per vestirsi, di cui hanno necessità. Gl'Indiani dell'anzidetta e di questa missione, hanno sofferto più di
una volta mortalità pestifere. Sono bastantemente docili; e son
quelli di cui si loda molto il Missionario da cui ho ricavato le
presenti notizie [185].

7ª S. Francesco Solano di Tholthen il basso, vicino al mare
ai 39 gradi di latitud.e, 40 leghe lontana da Valdivia, divisa in
mezzo dal Rio dello stesso nome Tholthen. Si divide in 16 Parzialità, che sono le più popolate. L'Ospizio sta situato tra il detto
Rio, ed un altro, ambedue abbondanti di acque. Quest'Indiani si
sono mostrati molto alieni dalla nostra SS.ma Religione.

8ª SSmo. Crocifisso della Costa di Niebla. Questi Indiani
domandarono da se stessi che si fondasse un Ospizio di Missione
nelle loro terre, le quali sono sterili; e si valgono molto per alimento di pesce di mare, al quale sono vicinissimi. E' la missione
lontana 4 leghe da Valdivia che rimane all'est.

---

[185] El P. Melchor Martínez. Cf. infra n. 11. SALLUSTI usa otro
manuscrito anterior del P. Miguel Ascasubi O. F. M., que le dejó en
Santiago el Señor Tadeo Reyes. Storia... III, 192.

9ª S. Antonio di Ganihue o Chanchan: Valdivia gli resta al sud in distanza una giornata di cammino. Sono stati sempre nemici acerrimi degli Spagnoli più ancora dei surriferiti. Gl'Indiani di questa Missione per il loro carattere intollerante di qualunque giogo, poco hanno voluto soggettare il collo anche a quello soave di G. C. Il terreno che abitano è assai fertile, ma non si curano di lavorarlo.

10ª La Madonna del Pilar di Quinchilca. Valdivia resta all'Ovest di questa Missione, in distanza di 20 leghe di un pessimo cammino, ed in tempo d'inverno impraticabile per i molti fiumi che l'attraversano. Sono [4ʳ] divisi quest'Indiani in dieci Riduzioni, ciascuna composta di quattro o cinque Capanne.

11ª S. Paolo Apostolo del Rio buono. Le fatiche straordinarie che fecero i Missionarj nel 1780 a quest'Indiani, assistendoli specialmente in una peste da cui furono afflitti, gli riscossero l'affetto dei med.ⁱ, e poterono fare maggiori progressi nella nostra S.ª Religione. E' questa la più australe delle Misioni, è divisa in 14 Parzialità, ciascuna col suo Cacico; ha buono e assai fertil terreno, ma gl'Indiani non hanno il menomo impegno di lavorarlo.

9. Tutte queste Missioni hanno una estensione, ciascheduna in particolare di 20 in 30 miglia. Alcuni anni indietro formavano 123 Parzialità, 9000 anime, fra le quali 2000 Cristiane. Tutti gl'Indiani del Chile però, compresi anche quelli ove non sono mai state Missioni, si computavano prima delle presenti circostanze, circa 130 mila; benchè un calcolo esatto non possa sperarsi. Generalmente sono dediti all'ozio, all'ubbriachezza, al furto: la poligamia è tra loro generalmente adottata. I Missionarj non incontrano difficoltà nell'atterrare un falso culto, o false Divinità, perchè quest'Indiani non son prevenuti da errori contro la Fede; ma trovano bensì la grande e comune difficoltà di ridurre in pratica i Precetti ai quali in forza della nostra Credenza siamo obbligati, e all'osservanza dei quali tanto più incontrano difficoltà, quanto più sono immersi nei predetti vizj quei miserabili Infedeli.

10. I Spagnoli avevano fabbricato alcuni Forti di distanza in distanza nei terreni ove erano fondate le Missioni. Quasi ogni anno si tenevano i Parlamenti in un dato punto, ove intervenivano gli Uffiziali del Re di Spagna, e i Principali Casichi, trat-[4ᵛ]tandosi o d'introdurre Missionarj, di comprare terreni, e in sostanza sempre spiando il modo migliore di ridurli tutti alla soggezzione della Corona.

11. Attualmente i Missionarj Francescani sono quasi tutti dispersi. Undici fuggirono nell'Isola di Chiloè, che seguita tuttavia ad appartenere alla Spagna [186]; 6 stanno in Santiago; alcuni in Cordova del Tucuman, e fra questi ultimi il P. F. Melchiorre Martinez [187], da un manoscritto del quale ho ricavato le notizie che trascrivo a V. Eminenza; Egli ha vissuto fra gl'Indiani nell'esercizio del suo ministero per lo spazio di 22 anni. Quantunque qualche Religioso Domenicano, e Agostiniano sia andato a supplire, ciò non ostante le Missioni non son provvedute, e alcuno degli Ospizi è stato incendiato dagl'Indiani in questi ultimi tempi. Egli è questo un oggetto che merita tutta l'attenzione [187a], e Dio voglia che si possa far qualche cosa a suo vantaggio. Finora [188] il Governo non si è dato carico di rispondere ad una lettera che scrisse M.or Vicario due mesi indietro al Ministro di Stato su questo punto e sopra altri ancora.

12. Io riconosco ogni giorno più la mia insufficienza per questa Missione il di cui disimpegno esige Prudenza, Cognizioni, Prontezza di spirito e mille altre doti, fra le quali non ho altro che la buona volontà, e il frequente ricorso al Signore perchè mi assista; e di qui risulta la tranquillità che godo in questo stato, che mi pare chiaro di non aver scelto a capriccio: anche la perfetta salute del corpo è un particolar segno della Bontà del Signore a mio riguardo, non meno che la compagnia dell'ottimo Mons. Vicario Apsco.

---

[186] Por haber fracasado la primera expedición del general Freire en 1824. Las islas, capitularon en 1826. Por lo demás, no se olvide que pudieron quedar entre los Araucanos los PP. Agustín Palma y Mateo Soto, por ser criollos. Cf. LAGOS obr. cit. 513-517; y supra nota 160.

[187] Al año siguiente 1825, el P. Martínez se hallaban ya en Montevideo, donde trató con la Misión apostólica; dentro del mismo año pasó a España, pues el 26 de setiembre de 1825 escribía desde Tudela a Sallusti. Cf. SALLUSTI, Storia IV, 77.

[187a] Esta carta hubiera sido muy útil a la S. Congregación de Propaganda. Pero no parece que le fuera comunicada por el Card. della Somaglia. No hay, al menos, copia de ella entre las «Scritture riferite» de su Archivo, como la hay en el códice Vat. Lat. 10.109.

[188] Ni entonces ni después contestó el Gobierno a esa carta. Solo el Presidente Prieto, excelente católico, comenzó a restaurar seriamente las Misiones en 1831. Cf. LEMMENS obr. cit. 314 ss.; SILVA COTAPOS Historia 232.

Prego V. E. ad impetrarmi da S. Santità l'Apsca. B.ᵉ, e colla più profonda stima e rispetto le bacio la sagra Porpora.

Santiago del Chile 3 Luglio 1824

Umo. Dmo. Obbmo. Servo
GIOVANNI M.ᴀ C. MASTAI

VIII

Carta del Vicario Apostólico Mons. Juan Muzi al Arzobispo de Génova Mons. Luigi Lambruschini. (Santiago 15 de julio 1824)[189]

A S. Ecllza. Rma. Monsigr. Arcivº. di Genova

Eccellenza Rma.

1. Sono ripieno di consolazione per aver veduto la prima volta in America un carattere europeo[190], e quello precisamente di V. Ecclza. Rma. Li cordiali religiosi sentimenti che mi ispira mi restano fissi nella mente, e procuro di rinnovarli quotidianamente. Dio Voglia che possa far del bene, al meno lo desidero vivamente. La misericordia di Dio vuole che presentemente stia bene di salute non ostante che tutto il giorno sia occupato in spedire le piccole faccende occorrenti.

2. Il Sig.r Can.o Mastai mi serve molto bene ed il clima gli conferisce molto. All'incontro l'Abbate Salusti [sic] fin da Genova mostrò dispiacere di imbarcarsi per l'America. Io che lo seppi, protestai apertamente, che se non veniva volentieri, era liberissimo il tornarsene in dietro. Mi fece mille proteste della sua buona volontà in voler servire a questa Missione. Seppi però che lo

---

[189] Original hológrafo de Muzi en *Arch. Aff. Straord. Buste verdi* A. III, 2 (2º).

[190] Como dije en la *Introducción* parr. III había recibido Muzi en Buenos Aires, enero 1824, los primeros documentos de León XII confirmando sus poderes, pero no cartas. Así se explica esa expresión. Recuérdese por lo demás que el Arzobispo de Génova hospedó en su palacio a Muzi y sus secretarios desde el 16 Setiembre hasta el 5 de Octubre de 1823. Cf. SALLUSTI, *Storia*, I, 98-99.

faceva per rispetto umano, vergognandosi di aver mutata risoluzione presso i suoi conoscenti. Ora non mi ha sternato niente, se non che si vede spesso di cattivo umore. Quello che mi rincresce, che si è lamentato di me presso persone in carica del Governo [191], e in cose tutte false. Dice che lo strapazzo, quando gli ho tutti i riguardi. Se non posso dargli mesata cospicua, glie la do proporzionata alle mie forze. Gli ho dato al mese dieci, venti, e per fino trenta pezzi [1^v] duri; protestando, come è vero, che stando al presente in spese straordinarie, avendo bisognato che mettessi casa, mobili, carrozza ecc. in un paese dove è tutto caro all'eccesso, che per ora non potevo dare di più, ma quando fossi sistemato, gli avrei fissato una mesata corrispondente. Il poverino sogna molte cose, che non hanno realtà. In fine ha detto, che nel mese di Agosto vuole imbarcarsi in un legno genovese di Montebruno [192]. La persona a cui si è confidato, mi suggerisce che fo bene il licenziarlo, benchè non abbia finora esternato niente a me, come persona pericolosa che mi va discreditando coi suoi sogni. Io aspetto che si licenzi, del che sarò contento, perchè l'Abb.e Salusti non è persona di confidenza, avendo il vizio di parlare senza avvedersene in cose gelose e delicate, perchè è una persona volubile che, come egli stesso ha scritto, cerca la sua Libertà, e lo ha scritto in caratteri majuscoli; perchè è una persona, che dopo di avermi dato [2^r] parola, che non veniva per interesse, ora cerca un maggior lucro; benchè lo fornisca di tutto abbondantemente. Mi ho ingannato coll'accettarlo per le reiterate promesse che mi fece dell'unico fine che aveva di servire Dio e la Chiesa. Veramente non pecca tanto per malizia di volontà, quanto per debolezza di mente. Il risultato però in quanto a me è lo stesso, o mi venga male da un malizioso o da un sciocco [193].

3. Perdoni questa seccatura; ma la prego di prevenire l'Abb.te

---

[191] Por la memoria presentada por Sallusti a León XII, de que hemos hablado en la *Introducción* parr. I, se ve que la carta de queja la escribió al marqués Tagle. El hermano de éste, Don Santiago, la comunicó a Mastai, y Mastai a Mons. Muzi.

[192] El mismo barco *La Columbia,* en el que volvieron a Europa Mons. Muzi y toda la misión.

[193] Aquí se descubre una de las espinas más íntimas de aquella primera misión pontificia a América. Esto explica también la conducta de Sallusti en Roma en 1825 y 1827 de que hemos hablado en la *Introducción* parr. I.

Capaccini, o altri che creda; onde la Corte di Roma non creda
che per mia mancanza perda un compagno, quando è tutto di lui
mancamento.

Mille ringraziamenti al degnissimo Segretario. I miei rispetti
al amabilissimo Sig.r Canonico Segretario di Ambasciata.

Mi creda con tutta sincerità di stima e di amicizia
Di V. E. R.ma

Dèv.mo Obblig.mo Servo
Santiago del Chile 15 Luglio 1824
Giovanni Muzi
Arciv.o di Filippi, Vic.o Ap.o

4. *Postdata autógrafa del Can. G. M. Mastai.*

P. S. Permetta Mons. Arcivescovo che anche in questa lettera le domandi la S. B.e e le baci il sagro anello. Ci raccomandi
a Dio, specialmente perchè le armi che ha mandato la Chiesa in
difesa di questa regione, non si rivolgano a suo danno, quantunque senza malizia di chi le tratta. La sua cara lettera l'ho ricevuta
dopo aver chiusa l'altra che le scrivo.

Aff.mo u.mo serv.e
Giovanni M. Mastai

IX

*Carta autógrafa del Can. Mastai al Arzobispo de Génova
Mons. Luigi Lambruschini.* (Santiago 13 Sett. 1824) [194]

Monsignor Arcivescovo, mio veneratissimo Padrone,

1. Non voglio lasciar correre una ocasione che mi si
presenta improvvisamente di persona che andando a Buenos-
Ayres dice di recarsi poi subito in Italia.

2. Avrà ricevuto al giunger della presente altra mia e di
Mons.or Vicario Aplico. che le abbiamo diretto per mezzo del

---

[194] Hológrafa toda la carta *Arch. Aff. Straord. Buste verdi* A III,
2 (2º).

capitan Coppello [195]. Noi non abbiam ricevute altre lettere se non quelle che si è Lei compiaciuto scriverci nel Novembre dell'anno scorso; perció siamo all'oscuro di tutto, non senza notabile dispiacere. Quello che vi è di buono per nostra parte è la buona salute che tutti godiamo: per il resto confermo in iscritto ciò che le dissi a voce in quei giorni, che ebbi la consolazione di aprirle il mio cuore.

3. La nostra permanenza parmi qui molto precaria, mentre non veggo che ci venga prestato appoggio e protezzione, e tutto presenta un stato di incertezza che non lascia in alcuni momenti di affligermi vivamente. Sia sempre però benedetto il Signore, il quale ci ha protetti finora, ed io non ho mancato di ringraziarlo sempre anche per avermi scelto a questa impresa, che non è stato parto sicuramente del mio capriccio. Per questo appunto che il Signore mi ha scelto a compagno di quest'ottimo M.r Muzi, temerei di offendere le leggi della prudenza e della giustizia ancora, se per secondare alcuni passegeri lampi di fervore [196], abbandonassi questa occupazione per dedicarmi alle Missioni degl'Indiani. Conosco che sarebbe temerità, per essere ora abbandonate e prive di necesarj ajuti queste sante Missioni, che meriterebbero d'altronde se ne prendesse grande interesse.

4. Il Vescovo di questa Città è stato privato dell'amministrazione della Diocesi dal Governo come contrario al sistema politico, ed ha nominato per comando del Governo [a]) Cienfuegos per Vic.o Generale, o come dicono quì, Governatore del Vescovato [197]. E' la seconda volta che occupa' questo posto, mentre prima di partire per Roma era Governatore: e appunto adesso finisco di leggere una rappresentazione che gli fece il Clero in quell'epoca, nella circostanza che voleva introdursi il rito funebre dei Protestanti con Decreto del Governo; « e Lei, gli dice il Clero fra le altre cose [b]), rimarrà freddo e indifferente a vista di conseguenze

---

[a]) *per ... Governo*, añadido sobre la línea por Mastai.
[b]) *gli ... cose,* añadido sobre la línea por Mastai.

---

[195] Cf. DOCUM. VIII. Coppello era el capitán del bergatín *Eloísa* en que vino la Misión de Génova a Buenos Aires. Este barco salió de Valparaíso para Europa entre el 15 y el 20 de julio 1824, como se ve por el despacho n. 25 de Mons. Muzi.

[196] Cf. *Introducción* parr. II.

[197] Era la política antipontificia del nuevo Ministro de Estado, el

così fatali ? ». Ora il Governo tratta nuovamente con lui di ammettere, non solo [1ᵛ] il rito funebre, ma ben anche la tolleranza del culto : so che finora si è mostrato contrario ; ben chè abbia fatte gran zappate in ordine ai Regolari :. ha accettato dal Governo di presiedere a tutti gli Ordini, delegando i curati nei luoghi lontani, perchè facciano le sue veci per i conventi che sono nelle loro Parrocchie ; ha dato licenze di alienar fondi. Tiri Lei le conseguenze in ordine a Noi, e quel che è peggio in ordine alla Podestà Pontificia. Di tutto si è mandato minuto dettaglio a Roma [198], ma se Lei crede opoprtuno di far giungere alla cognizione della Seg.a di Stato questi pochi tratti, rimetto il tutto alla sua conosciuta prudenza.

5. Nel mese di Luglio fuvvi una rivoluzione nella quale si ebbe in mira di abolire il Senato e la Costituzione fatta nell'anno 1823 : è stato sospeso l'uno e l'altra, ed in tanto tutto il potere si è ridotto nel Supremo Direttore [199] fino all'apertura del ᶜ) Congresso Nazionale che va a succedere quest'altro mese, in un paese quì vicino 14 leghe detto Quillota. In tanto è statto permessa la stampa libera, ed esce un foglio apologista della tolleranza [200]. Noi non soffrimmo il minor disturbo nella detta rivoluzione.

6. Mi dispiace non potermi trattenere piú a lungo con un personaggio che stimo e rispetto sommamente, e che lo stesso scriverli mi serve di consolazione, benchè non ne ricavi il profitto della conversazione.

7. Mi raccomando a Dio di cuore perchè mi tolga tanti difetti che ho, e specialmente perchè mi dia coraggio : conosco adesso che sono mancante di quasi tutte le doti per una commissione di sì alta importanza e che nella compagnia sono la rota che fa stridere il carro [201] ; perció alcuna volta mi avvilisco, e non mi racco-

---

ᶜ) *apertura del,* añadido sobre la línea par Mastai.

---

liberal Francisco Antonio Pinto. Puede verse lo que escribí en *Historisches Jahrbuch* 46 (1926) 263-264.

[198] En los despachos n. 26 y 27 de Mons. Muzi que llegaron efectivamente a Roma y se conservan en el *Arch. Aff. Straord.* A, III, 2 (2°).

[199] El General Freire.

[200] Parece referirse a « El Liberal », que comenzó por entonces campañas semejantes a las del « Argos » de Buenos Aires.

[201] También en el *Diario* había escrito Mastai el 5 de noviembre de

mando con tutta *la* [d]) fiducia che dovrei a quel Braccio poderoso, nel quale so di poter tutto.

8. Mille ossequj di M.r Arcivescovo di Filippi e del Sig. Ab. Sallusti; e pieno di vero attaccamento e di profondo rispetto le bacio il sagro anello.

umo. dvo. Obed. servitor.

Santiago del Chile 13 Settembre 1824.

GIOVANNI M.A C[ONTE] MASTAI

9. P. S. Tanti saluti anche per parte di M.r Vicario a tutti i suoi Sacerdoti di Casa, e al Console [202], specialmente poi all'Ab.e Tosti. — Perdoni la libertà che mi prendo di accluderle altra lettera: d'altronde non posso lasciare nessun mezzo che mi si presenti per compiere coi doveri di Figlio.

10. *Dirección exterior.* « Breg.no Eloysa. Cap.no Antonio Copello ». — « A Sua Eccellenza Revdma. Monsignor Luigi Lambruschini, *Arcivescovo di Genova* ». — Y con letras estampilladas, puestas en Génova: « *Via di mare 31 marzo* » [1825].

X

Carta autógrafa de Mons. Luigi Lambruschini, Arzobispo de Génova, al Card. Secretario de Estado della Somaglia remitiéndole las anteriores de Mons. Muzi y del Can. Mastai (Génova abril 1825) [202a].

E.mo Sig.r Card.e Della Somaglia, Decano del Sacro Collegio, Segretario di Stato di N.o S. ecc. Roma.

Eminentissimo e R.mo Principe

Riservato

1. Questo Signor Console Pontificio mi ha consegnato giovedì una lettera del Vic.o Apostolico del Chili in data del 15 Lu-

---

[d]) *la,* añadido por Mastai sobre la línea.

1823 a la vista de las Canarias: « ripeto che io sono la rota che strida nel carro ».

[202] El Cónsul Giovanni Pisoni que tanto alaba SALLUSTI *Storia* I, 95.

[202a] Hológrafo de Lambruschini en *Arch. Aff. Straord. Buste verdi,* A. III, 2 (2º).

glio, ed jeri n'ebbi una per la posta più recente assai scrittami dall'ottimo Sig.e Conte Mastai. Credendo di qualche importanza l'una e l'altra, mi credo perciò [a] in dovere, e mi fo una gratissima premura di metterle sotto l'occhio purgatissimo di V. E. R.ma per di lui norma. Il buon conte Mastai è un giovane pieno di spirito veramente apostolico; io ne conosco il cuore: egli me lo mostró tutto nel breve soggiorno fatto in Genova, ed io posso dirle per consolazione sua, che Iddio lavora molto in quel cuore purissimo, e che vi versa a torrenti il fuoco vitale della celeste sua carità.

2. In questa occasione prego V. E. di aggradire i miei vivissimi auguri per l'im[1ᵛ]minente S. Pasqua, e di credere nei sensi caldi e schietti del profondissimo ossequio, col quale ho l'onore di essere distintissimamente

di V. E. R.ma
Genova 2. aprile 1825.

umilmo., dmo., obbmo. servitore
† L. Arcivo. di Genova

XI

Carta autógrafa del Can. Mastai al Card. della Somaglia, Secretario del Estado de León XII. (Gibraltar 5 mayo 1825) [203].

E.mo e R.mo Principe
Il Sig.r Cardinal Giulio Maria della Somaglia
Decano del Sagro Collegio, Seg.o di Stato di S. S.

Eminenza Reverendissima

1. Nel mese di Gennajo mi procurai l'onore di dirigere a Vostra Eminenza Rma. una lettera, che scrissi in Montevideo, ove le davo un succinto ragguaglio delle cose accadute nel Chile

---

[a] *perciò*, añadido por Lambruschini sobre la línea.

---

[203] La carta es hológrafa. *Arch. Aff. Straord. Carte varie* (en locales del Arch. de la Secretaría de Estado) Busta II, 2º

relative alla Missione Apostolica, e dei motivi che avevano indotto
Mr. Vicario a partire di là; e per maggior sicurezza del recapito,
consegnai detta lettera ad un Banchiere, affinchè raccomandatala
al suo Corrispondente in Londra, questi avesse cura di rimetterla
a Roma [204].Perdoni ora V. E. R. la libertà, che mi prendo di
scriverle nuovamente, dopo il nostro felice arrivo in questo porto
di Gibilterra.

2. La nostra dimora in Montevideo è stata dal giorno 4 Decembre 1824, fino al 18 Febbraio dell'anno corrente, nel quale tempo, aspettando che il Bastimento fosse pronto per darsi alla vela, siamo stati in Casa del Curato Sig.r Damaso Larrañaga [205], che, fin dal momento in cui giungemmo, volle che il Vicario di Sua Santità fosse suo Ospite. Si è molto occupato Monsignore in conferir il Sacramento della Cresima a quei buoni abitanti, che concorrevano in distanza ancora di molte leghe per partecipare di questo spiritual benefizio. La partenza, per quanto fosse in un'ora incompatta, giacchè erano le tre dopo il mezzo giorno in cui è più sensibile il caldo, non impedì, che il Vicario di Sua Santità [I^v] fosse accompagnato fino al molo da folto popolo, che colle lagrime agli occhi si divise da Lui, pensando che da circa venti anni non avevano più veduto un Vescovo [206], e che non avevano speranza di rivederne per ora. Alcuni battelli vennero con noi fino al bastimento, ove Mons. Vicario fu condotto con la filuca del Capitano del Porto, accompagnato dallo scarso Clero della Città. Prima di partire fummo a visitare il General Lecor Governatore della Provincia [207]; ed Egli, il Generale, era già stato da Mons. Vicario poco dopo il nostro arrivo.

3. Montevideo è fondata in una elevazion di terreno, che forma una piccola penisola nel Rio della Plata. Sta nel medesimo Rio una capace baja ove possono dar fondo i più grandi vascelli.

---

[204] No he hallado todavía esa carta ni alusiones a ella en los Archivos Vaticanos.

[205] Cf. sobre él SALLUSTI, *Storia* IV, 144 ss. Hay mucho material sobre él en *Arch. Segr. di Stato* 251 (Nunciatura del Brasil) 1829-1835.

[206] Supongo que se refiere al último Obispo de Buenos Aires D. Benito Lúe, que precisamente veinte años antes (25 febrero 1804) envió una relación de su diócesis a la Congregación del Concilio. Cf. *Arch. Congr. Concilii, lib. 37 Litt. Visit.* fol. 41-42.

[207] Gobernador a nombre del Brasil, a cuyo imperio pertenecía entonces la ciudad.

La Città è formata come quasi tutte le Città dell'America meridionale, cioè colle strade in linea retta, e i fabbricati divisi in tante
isole eguali, e quadrate: la parte che la unisce al continente è
cinta di mura. La Chiesa matrice è la migliore che io abbia veduto
in America [208]: oltre la sud.a vi sono altre due Chiese, cioè quella
dei Francescani, che quivi esistono, e quella dell'Ospedale. Un
zelante Sacerdote Direttore della Casa degli Esercizj spirituali [209],
procura di adunar limosine per fabbricare una Chiesa pubblica
contigua a detta Casa, e credo che riescirà nel lodevole intento.
La fondazione di questa Città è recente, giacchè non prima del
1724 si cominciarono [2r] a fabbricare le prime case, venendo
dalle Isole Canarie alcune Famiglie per abitarle. Gli Spagnoli facevano quivi ancorare tutti i grandi bastimenti, che sarebbero
dovuti andare a Buenos-Ayres, per evitare il pericolo dei banchi,
che s'incontrano nella navigazione del Rio della Plata. La sua
situazione è sicuramente interessante per il commercio, facendo
ivi scala quasi tutti i bastimenti che si dirigono a Buenos-ayres,
molti di quelli che si dirigono al Pacifico, ed alcuni ancora che
sono incamminati per passare il Capo di Buona Speranza; e di
questa ultima classe se ne videro due da guerra Olandesi, nei
giorni che noi stavamo colà. Questa stessa felice situazione gli
ha pregiudicato; poichè in questi ultimi anni varj Padroni se ne
sono disputato il possesso. Gl'Inglesi, gli Americani indipendenti,
i Portoghesi, e i Brasiliani, ai quali ora appartiene, si sono succe-
duti gli uni agli altri nel dominarla, e ciò con grave danno della

---

[208] SALLUSTI *Storia* IV, 148 la compara en cuanto la planta arquitec-
tónica a la Iglesia de los Santos Apóstoles, y en cuanto a la cúpula a la de
Sant'Andrea della Valle en Roma. Los planos parecen deberse a de Saa
y Faria; el constructor fue el cónsul José del Bozo, muerto en 1832. Cf.
MIGUEL SOLÁ *Historia del Arte hispanoamericano* (Barcelona 1935) 269,
el cual pone la fotografía de su fachada neorenaciente.

[209] El movimiento de Casas de Ejercicios lo llevó entre 1790 y 1792
a Montevideo la Ven. María Antonia de San José, llamada en Argentina,
su patria, la *Beata de los Ejercicios*. Cf. PABLO HERNÁNDEZ S. I. *El extra-
ñamiento de los Jesuítas del Río de la Plata* (Madrid 1908) 299; G. B.
COUDERC S. I. *Une zélatrice des retraites María Antonia de S. José* en
Collection de la Bibliothèque des Exercices 21 (1909) 67-69; CARLOS LEO-
NHARDT *Ensayo histórico sobre las Casas de Ejercicios en la Argentina* en
Estudios de Buenos Aires 31 (1926) 216.

Città; ove moltissime case, e un intero borgo è stato rovesciato al suolo dall'artiglieria, nei varj assedj che ha sostenuti [210].

4. La Provincia della quale Montevideo è la Capitale chiamasi la Provincia Cisplatina, abitata da 50 mila anime, e ben potrebbe contenerne cinque milioni. Il terreno è fertile ed irrigato da grandi fiumi, frai quali i principali sono La Plata, il Paranà, il Paraguai, [2^v] l'Uruguai, il Rio grande, il Rio nero e il Rio di S. Lucia: il Miguelete è un piccolo fiume vicino alla Città sulle sponde del quale sono situate le migliori case di villeggiatura dei Possidenti. Le formiche, che in America sono presso che infinite, fanno molto danno alla campagna, specialmente agli alberi di frutte: le cavallette, che pareva un flagello solo dell'altra sponda del Rio della Plata, quest'anno han trapassato il limite, e dopo aver quasi quasi distrutta la messe in Buenos-ayres, han danneggiato molto anche quella di Montevideo. Dopo le rivoluzioni si è diminuita ancora quell'immensa quantità di bestiame bovino che copriva i campi, contandosi qualche ricco proprietario, che aveva quindici anni indietro, fino a settecento mila bestie [211].

5. Pochi giorni prima di partire da Montevideo, si ebbero positive notizie della disfatta avuta nel Perù dal General La Serna Vice-Rè, il quale rimase ferito e prigioniere del Gen. Sucre comandante una divisione dell'armata del Liberatore Bolivar; e della capitolazione fatta dal Gen. Spagnolo Canterac, nella quale si consegnava agli Indipendenti la Città di Lima, la vicina fortezza del Callao, e tutte le Provincie fino al [3^r] Desaguadero, e si stabiliva che i legni da guerra spagnoli dovessero partire per le Filippine [212]. All'altura del Tropico meridionale, incontrammo un bastimento, che avvicinatosi inalberó bandiera Inglese, e giunto

---

[210] Aquel mismo año 1825 el coronel Uruguayo Juan Antonio Lavalleja comenzó la guerra emancipadora contra el Brasil, la cual condujo en 1828, con el apoyo de La Argentina, a la independencia del Uruguay.

[211] SALLUSTI *Storia* IV, 173 afirma que la hacienda *García* contenía 1.200.000 cabezas entre vacas y bueyes.

[212] Se refiere a la célebre batalla de Ayacucho (9 diciembre 1824). Mastai, al recordar en su *Diario* esta batalla, teje una breve biografía de Bolívar, tomada principalmente de *Variedades o Mensajero de Londres*. Termina así p. 277: «I Governi di America non vedono di buon occhio a questo Generale, essendo persuasi che se la fortuna favorisce le sue armi, s'impadronirà di altri Stati, e forse con idea di esserne il Monarca».

a punto di parlar con la tromba, si conobbe che l'Equipaggio era
Genovese, e il Capitano con i Piloti eran conosciuti dai nostri.
Essendo bonaccia di mare, vennero a bordo i due Piloti dell'altro
bastimento, e dissero che partiti da Chilca nel Perù, con un Colo-
nello dell'armata spagnola disfatta, aveano rifrescato al Gianeiro,
ove avevano lasciato il Vice-Rè, La Serna, al quale Bolivar avea
permesso di partire in un bastimento commerciante Francese;
mentre si diceva a Chilca, dicevano i d.i Piloti, che fossero ambedue di accordo. Questo coincide con il Proclama, che dopo la disfatta ha pubblicato il Gen. realista Olañeta, che cosi comincia.
« L'Esercito del Nord è stato disperso in Quinuapata per un tra-
« dimento proprio dei chiamati liberali. Non potendo condurre a
« fine i loro criminali progetti sopra il sognato impero, e corona-
« zione del Gen. La Serna, la loro maggior vendetta è stata di
« sacrificare i Fedeli che in 14 anni giammai aveano reso le armi
« ai nemici » [213]. Prosegue quindi a eletrizzare i popoli per la causa
del Re, e dice che il Maresciallo di Campo D. Pio Tristán andava
ad unirsi a lui con cinque mila uomini. Dio voglia che si restitui-
sca l'ordine una volta nell'America, mentre la sua [3^v] mancanza
arreca tanto danno alla Religione.

6. Le famose Missioni dei Gesuiti nel Paraguai, non sono a
gran distanza dalla Provincia di Montevideo. Quando i Portoghesi s'impadronirono della Provincia Cisplatina, s'impadronirono
ancora di quella delle Missioni, che si componeva di circa trenta
Paesi; nell'anno 1817 essi misero a ferro e fuoco molti di quei
Paesi, e spogliatene le ricche Chiese, condussero al Gianeiro i
paramenti ed altri arredi che vi si conservavano fino dal tempo
dei PP. Gesuiti. Gl'Indiani si dispersero in varie parrocchie limi-
trofe alla loro Provincia, ed una porzione si radunarono 40 leghe
in distanza da Montevideo, ove gli è stata fabbricata una Chiesa,
e assegnato un Capellano [214].

---

[213] También en su *Diario* p. 209-210 copia Mastai parte de esta proclama. Es sabido que con la muerte de Olañeta, occurrida aquel mismo
año, terminó la guerra de la Independencia en el Continente americano.
La Serna era, por lo demás, liberal constitucionalista, y Olañeta realista
de antigua cepa.

[214] La exactitud de estas referencias viene confirmada en PABLO HER-

7. Mi raccontò un Sacerdote [215], che nel passato Gennajo si era trattenuto alcuni giorni in quel villaggio, e che aveva osservato la premura che avevano di conservare le pratiche insegnate dai PP. Gesuiti tanti anni addietro ai loro Padri; mentre ogni famiglia tiene destinato nella sua abitazione un luogo per Oratorio, ove si recita ogni sera il Rosario, il Catechismo, ed altre preci: ogni mattina si adunano di buon ora alla Chiesa per udir Messa stando gli Uomini separati dalle Donne, e nei giorni festivi gl'Indiani cantori, e suonatori accompagnano al santo Sacrificio: [4^r] che Egli stesso avea cantata una Messa di requiem, accompagnatali con canto fermo dagli Indiani. Ora restano alcuni pochi Paesi di queste Missioni al Nord del Paranà.

8. Al Nord-Est del Paraguai vi è una gran provincia detta il Chaco, o Ciaco, che confina con il Perù. Il zelo dei Missionaj, specialmente dei Gesuiti non ha potuto ridurre alla nostra Religione gl'Indiani che vi abitano, la di cui ferocia, e ottusità ha sempre resistito al lume della Fede, moltiplicando i Martiri di Gesù Cristo [216]. Lo stesso dicasi degl'Indiani de las Pampas al Sud del Rio della Plata, ove i Gesuiti ebbero tre, o quattro Missioni con scarso o nessun frutto [217].

9. Da Montevideo fin qui abbiamo impiegato 77 giorni, nei quali il Signore ci ha liberati da tutti i pericoli del mare. Monsignore, il Sig. Ab. Sallusti ed io godiamo della più perfetta salute. Eglino presentano a V. Emza. i loro rispettosi ossequj. Io prego V. Eminenza Revdma. di mettermi ai piedi di Sua Santità, e implorarmi l'Apostolica Benedizione; sperando, se così a Dio piace, di farlo in persona, mentre tra pochi giorni proseguiremo il viaggio per Genova.

NÁNDEZ S. I. *Organización social de las doctrinas guaraníes de la Compañía de Jesús,* II (Barcelona 1913) 249-258. Nótese solamente que Mastai no habla de las ocho doctrinas del norte del Paraná, sino de las ventidós enclavadas al sur de éste, más cerca de Montevideo. Él mismo dirá bien pronto n. 7 cómo existían aún algunos pueblos al norte del Paraná.

[215] Según SALLUSTI *Storia,* IV, 152 se llamaba Pablo Antonio Sala, y fue su confesor en Montevideo.

[216] Se refiere al martirio del P. Lucas Caballero (1709) iniciador de las misiones del Gran Chaco, y de otros jesuítas que continuaron su obra. Cf. ASTRÁIN, *obr. cit.* VII, 501-507.

[217] Se confirma con ASTRÁIN *ibid,* 623-627.

Colla più sincera stima, e col più profondo rispetto bacio a
V. Emza. Revdma. la Sacra Porpora.

Di Vostra Eminenza Revdma.

Gibilterra 5 Maggio 1825.

Umo. Dmo. Obbmo. Servitore

Giovanni M.a Mastai

XII

*Minuta original de despacho del Card. P. Albani, Secretario de
Estado de Pio VIII, al Maestro del S. Palacio P. Velzi sobre el
volumen quinto de la obra del abate Sallusti* (19 Dic. 1829) [218].

Rdmo. P. M. del S. P. Aplico.

19 Xmbre 1829

Oggetto. Manoscritto del 5º vol. della Storia della Misse. di
Mgr Muzi al Chile.

1. Il Sigr. Abb. Sallusti (dimorante nella Casa de' PP. Min.
degl'Infermi alla Madalena) [219], uno di quei che accompagnarono
Mgr Muzi nella sua Missione in America, ha presentato in Segria.
di Stato, onde ottenerne il *nihil obstat* a), il manoscritto qui ac-
chiuso del 5º vol della Storia da lui scritta di quella stessa Missione [220], e della quale sono stati pubblicati i primi quattro volumi b), ch'egli intende ora di completare colla pubblicazione del-
l'ultimo.

2. Il Card. Scrive sarebbe forse alieno dal consentire al desiderio, dell'autore, attesa l'estrema delicatezza del argomento, e de'

---

a) *Onde ... obstat,* al margen.

b) Tachado: *Ha inteso egli farlo per ottenere il «nihil obstat» di
questa Segria.*

---

[218] En *Arch. Segr. Stato* 160 (Stampa dei libri), 1830, n. de protocolo
60038. Sobre el P. Velzi, Maestro del S. Palacio, cf. nota 230.

[219] Era y es la Curia General de los Padres Camilos, Ministros de
los enfermos. Allí habitaba Sallusti en 1823 al ir a la Misión de Chile, y
allí solía permanecer cuando, después de la vuelta, venía de San Vito Romano, su patria, a la Urbe.

[220] Cf. supra texto correspondiente a la nota 8.

suoi punti di contatto, se la già seguita pubblicaz͏ᵉ de' primi volumi non lo avesse reso ᶜ) indiferente sul quella del quinto considerata nell'aspetto politico. Altronde se s'inibisse all'autore l'edizione di questo ultimo volume potrebbe cagionarglisi grave danno dopo l'impegno da lui preso ᵈ) con quei che ne acquistarono i gia stampati senza l'intervento della Segria di Stato ᵉ).

3. In onta di tali riflessioni che consigliano indulgenza, nulla vieta che questo volume sorta in luce depurato da quanto ᶠ) lo vizia.

4. Il Rvmo. P. M. del S. Pal. Aplíco troverà a tal effetto qui riuniti due fogli ²²¹, uno dell'autore che da per sé ha ᵍ) in esso notati alcuni cambiamenti, de' quali ha riconosciuta la congruenza. L'altro di persona che il sottõ ha adoperata per notare i luoghi in cui si credono o necessarie o prudentemente indicate ʰ) non poche variazioni.

5. Il Sottõ non pago di ciò non saprebbe indursi ad autorizzare l'edizione del manoscritto in discorso senza richiamare l'attenzione del sudᵒ P. Revmo su tutti i passi del medᵒ notati da linee in margine, i quali senza commenti si discopriranno per meritevoli di riforme alla di lui prudenza e perspicacia.

6. Il Vicᵒ. Aplicõ Mgr. Muzi vi è talora innavvertentemente incolpato, talora debolmente difeso, specialmente in proposito delle tasse da lui percette per numerosi secolarizzazioni accordate ²²². Si citano spesso degli aneddoti, che farebbero ⁱ) credere esser egli stato ʲ) poco cauto nel contegno politico da lui seguito, e supporre che avesse egli oltrepassata la linea, che gli fu prefissa facendogli

---

ᶜ) Tachado: *quasi inutile ogni cautela che ora si porti nell'esame del quinto, ed inocua la publicazione del quinto.*
ᵈ) Tachado: *cogli acquistati dei…*
ᵉ) *Segria di Stato,* al margen.
ᶠ) Tachado: *per giusti riguardi debb'esserne depurato.*
ᵍ) Tachado: *introdotti.*
ʰ) Tachado: *alcune.* En su lugar sobre la línea: *non poche.*
ⁱ) Tachado: *fanno.*
ʲ) *esser… stato,* al margen.

---

²²¹ No se hallan en el legajo estos pliegos ni los he hallado en otra parte.

²²² En este punto no era fácil defender a Mons. Muzi, y el mismo Mastai en su *Diario* recuerda que le desaconsejó el conceder tan fácilmente las secularizaciones. Pero éstas no eran cosas que pudieran publicarse tan cerca de los hechos por el secretario mismo de la Misión.

un dovere di nulla *k*) operare che desse a credere siccome riconosciuti dalla S. Sede i nuovi Governi di America [223].

7. La persona di Mgr. Mastai allora Seg°. di quella Missione non vi è risparmiata, e in qualche luogho resta egli esposto al ridicolo, mentre l'autore cerca di scuotere a lui di dosso quello che a piene mani si studiarono di versargli sopra i giornali liberali del nuovo Mondo [224].

8. L'Ecclico D. Mariano Medrano ora promosso ad un titolo in partibus da N. S. [225] vi è dipinto come un esaltato, che non conosce freno nè prudenza nel zelare la difesa de' sacri diritti della *l*) Chiesa e del Clero. Altretanto vi si legge al carico d'un altro atleta della buona causa il R. P. Castañeda Domenicano [226].

9. Finalmente non vi si scorge tratatto con giusta misura *m*) Mgr. D. Ignazio Cienfuegos, che per cuanto torto siasi mai fatto colla sua passata condotta, fu peró promosso ancor egli ad un titolo in partibus dalla Sa: Me: di Leone XII [227] specialmente a fine di guadagnarselo, e d'indurlo a secondare col suo credito nel Chile le provvide cure del Capo della Chiesa, dopo ch'egli qui in Roma diè' prove di resipiscenza, e di buono spirito anche *n*) con atti da lui sottoscritti [228] a fine d'implorare perdono de' suoi trascorsi, e di protestarsi pronto a condursi altrimenti in avvenire.

---

k) Tachado: *fare.*
l) Tachado: *Religione.*
m) *non vi si ... misura,* al margen.
n) *Anche,* sobre la línea.

---

[223] Esta advertencia tenía especial importancia porque Pío VIII seguía para con las nuevas Repúblicas una política mucho más legitimista que Consalvi y León XII.

[224] En la *Memoria* presentada en 1825 a León XII, de la que he hablado en nota 11, muestra Sallusti una fuerte ojeriza hacia Mastai. Afirma que éste se opuso desde el principio a que Sallusti participara en la Misión, y atribuye la oposición en gran parte a «che voleva esser Mastai il Segretario della Nunziatura» ... No es, pues, extraño que también en el volumen quinto, destinado a la imprenta, se rezume esa antipatía.

[225] Cf. supra notas 75-81.

[226] Cf. sobre él Carbia *obr. cit.* 209, 222 etc., En p. 209 se dice expresamente que era franciscano.

[227] El 15 diciembre de 1828 fue preconizado Obispo i. p. de Rétimo y Vicario Apostolico de Concepción. Cf. Silva Cotapos. *Don José S. Rodríguez Zorrilla ...* 284.

[228] Este acto de sumisión se halla en *Arch. Segr. Stato* 279 (America) 1819-1830. El Obispo de Santiago Rodríguez Zorrilla, desterrado en 1829

10. Il Rdmo. P. Maestro troverà nella lettura di questo ma-noscr° altri nomi che per riguardo sia di carità, sia di prudenza esigono miglior tratamento, o al meno di esservi soppressi.

11. Oltre °) i qui espressi riguardi tutti personali, altri se ne ricercano nella correzione che si referiscono a cose. Al fino cri-terio del Rdmo. P. Maestro si presenteranno questi spontane-mente, specialmente la dove si referiscono ᵖ) le calumniose invet-tive di cui fu bersaglio ne' Giornali del Buenos Aires, del Brasile, del Chile la Santa Sede, e dove si declama senza tutto il discerni-mento necessario contro la libertà della stampa e del culto che i Governi Inglese e degli Stati Uniti hanno promossa in America ᵠ).

12. Finalmente sembra che in qualche passo meriti d'esser frenata l'acrimonia, ed il sarcasmo onde sono trattati alcuni che ne sono ben degni, ma che ʳ) dovevano riprendersi meno acerba-mente dalla pacatezza propria d'una penna ecclec. che scrive in Roma.

13. Dopo tutte queste riflessioni si propone al Rdmo. P. M. del S. P. Aplico. di concertarsi coll'autore per le opportune corre-zioni, e di tenerne quindi proposito al S. P. ²²⁹ a cui è noto l'au-tore med°, e non è sconosciuta la parte del lavoro dal Sigr. Abb. Sallusti gia pubblicata.

P. C[ARD.] A[LBANI].

[n. de Protocolo] 60038

°) Tachado: *tutti*.

ᵖ) Tachado: *troppo fedelmente*.

ᵠ) Tachado: *nei tempi in cui viviamo anchè per non attrarre su Roma una sempre maggiore odiosità de' malvagi meritano di esservi trattati que-sti articoli con saggia temperanza tanto più che...*

ʳ) Tachado: *non per questo possono, senza dar luogo a censure, essere ...*

---

en Madrid, dijo al Nuncio Mons. Tiberi, al saber la preconización de Cienfuegos: que pedía a Dios *ex Saulo fiat Paulus. Arch. Segr. di Stato* 249 (Nunciatura Madrid) 1827-1830, n. 184 reg. protoc. 50350.

²²⁹ De esta indicación del Cardenal y del tono resuelto de la contes-tacción del P. Velzi, puede fundamente deducirse que éste habló efec-tivamente con Pío VIII, el cual había pertenecido de Cardenal a la Comi-sión para los Negocios de la Misión de Chile.

XIII

Respuesta del P. José M. Velzi O. P., Maestro del S. Palacio, sobre el mismo argumento (7 enero 1830) [230].

Dal palazzo Aplco. del Quirinale li 7 [gennaio] del 1830 [231].

Eminentis°. Principe

1. Ha esaminato il Sottoscritto Maestro del Sacro Palazzo Apostolico il Manoscritto del Sigr. Abbate Sallustj, che dovrebbe formare il 5° volume nella *Storia delle Missioni del Chile*, trasmesogli dall'Emza. Vra. Rma. colla data dei 19: Decembre. Questo 5° Volume, malgrado le proposte correzioni, resterebbe sempre consentaneo ai precedenti quattro volumi, che incontrarono la generale disapprovazione per le tante cose che contengono non decorose, ed aliene affatto dalla gravità dell'oggetto, e poco analoghe alla dignità, ed al carattere di varie persone Ecclesiastiche. L'Opera fu stampata in Roma in un tempo in cui la Revisione procedeva in una maniera che, a dire la verità, facilitava troppo la pubblicazione della stampa, e non ne poteva prevenire gl'inconvenienti. Lo Scrivente è ben persuaso, che secondo la presente procedura di revisione, ordinata in seguito dalla S. M.: di Leone XII, l'opera del Salusti [sic] non avrebbe ottenuta l'approvazione.

2. In vista per tanto di questi riflessi, che coincidono colle savissime osservazioni fatte dall'Emza. Vra. Rma., non giudica espediente lo Scrivente Maestro di annuire alla Stampa di quel 5° Volume del Salustj, malgrado le correzioni esibite da Lui, le quali non sono sufficienti a rifondere a dir così l'intiero Volume per renderlo ammissibile.

3. Si aggiunge, che in quest'ultimo tempo è stato communicato al Maestro Scrivente dalla Sag.ª Congregazione di Propa-

---

[230] Original en *Arch. Segr. Stato* 160 (Stampa dei libri) 1830 n. de Protocolo 60038. — El maestro del Sacro Palacio P. José M. Velzi O. P. había nacido en Como el 8 marzo 1767; de maestro del Sacro Palacio pasó a ser Obispo de Montefiascone y fue creado Cardenal por Gregorio XVI el 2 julio 1832. Murió el 23 noviembre 1836. Cf. *Notizie* (Roma 1837) 75.

[231] En el original falta el mes, pero en el registro de Protocolos aparece *enero*.

444

444

444

444

444

444

444

444

444

ganda Fide un Breve di Clemente X. dato li 6 aprile 1673 [232]; in forza del quale non si puo stampare opera alcuna, che tratta di Missioni, o di cose appartenenti alle Missioni senza un'espresso permesso della stessa Sagra Cong^e. Per la qual cosa, quando anche il Maestro del Sagro Palazzo non incontrasse alcun'altra difficoltà, resterebbe impedito di annuire ai desideri del Salustj.

Dopo di che non rimane al Maestro del Sagro Palaz° che rinnovare all'Emza Vra le protestazioni del suo illimitato ossequio, umiliandosi al bacio della Sag^a. Porpora.

Dell'Emza Vra Rma.

Umo [233]. Divmo. obbs°. Servit^e.
Fr. Giuseppe M.a Velzi,
Mtro. Del S. P. Ac.

---

[232] Cf. DE MARTINIS *Iuris Pontificii de Propaganda Fide pars prima* I (Romae 1888) 417-418.

[233] Desde *Umo.* es todo autógrafo.

R. Fausti S. I.

G. Marchi S. I. e il rinnovamento dell'Archeologia Cristiana auspici Gregorio XVI e Pio IX

Collectionis totius n. 16

Romae 1943
Libreria Herder
Typis Pontificiae Universitatis Gregorianae

Com'ebbi già occasione di ricordare tempestivamente in altra sede *, col decorso anno 1942 si compiva il primo secolo della risorta archeologia cristiana, che con un metodo positivo e comparativo pienamente scientifico raggiunse in pochi decenni risultati di sommo valore, specialmente per la storia ecclesiastica antica e per una solida apologetica cattolica adatta ai tempi moderni [1].

L'anno 1842 ebbe fondamentale importanza per i successivi progressi negli studi di archeologia cristiana: anzitutto a motivo della prima pontificia protezione data al « risorgente fervore di studi più severi delle antichità cristiane, suscitato per merito del P. G. Marchi, della Compagnia di Gesù » [2] quando, al principio di quell'anno, il Sommo Pontefice Gregorio XVI nominò, con suo diretto atto sovrano, il P. Marchi a *Conservatore dei Sacri Cimiteri*, ufficio nuovo, come subito diremo, che garantiva ampie opportunità di studio per il titolare e per molti altri; in secondo luogo perchè, nel luglio del 1842, il P. Marchi, incontratosi in S. Prassede col giovanissimo studente di diritto G. B. De Rossi, mentre questi stava ricopiando nella cripta alcune antiche iscrizioni, riuscì a conquistarlo stabilmente all'archeologia cristiana; infine

---

* In una comunicazione alla Pont. Accademia R. di Archeologia, il 27 febbr. 1942.

[1] Espressioni di vivissimo elogio per l'archeologia cristiana sono contenute in due lettere del S. P. Leone XIII, del 23 ott. 1878 e del 4 dic. 1894, in Acta Leonis XIII, I 153, e XIV 371; e nel *Motu proprio* dell'11 dic. 1925 di Pio XI, Acta Apost. Sedis, (1925) 619 ss. Il S. Padre Pio XII, quando il 23 aprile 1932 prese possesso come Gran Cancelliere del Pont. Istituto di Archeologia Cristiana, parlò altamente dell'attuale importanza di tali studi: v. Annuario del Pont. Istituto ... 1931-1932, Roma 1932, p. 10-11.

[2] *Motu Proprio* di Pio XI, già citato, ibid. p. 620.

perchè nell'autunno del medesimo anno il De Rossi iniziò di fatto, non senza grande emozione, le sue discese nei cimiteri sotterranei a fianco del P. Marchi per completare la raccolta delle antiche iscrizioni cristiane a cui questi l'aveva impegnato.

Solo per le autorevoli insistenze del P. Marchi, il Comm. Camillo Luigi De Rossi si indusse a revocare il perentorio divieto che aveva fino allora impedito al suo giovane figlio l'adito ai cimiteri sotterranei, e a permettergli di dedicarsi liberamente agli studi archeologici. La revoca però era condizionata : G. Battista poteva d'ora in poi discendere negli antichi ipogei, purchè fosse accompagnato dal P. Marchi [4].

Col 1842 si afferma quindi più solidamente, e con le migliori prospettive per l'avvenire, a motivo della non dubbia approvazione pontificia, quel movimento in favore dell'archeologia sacra che lo stesso P. Marchi aveva iniziato, almeno dall'autunno del 1839, sia con più assiduo studio personale, sia con frequenti esplorazioni (insieme a un piccolo gruppo di volenterosi) agli antichi cimiteri del suburbio, per quanto allora non agevolmente accessibili [5]. Nel

---

[3] Il Comm. Camillo Luigi De Rossi, giurista e diplomatico della Santa Sede, voleva che il suo figlio si dedicasse alla giurisprudenza ; nè a distoglierlo da tale proposito erano punto valse le raccomandazioni del Card. A. Mai, che aveva avuto occasione di congratularsi con lui delle notevoli propensioni del giovane Gio. Battista per gli studi di archeologia. Il Comm. Camillo era stato segretario del celebre mons., poi Cardinale, Caleppi ministro plenipotenziario di Pio VI nel 1796, e lo aveva poi seguito, dopo chè nel 1801 fu nominato nunzio da Pio VII, anche in Portogallo e in Brasile. Scrisse più tardi le *Memorie intorno alla vita del Card. Lorenzo Caleppi...*, Roma 1843. - V. O. MARUCCHI, *G. B. De Rossi, Cenni biografici* Roma 1903 6-10 ; e P. M. BAUMGARTEN, *G. B. De Rossi, Cenni biografici,* versione del P. G. Bonavenia S. J., Roma 1892 8 s.

[4] BAUMGARTEN, *o. c.* 10-12 ; MARUCCHI, *o. c.* 12-15.

[5] Per l'inizio di quel movimento, v. D. BARTOLINI, *Il Cimitero di Aproniano detto anche di S. Eugenia sulla via Latina,* Roma 1840 11 ss. (estratto dal *Giornale Arcadico*). Un ms. autografo del P. Marchi dimostra che l'articolo è stato redatto interamente da lui. A fianco del P. Marchi, vi troviamo già come suo collaboratore tecnico dal 1839 il giovane ing. Temistocle Marucchi (padre del compianto prof. Orazio). Vi sono importanti affermazioni di programma e di metodo circa la revisione e il completamento delle esplorazioni topografiche della Roma sotterranea, scritte prima ancora che il De Rossi facesse parte del gruppo. Il Bosio vi è già chiamato « il Colombo dei Cristiani Cimiteri » (p. 9) : l'espressione, che tende ad esaltare il Bosio, e specialmente il metodo topografico da lui seguito, è quindi

successivo anno 1840, egli poteva già annunziare la prossima pubblicazione di una grande opera sintetica sui monumenti delle primitive arti cristiane [6], vivamente auspicata ed attesa dai dotti del tempo [7].

La strenua attività del P. Marchi, che lo stesso *principe degli archeologi cristiani,* G. B. De Rossi, chiama rispettosamente « il mio maestro » [8] ed espressamente designa come « l'illustre iniziatore di una nuova êra di studi intorno alle antichità cristiane » [9], merita di essere ricordata e illustrata in qualche parte di grande importanza, ma rimasta fino ad ora, per varie cause, o poco e mal nota, o del tutto ignorata. Il ritrovamento di parecchi suoi manoscritti autografi permette finalmente di riparare in qualche modo alla mancanza di una completa biografia che il P. F. Tongiorgi si era assunto di scrivere, ma non potè. Essendo il De Rossi sopravvissuto per 34 anni alla morte del suo maestro avvenuta nel 1860, le successive glorie del geniale discepolo, le sue felici intuizioni e fortunate scoperte fecero dimenticare, anche tra i più competenti, molte

---

già del P. Marchi; da cui la riprese poi il De Rossi. Nell'opuscolo si sostiene pure che con ulteriori investigazioni si potranno scoprire zone cimiteriali non potute esplorare nè dal Bosio, nè da altri. Esso termina proclamando: « I dotti stranieri e italiani debbono essere avvisati che qualche studio continua pure a farsi intorno alla *Roma sotterranea* » (p. 22)

[6] L'annunzio fu riportato per intero dagli *Annali di scienze religiose,* 11 (Roma 1840) 285-288. Il De Rossi ne dà un breve cenno (*Roma sotterranea,* I 68), omettendo proprio la notizia che, come ultima parte dell'opera, era già prevista, dopo le prime tre riservate all'architettura, pittura e scultura, anche la pubblicazione di un *corpus* delle antiche iscrizioni: « In ultimo luogo si raccoglieranno in un solo e medesimo corpo le iscrizioni sparse sui monumenti d'ogni genere tanto scolpite, come dipinte o scritte ». Solo due anni dopo, il P. Marchi, conosciute le attitudini del De Rossi, lo incoraggiò a promettere la raccolta delle iscrizioni dei primi cinque secoli; dando poi nel 1844, a insaputa del De Rossi, pubblica ripetuta notizia dell'importanza di tale opera, e del sollecito inizio « tra breve », « nel prossimo anno », della sua stampa (G. M., *Monumenti delle primitive arti cristiane,* Roma 1844-47 22, 86 e 96 n. 44, ove il Marchi chiama il De Rossi « primissimo mio aiutatore ».

[7] V. NICOLAI in Atti della Pont. Accad. R. di Archeol., 5 24; DE ROSSI, *Roma sott.,* I 67 s.

[8] G. B. DE ROSSI, *Roma sotterranea,* I 68-71 e altrove, perfino nei pubblici discorsi di ringraziamento per i festeggiamenti fatti al De Rossi stesso nel 1882 e 1892.

[9] Id., Bullett. di archeol. crist., (1876) 140.

delle fondamentali benemerenze di chi era stato l'« illustre iniziatore ».

A ciò ha pure contribuito, quantunque indirettamente, qualche inavvertita omissione e imprecisione in cui è incorso il medesimo De Rossi nei brevi cenni che dà dell'opera del suo maestro [10], e nella menzione che fa di altri benemeriti dei rinnovati studi sulle cristiane antichità. Tra questi non può essere taciuto il nome di Gregorio XVI. Egli infatti, derogando risolutamente a precedenti disposizioni, volle provvedere a una più sicura conservazione degli antichi cimiteri a maggior profitto della religione e della scienza, e iniziò quel riordinamento della loro complessa gestione che, dopo un periodo di necessaria preparazione, fu poi compiuto stabilmente dal S. P. Pio IX nel 1852 con la istituzione della Commissione di Archeologia Sacra : compimento che con molta probabilità sarebbe avvenuto anche prima se non vi fosse stata la incresciosa parentesi dovuta ai perturbamenti del 1848-49.

Comunque, da parecchi nuovi documenti risulta chiaro che l'azione dei due Supremi Pastori in favore della rinascente archeologia cristiana si svolse con matura e progressiva continuità durante quasi tutto il decennio 1842-1852 : e così meglio si spiegano tutte le altre provvidenze con cui Pio IX volle assicurare durevoli progressi agli studi delle antichità cristiane.

Durante il periodo della preparazione innovatrice il P. Marchi, per successivi incarichi avuti dai Sommi Pontefici, sostenne con zelo prudente le parti sotto qualche aspetto più necessarie e più onerose : per questo tanto maggiore è stato il suo merito.

Illustrarne le vicende e gli aspetti porta necessariamente a mettere in piena luce le benemerenze tanto più autorevoli di Gregorio XVI e di Pio IX [11].

---

[10] *Roma Sotterranea,* I 68-73.

[11] Sui primi ritrovamenti dei dispersi scritti del P. Marchi e sulla raccolta di ogni sorta di documenti e notizie a cura del P. G. BONAVENIA S. J., v. G. CELI, *Il P. G. Marchi cinquant'anni dopo la sua morte,* in La Civ. Cattol. febbr. 1910 (p. 5 dell'estratto). Altri ritrovamenti notevoli furono poi fatti specialmente per opera del P. F. GROSSI GONDI S. J.; ma nè il P. Bonavenia, nè il P. Grossi Gondi ne fecero un'adeguata illustrazione nella speranza di ulteriori fruttuose ricerche. Delle cose più importanti diedi notizie ai *Cultori di Archeol. Cristiana* nelle adunanze dell'8 giu. 1930 e 17 mar. 1935 (v. Riv. di Archeol. Crist., 1930 317 s., e 1936 148 s.); in occasione del III Congr. Internaz. di Archeol. Crist. in Ravenna nel 1932;

* * *

Sull'importanza della nomina, avuta dal P. G. Marchi « nei primi mesi del 1842 », come egli stesso attesta, a *Conservatore dei Sacri Cimiteri* di Roma, come anche sulle finalità e su altre circostanze di essa, abbiamo dirette informazioni da alcuni suoi autografi inediti, dei quali il primo che qui riferiamo è la minuta di una relazione informativa a una delle Superiori Autorità ecclesiastiche (quale essa sia non vi è espressamente indicato), che egli scrisse circa « quattro anni e mezzo » dopo che fu costituito nel predetto ufficio di *Conservatore*. Altre sue minute hanno esplicita intestazione « Beatissimo Padre », ovvero « Pro-memoria per l'Em.mo Sig. Cardinale Prefetto degli Studi e Bibliotecario di S. R. C. »; di qualche altra il contenuto stesso rivela esattamente l'autorevole destinatario; in questa nemmeno il contenuto permette di identificare in modo indubbio l'alta autorità a cui la relazione fu indirizzata. Vi manca inoltre una data esplicita; ma è certamente posteriore alla morte del S. P. Gregorio XVI, perchè nelle prime righe appena nominato questo Pontefice, si aggiunge « *di gl*[oriosa] *mem*[oria] ».

Poco dopo, l'accenno a un periodo di « quattro anni e mezzo » trascorso dopo avere ricevuto la suddetta nomina pontificia, ci permette di far risalire il documento verso l'ultimo trimestre del 1846, cioè appena qualche mese dopo l'elezione di Pio IX, avvenuta il 16 giugno.

La successiva menzione di esami tuttora in corso circa le reliquie del martire San Giacinto, ritrovate nel 1845 [12], non ci offre alcun elemento sicuro per una datazione più precisa; perchè è pure del 1846 una supplica del P. Marchi al S. P. Pio IX [13] per solleci-

---

e più ampiamente alla Pont. Accad. R. di Archeol. nel febb. 1942: per quest'ultima comunicazione v. Rendiconti della suddetta Accademia, 19 (1943), fasc. 1. Ad essa farò qualche richiamo per quanto ha stretta connessione col presente articolo, in cui do maggiore sviluppo alle relazioni del P. Marchi con le Superiori Autorità Ecclesiastiche e alle sue attività nel campo dell'archeologia cristiana. - Documenti conservati nell'Archivio della Pont. Università Gregoriana ha recentemente usato E. KIRSCHBAUM per l'importante articolo: *P. Giuseppe Marchi S. I. (1795-1860) und Giovanni B. de Rossi (1822-1894)* pubblicato in Gregorianum, 21 (1940) 563-606.

[12] G. M. [Giuseppe Marchi], *Monumenti delle arti cristiane primitive*, Roma 1844-47 237-272.

[13] V. qui appresso, p. 470 s.

tare il compimento dei predetti esami, onde poter procedere alla pubblicazione della relazione e discussione su quel ritrovamento, consegnata manoscritta a Gregorio XVI nel giugno 1845, ma pubblicata soltanto nel 1847, in circostanze che vedremo in seguito. E' probabile quindi che quegli esami non fossero ancora terminati negli ultimi mesi del 1846.

Le notizie intorno al suo ufficio di *Conservatore,* sono proprio a principio del documento :

« Il Conservatore dei Sacri Cimiteri fin dai primi mesi del 1842, in in cui dall'autorità di Gregorio XVI di gl. mem. fu costituito in tale uffizio, dovette accorgersi delle irregolarità che si commettevano nella ricognizione, estrazione, custodia e distribuzione delle reliquie dei Santi Martiri. Sapendo egli poi che il fine principale del suo uffizio era quello appunto di impedire coteste irregolarità, si studiò tosto, anche per isgravio di coscienza, di mettere nell'animo di chi doveva portarvi rimedio i sospetti opportuni ad aprire la strada ad una seria informazione. Ma gli interessati nel disordine avevano fin dal primo momento veduto nel Conservatore il loro avversario. Trovarono quindi il modo di porlo in discredito, di dimostrare la totale inutilità del suo uffizio, e sopratutto d'impedire che fosse mai interrogato intorno a ciò che rispetto alle reliquie dei martiri facevasi nei sacri cimiteri. Furono sì felici in queste loro preoccupazioni, che in quattro anni e mezzo il Vicariato non ha neppure una sola volta interpellato su ciò il Conservatore...

« Rimaneva al Conservatore l'ultimo espediente che era di ricorrere al Pontefice, da cui aveva il suo uffizio ricevuto e a cui gli interessati nel disordine non avrebbero potuto sì facilmente colle loro arti penetrare... il Pontefice fu talmente compreso dalle rivelazioni che udiva che ordinò al Conservatore di portargliene informazione più ampia e precisa in iscritto... Nella primavera del 1845 (il Conservatore) portò la sua memoria informativa al Pontefice : e poco dipoi incominciò ad avvedersi che gli avversari conoscevano il colpo col quale il Conservatore li minacciava : studiando quindi il modo di annientarne l'effetto, stimarono di avere nell'invenzione, ricognizione ed estrazione del corpo di san Giacinto un'arma potente in mano per abbattere il Conservatore, facendolo spacciatore di ossa pagane con nome di reliquie cristiane di santi martiri. Gli esami paleseranno quanto sia stata insensata l'animosità loro nel denunziare un fatto in tutto ad essi ignoto, perchè nel cimitero dove accadde non potevano essi portare il piede.

« Per buona regola di chi voglia procedere a questi esami, il Conservatore si fa debito di indicare alcuni dei capi della memoria da lui portata a Gregorio XVI... » [14].

_____

[14] Da minuta autografa del P. G. Marchi, su foglio di formato medio, scritta solo sulla metà sinistra; dell'Archiv. Prov. Rom. S. J., M. I.

Abbiamo dunque espressamente indicati come data della nomina a *Conservatore* i « primi mesi dell' 1842 », anno molto importante, come il documento stesso ci fa bene intendere, per un nuovo ordinamento che si inizia per i Sacri Cimiteri e a cui il Pontefice Gregorio XVI personalmente e sollecitamente si interessa. Il P. Marchi ha ricevuto il suo uffizio, ed è stato in esso costituito dallo stesso Sommo Pontefice; e non (come si sarebbe ovviamente supposto) per mezzo del Em.mo Card. Vicario o del *Custode delle Reliquie* del Vicariato, ai quali da lungo tempo, con Breve di Clemente X del 13 gen. 1672, era stata riservata ogni ingerenza nei Sacri Cimiteri, allo scopo di ricercarvi ed estrarne i *Corpi Santi*. Poco dopo anche l'Ecc. Mons. Sagrista Pontificio aveva avuto facoltà di estrarre direttamente le sacre Reliquie da alcuni cimiteri da lui particolarmente dipendenti, Senza il permesso dei sopra nominati, nessuno poteva accedere agli antichi Cimiteri [15]. Coll'andar del tempo, un po' per cause di carattere generale, un po' per incomprensione di alcuni dei menzionati Custodi e dei loro dipendenti, lo studio della Roma sotterranea, che pur si veniva in nuove parti esplorando per la ricerca di s. reliquie, non solo non era stato più continuato, ma con grave pregiudizio anche dell'avvenire, gran parte degli antichi monumenti che tornavano in luce andava dispersa o distrutta; mentre nella stessa estrazione e distribuzione delle reliquie dei Martiri si erano introdotti gravi inconvenienti ed abusi.

Il documento citato ne fa già qualche menzione. Gli interessati al disordine avevano cercato di disfarsi del *Conservatore* (titolo che direttamente indica la conservazione dei monumenti per utilità di studio a profitto delle scienze sacre; di ciò non si parla nel presente documento date le sue finalità immediate, ma risulta chiaramente da qualche altro, e dai fatti stessi che appresso riferiremo); e contro il *Conservatore* essi avevano fatto sporgere un'accusa di sacrilegio per false reliquie. L'accusa non poteva costituire una seria preoccupazione per il P. Marchi che, in tutto ciò che aveva comunque connessione con il rinvenuto sepolcro di S. Giacinto, si era dimostrato di una circospezione e prudenza assoluta, come risulta dal fascicolo poi stampato.

---

[15] M. A. BOLDETTI, *Osservazioni sopra i cimiteri dei SS. Martiri*, Roma 1720 253-257.

Nella medesima accusa era stato stoltamente coinvolto anche l'Ecc.mo Mons. Sagrista Pontificio, dal quale direttamente dipendeva il Cimitero di S. Ermete, luogo del rinvenimento, e che aveva autorevolmente presenziato e presieduto, con l'assistenza di pubblico notaio (che era anche il notaio del Vicariato) e di altri idonei testimoni, la ricognizione ed apertura del sepolcro costatato intatto, e tutti gli atti successivi.

Ammalatosi e defunto il Pontefice Gregorio XVI appena dopo che l'accusa era stata formulata, dovette occuparsene, come abbiamo già accennato, il suo successore Pio IX. Daremo su ciò alcune notizie in seguito.

* * *

Prima però conviene chiarire più ampiamente la portata del grande atto compiuto da Gregorio XVI nell'istituire il nuovo ufficio di *Conservatore,* che fu il primo passo verso quel definitivo provvedimento, attuato dieci anni dopo dal Sommo Pontefice Pio IX, coll'istituire la *Commissione di Archeologia Sacra* (6 gennaio 1852) per la conservazione e lo studio dei sacri monumenti. E conviene anche vedere come il P. Marchi si servì dell'autorità di *Conservatore* per estendere la sua molteplice azione diretta specialmente a promuovere lo studio delle antichità cristiane di Roma, con profitto della scienza e della religione.

In questo, altra nuova luce, a complemento di quella recata dal primo testo sopra riportato, abbiamo anzitutto dalla minuta autografa di un *Pro-memoria* del P. Marchi all'Em.mo Card. L. Lambruschini, nella sua duplice qualità di *Prefetto della S. Congregazione degli Studi e di Bibliotecario di S. R. C.,* (egli era allora anche Segretario di Stato del S. P. Gregorio XVI). Anche qui manca una data esplicita; ma tutto il contesto del documento dimostra che esso è anteriore alla istituzione del nuovo uffizio di *Conservatore dei Sacri Cimiteri,* cioè anteriore ai « primi mesi del 1842 »; e potrebbe darsi che abbia esercitato qualche influsso a sollecitare un qualche provvedimento di tal genere, date le segnalazioni e qualche proposta pratica che esso contiene:

« ... Dal Pontificato di Benedetto XIV in poi i romani cimiteri... quasi al tutto infruttiferi son divenuti per la sacra erudizione. Nè dee dissimularsene la ragione massime nella presente occorrenza. Da quel tempo alla custodia dei Cimiteri furon chiamati i non dotti in luogo de' dotti e gli amatori delle proprie comodità in luogo degli attivi amatori e cercatori de' sacri monumenti. Oltrechè non si può nè amare nè tenere in istima ciò che non si sa conoscere, si voglion dirigere le escavazioni stando in sedia entro casa e lasciando quella gelosissima opera in balìa degli escavatori, che per eccesso d'ignoranza smantellano e distruggono una metà di ciò che trovano, e per un'avarizia malintesa vendono di soppiatto ad amatori forastieri o a negozianti romani per pochi baiocchi l'altra metà che si apprezza dagli intelligenti a molti e molti scudi.

« Questo danno è ne' presenti tempi tanto più grave, quanto più è disdicevole che dove tutte le civili nazioni dell'universo si mostrano oggi impegnatissime nell'illustrare la meschinità dei loro antichi monumenti così civili come religiosi; questa Roma che pur molto coltiva lo studio dei monumenti profani, nulla faccia per quella dovizia di monumenti cristiani di cui tanto abbonda, e non tenga levata in alto la fiaccola per insegnare ad altrui le vie sicure della cristiana archeologia.

« L'Eminentissimo Signor Cardinale Prefetto della Sacra Congregazione degli Studi e Bibliotecario di S. R. C. può con questa sua doppia qualifica mettere riparo a così disonorevole sciagura.

« Con intelligenza del Santo Padre, dell'Em.mo Card. Vicario e di Mons. Sagrista Pontificio si potrebbon chiamare i due sacerdoti che presiedendo alle due custodie delle Sacre Reliquie presiedono ora anche ai Cimiteri, per metterli ad una piccola prova della loro intelligenza.

« La lezione e interpretazione di una iscrizione latina e d'una greca prese a caso tra le cimiteriali, sarebbono argomento più che bastevole al loro esame... Dove la loro insufficienza apparisse manifesta, senza toglierli per ora dalla custodia delle Sacre Reliquie, converrebbe per vero titolo di religione aggiungere ad essi una o più persone intelligenti e laboriose che di concerto con essi sorvegliassero a' cimiteri e a' monumenti e provvedessero di tempo in tempo alla loro illustrazione.

« Il nuovo ordine di cose basterebbe a ben reggersi di quattro soli articoli di legge, che dovrebbon ricevere la loro forza dall'autorità del Sovrano Pontefice e dalla efficacia del buon volere degli E.mi Prefetto degli Studi, Bibliotecario di S. R. C. e Vicario di Roma, nonchè da Mons. Sagrista... » [16].

Questo secondo documento che rispecchia lo zelo franco ma equilibrato del P. Marchi, il suo amore per l'erudizione sacra, l'alto concetto della cristiana archeologia e del decoro della religione e di Roma cristiana, descrive insieme la situazione cimiteriale circa il 1841-42, e le relazioni allora esistenti tra i Custodi delle Reliquie

---

[16] Da minuta autografa del P. G. Marchi su mezzo foglio di formato grande, con intestazione: « *Promemoria per il Sig. Cardinale Prefetto degli Studi e Bibliotecario di S. R. C.* » (Archiv. Pont. Univ. Gregor., B. 27, VI). Di questo documento diede un breve riassunto E. KIRSCHBAUM nell'artic. sopra cit. (cf. nota 11), p. 573.

e i sacri cimiteri. Con la proposta di « aggiungere ad essi una o più persone intelligenti e laboriose » per la sorveglianza e la illustrazione degli antichi monumenti, il senso pratico del P. Marchi indica già un rimedio ovvio ed efficace, ma che in sostanza coincide con quello che verrà in appresso attuato dal Santo Padre Pio IX istituendo la Commissione di archeologia sacra.

Non sappiamo quale effetto preciso facesse il *Pro-memoria* sull'animo del Em.mo Cardinal Lambruschini, al quale probabilmente il P. Marchi aveva già esposto a voce e forse non una volta sola le stesse cose, per il fatto che come vedremo tra poco, l'Em.mo Porporato era già da qualche tempo protettore e fautore degli studi di archeologia sacra del P. Marchi; ma certe frasi sintetiche e scultoree qui enunciate: *che questa Roma nulla faccia per quella dovizia di monumenti cristiani di cui tanto abbonda, per eccesso di ignoranza smantellano e distruggono, disonorevole sciagura, levare alto la fiaccola per insegnare ad altrui le vie sicure della cristiana archeologia*, ecc. come non erano proferite per esercizio di rettorica, così fanno supporre che non debbono essere rimaste infruttuose.

Poco dopo il P. Marchi fu di fatto nominato Conservatore, e ormai affidare a tal uomo un incarico di ingerenza sui sacri Cimiteri era ben chiaro che cosa ciò avrebbe importato; e anche all'infuori di tali incarichi, appariva manifesto con quali vedute egli coltivasse gli studi di Archeologia cristiana. Chi ebbe di lui personale conoscenza, sapeva anche di più: il celebre archeologo C. Lenormant, che lo conobbe fin dal 1841, esalta l'energica risolutezza di cui dette allora prova il P. Marchi nel proporsi un profondo rinnovamento in un campo lasciato da lungo tempo in abbandono, nel quale perseverò a lavorare per circa vent'anni; e descrive che da tutta la sua persona traspariva quell'ardore lieto « qui est le signe caracteristique d'une vocation pour l'archéologie active » [17].

Dall'esame comparativo dei due documenti sopra citati risulta quindi che Gregorio XVI nominando direttamente il P. Marchi a Conservatore dei Sacri Cimiteri, istituiva un nuovo ufficio indipendentemente dai Custodi delle Reliquie e dallo stesso E.mo Card.

---

[17] C. LENORMANT, *Les Catacombes de Rome en 1858* (extrait du Correspondant), Paris 1859 11-12.

Vicario; e perciò derogava non solo nel modo ma anche nella sostanza alle precedenti disposizioni pontificie circa la gestione dei Sacri Cimiteri.

In tal modo Gregorio XVI alle sue grandi benemerenze archeologiche di ogni genere [17bis], e alla formazione dei nuovi musei Gregoriano-Etrusco (1837), Gregoriano-Egizio (1839) e Gregoriano-Lateranense (quest'ultimo specialmente per antichità classiche, aperto dopo lunga pregarazione nel 1844), volle aggiungere quella di iniziare un nuovo e straordinario provvedimento di tutela per i venerandi monumenti dell'antichità cristiana, ad incremento degli studi sacri.

* * *

Invece, che l'ufficio di Conservatore dei Sacri Cimiteri fosse nuovo, è sfuggito al De Rossi che anzi dà erroneamente il medesimo titolo al Can. Prof. G. Settele († 1841), facendone in tale ufficio l'immediato predecessore del P. Marchi [18]. Il Can. Settele ha avuto certamente insigni benemerenze per i suoi studi di archeologia cristiana, di cui diede saggio sia in pregevoli dissertazioni accademiche, sia nelle note ed aggiunte, che preparate in collaborazione col più giovane collega all'archiginnasio romano E. Sarti, furono annesse come *appendice* alla già eseguita ristampa dell'opera del Dionisi sulle cripte della Basilica Vaticana [19]. E non è da tacere che per istanza del Settele presso il Card. Vicario Zurla, gli fu affidata la

---

17bis Le enumera il MORONI, op. cit., *Indice*, III 407-467, nel riepilogo biografico sotto la v. *Gregorio XVI;* ove, tra i riconoscenti elogi degli eruditi, è riferito quanto meritamente scrisse l'archeologo March. G. Melchiorri fin dal 1838: « Cui [al predetto Pontefice] non pare sia ben caduto quel giorno in cui non abbia alcuna cosa operato a beneficio degli studi e delle arti » (p. 424, e rispettivo vol. ivi citato).

18 *Roma Sotterranea,* I 64, 68.

19 V. le sue dissertazioni nei primi voll. degli Atti della Pont. Accad. Rom. di Archeologia, Serie I, tom. 2-5. - L'opera PHIL. LAUR. DIONYSII *Sacrarum Vaticanae Basilicae cryptarum monumenta...,* Romae 1773, era stata ristampata pure in Roma nel 1828: l'incarico delle note e aggiunte, dopo che P. E. Visconti si era rifiutato di assumerlo, fu offerto nel 1835 al Settele, che l'accettò, associandosi il Sarti; del quale scriveva nel suo *Diario,* il 4 luglio dello stesso anno: « io volentieri l'ho associato perchè ne sa più di me e mi aiuta »; e in data 4 agosto aggiungeva: « nella persona di Sarti

prima cattedra di antichità cristiane al Seminario romano, dal novembre 1824 [20]. Invece molto modeste furono le mansioni da lui per brevissimo tempo espletate come addetto, o « deputato », presso la lipsanoteca del Vicariato, nei cui *Atti* manoscritti si trovano per circa due anni (ottobre 1837-settembre 1839) sue registrazioni autografe e firmate, di distribuzioni di Reliquie; ma nè il suo nome è accompagnato dalla qualifica di Conservatore dei Sacri Cimiteri, nè questo titolo ed ufficio appare mai in alcun modo come già esistente, in tutti i precedenti documenti (registrazioni, regolamenti, istruzioni, ecc.) raccolti nei voluminosi tomi terzo e quarto dei medesimi *Atti*, che vanno dal 1803 al 1850.

· Il Can. Settele nel biennio sopra indicato, non fu nemmeno Custode delle Reliquie, perchè in tale ufficio al Sac. D. Filippo Ludovici († 16 agosto 1837) successe, nell'ottobre dello stesso anno, il Sac. D. Felice Clementi. Ciò è anche confermato da vari autografi del P. Marchi, contenenti lo spoglio accurato dei registri delle invenzioni, estrazioni e distribuzione delle sacre Reliquie specialmente dal 1837 al 1850.

Dagli *Atti* sopra citati risulta pure che i Custodi delle Reliquie, per le mansioni annesse al loro principale ufficio, avevano anche il duplice titolo di *Visitatori dei Sacri Cimiteri* e di *deputati speciali alla estrazione dei corpi dei Martiri,* in quanto era in loro facoltà di accedere ai cimiteri per determinare dove si dovessero fare ricerche di sacre Reliquie, e di ordinarne l'estrazione. Qualcuno dei loro dipendenti o incaricati potè partecipare a uno di questi titoli accessori, od essere anche detto *Sottocustode.*

Nei registri della lipsanoteca, il Can. Settele non si qualifica

---

ho un collaboratore impegnato, dotto e che va d'accordo con me ». (G. Cugnoni, *Giuseppe Settele e il suo « Diario »,* in La Scuola Romana, Roma 4 (1885-86) 265-84; G. Ferretto, *Note storico-bibliografiche di archeologia cristiana, Città del Vaticano,* 1942 302). Il lavoro preparato in collaborazione fu edito poco avanti la morte del Settele, col titolo: *Ad Philippi Laur. Dionysii opus de Vaticanis cryptis appendix, in qua nova cryptarum ichnografica tabula adiectis notis illustratur, auctoribus* Aemiliano Sarti et Iosepho Settele *in Romano Archigymnasio professoribus.* Romae 1840.

[20] Per l'insegnamento delle antichità cristiane fin da quel tempo al Seminario Romano, v. l'elenco delle materie dato dal Moroni nel suo *Dizionario di erudiz. stor. eccles.,* LXIV 19 c.; e la nota autografa del Can. Settele, dell'a. 1827, che ho riportato nei Rendiconti della Pont. Accad., fasc. cit. Più precise circostanze della sua nomina a tale nuova cattedra, dà il Settele nel suo « Diario »: Cugnoni, o. c. 268; Ferretto, o. c. 299.

Sottocustode ma semplicemente *deputato;* e se negli elenchi dei soci della Pont. Accad. Romana di Archeologia gli viene attribuita la qualifica di « deputato Visitatore dei Sacri Cimiteri » [21], questa significa soltanto che egli era alla dipendenza del Custode delle Reliquie del Vicariato; ma il nome di Visitatore non va qui preso, dopo quanto si è esposto, nel senso speciale che esso ha nel diritto ecclesiastico. Dall'esame dei documenti accennati risulta chiaramente che egli non ebbe l'autorità necessaria per portare un efficace rimedio agli abusi da tempo invalsi della estrazione e distribuzione delle sacre Reliquie; e resta inoltre assolutamente escluso che a lui fosse affidato di compiere una Sacra Visita, in senso canonico, sulla situazione dei Cimiteri e della Lipsanoteca [22].

Una Sacra Visita per tali scopi fu compiuta soltanto nel 1850-51, dall'Ecc.mo Mons. V. Tizzani insieme al P. Marchi e ad altri due ecclesiastici; e di essa, che ebbe per naturale conseguenza la istituzione, da parte del S. P. Pio IX, della Commissione di Archeologia Sacra, diremo in seguito. La Sacra Visita del 1850 pose quindi solenne compimento, e diede più ampia e definitiva esecuzione, a quanto il P. Marchi era venuto preparando ed attuando, con piena intesa, anzi per l'incarico avutone dai Sommi Pontefici fino dal 1842.

---

[21] V. Atti della Pont. Accad. R. di Archeol., 8 p. CIII. Ivi per la prima volta nel catalogo dei soci, (che è del sett. 1838) al Can. G. Settele si da il titolo suddetto.

[22] Il MORONI, *o. c.,* X 236, dice che il Card. Vicario in quel tempo deputava « due visitatori de' sagri cimiteri, uno dei quali è custode delle reliquie che si estraggono da essi e dalle catacombe. A tali ministri spetta ordinare e regolare gli scavi pel ritrovamento dei corpi santi ». Il nome e ufficio di *Conservatore* non è ivi menzionato appunto perchè il suddetto volume fu edito nel 1841, cioè prima della nomina del P. Marchi. Nei successivi volumi del Dizionario il titolo di Conservatore dei Sacri Cimiteri è attribuito soltanto al P. Marchi, del quale si fanno in più luoghi splendidi elogi per il profondo rinnovamento da lui attuato (v. qui appresso, p. 466 s, e le relative note 33 e 34). - Per le attribuzioni proprie del Custode delle Reliquie, v. anche L. MINÓCCHERI, *Cenni storici sulla Lipsanoteca del Vicariato,* Roma 1894 14-16: ivi si dà anche l'elenco di tali *Custodi.* V. anche l'artic. dell'HURTER, *Catacombes,* in *Diction. Encyclop. de Théol. Cathol.* di Wetzer e Welte, ediz. francese, IV 107 s. (dell'a. 1859; ma l'ediz. origin. tedesca è del 1847 ss.), che termina dicendo: « L'ouvrage le plus complet a été commencé dans ces derniers temps par le P. Ios. Marchi, Iésuite, qui connait ce monde souterrain mieux que personne, et qui en a déjà extrait une multitude d'objets du plus haut intérêt ».

Più esattamente del De Rossi, così riassume O. Marucchi lo stato delle cose esistente prima della nomina del P. Marchi a Conservatore dei Sacri Cimiteri: « ...i quali (venerandi ipogei della Chiesa primitiva) restarono per lungo tempo in balìa di ignoranti custodi... Il Marchi ebbe anche il merito di richiamare l'attenzione del Pontefice Gregorio XVI sulle condizioni materiali delle catacombe che fino allora erano restate alla dipendenza dei Custodi delle reliquie, i quali niuna cura ponevano alla conservazione dei tesori d'arte e di epigrafia ivi racchiusi; e fu istituita così una custodia speciale dei sagri cimiteri affidata saviamente al dotto religioso » [23].

Ciò va tuttavia inteso nel senso che, mentre il custode delle reliquie presso il Vicariato e Mons. Sagrista continuavano, per allora, ad esercitare le tradizionali loro attribuzioni cimiteriali per la ricerca e l'estrazione dei Corpi Santi; il Sommo Pontefice istituiva in più un *Conservatore,* incaricato di sorvegliare alla regolarità di tali operazioni e alla tutela di quanto meritava di essere oggetto di studio.

Questo appunto è il fatto nuovo, che dovendo avere, secondo l'intenzione dei protagonisti, i più ampi sviluppi, onora altamente il Pontefice Gregorio XVI.

* * *

Il P. Marchi dell'autorità conferitagli dalla nomina pontificia a Conservatore dei Sacri Cimiteri si valse fin da principio non soltanto per poter dare alle superiori autorità prudenti informazioni di quanto irregolarmente avveniva nei Cimiteri stessi, nè solo per aver maggior libertà nei suoi studi sulle antichità cristiane, ma anche per facilitare la diretta conoscenza di esse a moltissimi altri, romani e stranieri, sia ad alimento di solida pietà, sia ad incremento della scienza.

Il De Rossi, memore testimone di tanto benefica iniziativa del suo maestro, elogia il grande impulso dato dal P. Marchi « agli studi dei sotterranei monumenti », che giunse a far « correre nuovamente per l'Europa quel grido che corse nel 1578, la Roma sotterranea cristiana riaprire le sue porte e tornare a rivelarsi agli studiosi »; e conclude: « sono meriti del mio maestro al mondo noti, e

---

[23] O. MARUCCHI, o. c. II s.

de' quali la scienza e la cristianità serberanno eterna e grata memoria » [24].

Ma questo ben noto elogio ed augurio di tanto discepolo non è storicamente isolato, perchè non diversamente dal De Rossi che così scriveva nel 1864, si era espresso qualche anno prima, nel 1859, il Lenormant dicendo che fin dal 1841 le esplorazioni del P. Marchi avevano gettato una gran luce sulle catacombe; e accenna all'emozione profonda e generale, che le sue scoperte e le sue frequenti illustrazioni orali, nell'accompagnare personalmente i numerosi visitatori anche stranieri, erano venute suscitando; quindi aggiunge: « La Vierge de ce... cimetière (il Cimitero *maggiore* sulla via Nomentana), que les pèlerinages dirigés par le P. Marchi ont rendu célèbre, et à laquelle on attribue des miracles de conversion... » [25]. Questa celebrità, nella duplice accezione del termine, era appunto il risultato della sapiente e onerosa intraprendenza dello zelante Conservatore.

Anche il De Rossi, dopo aver in altra sua opera chiamato *famosa* quell'immagine, spiega: « L'ho detta immagine *famosa,* imperocchè quando, ora sono 23 anni, il P. Giuseppe Marchi imprese a destare l'attenzione di tutta l'Europa verso le romane catacombe, il cimitero di Sant'Agnese fu il campo prediletto delle sue ricerche, e cotest'immagine veduta *da un infinito numero di visitatori* acquistò fama di esser la più notabile... » [26].

L'accademico di Francia L. Vitet scrisse poco dopo: « Grace à Dieu la surveillance et la conservation de ces solitudes (des catacombes) tombèrent, il y a 25 ans environs, aux mains d'un homme intelligent, plein de savoir et d'amour de l'art, qui comprit le danger de ce triste régime (d'interdiction absolue, inflessible de les visiter, etc.) et résolut d'entrer dans tout autres voies. Ceux qui ont connu le P. Marchi, même affaibli par l'âge, mais expliquant encore avec tant de passion et de feu, soit son Musée Kircher, soit son Cime-

---

[24] *Roma sotterr.,* I 68.

[25] C. LENORMANT, *o. c,* 21.

[26] G. B. DE ROSSI, *Immagini scelte della Vergine Maria tratte dalle Catacombe romane,* Roma 1863 13. Il corsivo del testo è nostro. Anche il De Rossi chiama qui *cimitero di S. Agnese* non quello adiacente al sepolcro e alla Basilica della Martire insigne (che fu scoperto soltanto tra il 1865 e il 1870); ma l'altro, discosto circa mezzo chilometro, che degli antichi cimiteri fino allora noti le era il più vicino.

tière de S. Agnès, comprennent ce qu'il avait pu dépenser d'énergie
à cette oeuvre de sa vie, l'affranchissement des Catacombes...; l'in-
terdit fu lévé, c'etait dejá beaucoup, et l'instigateur de la mesure
payant de sa personne, devint l'introducteur obligé, l'infatigable
guide de tous ceux qui sollicitaient la faveur de l'accompagner,
attirés par le charme de ces démonstrations, par l'attrait et la nou-
veauté de tant de trésors, perdus qu'il restituait à la science » [27].

Nell'età moderna non vi era mai stato tanto concorso, nè mai si
era avuta così generale attenzione ed emozione per la Roma sotterranea, come in seguito al personale laborioso interessamento del
P. Marchi : nel secolo scorso egli fu il primo a valersi con illumi-
nato zelo delle scoperte di archeologia sacra per esercitare anche
un'azione di ampio apostolato religioso, che ebbe ripercussioni in
gran parte dell'Europa. E questo suo apostolato fu così efficace
anche perchè sostenuto da criteri e finalità seriamente scientifici,
come avremo occasione di rilevare.

Per delineare esattamente la pianta del cosidetto cimitero di
S. Agnese da pubblicarsi nella sua opera, il P. Marchi aveva chiesto
ed ottenuto dall'Em.mo Cardinale L. Lambruschini, Segretario di
Stato, la collaborazione tecnica di alcuni fra i migliori allievi della
scuola speciale pontificia di Artiglieria [28]. Per questo e per il libero
uso, concesso da quell'Em.mo Porporato al P. Marchi di poter
disegnare e illustrare i più pregevoli monumenti del Museo Cristiano della Biblioteca Vaticana, l'annunzio sopra citato della grande opera che questi stava preparando dichiarava : « ...L'opera che
qui si promette uscirà in luce avvalorata dal favore dell'E.mo Card.
Luigi Lambruschini Segretario di Stato di N. S. Gregorio XVI.
Animato com'egli è nel promuovere ogni maniera di buoni
studi... » [29].

---

[27] Journal des Savants, (1865) 731, 754.

[28] G. M., *Monumenti delle arti cristiane primitive*, 92 s. Tra i loro nomi
che sono ivi riferiti troviamo di nuovo quello dell'ing. T. Marucchi, già
collaboratore del P. Marchi dal 1839, e tale rimasto ancora fino al 1844,
quando altri incarichi lo indussero a trasferirsi fuori di Roma.

[29] Annali delle scienze relig., l. c. - V. nei Rendiconti d. Pont. Accad.,
l. c., l'*Appendice* di documenti inediti, tra i quali è la lettera del P. Marchi
al Card. Lambruschini per la dedica della sua opera : ivi si parla anche dei
predetti ingegneri domandati e concessi. - Anche prima di essere *Conservatore,* il P. Marchi aveva eseguito speciali lavori ed esplorazioni negli antichi cimiteri (v. *Monumenti*... p. 18. 55, 59, 112 ecc.).

Il prof. Orazio Marucchi conservava come prezioso ricordo paterno un taccuino di appunti, contenente anche un grafico circa il « lavoro della pianta per il P. Marchi nel cimitero di Agnese. (luglio 1841) » [30].

Il medesimo prof. Marucchi, anche per tradizione paterna era perciò in grado di dare importanti notizie intorno a quei remoti anni, e scrisse tra l'altro: « Il giovane De Rossi nell'entusiasmo del sospirato permesso di studiare i tesori della Roma sotterranea accompagnava assai spesso il Marchi nelle sue esplorazioni raccogliendo sempre le sue predilette iscrizioni; e in tal modo egli strinse amicizia con i giovani collaboratori del Marchi facendo in loro compagnia dei lunghi giri anche nelle parti più remote e pericolose » [31].

E' pur da rilevare che nello stesso a. 1841 incomincia, per tutti i lavori sotterranei del P. Marchi, la stabile collaborazione

---

[30] O. MARUCCHI, o. c., 15-16.- Questo taccuino dell'ing. T. Marucchi (di formato 24×18) contiene nei primi due fogli le misure di livellazione del tratto della Via Nomentana e dell'attuale Via Asmara, che va dalla soglia esterna del palazzo annesso alla Basilica di S. Agnese al piano di ingresso della Catacomba, allora detta pure di S. Agnese; e le misure tra la soglia predetta e il piano della Basilica. Seguono poi dal f° 3 al f° 40 minuziose misure topografiche dei vari tratti dell'interno della Catacomba. I fogli sono per lo più datati: dal 1° con data 18 maggio 1841, al f° 40 v. con data del 18 settembre. Vengono quindi misure di altri lavori topografici (porzione di pianta dell'arenaria presso S. Agnese; tratto di Catacomba sotto la Vigna Del Grande « scavato di recente »; prospetto di S. Sabina, piazza e tratto stradale adiacenti) fino al f° 51, che è l'ultimo. - Note di mano del P. Marchi sono aggiunte al f° 42, circa il cubicolo di *Elio Fabio Restituto* nella Catacomba di S. Ermete, con date del *12 e 23 aprile 1844.* - Nell'interno della prima guardia del taccuino sotto la firma paterna *T. Marucchi,* il figlio prof. Orazio ha scritto: « Libro di appunti presi da mio padre Ing. Temistocle Marucchi nelle Catacombe di S. Agnese e altrove - per gli scavi ed i lavori del Padre Giuseppe Marchi dal 1841 al 1844 ». — I minuziosi rilievi in esso contenuti dimostrano che non esagera punto il P. Marchi, scrivendo tra l'altro: « E se a me è avvenuto di trovar l'altre due [scale, ... che il Bosio sagacissimo ricercatore di quanto v'ha di recondito nella Roma Sotterranea, pare non sia giunto a scoprire]... lo debbo all'aver condannato i miei due fidatissimi Temistocle Marucchi e Francesco Fontana alla stentata opera e rischiosissima di rilevare con me palmo a palmo l'intera icnografia della terza tavola [quella dell'arenaria presso S. Agnese] ». (*Monumenti ...* p. 37).

[31] Ibid., 16-17.

del giovane architetto F. Fontana, il quale, istituita nel 1852 la Commissione di archeologia sacra, ne fu l'architetto; e il De Rossi potè giovarsi, nelle sue esplorazioni, della lunga pratica cimiteriale acquistata in tanti anni dal suo antico collega ed amico [31bis].

Per ben comprendere poi con quali diversi modi il P. Marchi riuscisse a suscitare in pochi anni tanto efficace e vasto interessamento per le antichità cristiane di Roma, è da ricordare che a sua iniziativa anche il Collegio Romano era allora divenuto un più attivo centro di propaganda per questi studi. Ivi solevano spesso convenire dotti anche stranieri per consultare la Biblioteca ben fornita di libri a stampa e di preziosi manoscritti, e per visitare il Museo Kircheriano, nel quale si conservava pure una importante raccolta di antichi monumenti cristiani. Il P. Marchi come già prefetto della Biblioteca e attuale direttore del Museo non era uomo da lasciarsi sfuggire le buone occasioni per lo scopo che gli stava tanto a cuore. Il suo epistolario inedito ne contiene del resto chiare conferme. In più egli cominciò a riunire al Collegio Romano nelle ore serali una specie di circolo archeologico, primo utilissimo inizio di convegni di *cultori di archeologia cristiana,* che poi il De Rossi, memore del profitto che egli stesso ed altri ne avevano ricavato, riprenderà più tardi con le ben note adunanze mensili, dal 1875 in poi; le quali continuarono dopo la sua morte, presiedute da Mons. L. Duchesne. dà O. Marucchi, da Mons. G. P. Kirsch. Di tali convegni al Collegio Romano intorno al P. Marchi ci ha conservato interessanti notizie O. Marucchi, apprese anche queste da ricordi paterni.

«Un altro centro di studi di archeologia cristiana divenne in quegli anni la così detta *porteria* del Collegio Romano, cioè quel vestibolo che oggi serve di ingresso alla Biblioteca Vittorio Emmanuele. Ivi ogni sera dopo il tramonto trattenevasi il Marchi o passeggiando nell'attiguo cortile o sedendo nelle piccole stanze del parlatorio; e lì convenivano i suoi amici letterati ed i suoi giovani ingegneri, e lì quasi ogni sera si recava pure il De Rossi e vi si ragionava dei comuni studi e delle sperate scoperte, e si veniva maturando il progetto delle nuove pubblicazioni» [32].

Gregorio XVI volle incoraggiare personalmente tutto quel fervore di rinascita di studi archeologici che tanto giovavano alla

---

[31bis] *Roma sotterr.,* I, 73, 253.
[32] O. MARUCCHI, o. c., 17.

scienza e alla pietà cristiana, compiacendosi perfino di discendere, primo dei moderni Sommi Pontefici, in un cimitero sotterraneo onde accertarsi dei risultati di lavori intrapresi per ragioni di studio. Ciò avvenne nell'ottobre 1844: il Papa oramai vegliardo quasi ottantenne rimase per circa un'ora nei profondi ambulacri del cimitero detto allora di S. Agnese (che il De Rossi volle poi chiamare *Ostriano,* e oggi è detto con antico nome *Cimitero maggiore*) situato alquanto al di là della Basilica della Santa, sulla via Nomentana. Il Papa fu ricevuto e accompagnato dal P. Marchi, che di quel cimitero aveva fatto speciale oggetto delle sue ricerche e vi aveva rimesso in luce antichissime pitture che suscitavano le meraviglie dei numerosi visitatori italiani e stranieri, cattolici e non cattolici.

Gaetano Moroni, che in quella visita del Papa Gregorio XVI faceva parte del seguito pontificio, ce ne ha lasciato un commosso ricordo, che merita di essere riferito anche per qualche importante notizia che egli vi aggiunge, rievocando alcuni anni dopo, cioè nel 1851, sia la visita sopra accennata, sia le benemerenze del P. Marchi come primo vero iniziatore delle rinnovate esplorazioni cimiteriali:

«il merito di ritogliere a' nostri giorni le catacombe romane dall'oblio e dallo squallore in cui giacevano, e con esse le pitture dei cimiteri di S. Agnese, di S. Sisto e altri della via Appia, si deve al dottissimo P. Giuseppe Marchi Gesuita, Conservatore dei Sacri cimiteri... ora il francese Perret si vanta scopritore dei nominati monumenti sotterranei di Roma...; ma opportunamente fu confutato dall'architetto delle catacombe romane F. Fontana nel N. 117 dell'*Osservatore Romano* del 1851, con plauso di tutti quelli che propugnano l'onor patrio e l'istorica verità. Prima che il P. Marchi si accingesse a nuovamente percorrere e investigare la *Roma sotterranea...* le pitture che l'adornano si credevano perdute, ma la rinomanza e la vita ch'egli loro restituì, col mostrarle a Papa Gregorio XVI nel cimitero di S. Agnese..., ed io feci parte del suo seguito come degli ammiratori, agli stranieri di ogni nazione e allo stesso Perret, a quest'ultimo fece concepire il suo disegno, del quale potrebbesi forse dire che fu un mettere la falce nell'altrui messe...»[33].

----

[33] MORONI, *Dizionario,* LIII, 300 ss. - Alcune frasi, a principio e alla fine del passo qui riportato, sono riprese dall'articolo stesso del Fontana, che contiene altri importanti particolari sulle manovre, appropriazioni e inesatte affermazioni del Perret; e occupa le prime tre colonne nella prima pagina del predetto giornale, che è del 21 maggio 1851. L'articolo, che per tutta l'intonazione e per la precisione delle osservazioni e rettifiche che

In altri successivi articoli lo stesso Moroni si fece eco di coloro che, elogiando il P. Marchi per le sue esplorazioni e scoperte cimiteriali auspice Gregorio XVI, lo chiamavano « il Bosio dei nostri giorni » [34]; elogio condiviso del resto dallo stesso Lenormant, che istituendo un confronto tra il Bosio e il P. Marchi, afferma che le qualità del perfetto archeologo tanto per la ricerca quanto per la illustrazione degli antichi cimiteri romani, erano state possedute dall'uno e dall'altro [35].

Il Moroni non riporta la data della visita di Gregorio XVI al Cimitero della Via Nomentana; ma essa si ricava dal *Diario di Roma* del 19 ott. 1844, in cui si legge :... « Nel giorno 12 corrente Sua Santità portossi ad osservare il Cimitero di S. Agnese fuori le mura, ove si trattenne circa un'ora con molto gradimento, ricevuto ed accompagnato dal Rev. Padre Marchi della Comp. di Gesù Conservatore dei Sacri Cimiteri... » [36].

Il P. Marchi, che di ogni occasione si valeva per presentare anche a eruditi stranieri e a persone autorevoli il giovane De Rossi ed aprirgli, senza alcuna gelosia, più ampiamente le vie, assicurando così l'avvenire della cristiana archeologia, aveva predisposto (poteva dubitarsene?) che Nino fosse presente alla suddetta visita del Papa Gregorio XVI. Ebbe invece il dispiacere di ricevere una letterina del Comm. Camillo Luigi, da Frascati, con la notizia che Nino era a letto con la febbre e non avrebbe potuto trovarsi, nel giorno seguente, alla visita già concertata; in caso però che questa per qualsiasi motivo dovesse avere una dilazione, gli si diceva : « Ella vorrà compiacersi col corriere di domani stesso... di fargliene avere un cenno per suo regolamento » [37].

---

contiene, sembra non essere di indole puramente privata, porta in caratteri abbastanza vistosi la sottoscrizione: « FRANCESCO FONTANA *Architetto delle Catacombe sotto l'Autorità dell'E.mo Card. Vicario* ».

[33] MORONI, *Dizionario*, LIII, 300 ss.

[34] *Id.*, o. c, XCVI 297 s.; e vol. III dell'*Indice generale*, 433.

[35] C. LENORMANT, art. c., 12.

[36] *Diario di Roma*, 1844, n. 84 del 19 ottobre, 1ª col.

[37] La lettera porta la data dell'11 ottobre: v. nei Rendiconti già cit., l'*Appendice* di documenti inediti, tra i quali è riportata.

* * *

In quanto alle pretese e vantate scoperte originali dell'architetto lionese L. Perret a cui il Moroni accenna nel tratto sopra riportato, basta qui aggiungere che esse si concretarono nella pubblicazione di una grande opera su « Les Catacombes de Rome », in cui in belle tavole litografiche, in parte a colori, si davano le copie dei monumenti d'ogni sorta che, durante i torbidi del 1848-49, egli ed altri suoi amici avevano disegnato nei Cimiteri e Musei di Roma, nelle due Custodie delle reliquie, ecc. L'opera, in 6 volumi in folio, fu solennemente annunciata nel 1851, per esser terminata entro due anni, ma poi ne occorsero parecchi di più. La pubblicazione avveniva per ordine e a spese del governo francese che con legge del 1º luglio 1851 la finanziava con più di 180.000 fr., e sotto una direzione composta di quattro membri dell'Istituto, dei quali L. Vitet relatore del progetto di legge era anche Ministro dell'Interno [38].

Nell'articolo sopra ricordato il Lenormant dovette tentare una difesa (« après cette parenthèse que je ne pouvais éviter sans exciter des réclamations ») del « grand et bel ouvrage publié en France par M. Perret », non già per il suo valore scientifico (« sans y assigner une très grande valeur scientifique »); ma solo per la parte che vi aveva avuta il giovane pittore Savinien Petit, pur riconoscendo che i suoi disegni erano stati poi molto alterati dall'editore; sicchè giunge ad affermare che « l'ouvrage n'a pas tenu tout ce que le rapport de la Commission législative semblait promettre ». E aggiunge: « On a fort mal pris à Rome, je le sais, cette entreprise française... Ce n'est pas la faute du peintre français si les troubles de Rome lui ont rendu faciles des explorations et des travaux, qui sous un gouvernement régulier, auraient sans doute rencontré les plus sérieux obstacles... M. S. Petit a pris la liberté de copier les peintures des Catacombes, quand les portes en étaient ouvertes: il n'a pas le droit à ce qu'on l'excuse, il mérite aussi des éloges » [39].

---

[38] L. PERRET, *Les catacombes de Rome: architecture, peintures murales, inscriptions, figures et symboles des pierres sépulcrales, verres gravés sur fonds d'or, lampes, vases, anneaux, instruments, etc.*, 6 voll. in folio, Paris 1852 e ss. Il De Rossi dice che vi furono spesi 240.000 fr.: v. *Roma sotterr.*, I, 75.

[39] C. LENORMANT, *art. c*, 13 s.

Veramente a molti era sembrato che con tale pubblicazione, anche prescindendo dalle ingiuste pretese del Perret quale primo scopritore, non si fosse tenuto abbastanza conto nè dei diritti della S. Sede sui suoi monumenti sacri, nè del diritto di precedenza spettante ai primi scopritori, i quali s'erano già pubblicamente impegnati a una pubblicazione e illustrazione scientifica dei monumenti da essi ritrovati.

Alcuni anni più tardi il nominato Ministro Vitet, in circostanze che lo costrinsero a difendere l'opera del Perret da lui patrocinata, dichiarava e precisava:

« Il est vrai que cet oeuvre avant même que de naître, était à Rome en grande suspicion, critiquée, condamnée, presque à l'*Index,* non pour impiété, mais pour indiscrétion, pour usurpation de pouvoirs, nous dirions presque pour attentat aux droits des gens. Qu'était-il arrivé? A la faveur et sous la protection de notre armée libératrice, des Français s'était avisés de visiter les Catacombes, ils s'y étaient comme établis, et, pendant une année, ils avaient dessiné, copié, calqué tout à leur aise, les peintures qui leur plaisaient le plus. Ce qu'ils n'avaient pu se procurer, ce qui ne s'improvise pas, c'était la connaissance archéologique et historique de ces lieux souterrains: sur ce point il leur avait fallu se contenter de peu...; de là d'inévitables, d'innombrables erreurs; mais ce qu'ils voyaient... ce qu'ils pouvaient s'approprier... pourquoi leur faire un crime de s'en être emparés? N'était-ce pas le bien de tous? »[40].

Non tutti restarono persuasi della bontà di questa difesa, l'archeologo francese E. Dujardins aveva definito la pubblicazione del Perret « un mauvais livre » facendo addebito al Ministro Vitet di averla fatta finanziare dallo Stato[41].

In Italia l'archeologo bresciano F. Odorici potè recensire quell'opera più liberamente di quanto non aveva potuto fare il De Rossi, il quale essendo uno dei primi collaboratori e poi il successore del P. Marchi nella illustrazione dei monumenti cimiteriali, poteva ad alcuni parere che in lui, come parte in causa, parlasse più un risentimento di persona offesa che il sereno giudizio del critico imparziale[42]. L'Odorici dunque ricorda le superbe promesse di scrupolosa fedeltà nel riprodurre i monumenti, fatte ma non man-

---

[40] L. VITET, in Journal des Savants, (1866) 86 ss.; D. H. LECLERCQ, *Dict. d'Arch. chrét.,* XIII col. 447 ss.

[41] E. DUJARDINS, *Du patriotisme dans l'art,* Paris 1862; LECLERCQ, *l. c.*

[42] DE ROSSI, *Roma Sotterranea,* I 74.

tenute dal Perret, che aveva suscitate e deluse le aspettazioni dei
dotti e degli indotti, distogliendoli dalle più modeste, ma più pro-
fonde e coscienziose pagine del Marchi del quale erano state co-
piate le tavole di architettura e involato il frutto dei suoi pazienti
lavori; rileva le linee convenzionali falsatrici dell'arte cristiana
antica, le imperfezioni e gli errori di ogni sorta che fanno dell'opera
del Perret « un vero guazzabuglio... talchè l'immenso lavoro suo
resterà documento del molto oro sciupato e della fede che possono
meritare gli ampollosi programmi di molte opere forestiere di simil
fatta » [43].

Tuttavia l'increscioso incidente Perret, col vasto movimento
pro e contro l'autore e la stessa grande opera che va sotto il
suo nome, ebbe anch'esso per effetto di attirare ancor più l'attenzione di moltissimi di ogni ceto alle antichità cristiane di Roma;
e potè forse influire, quantunque indirettamente e in aggiunta a
prevalenti e diretti fattori, nell'animo del Sommo Pontefice Pio IX,
affinchè ritornato in sede dopo i rivolgimenti del 1848-49, provvedesse sollecitamente, pur in mezzo ad altre gravissime cure, a
tuttociò che spettava al riordinamento definitivo della gestione cimiteriale, e alla esplorazione, tutela e illustrazione del patrimonio
di archeologia sacra della Chiesa romana.

Esagerava però non poco il Vitet scrivendo che senza i risen-
timenti che aveva provocato a Roma l'iniziativa del Perret e dei
suoi collaboratori, l'opera stessa del De Rossi sulla *Roma Sotterranea* « sarebbe forse ancora rimasta nel limbo », per l'incomprensione e l'opposizione che l'avrebbero impedita, in base a pregiudizi
inveterati, ecc. [44]. Egli nella sua non imparziale difesa dimenticava
che in Roma due grandi Pontefici Gregorio XVI e Pio IX si erano
già da tempo risolutamente impegnati a proteggere e favorire il
profondo rinnovamento iniziato con tanta energia dal P. Marchi,

---

[43] F. Odorici, *Sulla Roma Sotterranea illustrata da G. B. De Rossi*
in Giornale dell'Ingegnere..., Milano 14 (1866), p. 8-9 dell'estratto. — Il
Leclercq *l. c.* scrive che il nome di L. Perret è ormai da molto tempo scom-
parso dalle fonti bibliografiche, se pure vi fu mai; che le illustrazioni di
S. Petit sono menzognere ed esecrabili, e che dei sei volumi dell'opera ha
valore quasi soltanto la parte epigrafica (vol. V. e parte del VI) che fu
curata da Léon Rénier.

[44] Journal des Savants, l. c. 88.

che lo stesso Perret, ed altri insigni suoi amici prima di lui, aveva così altamente elogiato.

Con un complesso di provvedimenti (di cui ora vedremo, nella accennata progressiva continuità, la serie conclusiva) la pronta e fattiva comprensione di quei due Pontefici pose realmente Roma in condizioni da tener « levata in alto la fiaccola per insegnare ad altrui — come il P. Marchi aveva auspicato dal 1841 — le vie sicure della cristiana archeologia ».

* * *

L'accennata accusa di sacrilegio per false reliquie, mossa contro il P. Marchi e contro l'Ecc.mo Mons. Sagrista Pontificio come suo complice, riguardando fatti quanto mai notorii, discussi ed accertati con sicuro fondamento e con ogni cautela, non presentava speciali difficoltà di esame, nè richiedeva lunghezza di tempo per far risaltare la sua infondatezza tendenziosa.

Ma il *Conservatore* ben vide subito che essa offriva un'ottima occasione per mettere in piena luce, con le formalità necessarie alla loro radicale eliminazione, le molteplici irregolarità sulle quali egli aveva riferito al Pontefice Gregorio XVI. Anche per queste non era molto difficile procedere ai necessari accertamenti, perchè connesse con fatti di ovvia constatazione; ma un esame abbastanza ampio, quale conveniva di fare in questa materia, richiedeva del tempo.

Perciò il P. Marchi credette bene di rivolgere rispettosa istanza al Sommo Pontefice Pio IX, affinchè fosse sollecitata la soluzione di quanto spettava alla questione del martire S. Giacinto. La minuta autografa di cui riportiamo qualche tratto non è esattamente datata, ma nella prima parte riferisce la predetta accusa, fatta « nei primi mesi del corrente anno 1846 » contro il Conservatore dei Sacri Cimiteri e contro l'Ill.mo e Rev.mo Mons. Castellani Vescovo di Porfirio e Sagrista Pontificio: quindi essa è dei primi mesi del Pontificato di Pio IX, eletto il 16 giugno 1846.

Per quanto riguarda il presente argomento essa dice:

« ... Chiede in secondo luogo l'oratore alla S. V. che si degni ordinare all'Ill.mo e Rev.mo Mons. Assessore della Suprema Inquisizione che colla possibile sollecitudine intraprenda l'esame del fatto del martire S. Giacinto e proceda al giudizio che ne dipende. La S. V. scuserà l'insistenza dell'oratore per questa sollecitudine quando considererà che questo fatto forma il soggetto del quindicesimo fascicolo dei Monumenti cristiani che l'oratore sta publicando, e che il ritardo ulteriore della publicazione accresce il malcontento degli associati. Per altra parte questo fatto, che è di facile e spedito esame, è totalmente separato dai lunghi ravvolgimenti a cui sarà condotto il Sacro Tribunale se vorrà assoggettare a processo i motivi da cui la denunzia ha avuta la sua origine » [45].

Come andassero le cose è dimostrato da tre fatti conclusivi: *a*) nello stesso anno 1846 il S. P. Pio IX volle che si deponessero le reliquie di S. Giacinto nella Cappella del Collegio Urbano di Propaganda Fide, per essere di lì devotamente trasportate e sistemate nella Basilica di S. Paolo fuori le Mura, non essendo questa ancora del tutto ricostruita [46]: questa importante decisione del Pontefice, che finora agli eruditi era rimasta quasi ignota, dimostra la certezza che aveva fin d'allora Pio IX dell'autenticità delle reliquie di quel Martire, e quindi della stoltezza della denunzia di sacrilegio fatta contro il P. Marchi; *b*) del quale nei primi mesi del 1847 veniva finalmente pubblicato il fascicolo con la relazione del ritrovamento di S. Giacinto; *c*) anzi il 28 aprile dello stesso anno il P. Marchi, senza cessare di essere Conservatore dei

---

[45] Minuta autografa del P. Marchi, in mezzo foglio di formato medio, scritto solo nella faccia anteriore: in Archiv. Pr. R. S. J., M. I.

[46] « ... corpus Hyacinthi usque ad annum MDCCCXXXXV intra eiusdem cryptae ruinas delitescebat ... Gregorius XVI cognita causa Hyacinthum detrahi inde iussit; Pius vero IX anno insequenti in aedicula priva Collegii Urbani de Propaganda Fide deponi voluit quamdiu in Basilicam Ostiensem Pauli Doctoris Gentium nondum omnino restitutam transferri collocarique reverenter possit »: dalla minuta autografa del P. Marchi delle lezioni dell'ufficio proprio in onore dei SS. Martiri Fabio Restituto e Vincenzo. Le loro reliquie erano state ritrovate nel 1844, e dal Papa Gregorio XVI donate all'Em.mo Cardinale Asquini che amava regalarne la sua terra di Fagagna (Udine), ove furono poi dallo stesso Em.mo trasportate solennemente nell'a. 1854. Il S. P. Pio IX concesse la messa e l'ufficio proprio dei due martiri (v. MORONI, *Dizionario* LXXXII 141-144). Nella prima delle suddette lezioni, il P. Marchi parla del ritrovamento del Martire S. Giacinto, avvenuta nel medesimo cimitero in cui erano stati prima rinvenuti i SS. Martiri Fabio e Vincenzo, aggiungendo poi il tratto che ho qui riportato. Nel quale merita speciale rilievo anche la notizia che Gregorio XVI aveva espressamente autorizzato l'estrazione delle reliquie di S. Giacinto. Esse sono tuttora venerate nel detto Collegio.

Sacri Cimiteri, ufficio che continuerà ad esercitare anche dopo istituita la Commissione di Archeologia Sacra, era nominato *consultore della Congregazione delle Indulgenze e Sacre Reliquie* [47] : segni manifesti della Sovrana soddisfazione e di un aumento di stima e fiducia verso di lui.

I veri motivi che avevano ritardato la pubblicazione del fascicolo contenente la descrizione e discussione del ritrovamento del martire S. Giacinto, che concluse poi di fatto il primo volume dell'opera del P. Marchi, non furono noti al pubblico. I successivi volumi, anche per altre cause, furono prima ritardati e poi definitivamente sospesi. Il De Rossi dice che l'insigne ritrovamento di quel martire e la sua degna illustrazione finirono di svogliare il P. Marchi dal metodo stesso con cui quell'opera era stata dapprima ideata [48]. I documenti autentici non confermano questo ed altro suo apprezzamento sulle cause della accennata sospensione. Sulla fine del 1849 il P. Marchi annunziava al P. Garrucci la prossima ripresa della stampa, e questi il 2 febbraio 1850 gli rispondeva : « Godo soprammodo della notizia che mi dà sulla continuazione non lontana dell'insigne opera sui *Monumenti dei cristiani primitivi...* »[49]. E sulla fine del 1853 a una domanda di Cesare Cantù il P. Marchi faceva rispondere, per mezzo del P. Taparelli D'Azeglio, che l'opera era rimasta interrotta « essendogli venuti meno i sussidi per la pubblicazione »[50]. D'altra parte la molteplice operosità sostenuta dal

---

[47] G. CELI, *o. c*, 35 dell'estratto.

[48] *Roma sotterr.*, I 70 s.

[49] Archiv. d. Pont. Univ. Gregoriana, B. 28.

[50] P. PIRRI, *Carteggi del P. L. Taparelli D'Azeglio d. C. d. G.*, R. Deputazione sopra gli studi di Storia Patria per le antiche provincie e la Lombardia, Biblioteca di storia italiana recente, XIV (Torino 1932) 384; v. anche G. CELI, *op. c.*, 33. — Il Cav. Andrea Belli, allora chirurgo palatino e noto erudito anche in materie archeologiche, scrisse questa nota nell'interno della prima guardia del volume pubblicato dal P. Marchi (questo esemplare è ora presso la Bibl. Vittorio Emanuele di Roma, con la segnatura 18. 4 F. 37).; « Pregiatissimo dono del dotto Autore. Gli costò grandi amarezze: il lavoro non continuò con gravissimo detrimento delle sacre antichità romane e la Invidia ne trionfò. — A. Belli. — Morì nel 10 Febbr. 1860 e fu da tutti compianto il P. GIUSEPPE MARCHI GESUITA ». Con l'accenno al trionfo dall'Invidia credo che il Belli volesse riferirsi alla famosa intraprendenza dell'architetto L. Perret, che ebbe in realtà conseguenze, dirette e indirette, molto vaste, come può non difficilmente intendersi dal solo che ne ho sopra riassunto.

P. Marchi dopo la tempesta del 1848-49 (ne vedremo in seguito qualche parte importante) dimostra che egli non ne era poi rimasto così « sbattuto e affranto » come alcuni credettero.

Comunque, nell'ampia trattazione sul ritrovamento di S. Giacinto il P. Marchi si era dovuto trattenere per serii motivi. Uno di questi era il fatto che alcune chiese di Roma credevano di possedere reliquie autentiche del corpo di S. Giacinto. Mentre il suo sepolcro primitivo era stato invece ritrovato intatto, colla iscrizione, pure primitiva, ben fissa al suo posto, che diceva: DP III IDUS SEPTEBR YACINTHUS MARTYR. Questa data della deposizione del Martire combinava perfettamente con le indicazioni dei più antichi documenti cimiteriali, e con le medesime coincideva pure il luogo del ritrovamento. Era quindi necessario uno studio accurato e completo di ogni aspetto della questione : cioè sia sul carattere genuino della recente scoperta, sia sulla pretesa autenticità delle altre reliquie, ritenute fino allora di S. Giacinto. E il P. Marchi seppe farlo da grande maestro : e in tal modo che esso riuscì di sommo vantaggio per la rinascente archeologia cristiana. Autorità e persone colte ponderando le erudite ed equilibrate argomentazioni esposte dal P. Marchi si persuasero sempre meglio che questa disciplina, per le fonti di cui poteva disporre e per il metodo positivo e comparativo che con giusta critica sapeva applicare, era in grado di rendere servigi insigni alla Chiesa, apportando luce di verità in argomenti di grande importanza e in questioni storiche e liturgiche assai complicate [51].

Il timore che teneva ancora preoccupati molti, che cioè promovendo le ricerche dell'Archeologia Sacra si rischiava di far sorgere gravi dubbi senza che questa sapesse risolverli, o almeno chiarirli in modo soddisfacente, si dimostrava alla prova dei fatti sempre più infondato.

Il P. Marchi ne prendeva occasione per riaffermare viva-

---

[51] Il LENORMANT, dopo aver riassunto le scoperte cimiteriali e le interpretazioni che ne dava il P. Marchi, scriveva: «... tout cette ensemble de conclusions, dont la réalité se démontre par la fécondité même des résultats ulterieurs, et aux-quelles mit le comble la découverte des reliques de Saint Hyacinthe ..., constitue en faveur du P. Marchi les plus magnifiques titres scientifiques, et empêchera désormais de mettre aucun nom aux dessus du sien, quelque admiration que méritent les travaux et les découvertes de ses disciples » o. c., 13.

mente al termine della sua relazione su S. Giacinto, che le nuove scoperte archeologiche non potevano che confermare le dottrine e pratiche essenziali della Chiesa, e illuminare la vera sua storia, svoltasi sotto la speciale assistenza promessale dal suo divino Fondatore: qualche eventuale emendazione, come era già avvenuto in altri campi, prima per il suo Calendario, poi per la lezione della Volgata, per la raccolta dei Canoni e per i suoi Annali, non avrebbe potuto riguardare che opinioni puramente umane, accessorie ed accidentali. L'emendazione di tali errori — proclamava il P. Marchi — è una difesa della verità. E concludeva: « La Chiesa Romana è la vera Chiesa di Dio. Non ha quindi mai avuto mestieri di avvolgersi nelle tenebre. Maestra di verità non ha mai temuto la luce; anzi l'ha sparsa e la sparge per l'orbe intero con uno zelo incessante » [52]. Parole ben chiare che non hanno bisogno di commento se non per rilevare che esse dimostrano la piena consapevolezza dei veri rapporti tra fede e scienza a cui si inspirava il maestro che veniva avviando, incoraggiando e assistendo il futuro principe degli archeologi cristiani, G. B. De Rossi.

La più importante conseguenza di tutto ciò fu che il S. P. Pio IX si venne disponendo sempre più favorevolmente per assumere sotto la sua piena protezione il rifiorimento e progresso degli studi sulle antichità cristiane, già coraggiosamente promossi dal suo predecessore Gregorio XVI.

Pio IX fin dal 1846, inizio del suo Pontificato, aveva stabilito che la raccolta delle antiche iscrizione cristiane che il De Rossi veniva preparando, fosse stampata a spese del pubblico erario [53]. Non sappiamo se il Pontefice facesse ció per impulso assolutamente spontaneo, e non sembra probabile tanta sua sollecitudine in quel primo tempo e mentre l'opera sulle iscrizioni, secondo il giudizio del suo stesso autore, non era ancora pronta per la stampa; ma se una proposta vi fu, si presenta ovvia una domanda: chi potè mai farla allora al Pontefice, se non il P. Marchi che di quella dura impresa aveva onerato il De Rossi dal 1842, e, lui inconsapevole, ne aveva dato insistente notizia al pubblico già dal 1844, e continuava a sostenere « con esortazioni anche quotidiane » il giovane discepolo perchè non desistesse dalla grave fatica? [54].

---

[52] G. M. *Monumenti delle primitive arti crist.*, 272.
[53] DE ROSSI, *Inscriptiones Christ. U. R. I.*, XXXVI s. - V. sopra la nota 6.
[54] Id., l. c.

L'iscrizione del III secolo ritrovata sul sepolcro di S. Giacinto aveva data al P. Marchi altra nuova occasione per inculcare l'importanza della intera raccolta epigrafica: « se le lapidi cimiteriali hanno una importanza per la storia della Chiesa e per la confermazione d'alcune dottrine e pratiche cattoliche, si vedrà dalla pubblicazione che si sta ora apparecchiando del corpo intero di queste iscrizioni, quanto sia grande il vantaggio derivatoci dalla scoperta del sepolcro e della lapide primitiva di S. Giacinto col titolo di martire scolpitovi sopra » [55].

* * *

In quanto agli altri straordinari provvedimenti pontifici, la cui necessità per il definitivo riordinamente dei cimiteri e della lipsanoteca si era venuta maturando durante il 1846-47, essi subirono un ritardo nella loro attuazione, a motivo dei rivolgimenti politici del 1848-49.

Non appena l'ordine cominciò a ristabilirsi, incominciò pure subito una serie di fatti, finora non tutti ben noti che dimostrano la risolutezza e la vastità delle intenzioni Sovrane.

Infatti entro il solo biennio 1850-51 si hanno questi avvenimenti che per maggior chiarezza riassumo qui schematicamente, prima di illustrarli nei loro particolari più importanti:

1. Viene eseguita una S. Visita (già sopra accennata) allo scopo di riordinare definitivamente tutta la gestione dei Cimiteri e della Lipsanoteca, eliminando ogni abuso e particolarmente la dispersione degli antichi monumenti cimiteriali, assicurando anzi la loro buona conservazione: condizioni previe indispensabili al normale e progressivo svolgimento degli studi sulle antichità cristiane. Il P. Marchi che da tempo era venuto manifestando alle Superiori autorità la necessità di adeguati provvedimenti, è ora scelto come uno dei principali attori di questa S. Visita, che fu presieduta dall'Ecc.mo Mons. Tizzani docente di storia ecclesiastica nell'archiginnasio romano, persona quindi autorevole per grado gerarchico e per cultura, quale allo scopo si richiedeva.

2) si rivolgono e si estendono principalmente a fini di studio tutti i lavori cimiteriali: il P. Marchi che anche durante la S. Visita esercita le funzioni di Conservatore dei sacri cimiteri, ha

---

[55] G. M., *Monumenti ...,* 271.

simultaneamente l'autorità di Conservatore e di Visitatore, anzi viene incaricato anche della ricognizione ed estrazione delle s. reliquie (mansione per sè spettante ai noti *Custodi,* ai quali però viene fin d'ora sottratta ogni ingerenza sui cimiteri) : in conseguenza di ciò il P. Marchi ha sotto di sè ambedue le squadre dei fossori, già dipendenti l'una dall'Em.mo Card. Vicario, l'altra da Mons. Sagrista, ed egli stesso esegue mensilmente i pagamenti sia dei fossori sia di ogni altra consueta spesa per lavori cimiteriali. Anzi, nella sua qualità di Conservatore domanda al Sommo Pontefice un assegno speciale mensile « da impiegarsi esclusivamente negli sterramenti dei luoghi che possono essere più fecondi di istruzione, e nelle copie di quelle pitture che sono in maggior pericolo di perdersi e di rovinare ». Con l'ottenuto assegno straordinario egli fa eseguire le copie delle pitture e ne fa i pagamenti. Di più in questo periodo egli si vale della sua molteplice autorità per favorire più che mai il prediletto discepolo G. B. De Rossi, fino ad affidargli la direzione di alcuni scavi, onde sperimentare la pratica applicazione di quei speciali criteri di ricerche topografiche che il De Rossi nei sette precedenti anni di assistenza e di studio era venuto maturando e intuendo.

3) Dal giugno 1850 si trasportano al Palazzo Lateranense i sarcofagi e le iscrizioni per il nuovo Museo Cristiano che il Pontefice vuole ivi erigere. Di questa nuova fondazione il P. Marchi dà pubblica notizia in una relazione sugli scavi eseguiti sino al giugno 1851, e annunzia, in fine alla relazione predetta, una prossima pubblicazione periodica di monumenti cristiani.

4) terminati gli accertamenti per la Visita, si iniziano nel giugno 1851 le consultazioni preparatorie per la istituzione di una Commissione permanente, destinata a tutelare e illustrare i Cimiteri e altri monumenti di archeologia sacra. Il P. Marchi è uno dei membri convocati per le consultazioni preparatorie, e poi è nominato membro della Commissione permanente. Ma anche dopo istituita questa Commissione, egli ritiene il titolo e ufficio di Conservatore; continua almeno per alcuni mesi, e per incarico della Commissione stessa, la ricognizione ed estrazione di reliquie ed eseguisce i pagamenti di tutti i lavori cimiteriali. Gli autografi finora ritrovati, che si riferiscono all'esercizio di queste mansioni, giungono fino al maggio 1852.

Vedremo poi che quantunque la Commissione di Archeologia

Sacra avesse, tra i compiti a lei affidati, anche l'ordinamento del nuovo Museo Cristiano Lateranense, di fatto è il P. Marchi che viene incaricato, insieme al direttore dei Musei Pontifici Comm. De Fabris, del generale ordinamento di esso, dal settembre al novembre 1854. Il giorno 9 novembre il Pontefice si reca a visitare il nuovo Museo Cristiano ricevuto dal P. Marchi e dal Comm. De Fabris; e ad essi, al termine della visita, il Sommo Pontefice « significó di bel nuovo il suo gradimento ».

Tuttociò risulta in piccola parte da notizie edite, ma poco note; in massima parte da documenti inediti, per lo più autografi, del P. Marchi: della nuova luce che essi apportano conviene tener conto per bene intendere e per integrare i brevissimi e incompleti cenni che, dell'uno o dell'altro dei suddetti avvenimenti e dei rispettivi protagonisti, ci avevano dato il De Rossi e qualche altro autorevole scrittore [56].

* * *

Della S. Visita « per la Lipsanoteca e per le Catacombe » ha scritto notizie molto interessanti lo stesso Ecc.mo Mons. V. Tizzani che fu chiamato ad eseguirla. Egli non dà a divedere che cosa sapesse delle precedenti informazioni trasmesse dal P. Marchi alle Superiori Autorità Ecclesiastiche: ma da tutto l'insieme dell'opuscolo da lui pubblicato sembra che ne conoscesse ben poco [57].

Egli dice: « Tornato Pio IX alla sua sede il 12 Aprile 1850, ordinó al Card. Patrizi si provvedesse alla Lipsanoteca e alle Catacombe, tanto più che doveasi meglio ordinare la distribuzione delle SS. Reliquie e la conservazione degli ipogei cristiani ».

Insieme a Mons. Tizzani non vennero, da principio, designati altri Visitatori, ma egli stesso propose al Card. Vicario di potersi associare altri tre ecclesiastici: Mons. Tarnassi e Mons. Minetti « perchè molto pratici della Curia romana »; e il P. Giuseppe Marchi gesuita, « perchè molto istruito nelle cristiane antichità e dei sagri riti ». Il S. Padre approvò la scelta, che corrispondeva

---

[56] Oltre i documenti citati nel corso della trattazione v. *Altri Documenti inediti* riportati integralmente in fine al presente articolo.

[57] V. TIZZANI, *Della Commissione di Archeologia Sacra, del Museo Cristiano-Pio* ecc., Roma 1886 3-19.

ottimamente a ciò che Egli desiderava, « e il Card. Patrizi pubblicò il 9 luglio 1850 un decreto, col quale s'istituiva la S. Visita per la Lipsanoteca e per le Catacombe ». In quanto alla Lipsanoteca alcuni autografi del P. Marchi mostrano che egli vi ebbe a sostenere parti importanti, date le sue ampie e specifiche conoscenze in materia direttamente assunte nei precedenti anni.

Egli insistette sulla necessità di separare le mansioni di custodia e di distribuzione delle s. reliquie (e ne stese appositi regolamenti), da quelle riguardanti il « governo dei sacri cimiteri », che di fatto furono poi affidate alla nuova Commissione di Archeologia Sacra. Di tal governo il P. Marchi notava fin dal 1850: « Il governo de' cimiteri abbraccerà il mantenimento dei loro diritti, la conservazione dei loro ingressi, le escavazioni che per entro vi si voglian fare, la ricognizione ed estrazione de' corpi de' martiri, la cura delle pietre scritte graffite e scolpite, la conservazione delle pitture e la compilazione degli atti » ; e proponeva : « Non potranno esser chiamati a questo uffizio se non uomini esclusivamente consacrati agli studi delle dottrine, delle antichità e della critica sacra ... Gli eletti a tale uffizio conserveranno alla chiesa romana l'esclusiva proprietà di tutti i sacri sotterranei del suburbano della città ed insieme la inviolabilità delle porte e cancelli e la libertà di accedervi anche per orti e ville vignati od altro la cui proprietà sopra terra non appartenga alla chiesa ».

Della Lipsanoteca fu fatto un inventario e una revisione di tutte le reliquie, asportando quelle ritenute di dubbia autenticità ; fu imposta la riconsegna delle iscrizioni originali, ordinando che qualora venissero richieste insieme alle reliquie, come prova della loro autenticità, se ne rilasciasse soltanto una copia fedele ed esatta [58].

Circa la stessa Lipsanoteca Mons. Tizzani precisa : « ... furono prese delle determinazioni notate nei verbali che di mano in mano si passavano all'E.mo Cardinal Vicario. Si proposero quindi le

---

[58] Mons. Castellani Sagrista Pontificio in sua lettera del 21 mag. 1851 domandava al P. Marchi di poter far eseguire il *fac-simile* delle lapidi sepolcrali di corpi santi rimasti nella sua Custodia in seguito alla revisione che se ne era fatta, insieme lamentando che lo si fosse fatto rimproverare dal Sommo Pontefice per avere, egli dice, per il solo vantaggio dei fedeli, richiesta la restituzione delle reliquie che gli erano state sequestrate.

norme da seguirsi in avvenire per la regolare ricognizione e distribuzione delle reliquie. Scrissi come primo Visitatore una relazione di tutto al Card. Vicario cui la consegnai il 27 novembre di quell'anno 1850 ». Quindi aggiunge :

« Restavano per la Visita le Catacombe; ma il Tarnassi e il Minetti si dispensarono di accedervi a causa dei cocenti raggi del sole. Io dunque, accompagnato alle volte dal P. Marchi, mi accinsi al fastidioso pellegrinaggio degl'ipogei cristiani...; e biffai con croci decussate di legno le aperture della catacombe [59] ...Io però non era del tutto quieto sapendo volersi fare delle catacombe un monopolio a discapito dell'autorità ecclesiastica e di tutti gli amatori di cristiane antichità. Il Custode della Lipsanoteca potea dirsene allora il padrone, perchè vi penetrava a suo bell'agio ordinando l'apertura e la chiusura dei *loculi* a suo piacere e dirigendo i fossori solo alla ricerca del corpo dei martiri... A questo stato di cose veramente deplorevole doveasi, a parer mio, provvedere : ne feci perciò parola tanto al Card. Patrizi che a Pio IX, insinuando al Pontefice di metter sotto la direzione e sorveglianza di uomini competenti le catacombe, salvi i diritti del Card. Vicario, come Ordinario di Roma e del Sagrista di S.S. da cui ne dipendevano alcune.

« Il Santo Padre riconobbe la importanza delle mie osservazioni e mi ordinò di presentargli un progetto per la istituzione di una Commissione *ad hoc*. Mi posi subito all'opera ed il giorno 8 maggio 1851 ebbi l'onore di presentare a S. S. il seguente *Progetto...* » [60].

Senza riferirlo per esteso dirò che esso consta di un preambolo e 22 articoli; e che l'art. 11 contiene la proposta di un *Museo Cristiano-Pio* senza indicare dove verrebbe stabilito.

Mons. Tizzani non accenna quale precisa collaborazione abbia avuto il P. Marchi a questo suo progetto. Ma in un gruppo di sue lettere al P. Marchi, che del resto dimostrano il pieno accordo con cui procedevano i due principali Visitatori, ve n'è

---

[59] Da una relazione autografa e da altre note del P. Marchi risulta che due di questi sopraluoghi ai cimiteri suburbani furono eseguiti dai due illustri Visitatori il 4 e il 6 settembre del medesimo anno 1850: in tal mese il sole di Roma ha ancora « raggi cocenti ». Forse Mons. Tizzani ricordava di averlo provato egli stesso nella visita del 6 settembre ai cimiteri delle vie Tiburtina e Labicana che durò dalle 3 alle 7 pomeridiane, Con maggiore avvedimento la visita del giorno 4 al cimitero di Ponziano e probabilmente anche ad altri fu fatta alle 7 e mezzo del mattino. — V. la predetta relazione e le altre note del P. Marchi negli *Altri Documenti inediti,* aggiunti al presente articolo, DOCUMENTI 16-21.

[60] o. s. 6-11.

una del 19 nov. 1850, che dice : « Non faccia passar tempo pel progetto della Commissione sugli oggetti sacri. Intanto eccole in seno alla presente la sua nota che può annetterla al progetto. Mi creda costantemente pieno di stima ... ». Credo che si tratti qui delle prime loro intese per il progetto sopra menzionato, presentato poi da Mons. Tizzani nel maggio successivo al Sommo Pontefice. Nè può fare difficoltà la denominazione usata, nella citata lettera, di « Commissione sugli oggetti sacri », perchè nel suo progetto Mons. Tizzani ripete spesso la parola *oggetto,* e l'adopera a indicare tutto ciò che può rinvenirsi nei cimiteri, comprese le iscrizioni e le pitture. Uno infatti degli scopi principali della sacra Visita, come poi della Commissione di archeologia sacra, era appunto di impedire la dispersione degli oggetti o monumenti cimiteriali [61].

Mons. Tizzani prosegue narrando che il progetto da lui presentato riuscì di gradimento al Sommo Pontefice, che appena l'ebbe letto disse : « Lei, Monsignore, ha saputo bene interpretare la mia mente : così non ci sarà più pericolo di monopoli » [32]. Il santo Padre alludeva manifestamente a quella ingerenza esclusiva sulla gestione cimiteriale, già esercitata dal Custode delle Reliquie, e deplorata, come abbiamo sopra riferito, con espressione simile dallo stesso Mons. Tizzani.

Il medesimo progetto per volontà del Pontefice servì di base alle discussioni che si ebbero, alla presenza del Card. Vicario, nel giugno e nel novembre dello stesso anno 1851 dai cinque ecclesiastici, tra i quali era il P. Marchi, convocati per redigerne uno definitivo, e per proporre anche un progetto per l'ordinamento del nuovo Museo Cristiano.

Il 6 gennaio 1852 il S. P. Pio IX istituiva la Commissione di Archeologia Sacra, e con dispaccio della Segreteria di Stato,

---

[61] Da una lettera dell'architetto comunale Virginio Vespignani, in data 4 aprile 1851, al P. Marchi quale Conservatore dei sacri cimiteri, risulta che il Cardinal Vicario fino dal marzo 1850, allo stesso fine aveva anche « preso intelligenze col Comune di Roma » affinchè di qualsiasi ritrovamento di antichità cristiane cimiteriali fatto da funzionari dipendenti dal Comune, venisse dato immediato avviso al Conservatore dei sacri cimiteri. La lettera del Vespignani contiene l'avviso di uno di tali ritrovamenti, avvenuto in uno sterro « attorno alla Basilica di S. Lorenzo nel lato rivolto a tramontana »; e si trova nell'epistolario inedito del P. Marchi.

[62] *o. c.,* II.

n° 32288, firmato dall'Em.mo Cardinale Antonelli, ne veniva data comunicazione all'Em.mo Costantino Patrizi, Cardinale Vicario di S. S. [63].

* * *

Delle escavazioni cimiteriali dal novembre 1850 al maggio 1851 fu pubblicata a iniziativa del P. Marchi una relazione su « La Civiltà Cattolica », sotto il titolo: « Roma Sotterranea » e con la seguente nota iniziale: « Il P. Giuseppe Marchi e il Cav. G. B. De Rossi ci hanno invitati ad inserire il seguente articolo ».

Gli scavi erano stati fatti in cinque cimiteri: di Trasone e Saturnino, sulla via Salaria Nuova, di S. Agnese sulla via Nomentana, dei SS. Marcellino e Pietro sulla Labicana, di S. Sisto tra la via Latina e l'Appia, e in quello di Pretestato sulla via Appia [64].

Furono rintracciati ambienti e pitture pubblicate dal Bosio ed altre da lui non viste: tra cui quelle di due cubicoli detti dei Sacramenti, nel vero cimitero di Callisto; e uno dei più antichi cubicoli in quello di Pretestato. Furono raccolte oltre 200 pietre figurate o scritte. « Il regnante Pontefice ha voluto che le facessimo trasportare nel suo palazzo del Laterano insieme con quattro sarcofaghi rinvenuti da noi in una medesima cripta del cimitero Sistino (Pretestato); affinchè questi marmi servano di primo fondamento al nuovo Museo ch'egli intende di quivi erigere come in luogo più opportuno di Roma al collocamento di una grande raccolta di monumenti cristiani ».

La relazione termina con dichiarazioni importanti, sia a chiarimento delle pretese scoperte originali vantate dal Perret, sia come programma di successivi lavori:

« Diamo questa relazione sì per il grande studio che molti ora pongono nelle cristiane antichità di Roma; sì per avvisare il pubblico che non

---

[63] *Il 90° della Pont. Commissione di Archeologia Sacra,* in « L'Osservatore Romano » del 5-6 gennaio 1942, p. 2 articolo di C. R. (cioè di S. E. Rev.ma Mons. Carlo Respighi, Segretario della medesima Commissione).

[64] I cimiteri della via Appia sono qui indicati con le denominazioni allora in uso. Solo nel 1852 il De Rossi rese di pubblica ragione il vero nome antico e la situazione di ciascuno di essi.

sono morte le cure dei Romani Pontefici verso quelle, e che v'è anche in Roma chi si occupa d'investigare e illustrare cotali monumenti. Anzi a mantenere salvo il decoro di questa metropoli stata maestra dell'Europa intera in quasi tutte le divine e umane discipline, protestiamo che la massima parte delle scoperte fattesi *in questi ultimi undici anni* nei sacri cimiteri della Roma sotterranea, sono frutto di quelle ricerche che noi abbiamo intraprese e dirette.

Prosperi la divina provvidenza l'idea di una *pubblicazione periodica di monumenti cristiani* che noi ora stiamo meditando e della quale daremo quanto prima un avviso in questi medesimi fogli » [65].

E' questo il primo annunzio di un bullettino periodico che, non potuto pubblicare subito specialmente per difficoltà finanziarie, sarà poi iniziato dal medesimo memore discepolo G. B. De Rossi nel 1863 dopo la morte del maestro.

La collaborazione del De Rossi alla stesura dell'articolo citato dovette essere ben poca, se pure vi fu, perchè lo stile è tutto quello proprio del P. Marchi, il quale del resto si manifesta direttamente quando accenna alle ricerche « da noi intraprese e dirette in questi ultimi undici anni », infatti undici anni indietro, cioè nel 1840, o '41, il De Rossi non era in condizioni nè di dirigere nè di intraprendere ricerche nella Roma sotterranea. Soltanto nell'autunno del 1842 egli vi discese per la prima volta, come a principio abbiamo ricordato, a fianco del P. Marchi che aveva ottenuto al suo discepolo la revoca della severa proibizione paterna.

* * *

In quanto al grande Museo Cristiano che stava per sorgere al Palazzo Lateranense una notizia dataci dal De Rossi ci assicura che il P. Marchi mirava a tale istituzione già fino dal pontificato di Gregorio XVI [66]. Qualche sarcofago cristiano vi era

---

[65] La Civ. Cattolica, Ser. I 5 (1851) 621-624. (il corsivo è nostro)

[66] Nel Bullettino di Archeol. cristiana, (1876) 140, egli dice, parlando del tempo di Gregorio XVI: « l'illustre iniziatore della nuova era di studi intorno alle cristiane antichità, il P. Giuseppe Marchi divisava l'istituzione d'un grande Museo dei cristiani monumenti d'ogni classe nel Laterano ». Ad onore del predetto Pontefice giova riferire quanto scriveva fin dal 1841 il P. Gian Pietro Secchi S. I., illustre archeologo, professore nel Collegio Romano: « Ci arride una dolce e fondata speranza che dopo i Musei etrusco ed egizio, opere immortali del regnante Sommo Pontefice Gregorio XVI,

stato fin d'allora portato, « e di giorno in giorno si aspettava la fondazione del grande Museo Cristiano degno di Roma e del Laterano »; ma la morte di Gregorio XVI e poi « le pubbliche commozioni e le note vicende » dei primi anni di Pio IX « ne ritardarono l'esecuzione la quale non cominciò ad avere efficace principio prima del 1851 » [67].

Ma un generale e stabile ordinamento non si ebbe prima del settembre-novembre 1854. Della interessante relazione fatta inserire del P. Marchi su « La Civiltà Cattolica » del dicembre di quell'anno, giova riassumere le notizie più degne di nota:

« Erano già parecchi anni che Sua Santità insignemente benemerito delle cristiane Antichità aveva nell'animo l'esecuzione di così nobile divisamento. Voleva aggiungere un Museo al denaro da lui non duplicato, ma triplicato verso le annuali escavazioni de' sacri cimiteri, che sono la prima fonte dei Monumenti che servono ad arricchire il Museo. Aveva anche scelto e destinato il luogo nel Laterano ove mettere mano alla grandiosa istituzione... l'Em.mo Prefetto dei Palazzi apostolici... il 21 dell'ultimo settembre chiamati a sè il P. G. Marchi e il commendator de Fabris direttore dei Musei Pontificii, loro affidò l'opera della creazione del nuovo Museo. Questi il 25 settembre si misero all'opera di distaccare dal Vaticano i marmi che già Benedetto XIV vi aveva collocati, e trasportarli al Laterano... Il rimanente settembre andò tutto in questo trasferimento, e non fu posta mano alla creazione del Museo nuovo, se non il due Ottobre ». Furono collocate prima le antiche sculture distribuite « con bella armonia » rispetto agli scomparti architettonici della grande sala a ciò destinata: 26 sarcofagi interi e 25 fronti di altri sarcofagi, tutti con sculture...; sulle pareti stesse eransi incominciate a ordinare le lapidi con iscrizioni e graffitti, o con soli graffiti, i quali offrivano bella e dotta varietà ai bassorilievi. Ma dovendo nella corrente stagione la galleria servire di studio ai forastieri che abbiamo in Roma rispettabilissimi, ed ai cittadini, il compierla sarà opera dei mesi estivi.

« Evvi altresì una sala nel loggiato superiore, nella quale si è dato luogo alle fedeli copie, che il Santo Padre fa trarre dagli originali de' sacri cimiteri. Inedite sono queste pitture e di un'importanza forse maggiore che quelle che il Bosio fu il primo a ritrarre, e che niuno dopo di lui si è preso cura di aumentare.

---

sorgerà degno di Roma il Museo delle cristiane antichità nel palazzo Lateranense e sarà certamente la delizia più cara di lui e dei suoi successori » Giornale Arcadico 83 (1841), 224 in nota, nell'artic. intitolato *Epigramma greco cristiano ... trovato presso l'antico Augustodunum.*

[67] Veramente dalle note autografe dei pagamenti eseguiti dal P. Marchi (delle quali parleremo qui appresso) appare che « trasporto di sarcofagi e lapidi dai cimiteri al Laterano » venne eseguito anche nel giugno 1850.

« A questi primordii erasi posto termine il giorno ultimo di ottobre. Il S. P. ora più che mai da serie occupazioni aggravato, seppe pure trovare nel giorno 9 del seguente Novembre le ore pomeridiane libere per osservare di nuovo il luogo scelto da lui e vederlo ridotto a Cristiano Museo...

« Trattennesi in prima innanzi al sarcofago maggiore ... » (e qui segue un'ampia esegesi delle scene in esso rappresentate). « Successivamente passò ad altri sarcofagi e vide... » (segue la descrizione delle altre figurazioni più importanti). « Uscito dalla galleria e venuto alle superiori logge volle entrare nella sala delle copie delle pitture cimiteriali dove trattennesi alcun poco... Sono queste le principali cose sulle quali il S. P. fermossi di miglior grado... avvicinavasi la sera e il S. P.... significò di bel nuovo il suo gradimento verso lo zelo con cui il P. Marchi e il Commendator de Fabris eransi studiati di sollecitamente servirlo... » [68].

Solo in appresso G. B. De Rossi ordinò la sistematica classificazione delle iscrizioni cristiane nel grande loggiato nel primo piano e nelle pareti ai lati della grande scala [69].

Nell'opuscolo sopra citato, Mons. Tizzani esprime il suo disappunto, perchè, dopo quanto egli aveva fatto per la istituzione della Commissione di Archeologia sacra, di cui era uno dei più autorevoli membri, e per il nuovo Museo Cristiano Lateranense, sul quale aveva pure presentato un ampio progetto, questo era stato ordinato senza la sua diretta collaborazione [69bis].

* * *

Circa le mansioni svolte dal P. Marchi come *Conservatore* e come incaricato provvisorio alla ricognizione ed estrazione delle reliquie, e perciò come direttore dei lavori cimiteriali dal novembre 1850 al maggio 1852, abbiamo tre serie di autografi.

La prima è costituita da minute di note di pagamenti mensili da lui eseguiti: *a*) « per la compagnia dei cavatori dell'E.mo Sig. Card. Vicario », « per le escavazioni dei Sacri cimiteri e per la Lipsanoteca dell'Eminentissimo Signor Cardinal Vicario »; *b*) « per le escavazioni delle catacombe di Mons. Sagrista », « per le escavazioni ... di commissione di Mons. Castellani Sagrista di S. S. », « per le escavazioni fatte ... della compagnia dei cavatori addetti al servizio di S. E. Mons. Sagrista ». Queste note, tutte autografe, portano per lo più anche la firma; e il nome del P.

---

[68] La Civ. Cattolica, Ser. II 8 (1854) 569-76.
[69] G. B. DE ROSSI, o. c, 141-144.
[69bis] TIZZANI, o. c. 18 s.

Marchi è seguito dal titolo di *Conservatore dei Sacri Cimiteri,*
a cui talvolta è aggiunto anche quello di *deputato provvisorio,* o
di *deputato alla direzione*: in una di tali note è scritto *Conservatore dei Sacri Cimiteri direttore dei lavori.* Tutte queste vanno
dal novembre-dicembre 1850 all'aprile-maggio 1851, periodo dopo
il quale cessano, a motivo della stagione estiva, le escavazioni
sotterranee (v. nei nostri *Altri Documenti inediti* i Doc. 6-10).

Una *seconda* serie di autografi è costituita da brevi ma circo-
stanziate relazioni circa le ricognizioni e le estrazioni delle
SS. Reliquie dei Cimiteri, avvenute quasi mensilmente. Esse
vanno pure dal dicembre 1850 al maggio 1852. In tutto sono 34
ricognizioni, e quasi altrettante estrazioni.

Tanto per riferirne qualche dato più notevole, la prima del
19 dicembre 1850, termina dicendo: « Testes aderant, PP. Pas-
saglia et Schrader, Petrus Tessieri sod. S. J. et Ioannes Bapt.
De Rossi ». Un'altra del 18 gennaio 1851: « Testes recognitionis
et extractionis aderant Doctor Grant Rector Collegii Scotorum,
P. Paterniani sodalis e S. J. et Ioannes Baptista De Rossi eques »;
e il P. Marchi al proprio nome aggiunge *Conservator Sacror.
Coemeter.* Nelle ricognizioni eseguite nel 1852, la sottoscrizione
autografa è seguita dai titoli: *Conservatore dei Sacri Cimiteri,
Deputato dalla Commissione delle antichità cristiane alla ricognizione ed estrazione.* Alla ricognizione del 12 gennaio 1852 nel
Cimitero dei SS. Marcellino e Pietro è aggiunto in fine: « Assi-
stettero a questa estrazione due Padri Abbati Benedettini Francesi, il P. Ministro del Collegio Romano con quattro altri Padri
d. C. d. G. e i due fratelli de Rossi ».

Particolarmente importante fu la ricognizione del 22 maggio
1852 nel Cimitero dei SS. Martiri Nereo e Achilleo (a cui l'autografo aggiunge « impropriamente detto di Callisto »): il P. Marchi osservando, come di consueto, tutte le particolarità di un piccolo sepolcro di un bambino, con vaso di vetro murato al di fuori,
rilevò che alcune monetine erano state infisse nella calce di chiusura quand'essa era ancor fresca. Una di queste monete era certamente del periodo costantiniano già inoltrato. Perciò

« .. Non potendosi dubitare — dice la sua relazione — per la testimonianza di questa monetina, che il bambino quivi sepolto non sia stato
sepolto o nell'impero di Costantino o poco dipoi, quando cioè le persecuzioni eran cessate, si propone alla sezione delle Sacre Reliquie il dubbio

del non martirio di questo bambino e quindi della non bastevole prova del
così detto vaso del sangue in favore del martirio. La persecuzione di Giuliano posteriore a Costantino non fu sanguinolenta in guisa che ci dia ragione di supporla tale anche contro i bambini. Giuliano mirava a spegner
più le anime che i corpi, e a schiantare i principî e la dottrina di Cristo
ben più che a uccidere que' che la professavano...». Seguono i testimoni:
«Il Sigr. Ab. D. Felice Profili Segretario della Commissione. Il Sigr. Cav.
G. B. De Rossi membro della Commissione — furono presenti»; e poi la
firma «P. Giuseppe Marchi d. C. d. G. Conserv.re de' Sacri Cimiteri».

Il metodo analitico e comparativo integrale, seguito fin da
principio dal P. Marchi apriva in quel giorno la via a risolvere
su base positiva una famosa e assai controversa questione, e a
sgombrare prudentemente il terreno da un'altra opinione che nella
sua generalità non reggeva alla prova dei fatti. Quel giorno l'antico discepolo, lì presente, aveva ricevuto una nuova e importante
lezione di cui seppe approfittare.

Tanto più che un primo dubbio di tal genere aveva già espresso
il P. Marchi in una precedente ricognizione del 29 gennaio dello
stesso anno, nel medesimo cimitero, a cui furono pure presenti
i due fratelli De Rossi. Si trattava del sepolcro di un adulto, avente
al di fuori il vaso, solitamente ritenuto del sangue, di misura maggiore del solito. La relazione autografa dice:

«... Debbesi serbare memoria che dove le parti superiore ed
inferiore del cadavere ben conservate si mostravano sane ed intere,
le braccia le costole e le vertebre corrispondenti alle costole e alle
braccia si palesavano come carbonizzate. Sarebbe giovevole l'esame
di persona dell'arte per assicurare ai vasi l'autorità di caratteri
del martirio dai sepolti sofferto».

Data l'importanza di tali ricognizioni, sia per l'accuratezza e
singolarità delle constatazioni, sia per la varietà dei testimoni, ne
riporterò integralmente un'altra tra i *Documenti inediti* (v. Doc. 5).

Insieme alle sopra menzionate note per i «Cavatori dell'E.mo
Sig. Card. Vicario» in un foglio pure autografo e sottoscritto,
con la data del 2 dicembre 1850, si legge: «Riconosciuta da
Monsignor Tizzani Presidente della Sacra Visita la discon-
venienza d'incominciare le escavazioni al cimitero di S. Elena,
sulla via Labicana al di là di Torpignattara, il sottoscritto ha potuto questa mattina far riprender i lavori a cinque uomini soli
nella via principale del Cimitero di S. Agnese giusta quanto erasi
concertato tra il lodato Monsignore e lui». La squadra dei cava-

tori cimiteriali dell'Em.mo Cardinal Vicario era ordinariamente composta di otto uomini, che, come viene spiegato nel seguito del documento citato e in altro di poco posteriore, erano stati ridotti a sei, a motivo «delle passate rivolture» del 1848-49; e poi a cinque. per l'esclusione anche dell'antico caporale Angelo Capponi (o Caponi), autore della falsa accusa di sacrilegio contro il conservatore e contro Mons. Sagrista.

Per nuove ragioni di prudenza e di disciplina, lo stesso P. Marchi aveva proceduto a tale provvisoria esclusione durante la S. Visita e col consenso del Presidente Mons. Tizzani. La squadra dei cavatori di Mons. Sagrista era di sei uomini. Quindi il P. Marchi poteva allora disporre normalmente soltanto di undici fossori.

Alle escavazioni che al P. Marchi sembravano necessarie per ragioni di studio, questo era troppo poco; perciò egli in una supplica al Sommo Pontefice Pio IX domanda, come si è già accennato, un fondo mensile speciale da impiegarsi esclusivamente «negli sterramenti de' luoghi che possono essere più fecondi d'istruzione e nelle copie di quelle pitture che sono in maggior pericolo di perdersi e rovinare».

Importante è questa duplice motivazione rivolta a tutto vantaggio degli studi. Ma non è questo il solo documento che riguardi proposte di trarre copia delle pitture cimiteriali; ve ne sono altri due, che credo anteriori: molto probabilmente dell'a. 1847, a dell'inizio del 1848, come tosto vedremo; mentre il primo sopra ricordato non è posteriore al marzo 1850.

Qualche incertezza nella datazione (che non potrà esser tolta se non quando si avranno a disposizione le missive originali), non diminuisce l'importanza di tali documenti; che intanto riporterò qui appresso dalle loro minute autografe, indicandoli, secondo l'ordine cronologico già accennato, come DOCUMENTI A, B, C.

Questi tre documenti inediti, insieme alle relative note dei pagamenti eseguiti dal P. Marchi in base a un fondo straordinario mensile, concesso dal Santo Padre prima del marzo 1850, costituiscono la *terza* serie di testimonianze che ho sopra preannunziato.

* * *

Le due lettere che ritengo inviate per prime, in ordine di tempo, al Sommo Pontefice circa l'esecuzione di copie delle pitture cimiteriali, hanno una portata molto vasta: esse infatti trattano del progetto e preventivo per eseguire le copie, a colori e a grandezza delle originali, di tutte o quasi tutte le pitture della Roma sotterranea, gradualmente entro dieci anni, per una somma di 12.000 scudi. Tali copie dovrebbero formare una galleria nuova di antica pittura cristiana presso il Museo Sacro della Biblioteca Vaticana.

Da due elementi contenuti nella prima di esse appare che furono scritte certamente dopo il febbraio 1847, e molto probabilmente durante quel medesimo anno o nei primi mesi del seguente, perchè a motivo dei rivolgimenti politici il P. Marchi dovette poi star fuori di Roma dalla fine del marzo 1848 fino al settembre 1849, e non era quello il tempo di pensare a simili progetti. I due elementi sono un *fatto* e una *proposta*: il fatto ivi ricordato è la copia eseguita « dei due monumenti mitriaci » cioè delle pitture dell'ipogeo sincretistico dei cultori dei dio Sabazio e di Mitra: ipogeo che era stato ritrovato dallo stesso P. Marchi, dopo più di tre anni di laboriose ricerche, nel febbraio del 1847 come egli stesso riferisce in un suo manoscritto inedito [70].

---

[70] Esso è la *Prefazione* alla parte della sua opera riguardante la Pittura; e, per le importanti questioni preliminari che tratta, sarà ampliamente pubblicato nei Rendiconti della Pont. Accademia (fascic. già indicato). Qui basti rilevare che il ritrovamento delle suddette pitture costituisce una delle più insigni benemerenze del P. Marchi per gli studi della genuina antichità cristiana. Il Bottari le aveva publicate nella sua *Roma sotterranea,* dandole come cristiane, e causando perciò grave confusione nella mente dei successivi scrittori che si occuparono del primitivo simbolismo cristiano, fino all'ultimo illustratore delle *Catacombe romane,* il celebre Raoul Rochette (1837). Il P. Marchi « pressato da gagliarde ragioni di non abbandonarsi alla cieca alla fede di tale testimonio » (cioè del Bottari), « per tre anni consecutivi era venuto tentando ogni angolo di questi cimiteri dell'Appia »; e finalmente, intensificate le ricerche sul cadere del 1846, nel successivo « febbraio inoltrato » riuscì a ritrovarle. Si potè allora constatare che il Bottari le aveva molto incompletamente riprodotte, omettendo anche le iscrizioni, che ne escludevano assolutamente l'origine cristiana. Nella Prefazione al primo volume della Roma sotterranea, il De Rossi parla di quelle pitture, riconosce la confusione e gli errori derivati dalla publicazione del Bottari; ma dell'autore di così importante e non casuale ritrovamento dimenticò perfino di dare il nome (ivi, 58 e 67). — Aggiungo qui, per utilità degli studiosi, che la illustrazione delle suddette piitture data poi dal P. Garrucci (*Tre sepolcri con pitture ed iscrizioni appartenenti alle superstizioni pagane del Bacco sabazio e del persidico Mitra...,* Napoli 1852), fu fatta in base a dati e disegni rimessigli dal P. Mar-

Data dunque l'importanza di tali pitture, il P. Marchi aveva ottenuto dal Sommo Pontefice Pio IX che se ne facesse una copia esatta; e fu eseguita a spese del Maggiordomato. Dunque la supplica è posteriore, forse di alcuni mesi, al « febbraio inoltrato » del 1847. D'altra parte appare anteriore alla decisione di Pio IX di far sorgere un grande Museo Cristiano al Laterano, perchè dopo tale determinazione Sovrana non sarebbe stata più opportuna la proposta del P. Marchi di istituire una nuova galleria

---

chi: ciò risulta da un folto gruppo di lettere inedite dello stesso P. Garrucci datate dal febbraio 1847 in poi. Questi del resto incomincia l'accennato suo opuscolo dicendo: « Rinvenire alcune pitture cimiteriali pubblicate o per meglio dire stranamente contraffatte dal Bottari, e peggio ancora interpretate per cristiane, era da lungo tempo desiderio il più vivo del dotto autore dei Monumenti dei Cristiani primitivi ». Di fronte al tentativo del Perret di gabbare gli eruditi spacciando anche questo ritrovamento tra le proprie originali scoperte, il sig. Northcote era disposto, a miglior difesa della giustizia e della verità, a far le spese, nel gennaio 1850, di una più sollecita pubblicazione. Per cui il Garrucci scriveva al Marchi: « Il sig. Northcote ed io a lui aderendo ci impegnammo di assicurare a Lei i suoi diritti sul Perret; ma io son ben persuaso che il Perret per ora non darà nulla alla luce; e quand'anche il facesse, ciò niente nuocerebbe alle sue posteriori dilucidazioni, anzi le darebbero bel campo da confutare la leggerezza di lui. Più sarebbe stato doloroso se le avesse egli comunicate al Rochette, o al Laiard, lo che non ha egli fatto per quanto io so. Resta quindi a Lei tutto l'agio di scrivere su quei soggetti sì importanti per tutti i lati. In quanto a me la ringrazio cordialmente di avermi compiaciuto di farmi esercitare su quei dipinti, ciò che era stato il mio desiderio manifestatole nello stesso tempo in che lavorava per lei nella catacomba... Perocchè dato che le stesse stessissime pitture siano presso il Perret, che ebbe l'agio di copiarle dal Kircheriano, già gli interessi di Lei da quella pubblicazione erano lesi. La mia interpretazione dunque per l'amicizia di che Ella mi onora, aveva sembianza di quel partito sociale citatomi da Lei in altra sua più antica... E con piena fiducia di meritare la considerazione di Lei, me le ripeto di V. R. Umilissimo servo... Napoli 1-2-50...». Ma per allora il P. Marchi non acconsentì, credendo di poterne fare egli stesso la pubblicazione nel volume già pronto sulla primitiva pittura cristiana: gli vennero poi a mancare i mezzi necessari per la stampa, come sopra ho già detto, per cui si indusse a cedere al Garrucci fino a tutto il materiale illustrativo sia della pittura che della scultura antica cristiana (v. Garrucci, *Vetri*... Iª ed. Roma, 1858, p. XXI; il quale infine conclude: « Da quel momento egli poi ha voluto che l'opera mia debba servir di continuazione alla sua, siccome quella che tutti comprende i cristiani monumenti dei secoli primitivi ».

di copie delle pitture cimiteriali in Vaticano, tanto più che lo
stesso P. Marchi già da tempo pensava proprio a un grande
Museo Cristiano al Laterano. Orbene tale decisione di Pio IX,
sembra già presa all'inizio del 1850, perchè nelle note autografe
dei pagamenti fatti dal P. Marchi per lavori eseguiti durante il
1850, sotto il mese di giugno viene già menzionato il « trasporto
di sarcofaghi e lapidi dai cimiteri al Laterano ». Si noti poi che lo
stesso P. Marchi nella relazione sopra citata circa l'ordinamento
del nuovo Museo Cristiano Lateranense, del novembre 1854, dice:
« Erano già parecchi anni che Sua Santità aveva nell'animo l'esecuzione di così nobile divisamento »: e anche questa espressione
« già parecchi anni » ci riporta verso l'inizio del 1850.

Di più il tenore della successiva e più limitata proposta sul
medesimo oggetto di trarre copia delle pitture cimiteriali, che è
non posteriore al marzo 1850, e riprende la pratica completamente
ex novo, fa supporre che vi sia stato qualche tempo non breve
tra la prima e la seconda proposta.

Sicchè la data più probabile dei due primi documenti A e B
che ora riferiremo è per i mesi immediatamente prima dei rivolgimenti del 1848-49.

Tanto maggiore è allora la loro importanza perchè dimostrano con quanta assiduità il P. Marchi richiamasse l'attenzione
del S. P. Pio IX sulla necessità di eseguire le copie delle pitture
cimiteriali per evidenti esigenze di studio, e come il Sommo Pontefice propenso a soddisfare questa proposta, domandasse al
P. Marchi ulteriori particolari circa il preventivo delle spese.

I successivi perturbamenti romani debbono aver per allora
impedito l'esecuzione del progetto, che viene quindi ripreso in
considerazione nei primi mesi del 1850; ma in forma allora più
ridotta, data la situazione dell'erario pontificio; a cui espressamente allude, l'ultimo periodo della supplica per la seconda
proposta (Docum. C.).

Dei tre documenti i due primi sono strettamente connessi:
il secondo è la lettera di accompagno del particolareggiato preventivo richiesto dal Pontefice stesso, che aveva preso in favorevole considerazione la proposta contenuta nel primo. Essa è
così magnificamente esposta e solidamente motivata, da sembrare
anche per questo più adatta, come programma a vasto orizzonte,

per i primi tempi del pontificato di Pio IX, anzichè per la situazione del medesimo dopo l'esilio a Gaeta e a Portici.

Questa prima supplica sembra inoltre predisporre prudentemente la via ad altre analoghe richieste in favore delle tanto trascurate antichità sacre di Roma:

DOCUMENTO A: PRIMO PROGETTO

Beatissimo Padre

Le antichità pagane nella Roma dei Sommi Pontefici della Cristianità hanno goduto e godon tuttora maggior favore che le antichità cristiane dei primi secoli di nostra Chiesa. Questo fatto incontrastabile nella sua sostanza sarebbe odioso a spiegarsi nelle sue cause ed origini. Gli antecessori della Santità Vostra occupati del governo della Chiesa e dello stato hanno dovuto lasciare nell'arbitrio e nelle mani di ministri secondari la cura dei monumenti delle antiche arti. Cotesti ministri, laici la maggior parte e poco intelligenti del vero decoro del Romano Pontificato, continuano a credere che i monumenti del paganesimo dieno più che quelli del cristianesimo onoranza e splendore ai sacri Palazzi Apostolici. Per altra parte stanno su gli occhi di tutti i dispendi che continuano a farsi, gli studi che continuano a promuoversi, i musei che continuano ad arricchirsi. Ognun vede quanto qui si è fatto e si fa per le profane e le cristiane memorie; ognuno è libero ad istituire confronti e a dedurre conseguenze.

E pure la presente Roma, in quanto è la suprema maestra della cristianità diffonde dottrina più salutare da un sol monumento tratto fuori dei suoi sacri cimiteri e saggiamente interpretato, che da tutti i monumenti gentileschi raccolti nei suoi magnifici musei per quanto si sappiano dottamente illustrare. Fondato su questo ragionamento il conservatore dei sacri cimiteri chiede ossequiosamente di poter rappresentare alla Santità Vostra, che il Vaticano rimane tuttavia con un gran vuoto anche dopo arricchito delle sterminate dovizie del museo Egizio, del Museo Etrusco, e del vastissimo delle statue e bassorilievi greci e romani gentileschi. Vi è una ricca e gloriosa corona da cogliere: è serbato alla S. V. il merito e la gloria di creare la galleria delle pitture più sante di nostra religione che sono quelle che la divina provvidenza conserva nei sacri cimiteri della Roma sotterranea.

Nei luoghi meno accessibili della Roma sotterranea veggonsi anco al presente pitture piuttosto sante per ragione del soggetto che belle per ragione dell'arte eseguite per ordine dei Romani Pontefici nei tempi in cui infierivano le pagane persecuzioni a sterminio del nome cristiano, ed eseguite al solo fine di istruire i nuovi fedeli ed onorare il divin culto. La loro origine contemporanea a le origini cristiane, la sapienza dei Pontefici che ha presieduto alla loro esecuzione, la virtù stessa di Dio che le preserva dalle rovine di sedici e diciassette secoli, danno ad esse una tanta autorità, che non è maggiore quella della parola dei Padri e Scrittori Ecclesiastici ad esse contemporanei.

L'impossibilità per i lontani e la somma difficoltà per i vicini stessi e perfin per quelli che più praticano nella Roma sotterranea di vederle, studiarle e confrontarle nei luoghi dove sono, fanno che queste splendide lucerne rimangano come nascoste sotto il moggio, e impediscono che la luce di vita di cui sarebbero fonte si spanda a illuminare i credenti e i non credenti. Quindi il conservatore dei sacri cimiteri ardisce offrire alla S. V. l'opera sua all'oggetto di trarne una copia eguale in tutto alle diverse grandezze e ai colori diversi degli originali. Le copie si ordinerebbero in quella galleria della Biblioteca Vaticana, che dalla porta del picciol museo cristiano di Benedetto XIV viene alla gran sala di Sisto V e costituirebbero un nuovo e singolare museo di pittura cristiana. Non vi ha forse luogo più conveniente della Biblioteca Vaticana, dove custodire questo che può ben dirsi codice tuttora nella massima parte inedito. Il cittadino e lo straniero che qui trova in tanta copia i documenti delle lettere e delle scienze antiche profane e sacre, quivi pur troverebbe ordinati innanzi ai suoi occhi i preziosi monumenti della primitiva arte pittorica cristiana. ◆

Le copie si eseguirebbero progressivamente nel corso di alcuni anni. L'esperienza già fatta sui due monumenti mitriaci copiati d'ordine della S. V. a tutte spese del Maggiordomo porge una sicura norma delle spese da incontrare e dei risultati da ottenere. Il pittore cav. Ruspi con due suoi figliuoli pure pittori, un cavatore addetto esclusivamente al servizio dei tre pittori, onde far da guida e aprire strade e trasportar terra e tener apprestati i lumi, le spese dei telai, tele e colori, e i trasporti da Roma ai luoghi diversi dei cimiteri non eccederebbero i cento scudi al mese; e la copia d'un dieci monumenti all'anno ne sarebbe il risultato. Alla fine d'un decennio la nuova galleria delle pitture cristiane nella Biblioteca Vaticana sarebbe ricca di cento monumenti acquistati al prezzo non eccessivo di dodicimila scudi. Il conservatore porrebbe le mani alla esecuzione di questa proposta nel momento medesimo che piacesse alla S. V. d'approvarla e autorizzarla [71].

DOCUMENTO B: LETTERA D'ACCOMPAGNO AL PREVENTIVO

Beatissimo Padre,

L'ordine datomi dalla Santità Vostra di presentarle un preventivo delle spese necessarie per la copia delle cristiane pitture cimiteriali, mi dà coraggio di farle noto che non è una sola la cassa da cui la S. V. ha il pienissimo potere di prendere i milleduegento scudi annuali calcolati nella memoria quivi annessa [72].

La cassa dello stato o del Tesorierato Generale versa ogni anno in quella

---

[71] Minuta autografa del P. Marchi in foglio di formato grande: essa e le due seguenti sono presso l'Archiv. S. J. Prov. R., M. II.

[72] La memoria qui menzionata, contenente il preventivo particolareggiato, non è stata ancora ritrovata; tuttavia il presente documento ha notevole importanza perchè dimostra il pronto e diretto interessamento del S. P. Pio IX alla precedente proposta.

del Camerlengato scudi cinquemila (ridotti dai diecimila che erano prima del 1831) per acquisto di monumenti antichi da arricchire i pubblici musei. Potrebbe la S. V. da questa somma riversare milledugento scudi per la copia delle pitture cimiteriali, che sono pure monumenti antichi destinati a costituire una pubblica galleria. Il conservatore de' sacri cimiteri impegnerebbe verso la S. V. la sua parola che questi dodici cinquantesimi non frutterebbero meno degli altri trentotto che rimarrebbero al Camerlengato, quando la commissione d'Antichità e Belle Arti addetta a coadjuvare il Camerlengato medesimo si restasse al tutto fuori da questa impresa. Gli antecessori della S. V. non hanno d'altronde data mai nè al Camerlengato nè alla commissione la minima ingerenza sulle cose dei sacri cimiteri. Il conservatore ha nella persona del Professore Cavalier Minardi il consiglio, l'avvedimento e il disinteresse necessarj a supplire il difetto delle cognizioni e della esperienza propria.

Quando questo primo partito non incontri il pieno gradimento di V. S., il peso dei milledugento scudi potrebbesi aggiungere a quello più gravoso che già porta la Dateria Apostolica. La Dateria paga tutte le spese che annualmente si fanno nei cimiterj per la ricerca delle reliquie dei santi martiri. Grave forse sarebbe questa giunta, ma, come duratura per pochi anni, non sarebbe poi importabile.

Avrebbe con un terzo partito la S. V. pieno diritto di dividere il carico tra la cassa della Dateria e la cassa della Segreteria dei Brevi in due eguali metà, o di distribuirlo in tre parti pure eguali sul Camerlengato, sulla Dateria e sulla Segreteria de' Brevi. Anzi postochè la Biblioteca Vaticana parte nobilissima dei Palazzi Apostolici, sarebbe prescelta a possedere e custodire il nuovo acquisto, la S. V. darebbe al pubblico una novella prova del proprio disinteresse chiamando la cassa degli stessi Sacri Palazzi a contribuire per il quarto dei milledugento scudi. Il peso equamente in tal forma distribuito non eccederebbe i trecento scudi su ciascuna delle quattro parti e non porterebbe squilibrj su niuna di esse.

Il conservatore come religioso e come gesuita non potendo prendere sopra di se senza pericoli l'amministrazione dei milledugento scudi, si riserberebbe di proporre alla S. V. quando la proposta venisse approvata, il modo il più idoneo a salvare le sue convenienze e ad ottenere che del denaro assegnato non si disperdesse neppure un bajocco solo fuori dell'uso a cui la S. V. l'avrebbe consacrato [73].

DOCUMENTO C: SUCCESSIVA PROPOSTA PIÙ LIMITATA

Beatissimo Padre,

La Dateria Apostolica per Ordinazione Sovrana e per antica prescrizione verso i Sacri Cimiteri fornisce mensilmente lo stipendio agli otto cavatori che servono alla custodia dell'Eminentissimo Cardinal Vicario, agli

---

[73] Minuta autografa su foglio di formato grande. In quarta pagina si legge: «A Sua Santità Papa Pio IX — per l'oratore — Conservatore de' Sacri Cimiteri — P. Giuseppe Marchi d. C. d. G.».

altri sei cavatori addetti ai Sacri Palazzi Apostolici e alla Custodia di Monsignor Sagrista; e paga le spese di manutenzione delle molte porte e cancelli dei Cimiteri medesimi. L'opera dei quattordici stipendiati è ristretta esclusivamente alla ricerca dei Corpi dei Santi Martiri e alla loro asportazione. I monumenti del culto e della storia della Chiesa nascente, se per avventura s'incontrano, sono per lo meno dai cavatori trasandati. In tempi non lontani erano maltrattati e alcune volte anche distrutti, come può ritenersi dalle attestazioni degli attuali cavatori e dai fatti che rimangono indelebili negli stessi cimiteri.

Il supremo magistero e l'onore di questa Santa Sede ed il molto studio che al presente i dotti anche non cattolici pongono nei monumenti cristiani primitivi singolarmente della Chiesa Romana esigerebbero un più largo provvedimento verso la poco curata Roma Sotterranea. I grandi sterramenti che si avrebbero a fare per rendere praticabili le cripte e cappelle almeno più principali e di scoprire le pitture, le sculture, le scritture non si possono neppure intraprendere e non si può ottenere l'insigne vantaggio che ne verrebbe alla istruzione e alla edificazione comune dei cattolici e non cattolici dalle copie lucidate sugli originali delle pitture importantissime scoperte in questi ultimi mesi. Quelle caverne sono accessibili a pochissimi: la conoscenza di così sante lezioni sarebbe a tutti utilissima, se non necessaria.

Il P. Giuseppe Marchi conservatore dei Sacri Cimiteri ed oratore ossequioso della Santità Vostra si presenta ad implorare un assegnamento mensile da impiegarsi esclusivamente negli sterramenti dei luoghi che possono essere più fecondi d'istruzione e nelle copie di quelle pitture che sono in maggior pericolo di perdersi e rovinare. Ancorchè l'assegnamento non potesse per ora portarsi ai cinquanta scudi, sarebbe buona caparra dell'avvenire. Spera l'oratore che gli effetti di questa prima disposizione muoveranno l'animo di V. S. ad una più larga provvidenza quando sieno migliorate le condizioni dell'erario [74].

Quest'ultima supplica non porta una data esplicita, ma tre diverse note di pagamenti annui insieme confrontate permettono di fissarla a circa la fine di febbraio o ai primi di marzo 1850. Due prime note annuali di pagamenti eseguiti dal P. Marchi hanno come intestazione: « sul fondo di 25 scudi mensili assegnati sulla Cassa della Dateria », « assegnati dal S. Padre per bisogni straordinari ne' Sacri Cimiteri e per il Museo Cristiano Lateran o »: in esse le spese maggiori sono appunto « per lucidi e disegni cavati da vari cimiteri ..., per telai e copie dipinte già ultimate ..., pagati al pittore Bossi ..., per tela da pittore ... » (v. appresso p. 506.)

---

[74] Minuta autografa su foglio di formato medio. In quarta pagina è scritto dalla stessa mano: « Alla Santità di Nostro Signore — Papa Pio IX — per l'oratore — P. Giuseppe Marchi — Conservatore de' Sacri Cimiteri ».

Di queste due note annuali una contiene la data del 1851 : l'altra è senza data, ma non può essere del 1852, perchè per tale anno vi sono distinte e ben diverse note mensili : infatti essendo stata istituita la Commissione di archeologia sacra appunto nel gennaio 1852, le note dei lavori e pagamenti di questo anno portano differente intestazione, p. es. « Spese fatte d'ordine della Commissione di Archeologia Sacra ... » o « ... delle cristiane antichità », ecc. ; e comprendono nuove voci e spese complessive maggiori. D'altra parte la nota non datata non può essere posteriore al 1852 per ragioni analoghe ; e non può essere anteriore al 1850 perchè il P. Marchi fu di ritorno a Roma dall'esilio solo nel settembre 1849, mentre la nota indica espressamente lavori eseguiti dal mese di marzo in poi. D'altro canto non si può riferire nemmeno agli anni anteriori al 1849 per ragioni già sopra indicate ; quindi non resta che l'anno 1850, all'inizio del marzo o poco prima, perché in tal mese già si eseguiscono i lavori elencati nella nota.

Ciò vuol dire che le copie delle pitture cimiteriali cominciarono ad essere eseguite sistematicamente, su proposta del P. Marchi e per autorizzazione e munificenza pontificia, circa due anni prima che venisse istituita la Commissione di Archeologia Sacra, e continuarono durante il 1850 e 1851.

Se il fondo mensile straordinario era di soli 25 scudi, bisogna pur ricordare quanto abbiamo già rilevato che il P. Marchi, essendo durante questo stesso periodo ufficialmente unico direttore dei lavori cimiteriali, potè valersi, per gli « sterramenti dei luoghi più fecondi d'istruzione », dell'opera delle due squadre di fossori, che erano da lui stesso pagati sul consueto fondo ordinario ; riservando così il modesto assegno straordinario principalmente per le copie delle pitture e per il trasporto delle sculture e delle iscrizioni al palazzo del Laterano.

Cosicchè la Commissione di Archeologia Sacra, quando incominciò a funzionare, si trovò notevolmente agevolata nel compimento delle sue mansioni, per il buon avviamento già dato ai principali lavori sopra ricordati.

Il complesso dei documenti che abbiamo riportati o riassunti mostra pure che il P. Marchi restò come principale direttore dei lavori cimiteriali almeno fino al maggio 1852. E ciò è confermato da quanto esplicitamente attesta il De Rossi nella sua relazione riassuntiva degli scavi e risarcimenti operati fino al termine predetto [75].

Il Sommo Pontefice Pio IX con piena consapevolezza assicurava così solide basi per l'avvenire a quel movimento di rinascita dell'Archeologia cristiana che aveva avuto l'inizio almeno dal 1839, e l'Augusta approvazione del suo predecessore fin dal 1842.

L'Ecc.mo Mons. C. Respighi, commemorando nel decorso anno « Il 90° della Commissione di Archeologia Sacra » ha scritto che la preparazione ufficiale di essa, fatta nelle tre consultazioni preparatorie del 13 giugno, e 11 e 20 novembre 1851, « si svolse in modo rapido senza contrasti nè intralci. Ma ciò non si sarebbe potuto realizzare — così egli presegue — senza una preparazione remota fatta da persone al tutto capaci e competenti, conoscitrici dell'ambiente, ... e quindi delle difficoltà da evitare e del metodo e della tattica da seguire per raggiungere lo scopo ».

E aggiunge: « Principalissimo merito per la creazione della Commissione di Archeologia Sacra deve riconoscersi al P. Marchi. Egli aveva ufficio e veste competente e ufficiale perchè *Conservatore dei Sacri Cimiteri*, e la sua fama come archeologo cristiano era già ampiamente riconosciuta ... Egli aveva ben compreso che occorreva nuovo metodo di studi ..., conosceva anche le difficoltà che si sarebbero opposte a ogni nuova conquista della scienza e della critica ... La tattica del P. Marchi fu veramente abile ed ebbe facile successo » [76].

---

[75] « *Relazione degli scavi e risarcimenti... dal 1 novembre 1851 a tutto il maggio 1852* » in Cod. Vat. Lat. 10515, f. 2-6v. - Nello stesso f. 2 si dice: « ... e de' quali [la Commissione di Archeologia Sacra] ha commessa la principal cura e direzione al R. P. Giuseppe Marchi ed al sottoscritto ».

Tale rispettiva posizione ufficiale dei due insigni archeologi nella Commissione di Archeologia Sacra era ancora la stessa nel 1854. Infatti della visita fatta da Pio IX, nell'11 maggio di quell'anno, al Cimitero di Callisto dopo le celebri scoperte a cui aveva pur tanto contribuito l'opera personale del De Rossi, il *Giornale di Roma* del giorno 15 dava relazione ufficiale, precisando tra l'altro: « *Il Sommo Pontefice ... disceso nel sotterraneo volle minutamente esaminare ogni cosa, guidato dal P. Marchi e dal Cav. De Rossi ...* ». - Questo ed altri particolari della relazione citata permettono di reintegrare qualche non lieve omissione del BAUMGARTEN, op. cit. 42-44, il quale, riferendo a lungo circa la predetta visita del Pontefice, aveva semplicemente soppressa la presenza, e perfino la menzione del P. Marchi.

[76] V. l'artic. dell'Osservatore Romano, citato sopra (Nota 63).

Le notizie e i documenti inediti che abbiamo riportati dimostrano le fasi e gli aspetti principali della vasta, molteplice, assidua opera di preparazione.

Il P. Marchi nella sua preveggenza aveva anche provveduto a formare dei continuatori dell'opera sua, e sopra ogni altro il suo antico e geniale discepolo G. B. De Rossi.

Alla terza delle tre adunanze preparatorie sopra ricordate, tenutasi il 20 novembre 1851, « intervenne per prima volta anche il sig. Cav. G. B. De Rossi nuovo membro aggiunto nella Commissione »: egli trovò poi nella nuova Commissione di archeologia sacra un validissimo presidio per l'attuazione dei suoi piani, essendo questa « un corpo ufficialmente incaricato di compiere quello che era la mèta da raggiungere » [77].

Il P. Marchi riuscì a conseguire il profondo rinnovamento dell'archeologia cristiana e ad assicurarle ulteriori e più gloriosi progressi a vantaggio della religione e della scienza, mercè gli incoraggiamenti e gli aiuti che gli pervennero dall'alta comprensione, dallo zelo efficace, dalla Sovrana Autorità dei due Sommi Pontefici Gregorio XVI e Pio IX, in cui religioso servizio egli era felice di potersi sollecitamente adoperare, e ai quali va anzitutto la riconoscente gratitudine degli studiosi di archeologia sacra e di tutto il mondo cristiano.

---

[77] Ibid. — Il P. Marchi aveva pubblicamente annunciato fin dal 1840 che il rifiorimento degli studi di archeologia sacra avrebbe esercitato un un influsso benefico anche sulle paganeggianti arti contemporanee, richiamandole a maggior dignità e ispirazione cristiana, specialmente quando dovessero trattare argomenti di arte sacra in servizio del culto: tra i suoi autografi ho ritrovato varie minute di un suo promemoria, richiestogli dall'E.mo Cardinal Vicario, probabilmente in connessione con le consultazioni sopra accennate dell'a. 1851. Una di esse porta come intestazione: « Dello stato attuale delle arti religiose in Roma e della convenienza d'un provvedimento che loro appresti una direzione più cristiana »;altre due hanno intestazioni poco diverse. Ma l'esporne, sia pure in sintesi, gli inconvenienti lamentati e i rimedi proposti non rientra nell'assunto del presente articolo.

ALTRI DOCUMENTI INEDITI

I. - Documenti 1-5: Ispezioni cimiteriali, ricognizioni ed estrazioni di reliquie (1841-1852).

Doc. 1. - *Perizia circa l'origine cimiteriale di un ipogeo adibito ad uso di cantina verso il secondo miglio della via Salaria nuova* (a. 1841), *probabilmente presso l'attuale Casa delle Catacombe.*

PARERE

Invitato il sottoscritto dal molto Revdo Sig. Canonico Clementi attuale Custode de' Sacri Cimiteri e delle Reliquie presso l'Emo Sig. Cardinale Vicario di Roma a visitare ed esaminare una grotta situata presso la via Salaria moderna alla distanza d'oltre un miglio e mezzo dalla città per darne quindi un parere in iscritto intorno alla origine antica e al presente suo uso, vi si recò nell'ultimo lunedì 29 Novembre.

Disceso nel sotterraneo trovò, che la sua pianta manca interamente di quella forma e regolarità che suol costituire il carattere d'una grotta scavata in origine ad uso di cantina, che l'andamento delle sue volticelle è quel medesimo delle volticelle delle vie cimiteriali, e che alcuni risalti del tufo naturale lungo le pareti ed i fianchi non sono che avanzi di tramezzi de' loculi cimiteriali, che non furono per intero distrutti quando il sotterraneo fu ridotto ad uso di cantina. Ma ciò che mette il fatto anche meglio in palese, vide il sottoscritto che il sotterraneo comunica immediatamente con ambulacri cimiteriali, alcuni murati ed uno aperto, che da questa parte è l'unico ingresso al Cimitero.

Su questi irrepugnabili argomenti fondasi il parere del sottoscritto, che cotal grotta sia aperta sulle rovine d'una porzione d'antico Cimitero Cristiano e propriamente d'una estrema diramazione del vastissimo cimitero di Priscilla tanto memorabile nel romano Martirologio e negli Atti de' Martiri.

Quantunque poi il sottoscritto conosca che la proprietà de' cristiani Cimiteri di Roma spetta esclusivamente alla Chiesa Romana, la quale non cede questo diritto a persone private di qualsiasi ordine e grado; contuttociò, veduta l'impossibilità di far che la grotta torni ad essere cimitero, è di parere che non convenga, che il proprietario del sopraterra venga privato dell'uso della grotta, purchè di buon grado ammetta e riconosca che la proprietà di quel sotterraneo non è sua, ma della Chiesa.

Tiene inoltre il sottoscritto per indubitato che troppo sovente si riprodurranno tra i due proprietari le collisioni ed i litigi, finchè l'ingresso

alla grotta o cantina ed al cimitero sarà uno solo, e che perciò qui vi sia
necessità che l'uno abbia un ingresso al tutto separato e indipendente dal-
l'altro.

E' questo il parere del

Padre Giuseppe Marchi
della Compagnia di Gesù

Dal Museo Kircheriano del Coll. Rom.

2 Dicembre 1841 [1].

Doc. 2. - *Ispezione del sepolcro situato sotto l'altare centrale della
« Platonia di S. Damaso » presso la Basilica di S. Sebastiano
fuori le mura*:

Roma Via Appia Platonia di S. Damaso 15 Maggio 1844.

Ottenute le opportune facoltà dall'E.mo Card. Vicario, dal Rev.mo
P. Generale d'Aracoeli e dal R. P. Guardiano di S. Sebastiano alle sei
ore antimeridiane feci rimuovere la transenna che chiudeva l'ingresso al-
l'ipogeo che è sotto l'altare della platonia. Con una scala a mano vi discesi
dentro col medesimo P. Guardiano coll'ingegnere Temistocle Marucchi,
coll'architetto Francesco Fontana e col mastro muratore. L'ipogeo ha la
forma, le misure e le decorazioni del disegno. Tre sole cose vi trovai meritevoli d'essere osservate : l'ampiezza del doppio sarcofago formato da
undici larghissimi lastroni di marmo. Mi è paruto che la lastra che lo divide in due parti uguali sia certo argomento che il sarcofago era fatto
per due corpi; e che quella tanta larghezza avesse per fine di custodirli
non involti in una sindone, ma chiusi entro un'arca che poteva essere di
legno. 2) La mancanza delle grandi pietre che chiudevano il sarcofago.
Che il sarcofago fosse coperto ne è certa prova la molteplicità de' fori
cavati nelle pareti laterali all'altezza de' coperchi alla maniera de' monumenti arcuati de' cimiteri per incastrarvi le spranghe di ferro che li avevano sostenuti. Di queste lastre non un vestigio, quantunque vi fosse un
frammento d'un piantato o d'una cimasa di marmo tra l'argilla o la terra
ch'era nel fondo del sarcofago. Queste pietre non possono essere state
cavate intere ma fatte in pezzi per la cateratta. 3) Oltre la comunicazione
per la cataratta con la platonia aveva l'ipogeo una finestrella nella direzione della scala vecchia della platonia che metteva in una via del cimitero. Trovatala chiusa la feci smurare ma dopo poco il paletto con cui
il muratore batteva la chiusura gli tornò indietro con segni evidenti del

---

[1] Da minuta autografa dell'Arch. Prov. Rom. S. I., M. B. I. — E' importante rilevare che già dal 1841 perfino il Custode delle reliquie presso
il Vicariato si rivolgeva alla competenza del P. Marchi per questioni tec-
niche e giuridiche cimiteriali.

vuoto della via cimiteriale interrata come parea dalla creta attaccatasi
al paletto dalle terre di alluvione[2].

Doc. 3. - *Appunti autografi di una ispezione fatta agli ingressi
di alcuni Cimiteri suburbani durante la S. Visita del 1850-51* :

Roma 4 settembre 1850 ore 7 ½ [3]

Monte Verde Cimitero di Ponziano
Pietra frammentata in terra, cancello in buono stato e chiuso, biffa
con doppio sigillo
Vigna Mazio (?) Cimit. di Lucina
Cancello trovato aperto senza pietra *ab immemorabili* : chiuso alla
meglio : biffato con dop. sig.
Tor Marancia Cim. di Callisto
Porta e pietra in ottima condizione : posta la biffa sotto l'architrave
con doppio sigillo.

[*In altra pagina dello stesso foglio, ma scritto in senso inverso* :]

Basil. di S. Sebast.
Due porte : una aperta, l'altra chiusa a chiave presso la porta della
basilica ; la porta prossima all'ingresso d[a]. basilica merita ripa-

---

[2] Da minuta autografa dell'Arch. già cit., l. c. ; allo stesso Archivio
appartengono anche i documenti seguenti per i quali non venga notata altra indicazione.
Il disegno, a cui si accenna in questa relazione, fu pubblicato dal
P. Marchi nella Tav. XLI del suo volume sui *Monumenti delle arti cristiane primitive* : nelle due tavole precedenti si ha la pianta e la sezione
della cosidetta Platonia, di cui ampiamente si discute nel testo a pagg.
199-220. Ma nella descrizione del duplice sarcofago sottostante all'altare
centrale (p. 210 s.) mancano parecchi dei particolari contenuti nel presente documento. La frase « maggio del passato anno » (p. 215) conferma
che l'apertura e ricognizione del duplice sepolcro fu eseguita dal P. Marchi nel maggio 1844. Infatti la redazione definitiva di questa parte del testo
è dell'anno 1845, come risulta dal confronto con varie altre indicazioni
cronologiche sia dello stampato, sia del manoscritto originale. E' quindi
inesatta la data del 1843, riferita dal De Rossi, *Roma Sotterr.* I, 250, per
tale riapertura del sepolcro « in che giacquero gli apostoli ». - Il MORONI
nel 1851 rivendicava a onore del P. Marchi la priorità della esplorazione
da lui fatta, molto prima del Perret, anche del suddetto sepolcro : « ... dopo
14 secoli (egli) pel primo scese nel pozzo in cui giacquero per qualche tempo
i corpi de' SS. Pietro e Paolo » : *Dizionario*, LIII, 300.
[3] Eccetto la data e i titoli dei Cimiteri, questi appunti sono scritti in
matita.

razione: biffata c. dop. sig. La Platonia di S. Damaso lasciata
aperta per comodo dei devoti affidandone la cura al laico Fr. Francesco da Lucca.

Provedere che le porte stieno sempre chiuse e che il Custode della
Catacomba abbia chiave propria.

[*sotto, qualche altra parola poco leggibile*].

Doc. 4. - *Relazione di una successiva ispezione agli ingressi di altri
Cimiteri durante la S. Visita*:

Roma 6 Settembre 1850 dalle 3 alle 7 pomeridiane
Via Tiburtina e Labicana.

Vigna Contini ingresso al cimitero di Ciriaca. Il cancello bisognoso di
qualche ristauro fu trovato aperto, e per testimonianza del vignaiuolo
era aperto da qualche anno e non visitato. Alla serratura fu rimessa
la contropiastra che era in terra e quindi fu chiusa e posta la biffa
con doppio sigillo.
La pietra col monitorio vi manca affatto.

Vigna Caracciolo. La porta e la pietra in buono stato. Fu aperta richiusa
biffata e sigillata.

Vigna de' Canonici. In buono stato come sopra, e come sopra aperta la
porta, richiusa ecc.
Nella vigna de' Canonici vedesi aperto uno sfondo che dà l'accesso
al Cimitero. La proposizione fattasi sopra fu di interrarlo o di apporgli un cancello come altrove. Il converso della Canonica assicurò
che l'ingresso, che era un tempo aperto nell'interno della grotta della
canonica medesima, è ora interrato.

Cimitero de' Santi Marcellino e Pietro. Ingresso che è nella vigna adiacente a Tor Pignattara. Cancello in pessimo stato e aperto. La serratura divorata dalla ruggine fu staccata e portata a Roma. Intanto
fu chiuso l'ingresso con catenaccio inchiodato, posta la biffa e i sigilli. La pietra col monitorio era al suo luogo.
Ingresso che è nella sagrestia della chiesuola parrocchiale. Cercato
e trovato il chierico gli fu chiesto che aprisse. Si discese e visitò il
sotterraneo sino alla cripta de' Santi Marcellino e Pietro. Il chierico
fu invitato a togliere subito dalla scala alcuni fiasconi di vino, quindi
la porta fu richiusa senza apporvi la solita biffa. Mons. Tizzani portò
seco la chiave per presentarla al Capitolo Lateranense a cui la parrocchia appartiene, e prendere disposizioni che non offendano i diritti
e privilegi del Capitolo stesso.

Si volle anche visitare il magnifico ingresso al cimitero di S. Elena scoperto e sterrato nel 1838 che è nella vigna Del Grande [4]. Ma il vignaiuolo non aveva le chiavi. Si decise di tenerne proposito coll'Emo Sig.
Cardinale Vicario per ottenere dal proprietario utile del fondo che
sia riconosciuto il diritto della Chiesa romana padrona esclusiva de'
Sacri Cimiteri ovunque nel suburbano di Roma si trovino aperti [5].

Doc. 5. - *Ricognizione ed apertura di sepolcri del Cimitero di
S. Saturnino (a. 1851)* :

Roma 13 Febbraio 1851.

Nelle ore antimeridiane di questo giorno 13 febbraio sonomi recato
in compagnia de' sottoscritti alunni del Collegio Germanico, al primo miglio della via Salaria Nuova al Cimitero di S. Saturnino per aprire e
riconoscere alcuni sepolcri che negli scorsi giorni erano stati sterrati ed
avevano il vaso murato al di fuori. Il terzo che fu aperto racchiudeva il
corpo intero d'un fanciullo, il quale si mostrava dell'età di quattro in cinque anni. Il capo per i danni sofferti dal tempo era spezzato e le parti ve-
deansi cadute l'una sull'altra dove la naturale loro gravità aveale fatte
cadere.

---

[4] « Nel 1838 nella vigna dei fratelli Tommaso e Natale Del Grande
presso la detta Catacomba o cimitero (de' ss. Marcellino e Pietro) fu dai
proprietari scoperto un tratto di palmi 62 di nobile catacomba con pavimento messo a mosaico, sei quadri del quale sono coloriti ed esprimono
emblemi cristiani eseguiti con diligenza... il 22 maggio vi si recò a vederlo il Card. Giustiniani Camerlengo, coi suoi ministri, e agli 8 luglio
onorollo anche il regnante Pontefice [Gregorio XVI], ricevuto dal Cav.
Visconti Commissario delle Antichità, dai suddetti proprietari e da Vincenzo Del Grande luogotenente del tribunale criminale senatorio» (Mo-
RONI G., *Dizionario di erudiz. storico-eccles.*, XIII (1842), 148).

[5] Di tale diritto della chiesa sui sacri Cimiteri il P. Marchi era zelan-
tissimo, in base alla solida rivendicazione da lui stesso dimostrata della
origine esclusivamente cristiana degli antichi Cimiteri di Roma. — Circa
il predetto Cimitero di S. Elena, v. la lettera da lui scritta a nome della
S. Visita, il 28 nov. 1850, per una convenzione definitiva con i fratelli Del
Grande (Doc. 16). E omettiamo per brevità un gruppo di otto interessanti
lettere, che il sopra nominato Avv. Vincenzo Del Grande, rappresentante
legale degli omonimi cugini, scrisse al P. Marchi dal febbraio 1842 in poi,
per concertare eque intese, per redigere un apposito pro-memoria da presentarsi al Card. Vicario e per predisporre una visita alla Catacomba, che
si effettuò il 13 giugno 1843, del Card. Lambruschini, Segretario di Stato,
e del Card. Patrizi, Vicario. E' superfluo aggiungere che il P. Marchi era
presente per l'illustrazione del Cimitero, e che aveva composto egli stesso
l'iscrizione di circostanza in elogio dei due Eminentissimi. — In una di

Una cosa mi parve meritevole di speciale considerazione non per noi solamente, ma per ognuno che attende agli studi delle cristiane antichità. Sopra il petto del picciol cadavere vedeasi collocata la sola testa d'un secondo fanciullo d'età forse minore del primo. Invano rintracciai le altre ossa: non vi rimanea traccia delle vertebre, delle costole, delle braccia, de' femori e delle tibie.

Invitai i miei compagni ad accertarsi co' propri occhi della verità del fatto, e a qui sottoscriversi come testimoni di esso

P. GIUSEPPE MARCHI d. c. d. G.
Conservatore de' Sacri Cimiteri.

Ladislaus Csete Sacerdos e Coll. German. Hung.
Reinhold Ebert, Sacerdos e Coll. Germ. Hung.
Andreas Steinhuber, Alumnus ejusdem Collegii.
Edouard Hornstein, Alumnus ejusdem Coll.

II. - Documenti 6-10: Note autografe dei pagamenti eseguiti dal P. Marchi per gli ordinari lavori cimiteriali durante la S. Visita del 1850-51:[6]

a) *nei Cimiteri dipendenti dalla Custodia del Vicariato* :

Doc. 6.

Spese del mese di Decembre 1850 per escavazioni / fatte nel Cimitero di Sant'Agnese dalla compagnia / dei cavatori dell'E.mo Sigr. Cardinale Vicario

Giornate 24 d'opera di quattro uomini a bajocchi 30 al giorno	S. 28,80
del Vicecaporale a bajocchi 35	» 8,40
Candele per cinque uomini a ragione di quattro bajocchi al giorno per ciascuno	» 4,80
per ferri adoperati nelle escavazioni	» 2,00

---

tali lettere, del 28 nov. 1850, l'Avv. Del Grande gli scriveva che «un certo Vescovo» aveva invitato suo cugino a trovarsi in quel pomeriggio alla vigna, con le chiavi delle Catacombe, volendosi accedere per la S. Visita; e aggiungeva (non sapendo ancora che il P. Marchi era uno dei principali Visitatori): «Vorrei sapere se V. P. prosiegua o no ad avere sulle Catacombe le antiche attribuzioni, dopo tante fatiche sostenute, sciupo di vita e studi fattivi ... In ogni modo dovendo io oggi rappresentare mio cugino ... vorrei avere con Lei in precedenza un abboccamento, sia pur breve quanto Le piaccia ... Pregandola a scusare l'incomodo, e tutto ripetendo *dal progresso,* mi ritengo qual sempre fui con venerazione ed infinita gratitudine, di V. S. D.mo Obb.mo Servo ... ».

[6] Le note mensili di questa prima serie sono in tutto dodici : e ciascuna contiene, tra indicazioni di minor momento, qualche notizia importante, sia circa i lavori eseguiti nei vari cimiteri, sia circa le attribuzioni straor-

per trasporto a spalla di 79 corpi santi dalla casa della Missione
a Monte Citorio alla nuova Custodia di Sant'Apollinare in
ore notturne   »   2,00
                                                                        ____

                                        Totale delle spese   S. 46,00

  P. Giuseppe Marchi d. C. d. G. deputato provvisorio,
il quale dichiara di non voler pregiudicare il Caporale da nomi-
narsi dall'E.mo Vicario, giacchè a questo competeva la giornata
di quaranta bajocchi, non di soli trentacinque assegnati provvisoriamente al Vicecaporale.

Doc. 7.

  Spese fatte per la Compagnia de' Cavatori dell'E.mo Sigr. Card.
  Vicario entro il Cimitero di Sant'Agnese nel Gennaio del 1851.

Vicecaporale giornate 25 di lavoro a bajocchi 39 al giorno   S.   9,75
Quattro Cavatori 25 giornate a bajocchi 34   »   34,00
Due altri Cavatori 24 giornate pure a bajocchi 34   »   9,52
Per ferri manichi e schifi rinnovati   »   3,10
Per una gemma, una scatoletta d'avorio e due campanellini d'ar-
  gento e bronzo consegnati   »   1,20
Per 24 lapidi e 13 mezze lapidi scoperte e consegnate   »   3,00
                                                                  _____
                                        Totale   S. 60,57
Per quattro viaggi in carrozza del Conservatore de' Sacri Cimi-
 teri direttore dei lavori   »   4,00
                                                                  _____

                                Somme riunite   S. 64,00

Doc. 8.

  Spese incontrate nel Febbraio 1851 per l'escavazione de' Sacri
  Cimiterj e per la Lipsanoteca dell'Eminentissimo Signor Cardinale Vicario.

___

dinarie delegate in questo periodo al P. Marchi, oltre quelle che gli com-
petevano come Conservatore e Visitatore; mentre restano sospese le ordinarie attribuzioni del Custode delle reliquie e di Monsignor Sagrista. —
A conferma di quanto è detto nel testo basterà riportare qui solo alcuni di
tali documenti e di altri delle serie successive. - Il De Rossi dice (*Roma
sotterr.* I, 72): « dal 1849 al maggio 1851 ... il pontificio Sagrista e il P. Marchi mi affidarono la direzione di alcuni scavi nel cemetero di Pretestato e in
quello dei santi Marcellino e Pietro sulla via Labicana ». Ma, per quanto
Mons. Sagrista sia qui nominato in primo luogo, dal confronto di vari documenti sembra che il De Rossi dovesse molto più al P. Marchi che ad
altri, anche per il primo e più sollecito e più libero inizio della sua gloriosa carriera di direttore di scavi cimiteriali.

Caporale dei cavatori 24 giornate a baj. 44 per giornata comprese
   le candele   S.   10,56
Sette cavatori a baj. 34   »   57,12
Cinque corpi anonimi   »   50
un corpo con nome proprio   »   60
trasporto de' sei corpi alla Lipsanoteca   »   60
iscrizioni e marmi sterrati e raccolti   »   4,00
ferri   »   40
Sottocustode della Lipsanoteca   »   6,00
Portiere della medesima   »   4,00
Riparazioni fatte alla Casa della Missione dov'era la Lipsanoteca   »   4,20
Inventario delle Reliquie della Lipsanoteca creato e trascritto
   in due esemplari   »   10,00
Spese di vettura per il conservatore   »   4,00

            Somma Totale   S.   101,98

Doc. 9.

    Custodia delle Reliquie ed escavazioni de' Cimiteri per l'E.mo Sigr.
    Card. Vicario.

         Spese del mese di Marzo 1851

Sigr. Ab. Invernizzi Procustode   S.   6,00
Portiere della Custodia   »   4,00
Caporale de' Cavatori 24 giornate con candele   »   10,56
Sette cavatori 24 giornate con candele   »   57,12
Ferri e ordegni con due serrature e due chiavi   »   2,10
Cancello nuovo con suoi ferramenti e spallette di muro
   ai SS. Marcellino e Pietro   »   9,00
Due intagli in avorio e scoprimento di due cappelle dipinte
   a' SS. Marcellino e Pietro   »   2,40
Un corpo di martire anonimo e suo trasporto   »   20
Volta costruita sopra un lucernajo, e cappa alzata sopra altro
   lucernajo a' SS. Marc. e Pietro   »   14,00
Carrozze per le visite del Conservatore   »   4,00

            Somma intera   S.   110,08

Conservatore de' Sacri Cimiteri.
P. GIUSEPPE MARCHI d. C. d. G.

    b) *nei Cimiteri dipendenti da Mons. Sagrista Pontificio:*

Doc. 10.

    Conto di spese sostenute per le escavazioni del Cimitero di San Sisto
    di commissione di Monsignor Castellani Sagrista della Santità
    di N. S. e de' SS. PP. Apostolici.

Mese di Novembre 1850.

Per acquisto di zappe pale garavine e schifi nell'apertura delle
escavazioni e per chiave del cancello della vigna d'in-
gresso al Cimitero   S.   3,10
Per libre 40 candele di sego   »   3,00
Per giornate 25 di lavoro di cinque uomini a bajocchi 30 al giorno   »   37,50
Per altrettante giornate del Caporale a bajocchi 35 al giorno   »   8,75
Per un cancello nuovo all'ingresso del Cimitero e per trasporto
e collocamento   »   5,50
Premio per quattro sarcofaghi con bassorilievi in marmo e per
cinque iscrizioni in marmo di nuova scoperta   »   5,00

Totale S. 62,85

P. GIUSEPPE MARCHI d. C. d. G.
Conservatore de' Sacri Cimiteri
deputato provvisoriamente da Monsr. Sagrista.

[*Nelle altre 6 note mensili per escavazioni fatte dalla compagnia di
cavatori addetti al servizio di S. E. Mons. Sagrista, dal Dicembre* 1850 *al
Maggio* 1851, *si fa menzione: dell'apertura di un pesantissimo monumento
marmoreo, del ritrovamento di* 26 *pitture di molto interesse religioso,*
4 *figure graffite in lastre di marmo, di vari gruppi di iscrizioni, ecc.*]

III. - Documenti | 11-12: Note autografe di pagamenti per lavori cimi- teriali straordinari eseguiti in base allo speciale assegno men- sile richiesto dal P. Marchi (a. 1850-51).

Doc. 11.

Spese fatte sul fondo de' 25 scudi
assegnati sulla Cassa della Dateria.

Per lucidi e disegni cavati ne' mesi di Marzo, Aprile, Maggio
Giugno e Novembre[7] dai cimiterj di Pretestato, S. Sisto,
SS. Marcellino e Pietro, SS. Trasone e Saturnino pagati al
pittore Silvestro Bossi   S.   68,86
Trasporto di sarcofaghi e lapidi dai cimiterj al Laterano, e loro
collocamento
Danni alla vigna De Romanis   »   2,00
Al Caporale Zinobili per 25 giornate comprese 10 di assistenza
al pittore nel mese di Giugno   »   10,00

---

[7] L'anno non è espressamente indicato, ma dal confronto coi *Doc. 12-15*
si deduce che questa è del 1850. Meritano di essere rilevati i pagamenti
al pittore e quelli per trasporto di marmi al Laterano.

a 5 facchini d'aiuto compresa la mancia per 5 giornate   » 7,50
Sei viaggi 4 di barrozza 2 di carretto   » 4,15

                                    S. 92,51

A Biagio Arduini per scoprimento di tre aditi di
    catacombe non conosciuti   S. 70
Per (legname) a sostegno del pav. di S. L(orenzo) « 3,20
Per scattola olio e spunga per serratura   » 24

                                      S. 97,85

Doc. 12.

    Spese fatte sul fondo dei 25 scudi mensili assegnati dal Santo
Padre per bisogni straordinarj ne' Sacri Cimiteri e per il Museo
Cristiano al Laterano.

Al pittore Silvestro Bossi per calchi di pitture e disegni
    fatti in diversi cimiterj nell'Apr. Mag. e Giugno 1851   S. 61,30
Per l'estrazione da' Cimiterj delle lapidi e marmi raccolti per
    il carico sulle barrozze e carrette e lo scarico al La-
    terano fatto ne' giorni ultimi di Mag. e primi di Giu-
    gno 1851   » 7,20
Per le barrozze e carretti   » 4,50
Per la lavatura de' marmi al Laterano   » 1,60
Per l'uomo che nel mese di Giugno ha assistito al pittore nei
    Cimiterj e pei lumi necessari   » 10,45
Per danno fatto nella vigna Bonfiglioli dal passaggio delle
    barrozze coi marmi del Cimitero di S. Sisto   » 2,00
Per due copie di due dipinti già ultimate dal pittore Bossi e
    per le spese dei telari ec.   » 23,38
Per puntellatura fatta sotto il pavimento della basilica di S.
    Lorenzo ad oggetto di scoprire alcune pitture   » 3,20
Per avviso avuto dal cavatore del Sig. Arduini d'un tratto
    d'un cimitero non conosciuto sulla via Latina e viaggi
    fatti con lui dal caporale   » 75
Al pittore Bossi per continuazione di lavoro   » 4,00
Al mercante Vincenzo Uber per sette canne di tela da pittore » 5,67 ½

IV. - Documenti 13-15: Note autografe di pagamenti per lavori eseguiti dopo la istituzione della Commissione di Archeologia sacra (a. 1852):

Doc. 13.

    Gennaio 1852
    Spese fatte d'ordine della Commissione d'Archeologia cristiana.
Due Caporali 25 giorni d'opera a bajocchi 44 il giorno   S. 22,00

Dodici uomini a bajocchi 34	»	102,00
Ferri e altri ordegni	»	3,90
Corpi 13 trovati ed estratti	»	2,00
Lapidi	»	2,70
Spese minute	»	2,30
Trasporti	»	6,00
Al pittore Bossi compiuta la copia degli Evangelisti	»	20,00
Muratore a conto	»	35,00

Totale S. 196,50 ½

Doc. 14.

Spese del Maggio 1852 per i lavori fatti ai Cimiteri di Calisto e dei Santi Nereo ed Achilleo d'ordine della Commissione dei Monumenti Cristiani.

2 caporali 24 giornate a bajocchi 44 la giornata	S.	21,12
12 cavatori a bajocchi 34	»	97,92
ordegni coffani e lumi per bisogni straordinari del pittore e dell'aria libera	»	7,55
iscrizioni in marmo, bolli in tegoloni, pitture, sculture, medaglione, medaglia, vetro dipinto, scale de' Santi Cornelio, Nereo e Achilleo, due corpi estratti, sei cassette portate a Roma	»	26,40
al pittore Bossi per lavori sopra il S. Cornelio e in casa comprese le spese	»	9,60
Trasporti e piccole spese e mancie	»	8,80
Soldati n. 11 : 6 giornate; n. 16 : 8 giornate; n. 20 : 11 giornate compresi il sergente, il caporale e le spese d'accomodatura de' vetri nel quartiere conceduto gratis da Molinari	»	67,18
Maccaronata ai quattordici uomini di 30 bajocchi a testa	»	4,20

Totale delle spese S. 242,77
Il P. Marchi ha ricevuto a conto » 100,00

rimane il debito di S. 142,77
chiave al cimitero di Lucina » 45

S. 143,22

Doc. 15. - *Nota riassuntiva dei lavori eseguiti nell'a. 1852*:

Spese fatte dal P. Marchi d'ordine della Commissione dal Gennaio al Maggio 1852.

Gen. Due caporali e 12 cavatori	S.	135,50
Vetture e piccole spese	»	6,00
Pittore	»	20,00

Muratore a conto	»	35,00
Febbr. Caporali e cavatori	»	126,38
Vetture e piccole spese	»	4,00
Pittore	»	30,00
Muratore a conto	»	55,00
Mar. Caporali e cavatori	»	145,20
Vetture e piccole spese	»	5,00
Apr. Saldo di credito di S. 122 al muratore	»	32,00
Caporali e cavatori	»	148,96
Vetture e piccole spese	»	6,50
Saldo di credito al muratore a conto di nuovi lavori	»	85,00
Mag. Pittore	»	10,00
Aiuto di soldati	»	67,18
Vetture e piccole spese compresa la vettura del giorno 27 [8]	»	10,40
Denaro restituito	»	20,00

Totale spese	S. 942,12
den. ricev.	» 940,38
differenza	S. 1,74

V. - Documenti 16-21: Carteggio per questioni cimiteriali occorse durante la S. Visita del 1850-51:

Doc. 16. - *Lettera del P. Marchi a nome della stessa S. Visita per determinare gli estremi di una convenzione con i signori fratelli Del Grande, a tutela dei diritti della Chiesa sul Cimitero dei SS. Marcellino e Pietro, detto volgarmente di S. Elena:*

Illustrissimo Signor Avvocato [9].

Monsignor Tizzani Monsignor Minetti il Sig. Canonico Tarnassi e il P. G. Marchi in ufficio di Visitatori delle S. Reliquie e de' Sacri Cimiteri, considerate da una parte le ragioni della Chiesa Romana sopra questi Sacri Cimiteri, dall'altra il merito che i signori Fratelli Del Grande hanno sopra le scale ed il vestibolo del Cimitero di S. Elena nelle vicinanze di Torpignattara scavate a tutte loro spese e da loro per dodici anni custodito con somma cura e decenza, ci siamo accordati nelle seguenti deliberazioni.

---

[8] Il giorno 27 maggio 1852 vi fu la visita del Pontefice Pio IX ai lavori in corso nel Cimitero di Domitilla e in quello di Callisto, dei quali il P. Marchi ufficialmente era ancora il principale direttore: v. quanto è detto nel testo a p. 49, e alla rispettiva nota 75. — La relazione della suddetta visita fu scritta dal De Rossi (v. Cod. Vat. Lat. 10515, ff. 14-15*v*).

[9] Il nome dell'avvocato nella minuta autografa non è indicato.

In prima la Sacra Visita intende di lasciare ai Fratelli Del Grande l'ingresso interamente libero alle scale e vestibolo del cimitero di S. Elena dal lato interno della loro vigna.

In secondo luogo la Sacra Visita si obbliga ad aprire nel muro che cinge la vigna verso mezzogiorno sulla via Labicana un ingresso decente che imbocchi nella scala antica in maniera che chi debba o voglia entrare quindi innanzi nel detto vestibolo o cimitero non abbia mai a mettere un piede nella vigna Del Grande.

Per ultimo la Sacra Visita si riserba il diritto di porre un cancello in capo a quelle vie cimiteriali che giudicherà opportuno di fare in appresso sterrare, senza che i Fratelli Del Grande abbiano a sostenere il minimo dispendio per queste nuove opere.

Il sottoscritto prega Lei, Signor Avvocato, a voler dare a questi concetti e obbligazioni quella forma che alla sua prudenza sembreranno più e più rigorose, a fine di evitare nell'avvenire qualsiasi urto e contrasto. L'uffizio di Lei riuscirà tanto più grato, quanto sarà più sollecito, avendo in animo la Sacra Visitta di far mettere mano quanto prima a questi lavori.

Ossequiandola e ringraziandola con sincero animo ho l'onore di raffermarmi di Lei signor Avvocato

Dev.mo e Obblgmo Servitore
GIUSEPPE MARCHI d. C. d. G.

Collegio Romano
28 nov. 1850.

DOC. 17. - *Supplica di G. B. Molinari (proprietario del sopraterra del Cimitero detto allora impropriamente di Pretestato) all'Em.mo Card. Vicario per compenso di danni: con rescritti, e con parere risolutivo del P. Marchi (a. 1851):*

Eminenza,

Giovanni Battista Molinari oratore ossequioso di V. E. e padrone proprietario di due grandi vigne a destra e a sinistra della via che da Domine quo vadis cammina verso S. Sebastiano, ha per sua disgrazia la catacomba di Pretestato tutta aperta sotto le vigne medesime. La pesantissima servitù di due ingressi che deve continuamente lasciare aperti entro il suo fondo ai corpisantari e ai visitatori delle catacombe è un danno tollerabile in confronto degli sfondi che tratto in tratto qua e là gli si aprono sotto i piedi. Ruinoso più degli altri gli è riuscito nella scorsa settimana la caduta della volta d'una delle strade delle catacombe sotto l'aratro. Uno dei Buoi precipitò in quella voragine; ma quantunque a grande stento sia stato a braccia d'uomini tratto fuori vivo, pur tuttavia lascia poca speranza di poterlo conservare per il Macello, non già più per i lavori campestri.

Ricorre pertanto all'E. V. per ottenere un compenso al danno sofferto, e un ordine a chi dirige i corpisantari di riparare gli sfondi accaduti, e di prevenirli ed impedîrli in più d'un luogo dove minacciano rovine.

Che della grazia ec.

[*a tergo*:] A Sua Eminenza / Il Sig. Card. Costantino Patrizi / Vicario della Santità di N. S. Papa Pio IX.

[*sotto, di altra mano*:] A Monsig. Tizzani.

[*più sotto, di mano di Mons. Tizzani*:]

8 Febr. 1851

Al Rmo P. Marchi
perchè mandi i Fossori
a provvedere il ristauro
delle aperture fatte.

[*più sotto ancora*:]

13 Febbraio 1851

Si ritorna a Mgr. Tizzani perchè si compiaccia chiamar il Molinari per parlargli secondo il parere esternato dal P. Marchi.

C. Card. Vicario.

[*Su un foglietto attaccato a tergo della supplica si legge il seguente parere autografo del P. Marchi*:]

Il ricorso del Molinari per guasti e danni sofferti nella sua Vigna non dee trangugiarsi alla cieca. Il Molinari sta sul monte da cui l'acqua cade, il cimitero ove cade sta sotto. Il male vien dall'alto, non viene dal basso. Il Molinari prima di comperare la vigna dovea sapere che il precedente possessore Sante Amendola con illecite ed improvide escavazioni in traccia di monumenti antichi aveva malmenato il fondo frugandolo e traforandolo fino a toccare il cimitero. Le rovine che ora fanno gridare il Molinari sono in parte fatte, in parte preparate dal precedente proprietario. Non è giusto che la Chiesa Romana proprietaria de' cimiteri rifaccia questi danni. Sarebbe opportuno che il Molinari fosse chiamato da Monsignor Tizzani a sentirsi chiarire la cagione vera de' suoi guai. Quando Mons. Tizzani l'avesse persuaso, allora il P. Marchi subentrerebbe a conciliare con lui i modi delle riparazioni necessarie. Le spese sopra terra starebbero a suo carico, le spese sotterra, per indulgenza, le sosterrebbe la Dateria Apostolica [10].

---

[10] Questa e le seguenti sono nell'Archiv. Pont. Univ. Gregor. B. 28.

Doc. 18. - *Altri chiarimenti sulla stessa questione sono contenuti nella risposta dell'Ecc. Mons. V. Tizzani all'Ecc. Mons. Castellani Sagrista Pontificio, circa le pretese del Molinari che era ricorso anche al predetto Mons. Sagrista (a. 1851): al quale pertanto viene comunicato l'ordine del Card. Vicario di attenersi alla equa soluzione proposta, con piena cognizione di causa, dal P. Marchi.*

Mons. V.mo ...

Conosco benissimo il fatto del Cimitero Pretestato e del Molinari, ed ella per non farsi ingannare potrebbe tenerne discorso col P. Marchi che è più informato di me. Sappia adunque che il Molinari ha ricorso all'Emo Card. Vicario per una rifazione di danni, ed il Card. Vicario rimise a me la supplica: io poi che nulla sapevo, la rimisi al P. Marchi che mi fece analoga informazione dalla quale si rileva che il Molinari se ha sofferto danni li deve attribuire al venditore della Vigna non alle catacombe, giacchè il venditore un tal Sante Amendola fece improvvidi scavi e ne fu anche carcerato: per cui il p. Marchi mi faceva riflettere non essere giusto che la chiesa romana proprietaria de' cimiteri paghi i danni. Propose adunque il P. Marchi di far chiamare da me il Molinari per fargli ben conoscere la ingiustizia delle pretese, e persuasolo, allora egli il Marchi, sarebbe subentrato per conciliare.

Questo opinamento da me presentato all'E.mo Sig. Card. Vicario, piacque ed il Card. Vicario lo approvò rescrivendo alla supplica il 13 Feb. p. p. ch'io chiamassi il Molinari ed agissi nel senso del P. Marchi. Non sapendo però ove fosse il Molinari, lo stesso Cardinale mi soggiunse che se egli avesse voluto qualche cosa sarebbe venuto e che io lo aspettassi senza curarmi di altro.

Posso assicurarla che fino ad oggi non si è fatto ancora vedere il Molinari: per cui l'affare è in sospeso. Ella dunque stia in guardia e veda su ciò di parlarne e mettersi d'accordo col p. Marchi che sa vita morte e miracoli del d. Molinari.

In fretta mi dico costantemente

di lei M. R.mo

29 maggio 1851

V. Tizzani
† Vescovo già di Terni Visit.

[*All'esterno del foglio è segnato l'indirizzo* :]

« Ill. Mons. R. ... / Mons. Castellani Veso. di Porfirio / Sacrista di S. S. ».
[*Il foglio conserva i segni della piegatura e il sigillo vescov. del mittente.*]

Doc. 19-20. - *Lettere dell'Ecc. Mons. V. Tizzani, Presidente della S. Visita, con cui approva alcune proposte fatte dal P. Marchi per lavori e provvedimenti cimiteriali*:

a) *prima lettera*:

30 9br. 1850.

Ch.mo Padre,

Convengo pienamente pel lavoro indicato[11].
Mi creda sempre ...

VINCENZO TIZZANI.

[*a tergo*:] Al Ch. Prof. Marchi d. C. d. G.

b) *seconda lettera*:

R.mo P. Marchi,

Non posso non convenire pienamente in tutto ciò che ella farà in proposito del Capponi[12].
Mi creda costantemente

VINCENZO TIZZANI.

1 Fer. (*sic, per Febbraio*) 51.

Doc. 21. - *Lettera dell'Em.mo Card. Vicario con cui invita il P. Marchi a far parte della Commissione deputata per lo studio di un progetto di migliore e definitiva sistemazione dei Cimiteri sotterranei*[13]:

Dal Vicariato li 11 Giugno 1851.

Avendo la Santità di N. S. ordinato che una Commissione deputata per le Catacombe si occupi di un progetto per la migliore sistemazione delle medesime, il Sottoscritto Cardinale Vicario prega Vostra Riverenza, desti-

---

[11] Molto probabilmente si tratta del lavoro cimiteriale indicato dal P. Marchi nell'autografo del 2 dicembre 1850, sopra riportato a pag. 111.

[12] V. quanto è detto, intorno al medesimo Angelo Capponi, a pag. 41, in base alla seconda parte del medesimo autografo, cit. nella nota precedente.

[13] Come ho accennato alla fine dell'articolo, le adunanze di questa Commissione preparatoria furono tre (13 giugno, 11 e 20 novembre 1851): alla terza di esse fu invitato anche il Cav. G. B. De Rossi.

33

nato Membro della Commissione precitata, di voler intervenire al Congresso che a tal uopo si terrà Venerdì prossimo 13 corr.te alle ore 11 antimerid. presso lo scrivente stesso, che intanto con sensi di vera stima passa a confermarsi

aff.mo per servirla
C. Card. Vicario.

P. Marchi.

[*A tergo è il sigillo di chiusura e l'indirizzo* :] Al molto Rdo Padre / Il P. Marchi / della Compagnia di Gesù.